DIALECTOLOGÍA ESPAÑOLA

BIBLIOTECA ROMÁNICA HISPÁNICA

Dirigida por Dámaso Alonso

III. MANUALES

ALONSO ZAMORA VICENTE

DIALECTOLOGÍA ESPAÑOLA

SEGUNDA EDICIÓN MUY AUMENTADA

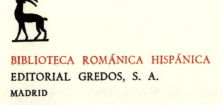

BIBLIOTECA ROMÁNICA HISPÁNICA
EDITORIAL GREDOS, S. A.
MADRID

EDITORIAL GREDOS, S. A.

Sánchez Pacheco, 83, Madrid. España.

Depósito Legal: M. 18970-1967.

Gráficas Cóndor, S. A., Sánchez Pacheco, 83, Madrid, 1967. — 2884.

PRÓLOGO A LA PRIMERA EDICIÓN

Este libro aspira a ser, ante todo, una guía para el interesado en la dialectología española. Sale a la luz consciente de su imperfección, y lleno del buen deseo de ir rellenando sus lagunas y enmendando sus errores. Elimino voluntariamente las hablas periféricas peninsulares, catalán y gallego-portugués, y, partiendo de la base mozárabe, hago, después de unas breves notas sobre repartición de algunos fenómenos fonéticos generales en la lengua viva, un análisis de las hablas leonesas, aragonesas, andaluzas, judeoespañolas y español de América. Es decir todo lo que, no siendo rigurosamente castellano, participa de él y de su peripecia histórica, ha sido embebido por él, o lo prolonga fuera del territorio nacional.

Sale, pues, esta dialectología española, más bien como un «ensayo», que espera, para ir madurando, toda colaboración bien intencionada que venga de fuera. Todo trabajo de síntesis es siempre espinoso, y, sobre todo, arriesgado en su economía. Hay zonas dialectales peninsulares bastante bien conocidas (algunas zonas leonesas o asturianas), pero falta lo fundamental en otras comarcas (sur aragonés, fronteras con el valenciano). Así, mientras en unos casos los datos pueden cegar la visión clara del conjunto, en otros hay que moverse a tentones, balbuceando. Establecer una adecuada proporción entre ambos extremos es peligrosa aventura.

Afortunadamente, el conocimiento previo de datos, hechos, repartición de fenómenos, etc., sobre las tierras de España va creciendo en estos últimos años abundantemente, gracias al es-

8 *Dialectología española*

fuerzo de un puñado de jóvenes investigadores empeñosos (bien instalados sin flaquezas en el camino de los viejos maestros), a los que el azar o el cotidiano quehacer ha llevado a tierra abonada para su vocación. De todos ellos se ayuda este libro en la medida de lo posible, y espera poder seguir beneficiándose en sucesivas ediciones.

ADVERTENCIA A LA SEGUNDA EDICIÓN

La primera edición de esta *Dialectología española* tuvo la fortuna de ser acogida con benevolencia e interés. He procurado tomar en consideración las observaciones y apostillas hechas en las siguientes reseñas (entre otras):

Vicente García de Diego, *Revista de Dialectología y Tradiciones populares*, XVI, 1960, págs. 530-531; Pierre Gardette, *Revue de Linguistique Romane*, XXV, 1961, pág. 201; Georges Gougenheim, *Bulletin de la Société de Linguistique*, de París, LVI, 1961, págs. 164-166; Zdeněk Hampejs, *Revista Brasileira de Filologia*, VI, 1961, págs. 156; Fred Hodcroft, *Bulletin of Hispanic Studies*, XLI, 1964, págs. 250-252; Fritz Krüger, *Anales del Instituto de Lingüística de la Universidad de Cuyo*, VIII, 1962, págs. 420-421; José Joaquín Montes, *Thesaurus* (Boletín del Instituto Caro y Cuervo), XVI, 1961, págs. 225-227; María José de Moura Santos, *Revista Portuguesa de Filologia*, XII, 1962-63, páginas 227-231; Tomás Navarro Tomás, *Nueva Revista de Filología Hispánica*, XIV, 1960, págs. 341-342; Rodolfo Oroz, *Boletín de Filología de la Universidad de Chile*, XV, 1963, págs. 358-359; G. B. Pellegrini, *Quaderni Iberoamericani*, n.º 29, diciembre 1963, págs. 289-291; Vittore Pisani, *Paideia*, XVI, 1961, páginas, 111-112; José Pedro Rona, *Boletín de Filología*, de Montevideo, IX, 1962, págs. 18-22; Gregorio Salvador, *Archivo de Filología Aragonesa*, XII-XIII, págs. 396-400; Hans Schneider, *Romanistisches Jahrbuch*, XI, 1960, págs. 410-411; J. A. van Praag, *Lingua*, IX, 1960, pág. 445; Frida Weber de Kurlat, *Filología*, VII, 1962, págs. 222-225.

A todos ellos, mi reconocimiento por su generosa atención. He intentado enmendar algunos extremos, ensanchar mis puntos de vista y poner al día varias cuestiones. Como siempre, la imperfección asedia y el resultado sigue a la espera de nuevos pulimentos.

Madrid, diciembre, 1966

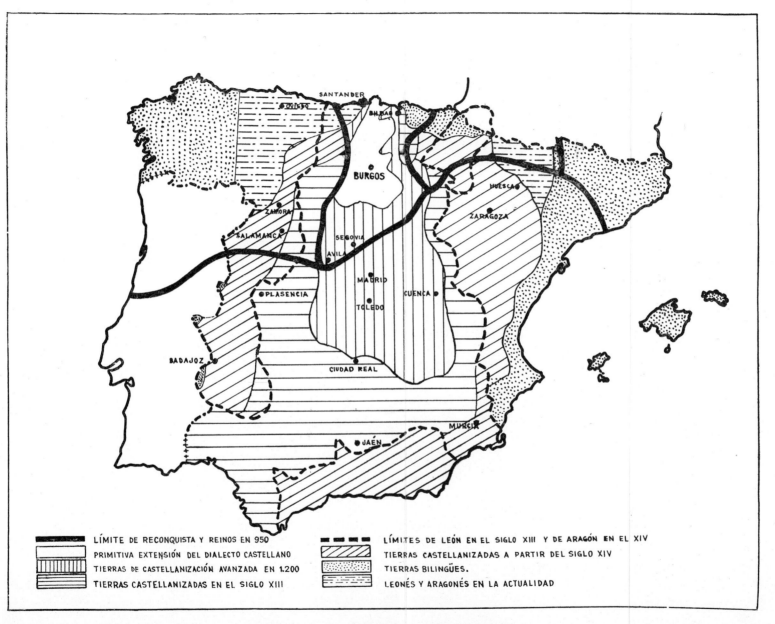

I.—Proceso de castellanización de la Península.

LÍMITE DE RECONQUISTA Y REINOS EN 950

PRIMITIVA EXTENSIÓN DEL DIALECTO CASTELLANO

TIERRAS DE CASTELLANIZACIÓN AVANZADA EN 1.200

TIERRAS CASTELLANIZADAS EN EL SIGLO XIII

LÍMITES DE LEÓN EN EL SIGLO XIII Y DE ARAGÓN EN EL XIV

TIERRAS CASTELLANIZADAS A PARTIR DEL SIGLO XIV

TIERRAS BILINGÜES.

LEONÉS Y ARAGONÉS EN LA ACTUALIDAD

INTRODUCCIÓN

La repartición dialectal de la Península Ibérica no es, como en otros lugares de la Romania, consecuencia de la evolución natural de las hablas en sus respectivos territorios. La invasión árabe condiciona la ulterior evolución. En cada uno de los lugares donde, en el norte de la Península, se comenzó la lucha de reconquista, nació un dialecto. El lento avance de los años primeros fue matizando la diversidad de las hablas nórdicas. Es precisamente en esas comarcas donde todavía hoy deben buscarse las máximas variedades habladas, cada vez más en retirada ante la pujanza de la lengua literaria.

En consecuencia, la relativa unidad lingüística peninsular, representada por el habla mozárabe, queda rota por una capa superpuesta, compacta, una lengua de conquista, uniforme, importada por los reconquistadores. Las hablas periféricas, gallego-portugués y catalán, representan la capa más arcaica. Entre ellas y la más moderna, representada por el castellano, se levantan aragonés al oriente y leonés al occidente. Sobre todas ellas, el castellano, elevado a categoría de lengua nacional desde los inicios del siglo XVI, ha obrado intensamente. En la actualidad, en la mitad septentrional de la Península, se dan los grandes fenómenos diferenciales. La primera frontera entre el castellano y sus laterales aragonés y leonés, ha sido, o muy alejada, o difuminada por la acción secular de la lengua oficial. En cambio, la segunda, separadora de estos dialectos intermedios del gallego por un lado y del catalán por otro, vino a coincidir en una comarca equidistante aproximadamente, una comarca de transición, que muy bien podría representarse por el gallego-asturiano, la franja occidental del Bierzo y Sanabria en el occidente, y Ribagorza, La Litera y el rincón de Aguaviva al este.

Si doblásemos el mapa de España por un imaginario eje (el castellano normal) esas dos zonas vendrían a coincidir aproximadamente. Algo más al sur el paralelismo se reitera con los ángulos conservadores del Rebollar salmantino en el occidente y la comarca de Segorbe, al oriente, en tierras de Castellón. La conservación de arcaísmos ya en la mitad sur de la Península, en zonas laterales y extremas del aragonés y del leonés (antiguas sonoras de la provincia de Cáceres al occidente, y de la Canal de Navarrés al oriente) viene a aumentar esta imaginaria correspondencia. Por último, la aún perceptible división de Andalucía en dos grandes zonas: una leonesa (con aspiración) y otra castellana (con copiosos aragonesismos léxicos) viene en ayuda de esta teórica repartición del mapa dialectal de España.

Los fenómenos fonéticos, de gran riqueza y variedad, se van reduciendo y amontonando en esas zonas norteñas indicadas arriba. De ahí para abajo, el habla es ya un habla compacta, uniforme, donde es difícil a veces reconocer las huellas del antiguo dialecto. Podemos fijar, grosso modo, el estado de la Reconquista en el año 1000 como tope de esta realidad. En la extremidad meridional del antiguo reino leonés se nos presenta hoy el extremeño, lengua de tránsito hacia el andaluz, de estructura castellana o casi castellana, pero de un gran fondo leonés y gran analogía fonética con el andaluz. Paralelamente, en la extremidad meridional del antiguo aragonés ha surgido el murciano (no tan rigurosamente paralelo con el extremeño), de un gran fondo aragonés y valenciano, y con rasgos fonéticos próximos al andaluz oriental, ocultos por el aspecto general castellano.

De la comunidad castellana meridional surgió el andaluz, dialecto del castellano, con rasgos acusados y distintivos, a partir del siglo XIII. Asimismo, es prolongación del castellano todo el español de América, coherente masa de fenómenos y rasgos

lingüísticos documentables en el habla vulgar y general de la
Península, con distintos grados de generalización o de intensidad y distintos grados de estimación social. Lugar aparte mere-
cen las hablas judeoespañolas, venerables reliquias arcaicas
que, desgajadas de la comunidad lingüística castellana, son testigos, cada vez más apagados testigos, de la lengua que se hablaba en el momento de la segregación.

Claramente, pues, se ve la diferencia existente entre la geografía dialectal de España y la de otros países románicos. De no
sobrevenir la invasión musulmana —y su larga ocupación— en
España habría surgido una diversidad de lenguas, con numerosos rasgos comunes en grandes zonas de tránsito, agrupadas
en torno a los lugares de mayor o menor vitalidad social, cultural o idiomática del viejo reino hispano-visigodo. La repartición, aunque confusa, ilustrativa, de los fenómenos que conocemos en la España mozárabe, autoriza a pensarlo así. Frente
a zonas de no-diptongación en el occidente (Galicia, Lusitania,
focos cultos, latinizantes, de Mérida, Braga), la diptongación,
incluso ante yod, era general en el área central (irradiaba de
Toledo y llegaba hasta Valencia y Granada); existía asimismo
la simple diptongación de ĕ y ŏ, no ante yod, típica de la meseta norte. El ángulo noroeste se unía a las tierras castellanas
y leonesas con la palatalización de pl-, cl-, fl- iniciales, frente
a la conservación de esos mismos grupos en el resto de la
Península; islotes de diptongación espontánea surgían aquí y
allá por la costa andaluza, por el valle bajo del Guadalquivir,
por Levante. Es decir, se iba insinuando sobre el mapa lingüístico una diversidad dialectal, afincada sobre razones históricas,
o etnológicas, o culturales. Toda esa naciente diversidad fue (a
pesar de haber sido mantenida en cierta forma por las hablas
mozárabes) arrinconada, barrida, por la dominación musulmana. Y solamente fue evolucionando, creciendo, aguzado el aislamiento en los primeros tiempos, la variedad local de los pequeños reinos cristianos de las cordilleras norteñas. Esas hablas
representaban otras tantas decisiones de vida que, olvidadas
de la comunidad visigótica, lucharon por imponerse, por sobre-
vivir. La Historia dialectal de la Península nace en realidad con

ese balbuceo, y se va adelantando, Edad Media arriba, en lucha con las dificultades que la coexistencia con el Islam acarreaba, hasta que, de entre ellas, el mayor arranque y la firme decisión del castellano fueron creando, a la vez que una trayectoria política, una literatura de grandes vuelos, escrita en un habla elevada al rango de lengua nacional.

MOZÁRABE

EL DIALECTO MOZÁRABE

Al sobrevenir, en el año 711, la invasión árabe, la población románica quedó, en grandes masas, sometida al vencedor y vivió bajo el gobierno de éste. Durante el largo período de tiempo que esa dominación dura, asoman, con acusada energía muchas veces, pruebas de vitalidad del pueblo sometido. Esas pruebas van, como es lógico, siendo cada vez menores, o más apagadas, pero todavía en la fecha de la reconquista de Granada se perciben huellas del pueblo mozárabe. El habla románica se hizo, al estar separada de sus cohablantes del norte, claramente arcaizante y familiar. Se trataba de una lengua para usos caseros, con escaso o nulo cultivo literario. La lengua de la cultura y de la administración era el árabe. Esa lengua mozárabe fue absorbida, paulatinamente, por los reconquistadores, bien mediante éxodos de los hablantes hacia las comarcas cristianas del norte, bien siendo olvidada y sustituida voluntariamente por el idioma del conquistador cristiano.

¿Cómo fue el vivir histórico de los mozárabes? Menéndez Pidal ha señalado detalladamente [1] la evolución histórica de la mozarabía. Ha perfilado el ilustre maestro tres grandes períodos: uno, el primero, de rebeldía, de heroísmo y martirio, que puede considerarse terminado en 932, fecha de la sumisión de Toledo al poder califal. Es época de exaltación de la fe, de martirios (San Perfecto, San Eulogio), en la que aún quedan es-

---

[1] V. *Orígenes*, § 86 y ss.

critores de importancia, como, por ejemplo, Alvaro Cordobés. En este período, hubo incluso musulmanes de elevada categoría social, o muy considerados por sus virtudes, que ignoraban el árabe y se expresaban solamente en romance. En general, las personas cultas eran bilingües. Los dos primeros siglos de dominación árabe se caracterizan por el predominio de la aljamía. A esto contribuiría mucho el hecho de que las grandes ciudades, como Sevilla, estaban llenas casi totalmente de hispano-godos, frente a la costumbre árabe de vivir en los campos. Esta época se caracteriza asimismo por el gran influjo que estos mozárabes del sur ejercen sobre los cristianos del norte, a los que ayudaron muchas veces en repoblaciones y empresas culturales.

El segundo período es de postramiento. Menéndez Pidal lo lleva hasta 1099, año de la muerte del Cid y fecha de la primera persecución de mozárabes decretada por los almorávides. En 1102 es abandonada Valencia y se produce la primera gran emigración en masa. En este segundo período, la cuestión del idioma se plantea, poco más o menos, como en el anterior. Sabemos de eficaces intervenciones de mozárabes en embajadas, y existen testimonios de viajeros, entre los que destaca el del oriental Almocadasí (segunda mitad del siglo x), quien dice: «La lengua que hablan los de occidente es arábiga, si bien oscura y difícil de entender, distinta de la que hemos mencionado en otras regiones; tienen además otra lengua semejante o relacionada con la romí» 'la latina'. En este período, algunos escritores destacan como extraño el no saber hablar la lengua romance [2].

Por este tiempo, aún intervienen en importantes empresas los mozárabes. Se sabe la ayuda que un monasterio mozárabe, el de Lorván, prestó a Fernando I en la reconquista de Coimbra (1064); también ayudaron en la reconquista de Tamarite de Litera y de Alquézar (1065). Cuando el Cid conquistó Valencia, puso mozárabes como centinelas de la ciudad, «porque fueron

---

[2] El cordobés Ben Házam, muerto en 1064, comenta varias singularidades, que encontraba en la familia árabe de los Bali, establecidos en Morón: «Por lo que toca su lengua, no saben hablar en *latinía*, sino exclusivamente en árabe, y esto tanto las mujeres como los hombres» (*Orígenes*, pág. 423).

criados con los moros et fablavan así como ellos et sabien sus maneras et sus costumbres»[3]. Incluso hay huellas de manifestaciones literarias: un mozárabe escribe una Crónica a mediados del siglo XI, en la que recoge un relato poético, en lengua vulgar, sobre la hija del conde Don Julián y el rey Vitiza.

Por último, el tercer período es de emigración y gran mengua de los mozárabes, debido principalmente al fanatismo de almorávides primero, y de almohades después (a partir de 1146). Los mozárabes que no lograron marchar a territorios cristianos[4] fueron trasladados a África (en 1106 los de Málaga). Se sabe de la frustrada empresa de Alfonso I de Aragón, al que los mozárabes de Granada pidieron ayuda, asegurándole un levantamiento. Alfonso I llegó a Salobreña, en la costa granadina, pero sin grandes resultados. Más de 10.000 mozárabes se marcharon siguiendo al ejército aragonés en su retirada[5]. En venganza de esta expedición, el emperador almorávide Alí deportó a África grandes masas de mozárabes, internándolos en Marruecos (1126)[6].

---

[3] «Dixo a los moros que aquellos omnes que guardauan las torres et aquella puerta de la villa que él teníe, que non los pusiera y por mengua que él auíe de los de su casa, et sessudos et sabidores pora quequier, mas porque fueran criados con los moros et fablauan assy como ellos et sabíen sus maneras et sus costumbres, et que por esso los escogiera et los pusiera en aquel lugar, et que les mandaua et les rogaua que fiziessen mucha de onrra a los moros, et que cada que passassen los saludassen et se les humillassen et les diessen la carrera» (*Primera Crónica General*, NBAE, V, Madrid, 1906, pág. 588 b).

[4] Huellas de estas emigraciones hacia el norte pueden ser los topónimos: *Toldanos* (León), *Toldaos* (Lugo) o *Mozarvez* (Salamanca).

[5] Con estos mozárabes emigrados, Alfonso I el Batallador repobló algunos lugares de frontera. Sirva de ejemplo el testimonio de la carta puebla de Alfaro, publicada por J. M. LACARRA, *Documentos para el estudio de la reconquista y repoblación del valle del Ebro*, Zaragoza, 1946, II, pág. 513.

[6] La deportación de cristianos a África fue sistema político empleado con frecuencia. «Cuando en el mismo año 1126, Alí entregó el gobierno de la España musulmana a su hijo Texefín, para retirarse a Marruecos, uno de los consejos que dio a su hijo fue el de enviar a África todos los cautivos, hombres o mujeres; con los hombres válidos formaba allí preciadas milicias cristianas. Y fiel a este principio, Texefín, al retirarse

Sin embargo, incluso en los momentos de mayor postración se sabe que la vida religiosa continuaba y el Papa Celestino III, en 1192, manda al arzobispo de Toledo que envíe a Sevilla, y a otras ciudades donde haya cristianos, algún sacerdote conocedor de las dos lenguas, para que cuide de los que se mantengan firmes en su fe, e instruya a los caídos en superstición. Todavía en 1227, once años antes de la reconquista de Valencia, nació en esta ciudad San Pedro Pascual, de familia mozárabe, escritor en latín, y más tarde obispo de Jaén y mártir en Granada.

En cuanto al idioma, aún conservaba en este período gran valor social, e incluso literario. Todos los botánicos que escriben en este período dan el nombre mozárabe de la planta de que hablan. La poesía tradicional, que en el siglo IX había inspirado a Moccadem de Cabra, siguió viva: en 1160 muere Ben Cuzmán, el autor del Cancionero famoso de los zéjeles, donde las muwaššahas tenían su última estrofa escrita en aljamía vulgar y de la calle. También de este tiempo son las muwaššahas hebreas, con los versos finales en romance (Judá Ha-Leví, 1075-1161).

Finalmente, en lo que se refiere al habla del ya reducido reino de Granada (siglos XIV y XV), sabemos que había un fuerte y ya natural influjo cristiano. El tunecino Ben Jaldún, que estuvo en Granada en la segunda mitad del siglo XIV, dice que en España hay mucha mezcla de lenguas... «por sus relaciones con los gallegos (leoneses y asturianos) y con los francos» (aragoneses). Una lengua mixta, árabe lleno de mozarabismos y de voces castellanas, es la que refleja el vocabulario de F. Pedro de Alcalá, hecho a raíz de la reconquista de Granada, en 1492.

---

a su vez al África, en 1138, se llevó consigo multitud de cautivos y mozárabes: 'multos christianos quos vocant muzarabes, qui habitabant ab annis antiquis in terra agarenorum'» (MENÉNDEZ PIDAL, *Orígenes*, página 426). El texto latino procede de la *Crónica de Alfonso VII, España Sagrada*, XXI, págs. 359 y 373.

FUENTES PARA EL ESTUDIO DEL HABLA MOZÁRABE

No existe documento alguno escrito en mozárabe. La reconstitución de este habla hemos de hacerla a base de los indicios y datos más o menos explícitos dispersos en diferentes obras o lugares. Éstos son, esencialmente, los glosarios latino-árabes [7], las citas en aljamía de varios escritores árabes, las inscripciones y los topónimos, y, por último, los cortos textos de las cancioncillas tradicionales contenidos en las jarchas o en el Cancionero de Ben Cuzmán. Con todos estos datos ha podido hacerse un copioso repertorio de formas, que ha servido para reconstituir el dialecto, e incluso localizar sus variantes [8].

---

[7] Los Glosarios son: el de Leyden, el más antiguo, considerado del siglo XI (aunque ha habido intentos de llevar su fecha al IX), escrito, según Menéndez Pidal, en el oriente español (Corominas piensa, en cambio, que en el occidente); el *Vocabulista in arabico*, del siglo XIII, conservado en la Riccardiana de Florencia, escrito en Aragón probablemente (Corominas lo piensa mallorquín) (V. *Orígenes*, § 84 bis; ahora puede verse con fruto el estudio de DAVID A. GRIFFIN, *Los mozarabismos del «vocabulista» atribuido a Ramón Martí*, Madrid, 1961, págs. 20-22); bastantes glosarios de voces vulgares, incluidos en obras de médicos, botánicos y farmacéuticos de los siglos X, XI y XII. Entre otros destacan uno anónimo, de hacia 1100, de autor probablemente sevillano, que registra aproximadamente unos 750 nombres romances (V. MIGUEL ASÍN, *Glosario de voces romances registradas por un botánico anónimo hispano-musulmán*, Madrid-Granada 1943) y la obra del zaragozano Ben Buclárix (muerto en 1106), quien cita unos 200 nombres. En el siglo XIII proporciona datos la obra de un botánico malagueño, Ben Albéitar; en el XIV lo hace la del almeriense Ibn Luyun, y ya en el XV lo hace el famoso *Vocabulista aráuigo en lengua castellana*, de Fray PEDRO DE ALCALÁ, impreso en Granada en 1505.

[8] Sobre los textos y la lengua de las jarchas, debe verse, entre los numerosos trabajos a que han dado lugar desde su descubrimiento (MILLÁS, CANTERA, STERN, E. GARCÍA GÓMEZ, etc.), los de DÁMASO ALONSO, *Cancioncillas mozárabes, Primavera temprana de la lírica europea*, en RFE, XXXIII, páginas 297-349, y el de R. MENÉNDEZ PIDAL, *Cantos románicos andalusíes*, en BRAE, XXXI, págs. 187-270. Los textos pueden verse en *Les chansons mozarabes*, edic. del mismo S. M. STERN, Palermo, 1953.

El uso de estas fuentes es particularmente difícil, por las limitaciones gráficas de la transcripción árabe y por la poca exactitud con que, frecuentemente, los hombres de ciencia, autores de los glosarios, transcriben las palabras vulgares. En algunos topónimos admitidos tal y como ya eran por el invasor, es fácil ver su ascendencia latina: Lucentum > *laqant* > *Alacant* 'Alicante'; Pace > *baŷa* > *Beja;* Caesar Augusta > *saqusta* > *çaragoça*, etc. Algunos presentan una forma fonética que discrepa con la que posteriormente les fue impuesta por la lengua conquistadora, en la comarca donde están situados. Por ejemplo, en el sur de Lusitania hay topónimos con la *-l-* conservada, en contra de la fonética del portugués; tal ocurre a *Molino* (Evora) y *Madroneira,* en tanto que en el norte se dice *moinho* y *Madroeira. Mértola* y *Odiana* son análogos. En Valencia existe *Campello* (no *Campell*) y en Mallorca *Muro, Campos,* no *mur* ni *camps;* en Granada existen *Albuñol* y *Castel de Ferro,* sin los diptongos típicos del castellano, etc. Son también útiles los repertorios de onomástica contenidos en los Libros de Repartimiento, de los cuales se conservan los de Mallorca y Valencia[9].

El habla mozárabe, como queda dicho, representa la relativa continuidad lingüística peninsular que, existente durante el período visigótico, se borra por la avalancha musulmana. A pesar de los pocos datos que poseemos, y de que no tenemos huella escrita anterior al final del siglo XI, podemos tener ideas precisas sobre la forma y variantes de las hablas mozárabes. Sobre esa capa, que habría supuesto, de evolucionar libremente, la transformación espontánea de la Península romanizada, existían variantes y fenómenos diversos que serían, más tarde, eliminados e igualados por el habla impuesta por el reconquistador[10]. Estas variantes obedecen a que, no siendo una lengua

---

[9] V. ALVARO GALMÉS DE FUENTES, *El mozárabe levantino en los libros de los Repartimientos de Mallorca y Valencia,* en NRFH, IV, 1950, páginas 314-346.

[10] La suposición de WARTBURG según la cual la Península constituía un «todo lingüístico cerrado» hasta la invasión árabe, no puede sostenerse (*Les origines des peuples romanes,* París, 1941, pág. 190). La diversidad mozárabe es bien clara, y obedecería a diferentes formas o grados de la

escrita, no tenía fijación. No hay que olvidar que se trataba de una lengua en ebullición, en plena gestación. Quizá alguno de sus cambios no se había acabado de realizar cuando sobrevino la invasión, sino que se fijó dos siglos más tarde, y ya en los dialectos del norte; así ocurre, por ejemplo, en la diptongación. Algo análogo se puede suponer con la sonorización de las consonantes sordas intervocálicas, o con la palatalización de *l- > ll-;* o la de los grupos *lj, dj,* etc. Podían estar ocurriendo ya en algunos lugares, pero quizá no estaba consumada su aceptación por todos los hablantes en el siglo VIII.

DIPTONGACIÓN

Los datos esenciales para el conocimiento del habla mozárabe proceden de escritores musulmanes. Dada la poca adecuación que el árabe tiene para la representación de las vocales (pocos signos y fácilmente omisibles), es muy difícil saber con exactitud el estado vocálico de las voces romances a que aluden. La *ó* tónica de los escritores árabes puede representar frecuentemente *uo.* La pronunciación era, seguramente, algo vacilante. Las personas más arabizadas pronunciarían *ó,* sin diptongo, y en cambio, las más vulgares dirían *uo.* Igual confusión existe para juzgar los diversos matices de ese diptongo procedente de *ŏ, we* y *wa;* en el siglo XIV y siguientes se distinguen con claridad gráficamente, pero no así en los anteriores.

Por otra parte, no había uniformidad en las diversas zonas mozárabes. En la comarca de Toledo debía de ser normal la diptongación. Los topónimos lo demuestran: Opta > *Huete,* aparece ya diptongado en El Edrisí, que escribe en 1154. Dentro del territorio toledano existen dos *Alpuébrega < *Alpóbriga.* También reflejan esa diptongación el ibérico Aranzocco > *Aranzueque* (de un origen análogo debe de proceder *Aranjuez,* nombre de lugar —Madrid, Cádiz y Murcia—); ese mismo sufijo *-occo* aparece en otros topónimos: *Mazueco, Barrueco,* y los

---

romanización, aparte de rasgos étnicos o culturales locales. V. HARRI MEIER, *Ensaios de Filologia románica,* Lisboa, 1948.

nombres del mismo reino de Toledo *Sirueque* y *Trijueque* (Guadalajara). *Huecas*, lugar del actual partido de Torrijos, ya se encontraba diptongado en el nombre de un ilustre musulmán del siglo XI, que, por haber nacido allí, era llamado *al-Uacaxi*. En voces no toponímicas, los mozárabes toledanos usaban *dueña* y *cochuel* 'cojuelo'.

El sufijo *-olus* se usaba mucho bajo las formas *-uo, -o;* un escritor moro de Guadalajara del siglo X era llamado *Ibn-ar-Royuol* 'hijo del Royuelo o Rojillo'.

También algunos topónimos de la comarca de Valencia revelan diptongo (Valencia dependía de Toledo civil y eclesiásticamente en tiempos romanos y visigóticos)[11]. Por ejemplo, Auriola > *Orihuela; Arañuel* en Castellón (comp. cat. *Arañó, Arañonet*), nombre que tiene aspecto mozárabe por la pérdida de la vocal final (hoy está en comarca aragonesa). Ben Alabbar (1198-1260) dice que el sufijo *-wel* < - ŏ l u s era muy usado por las tierras valencianas. Dos escritores valencianos del siglo XII eran llamados *Ibn-mauchuel* 'hijo del mochuelo', o *mocho* 'que tiene cortada una oreja'. Menéndez Pidal supone que *Ibn-baskuel* debe de ser el verdadero nombre del escritor corrientemente conocido por *Ben Pascual* 'hijo del Vascuelo o Vasquillo' (muerto en Córdoba; 1100-1182). El nombre fue muy corriente en Aragón; en los sitios de Zaragoza existe todavía un *don Juan Bascuel*. Sin embargo, existía vacilación, pues al lado de estos testimonios se encuentran otros sin diptongo. El Repartimiento de Valencia registra nombres como *Villanova, Avinfoco, Alponti, Alconcho, Barbatorta,* al lado de *Pedruelo* (nombre de un vecino de Valencia), *Azuela, Pozuelo* (grafía probable de *ue*).

---

[11] A. GALMÉS, *loc. cit.*, pág. 343, insiste con nuevos datos en la agrupación de Valencia con el centro peninsular. SANCHÍS GUARNER hace reparos a esta agrupación, ya que, según este investigador, Valencia se unió más con los pueblos del litoral y del Valle del Ebro que con el centro. Véase *Els parlars romànics anteriors a la Reconquista de Valencia i Mallorca,* en VII CILR, II, pág. 455. También es útil en este problema el trabajo de E. VERES D'OCÓN, *La diptongación en el mozárabe levantino,* en *RVF,* II, págs. 137-148.

El Repartimiento de Mallorca registra una propiedad *Pozueletx*, *Pozuatx* (junto a *Pozuechy*), *Luelh* < l ŏ l i u m 'cizaña' [12].

También la toponimia sirve para demostrar la existencia de diptongación en el reino moro de Zaragoza. El celta *Mundobriga* es el actual *Munébrega*, cerca de Calatayud (comp. *Burueba* > *Bureba*). Cerca de Tudela, en Navarra, hay un *Buñuel* < b a l- n e ŏ l u. Al sur del reino, encontramos *Teruel* < T u r i ŏ l u; en las cercanías de Belchite, un *Almochuel* repite el nombre de alguien que empleaba también el mote (recordado anteriormente) de *mauchuel* 'mochuelo'.

La Farmacopea de Ben Buclárix, judío que escribió en Zaragoza hacia el año 1100, registra muchos nombres españoles de plantas y drogas, muchos de los cuales acusan, asimismo, diptongación: *buelo* < b ŏ l u s 'terrón, arcilla'; *royuela* 'una hierba'; *castañuela* 'una clase de cebolla y otra planta'. Al lado de éstas el propio Ben Buclárix registra otros nombres con *o* (que podría ser *uo*): *culiantrolo* 'culantrillo', *balloca* 'ballueca'. La diversidad de representación de los códices contribuye a hacer más viva esta coexistencia [13]. Dentro de una misma voz existe la vacilación: *corriyuela* y *corriyola* 'la correhuela'. Muchos nombres de los que cita Ben Buclárix tienen decidido aire aragonés, y esto hace pensar que los diptongados, que él llama españoles, procedan de la mozarabía zaragozana [14].

Algo parecido ocurría en Andalucía. Algunos topónimos reflejan diptongación: *Huelva* < Onuba (importante por ser una ciudad casi insignificante, alejada del trato con los cristianos del norte); *Huércal*, en Almería, y *Lituergo*, cerca de Andújar, < *Ilitŏrgu, Iliturgis.

Ben Joliol, médico, escribió unos *Comentarios* a Dioscórides (Córdoba, 982) y en ellos da muchos nombres de plantas que él llamaba *latiníes*: *cabesairuela* o *cabiseiruela* 'planta con cabe-

---

12 GALMÉS, *loc. cit.*, pág. 320.

13 Los dos ejemplos fueron destacados por F. SIMONET, *Glosario de voces ibéricas y latinas usadas entre los mozárabes*, Madrid, 1888.

14 Los códices, además, plantean diferencias. Unos dicen: *laxtairuela*, *puerco*, mientras que otros registran *laitarola*, *porco*. También alternan *corriyuela* y *corriyola*.

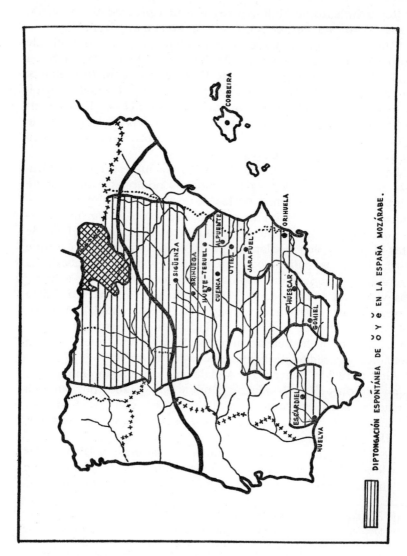

II.—Diptongación espontánea en la España mozárabe.

zuelas', *corriyuela* 'correhuela', *bretoñuela, beretoñuela* < *brit-tonicus; *tuera* < thora, nuestra hierba *tora* o *tuera*. Entre las voces registradas por Ben Joliol hay hasta diptongación ultracorrecta: *zicueta* < cicūta, voz que parece indicar una comarca donde la diptongación es ajena y no muy bien comprendida [15].

Las vacilaciones *ue, uo, o* eran muy grandes en Andalucía. Ben Joliol y el botánico sevillano usan, como Ben Buclárix, *royuela*, pero el botánico sevillano usa también *royola*, como Ben Albéitar, malagueño. Lo más frecuente era *o*. Un partidario de Omar ben Hafsun (muerto en 917) tenía de apodo *el Royol;* Ben Cuzmán (a principios del siglo XII), que usa muchas voces romances en sus poemas, las emplea, por lo general, sin diptongo: *bona, podo, morte*. Igual aversión por el diptongo demuestran algunos topónimos: *Albuñol* (Granada), frente al *Buñuel* citado más atrás [16]; *Ferreirola;* el lugar que hoy llamamos *Hornachuelos* es citado por El Edrisi y Ben Alabbar por *fornacholos; Puente de Pinos*, en Granada, figura en documentos del siglo XV por *Ponte Pinos*. En las cercanías de Granada aún quedan *Fontes, Fonte, Daifontes*. Falta de diptongación revelan las voces registradas por Pedro de Alcalá en su *Arte de la lengua arábiga*, 1505. El diptongo aparece tan sólo en los préstamos hispánicos (*yerba, sueldo*, etc.); lo corriente es la falta de él: *força* 'fuerza hecha a mujer'; *coroca* 'clueca'; *ruca* 'rueca'; *xucr* 'suegro'; *torchul* 'torçuelo, ave'; *cordul* 'cordón'; *corryula* 'corregüela', etc.

---

[15] El botánico sevillano editado por Miguel Asín refleja asimismo gran vacilación: *corno, porco, calabaƶola, uortaría, uartairo, peruelo, cantués, castanyuelo, boy, buey*. Por lo general, usa la forma diptongada al lado de la no diptongada, esta última como más autorizada o prestigiosa. (V. *Orígenes*, pág. 137.)

[16] Existe un *Albuñuelas* en el partido de Orgiva. Pero Menéndez Pidal piensa que se trata de una terminación rehecha por ser corriente en el idioma general. El topónimo pudo haber estado hasta tiempos muy recientes sin el diptongo, como ha llegado *Ferreirola*, en la misma comarca.

El diptongo existía también entre los mozárabes. Probablemente la forma -*ja*-, la más frecuente, por lo menos estaría entre ellos, muy arcaizantes, más arraigada que en el norte peninsular. Aparece siempre que *ĕ* es inicial: *yarba, yerba* < h ĕ r b a, forma parte de multitud de nombres de plantas en Ben Joliol (cordobés), en Ben Buclárix (zaragozano), en el botánico sevillano de 1100, en Ben Albéitar de Málaga (muerto en 1248). También aparece en posición átona: *yerbato*, voz aún existente en asturiano (comp. *huertano*). La misma vacilación se encuentra en *yedra, yadra*, en el botánico sevillano y en Ben Buclárix. Pedro de Alcalá registra *yedra*. También análoga vacilación acusa el derivado de ĕ b u l u > *yedgo, yadgo*.

Cuando la *ĕ* no es inicial, es más frecuente la ausencia de diptongo. Hay *mielca, latrien, latierna* < a l a t e r n u s, pero *lebre, pede, terra, bento* 'viento'. Ben Cuzmán no diptonga: *toto, ben*. El sufijo - ĕ l l u aparece casi siempre sin diptongo, aunque la mezcla es lo normal: *tomello* y *tomiello; nabello* y *nabiello*, etc.

La diptongación se daba en una gran área geográfica. En las zonas orientales, donde hoy no hay diptongo por obra de la posterior colonización catalana, lo había, según el testimonio del valenciano Ben Alabbar (principios del siglo XIII): habla de *Ibn Monteyel* 'Ben Montiel', cadí de Valencia por 1101, y también un literato de Murviedro. Es el actual *Montiel*.

El Repartimiento de Valencia cita *Xilviela, Çalorieta, Avenfierro, Castiella*, etc. (pero también *Portella, Avixello, Ferro*, etc.). El Repartimiento de Mallorca aduce un *Benimonagchil*, que procedería de un m o n a c h ĕ l l u (MENÉNDEZ PIDAL, *Orígenes*, § 150; GALMÉS, *loc. cit.*, pág. 321). La vacilación se refleja hoy en los topónimos. En Valencia hay: *Godella, Xirivella, Estivella*, pero también hay, en la zona castellana, *Barchel, Pajarel*, y hasta con diptongo: *Utiel, Cabriel, Caudiel*, etc. La diptongación no se producía en Lérida ni en la desembocadura del Ebro [17].

De otras comarcas existen testimonios análogos: *Ibn Kardiel* se llamaba un personaje toledano, muerto en 1087, es decir, el actual *Cardiel* 'cardillo'. *Ibn Burriel* es otro nombre de Guadalajara del siglo XI. Análogos casos existen en Andalucía y Levante. Lo típico era la coexistencia de las formas plenas al lado de las apocopadas, de las diptongadas al lado de las sin diptongar. Todo iba de acuerdo con la conciencia lingüística del hablante, quien podía escoger entre -*ello*, forma culta y plena, la familiar -*iello* y la más corriente -*iel* o -*el*.

Un testigo de la pronunciación -*ja*- del diptongo puede verse (MENÉNDEZ PIDAL, *Orígenes*, 151) en el topónimo *Moratalla* (Murcia), llamada antes *Muratiella, Moratiella*, y quizá vulgarmente **Moratialla*. Análogo caso es el de otro *Moratalla* en la provincia de Córdoba, llamado *Moratiella* en la *Primera Crónica General* (comp. cast. *Moratilla, Morata, Morato*, etc.). La *a* moderna no sería monoptongación de -*ia*-, sino adaptación árabe del latín -*ella*, sin diptongo: c a s t e l l a > *Castalla*, río y pueblo de Alicante, o *Cazalla*, en Sevilla (*Castalla* en la *Primera Crónica General*, 740b). Ese nombre ha persistido en Algarve, región donde no consta la diptongación: *Cazala*, hoy *Cacella*. La forma moderna prueba que hubo un diminutivo en Portugal, -*ella*, al lado de -*alla*, como en Murcia y Cuenca la castellana *Moratiella* en vez de la extraña *Moratalla*.

De todo lo expuesto se desprende inmediatamente una conclusión: la diptongación se reparte sin cohesión alguna y seguramente no existía en hablantes cultos. La modalidad diptongada parecía haberse impuesto en Toledo, Zaragoza, quizá en el valle del Guadalquivir, pero no se había generalizado en el oeste, el valle bajo del Guadiana ni en la costa levantina.

---

[17] Ver SAMUEL GILI GAYA, *Notas sobre el mozárabe de la Baja Cataluña*, en VII CILR, II, págs. 486-488.

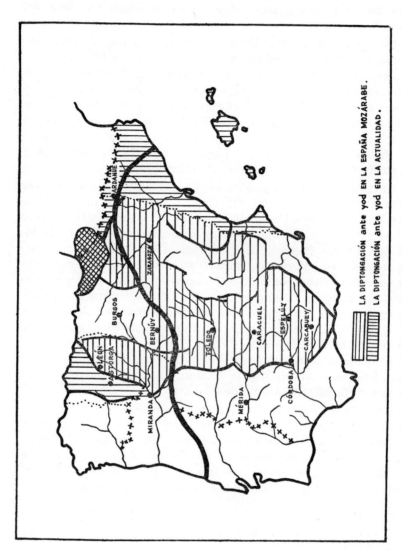

III.—Diptongación ante yod.

El mozárabe conoció la diptongación de ŏ y de ĕ ante yod, sumándose así al aspecto más general de la Romania. Esta diptongación en España se extendió sin solución de continuidad desde Cataluña hasta Asturias. El mozárabe era, pues, la superficie de nexo entre aragonés de un lado y leonés de otro, continuidad rota posteriormente por el castellano, que no diptongó en esas condiciones. (Tampoco ocurrió en la zona occidental: Galicia y Portugal. Ver MENÉNDEZ PIDAL, *Orígenes*, pág. 496.) Los ejemplos toponímicos que atestiguan la diptongación mozárabe ante yod son bien claros: C a r a c ŏ i (nombre de un pueblo de Ciudad Real) se llamaba en el siglo XIII *Caracoy* o *Caracuey*, con el diptongo difícil a la fonética castellana, y también *Caracuy*[18], con reducción del diptongo (como en catalán o c t u > *uit*, c o c t u > *cuit*), y también *Caracuel*, como hoy. La terminación *-el* asimilaba el extraño *-uey* a otros nombres de lugar más importantes o conocidos (*Teruel, Montiel, Gumiel*). Igual caso es el de *Espeluy* (Jaén) y *Carcabuey* (Córdoba)[19].

Todos estos nombres deben ser interpretados como en Aragón y Cataluña, es decir, como pruebas de que al sur de la Península existía la diptongación ante yod. A estos nombres pueden añadirse *Estercuey, Estercuel*, despoblado cerca de Tudela (Navarra), llamado en los autores árabes *Estercoy;* otro *Estercuel* hay en el norte de Teruel. *Cuelga, Quelga*, era el nombre mozárabe de k o l i a, la actual *Culla* (Castellón), por haberse catalanizado con la Reconquista (comp. *fulla* < f o l i a).

En voces comunes, hay muy pocos ejemplos de diptongación. Ben Buclárix, que escribía poco tiempo antes de la recon-

---

[18] Véase FRANCISCO DE B. MOLL, *Gramática histórica catalana*, pág. 85; A. BADÍA, *Gramática histórica catalana*, § 51.

[19] En este último no hay nada del latín b ŏ v e. Comp. *Villa Calaboi de Cea*, en León (hoy *Villacalabuey*); *Bernuy* (Ávila, Segovia) es el latín v e r a n u s + el sufijo ibérico *-oi*: v e r a n o i > *Beranué* y *Beranuy*, en Aragón. (MENÉNDEZ PIDAL, *Orígenes*, pág. 142.)

quista de Zaragoza, habla de una ortiga que se llamaba en español _uelyo negro_ 'ojo negro'. La misma planta es en el botánico sevillano _ualyo neger_. Las formas no diptongadas serían también muy usadas. Ben Cuzmán usa _noxte_, sin diptongar (MENÉNDEZ PIDAL, _Orígenes_, págs. 142-143).

REDUCCIÓN DE -IELLO > -ILLO

El diptongo -_ie_ < ĕ se reduce a _i_ con frecuencia, sobre todo ante sonido palatal, especialmente _ll_. Es fenómeno típico del castellano. Entre los mozárabes está atestiguada la vacilación.

Ben Buclárix registra _culebrilla_ y _culebriella; tomillo_ y _tomiello; espatilla_ y _espatiella_. El botánico sevillano de hacia 1100 también presenta formas dobles: _mansanilla_ y _mansanella_ (citadas como toledanas); _espartillo_ y _espartello_. Al lado de estas dobles formas, registran algunas voces con una sola: _acuchilla_ 'agujilla', _carnilia_ 'diminutivo de carne'. Que la pronunciación era -_illa_ y no -_ialla_ lo demuestran el _Vocabulario_ de Pedro de Alcalá (_cardilla, tordilla_) y algunos topónimos del reino de Granada: _Garnatilla_, citado por Ben Aljatib (siglo XIV), hoy _La Garnatilla; Torrillas_, etc. (_Orígenes_, pág. 157).

PÉRDIDA DE LA -O FINAL

En el habla romance hubo vacilación entre la pérdida y la permanencia de -o final. Ben Cuzmán usa palabras como _paniž_< p a n i c i u m; _milán_ 'milano'; _mascul_ < m a s c u l u s, al lado de _šelebato_ < S a l b a t u s 'nombre', y los participios _penato, wastato_, y voces como _katibo, kereyo_ 'creo'. La aljamía presenta pérdida de -o final detrás de las más diferentes consonantes: _ešparrag_ al lado de _espárrago; Luc_, el actual _Luque_ (Córdoba); _lop_ junto a _lobo_. A pesar del posible influjo árabe, la apócope de la -o final parece propia de la aljamía, igual que ocurre en el alto aragonés. Se perdía también detrás de _n_: _žebollín_ 'cebollino'; _poržin_ 'porcino' (junto a _caballino, mosquino_). El botá-

nico sevillano avisa que el orégano, *abrékano* en aljamía, era
llamado *abrekán* «por algunos aljamiados». La misma aljamía
usaba *forn* 'horno'. La tendencia al apócope se registra no
sólo en aragonés, sino también en el occidente asturiano y leonés. Comp. el actual *vecín, molín, vilán,* etc.

Tras *-z: paniz* se encuentra en Ben Cuzmán. Los topónimos
Alcañiz (Teruel), junto a *Alcañizo* (Toledo) o *Cañizo* (Orense,
Zamora); *Gormaz* < V o r m a t i u; *cedaz* < s a e t a c i u, aparece seis veces en un cantarcillo del *Cancionero Musical* de
Barbieri, al lado del plural *cedazos.* También se perdía detrás
de *l,* como lo prueban los abundantes ejemplos de sufijo - o l u >
wel: Sanchol, Albuñol, Arañuel, y del más abundante todavía
- ĕ l l u > *-jel, -el: lawriel, Monteyel* 'Montiel'. Ben Buclárix
llama a una planta *fušiel* 'husillo' y el botánico sevillano designa bajo *fušello* a un cardo.

La misma vacilación se registra en el copioso sufijo - a r i u;
lo mismo en Valencia que en Andalucía se decía a la vez *kaba-
ḷayr* y *kopeyro.*

También - e t u presenta análoga evolución. Ben Hayyan (siglo XI) nos habla de *kaṇet* < c a n n e t u, el actual *Cañete* (Cuenca, Murcia, Córdoba, Málaga), que en escrituras del siglo XII
aparece nombrado por *kaṇét* y *kaṇéto* indistintamente; en documentos valencianos del siglo XIII se lee *Liriet* < l i l i e t u;
el Repartimiento de Sevilla habla de *Palmit,* y el de Málaga de
Palmete [20].

Fuera de la terminación - e t u encontramos voces como
aržint, aryent, nombre de la plata, que usan Ben Joliol en el
siglo X, Ben Buclárix en el XII y casi toda la literatura española
medieval (*aryent bibo* 'azogue').

---

[20] Compárense los actuales *Pinseque, Luque, Mascaraque, Jadraque,
Palomeque, Tembleque, Trijueque,* etc. En Portugal existen *Ourique, Ba-
toque, Monchique.* En todos ellos hay etimología con *-o* final, desaparecida tras consonante que hoy no es final en castellano. (Lo mismo ocurre
con *alcornoque* < lat. tardío q u e r n u s 'encina', con el sufijo - o c c u s;
COROMINAS, DCELC, s. v.).

Documentos toledanos de diversas fechas registran *entenat* junto a *entenato*. Otras veces presentan siempre *-o* final: *marito*, *aneto* 'eneldo'.

La vacilación existía asimismo en Valencia y Baleares, contrariamente a la pérdida total impuesta por el catalán de la Reconquista. El Repartimiento de Valencia habla de heredades como *Alombo, Castelo, Yelo*, etc. (frente a los valencianos *Carlet, Capdet, Quart*, etc.). El Repartimiento de Mallorca cita alquerías como *Cubo, Pino, Caneto, Muro*, etc. Algunos nombres estaban tan arraigados, que aún subsisten, como *Muro, Campos* (MOLL, *Gramática histórica catalana*, pág. 52) o los frecuentes *Porto* (*Porto Cristo, Porto Saler, Porto Pi, Porto Petro*).

La antigüedad y el fuerte arraigo del apócope se demuestran con la abundancia verdaderamente extraordinaria de topónimos y antropónimos *-iel, -el, -uel, -ol*, etc., que existen diseminados por todas las regiones de la Península. Menéndez Pidal (*Orígenes*, 365) ha registrado una copiosa lista. Comp. los portugueses *Alfornel, Alportel, Souzel, Alconchel* (varios en España), *Barcel Courel, Mourel, Pinhel*, etc. En Andalucía, *Odiel, Sotiel* (Huelva), *Muriel* (Córdoba), *Escardiel* (Sevilla), *Albuñel* (Jaén), *Albuñol* (Granada). Lo mismo el murciano *Parriel* o los albaceteños *Plañel, Serradiel*. Análogos son los valencianos *Utiel, Castiel fabib, Jarafuel*. En *Teruel*, además del nombre de la ciudad, *Tramacastiel, Jatiel, Cabriel, Estercuel*. Este tipo de nombres surge por todas partes: *Campiel, Sobradiel, Pradiel, Pozuel, Berbedel, Almochuel* (Zaragoza). En la misma provincia, *Terrer, Pinseque* (sustituida la *-o* por *-e* de apoyo); *Daimiel, Gargantiel, Montiel, Almuradiel*, en Ciudad Real; *Almoradiel, Estibel, Cardiel*, en Toledo; *Carabanchel*, en Madrid; *Turmiel, Villel, Mantiel*, en Guadalajara; *Baniel, Ojuel, Muriel, Valdelubiel, Bandiel, Ardiel*, en Soria; *Cardiel, Pedruel*, en Huesca; *Buñuel*, en Navarra; *Boniel, Gumiel, Barruel, Pradiel*, en Burgos; *Villamuriel, Villafruel, Villameriel*, en Palencia; *Bercimuel, Fuentepiñel*, en Segovia; *Villamarciel, Muriel, Piñel, Cardiel, Jaramiel*, en Valladolid; *Zapardiel*, en Ávila; *Mozodiel, Garriel, Valdunciel*, en Salamanca; *Fernandiel, Valdescorriel, Justel*, en Zamora; *Villamoratiel, Filiel, Villarmeriel, Valfartiel*, en León; *Carcediel, Fai-*

diel, Bardiel, Carriel, Villabonel, Embernel, Castropol, Bospol,
etc., en Asturias; *Mourel, Piñel, Villapol,* en Galicia.
Muchos más nombres pueden verse en MENÉNDEZ PIDAL,
Orígenes, págs. 180-185. Esta copiosa lista, sin embargo, no es
más que una parte, quizá pequeña, de la que antes existió, ya
que la vacilación entre la forma plena y la apocopada llega
hasta el siglo xiv. El Becerro de las Behetrías (1352) llama
Fontaniel al actual *Ontanilla* (Palencia) y *Barbadiel del Pez* al
actual *Barbadillo del Pez,* o *Bustiel de Xave* al que hoy llamamos *Bustillo de Chaves* (Valladolid), etc., etc.

G.ª de Diego (*Dialectología,* pág. 291), a la vista de tantos
y tan importantes casos, considera la pérdida de -*o* final como
rasgo típico del habla mozárabe. Por lo menos, parece claro
que es el más copiosamente atestiguado. Se trataría de la evolución más avanzada en el período de la ocupación musulmana.
En lo que se refiere a otras vocales finales, la -*a* persistía en
algunos casos, y en otros caía: *verruca,* pero *bauç* 'balsa, laguna'; *binac* < pastinaca. Algunas veces venía representada por
e: c r ī s t a > *qriste.*

La -*e* final vacilaba también. El anónimo sevillano registra
dolche y *dols* < d u l c e. Lo más frecuente era la pérdida. En
los casos de conservación, no es extraño verla representada
por -*i.* Así aparece en el *Cancionero* de Ben Cuzmán (*nuhti*
'noche'; *riqueri* 'requiere') y en las jarchas: *mali, demandari,
pidi.* Algunas veces, esta -*e* final está representada modernamente por -*o,* dilación usual en mozárabe, como ya señaló Corominas (DCELC, I, pág. 902): c o r t i c e > *corcho*[21]; c o r b i s >
corbo 'cesto'. El fenómeno era frecuente en Andalucía y Levante.

DIPTONGOS DECRECIENTES

Rasgo fundamental y característico del mozárabe y expresivo
sobremanera de su arcaísmo fue la conservación de los dip-

---

[21] Véase, para la historia, generalización y extensión de *corcho,* el
sugestivo estudio de VITTORIO BERTOLDI, *La Iberia en el substrato étnico-
lingüístico del mediterráneo occidental,* en NRFH, I, 1947, pág. 128-147.

tongos decrecientes. Al sobrevenir la invasión árabe, el habla estaba en la etapa arcaica *ai*. Como quiera que el romance se convirtió en una lengua arrinconada por las exigencias del árabe, el diptongo permaneció en ese grado de su evolución durante muchísimo tiempo. A la vez, el árabe adoptó muchas voces románicas con ese diptongo, lo cual contribuyó por su parte a prolongar su existencia y fijarlo. El diptongo *ai* era muy usado en Andalucía. Ben Joliol, que escribía en Córdoba por el año 982, recoge muchos nombres latiníes de plantas, entre ellos el de la *cuajaleches*, a la que llama *laxtaira* < l a c-t a r i a. Ben Cuzmán usa *pandayr* 'pandero', *yanayr* 'enero', *kerray* 'querré'.

No cabe duda de que era *ai* y no la variante *ei*, porque lo demuestran algunos testimonios: quien escribió el *Glosario* de Leyden, a fines del siglo x o principios del xi, puso en caracteres latinos *bayro* < v a r i u 'color del caballo'. Mucho después, Pedro de Alcalá, en su *Vocabulario*, demuestra que tan lejano arcaísmo lo usaban aún los árabes granadinos: *plantayn* 'llantén'; *pandair* 'pandero'; *escalaira* 'escalera'; *Yennair* 'enero'; *sauatair* 'zapatero'; *fondacair* 'ventero'; *gorgayra* 'collar'. Todavía en los primeros años del siglo xvi, los documentos granadinos registran topónimos con el viejo diptongo: *Alpenailos* (hoy *Pinillos*); *Alcapaira*, *Alferreira*; a fines del siglo xvi (1577) se llamaba una heredad *La Carraira*. Hoy persisten en Las Alpujarras nombres como *Ferreira*, *Ferreirola*, *Capileira*, *Lungueira*, etc. Comp. los topónimos *Cairena* (Córdoba), *Mairena* (Sevilla), *Bailén*, *Alozaina*, *Lucainena*, etc.

Este arcaísmo *ai* era, como en Andalucía, general en el Levante. Un literato valenciano muerto en 1204 tenía de apodo *el sabatayr* 'el zapatero'. Están atestiguadas, en el siglo xiii, en vocabularios, voces como *pandayr*, *febrayr* 'febrero', *ballestayra* 'ballestera'. Que también se pronunciaba *ai* y no *ei* lo prueban los textos. La *Primera Crónica General* (fines del xiii) escribe con caracteres latinos *Gorbayra* 'Corvera', pueblo de Valencia. Las fomas con *ai* se conservaban todavía cuando la reconquista de Zaragoza. Ben Buclárix recoge nombres como *vitriayra* 'una yerba' o *kayẑo* 'queso'. La toponimia, lo mismo que en Granada, perpetuó algunos nombres con este diptongo: *Lombay* < l u m b a r i u; en Valencia y Alicante, *Cairent, Bocairent, Concentaina.* Los Repartimientos de Valencia y de Mallorca registran copiosos nombres con diptongo que posteriormente fueron sustituidos (*Unqueira, Alcaveiras, Albaneira,* con *ei,* pero *Menairola,* en el Repartiment de Mallorca; *Acullaire, Moschoaira, Alfornair,* en Valencia; GALMÉS, NRFH, IV, pág. 330) por formas más concordes con la fonética de los reconquistadores.

El mozárabe toledano ofrece análogos rasgos: *aben šantayr* 'santero' era el nombre de una familia musulmana del siglo x. Están atestiguadas voces como *šemtayr* 'sendero', *kaballayr* 'caballero', *aradeyro, rasyonayro,* etc., al lado de otras monoptongadas, como *šonreroš* 'sombreros', *perteguero. Bayka, bayga* persisten durante todo el siglo xiii. El Fuero de Vallfermoso de las Monjas (1189) dice *derrocadeiras, civeira, toseiras* 'tijeras'.

El arcaísmo desapareció, como ya queda dicho, por influjo de la lengua impuesta por los reconquistadores. Es de suponer que el siglo xiii sea el punto clave del triunfo de la monoptongación en Toledo y Zaragoza, las regiones de mayor arraigo mozárabe. Análogamente ocurriría en Valencia (MENÉNDEZ PIDAL, *Orígenes,* pág. 92)[22]. El diptongo *au* fue forma dominante en el mozárabe; el *Vocabulario* levantino del siglo xiii dice *lauša* < l a u s i a o *lausa, voz que persiste en el topónimo *Laujar* (Almería). En el mismo *Vocabulario* se encuentra *tauẓa* 'atocha'; el granadino conoció *paužata* 'posada'; *mauĉ* 'mochuelo'; *mauriško.* El anónimo sevillano designa a la 'col' por *kawle.* Ben Joliol habla de *lauro* < l a u r u s (SIMONET, *Glosario*).

Lo mismo en los casos de *au* secundario: s a l t u s > *šaut,* muy usado en las escrituras mozárabes toledanas del xiii y registrado por Pedro de Alcalá; t a l p a fue *taupa* entre mozárabes: también fue registrado por Pedro de Alcalá.

---

[22] Otros ejemplos: f u r n a r i u > *fornair* 'panadero'; *gorgaira* 'gorguera'; *lopaira; fachaira* 'rostro' < f a c i a r i a; *achetaira* 'acedera'; *carraira; moxcair* 'tonel' < m u s t i a r i u, etc. (G.ª DE DIEGO, *Dialectología,* página 292).

f- inicial.—Toda el habla mozárabe, de acuerdo con la Romania en general, y con todos los dialectos laterales actuales de la Península, conservaba intacta la f- inicial. La toponimia acusa multitud de ejemplos. Dejando aparte aquellos que por causa del dialecto impuesto por la Reconquista la conservan, nos fijaremos en cambio en las zonas donde la colonización castellana pudo haberla suprimido. Así vemos los murcianos *Fontanica, Fontanar* (varios), *Fontanillas* (varios), *Fonseca, Fausilla, Fontaneta, Fontanares;* los andaluces *Fontanar, Fontanares, Fontelas, Ferreira, Fontes, Faucena, Ferreirola, Fontanal, Fontanillas,* varias veces repetidos algunos de ellos y por toda Andalucía. Topónimos en tierra castellana como *Fompedrada, Piedrafita,* el extremeño *Fontanera,* etc., son testigos de esa conservación.

En el léxico común, los ejemplos son los conocidos: *faba, fico; felcha* 'helecho'; *forno, formica, forca,* etc.

g- + vocal palatal.—La *g-* o *j-* iniciales ante vocal *a,* o *e,* aparecen conservadas en el habla mozárabe, a diferencia del habla castellana, que las perdía. Es esta conservación un rasgo más, común con los demás dialectos peninsulares, un hecho fonético más, probatorio de la continuidad lingüística peninsular. Los ejemplos son bien claros: *yenešta* 'hiniesta, planta', es citada por Ben Joliol; *yeništela* 'hinestilla, planta', es recogida por Ben Albéitar (siglo XIII); *yenair* 'enero', es hispanismo frecuentemente usado. Ben Cuzmán, en su *Cancionero,* lo registra; el árabe granadino empleaba *yennair.* Una jarcha de Judá Ha-Leví usa *yermanella* < g e r m a n e l l a.

Ante vocal posterior, *j-* evolucionó asimismo a *y: yunco, yunᶻa* 'juncia'; *yunio, yulio,* etc. Esta forma con *y,* opuesta a la castellana, está atestiguada por la toponimia en muchos lugares de Castilla la Nueva, Murcia y Andalucía: *Yuncos* (Toledo), *Yunco* (Almería), *Yunquera* (Guadalajara, Albacete y Málaga);

Yuncler y *Yunclillos* en Toledo[23]. Sin duda alguna son restos
sobrevivientes del viejo hablar mozárabe.

pl-, cl-, fl- iniciales.—Frente a la palatalización castellana
en ḷ de estos grupos (o la gallego-portuguesa en ĉ), el habla
mozárabe parece que los conservó inalterados, lo mismo que
Aragón y Cataluña. Lo prueba la forma románica *plantain, aplantain*, que, como nombre de la yerba p l a n t a g o (esp. *llantén*),
registran los vocabulistas árabes en Andalucía, Toledo, Levante
y Zaragoza. Quizá aquí tengan un hueco los topónimos *Plana*
(Murcia), *Planilla* (Málaga).

Abundan los testimonios que revelan tendencia a desarrollar
una vocal entre los dos elementos del grupo consonántico (también si el grupo es con -*r*): f l u m e n > *bulumen;* b l i t a >
bilita 'bledo', y *billitela* 'acelga'; c l a u s t r o > *calauxtro;* c l o c-
c a > *coloca* 'clueca'; f l o r e > *folor.* En casos de consonante + *r*: b r u c u > *buruc;* t r i n a > *tirina* 'hierba trinitaria';
d r a c o n t e a > *tharacontiya*, etc., etc. También está atestiguada la sonorización de la consonante agrupada con *r*: c r i n e a >
grenia 'crencha'.

l- inicial.—En cambio, debía de ser frecuente entre mozárabes la palatalización de *l-* > *ll-*. De Córdoba es la cita de Ben
Joliol *yengua buba* 'lingua bubula' o 'lengua de buey', planta.
Lucena, ciudad de la comarca cordobesa, se escribía *Al-Yussāna*
y se pronunciaba *Al-Yussena.* (En Jaén hay un topónimo *Llava-
jos.*) Quizá fuese ya un caso de yeísmo. De los mozárabes puede
proceder el marroquí *yuka* 'lechuza', (a) lūcu, registrado en
un vocabulario de principios del siglo xix[24]. Para Menéndez
Pidal (*Orígenes*, § 44) el topónimo soriano *Los Llamosos* de
l a m a puede ser de origen mozárabe. (Comp. *Llamoso* en Asturias, región de ḷ-, pero *Lamoso* en Pontevedra, *Vegalamosa*

[23] El actual *Unqueira*, en Granada, todavía se llamaba en el siglo xvi
Yunquera y *Junquera.* (SIMONET, *Glosario*).
[24] Corominas rechaza el yeísmo de *yengua* y *yuca* (DCELC, III, 124 b),
por considerarlo un anacronismo. Menéndez Pidal, sin embargo, ha vuelto
con nuevos datos sobre este yeísmo. Véase más adelante, pág. 83.

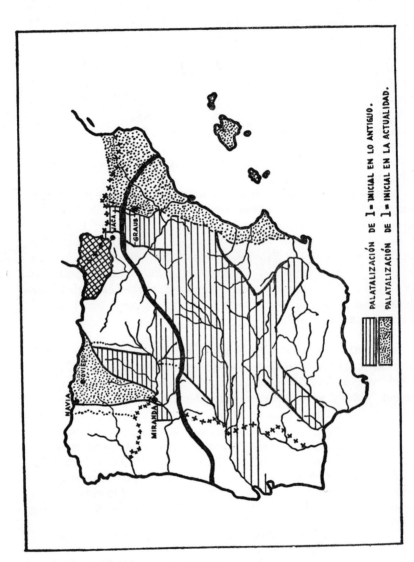

IV.—Tratamiento de *l-* inicial.

en León.) La *ll* se habría conservado en tierra castellana por influjo de *llama*.

La palatalización mozárabe de *l-* > *ĺ-* es otro fenómeno que enlaza las hablas orientales y las occidentales [25].

Otros sonidos iniciales.—La bilabial sorda *p-* no existía en el árabe. Por eso, en algunas voces del mozárabe, se ha transformado en *b-*. Es el caso del cast. *barchilla* < p a r c ĕ l l a; p e r s i c u > *albérchigo;* p e r s i c u l a > levantino *bresquilla* (o *fresquilla*). Lo mismo ocurre en algunos topónimos: Pace Augusta > *Badajoz;* Pace > *Beja.*

La *c-* ante vocal palatal se palatalizaba en *č*: centu > *chento;* quercu > *cherco* 'encina'; cicer > *chíchere* 'garbanzo'; caecu > *checo*, etc.

Sin embargo, había diferencias de evolución. El botánico anónimo editado por Asín registra una doble pronunciación: *chinco* y *sinco; sibaira* y *chibaira.* Esta doble evolución se percibe todavía en algunos topónimos: *Marchena, Luchena, Orche,* frente a *Lucena, Orce* y *Marcena.*

La *č* se encuentra hoy en los numerosos vocablos mozárabes que el árabe aceptó —y trasmitió—, especialmente topónimos. El árabe no evolucionó la palatal a dental, como hizo el romance, y por eso la diversidad. Los topónimos con *ch* son particularmente abundantes en el sur (*Marchena, Casariche, Marchán, Chircal*, etc.), en comarcas donde, al ser reconquistadas, no quedaban mozárabes apenas. Esos nombres revelan la forma en que fueron adoptados por el árabe y así volvió a recibirlos el español del norte [26]. Pero, entre los mozárabes, lo típico era

---

[25] David A. Griffin, *Los mozarabismos del vocabulario atribuido a Ramón Martí*, pág. 51, piensa que no debía de existir palatalización. Por lo menos, en el material del *Vocabulista* no encuentra huellas de ese fenómeno.

[26] Todo este problema de la evolución de *c-* ante sonido palatal ha sido considerado con su pericia habitual por Amado Alonso, *Las correspondencias arábigo-españolas en los sistemas de sibilantes*, RFH, VIII, págs. 12 y ss. De allí procede la conclusión de que, una vez hecha la crítica de los casos en que surge *ch* por *c* en la toponimia, hay que deducir que se trata de «la adaptación árabe del nombre, luego adoptado

una consonante que evolucionó a dental (*Lucena, Lucientes, Lucillos*, etc.).

La *s*- inicial aparece muchas veces palatalizada. No se puede considerar como norma, ya que en el sistema árabe no existía la s apicoalveolar, sino la predorsal. Sin embargo, hay casos como *šecar* 'segar', *šabin* 'pino' < sapinu; saponaria > *šabonaira* 'planta jabonera'; *Júcar* (< S u c r o), *Játiba* (< S a e t a-b i s), *Jalón* (< S a l o n e), *Jarama* (< S a r a m b a)[27].

Tratamiento de sordas intervocálicas.—La sonorización de las sordas intervocálicas presenta en mozárabe un aspecto complejo. En lo que se refiere a la -*f*-, el latín escrito entre mozárabes ofrece muchos ejemplos de sonorización, a semejanza de lo que ocurría en el latín leonés. El Concilio de Córdoba de 839 llama a los herejes *acebaleos* 'acephalos'. Sansón abad, que escribe hacia 865, dice *provectibus, reveratur*, al lado de ultra-correcciones; en Alvaro Cordobés, entre 830-860, se lee *adpro-femus*. De consonante distinta se encuentran pocos ejemplos: en un Glosario mozárabe de los siglos X-XI se lee: *gragulos, eglesia*. Hay evidentemente un fuerte contraste entre la abundancia de casos de sonorización de -*f*- y la escasez de los mismos referidos a otras consonantes. Menéndez Pidal (*Orígenes*, página 253) aventura la explicación de que quizá se deba a alguna porción de vulgo ibérico que, desconociendo la *f*, la sustituía por otra consonante labial.

La sonorización de -*f*- en territorio mozárabe presenta casos anteriores a la invasión musulmana. Una inscripción de Guadix del año 652 trae *pontivicatus*. Bastante anteriores son los casos

---

por los españoles, y que los dialectos mozárabes, aparte las pequeñas diferencias cronológicas que son de suponer para toda España, desarrollan la *c'* latina hacia la articulación dental (*ts*) en armonía con los demás dialectos de Iberia y de las Galias, y en oposición con los del oriente de la Romania».

[27] El paso *s* > *š* se encuentra también en Italia y Sicilia. (G. B. Pe-llegrini, *Sulle corrispondenze fonetiche arabo-romanze*, en *Boll. Centro Studi Fil. Ling. Siciliani*, V, 1957, págs. 104-116.)

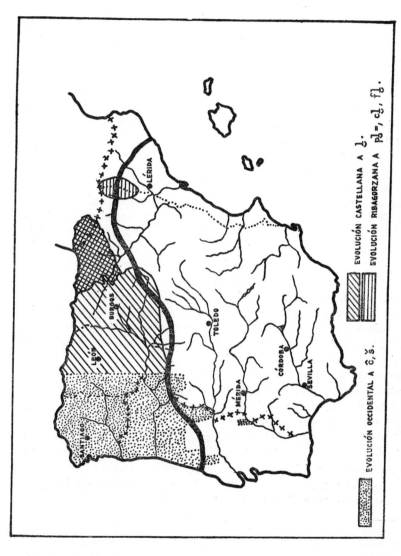

V.—Tratamiento de grupos iniciales con *l* (*pl-*, *cl-*, *fl-*).

seguros de sonorización conocidos en España, y todos corrientes en el territorio que después fue mozárabe: *lebra* 'lepra' (Mérida, siglo VII); *jubentudis* 'juventutis' (Torredonjimeno, Jaén, siglo VII); *eglesie* (Bailén)[28].

Los escritores musulmanes dan muchos más ejemplos de conservación de la sorda que de sonorización. La consonante sorda debía de representar una pronunciación culta, que era la preferida. Ben Cuzmán usa (primera mitad del siglo XII) voces como *toto, penato, wastato* 'gastado', *tornato, šukur* 'segur', *paltar* 'paladar'. Ben Buclárix cita *ortica, vitrio*. Ben Albéitar apunta *expatana* 'espadaña'. Todavía *cacayla* 'cagarruta', en el *Vocabulario* de Pedro de Alcalá, y *pulicar* 'dedo pulgar'. Al lado de estos frecuentes casos de sorda conservada, existen también los de sonorizada: el *Glosario* del botánico sevillano registra a la vez *barbuta* y *barbuda, ortica* y *ortiga*. Los escritores mozárabes toledanos llaman *Hammeda* (1182), *Al- ommeda* (1193) al pueblo *Alameda* de la Sagra. Los moros granadinos decían *dorada* al pez de este nombre, y *madeja*. Los léxicos registran *sogro* y *cabeseiruela*.

De todo esto puede deducirse que el sentido lingüístico de los cultos árabes, así como el de los clérigos mozárabes, era decidido partidario de las consonantes sordas, a diferencia del habla popular que se declaraba partidaria del vulgarismo románico de la sonorización, ya atestiguada como corriente viva y eficaz por las inscripciones de los siglos VII y VIII.

Córdoba, el nombre de la ciudad, era llamado *Kórtoba* < Corduba, y eso por gentes que sabían muy bien que los godos la llamaban *Córdoba*. Algo parecido ocurría con Zaragoza, que todavía en Pedro de Alcalá aparece con sorda: *Çaracozta* (en árabe *Sarakusta*). La ultracorrección era frecuente asimismo: ésta es la causa del topónimo *Beratón* (Soria, partido de Ágreda), que es s a n c t u m B u r a d o n i s.

---

[28] Hay que corregir el tantas veces citado *imudabit*, de una inscripción emeritense del siglo II, por tratarse de una fecha equivocada. La inscripción donde se encuentra tal voz no es del siglo II, aunque no parece posterior al v. Véase ARRIGO CASTELLANI, *Imudabit*, en *Archivio Glottologico Italiano*, XL, 1955, págs. 81-83.

La abundancia de sordas mantenidas como tales [29] hizo pensar a Meyer Lübke que tal conservación era un rasgo del habla mozárabe. Los casos de sonorización serían tardías importaciones del castellano [30]. Menéndez Pidal (*Orígenes*, pág. 258) impugna la teoría del filólogo alemán, apoyado en los casos citados arriba —y en otros muchos más—. Meyer Lübke no tuvo suficientemente en cuenta la diversidad interna, regional, de la Península Ibérica. Evidentemente, hay una zona mozárabe, que corresponde al Sur (Granada, Murcia) y el Levante (Mallorca, Valencia), donde las sordas no sonorizaban —o mejor, no sonorizaban todavía en la época que estudiamos—. En cambio, sonorizaban totalmente desde muy temprano (desde el siglo I) en la zona noroeste de la Península, la España céltica [31]. Antonio Tovar ha relacionado este fenómeno con el sustrato prerromano. Esto ayudaba a explicar el mantenimiento de las sordas entre los mozárabes, que vivían en la España ibérica y tartésica, no indoeuropea. El influjo del sustrato es aceptado por Menéndez Pidal, «pues aunque no vemos extenderse hasta el sur la decidida oposición a dicha sonoridad, característica del nordeste aragonés, el principio sentado por Tovar queda a salvo

---

[29] Son efectivamente numerosos los ejemplos: *lopa, lopaira, péperi* 'pimienta'; *eščopeira* 'escobilla'; *šecar* 'segar'; *fico, greco, formica, bocornia* 'bigornia'; *aucua* 'agua'; *lecua* 'legua'; *cocombro, cathena, bleto, aneto* 'eneldo'; *boyata, matre*. En toponimia aún persisten muchos casos que deben presentar sordas mantenidas, no en sí, sino en toda la palabra, secularmente transmitida: *Garnatilla* en Granada (ya citada), *Paterna* (varios en el sur y el este), *Granátula* (Ciudad Real), *Petres* (Valencia), *Pétrola* (Albacete), *Ficaira* (Murcia), *Petracos* (Alicante), etc.

[30] Ver MEYER LÜBKE, *La sonorización de las sordas intervocálicas latinas en español*, en RFE, XI, págs. 1 y ss.

[31] ANTONIO TOVAR, *La sonorización y caída de las intervocálicas y los estratos indoeuropeos en Hispania*, en BRAE, XXVIII, págs. 279-280. También considera el problema del dualismo sorda-sonora A. STEIGER, en *Zur Sprache der Mozaraber* (*Sache, Ort und Wort*), Romanica Helvetica, XX, Zurich, 1943; ver pág. 660. DAVID A. GRIFFIN, *loc. cit.*, pág. 60-61, piensa que no existió la sonorización. El *Vocabulista* (de origen oriental) no permite pensar otra cosa. Griffin se apoya, además, en los numerosos casos con la sorda conservada que aparecen en el léxico de Pedro de Alcalá, y en los mozarabismos modernos (*capacho, horchata, alcayata, Estepa, Estepona*, etc.).

con sólo comparar el noroeste céltico, donde se da un notable exceso de sonorización, con el nordeste ibérico, donde se observa un mínimo. Respecto a la parte más meridional, puede aquí tenerse en cuenta no sólo la existencia de los celtíberos en el centro, sino la presencia de importantes grupos célticos en la Bética, y además debe pensarse que la sonorización no se desarrolló peculiarmente en España, sino en toda la Romania occidental» (*Orígenes*, pág. 257).

OBSERVACIONES SOBRE OTRAS CONSONANTES

-j-, *-g-*, *-gi-* se conservaban aún (aunque algunos casos puedan revelar que ya había comenzado la pérdida): n i g e l l a > *niyella* 'neguilla'; *coriyula* < c o r r i g ŏ l a; *fulligín* < f u l l ī- g i n e.

Los grupos *-bj-*, *-vj-* ya palatalizaban: *marruyo* aparece en el botánico anónimo, y ya queda señalado por otras razones *Royo*, *Royol*. En la toponimia, hay *Purroi* (Huesca), *Montroi* (Valencia). También hay ejemplos de conservación de grupos: *rubiol* 'rubia, planta'.

Las intervocálicas *-n-* y *-l-* se conservaban en todo el territorio, incluso el que después las perdió por imposición del portugués de reconquista. Así lo revelan los topónimos *Mértola*, *Molino*, *Fontanas* (Evora), *Fontanal* (Lisboa). El botánico sevillano habla de *beleša* 'una planta'. La *-l-* en *cotovelo* < c u b i- t a l e es considerada mozarabismo por Corominas (DCELC, I, 929).

Las geminadas *-ll-*, *-nn-* no parecen haber alcanzado la palatalización (G.ª DE DIEGO, *Dialectología*, pág. 296): *fulliyín* < f u l l i g i n e; m o l l a r i a > *mollera* 'mollera'; a veces se representa con una sola *l*: *neyila*, *šintela*. El proceso de palatalización podía estar comenzado y reflejarlo grafías como *barbelya* < b a r b e l l a, *šintilya* < s c i n t i l l a, formas de Andalucía coexistentes con las anteriores.

Casos de *-nn-* son *canna* 'caña', *cabannas* 'cabañas'. La no palatalización persistió en portugués. La no palatalización se perpetuó en Levante en algunos topónimos (frente a la palatalización catalana de la lengua reconquistadora): *Cabanes* (Castellón); los derivados de p i n n a (*Penáguilas, Penadesa, Benicadell* —*Peñacadiella* en el *Poema del Cid*—), etc.

Era normal la conservación del grupo -*mb*-: l u m b o > *lumbillo; colomba;* u m b i l i c u > *imblic.* El botánico anónimo cita varias: *columba, columbares;* en Levante *polombina* < p a l u m b i n a. Un *Columbar* hay en Baleares (NRFH, IV, página 341). Topónimos de este tipo son los valencianos *Lombai, Lombes* (*Orígenes*, pág. 289). En este aspecto, el mozárabe iba con leonés y portugués y se apartaba del catalán, aragonés y castellano, que practicaban la asimilación. En cambio, el grupo -*nd*- se mantenía (como hoy en castellano y portugués, pero no en los dialectos orientales): *rotonda* 'redonda' (Simonet); *landeš* 'bellota'. En Valencia, sustituido el grupo por la asimilación de la lengua conquistadora, se documentan: *merenda* 'merienda.' *pandair* 'pandero'. Hoy lo reflejan algunos topónimos: *Fondó* (Alicante), *Pandiel* (Valencia) [32].

La vocalización en $\underset{\cdot}{u}$ de la *l* seguida de consonante, aparece en clara vacilación. Existen ejemplos que indican el cambio, como *baus* 'balsa', *fauchel* < f a l c e l l u, *saut* 'soto' (Simonet); *paumas* 'palmas', en el botánico editado por Asín. (Ya queda señalado atrás *taupa* < t a l p a, registrado por Pedro de Alcalá, véase pág. 35). Pero al lado de estos casos existen otros con la *l* inalterada (*falche, palma,* en el mismo Simonet). Era, pues, cambio aún no decidido ni estable.

Grupos con yod.—Los grupos -*lj*-, -*c'l*-, -*g'l*- aparecen entre mozárabes con el grado primitivo -*lj*-, o el romance *ll*, y también -*il*- (*Orígenes*, pág. 278). Ben Aljázar, tunecino (muerto en 1004), llama a la cerraja *šaŕáḷa;* la misma planta es llamada *šaŕálya* por el zaragozano Ben Buclárix, por el almeriense Ben Tarif (siglo XII) y por el malagueño Ben Albéitar. En el *Vocabulario* de Pedro de Alcalá esta planta se llama aún *xarrayla.*

---

[32] Para todo lo relacionado con el mozárabe en tierras valencianas véase Sanchís Guarner, *Introducción a la historia lingüística de Valencia*, Valencia, 1949.

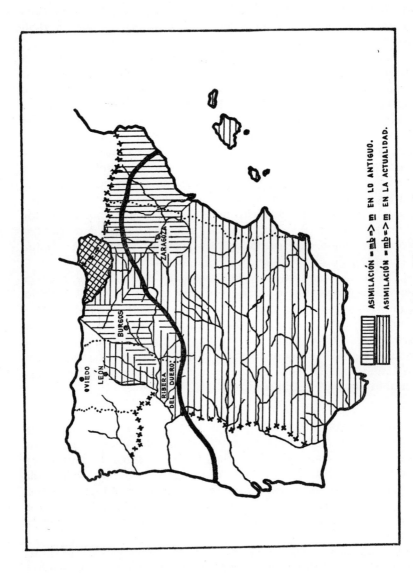

VI.—Tratamiento del grupo -mb-.

Este grado *įl* es de gran arcaísmo. Comp. *Bailén* < valius + enus; también comp. con los topónimos de *-jn-*: *Lucainena, Concentaina, Aloẓaina.* La forma *šarralya* quizá represente también un estado arcaico, anterior a la palatalización de *l*, pero otras veces el grupo *ly* es una equivalencia acústica del árabe (que no tiene *ḷ* lateral), pues también así se representa el derivado de *c'l*: o c u l u > *welyo* en Ben Buclárix. Otros casos: *follar* llamaban los cordobeses al hojaldre, según nos acusa el *Cancionero* de Ben Cuzmán; *kwalyo* era el nombre español del 'cuajo', según Ben Buclárix. Los mozárabes de Toledo, todavía en los siglos XII y XIII, cuando ya llevaban mucho tiempo de convivencia con los cristianos reconquistadores, pronunciadores de *vieẓo, afiẓado,* etc., decían *medalya, belyo, enfilyat,* etc.

Al lado de estos casos, hay otros, también mozárabes, con ž, ẑ. Según Menéndez Pidal, deben ser considerados como neologismos, ya que aparecen muy tarde. En Toledo, al lado de *konelyo* había (1222) un Juan Conejo (*koneẑo*); el árabe granadino del XV conocía *konẑair* 'perro conejero'; en Toledo, en el XIII, y en Granada, en el XV, se usaba la voz *cortijo* con pronunciación castellana: *kortíẑo.* El granadino del XV usaba voces como *corneja* y *mencejo* 'vencejo, cuerdecilla para atar'. Hoy se reconoce esta *ḷ* en los topónimos *Loriguillas, Millares, Trullos, Regallón* (SANCHÍS GUARNER, *Introducción a la historia lingüística de Valencia,* pág. 132) [33].

La evolución a *ḷ* restablece una vez más, a través del mozárabe, la continuidad lingüística de la Península: *ḷ* es también

---

[33] AMADO ALONSO, RFH, VIII, 1946, pág. 41, opina ante la frecuente transcripción *bieẏo, coneẏo,* etc., que los mozárabes tenían ẑ, como en Castilla. Menéndez Pidal, apoyándose en que el ejemplo que da Amado Alonso procede de la mozarabía toledana, ya posiblemente castellanizada, prefiere seguir considerando esas formas como neologismos castellanos (*Orígenes,* pág. 280). Otros ejemplos de *ḷ*: novacula > *nabalya;* fenuculu > *fenolyo;* tegula > *telya;* oricla > *orelya;* acucula > *aculyola* (GARCÍA DE DIEGO, *Dialectología,* pág. 298). Un análisis de los resultados palatales de estos grupos, e historia de las opiniones que han motivado, puede verse en A. GALMÉS, *Resultados de -ll- y -ly-, -c'l- en los dialectos mozárabes,* en RLRo, XXIX, 1956, págs. 60 y ss.

el resultado de estos grupos en aragonés y catalán por un lado y
en leonés y gallego-portugués por el otro.

Ya parece estar unificada la palatalización del grupo -*nj*-:
vitinea > *vitenya* 'vid roja', *castanya, castanyola*. Compárense
los numerosos derivados de b a l n e u: *Albuñol, Boñal*, etc.

Grupos cultos -ct-, -ult-.—La mozarabía conservaba la consonante oclusiva sin transformar. Los diversos resultados del
grupo son siempre distintos de la *ch* castellana. Nuevamente
estamos ante un rasgo que hermana las hablas mozárabes con
el gallego-portugués, leonés occidental y aragonés y catalán (y
en general con el resto de la Romania). Los testimonios que
poseemos nos señalan el resultado -*k't*-, como en el latín vulgar:
oktúbar 'octubre' en Pedro de Alcalá; *truhta* 'trucha', *laxtayra*
'cuajaleches' en Ben Joliol, del siglo x; *laxtayrwéla* en Ben
Buclárix; *noxte* 'noche' en el *Cancionero* de Ben Cuzmán.

Existe también el resultado románico -*it*-: *leyteẑinos* (aragonés moderno *lechecinos*) 'cerrajas', en Ben Buclárix. El mismo Ben Buclárix cita *leyte, leytukaš, leyterola*. Ben Alawam,
de Sevilla, siglo XII, apunta *armolayta* 'remolacha'.

Ejemplos con *ch* aparecen en algunos documentos, pero posteriores a la reconquista castellana. Así, un toledano de 1191
escribe *baruecho* (más de un siglo después de la reconquista).
El Fuero de Vallfermoso de las Monjas (Guadalajara), otorgado en 1189, consigna *baruechar, pecho*, al lado de *oitaua, drei-
tero;* y el de Madrid, 1202, *eiar* 'echar'; *proveio, dereio*, al lado
de *cutello, direto*. Aún en 1257 los mozárabes toledanos hablaban del obispo *lleito* 'electo' (MENÉNDEZ PIDAL, *Orígenes*, página 285). Idéntico comportamiento se produce en el grupo -*ult*-
(vulture > *vuctur* 'buitre', G.ª DE DIEGO, *Dialectología*, pág. 297).

Grupos de consonante + oclusiva.—Se vacila entre la conservación o sonorización de la sorda: *ardimon* < artemone,
en un escritor valenciano muerto en 1217. Ben Aljazzar, tunecino del siglo x, escribe *ordikaš;* la misma voz es registrada
con sorda por Ben Buclárix: *ortikaš*. La tendencia a conservar

la sorda uniría al mozárabe con el alto-aragonés. (Véase páginas 227 y ss.)[34].

Grupos -scj-, -stj-.—También en el tratamiento de estos grupos el mozárabe coincidía con el catalán, aragonés y leonés, alejándose del castellano: evolucionaba a una *š* prepalatal sorda fricativa: crescere > *crešer* (*creše cabello* 'culantrillo'). El vocabulista valenciano del siglo XIII registra *faša* (< fascia). Hoy vive en el topónimo *Carraixet* (Alboraya, Valencia) < *carrascetu.

Consonantes finales.—Por influjo del árabe se usan como finales muchas consonantes extrañas: *ešpaᵣag, lop, calápac* 'galápago'; *panich* 'panizo'; *žels* 'yeso'; la -e caduca ofrece finales como *felich* (< filice), *sinab* (< sinapi), *dols* 'dulce', *cond* 'conde', etc. En topónimos *Alcort, Alpuent*. Es decir, aparte de la vacilación románica en el tratamiento de la vocal final, se añadiría el fuerte influjo árabe[35]. En el mozárabe levantino la *n* final existía, como en el resto de los territorios mozárabes, pero luego fue borrada por la conquista catalana. El vocabulista valenciano cita *capón, canín* 'diente', *xairón* 'serón', *fulliyín* 'hollín', *plantain* 'llantén', *liben* 'mimbre'. Hoy persiste en el sufijo -en de los topónimos: *Agullent, Carcaixent*[36], *Bairén, Llullén, Marcén*, etc., etc.

NOTAS DE MORFOLOGÍA

Muy poco se sabía de la morfología mozárabe hasta la aparición de las jarchas (participios con la sorda conservada por

---

[34] La vacilación es ya muy antigua. Tito Livio habla de una ciudad *Ergavica* en la confluencia del Tajo y el Guadiela. Esa ciudad es *Ercavica* en las monedas. Análoga vacilación presenta *Turgalium-Turcalium* (MENÉNDEZ PIDAL, *Orígenes*, pág. 299). Una ultracorrección sería *Cortuba* < Corduba.

[35] Ver RAFAEL LAPESA, *La apócope de la vocal en castellano antiguo. Intento de explicación histórica.* En EMP, II, págs. 185 y ss., Madrid, 1951.

[36] MENÉNDEZ PIDAL, *El sufijo -en, su difusión en la onomástica hispánica*, Emérita, VIII, 1940, págs. 1-36.

latinismo: *wastato, tornato;* futuros en *-ei: atarey, kerey,* a veces *farayo,* etc., etc.). Estos poemillas han venido a ensanchar algo el conocimiento de que disponemos: he aquí lo más destacado:

Nombre y adjetivo hacían femenino y plural como en la lengua moderna: *šocro, šocra, šeco, šeca; bletos, ditos, ficos, petras, rosas;* los topónimos de Levante tienen plurales en *-os* (frente a los reconquistadores en *-s*): *Campos,* ya señalado. (Véase pág. 32.) Plurales en *-es* abundan en las comarcas orientales: *Cabanes* 'cabañas', *magranes* 'milgranas'; *paumes* 'palmas'. G.ª de Diego duda si no se tratará de un cambio fonético *-as > -es* más que de singulares con pérdida de *-a.* Menéndez Pidal se inclina a pensar que este cambio *-as > -es,* que hoy aparece en grandes manchas laterales (centro de Asturias, lugares de Sanabria y Salamanca, oriente peninsular), es un rasgo antiguo, «quizá de la época de la unidad visigótica, extendido desde Barcelona a Herges, ['Eljas'] por cima de multitud de dialectos varios». (ELH, I, pág. 49). Véase también más adelante, págs. 113-114.

El artículo masculino *el* se mezcló al árabe *al* y así ha llegado a nosotros en numerosos mozarabismos: *alcandor, alcancil, alcayata, alcornoque, almatriche, almorta, alpiste,* etc. Asimismo es fácilmente reconocible en numerosos topónimos: *Almonte, Alpuente, Alcubillas, Albuñol,* etc. Fundido con la voz se encuentra en *arubia* 'rubia, planta'; *apapaura < papavera* 'amapola'. El artículo femenino también aparece fusionado con la voz en *lazcona* 'azcona, arma', y *lentina* 'antena'. (V. G.ª DE DIEGO, *Dialectología,* pág. 300.)

Las jarchas registran posesivos *meu (meu Cidello, meu corachón); ma (ma alma); tu* vale para los dos géneros (*tu amor, tu vía*).

Como demostrativo *est, este,* es la forma atestiguada en los poemitas.

El pronombre personal es *eo* 'yo'; *tú* 'tú'; *ellu, él* para la tercera persona; *vos* como segunda de plural (*garid vos, ay yermanelas*).

Mib, mibi, dativo de primera persona, es muy usado (*vayse meu corachón de mib; que serad de mibi; non te tolgas de mibi*, etc.); de segunda persona es *tib* (*irem a tib*). Estas formas aparecen copiosamente, como *mibe, tibe*, en los documentos castellano-leoneses de los siglos X y XI (MENÉNDEZ PIDAL, *Orígenes*, § 66).

Las formas átonas son *me* (*me quéred gaire; cand me vernad meu habibi; no me tangas; me no farás; ¿qui tuelle-me ma alma?; gar-me* 'dime') y *te* (*non te tolgas de mibi; t'amarey; ven-te*). Obsérvese que ambos pronombres se usan por igual delante o detrás del verbo. También se emplean en las jarchas *os* (*os y entrad*) [37] y *se* (*se queda, vayse, se me tornarád*).

Los interrogativos usados son *qui* y *que*. El primero se refiere a personas (*¿qui tuelle-me ma alma?*) y *que* a cosas (*qué fareyo au qué serad de mibi?*). *Otri, otris*, indefinidos, y hoy vivos en hablas vulgares, también salen en las jarchas.

El infinitivo aún presenta la *-e* final: *volare, matare, demandari*; también aparece ya con la vocal perdida: *amar, estar, doler*.

El presente tiene su *-o* desinencial en la persona yo: *spero, quero*. En el futuro, *-ei* (*amarei, farei*) convive con *-ayu* (*farayu, vivrayu*), *-eyo* (*fareyo, sereyo*) y *-é*: *faré, levaré*.

Los verbos *-ere, -ire* hacen la segunda persona del presente *-es* o *-is*: *tenis, queres, queris*; el presente de subjuntivo conserva *-as*: *tolgas, tangas*. La tercera persona conserva la *-t*, aunque sonorizada: *quéred* 'quiere'; *vínded* 'vende'; *éxid* 'sale'; *tornarád* 'tornará'; *vernád* 'vendrá'. Esta *-d* también aparecía en documentos del norte durante los siglos X al XII (*Orígenes*, § 70). Las jarchas también presentan casos con la *-t* perdida: *tuelle, pidi, vene*.

Las formas de *ser* aparecen diptongadas: *tú yes, él yed*, con lo que vuelve a unirse el mozárabe con los dialectos leonés y aragonés. De los verbos irregulares se pueden citar *sey* < sapio; *vay* < vadit.

---

[37] Nótese la presencia de la partícula adverbial *y* (< i b i, o h ī c): *os y entrad* 'meteos ahí', 'entrad ahí'; *ya l'y sé que otri amas* 'ya sé que amas a otro'.

G.ª de Diego (*Dialectología*, pág. 300) señala la tendencia mozárabe a la composición con imperativo y complemento: *abreualio* 'abrojo'; *frannefirrino* 'quebrantaarado'; el Glosario del botánico anónimo cita: *frannewassos* 'quebrantahuesos'; *enprenna veljas* 'nenúfar amarillo, empreña viejas', y otros muchos. Un gerundio *laçrando* 'lacerando' hace pensar en la existencia regular de estas formas verbales.

INFLUJO DEL MOZÁRABE SOBRE LOS
DIALECTOS RECONQUISTADORES

a) En los territorios reconquistados antes del siglo x, el dialectalismo mozárabe debió de subsistir en gran parte. No se conservaría en las zonas poco pobladas, donde la abundancia de colonizadores haría una rápida imposición del habla nórdica. La región del norte del Duero, en tierras de Zamora, que según los cronistas fue despoblada en el siglo VIII y repoblada en el IX, debió de ser bastante guardadora del dialecto mozárabe. Miranda do Douro, ya en tierras portuguesas, parece representar muy claramente un habla evolucionada allí originariamente, y conservada allí a través de las diversas circunstancias y acaeceres históricos, a diferencia del habla de otras comarcas, de Salamanca por ejemplo, donde influjos posteriores anularon los rasgos antiguos [38].

b) En lo reconquistado antes del XII, donde lo mozárabe era fuerte, también se conservó el carácter primitivo románico. Así ocurrió en Benabarre (reconquistado en 1058). En esta comarca los rasgos catalanes y aragoneses se entrecruzan abundantemente, mientras que más al sur presentan una frontera compacta, brusca, lo cual se debe a la repoblación. En el sur, la lengua mozárabe resultó inoperante frente a las lenguas in-

---

[38] Para todo lo relacionado con el influjo mozárabe sobre la lengua de los conquistadores, véase MENÉNDEZ PIDAL, *Orígenes*, § 91. La despoblación del Duero ha sido negada por razones etnológicas, por JULIO CARO BAROJA, *Los pueblos del norte de España*.

vasoras procedentes del norte [39]. Algo análogo ocurre al occidente: la primitiva caracterización mozárabe llegó hasta tierra de Miranda, es decir, hasta el Tormes y el Duero. Al norte, los rasgos leoneses y gallegos se entrecruzan en multitud de líneas de distinta intensidad y alcance. Al sur, en cambio, la frontera portuguesa y extremeño-leonesa es compacta y claramente impuesta por los reconquistadores.

c) En otras regiones, el habla mozárabe desapareció por influjo del habla del conquistador. Así ocurrió en Toledo, recuperada en 1085 y ejemplo excelente de cómo se incorpora una entidad mozárabe a la forma de vida del norte. Aunque la población mozárabe era numerosa y dotada de gran vitalidad fue anulada por el peso superior de los conquistadores. No ocurrió lo mismo con otros aspectos de la vida, por ejemplo en lo jurídico. La gran cantidad de mozárabes, unida a los sucesivos aumentos originados por las inmigraciones del sur, hizo prevalecer el Fuero Juzgo en Toledo, a diferencia de los reconquistadores, que no lo empleaban. En cambio, los mozárabes se empeñaron en usar el árabe como lengua oficial, lo que ocasionó la muerte del habla románica primitiva [40].

---

[39] Sanchís Guarner ve en la continuidad del catalán occidental por todo el territorio valenciano, y no el oriental, como sería presumible, un influjo de los núcleos mozárabes reconquistados, núcleos «que mantenían tradiciones cristiano-visigodas, a pesar de los cuatrocientos años de dominio musulmán, y es probable que no hubiesen perdido su dialecto románico»... (*Factores históricos de los dialectos catalanes*, en EMP, IV, págs. 164 y ss.)

[40] En Toledo, los mozárabes tuvieron una personalidad acusadísima y muy importante. Al ser reconquistada la ciudad, tenían seis parroquias, y continuaron durante largo tiempo usando el árabe en los documentos oficiales; practicaban el rito propio (aún vivo en la catedral toledana, como venerable antigualla) a pesar de la imposición del romano, y todavía en el siglo XIII usaban moneda de tipo árabe. En el XII recibieron en su comunidad a muchos mozárabes procedentes del sur, etc., etc. Igual vitalidad presentaban en Talavera, Maqueda, Guadalajara. En el siglo XIV se distinguía a los toledanos porque se regían por el Fuero Juzgo. Pero el viejo hablar se fue perdiendo; desde el principio del siglo XIII la unificación se fue acentuando (*Orígenes*, § 91). Véase también D. ALONSO, RFE, XXXIII, pág. 337. Dámaso Alonso se pregunta, ante la vitalidad de lo mozárabe en los siglos XI y XII, si no operaría el habla arcaizante

El habla romance de Toledo tenía muchos rasgos comunes
con el leonés, no solamente la vulgar y popular, sino también
la de las clases cultivadas. Estos rasgos aparecen aquí y allí
en documentos escritos de los siglos XII y XIII. Así la *j* castellana aparece al lado de la *ll* mozárabe; conviven grupos *-mbr-* y
-mn-; l trocada en *r* en grupos consonánticos: *prieyto, arcalde*
(al lado de *alcalde*); hay casos de pronunciación muy cerrada
de la *o* átona: *riu, curazón;* arcaísmos, *y* antihiática, etc., etc.

Muy curioso es el Fuero de Vallfermoso de las Monjas (Guadalajara), donde se lee *ovellas, parello,* al lado de *oitavas, drei-
tero, dreiteras.* También se nota el influjo mozárabe en la presencia de los incisos de bendición: *que Deus defenda, que Dios
mantenga,* etc., poco frecuentes en otras regiones y muy abundantes en los documentos de origen mozárabe. Aparte de estos
rasgos aislados e incompletos, el habla de Toledo, a partir del
siglo XIII, primer tercio, se va uniformando cada vez más con
la de Castilla, aunque nunca totalmente. Todavía en el siglo XVI,
Villalobos, médico zamorano, en su *Diálogo de las fiebres interpoladas,* achacaba al habla toledana exceso de arabismo: «... en
Castilla los curiales no dicen *albaceha,* ni *ataiforico,* ni otras
muchas palabras moriscas con que los toledanos ensucian y
ofuscan la polideza y claridad de la lengua castellana...» (*Orígenes,* pág. 440) [41].

---

a modo de substrato sobre el castellano nórdico, dominador. La frontera
de fines del siglo XI parece estar marcando aún hoy el comienzo de las
hablas meridionales.

[41] *Diálogo de las fiebres interpoladas,* BAAEE, XXXVI, pág. 434 a.

ASPIRACIÓN

La pérdida de la *f-* inicial latina está documentada en Castilla desde el siglo IX. *Ortiço*, dice un documento de 863, Cartulario de Santoña; bajo la forma *Hortiço* aparece en el mismo Cartulario en 927. Un documento de Arlanza, de 912, registra *Haeto Rubio* < fagetu 'hayedo', topónimo del partido de Belorado. En un documento de Nájera de 923 se lee «usque in *oce* de Ero» < fauce. Un documento de 1016, al establecer los límites entre el condado de Castilla y el reino de Pamplona nombra a *Garrahe*, el actual Garray, donde están las ruinas de Numancia. (Conf. *Garraf* en Cataluña, *Garrafe* en Asturias y León.) El río *Oja* < f o l i a, que da nombre a la Rioja, es nombrado así desde muy antiguo. Topónimos como *Haças, Ormaza, Rehoio, Ornilla*, etc., son copiosos.

También se encuentran algunos casos en territorio aragonés: *Forti Hortiz*, dice un documento de 1099, y se repite posteriormente. El topónimo *Hoz*, de Barbastro, en Huesca, se escribe *Oçe* en 1095 y 1099. El Fuero de Asín, otorgado a Logroño, 1132, por un notario, Bernardo de Jaca, registra *honsata*, del latín f o s s a t u m [1].

---

[1] La pérdida aragonesa de *f-* inicial ha sido discutida por M. ALVAR, *Sobre pérdida de f- en el aragonés del siglo XI*, AFA, II, 1947. *Honsata* respondería a un tecnicismo jurídico de origen castellano, y el apellido *Ortiz* podía ser (como ya el mismo Menéndez Pidal entreveía) forastero en Aragón. Los casos de pérdida se limitarían a un par de ejemplos de *Oçe* (1095 y 1099). Se trataría, pues, de una importante excepción al comportamiento de *f-*, ya que el vasco penetraba hasta el río Ésera. Todavía hoy el Pirineo de Huesca es mantenedor de la *f-* inicial latina. Véase

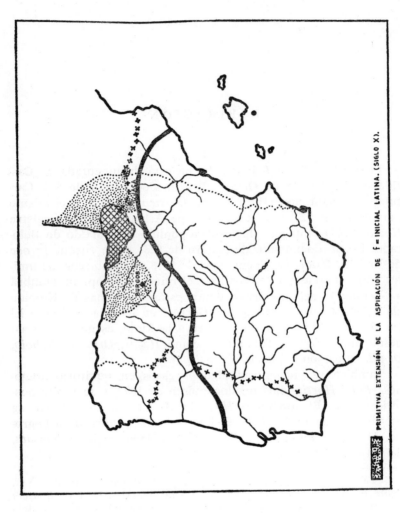

PRIMITIVA EXTENSIÓN DE LA ASPIRACIÓN DE f = INICIAL LATINA. (SIGLO XI).

VII.—Primitiva aspiración de f- inicial.

Mucho se ha discutido para explicar la pérdida de la *f-* inicial. Puede verse la historia de la polémica en Menéndez Pidal, *Orígenes*, § 41. La teoría más aceptada es la de que su desaparición se debe a un sustrato vasco-ibérico. Menéndez Pidal ha expuesto en ese mismo lugar con claridad y ceñidamente los argumentos de que se vale para razonar esta hipótesis. La *f-* inicial latina fue sustituida por una aspiración en una comarca primitivamente no castellana; comprendía desde los cántabros (oriente de Asturias, noreste de León, norte de Palencia, Santander y Burgos) hasta la tierra de los vascones (Rioja, Navarra, norte de Huesca). El límite occidental de este territorio permaneció hasta hoy estacionario, como rasgo definitorio de un dialecto asturiano primitivo y arcaizante; en tierras de León, la *f-* no perdió mucho terreno porque en el reino leonés contaba mucho el prestigio de la corte, tradicionalista y arcaizante también.

En general, se puede asegurar que el foco esencial de la *f-* > *h-* es la comarca del Ebro castellano y la montaña cántabra. Esa *h-* < *f-* se va extendiendo con la conquista castellana hacia el sur y el oeste, desalojando la *f-* de las zonas mozárabes meridionales[2]. Al terminar el siglo XIII, aproximadamente hacia 1300, la *f-* inicial se encontraba repartida (basándose en la toponimia, MENÉNDEZ PIDAL, *Orígenes*, pág. 222) de la siguiente manera:

a) Una primera zona en que la *h-* predominaba desde tiempo muy antiguo: la antigua Cantabria, Vizcaya, el norte de Burgos y La Rioja. En esta zona se encuentran los mayores

---

más adelante, pág. 222. En consecuencia, la desaparición de *f-* inicial no se propagó en aragonés, y sí en esas zonas del alto Ebro y de la Rioja.

[2] Este foco es, en esencia, la Castilla que Alfonso VII delimita al repartir su reino entre sus dos hijos, en 1157. Esta Castilla que Alfonso VII había llevado por el oeste hasta Sahagún y el río Cea es la que en su reconquista «hace penetrar la *h-* hacia el sur, como una cuña, desalojando la *f-* del territorio mozárabe a pesar de la fuerte oposición lateral que le hacen las Reconquistas leonesa y aragonesa» (MENÉNDEZ PIDAL, *Orígenes*, pág. 222).

arcaísmos fonéticos en toponimia: *Fontasquesa, Santelices* (con la *-t* final de *sant* conservada), al lado de los más conocidos y frecuentes de *Oce, Haeto, Oja, Hayuela, Ormaza, Haro, Rehoyo.* Es muy ilustrador el comportamiento de f o n t e. La *f-* permanece en los derivados en que la inicial, por quedar átona, carece de diptongo: *Fonfría, Fontibre, Fontecha,* etc. (Esta *f-* suele ser una imposición de la de *fuente.*) Pero frente a éstos hay otros en que aparece la *h-,* y éstos nos valdrán, sin duda, para delimitar una tierra más castellana, aunque convivente con la *f-.* Así, en Asturias y Santander existen *Hontoria* < fonte aurea; *Onteruela,* en el norte de Palencia; *Ontaneda,* en Santander; *Ontañón,* en la Rioja oriental. Fuera de la toponimia, ocurre lo mismo en la lengua escrita. Los documentos reflejan idéntica vacilación y coexistencia. El grupo más importante de pérdida de *f-* corresponde a la Rioja alta, comarca vecina a Briviesca. Berceo en el siglo XIII nos da muchos casos de *h-,* lo que no ocurre en ningún escritor de su tiempo.

Estas grafías con *h-* delimitan muy bien la zona inmediata al país vasco, o, por lo menos, la comarca donde el iberismo subsistía con mayor arraigo. Es precisamente la zona donde se redactaron las Glosas Emilianenses, en que el español inicia sus primeros balbuceos. Esa zona oriental perdió muy pronto la aspiración (ya antes de mediar el XVI). Como jalones intermedios, Menéndez Pidal cita el testimonio de un sepulcro de la catedral de Burgos, 1443, donde se lee *hebrero;* un siglo más tarde, San Ignacio fechaba un documento: «*echa* en Roma, 8 de abril 1541». Pedro de Madariaga, en su *Honra de escribanos,* 1565, no sabe distinguir la *h-* de *hombre* de la de *hierro* (MENÉNDEZ PIDAL, *Orígenes*, pág. 226).

b) Una segunda comarca la constituyen las tierras meridionales de Castilla la Vieja, a partir del mismo Burgos. Es zona donde la *f-* presenta mayor arraigo que en la primera. La toponimia, sin embargo ofrece numerosos casos de pérdida de *f-*: *Corcos* (f u r c a), *Cohorcos, Ines* < f i n e s (*Fines* en Almería); abundan los derivados de *Hont-*: *Hontanas, Hontangas, Ontomín* (Burgos), *Hontariego, Hontalbilla, Onrubia, Honqui-*

lana, Honcalada (Valladolid). Abundan topónimos con *f-* en el sur de la actual provincia de Burgos. La lengua escrita, oficial y literaria, presenta numerosos casos de *f-* conservada. De pérdida, Menéndez Pidal registra uno solo y muy tardío: *Henares,* 1398 (Segovia) < f e n u m, el río que comúnmente se llama *Fenares* en el *Poema del Cid* y en los documentos.

Pero en oposición a todo esto, la lengua viva y familiar desechó la *f-* hacia fines del siglo XV, en esta zona.

La aspiración de *h-* se hallaba prácticamente perdida en la primera mitad del XVI. El andaluz fray Juan de Córdoba recordaba desde América, a donde fue en 1543, que los de Castilla la Vieja «dizen *yerro,* y en Toledo *hierro,* y dizen *alagar,* y en Toledo *halagar».* Por este mismo tiempo Santa Teresa, en Ávila, escribía *açer, echo, yja,* etc.

c) Una tercera zona se extiende por Castilla la Nueva hasta Jaén, o sea las tierras conquistadas después de Toledo, que lo fue en 1085, hasta la toma de Jaén (1246) y de Albacete (1242). En esas comarcas existía un habla mozárabe con la *f-* conservada. Sobre ella se impone el habla castellana, con la coexistencia *f-* / *h-.* Los topónimos con *h-* inicial son muy abundantes: *Hontanares, Hontanar, Hontanillas, Hontarrones, Ontígola, Hontoba.* En tierras albaceteñas hay dos *Oncebreros* y un *Hontanar.*

En Murcia dominan los *Font-, Fuent-.* En tierras de Jaén existen *Hontanares, Hontillas, La Hontana,* porque su conquista fue empezada por San Fernando cuando no era todavía rey de León. La reconquista de Córdoba, 1236; Sevilla, 1248; Huelva, 1257, y Cádiz, 1264, ya fue una empresa en común de Castilla y León, y estas provincias no ofrecen ningún caso de *h-* entre los abundantes de *f-* que presentan. Esto hace pensar en que la tierra de Jaén fue conquistada y colonizada preferentemente por elementos castellanos.

Esta última zona es la que impulsa a la literatura, en la cual la *f-* se restituye con energía. El *Poema del Cid,* escrito en tierra de Medinaceli, no emplea nunca la aspiración. El *Auto de los Reyes Magos,* de igual aire general, ofrece un caso

extraño de *h*-: *prohió* 'porfió'. El Arcipreste de Hita emplea *f*-
en las voces más comunes del idioma (*fazer, fijo, folgar, fierro,
fablar, ferir,* etc.) y, en cambio, una *h*- en voces vulgares o rús-
ticas (*gaho* 'insulto', *hato, buhón, hurón, haçina, hosco, cadahal-
so,* etc.).

Esta zona conservaba la aspiración a mediados del siglo XVI,
en tanto que, por esa misma época, ya la zona segunda (es
decir, la Castilla del norte) la había perdido. Garcilaso, toledano, siempre la emplea en sus versos. Y Covarrubias, en 1611,
considera el no pronunciar la aspiración como cosa propia de
«pusilánimes, descuidados y de pecho flaco». Lope de Vega,
Calderón, Quevedo van olvidando la aspiración. Quevedo, en el
Buscón, llama la atención sobre la pronunciación del hampa
sevillana: «Haga vucé cuando hablare de la *g, h,* y de la *h, g;*
y diga conmigo *gerido* ('herido'), *mogino* ('mohino'), *mohar*
('mojar')», donde vemos ya la valoración del cambio como algo
localizable y diferente. Lo mismo hacía Fray Luis de León. Modernamente, la pérdida se generalizó por todos esos territorios,
de tal modo que Jaén ha perdido la aspiración, a diferencia de
la otra Andalucía (Sevilla, Córdoba, Granada), que la conserva.
La parte oriental de la provincia de Granada tampoco aspira.
Esta pérdida ha sido explicada por Menéndez Pidal (*Orígenes,*
pág. 230) atendiendo a la razón de la reconquista: la campaña
que incorporó estas tierras a la corona de Castilla se preparó
en Jaén, y de Jaén partió, mientras que las expediciones contra
Ronda, Málaga y Granada partieron de Córdoba, que la conserva. Por consiguiente, la permanencia o pérdida de la aspiración en estas comarcas andaluzas es debida a la propagación
reconquistadora y no a la libre evolución fonética. (Ver más
adelante, pág. 298.)

En el siglo XVII, la *f*- inicial se conservaba todavía en el
habla rústica de Sayago, al sur de Zamora. La poesía dialectal
de Herrera Gallinato lo demuestra: *fiyo, facer, folgar,* al lado
de muy pocos casos con *h*- (*huerte, Helipe*). Era, pues, esa
comarca el límite meridional de *f*-, límite, por otra parte, atestiguado también por el teatro de Juan del Encina, cuyos pastores recordaban la *f*- muy raramente, e incluso olvidaban algu-

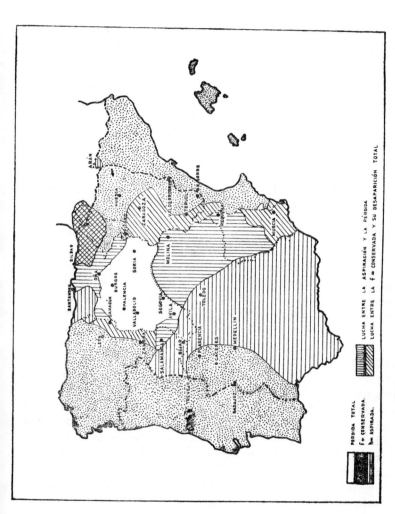

VIII.—La aspiración de *f-* inicial en el siglo XVI.

nas veces la aspiración. La aspiración, no obstante, se encontro con más energías que en el país castellano de origen, y así hoy la parte occidental de Salamanca la conserva, lo mismo que la Extremadura castellana. La sede de Plasencia, sufragánea de Santiago, era políticamente de Castilla, y recibió de Castilla su *h-*, que aún conserva.

El viejo reino de León, pues, ofrecía hacia el siglo XVI un estado fonético menos homogéneo que el de Castilla. La mitad norte conservaba la *f-*, y la mitad sur tenía aspiración. Y entre las dos existía aún el otro estado, la pérdida total, que se daba en Salamanca.

Esta aspiración del sur de León se propagó por la Andalucía occidental, Córdoba, Sevilla, Huelva y Cádiz, que fueron reconquistadas por San Fernando y Alfonso X como reyes de las dos coronas, Castilla y León. La aspiración aquí fue tan vigorosa que se propagó a la mitad occidental del reino de Granada, territorio cuya reconquista se dispuso desde esas comarcas de la Andalucía occidental. (Ver pág. 298.) Pero la lengua culta (y la toponimia) conservaron la *f-* en toda la Edad Media. Los documentos estudiados por Menéndez Pidal lo registran así, menos el último, de 1492, otorgado por los Reyes Católicos en el cerco de Granada, donde la *h-* se usa siempre (*hazer, hebrero*), mientras que el penúltimo, de 1487, otorgado en el cerco de Málaga, presenta siempre *f-* (*fazer, fecha, faga, fasta*, etc.). La *Gramática* de Nebrija, 1492, andaluz de esta comarca de aspiración, considera la *h-* como forma literaria única para las voces que han perdido la *f-*. Menéndez Pidal ha hecho notar el influjo que la decisión de Nebrija tuvo sobre la imprenta. La edición de *La Celestina*, de Burgos, 1499, usa la *f-* en la mayoría de los casos. La de Sevilla, 1501, la sustituye la mayoría de las veces por la *h-*.

El reino de Aragón conservó también la *f-* durante toda la Edad Media. Es ya un lugar común citar, a este propósito, los versos de Pedro Marcuello, aragonés, quien hacia 1492 escribía en loor de los Reyes Católicos y simbolizaba a la pareja real en el *hinojo*:

Llámala Castilla *ynoʝo*
qu'es su letra de Ysabel,
llámala Aragón *fenojo*
qu'es su letra de Fernando.

Sin embargo, Fernando, al poco tiempo de casado, escribía, aun dirigiéndose a su padre, *azer, ablar, aría,* imitando a Isabel (aunque en la despedida pusiera «*obediente fijo*»). La castellanización del reino aragonés se inició dentro del tipo castellano viejo. En Cataluña, Boscán tampoco usa la *f-,* y aunque algunas veces use la aspiración (quizá imitación de su amigo Garcilaso, quien, como toledano, lo hacía cuidadosamente) tiende también a perderla. Menéndez y Pelayo se extrañaba de que no aspirase [3].

De la aspiración subsisten algunas huellas en aragonés actual. M. Alvar ha recogido algunos casos aislados en el Campo de Jaca: *jilo, juente.* En Panticosa y Sallent se dice *jeus* <f i l i- c e 'helecho'. En Magallón, *Jumpudia* < f o n t e p u t i d a. La *f-* se mantiene viva en el Alto Aragón y, esporádicamente, se encuentra por todo el reino y en Navarra. (Véase más adelante, pág. 222.

La zona oriental de Castilla la Nueva fue influida por Aragón. Molina de Aragón (en tierras de la actual provincia de Guadalajara), Cuenca y Murcia fueron reconquistadas con eficaz ayuda aragonesa. Pues bien, en esas comarcas faltan los topónimos en *Hont-.* En Murcia concretamente se conservan algunos con *f-: El Fenazar, Ferriol,* etc. Algunos de aspecto decididamente mozárabe: *Ficaira* 'Higuera', *La Fausilla* < f a l c e.

REPARTICIÓN ACTUAL DE LA ASPIRACIÓN

En el norte de la Península, la aspiración se puede observar en La Montaña santanderina, el ángulo nordeste de León (valle

---

[3] «En cuanto a la aspiración de la *h-* procedente de una *f-* latina la práctica de Boscán es muy incierta, y no son raros los casos en que elide la *h* al uso moderno, contra el hábito general de nuestros poetas del siglo XVI». MENÉNDEZ Y PELAYO, *Antología de poetas líricos castellanos,* X, Madrid, 1945, pág. 187.

de Sajambre) y la parte oriental de Asturias. En la provincia de Santander, aunque prácticamente desaparecido el dialecto antiguo, la aspiración vive en casi toda La Montaña con muy varia intensidad. Se puede afirmar, en líneas generales, que es un fenómeno limitado a hablantes rústicos. En algunos lugares como Espinama, Dobres, Tudanca, Vega de Liébana, Polaciones, los restos de aspiración son bastante intensos. Son mucho menos, en cambio, en pueblos como Cabezón de la Sal, Alfoz de Laredo y en el término municipal de Santander. En el valle de Cabuérniga la aspiración presenta cierta vitalidad y es corrientemente usada por personas de edad, dedicadas a las tareas del campo. La aspiración en Santander aparece como un fenómeno ya caduco. Su pérdida, que no debe de ser muy antigua, se ha acentuado en tiempos recientes y todo lleva a pensar en su desaparición total en corto plazo. L. Rodríguez Castellano encuentra casos más abundantes en el occidente de la provincia (Espinama, valles altos y medios del Nansa y del Saja y medio del Besaya), más mitigados en la costa y el valle de Luena, y, ya aislados, en el lado izquierdo del Miera, incluida la comarca de la capital. Al este del Miera no hay aspiración [4].

Más intensa es la conservación de dicho fenómeno en el oriente de Asturias. Delimitando de norte a sur, casi todo el concejo de Ribadesella cae dentro de zona de aspiración. Por la parte occidental el límite lingüístico coincide con el del concejo, a excepción del pueblo de Berbes, junto al mar, que ya usa *f-* inicial, lo mismo que su vecino al occidente, Caravia. El concejo de Cangas de Onís aspira. Igualmente en Cabrales. Ya en tierras leonesas, todo el valle de Sajambre usa *h-* aspirada.

La frontera, dentro de Asturias, fue señalada independientemente por Rodríguez Castellano, por un lado, Alvaro Galmés y Diego Catalán, por otro. Ambas investigaciones llegan a idénticos resultados, cada cual por su camino. (Ver más adelante, páginas 117-121.)

---

4 Ver L. Rodríguez Castellano, *Estado actual de la h- aspirada en la provincia de Santander*, en *Archivum*, IV, 1954, págs. 435-457.

La aspiración vuelve a reaparecer, avanzando hacia el sur, en el ángulo noroeste de la provincia de Salamanca, en la comarca llamada Ribera del Duero. El partido de Vitigudino, en su parte más occidental, es el más conservador. Sin embargo, la aspiración se bate en retirada. También existe en el sur de la provincia, en la parte meridional lindera con Extremadura, partidos de Béjar y Ciudad Rodrigo (*f-* inicial en La Alamedilla)[5]. Asimismo se encuentra aspiración caduca en la provincia de Ávila, zona de los partidos de Arenas de San Pedro y Barco de Ávila, colindantes con Cáceres y Salamanca.

La provincia de Cáceres cae casi totalmente dentro de la aspiración. La *f-* inicial aparece todavía en los enclaves extremos de la provincia: el ángulo noroeste (Eljas, San Martín de Trevejo y Valverde del Fresno)[6], y algo más al sur, en Cedillo y Herrera de Alcántara. Ambos enclaves son de habla portuguesa. El resto de la provincia, con excepción de una pequeña zona oriental, castellanizada por el influjo del habla media de Toledo, usa aspiración[7].

---

[5] En La Ribera del Duero persisten algunos casos de *f-* inicial conservada: *felechu*, *fierru* 'palanca'; *formigueru*, *forrije* 'herrumbre', *faba*, *fumu* 'mantillo', etc.; lo más numeroso es la aspiración (ANTONIO LLORENTE MALDONADO, *Estudio sobre el habla de la Ribera*, pág. 92).

En La Alamedilla, lugar fronterizo en el partido de Ciudad Rodrigo y donde se habla portugués, las formas con *f-* corresponden al dialecto portugués. La aspiración ha invadido las formas españolas (RFE, XXIII, pág. 230). En el ángulo sureste de la provincia de Salamanca, la aspiración está muy viva (P. SÁNCHEZ SEVILLA, *El habla de Cespedosa de Tormes*, RFE, XV, 1928, págs. 143-145). Para más detalles puede verse A. M. ESPINOSA (hijo) y LORENZO RODRÍGUEZ CASTELLANO, *La aspiración de la h- en el sur y oeste de España*, RFE, 1936, XXIII. De todos modos siempre es difícil generalizar. El castellano va nivelando rápidamente las formas del habla salmantina, y, en general, los fenómenos dialectales se van limitando al habla rústica. En casos de este tipo la aspiración se oye, aisladamente, en cuanto se sale de la capital (Calzada de Valdunciel, al norte; Salmoral, al este; etc.). En el extremo suroeste, El Rebollar (El Payo, Peñaparda, Navasfrías), es muy intensa.

[6] Ver OSKAR FINK, *Studien über die Mundarten der Sierra de Gata*, Hamburgo, 1929.

[7] Esa pequeña comarca, al sur de Puente del Arzobispo, la constituyen los pueblos de Valdelacasa, Villar del Pedroso, Carrascalejo, Garvin,

En Toledo, una estrecha faja limítrofe con Cáceres conoce esta aspiración. Es abundante en Lagartera. Avanzando hacia el sur, la frontera coincide con el límite político. Solamente el ángulo suroeste, Puerto de San Vicente, conoce la aspiración. Tierra de la Jara adentro, la aspiración surge en casos aislados, esporádicamente.

En Badajoz, toda la provincia emplea la aspiración. Falta tan sólo en algunos lugares limítrofes con Ciudad Real, donde se ha perdido, y en la zona hispano-portuguesa de Olivenza, donde persiste la *f-* inicial. En Ciudad Real, tan sólo un pueblo del ángulo suroeste, Fuencaliente, que se considera a sí mismo andaluz, usa la aspiración. Algún resto caduco ha sido registrado en el oeste de la provincia (Anchuras, Piedrabuena).

En Córdoba domina la aspiración. Entre Córdoba y Jaén, la frontera coincide con el límite político. En esta última provincia se desconoce la aspiración[8]. Tan sólo dos pequeños núcleos fronterizos con Granada la usan (Noalejo, partido de Huelma, y unas aldeas en el partido de Alcalá la Real), aparte de los restos esporádicos e insignificantes. Granada se reparte en dos mitades: oeste y sur aspiran. La parte sureste de la provincia usa la reducción moderna. Aspiran los partidos de Loja, Montefrío, Alhama, Santa Fe, Granada, Motril, Órgiva, Albuñol, Ugíjar, parte de Iznalloz, la parte occidental de Guadix.

La línea separatoria de la aspiración entra en el ángulo suroeste de Almería, dejando al occidente el partido de Berja. El resto de la provincia usa la reducción moderna. Más al oriente, en la provincia de Murcia se encuentran algunos casos aislados: *aljorre, jopo, sabijondo*[9]. Las provincias occidentales

---

Peraleda de San Román. En todos queda algún resto de *h-*, pero lo normal es tender a suprimirla (RFE, XXIII, pág. 238). En Navalmoral de la Mata, cabeza de partido de esos pueblos, la aspiración es lo normal.

[8] El paso brusco de la zona de aspiración a zona de pérdida es buen indicio de cómo se trata aquí de una lengua de conquista. Véase más adelante, pág. 298, y compárese con las zonas difusas y amplias de la frontera leonesa-castellana en el N. de la cordillera central.

[9] J. GARCÍA SORIANO, *Vocabulario del dialecto murciano*, pág. LXXVI. Otros ejemplos, con atinadas observaciones sobre su vigencia social,

IX.—La aspiración de *f-* inicial en la actualidad.

andaluzas: Sevilla, Málaga, Cádiz, Huelva, practican por entero
la aspiración.

En América la aspiración tiene mucha extensión: se ha
documentado en Nuevo Méjico, Méjico, Argentina, Chile, Ecuador, Costa Rica, Puerto Rico y Colombia. También en Filipinas [10].

NATURALEZA DE LA ASPIRACIÓN

La aspiración, en líneas generales, es una articulación faríngea sorda. La estrechez en la cual se produce el roce característico de la aspiración tiene lugar en una amplia zona que
comprende toda la faringe bucal, desde la epiglotis hasta el
velo del paladar. Para formar la estrechez necesaria se acercan
entre sí las paredes de la cavidad faríngea, y, simultáneamente,
se aproxima la raíz de la lengua a la pared posterior de la
faringe.

Sin embargo, hay grandes diferencias entre las diversas comarcas peninsulares en lo que a la articulación del sonido se
refiere. Es notoriamente diversa la aspiración de Santander y
Asturias de la andaluza y extremeña. En el norte de la Península es sorda. Rodríguez Castellano encuentra (*La aspiración de
la h- en el oriente de Asturias*, § IV) las variantes: *h* (aspirada
faríngea), *x* y *x^h* (aspiración velar). El grado *h* se halla con
preferencia en las comarcas más orientales de la provincia, y
las variantes *x* y *x^h* en las zonas limítrofes con la *f-* inicial conservada, en el bable central. También es sorda, *h*, en Santander,
cuando aparece [11].

_____

recoge EMILIA GARCÍA COTORRUELO, *Estudio sobre el habla de Cartagena
y su comarca*, Madrid, 1959, pág. 47 y ss.

10 Véase LUIS FLÓREZ, *La pronunciación del español en Bogotá*, Bogotá,
1951, págs. 173 y ss., donde se cita y recoge la bibliografía oportuna.

11 La aspiración santanderina, siempre sorda, es una articulación que
se forma «en una zona bastante amplia, que abarca principalmente la
parte postvelar de la cavidad bucal y hasta en ocasiones la parte superior
de la faringe». No llega a ser nunca tan acusadamente faríngea como la
andaluza occidental. (Ver LORENZO RODRÍGUEZ CASTELLANO, *Estado actual
de la h- aspirada en la provincia de Santander*, en *Archivum*, IV, 1954.)

Para Rodríguez Castellano, la *h* asturiana es tan antigua como la castellana. La aspiración se ha detenido en la línea del Sella, coincidiendo así con la antigua frontera entre cántabros y astures. «Esta coincidencia hace pensar que el cambio *f- > h-* en Asturias —lo mismo que en el sureste de Santander y norte de Burgos— fue debido a causas de tipo étnico, ya que la filiación de los cántabros parece demostrada» (RODRÍGUEZ CASTELLANO, *loc. cit.*, pág. 38).

En las demás comarcas, la aspiración presenta también matices diversos. En la provincia de Salamanca es sorda, por lo general. El Rebollar la presenta muchas veces nasalizada. En líneas generales, puede afirmarse que en muchas ocasiones se confunde con la *x* (*j*) castellana. En la Ribera del Duero, Llorente Maldonado atestigua la presencia de aspiraciones sonoras. Los casos de Ávila han sido registrados como sordos. Los mismos Rodríguez Castellano y Espinosa registran como sorda la aspiración en Cáceres, pero ya tendiendo a sonora si la articulación se relaja. Toda la provincia ofrece un ligero timbre nasal esporádicamente (Krüger lo había registrado exclusivamente en dos lugares: Villa de la Sierra y Villa del Campo) [12]. Igualmente sordos son los casos oídos en Toledo.

Badajoz tiene articulación sorda, según los citados investigadores. Sin embargo, en la comarca de Mérida (y en hablantes de varias otras zonas de la provincia) existe una clara articulación sonora en cualquier circunstancia. (Antes solamente en pronunciación muy descuidada o relajada se había observado.)

También se considera sorda la aspiración atestiguada en Ciudad Real. En Córdoba la aspiración presenta una gran ten-

---

[12] La nasalización ocurre principalmente en pronunciación relajada y se acentúa en vecindad con una consonante nasal. Este timbre es notorio en Montehermoso, Guijo de Galisteo, Aliseda, Pinofranqueado. En los dos puntos citados en el texto, Villanueva de la Sierra y Villa del Campo, KRÜGER encontró una articulación nasal, *ñ casi* exclusivamente, nasalización que se transmite a las vocales vecinas: *oños, teña*, etc. (*Westsp. Mundarten*, § 228 y 351). También hay notoria nasalidad en algunas comarcas andaluzas y americanas; véase más adelante, pág. 323.

dencia a ser sonora o semisonora, de preferencia cuando es
intervocálica e inacentuada. Por lo demás, también sorda. Sordos son también los pocos casos de Jaén. En Granada ocurre
algo muy parecido a lo de Córdoba. También sorda en Almería,
pero con tendencia a la semisonora en muchos lugares. Las
provincias occidentales de Andalucía hacen aspiración sorda,
aunque tienden a hacerla sonora en articulación relajada.

En América parece ser también sorda. De todos modos, la
articulación de la *j* en las regiones americanas es siempre mucho
más suave que en las peninsulares. La sonoridad es también
frecuente. (Véase T. NAVARRO TOMÁS, *El español en Puerto Rico*,
págs. 66-67, y RFE, XXIII, 1936, pág. 334.)

RESUMEN

El reparto actual de la aspiración es, pues, muy ilustrador
para ver el desenvolvimiento histórico del castellano. En 1492,
la *Gramática* de Nebrija cita como única forma literaria la
aspiración. Sin embargo, Nebrija era un meridional. Y en el
siglo XVI Castilla del norte había perdido la aspiración y Castilla del sur la conservaba. En León, el norte tenía *f-* y el sur
h-. El límite sur de la *f-* era Sayago. En Ledesma y Salamanca
ya no se usaba en el XV la *f-*. Los pastores de Juan del Encina
y de Lucas Fernández aspiran en una mitad de los casos y
pierden la aspiración en la otra mitad. El retroceso ha sido
mucho más rápido en Castilla que en León. En León la aspiración ha perdido terreno en Salamanca, mientras en Castilla se
ha perdido, perviviendo hoy tan sólo en fajas limítrofes con
Andalucía y Extremadura. Es muy probable que las condiciones geográficas tengan bastante influjo en esta conservación.
La Cordillera Central es la frontera en Salamanca, y los pocos
restos que aparecen en Ávila se encuentran precisamente en
las estribaciones de la cordillera. Entre Toledo y Cáceres, el
límite es la sierra de Altamira, y entre Ciudad Real y Córdoba
las sierras de Almadén y Madrona.

Entre Córdoba y Jaén, el límite coincide con el político. Esto viene a confirmar las suposiciones de Menéndez Pidal (ver pág. 298) sobre la colonización de esas tierras. La sospecha se ratifica asimismo por otros fenómenos: Córdoba sesea, Jaén distingue *s* y *θ*. Córdoba aspira la *j* y Jaén la pronuncia como *x* (velar fricativa sorda).

ASPIRACIÓN DE -S FINAL DE GRUPO O SÍLABA

De geografía mucho más extensa y no coincidente en su totalidad con la de *h-* es la aspiración de *-s* final de grupo o sílaba. Se ha atestiguado el fenómeno en la Ribera salmantina del Duero como lugar más al norte, en toda Andalucía y Extremadura y Canarias, las provincias de Toledo y Ciudad Real. Ha sido recogido en grandes zonas de la provincia de Albacete (sierra de Alcaraz y Ribera del Júcar) y asimismo en las de Madrid y Cuenca. Incluso en la capital, el habla de las clases populares ya aspira [13]. Penetra en Castilla la Vieja (Ávila). También se oye en la zona de la provincia de Alicante limítrofe con Murcia. Esta última provincia asimismo practica esta aspiración [14]. El fenómeno progresa rápidamente desde las zonas meridionales de la Península.

En América ha sido anotada esta aspiración en las tierras bajas, las Antillas, Nuevo Méjico, los estados de Campeche y Tabasco y la costa del de Veracruz, gran parte de Venezuela, las costas de Colombia, Chile, Paraguay, Uruguay y las provincias argentinas de Buenos Aires, Santa Fe, Entre Ríos y Corrientes. La *-s* final se pronuncia cuidadosamente en Méjico

---

[13] La aspiración de las clases populares madrileñas aparece ya registrada en una observación de Galdós, al hablar de la pronunciación defectuosa de Fortunata: «Las *eses* finales se le convertían en jotas, sin que ella misma lo notase, ni evitarlo pudiera». (*Fortunata y Jacinta, Obras completas*, V, Madrid, 1950, pág. 173 b).

[14] Detallada exposición de la aspiración de *-s* y *-z* implosivas da, para el sur murciano, EMILIA G. COTORRUELO, *ob. cit.*, pág. 48 y ss. Véase también GINÉS GARCÍA MARTÍNEZ, *El habla de Cartagena*, pág. 77 y ss.

(sobre todo en la meseta central y en las llanuras descendentes del norte), en las altiplanicies de la América Central y en gran parte de las zonas andinas de América del Sur, especialmente en el Perú. También se conserva la *-s* en las provincias argentinas de Salta y Santiago del Estero. En esas comarcas del español americano, la *-s* aspirada es típica de las clases populares. Las clases cultivadas procuran restablecerla. La aspiración convive con la total pérdida del sonido.

La aspiración es preferentemente sorda. Sin embargo, también se ha registrado como sonora. Llorente Maldonado la ha observado como sonora en Villarino (provincia de Salamanca), especialmente cuando queda intervocálica. En general, de las noticias sobre la Ribera del Duero parece desprenderse que sorda y sonora coexisten. Análoga conciencia reflejan las transcripciones de Aurelio Espinosa para Extremadura. En Mérida y su comarca (y en toda la provincia de Badajoz) es la sonora la única existente.

En el resto del país la aspiración suele ser sorda. (Para Andalucía, véase pág. 297.) Esta aspiración obra sobre la consonante sonora inmediata, ensordeciéndola. Cuando a la aspiración sigue una consonante bilabial o labiodental, ambas se transforman en una φ (*f* bilabial) muy abundante en el habla popular y rústica: *la$^\varphi$ φóta^h* 'las botas'; *la$^\varphi$ φrága^h* 'las bragas'; *lo$^\varphi$ φwéye^h* 'los bueyes'. Cuando le sigue dental, la aspiración se dentaliza, si la dental es sorda (*lo^h tírọ^h*) o ensordece la consonante si ésta es sonora: *lọ^h d̦jénte^h* 'los dientes'. Igual proceso ocurre con las velares: *la^h kása^h* 'las casas'; *de^{h}xáŕo* 'desgarro'; *e^{h}xaŕọ́n* 'desgarrón'. El aspecto fonético de estas aspiraciones es bastante parecido en todas partes. Únicamente es muy distinta la resonancia de la voz cuando la aspiración es sonora: *lọ^h d̦jéṇte^h* 'los dientes', en Mérida, o cuando se nasaliza: *lọ^h ẽŋxámbre^h*.

Con menor extensión, pero con idéntica vitalidad donde existe (y sobre todo en zonas de seseo) se aspira también la θ implosiva: *la nwé^h* 'la nuez'; *orọ^{h}ko* 'Orozco', apellido; *a^{h}me* 'hazme'.

En el español americano, las variantes son también numerosas, y en todas partes se produce análoga transformación en contacto con los sonidos siguientes; además ha alcanzado mucha más extensión que en la Península la generalización de esta -*s* aspirada. De todas las comarcas americanas, donde mejor ha sido descrita y observada ha sido en Puerto Rico (TOMÁS NAVARRO, *El español en Puerto Rico*, pág. 7 y ss.). En la isla, parece la variedad sonora la más generalizada.

Para la fecha de esta transformación y sus consecuencias sobre la vocal final véase más adelante, pág. 290.

YEÍSMO

La identificación de la palatal lateral l con la mediopalatal fricativa y es fenómeno copiosamente atestiguado en las hablas hispánicas. AMADO ALONSO (EMP, II, págs. 41-89) ha recogido las innúmeras noticias dispersas sobre la repartición del hecho. A pesar de faltar la limpia visión que el Atlas lingüístico daría sobre esto, se pueden adelantar muchos datos. En España el yeísmo se considera como algo típicamente andaluz. En efecto, así lo practica la mayor parte de la región, pero también hay islotes de l lateral en las provincias de Huelva, Sevilla, Cádiz, Máalaga y Granada (véase pág. 311); Murcia mantiene la distinción en los campos, en tanto que la capital y las ciudades de cierta importancia son yeístas. Algo parecido pasa en la provincia de Albacete. Extremadura es yeísta, especialmente Badajoz. Parece, sin embargo, que el centro de la provincia de Cáceres distingue, pero de forma poco estable (KRÜGER, *Westsp. Mundarten*, § 291). También se ha atestiguado distinción en Albalá, al sureste de Cáceres (E. LORENZO, RCEE, 1948, pág. 401).

En Castilla la Nueva hay provincias que distinguen, como Guadalajara y Cuenca, mientras que Ciudad Real, Toledo y Madrid confunden. En Madrid es corriente la y en la capital, que ha olvidado completamente la lateral, pero las sierras de la provincia distinguen.

La porción más conservadora parece Castilla la Vieja, a pesar de presentar focos dispersos de confusión. Ávila, por ejemplo, presenta una faja de yeísmo que une el de Toledo con el salmantino. Valladolid, capital, también confunde. Lo mismo ocurre en Santander, donde la capital confunde y las montañas diferencian.

León y Zamora mantienen la distinción. En Salamanca las ciudades (la capital, Peñaranda) confunden, pero los campos aún mantienen la distinción. En el sur de la provincia hay yeísmo.

Asturias presenta un aspecto más complejo; las dos grandes ciudades, Oviedo y Gijón, son yeístas. También existe yeísmo en los concejos de Navia y Coaña, en el occidente. Todo el asturiano presenta el yeísmo antiguo de *c'l, lj, g'l* (*muyer, oreya, güeyos*) mientras que la *l̦-* inicial está más conservada. En comarcas occidentales la *y > ĉ, ŝ* (*tsobu, gatsu*, etc.). El resto de Asturias, aunque haga *y* la antigua *l̦* arriba señalada, mantiene la más moderna de *valle, portiella, rubiellu*, etc.

Algo análogo ocurre en San Ciprián de Sanabria (KRÜGER, S. C., § 61).

En Navarra y Aragón se practica corrientemente la distinción (KUHN, ALVAR). (También hay casos de *ŝ* por otras razones: *gritšas, pocietšo*, en Hecho, Aragüés; véase pág. 231) [1].

En el español no peninsular también el yeísmo vive con fuerte arraigo. El judeoespañol (salvo excepciones en palabras determinadas, algunas perpetuadas por los romances, como *doncella, castillo*) tiene yeísmo. Así en Monastir, en Ragusa, en el oriente próximo, en Marruecos. En algunos lugares se ha perdido la *y: gaína, aquea, estrea* (SUBAK, ZRPh, XXX, 146). En Canarias se piensa que el yeísmo es lo general, pero informes variados parecen indicar que existen restos de distinción [2]. Son yeístas las ciudades, lo que hace que quizá sea más elevado el número de confundidores; pero los campos son claramente diferenciadores. (DIEGO CATALÁN, *El español canario*, pág. 333;

---

[1] Los mapas del recién aparecido ALPI confirman con relativa aproximación los datos que recojo arriba. Véase TOMÁS NAVARRO, *Nuevos datos sobre el yeísmo en España*, en *Thesaurus*, XIX, 1964, págs. 3-19.

[2] A. ALONSO, *ob. cit.*, pág. 229. Cito por la edición del artículo en *Estudios lingüísticos. Temas hispanoamericanos*, Madrid, 1953. Véase M. ALVAR, *El español hablado en Tenerife*, págs. 40-42.

IDEM, *El español en Canarias*, pág. 257). Yeísmo es lo general en Filipinas.

América ofrece aún restos visibles de ļ lateral, en contra de la creencia generalizada.

En Argentina la ļ se conserva en las comarcas (bilingües, por lo general) próximas al Paraguay, en la provincia de Corrientes, Misiones, parte del Chaco y Formosa. También quedan algunos restos de ļ en las poblaciones rurales de la precordillera, en las provincias de Catamarca, San Juan y la Rioja, pero van siendo invadidas por el yeísmo. El resto del país es yeísta. Asimismo practican la confusión en el Uruguay [3].

En Chile, según las observaciones de R. Lenz, ya hace tres cuartos de siglo, era yeísta el centro, donde las dos mayores ciudades, Santiago y Valparaíso, eran grandes focos de irradiación. La ļ lateral se mantenía en el sur y centro meridional. La confusión ha progresado notoriamente. Casi todo el país es yeísta: norte, centro y sur (Magallanes). Parece subsistir aún la pugna entre ļ y *y* en pequeñas zonas del centro meridional y del sur (del Maule a Cautín y Aisén). (R. OROZ, BFUCh, XV, 1963, pág. 358).

En Paraguay la ļ lateral se mantiene con gran vitalidad [4]; en cambio, la *y* es siempre africada, *ŷ*, incluso entre vocales, *maŷo, maŷoría, creŷendo, paraguaŷo*, etc. (B. MALMBERG, en *La fonética del español en el Paraguay*, Lund, 1947, págs. 8-9.) La generalización de este sonido se debe al sustrato guaraní.

También Bolivia, bilingüe en gran parte (quichua, que tiene ļ), practica la distinción. Parece yeísta la provincia de Tarija, limítrofe con la Argentina.

---

3 Véase pág. 79.
4 La ļ lateral del Paraguay forma así una unidad geográfica con las comarcas argentinas que la conservan. Unas y otras son guaraníes. El guaraní no tenía ļ. En los hispanismos más viejos la sustituían por *y*; después, a causa del superestrato español acabó por adoptar la ļ a la vez que otros sonidos españoles, *rr, f*.

En el Perú, según los valiosos datos de Pedro Benvenutto Murrieta, solamente es yeísta la capital, Lima, y parte de la estrecha faja costera [5].

En Ecuador, el litoral, con Guayaquil como núcleo, practica la nivelación en *y*. En las tierras altas, sobre todo en Loja, existe la *l̦* lateral. En el resto del país se diferencia la *y* (*mayo, saya*) de la *l̦* que se articula rehilada, *ž*: *požo, kaže, kabažo* [6]. Análogo fenómeno se encuentra en la provincia argentina de Santiago del Estero, cuya población está constituida por indios peruanos, trasladados allí por los conquistadores en el siglo XVI. Idéntica diferenciación yeísta existe en Orizaba (Veracruz, Méjico).

En Colombia se reparte el territorio entre la distinción, que practica el interior (con Bogotá), y la igualación, usual en Antioquia y lugares de la costa. Cúcuta, fronteriza con Venezuela, es yeísta [7]. Toda Venezuela es yeísta. Tan sólo en Los Andes, fronteriza con Colombia, la escuela ha impuesto la *l̦*, pero no se puede generalizar nada.

América Central, Méjico y Nuevo Méjico y las Antillas practican el yeísmo corrientemente, salvo en los dos lugares mejicanos de Orizaba (donde ya queda dicho existe diferenciación entre *y* y *l̦* > *ž*); hay que abandonar, parece, el dato tradicional de *l̦* lateral conservada en la barranca de Atotonilco el Grande, en el estado de Morelos [8].

---

[5] Pedro Benvenutto Murrieta, *El lenguaje peruano*, Lima, 1936, página 121.

[6] Humberto Toscano Mateus, *El español en el Ecuador*, Madrid, 1953, págs. 99-105.

[7] Para Colombia puede verse ahora el detallado análisis de Luis Flórez, *La pronunciación del español en Bogotá*, págs. 236-245.

[8] La noticia de conservación de *l̦* lateral en la barranca de Atotonilco procede de una noticia de Manuel Revilla, *Provincialismos de fonética en México* (1910), que se ha venido repitiendo infatigablemente sin que se haya comprobado. En 1952, Peter Boyd Bowman (*Sobre restos de lleísmo en Méjico*, NRFH, VI, 1952, págs. 69-74) ha demostrado que el Atotonilco de Revilla no está en Morelos, sino en el estado de Hidalgo, y su verdadero nombre es Barranca de Río Grande o de San Sebastián, y que esa región es decididamente yeísta, y no queda rastro alguno de *l̦* lateral. Hay pues que eliminar ese dato de nuestros mapas de pro-

LA ARTICULACIÓN

El yeísmo consiste en un ablandamiento de la articulación. La l se articula aplicando el dorso de la lengua al paladar y dejando descender los bordes, la parte más fuerte de la lengua, para dejar por allí paso libre al aire. El proceso más general es el de invertir esos movimientos y dejar libre el centro, con lo que la articulación se convierte de lateral en central. La l lateral es un fonema poco estable. Se hizo muy pronto $\check{z}$ la l procedente de los grupos latinos *lj, kj*, etc., y hoy se va transformando rápidamente la de otro origen (*pl, cl, fl*, o *-ll-* etc.). El cambio se ha dado igualmente en francés (en el XVII era París el foco propagador del yeísmo) y en Italia.

En español lo corriente es una *y* medio-palatal, pero con gran frecuencia presenta propensión al rehilamiento, $\check{z}$, con mayor o menor intensidad. En España, el mayor grado de zumbido por rehilamiento corresponde sin duda a Extremadura (Mérida y provincia de Badajoz). En Andalucía la medio-palatal es frecuente. En el habla culta granadina, la *y* tiende a hacerse suavemente rehilada, siéndolo decididamente entre las clases populares del Albaicín. En otras comarcas andaluzas, Navarro Tomás ha señalado la presencia de una articulación ensordecida, $\check{s}$, y a veces africada $\check{z}$.

Entre las clases populares madrileñas, la $y > \check{z}$ (*$\check{z}$eso, $\check{z}$o, anda $\check{z}$a*). En bastantes lugares el ensordecimiento es también muy acusado. Santander, Valladolid hacen *y*. En el resto de las regiones yeístas (Ávila, Salamanca, Toledo) la *y* es la más abundante, conviviendo con ocasionales ensordecidas ($\check{s}$) o africadas ($\hat{\check{z}}$) [9].

nunciación. El mismo autor (*ibidem*, pág. 70) pone en duda la distinción y-$\check{z}$ de Orizaba, citada por A. Alonso y A. Rosenblat. Parece que solamente existe en esa tierra la *y* mediopalatal. Faltan trabajos parciales que aclaren estos extremos.

[9] La variante sorda $\check{s}$ (o ensordecida, $\mathring{y}$) la señala G.ª DE DIEGO (*Dialectalismos*, RFE, III, 1916, pág. 313) en varios lugares de la provincia de

En América, la *y* fricativa, de abertura media, es la más abundante. Es la que ha sido registrada en Chile, las regiones interiores de la Argentina, las zonas de Perú que practican la igualación, la costa ecuatoriana, Colombia, Venezuela, América Central, Méjico y la mayor parte del territorio español de los Estados Unidos. La articulación rehilada, ž, que yo he observado en el Plata, y que considero bastante menos intensa y exagerada que la extremeña [10], es la usual en las grandes ciudades del Plata, desde donde va irradiando al resto del país (ya Córdoba es žeísta). Ese sonido rehilado aparece en el curioso yeísmo diferenciador de las sierras ecuatorianas donde ļ > ž, mientras que la *y* sigue como articulación medio-palatal fricativa. En Argentina la ž tiende a hacerse muchas veces africada, ǯ, y, sobre todo, a ensordecerse. Buenos Aires concretamente presenta numerosísimos casos de š y algunos de ǯ̊ [11].

La tendencia al ensordecimiento es lo normal dentro del espíritu de la lengua. El ensordecimiento se cumplió en el siglo XVI en las tres sonoras que tenían rehilamiento: -s- (z), z (ẓ), *j* (ž), y del mismo modo se cumple en nuestros días en muchas zonas hispánicas el ensordecimiento del yeísmo rehilado.

Queda por registrar, en este análisis del yeísmo, la pérdida de la *y*. Ocurre en varias regiones yeístas en contacto con *i* acentuada, y también, en menor escala, tras *e*. La pérdida está

Ávila (Arenas de San Pedro, el Arenal, Villarejo, el Valle, San Esteban del Valle, Cebreros, Piedrahita, Santa Cruz del Valle, Navarredonda, Arévalo, Cabeza de Alambre y el Barco de Ávila).

[10] *Rehilamiento porteño, Fil.*, I, 1949, págs. 5-22.

[11] La afirmación implícita en mi *Rehilamiento porteño* sobre la articulación sorda de Buenos Aires ha provocado multitud de reacciones y opiniones diversas. Sigue en pie lo esencial y más grave: la tendencia al ensordecimiento, viva y actuante en la lengua. Con posterioridad, GUILLERMO L. GUITARTE (*El ensordecimiento del žeísmo porteño*, RFE, XXXIX, 1955, págs. 261-283) ha puesto claridad y orden en la discusión. En este artículo se hace ver cómo hay ya vigente un sonido sordo fricativo, š, y no solamente variantes ensordecidas. En cuanto a la frecuencia de su aparición y la estimación social que este sonido merezca, véase el artículo citado, págs. 265 y ss.

registrada en el judeoespañol de Constantinopla, Salónica y Marruecos: *cuchío, anío, gaína, estrea* (SUBAK, WAGNER). En el norte de África: *castío, frenío, bolsío, anío, maravía* (P. BÉNICHOU, RFH, VII, 213; v. aquí pág. 356).

En España ha sido señalada la desaparición de *y* junto a *í* tónica (también, aunque menos, tras *e*) por varias comarcas leonesas. Para Asturias (y occidente de León) Menéndez Pidal señalaba *sortíes* 'sortijas', *llavía* 'clavija'. Algo menos en *-eya*: *urea* 'oreja', *uvea* 'oveja'. En Andalucía no ha sido señalado concretamente, a pesar de haber sido dicho en alguna ocasión (ESPINOSA, BDH, I, § 157). Con más regularidad desaparece la *y* en algunas comarcas americanas. Espinosa (BDH, I, § 158₂) dice que en todo el norte de Nuevo Méjico (menos Santa Fe) y en el sur de Colorado se ha perdido completamente la *y* en contacto con *í*, y en los grupos *-eya, -eyo*: *gaína, medaíta, estrea, sentea, estreíta, apeído, poíto, cabeo.* En Alburquerque y Santa Fe la pérdida alterna con la conservación. Focos de pérdida existen en el norte y sur de Méjico (Morelos, Chiapas, Yucatán), algunas comarcas de América Central (Nicaragua), costas atlánticas de Colombia, norte de Ecuador (*poíto* 'pollito', *chiquío* 'chiquillo', *totía* 'tortilla'; TOSCANO MATEUS, *loc. cit.*, pág. 102) y Perú (*sánguchis de gaína!*, pregón citado por P. B. Murrieta, pág. 122) y en las sierras argentinas (VIDAL BATTINI). En general, parece que no se pierde en los sitios donde la *y* es rehilada, excepto un poco en Nuevo Méjico y la costa central.

FECHA

Amado Alonso ha rebuscado las huellas escritas del yeísmo donde ha sido posible. No aparecen datos que lo registren en las copiosas gramáticas del XVI y XVII, ni en los libros dedicados a la enseñanza del español. En España, el primer testimonio escrito es del primer tercio del XIX (para los gramáticos): se trata del ortólogo Mariano José Sicilia, catedrático de Granada, ya incapaz de distinguir entre la lateral *l* y la mediopalatal *y*. Para Sicilia, el yeísmo es la práctica normal de la lengua. Esto

es en 1827. Pero en la Literatura, testimonios de confusión
aparecen en Tomás de Iriarte, segunda mitad del XVIII. (Véase
pág. 310.)

El testimonio de Sicilia hace ver cómo los castellanos viejos
eran muy celosos de la buena pronunciación distinguidora; él
aconseja que se les imite. Pero desde ese tiempo, desde ese y
otros focos diversos, el yeísmo ha avanzado extraordinariamente.

Frente a estos testimonios peninsulares, A. ALONSO (*loc. cit.*,
pág. 247) señaló otros, americanos, que son anteriores en casi
un siglo. Pertenecen al poeta peruano (aunque nacido en España, en Porcuna, provincia actual de Jaén), Juan del Valle
Caviedes. Figuran en una *Sátira a ciertos correctores de la
lengua.* En uno de estos poemillas, se usa constantemente *y*
en lugar de *ll*, y en otro, *ll* en lugar de *y*: He aquí una muestra:

> *Discúlpame, mi Inesiya,*
> *El retrato, que al pintaye*
> *Aun no osara retocaye*
> *Mi beyaca redondiya.*

La otra vertiente expone:

> *Mas llo prometo ensallarme*
> *Con ansias, sollozos y alles,*
> *Para cuando te desmalles*
> *Saber también desmallarme.*

Pero lo que se debe destacar en estos testimonios es que su
autor, Valle Caviedes, cruzó el mar cuando ya tenía veinte años
por lo menos y debería llevar su formación idiomática totalmente redondeada, y su idioma reflejaría sin duda el de su
Jaén natal. Entre 1665 y 1695, fechas en las que podemos con
seguridad colocar a Valle en Lima, el yeísmo, si aún no estaba
asentado, sí estaba, por lo menos, en ese estado de confusión
y caos que acusa la transformación.

En Guatemala, se documenta el yeísmo en un texto de 1772, una comedia-baile, la *Historia de la comberción de San Pablo*. El manuscrito presenta clara tendencia a la distinción entre *ll* y *y*, pero las grafías equivocadas existen: *ayá, llerro, llugo* [12]. Ante estos datos, Amado Alonso pensaba que el yeísmo era fenómeno de fecha reciente [13]. Sin embargo, hay datos bastantes para pensar en que se trata de algo mucho más viejo de lo que hasta ahora pensábamos, si bien su propagación haya tenido desiguales ámbito y rapidez. El yeísmo figura como rasgo característico de la lengua de negros en el teatro del siglo XVI. Así lo emplearon Diego Sánchez de Badajoz y Lope de Rueda (*aqueya, cabayos*, en *Eufemia*, por ejemplo). En el siglo XVII, Góngora y Lope de Vega siguen empleando este rasgo en el habla de negros. Si era fácil pensar que este uso reflejaba una pronunciación que no existía entre los blancos, ya no se puede seguir sosteniendo tal convicción ante ejemplos de otro tipo. Tal ocurre con la *Historia de la doncella Arcayona* escrita por un morisco andaluz de los expulsados por Felipe III (1609). En este texto abundan las confusiones: *yorando, lla, alludalla*. Escrito desde Túnez, en el forzado destierro, es de suponer que el texto refleja la lengua peninsular que se usaba en la otra orilla del Mediterráneo en 1609 [14]. Estas confusiones acarrean la relación posible con un *akeyo*, que ya se encuentra en 1588, en el texto aljamiado del *Recontamiento del rey Ališandre* [15]. Volviendo al siglo XVII, el *Tesoro* de Covarrubias (1611) nos da un ejemplo valioso al contarnos un chiste, s. v. *redoma*: «Re-

---

[12] Véase HARVEY L. JOHNSON, *La «Historia de la comberción de San Pablo», drama guatemalteco del siglo XVIII*, en NRFH, IV, 1950, páginas 115-160.

[13] Más conclusiones emparentadas con la relación entre la ļ lateral conservada en América y las lenguas indígenas, en A. ALONSO, *loc. cit.*, págs. 255 y ss. También puede verse el estudio de JUAN COROMINAS, *Para la fecha del yeísmo y del lleísmo*, NRFH, VII, 1953, págs. 81-87.

[14] Véase ALVARO GALMÉS, *Lle-yeísmo y otras cuestiones lingüísticas en un relato morisco del siglo XVII*, en EMP, VII, pág. 273 y ss.

[15] Véase A. R. NYKL, RH, LXXVII, 1929, pág. 448. También ha recogido algunas confusiones en grafías medievales R. LAPESA, *Historia de la lengua española*, pág. 321.

doma llaman en las aldeas lo que se ofrece a los novios el día de la boda, *a reddendo*, porque cuando los que les han ofrecido se casan, ellos o sus hijos están obligados a bolverlo con buena cortesía y comedimiento; y assí tienen ciertas palabras solemnes, assí los que dan como los que reciben. El que ofrece, dize: Prestado vos lo doy; y el novio responde: Aquí estoy, *papagayo; que quiere decir para pagarlo»*. Los aldeanos que usaban esta pronunciación (*pagallo* 'pagarlo', con yeísmo) serían seguramente toledanos ('del reino de Toledo'), como lo era el propio Covarrubias, es decir, podían ser gente muy parecida, en sus hábitos lingüísticos, a los aldeanos de las cercanías de Madrid, donde, en Hortaleza, se decía, hacia 1550, que distaban de Madrid *yegua y potrico* 'legua y poquito'. Dámaso Alonso, exhumador de este testimonio, sugirió si no debería considerarse como un mozarabismo testigo en el siglo XVI de la pronunciación que registró Ben Joliol en el IX (*yengua buba*, véase atrás, pág. 37)[16].

Tenemos, pues, pruebas de yeísmo que alejan la fecha de su aparición bastante más de lo que se venía considerando. Aunque como fenómeno de lengua no se pueda hablar de él hasta tiempos muy modernos, el hecho existía ya de mucho tiempo atrás. Para su propagación, y con los datos que poseemos, puede pensarse que ha habido varios focos de irradiación, que tuvieron, sobre todo, muy distinto alcance y muy diferente estimación social.

---

[16] DÁMASO ALONSO, *Un poeta madrileñista, latinista y francesista en la mitad del siglo XVI: D. Juan Hurtado de Mendoza*, en BRAE, XXXVII, 1957, pág. 221. (Recogido después en *Dos españoles del siglo de oro*, Gredos, 1960.) El chiste se basa en la homonimia *llegua* 'legua' y *yegua*, voz esta última que acarrea el *potrico*, en vez de *poquito*. Menéndez Pidal acepta la relación sospechada por Dámaso Alonso (ELH, I, pág. 91), apoyándose en el testimonio vivo en el siglo XVI para afirmar su teoría de la palatalización mozárabe.

LEONÉS

Las hablas leonesas han de buscarse en el área del antiguo reino de León. Las provincias de Asturias, Santander, León, Zamora, Salamanca, Cáceres y Badajoz presentan todavía restos del viejo dialecto. Claro es que estos rasgos han de buscarse en un área aún mayor —y se encuentran en muy distinto grado de vitalidad—, sobre todo en el lado oriental del antiguo reino, donde la frontera lingüística ha sido borrada por el empuje del castellano. En el extremo nordeste, rasgos leoneses pueden encontrarse quizá hasta Castro Urdiales, pero solamente el tercio occidental de la actual provincia de Santander perteneció antiguamente a la región asturiana. El límite entre astures y cántabros estaba en el río Salia (según Pomponio Mela), es decir, el actual Saja.

Saltando la cordillera hacia la meseta central, los límites históricos nos servirán de guía para localizar los sitios donde hayan de encontrarse rasgos leoneses. Según los testimonios del Tudense y de la Silense, era el Pisuerga la frontera entre León y Castilla. Sancho el Mayor de Navarra († 1035) llevó esa frontera hasta el río Cea, incorporando así a Castilla casi toda la actual provincia de Palencia. Al sur del Duero, los límites podemos encontrarlos en los establecidos a la muerte de Alfonso VII (1157). Según el Toledano (*De rebus Hispaniae*, VII, 7), el Emperador «*Sancio primogenito dedit Castellam usque ad Sanctum Facundum et Morum Reginae* (Moral de la Reina) *et Ag-*

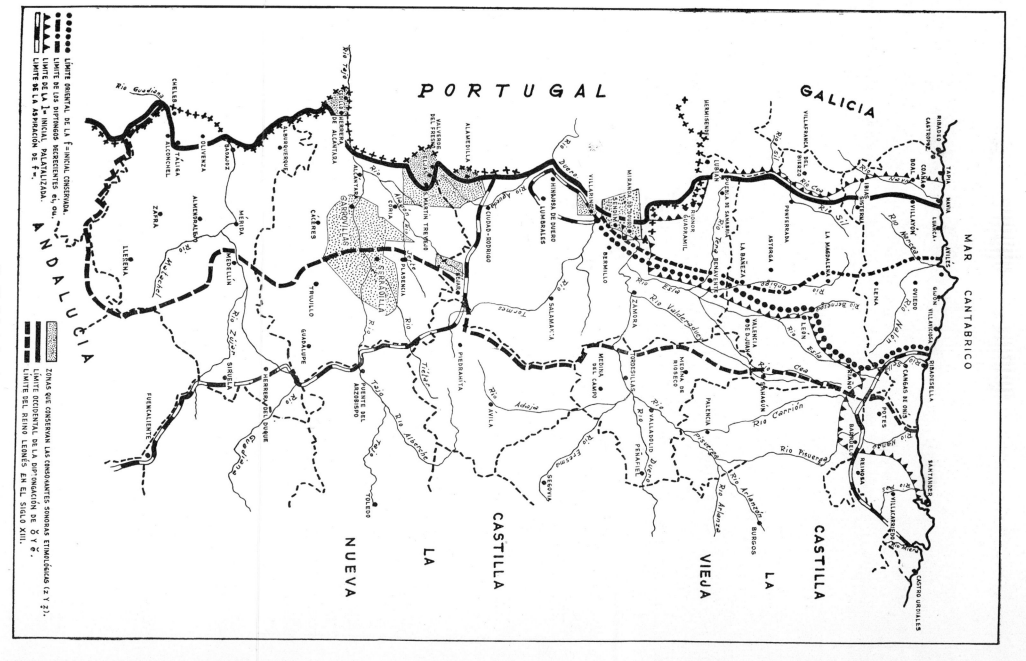

X.—El dialecto leonés

gerem fumorum (Tordehumos) *et Oroniam* (Urneira), *Covellas* (Cubillas), *Medinam* (Medina de Rioseco) *et Arevalum et totum territorium abulense, et inde sicut dividit calciata quae dicitur de Guinea...».* En algunos sitios, a pesar de esta demarcación, el leonesismo fue evidente y constante, como, por ejemplo, en Sahagún, cuyos documentos así lo revelan. Pero al sur del Duero, debido a la reconquista y subsiguiente repoblación (hecho fundamental para la determinación del dialecto), es válido esto, ya que según el origen de los repobladores así sería la ulterior vida lingüística. De todos modos, la parte oriental del viejo reino leonés aparece tan castellanizada que es muy difícil hallar en la actualidad rasgos fonéticos que coincidan con los del leonés. Sí pueden hallarse, en cambio, rastros léxicos.

Los límites occidentales son más precisos. No coinciden los límites lingüísticos con los límites administrativos. En Asturias, el gallego penetra hasta el río Navia. La orilla izquierda habla una variedad del gallego de Lugo, y algunos pueblos de la orilla derecha, como Armental, desconocen el diptongo (*corpo, terra, morto*), mientras que en lugares a ocho kilómetros al este de Navia ya aparecen esas vocales diptongadas. La toponimia refleja claramente esta situación: *Cabanellas* (siempre a la orilla derecha del Navia), *Cacabellos,* dos kilómetros al sur de Armental, pero *Carboniellas,* diez kilómetros a su oriente. Al borde del río existe *Ponteciella,* con diptongo, pero al lado se encuentran *Bustelo, Bustarelo, Barcela* y, seis kilómetros al oriente, *Fontela,* al lado de *Muriellos,* siete kilómetros a oriente. Ya Menéndez Pidal insinuó la razón histórica de este límite estacionario durante siglos. El río Navia, según Plinio, separaba a los astures pésicos de los gallegos lucenses.

El habla viva, minuciosamente estudiada en esta comarca, por RODRÍGUEZ CASTELLANO, mantiene vigente esta línea. De norte a sur, diptongan, como localidades extremas, Villapedre, Puerto de Vega, Soirana, Piñera, Somorto (que en la pronunciación local es *somwérto*), Polavieja, Busmargalí, Braña del Río y los caseríos esparcidos pertenecientes a los núcleos citados; en Villayón, diptongan la capital del concejo, Oneta, Busmente, Carrio y toda la parroquia de Parlero con la excepción de

Lendequintana, donde se mantienen ĕ y ŏ. En el concejo de
Allande, presentan diptongo La Reigada, Prada y Pradiella, El
Valle, Iboyo y Comba. En este mismo municipio, de los lugares
situados al oeste de las sierras del Palo y del Valledor, sólo
diptonga El Rebollo. El municipio de Cangas de Narcea diptonga enteramente. Como lugares límite aparecen Faidiel, Monasterio del Coto y Ovallo. San Antolín de Ibias solamente
tiene como localidades con diptongo La Sisterna y El Bao. Degaña solamente conoce la diptongación [1].

En la provincia de León, los límites —siempre de norte a
sur— aparecen en el ángulo noroeste con cierta precisión, pu-
diéndose trazar la frontera por las divisorias de los ríos Cúa
y Sil. Los valles de esa comarca presentan un habla de transición, acentuándose el leonesismo cuanto más al oriente nos
encaminamos. El valle de la Fornela, regado por el Cúa, habla
un leonés con ligeros galleguismos. Todavía algún hablante de
la comarca llama a este valle la *Furniella*, forma plenamente
leonesa. Los restantes valles hacia occidente (Ancares, Finolle-
do) hablan una variedad de gallego o de gallego-leonés. Más
al sur, Burbia y las restantes comarcas del Bierzo hablan gallego, frente al leonés de la región de Ponferrada [2].

Esta división viene confirmada por la toponimia. La cuenca
del Cúa está llena de topónimos gallegos: San Pedro de *Paradela, Fresnedelo, Cacabelos* (frente a *Cacabillo*, ayuntamiento
de Cabrillanes, y *Cacabillos*, ayuntamiento de San Pedro Ber-
cianos). Todavía dentro del partido de Ponferrada se encuentra
un *Paradelos*. Paralelamente a los nombres citados hay una
línea de diminutivos leoneses: *Ferradillo, Lombillo, Cubillos,
Pradilla*. Unos diez kilómetros al oeste de Ponferrada, en Nara-

---

1 La frontera entre las vocales gallegas y la diptongación leonesa
ha sido trazada minuciosamente por MANUEL MENÉNDEZ GARCÍA, *Algunos
límites dialectales en el occidente de Asturias*, en BIDEA, n.º 14, 1951.
También puede verse L. RODRÍGUEZ CASTELLANO, *Aspectos del bable occidental*, Madrid, 1954, especialmente págs. 77-78.

2 El gallego-leonés de Ancares ha sido objeto de un riguroso análisis
por parte de DÁMASO ALONSO y VALENTÍN GARCÍA YEBRA, *El gallego-leonés
de Ancares y su interés para la dialectología portuguesa*, en *Cuadernos
de Estudios Gallegos*, XLVIII, 1961.

yola, las formas gallegas predominan, en tanto que en su vecina Camponaraya, municipio central del Bierzo Bajo, la leonesización o castellanización es notoria [3]. Al sur de Ponferrada hay *Valdueza* (San Esteban de *Valdueza*, Manzanedo de *Valdueza*, San Cristóbal de *Valdueza*). Avanzando hacia el sur, el límite administrativo de León con Orense coincide con el límite lingüístico. Al este de la línea queda La Cabrera, típicamente leonesa.

En la provincia de Zamora, el gallego penetra en la extremidad occidental, en el partido de Puebla de Sanabria. Se habla gallego en Lubián, Padornelo, Porto y Hermisende [4]. En cambio, el leonés entra en tierra portuguesa, en Rionor y Guadramil [5] y en el territorio de Miranda do Douro [6]. En Salamanca, los límites coinciden en general con la frontera política, excepto el enclave de La Alamedilla (partido de Ciudad Rodrigo), que habla portugués. Análoga entrada se verifica en dos zonas de la provincia de Cáceres: en el ángulo noroeste, donde son portugueses Valverde del Fresno, Eljas y San Martín de Trevejo, y, nuevamente más al sur, en Cedillo y Herrera de Alcántara. Una nueva entrada hace el portugués en la comarca de Olivenza, en tierras de Badajoz. El sur de esta última provincia, reconquistado por Alfonso IX, marca la extremidad meridional de

---

[3] Datos extraídos de Isaías Rubio Fernández, *El habla, geografía, historia y costumbres de Narayola (León)*, tesis doctoral inédita, Oviedo, 1957.

[4] Véase Luis L. Cortés Vázquez, *El dialecto gallego-portugués hablado en Lubián*, Salamanca, 1954.

[5] Véase Leite de Vasconcellos, *Opúsculos*, IV, pág. 739; Jorge Dias y J. Herculano de Carvalho, *O falar de Rio de Onor*, en *Biblos*, Coimbra, 1955.

[6] Menéndez Pidal, en su estudio clásico sobre el dialecto leonés, pensó que en esta comarca fronteriza, sería leonesa *Quintanilla*, apoyándose sobre todo en la terminación del topónimo. No se habla leonés en dicho lugar. Quintanilla está entre Guadramil y la tierra de Miranda, tierra fronteriza en la que quedan vestigios de dialectalismos análogos a los de esas otras comarcas. Otras poblaciones cercanas, como Deilão y Petisqueira presentan más vivo el parentesco con el leonés — siempre con vestigios. (Véase María José de Moura Santos, en RPF, XII, 1962-63; página 229).

la corona leonesa, donde todavía se pueden hallar rasgos leoneses más o menos borrosos (*Llera, Llerena*)[7].

MENÉNDEZ PIDAL, en su estudio ya clásico —y guía inexcusable durante tantos años— clasificó el dialecto, para hacer más claro y eficaz su estudio, en tres regiones: occidental, central y oriental. Esta clasificación fue hecha pensando en un rasgo definitorio, ya que los fenómenos fonéticos se encadenan y no se puede establecer una línea decisiva. Así, el leonés occidental es aquel que, presentando ya las vocales diptongadas, mantiene los diptongos decrecientes gallegos *ei, ou*. Dentro de esta zona queda el occidente de Asturias, el de León, el de Zamora y la tierra de Miranda. El leonés central sólo se conoce en realidad en Asturias (*f-* inicial conservada, plural *les cases*, etc.). Y finalmente el leonés oriental comprende la parte oriental de Asturias

---

7 El habla mirandesa fue estudiada por LEITE DE VASCONCELLOS (*Estudos de filología mirandesa*, Lisboa, 1900-1901), como un codialecto portugués. (V. ahora, J. G. HERCULANO DE CARVALHO, *Fonología mirandesa*, Coimbra, 1958). Pero el hecho de existir diptongación vocálica, entre otros caracteres, aleja del portugués el habla de la comarca. El leonesismo del mirandés se debe a razones históricas profundas. La tierra de Miranda, en la España romana, perteneció al convento asturicense, no al bracarense. La misma iglesia de Braganza perteneció durante toda la Alta Edad Media a la diócesis de Astorga, hasta que la dificultad de estar enclavadas en reinos diferentes las separó.

Sin embargo, es sustancial complemento de esta añeja razón histórica la circunstancia, cuidadosamente estudiada por JOSÉ G. HERCULANO DE CARVALHO, de una intensa repoblación leonesa, desde el siglo XII al XV, no solo en la tierra de Miranda, Rionor y Guadramil, sino en zonas vecinas, donde aún hoy pueden perseguirse rasgos leoneses. La colonización fue llevada a cabo principalmente por los monasterios cistercienses de San Martín de Castañeda y de Santa María de Moreruela. El leonesismo de la comarca se ha mantenido por su aislamiento primero y por la relación social posterior con las zonas del este de la frontera, especialmente por los matrimonios con procedentes de Sayago y del Aliste. Véase el sugestivo trabajo citado de J. G. HERCULANO DE CARVALHO, *Por qué se falam dialectos leoneses em terras de Miranda?*, en RPF, V, 1952, págs. 265-280. También, las observaciones de R. MENÉNDEZ PIDAL, en ELH, I, págs. LII-LIV, y M.ª JOSÉ DE MOURA SANTOS, *Histoire et bilingüisme: faits et problèmes autour de la frontière hispano-portugaise*, en *Actes du X Congrès International de Linguistique et Philologie romanes*, París, 1965, págs. 1253-1259.

(entre el río Sella y Santander), Santander, la mayor parte de las provincias de León, Zamora y Salamanca y las comarcas de la Extremadura leonesa. En general, se puede decir que es habla que, teniendo rasgos leoneses, ha perdido la *f-* inicial latina, conservándola en forma de aspiración: *jorno, jambre, jarina, jacer.*

VOCALISMO LEONÉS

El rasgo distintivo del dialecto leonés, en lo que a las vocales se refiere, es la diptongación de las vocales breves latinas *ŏ* y *ĕ*, lo mismo en sílaba libre que en trabada, como en castellano. A diferencia de éste, esas vocales diptongan, además, ante yod: cast. y leonés *puerta, cierto;* cast. *ojo,* leonés *güeyo;* cast. *vengo,* leonés *viengo.*

El diptongo de ŏ.—Presenta en lo antiguo, y todavía hoy, formas vacilantes, debidas a la inestabilidad típica de la vocal más abierta: *uo, ua, ue* son variantes que coexisten en todo el territorio peninsular hasta los siglos x y xi. Pero así como Castilla se decide firmemente en el siglo x por la forma *ue,* León, más arcaizante y conservador (y con él Aragón y las hablas mozárabes), conservó la vacilación hasta el siglo xiii en la lengua escrita, y hoy, en el occidente del dominio lingüístico dialectal, persisten *uo, uö, ua,* junto a la forma más general *wé.*

Los ejemplos abundan en los viejos textos: *Quoxo* (1014, Tumbo de León), *Estraqualla* (doc. de Sahagún, 1057), *uarto,* siglo xi (MENÉNDEZ PIDAL, *Orígenes,* § 23). En el leonés oriental, a fines del xii y en el xiii, *ué* se va generalizando. Sin embargo, hay *uorto,* 1250, y *uortolano* (Sahagún, 1232). Subsisten más en el central y occidental: *ruogo* (León, 1245), *luago, puasto, fuaras* (León, 1246); *muarto, nuastra* (romanceamiento del Concilio de Coyanza); *muobe* se lee en el *Libro de Alexandre; puode, puoda, avuola, encuantra, voaltas, oabras, tuorto* existen en el Fuero Juzgo.

Los textos antiguos acusan una vacilación muy grande en lo que a los diptongos se refiere. Hay, incluso, mayoría de formas no diptongadas, al lado de diptongos anormales. Esto condujo a los primeros estudiosos del dialecto (MOREL FATIO, J. CORNU, F. HANSSEN) a pensar que la diptongación *no* era originaria en leonés. También STAAFF (*L'ancien dial. leon.*, páginas 189-202) pensaba de igual modo. Sin embargo, documentos latinos, más antiguos que los estudiados por STAAFF, revelan una diptongación primitiva, en época y casos en los que no se puede pensar en un influjo castellano: *Ielca* < E l l e c a (Sahagún, año 921); *Galleguiellos* (Sahagún, 922); *traviessa* (Escalada, 940); *cueto* (Oviedo, 948); *siellas*, Osorno de *Muçariefes* (Sahagún, 962); *arienços* (León, 965); etc., etc. (*Archivum*, IV, 1954, págs. 93-95). Las formas sin diptongo, tan frecuentes, no responden al habla viva, sino a diversos pesos operantes sobre los escribas y notarios. El primero y más importante es el influjo gallego. Todo el reino leonés se había fundado sobre el área de la antigua Gallaecia, y encerraba en sus límites un territorio que no diptongaba: Galicia. Abundan los testimonios de dentro y de fuera de la península que identifican León con Galicia. El prestigio cultural de Galicia, sobre todo en el siglo XII, era enorme: existe incluso un documento de 1185, de Matilla de la Seca, al este del Araduey, es decir, ya oriental, que presenta todos los caracteres gallego-portugueses. A estos escribas gallegos o galleguizados hay que achacar también las ultracorrecciones (*luedo, fuerma, puebres*, etc.), que surgen más tardíamente.

Deben considerarse también sobre estos documentos el recuerdo del latín y la incapacidad de algunos escribas para representar los diptongos, sonidos nuevos, que fácilmente pueden pasar inadvertidos para el hablante.

Finalmente, no hay razón histórica alguna que autorice a pensar, como querían los filólogos citados, en un influjo castellano para explicar la diptongación leonesa. Ese influjo no pudo llevarse a cabo en el siglo XIII, cuando la unión de Castilla y León era un suceso recentísimo, y mucho menos cabe pensar que tal invasión idiomática se realizase en esos años hasta alcanzar el aspecto y situación actuales. Los documentos publicados por STAAFF registran la diptongación en Ponferrada en 1235, y en Bembibre años después, mientras que, en igual repertorio, *Cacabelos*, tan cercano, aparece sin diptongar. Es decir, ya están fijos los límites de hoy, sin que los largos siglos de castellanización lenta y progresiva hayan movido esa frontera. Ayudan a esta, ya diáfana, condición, la conservación actual de *uo* (desaparecido del castellano siglos antes de la pretendida invasión), fenómeno que coexiste con otros varios ajenos al castellano, y las peculiares condiciones en que se verifica la diptongación, en muchos casos de forma muy diversa a la castellana, como se señala detalladamente a continuación [8].

Hoy, en el habla viva, el occidente del dialecto presenta vivas, al lado de *wé*, las soluciones *ua* y *uo*, mucho más frecuente esta segunda. La forma *wa* fue registrada en Villaoril por MUNTHE, y por RODRÍGUEZ CASTELLANO en el valle del Ibias: *nuaz, chuaca* 'cencerro'; en Navia se han señalado *puarta, cuarno, muarda* (MENÉNDEZ GARCÍA). Finalmente, se han registrado en La Cabrera *dipuás* 'después', y en San Ciprián de Sanabria *rúaca* (RFE, I, 1914, pág. 181).

Sin embargo, el habla actual tiende —en el occidente siempre— a *uo, uö, ue*. Todos los investigadores coinciden en señalar una gran riqueza de timbre al segundo elemento del diptongo. Así, MENÉNDEZ GARCÍA, RODRÍGUEZ CASTELLANO y F. KRÜGER. Según el primero, el desdoblamiento de *ŏ*, «nos da, en alternancia con *wé*, otros tipos de diptongo cuyo segundo elemento ofrece gran inestabilidad: al lado de la forma *wó*, que es la más corriente en la zona de diptongación de Villayón y Navia, hallamos con mucha frecuencia *wö* y alguna vez *wa;* más al sur, en Parlero, en el concejo de Tineo y en la parte oriental de Allande el diptongo de *ŏ* presenta más uniformidad, con marcada tendencia a la forma *wé*». KRÜGER señaló en San Ciprián de Sanabria un segundo elemento que ya no es una «*o* clara, sino una vocal bastante imprecisa, que hace el efecto de una *e* cuyo timbre es difícil de analizar y que se parece con

---

[8] También puede verse el trabajo de F. SCHÜRR, *La diptongación iberorománica*, en RDTradPop, VII, 1951, págs. 379 y ss. Niega la condición originaria de la diptongación leonesa, apoyándose en una tesis muy personal y aguda, pero no convincente.

frecuencia a una vocal media entre *o* y *e*»[9]. En líneas generales, se puede afirmar que no hay norma fija, ni siquiera entre los mismos hablantes, en un mismo hablante. Los ejemplos han sido ordenados por DIEGO CATALÁN y ALVARO GALMÉS (*Archivum*, IV, 1954, págs. 87-147). Entre otros se pueden citar: *puorta*, *estruobos*, *cuorpo*, *cuorno*, *nuoz*, *puörta*, *guörtu* (Navia); *buöna*, *nuövo*, *piscuözu*, *tuorce* (Luarca); *cuorda*, *muörtu* (Tineo); en Allande predomina *wé*, menos ante labial: *guövu*. Ejemplos análogos se señalan para Cangas de Narcea: en Ibias, *šuogo* 'luego', *chuove*, *cuöva*, *ruöca*, etc. (al lado de muchos *wé*). Lo mismo en Proaza, Belmonte, Salas, Tameza, Grado. La Sisterna presenta igualmente casos *wó*, *wö*, *wé*, y es desconocido *wá*[10]. Los jóvenes se deciden, como es natural, por la identificación con el castellano *wé*. También *wá* aparece, como rastro arcaico, en el topónimo *Fonte la Duana* (Navelgas), generalmente *Fonte la Duena* (MENÉNDEZ GARCÍA, *El cuarto de los valles*, pág. 29). En la provincia de León, *uo* se conserva en El Bierzo (*uorto*, *puostu*, *buonas*); cerca de Astorga se documentan *puode*, *tayuolu*, *lluogu*, etc. En La Cabrera Baja, al lado de algún resto de *wó* (*lluogu*), domina *wé*. Vuelve a ser abundante *wó* en Zamora: *puorcu*, *guobu*, *juogu*, *puobru*, *suogru*, *cuollu*, *marzuolu*, en San Ciprián de Sanabria. Existen en el mismo lugar formas con *wö*: *culuöbra*, *chuöca*, *luögu*, *entruöju*. Ribadelago, San Martín, Galende, Rionor presentan mezcla de soluciones: *vuelvu*, *lluogu* (al lado de *lluegu*, *fuegu*) y *fuoron*, *guorta* 'huerta', etc. En Aliste, Villarino tras la Sierra, en la raya de Portugal, se ofrece *suogro*, *puonte*, *nuova*, *fuogo*, etc., al lado de copiosos *wé*. Es abundante la forma *wó* en el habla rayana de Guadramil: *nuovo*, *suono*, *fuorca*, *nuosa*. En mirandés se ha monoptongado en el

---

9 M. MENÉNDEZ GARCÍA, *El cuarto de los valles*, pág. 29, señala que el segundo elemento de *uó*, *ué* «es una e labializada». Y añade: «De todos modos, este tipo de diptongo se halla en trance de desaparición, pues únicamente se oye a ciertos ancianos de los lugares más remotos, casi exclusivamente en las brañas, y aun entre ellos es más frecuente la pronunciación castellana *ué* que la dialectal *uö*».

10 Sin embargo, *wá* ha debido tener cierta vitalidad hasta no hace mucho tiempo, según se deduce de los datos de J. A. FERNÁNDEZ, *El habla de Sisterna*, pág. 29, nota.

habla corriente (*bono, fogo*), pero en el habla enfática reaparece el diptongo: *buono, fuogo, uovo, duol-me,* etc. El sendinés (variante del mirandés) hace *u* claramente (*vulta, ulhos, curda,* etcétera).

La diptongación de ŏ ante yod es normal en los antiguos textos: *nueche* 'noche'; *mueyo* 'mojo'; *cueya* < c ŏ l l i g a t; *ue, vué* < h ŏ d i e; *vuedia* < h ŏ d i e d i e m; *ueyo* < ŏ c u lu. Todavía Lucas Fernández usa *duecho* < d ŏ c t u. Otros ejemplos son: *Aradue,* moderno *Araduey* (Sahagún, 1096); Pedro *Abrueyo* < a p e r i ŏ c u l u (Sahagún, 1171); Pedro *Redrueyo* < r e t r ŏ c u l u (Sahagún, 1253); *uecho* 'ocho' (León, 1260); etc. La toponimia confirma la vitalidad y extensión antiguas del cambio. *Argüelles* < A r b ŏ l e i s, 1064, en Oviedo, y *Argüellos* en La Vecilla; *Los Fueyos* < f ŏ v e u, en Asturias, León y Sanabria; *Sigüeya* en La Cabrera Baja (frente al castellano *Segovia*); *Cirigüello, Entruello,* en Asturias.

Hoy, esta diptongación es uno de los rasgos más característicos del habla viva. Es general en Asturias central y occidental: *nueche* o *nuechi; ueyu, güeyu; uoy; mueya, muecha; fueya, fuöya; cuechu; adueitar,* etc. No se dan casos en Santander y, hacia oriente, vacila ya en Llanes, donde se oye en unos casos y se ignora en otros; en los Picos de Europa, el límite parece estar en Cabrales [11], donde hay vacilación. En León, casos de este diptongo (cada vez más en retirada ante el empuje de la lengua oficial) se oyen en Sajambre (*mueyo, jueya; Güeyo,* en topónimos), los Argüellos (*ueyo*), Omaña (*fueya, redrueŝo, nueite, uecho*), Bierzo Alto (*güey, cuechu, fuecha*), Maragatería (*ueyos, fuella*) y las Cabreras, Alta y Baja (*fuellas, nueite, mueya, El Fueyo, fueyas,* etc.).

En Zamora, es Sanabria, como siempre, la comarca conservadora y riquísima en ejemplos: *uollos, trimuoya* < t r i m ŏ d i a; *fueyas, güey, fuollas, muéllome, nueite.* En Aliste, ya quedan escasísimos restos, que llegan hasta Ricobayo, a pocos

---

[11] Confirma esta vacilación la información proporcionada por J. ALVA-REZ FDZ. CAÑEDO, *El habla y la cultura popular de Cabrales,* Madrid, 1964, pág. 25.

kilómetros al oeste de Zamora capital. El límite occidental de *güey* estará en San Pedro de las Herrerías, Mahide, Pobladura de Aliste, Valer y Flores. (Véase A. Blánquez Fraile, *Límites del dialecto leonés occidental en Alcañices, Puebla de Sanabria y La Bañeza*. Junta para ampliación de estudios, Memoria del año 1907, Madrid, 1908).

Las hablas rayanas presentan igualmente esta diptongación: *uoyo, nuoite, guoi* (Rionor); *fuoia, güeyos, uoi, fueya* (Guadramil); *uollo, ullo* (Miranda).

En toponimia, la diptongación de ŏ es igualmente copiosa y representativa. Algunas veces no ha diptongado: éste es el caso de las numerosas *Pola* < pŏpŭla, explicable (Menéndez Pidal, *Dial. leon.*, § 3) por uso proclítico. Algún caso, como *Pola de Allande* es, en el habla de la comarca, *La Puela d'Ayande*. Por lo demás, lo típico es el diptongo: *Cueto, Cueplo, Huerga, Hueces, Puelles, Pigüeces, Curueña*, etc. [12].

Cuando a la ŏ sigue una nasal, la diptongación no se ha producido, con gran frecuencia, en *bono, bon*, pero quizá se pueda explicar por el frecuente uso proclítico de la voz. (Otros casos, *trona, sona*, etc., pueden explicarse por analogía verbal). Sí, en cambio, es muy leonés la no diptongación de ŏ cuando le sigue una nasal agrupada: *fonte, ponte* son frecuentes en los

---

12 Menéndez García (*Algunos límites dialectales...*, pág. 18) registra una fórmula infantil, recitada ante el arco iris, donde el diptongo de Pola surge con toda vigencia:

> *L'arcu la vieya*
> *vei pa la Puela*
> *cumprar una vaca*
> *para mi buela.*

El Puelo, lugar entre Cangas del Narcea y Pola de Allande, ya aparece diptongado en el Cartulario de San Vicente de Oviedo (1111). El diptongo en la toponimia proporciona al leonés su peculiar fisonomía, por su abundancia y expresividad: recuérdense los frecuentes *Contrueces, Pigüeces, Pigüeña, Puelles, Cuerres*, etc., o procedentes de ě latina: *Lieres, Mieres, Cancienes, Caviedes, Somiedo, Mieldes, Siero, Rondiella*, las innumerables *Pontiellas* y *Portiellas*, etc.

textos antiguos. El *Alexandre* emplea *onta, afronta, conta.* Hoy, *fonte* y *ponte* son generales en todo el occidente asturiano (Navia, Allande, Tineo, Ibias, Teberga, Salas) y son conocidos del asturiano central. El sur de la cordillera ya usa *puente* y *fuente.* A los casos más usuales se puede añadir *llonxe, lloñi* (< l ŏ n g e) 'lejos', en Asturias occidental y central (*šueñe* en Aller y Lena; *luenxe* en La Cabrera); *douxi* en Sisterna; *šonše* o *chonse* en Navelgas. También en Navelgas se oye *condias* 'variedad de castañas', *conca* 'escudilla' (< c ŏ n c h a) [13]; *llonga, šonga* en las mismas comarcas, incluido Aller (*šuenga* en Babia); *alcontro* 'encuentro'; *dondo* < d ŏ m i t u 'cansado', en el occidente de Asturias; *dondio* 'tierno', en La Cabrera y Maragatería (comp. *duendo* en Colunga 'terreno cultivado').

La toponimia demuestra la tendencia leonesa a la conservación de la vocal inalterada ante la nasal agrupada: *Ponte* (muy frecuente); *Cefontes,* cerca de Gijón; *Camplongo,* en León, partido de La Vecilla; *Villalonga,* en Navia; *Vallongo,* cerca de Grado. Comp. las formas castellanas también compuestas de -l ŏ n g o, *Camplengo* (Santander), *Villaluenga* (abundante en la toponimia peninsular) *Solduengo* (< S o t o l o n g o) en Burgos, etcétera. Idéntica conservación de la vocal reflejan los asturianos derivados de compuestos con -d ŏ m n i c u s: *Covadonga, Romadonga, Busdongo.* (Compárese el castellano *Arasduéñigas,* en Burgos).

Diptongo procedente de ĕ.—Paralelamente a la evolución de ŏ, el diptongo procedente de ĕ ofrece rasgos muy definitorios en leonés. La forma -*je*- no es la única, sino que convive en los viejos textos con -*ja*-. Exactamente como queda dicho para *wá,* León, Aragón y la mozarabía mantuvieron la vacilación en fechas en que ya Castilla se había decidido por -*jé*-, y aún hoy se hallan restos de ese diptongo -*ja*- en lucha con -*je*-, en comarcas arcaizantes del Alto Aragón y del leonés occidental.

---

[13] Comp. los topónimos de Navelgas *La šonga, Campa šonga* (derivados de l o n g a), *Las Condias.*

En los documentos antiguos aparece -*ja*- con gran frecuencia: *amarialos* (León, 1078); *Siatrama* (hoy *Sitrama* de Tera <
s ĕ p t e m   r a m a); *Grannonciallos* (hoy *Granocillos;* Sahagún,
1096); *Pennialla* (hoy *Pinilla*, cerca de La Bañeza); *Boniallos*
(hoy *Bonillos*); etc. Los documentos de Sahagún, publicados
por Staaff ofrecen varios casos de *ya* < ĕ t. Asimismo aparecen *Castiala, tiampus, pia* (< p ĕ d e m). En el siglo xvii, Gonzalo Correas, en su *Vocabulario de refranes*, recoge uno asturiano: «Pesar con haber, bono ya de sofrer», y aclara: «*ya
por es*».

El arcaísmo *ya* subsiste hoy vivo en el leonés occidental:
él *ya, yía;* él *yara; ya* < ĕ t y *pia* 'pie', 'pie izquierdo', son conocidos en Navia, Luarca, Villayón, Tineo, Narcea, Tameza,
Salas, Teberga, Belmonte, Cudillero, Grado, Proaza. Aquí y allá,
por estas comarcas, surgen otros ejemplos: *diaz* 'diez'; *Pialtagu*,
topónimo.

En la provincia de León, *yía* (Babia, Laciana, Bierzo Alto),
pia, yea (Bierzo, Murias de Paredes). Los mismos *yía, pía* son
conocidos en Astorga y Maragatería, Ribera del Órbigo y Las
Cabreras (caminar de *pía*, junto a *píe* y *piye*). Dentro de la
provincia de Zamora, Sanabria usa, además de las formas señaladas, *bian* (persona de *bian*); *pía* y *diaz* 'diez', llegan al Aliste (Villarino tras la Sierra). La variante *ía* existe asimismo en
Rionor, Guadramil y la tierra de Miranda.

Como se puede apreciar, -*ja*- coincide geográficamente con
uo, pero frente a la confluencia de *uo* con *wé* en la mayor parte
de las palabras, -*ja*- se ha reducido a unos pocos casos: la conjunción, el presente de *ser, pia* < p ĕ d e m, *diaz* < d ĕ c e m,
y, raramente, *bian, tamian, yara*, ejemplos casi únicos en los
textos antiguos.

De las palabras anteriores se desprende un rasgo esencial
y muy representativo de las hablas leonesas: la diptongación de
las formas del verbo *ser* (ĕ s t, ĕ r a m, etc.) y la de la copulativa ĕ t, formas que el castellano consideró átonas y conservó
inalteradas. La diptongación fue general en los textos antiguos.
Hoy no se encuentran estas voces diptongadas en el oriente de
Asturias. Desconocen esta diptongación Llanes, Ribadesella, Can-

gas de Onís, Amieva y Ponga. Ya aparece en Cabranes: *yes, ye* (pero *era, eres*). Y ya son normales en el asturiano central, y generales en el occidental. En tierras de León, las formas de *ser* diptongadas perviven en todas las zonas del dialecto. Se encuentran en Curueña, Murias, Laciana, Babia, El Bierzo (*ía, yéra, yéramus, yérais, yéran*), Ribera del Órbigo, Omaña, Maragatería, Las Cabreras (*yérades*) e incluso en La Bañeza (*ye, yéramos, yérades, yeran*). En tierras de Zamora, la diptongación aparece regularmente en Sanabria (*yeren, ye* o *yía; yéramos, yérades*) y, en franca disminución, en Aliste (*eso ye caro*, en Villarino tras la Sierra). Las lenguas rayanas presentan asimismo esta diptongación: *ye* o *yía; yera, yeras*, etc. (Rionor, Guadramil); *yes, ye, yera* en mirandés (Duas Igrejas); en Sendím, *yí* o *ye*.

El diptongo de ĕ t es hoy de área más reducida que el de las formas de *ser*. En Asturias se limita al occidente: Navia (*ya*), Luarca (*peras ya manzanas*), Cudillero, Tameza (*pan ya vinu*), Degaña, Ibias (*ya más* 'y además'), Proaza, Grado. No aparece diptongada en Avilés, Gozón, Lena, Aller (aunque éste tiene el de ĕ s t), ni en ninguna otra parte del resto del asturiano central u oriental. En León, solamente queda en Babia [14] y Laciana y algún ejemplo del Bierzo. Ya no aparece en Maragatería, La Cabrera ni, como es de esperar, en tierras de Zamora. En todos los casos en que esta diptongación ha permanecido lo ha hecho en la forma *ya* (nunca *yía*), desapareciendo *ye*, que fue la más difundida en todo el antiguo leonés [15].

La diptongación de ĕ + yod no se ha producido con tanto rigor y abundancia como en el caso de ŏ. La ĕ no se ha dip-

---

[14] GUZMÁN ALVAREZ cita varias canciones populares con la conjunción diptongada. He aquí un ejemplo: «Sal a baiŝar, buena moza, / menéyate, resalada, / que la sal del mundo tienes / ya nun te meneas nada».

[15] La forma *ye* es la más abundante en los antiguos documentos: «maldictu *ye* descomungado *ye* con Judas traidor en infiernu dannadu, *ye* peche...» (Sahagún, 1236). Pero la forma *ya* es también conocida, especialmente en documentos del leonés central y occidental: «damos *ya* otorgamos...» (Eslonza, 1243).

tongado (*pecho, entero*) ni en los textos antiguos ni en el habla moderna, excepto en el verbo: *tiengo, viengo; yes* < ĕxit, en el *Alexandre*. Hoy, las formas verbales, con o sin diptongo, se reparten confusamente el dialecto. Curueña dice *tiengu, viengu; tengo, vengo* se usan en casi todas partes, incluso en zonas de Sanabria; *tiengo* en La Bañeza y en pueblos de Maragatería; Astorga, sin diptongo; *mantienga, tienga,* en Sayago. Las vacilaciones se dan también en Asturias: *tiengu, viengu,* en Villaoril; *vengu, tengu,* en Sisterna. El mirandés y las hablas rayanas, *tengo.*

También ĕ + nasal presenta ejemplos de no diptongación. Estos casos se producen en el occidente asturiano (Navia, Villapedre, Piñeira, Polavieja, Villabona): *setembre, sempre, tempo, asento, casamento, ben, dente, šenzo* 'lienzo', etc. Según los estudios de M. MENÉNDEZ GARCÍA, esta vocal mantenida se encuentra en tres pequeñas zonas, fronterizas con el gallego: 1.ª: Sisterna, en el valle alto del río Ibias: *tamén, ten, ven, tein* 'tienen'; 2.ª: Villayón y aldeas próximas: *ben, tamén, ven, ten, calente, dente, cenicento, venres* 'viernes', *sempre;* 3.ª: Navia, ya señalada: *pimento, parentes, ferramenta, tenro, merenda, quen, ten, ven,* etc. [16].

Hay que hacer notar que en toda el área geográfica del leonés actual, el diptongo *-ja-,* procedente de ĕ latina, se pronuncia bisílabo, en la mayor parte de los casos: *yía, pía.* Solamente, ya queda señalado, el procedente de ĕt es en todas partes *-já-.* Lo mismo ocurre en *yara,* nunca **yíara,* en las comarcas donde se produce. El bisilabismo, aunque menos frecuente, se registra también en *-je-* (*yíe, píe, díez,* etc.). Los dialectólogos han insistido sobre este cambio de acento, motivado probablemente por énfasis articulatorio. El cambio se registra

---

[16] Hay que llamar la atención sobre el hecho de que dos de esas zonas (Sisterna y Villayón) sean las dos únicas de Asturias en que ha penetrado la pérdida de *-n-* intervocálica. Es muy posible que la zona limítrofe de no diptongación sea comarca en la que primitivamente se perdía la *-n-*.

casi exclusivamente en monosílabos. Quizá este cambio no se produce en el resultante de ĕ t porque la copulativa no tolera el uso enfático.

Igual cambio existe en el diptongo procedente de ŏ, pero localizado en Sanabria, Ribera del Órbigo y Maragatería [17].

El diptongo -*je*- no se reduce, en las hablas leonesas, a *i* cuando va delante de *ll* (cast. *castillo, silla;* leon. *castiello, siella*). Todo el asturiano lo conserva ante palatal: *portiella, dubiellu* 'ovillo', *marmiellu* (< m e l i m e l l u 'membrillo'), *costiella*, etc., etc. También se conserva ante *s* agrupada (*aviéspera, piescu, riestra*, etc.). No se conserva en Santander; se bate en retirada en Sajambre (*cuchiellu, butiellu, estiella, cuquiellu,* y es aún abundante en la toponimia), y vive con toda vitalidad en el oeste de León. (Curueña: *custiella, cachabiellu* 'artefacto para sacar el pan del horno'; *gabiella;* en Astorga, *amariellu, oviella,* etc.; en Babia, Laciana, El Bierzo: *sencieŝu* 'sencillo', *argadieŝu, capieŝu;* en La Cabrera: *mundiella* 'escoba del horno', *dulunciella* 'comadreja', *butiellu* 'estómago del cerdo', etc.; en la Ribera de Órbigo: *piniella, cuchiella, musturiella, murriellu,* etc., etc.). Al este de León hay un topónimo, *Soto de Banciella,* ya entre lugares con el diptongo reducido: *Solanilla, Paradilla, Corbillos.* En Zamora, el diptongo se conserva en Sanabria: *purtiellu, palumbiella, bobiella* 'abubilla'. No se registran ya casos de conservación de este diptongo ante palatal en El Aliste. En Miranda hay vacilación: *amariella, Castiella,* pero *mantilla.*

Más reducida es la conservación del diptongo ante vocal. Por todo el occidente, de la Ribera del Órbigo a Villapedre, se usa el posesivo *mieu.* En Curueña, *Dieus.* En Miranda se reduce a *miu, Dius,* como en el castellano *mío, Dios* [18].

---

[17] En San Ciprián de Sanabria, se han registrado *fúera, púede, fúella, lúego, núez, rúaca,* etc. Véase A. CASTRO, RFE, I, 1951, pág. 181, y F. KRÜGER, SCip, 26 y 27. En Maragatería y Ribera del Órbigo documenta esta pronunciación ALONSO GARROTE: *núeces* y *núicis; púerta, pañúilo,* etc.

[18] Para todo lo relativo a la diptongación leonesa y su repartición geográfica, véase DIEGO CATALÁN y ALVARO GALMÉS, *La diptongación en leonés,* en *Archivum,* Oviedo, IV, 1954, págs. 87-147.

CONSERVACIÓN DE LOS DIPTONGOS DECRECIENTES

Los diptongos decrecientes *ou*, *ei*, existen en todo el leonés occidental. En Asturias llegan hasta las orillas del río Nalón, estableciendo así una relativa continuidad con el gallego; *ei* avanza algo más al este, conociéndose en las cercanías de Oviedo (San Andrés, cerca de Trubia). Al sur, el límite de la reducción del diptongo es la cordillera de la Sobia, que separa el partido de Belmonte del de Lena. Quirós usa *ei*, pero no *ou*. En tierras de León, existe al occidente: se usa en El Bierzo, Maragatería, Ponferrada, Astorga, Murias de Paredes (*ei* se observa en buena parte de La Bañeza), La Cabrera, Ribera del Órbigo. En tiempos antiguos, el diptongo tuvo mayor área geográfica: está documentado en Carvajal, Eslonza, Sahagún, Carrión y Saldaña. (MENÉNDEZ PÍDAL, *Orígenes*, § 107).

En el siglo XII, la monoptongación avanzó hacia el oeste por Carrión, Sahagún y León, pero era más resistente en Zamora y Salamanca. Hoy persiste el diptongo en Sanabria, Villarino tras la Sierra, Viñas (en Zamora), y en Salamanca solamente cita MENÉNDEZ PIDAL (*Dial. leon.*, pág. 149) ejemplos aislados de Vilvestre, Ciudad Rodrigo y Sierra de Gata. Seguramente estos ejemplos han caducado ya, bajo el peso de la lengua oficial.

Los textos antiguos representan *au* o *al* + consonante latina con *ou*. Así por ejemplo, *ousar*, *outonno*, en el *Alexandre*; *outorgar*, *outro*, en el Fuero Juzgo. Hoy son generales en el occidente asturiano *cousa*, *pouco*, *touro*, *rouca*, *rouquido*, *šousa* < l a u s i a 'pizarra', *šouxau* 'tejado de pizarra', *roubar*, *fouz*, *souto*, *ouro*, *outro*, *couce*, *toupo*, *amoura*, la persona él del perfecto de los verbos en *-ar* (*cantou*, *dou*, *estou*) y todo el perfecto de *soupe* y *houbo*. Estos ejemplos son corrientes en Luarca, Villapedre, Santa Olaya, Cudillero, Villaoril, Ibias, Pravia, Teberga. Al este de Luarca, la toponimia acusa claramente la gran vitalidad antigua del diptongo: *Moura*, *Mourero*, sierra de las *Outedas*, *Louro*, pueblo al oeste de Pravia; *Vallouta*, siete kilómetros al sureste de Salas. *Bouzo,* en Pravia; *Moutas,* en Grado. En la orilla derecha del Nalón, existe una aldea llamada *Ribolouro.* El Fuero de Avilés registra un *poblou,* ejemplo extremo hacia oriente [19].

En el occidente de León, los ejemplos son análogos: en Curueña, Babia, Laciana existen *cousa, toupou, outro, couz, llouco, fouz,* él *matou* (pero ya *roncu, ropa, robar);* en Astorga, *lloucos, chistouso.* Al sur de Ponferrada, en San Esteban de Valdueza, hay un lugar llamado *Bouzas.* En la tierra de Miranda (y en Rionor y Guadramil) los ejemplos son los mismos. Se puede añadir *ouro,* que es *oro* por castellanización en todos los demás sitios. *Outro, couce, trouza* 'dintel', *llousa* 'pizarra', *coudo* < c u b i t u m, *oubeya, fouz,* en la Ribera del Órbigo, todo Sanabria, Aliste.

Es general en el leonés occidental el pronombre *you,* que debería ser *yeo;* pero ese diptongo extraño, *eo,* se ha hecho *ou,* asimilándose así al más frecuente y general. También son comunes a todos los lugares citados los posesivos *tou, sou,* y el numeral *dous,* donde el diptongo procede de ŭ o latino [20].

Diptongo ẹi.—Los textos antiguos leoneses presentan *a* + yod con el diptongo *ei.* El Fuero de Avilés usa *peicte* 'peche', y en los demás textos se encuentran formas como *leigo, beiso, queixar, primeiro.* Igualmente, la persona yo de los perfectos de verbos en *-ar: cantei,* etc.; Yo *ey* < h a i o 'he'; *sey* 'sé'. Hoy el diptongo vive en una geografía muy aproximada a la de *ou.* La toponimia revela vivamente la vitalidad de este diptongo: *Beifar* (Pravia), *Beiciella, Barreiro* (Santianes), *Agüeiro* (Can-

[19] Una cita especial merece la comarca de Quirós (ya parte de Proaza y Santo Adriano), donde *ou* < *l* agrupada es *oi: poisu* < p u l s u; *oitre* < a l t e r u; *foiz* < f a l c e; *toipu* < t a l p a. Se trata de un curioso islote de difícil explicación. (Véase RODRÍGUEZ CASTELLANO, *Aspectos del bable occidental,* págs. 161-162.)

[20] En la localidad de Bandujo (Proaza), RODRÍGUEZ CASTELLANO anota una variedad de este diptongo caracterizada por tener el primer elemento muy abierto: *rạuca* < r a u c u s 'ronco'; *baisạu* 'bailó'. Se trataría de una variante representativa de un estado sumamente arcaico, intermedio entre *au* y *ou.*

damo), *Rioferreiro* (Grado), *Farneiro, Junqueiro* (Rañeces), *Sieiro* (Villamarín). Hasta en las proximidades de Oviedo hay *Agüeira* y *Veiga*. En el habla viva se registran *veiga, queiso, salgueiro, eira, šeišía* 'lejía', etc. Todo el sufijo *-arius*: *pandeiro, vaqueiro, fogueira, formigueiro;* los perfectos *topei, mandei*. En algunas comarcas se trata de distinta manera el diptongo, según sea el masculino o el femenino: *caldeiro, caldjera; cordeiro, cordjera; vaqueiro, vaqujera,* en Villapedre y Puerto de Vega. En otros lugares (Luarca, Villaoril, Pola de Allande, Teberga), los femeninos son *caldera, masera, tixeres,* etc., con *e* abierta.

El sufijo *-éiru* se mantiene vivo en toda la comarca occidental asturiana, en lo que se refiere a las formas masculinas. Pero el femenino ha sido sustituido por la monoptongación: *vaqueiru, vaquera; cuntapeiru, cuntapera* 'chismoso, -sa'. El diptongo *ei* en femeninos como forma normal solamente lo ha registrado Rodríguez Castellano en Sisterna (*fulgueira*)[21], en varios puntos del concejo de Navia y en la parte occidental de Luarca. La monoptongación del femenino debe de ser muy antigua, pues ya figura en los documentos de Corias (*lineras, felgueras;* v. Floriano Cumbreño, *Libro registro de Corias,* páginas 22-25). Rodríguez Castellano señala que en los lugares de monoptongación surge el diptongo nuevamente en las voces derivadas: *eirau* 'parva', frente a *era; caldera,* pero *caldeirada*[22].

Los femeninos diptongados en *-je-* (*caldeiro-caldjera; cordeiro-cordiera; tixiera, masiera, canaviera* 'cañaveral', etc.), limitados a Villapedre y Puerto de Vega (oriente del concejo de Navia), se han querido explicar de manera análoga al francés *-jer, -jère:* una metátesis muy temprana, que monoptonguizó después en *e,* y una posterior diptongación de esta *e* resultante. Sin embargo, no hay que olvidar que en francés ocurre en los

---

21 Véase ahora Joseph A. Fernández, *El habla de Sisterna,* pág. 32, con numerosos ejemplos femeninos de *ei: maseira, toupeira, pasteira,* etcétera. No se registra ningún caso monoptongado.

22 Añádanse ahora las cuidadas observaciones de M. Menéndez García, *El cuarto de los valles,* págs. 76-78, con valiosas precisiones sobre la frontera occidental de la monoptongación.

dos casos, masculino y femenino (*chevalier, chaudière*), en tanto que en el asturiano occidental solamente diptonga el femenino: *vaqueiro, vaquiera*. (Véase L. RODRÍGUEZ CASTELLANO, *Aspectos del bable occidental*, pág. 86 y ss.). Parece más convincente, desde todos los puntos de vista, pensar en una tendencia a la diferenciación morfológica, por medio de otra vocal distinta a las normales, fenómeno muy frecuente en asturiano (*-u, -os; -a, -es*). Véase TDRL, II, pág. 169 [23].

Ejemplos parecidos existen en el occidente de León, con el diptongo conservado: *fuey, beixu, cereizal, queiso*, en Curueña; *salgueiro, cordeiro*, en Astorga. No todas las comarcas conservan el diptongo en Ponferrada y su término, ni en La Ribera del Órbigo, ni, en general, en El Bierzo. Es abundantísimo en La Cabrera: *molineiro, oteiro, queiso*, etc. Persiste en mirandés, lo mismo *-eiro* que *-eira*. En la provincia de Zamora, *-ei* se conserva en Sanabria: *aigueira* 'arroyo', *llumbreira* 'tea', *paneira, gateiro, carrendeira* 'raya del peinado', etc.; *Pereira*, caserío de Puebla de Sanabria; *reñobreiros* (comp. ast. *nuberu*) 'el que hace las nubes'. En Aliste, *carneiro, ribeira*, etc. De Salamanca se han registrado casos aislados: *piñeiro* 'cedazo' (Vilvestre); *cilleiro* 'alcoba', en Sierra de Gata; *cheirar* 'oler', en Ciudad Rodrigo.

El diptongo aparece en los textos antiguos, incluso en los casos de *e* seguida de yod. Así por ejemplo, el Fuero de Avilés usa *peindra*, y el *Libro de Alexandre, conseijo, espeijo, meijor*. Modernamente, el asturiano ha absorbido la semivocal en la palatal siguiente, que suele ser *y*: *ureya, conceyu, meyor* (*urecha, ureicha, mechor*, en Teberga). En mirandés se mantiene: *speillo, madeira*, y también ante toda palatal: *streilla, peiña*.

---

[23] La historia fonética del sufijo *-arius* ha sido materia batallona, especialmente en lo que se refiere al galorománico. Historia de las teorías lanzadas para explicar su evolución puede verse en TDRL, II, pág. 165 y siguientes. Desde luego, ninguna de las teorías fonéticas expuestas explica el comportamiento del asturiano. Es más aceptable la conclusión del trabajo citado, según la cual, las terminaciones *-eiru, -era; -eiru, -iera* responden a una oposición morfológica masculino-femenino.

Este diptongo, como el *ou,* se ha introducido en lugar de *e* inicial (*eidat,* en el Fuero Juzgo); *eidade, eiterno, einemigo,* etc., son generales en mirandés. (Compárese el gallego *eidá, eigrexa*).

La *o* seguida de yod ha evolucionado a *oi* (no a *wé,* como el castellano). En los textos antiguos, se encuentra *agoiro, Doyro, salmoirada,* ya procedente de *ō* o de *ǔ;* también *coyro,* con *ǒ* originaria. Este diptongo, general en el occidente leonés y asturiano, empalma estas hablas con el gallego y el portugués. Los ejemplos son numerosos en el asturiano occidental: *treitoira* < t r a c t o r i a 'abrazadera en que gira el eje del carro'; *fesoira* 'azada' (< f o s s o r i a); *canigadoira* 'columpio'; *šovadoiru* 'lavadero'; *cobertoira* 'tapadera'; *pasadoiro* 'pasadero de piedras en el arroyo'; *surradoiro,* en Navelgas 'palo para mover la leña en el horno'; *salmoira, coiro* (Villapedre). En Luarca se oyen *treitoiras, curbetoira; vasadoiro* < v e r s a t o r i u 'arado', en Valdés; *treitoiras* en Santa Olaya; en Villaoril, *abintadoiru, paradoira.* Los partidos de la derecha del bajo Nalón, Avilés, Oviedo, Lena, etc., y ya todo el centro y oriente de Asturias y (en casos aislados) Santander, no practican la metátesis de la *j,* y dicen *corredoria, mesoria, trechoria, estandoriu; subidoria, sechoria* 'cuchilla del arado'. Este diptongo tiene menor área que *ei* y *ou.* Por el sur llega a Pola de Somiedo, y por el norte a Grado. Esta metátesis es conocida también en el occidente de León: *moira, agoiro, curredoira, arrastadoira,* etc., en Babia, Laciana, Murias. Llega a La Cabrera, donde se registran *saldoiros* 'topónimo'; *coiro, recoiro* 'interjecciones', pero ya aisladamente. En Sanabria es abundante en topónimos; no se conoce en El Aliste. Como se ve, también en estas comarcas su área geográfica es menor que la de los otros diptongos [24].

---

[24] Una detallada exposición de los testimonios hasta ahora conocidos de todos los diptongos decrecientes y su localización geográfica, puede verse en el estudio de GERMÁN DE GRANDA GUTIÉRREZ (con la colaboración de otros varios), *Los diptongos descendentes en el dominio románico leonés,* en TDRL, II, págs. 121 y ss.

INFLEXIÓN DE LA VOCAL TÓNICA

Quizá el fenómeno fonético más importante (y desde luego el de mayor personalidad) del dialecto leonés es la inflexión de la vocal tónica en algunas comarcas del centro de Asturias. El cambio se registra en los concejos de Mieres, Pola de Lena, Aller. Restos se han encontrado en la península del Cabo de Peñas (en los concejos de Gozón y Carreño), y en Linares (concejo de Ribadesella), en este último ya muy leves. Últimamente se han registrado huellas también muy leves en el concejo de Cabrales (BIDEA, XIV, 1960, págs. 241 y ss.). La repartición actual ha hecho pensar (DIEGO CATALÁN, RDTradPop., IX, 1953, págs. 405-415) que la metafonía fue rasgo típico del asturiano central, relegado hoy a comarcas extremas por el influjo de las ciudades, más avanzadas y cultas[25].

La metafonía se produce como sigue: toda *ū*, *ī*, finales, cierran la vocal tónica: *a > e; o > u; e > i*. Así, *palu* es *pelu; pelu > pilu; besu > bisu; vasu > vesu*. Los ejemplos son numerosos y rigurosamente mantenidos: s a n c t u m > *sentu* (pero *santa, santos*); a p e r t u > *abirtu* (pero *abierta, abiertos*); l u p u m > *šubu* (pero *šoba, šobos*).

La vitalidad del cambio es tal que se verifica sobre voces extrañas al dialecto: *rosario > roseriu; sujeto > sujitu; silicoso > silicusu;* etc. (Casos de *i* final: *šiši* 'leche'; *fuiši* 'fuelle'; etcétera).

Otros ejemplos: *ó > u: trampusu, faltusu, putru, puzu* (pero *tramposa, faltosa, potra, poza*, y lo mismo en los plurales).

---

[25] Insiste en este sentido ALVARO GALMÉS, *Más datos sobre la inflexión metafonética en el centro-sur de Asturias*, en TDRL, II, págs. 13-25. Galmés ha ensanchado las fronteras conocidas de la metafonía, pudiendo así asentir a la idea de una continuidad metafonética en el asturiano central, continuidad que se habrá quebrantado por el influjo de las ciudades, como mayores centros irradiadores de cultura (Oviedo, Gijón, Avilés, Pola de Siero). Indirectamente, lo demuestra también la presencia de metafonía en escritores bablistas de esas comarcas, en los siglos XVII y XVIII. (Josefa de Jovellanos, por ejemplo, hermana del famoso escritor).

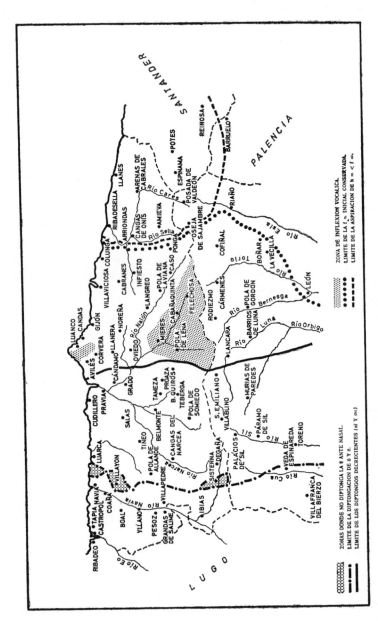

XI.—Algunos límites dialectales en Asturias

á > *e*: *quezu* 'cazo', *pelu* 'palo', *guetu* 'gato', *querru* 'carro', *bencu* 'banco', *grenu* 'grano', *emu* 'amo', *quelvu* 'calvo', etc. (Pero *gata, gatos; ama, amos; calva, calvos;* etc.).

é > *i*: *primiru* 'primero', *pirru* 'perro', *nigru* 'negro', *pilu* 'pelo', *tichu* 'techo', *fíu* 'feo' (pero *primera, primeros; perra, perros;* etc.).

La vocal tónica se trasforma incluso cuando está formando diptongo: *wé* > *wi*: *puirtu* 'puerto', *fuibu* 'fuego', *güisu* 'hueso', *cuitu* 'cueto', *piscuizu* 'pescuezo', *güiyu* 'ojo', *pañuilu* 'pañuelo'. El diptongo *je* > *i*: *timpu* 'tiempo', *abirtu* 'abierto', *pimintu* 'pimiento'; *jo* > *ju*: *piuyu* 'piojo'; *pjurnu* 'piorno'.

La trasformación se verifica también cuando la vocal tónica está en hiato (*peezu* 'pedazo'; *fuíu* 'fuego'), o aunque exista postónica interna (*quécabu* 'añico, cacharro'; *mastuírzanu* 'mastuerzo'; *carémpanu* 'carámbano'; *sébanu* 'paño'; *péšaru* 'pájaro'; etcétera).

La *i* final (y la *e*) actúa metafonéticamente sobre la tónica, aunque con menos intensidad que la *-u*: *terdi* 'tarde'; *ebri* 'abre'; *de beldi* 'de balde'; *cumi* 'come'; *curri* 'corre'; *isi* 'ese'; *isti* 'éste'; *šiĉe* 'leche'; *ayiri* 'ayer' (< h e r i); etc. En Lena, la *-i* final solamente opera sobre la *é* tónica: *fuiši* 'fuelle'; *nuiši* 'noche' (pero *padre, madre, torre*).

La inflexión se ejerce en la conjugación en el concejo de Lena: *fiše, fešo* 'hice, hizo'; *punše, ponšo* 'puse, puso'; *quiše, quešo* 'quise, quiso'. Esta inflexión de formas personales no se verifica en el concejo de Aller. En cambio, en este último concejo inflexiona el infinitivo si lleva pronombre enclítico: *tomélu* 'tomarlo'; *cuidélu* 'cuidarlo'; *ponílu* 'ponerlo'; *facílu* 'hacerlo'; *vílu* 'verlo'. Los participios también inflexionan: *matéu* 'matado'; *fišu* 'hecho'; *puístu* 'puesto'; etc. En los gerundios, la vocal no se altera [26].

---

[26] Aparte de esta inflexión de resultados palatales, existe otra de resultado velar (*á* > *o*), de área más restringida, localizada en Siero, Sobrescobio, San Martín del Rey Aurelio, Langreo y Bimenes. Son frecuentes casos como *gotu* 'gato'; *prou* 'prado'; *ablonu* 'avellano'; *llimiogu* 'limaco'; *cuñou* 'cuñado'; *boncu* 'banco', etc. Tal cambio se considera por los hablantes mucho más vulgar que la inflexión palatalizante. **Véase**

Esta metafonía ha sido documentada también en una pequeña comarca de la provincia de Santander, en Vega de Pas y algunos otros lugares del valle de Carriedo. Es entre los «pasiegos», habitantes de los valles altos de los ríos Pas y Miera, pueblos ganaderos de limitada trashumancia y con vida muy personal y ajena a la de los valles vecinos: *cordiru, cordera; quisu, pirru, cirizu* 'cerezo'; etc.; *tuchu* 'loco'; *puzu* 'pozo'; *tulundru*, etc. No practican la inflexión algunas voces muy corrientes en Asturias, como *zorru* o *bolu, besu* o *pelu*, y en la *a* tónica es algo oscuro el funcionamiento de la inflexión: *gatu, sapu*, etc[27].

La metafonía avanza hasta aldeas del norte de Burgos, en tierra de Espinosa de los Monteros, en unos barrios también llamados «pasiegos». Para MENÉNDEZ PIDAL, esta metafonía fuera de la tierra asturiana se debe a un trasplante de pastores de Asturias, probablemente en las empresas repobladoras de Alfonso el Católico (750) o de Ordoño I (860)[28]. Coadyuva a esta

---

L. RODRÍGUEZ CASTELLANO, *Más datos sobre la inflexión vocálica en la zona centro-sur de Asturias*, en BIDEA, 1955, págs. 123-246, y, en especial M.ª TERESA C. GARCÍA ÁLVAREZ, *La inflexión vocálica en el bable de Bimenes*, en BIDEA, XIV, 1960, con agudos puntos de vista y ordenados materiales.

[27] La metafonía santanderina se localiza en Vega de Pas, San Roque de Riomiera, San Pedro del Romeral y otros lugares meridionales del valle de Carriedo (aldeas de Selaya).

[28] MENÉNDEZ PIDAL (*Pasiegos y vaqueiros*, en *Archivum*, Oviedo, 1954, págs. 16 y ss.) se basa, para hermanar ambas metafonías, la asturiana y la montañesa, en la resistencia a la inflexión de ó < a u (*toru, pocu, oru*, sin inflexionar), que se corresponde con la resistencia a inflexionar e < a i, que, aunque no tan constantemente, se ha observado en Aller y en Gozón (*Calderu, quesu, besu*, sin inflexionar). Las dos áreas asturianas actuales (Lena-Aller y la del cabo de Peñas) están próximas al área de conservación de *ou, ei*. «Este territorio limítrofe de la isoglosa *ou, ei*, perdió, naturalmente, muy tarde sus originarios diptongos decrecientes, y aún además (aunque esto no nos hace falta) tenemos muestras de que el masculino retuvo el diptongo más tiempo que el femenino, porque dentro del área del diptongo, en la región extrema de Grado, se dice *mulineiro* junto a *molinera*, de modo que en la zona limítrofe en que desapareció *ei*, el masculino hubo de ofrecer por mucho tiempo en la sílaba acentuada una vocal compuesta, *ei*, que se resistía a la inflexión. Por tanto, la inflexión que parece excluir *poco, toro, oro, calderu, quesu,*

hipótesis el hecho de ser los pasiegos una colectividad extraña, traída de fuera a la Montaña.

La metafonía vocálica asturiana ha sido puesta en relación por Menéndez Pidal con el análogo fenómeno de dialectos del sur de Italia y de los Abruzzos. Comp. napolitano *kainetu* 'cuñado', femenino *kainata; sekku* 'saco', etc. Más que pensar en una poligénesis debe pensarse en una filiación histórica. Se trataría, pues, de una razón más para pensar en el gran papel desempeñado por el sur de Italia en la romanización de la Península Ibérica, ya que existen, además, otros rasgos comunes [29].

La *e* protónica, en amplias comarcas del dominio leonés, se labializa en *ö, u*, en contacto con un sonido labial. Es fenómeno abundante en portugués y gallego, y está documentado en el occidente asturiano, La Cabrera, Aliste y Sanabria. También se conoce en Miranda de Duero. Se han recogido *purmeiro* 'primero'; *funochu* 'hinojo'; *umbiar* 'enviar'; *fulechu* 'helecho'; *dubanar* 'devanar'; *asumiar* (< s i m i l i a r e) 'parecerse una persona a otra' (Asturias occidental); *pögare* 'pegar'; *postañes* 'pestañas'; *puqueiña* 'pequeña' (San Ciprián de Sanabria); *sumana* 'semana' (La Cabrera, Sanabria); *chumineya* 'chimenea' (La Cabrera); etc. En Miranda se han registrado *cobrar* (<

---

pudiera ser natural de una región limítrofe con el área de conservación de *au, ei,* de la cual están muy alejados los valles pasiegos». Las áreas asturianas están hoy separadas, como ya queda dicho arriba, por probable acción de las ciudades, Oviedo, Avilés, etc., pero no se puede suponer que el área pasiega haya estado unida a la asturiana, «porque la supuesta área de unión se habría extendido por extensos territorios de los que no tenemos motivo ninguno para sospechar que hubieran en lo antiguo conocido la metafonía; debemos suponer que el área metafónica pasiega procede de una emigración de pastores asturianos a las cumbres de Castilla la Vieja» (MENÉNDEZ PIDAL, *loc. cit.,* pág. 18).

[29] La inflexión vocálica está en franca disminución. Solamente en aldeas escondidas se conserva con vitalidad. Los focos principales de la inflexión *a* > *e* (*guetu*) están en lugares apartados de Aller, Riosa, Lena y Morcín. Los de la modalidad *a* > *o* (*gotu*) en el centro de Sobrescobio, al oeste de Langreo, y en especial, Bimenes. (V. L. RODRÍGUEZ CASTELLANO, *Más datos sobre la inflexión...,* pág. 146).

c r e p a r e); *porfeito* (< p e r f e c t u m); *proparar* 'preparar';
etcétera.

En toda el área leonesa es frecuente la epéntesis de una
yod al final de la palabra. El rasgo existe ya en los documentos
antiguos y es hoy conocido del gallego (*urnia, cirrio, undia*) y
del portugués popular y vulgar (*landia* 'bellota'; *acasio, flusia,
melenia, Elisia, invernio*). En Asturias es muy abundante: *blandiu, curtiu* 'corto'; *mundiu, muriu, comparancia, folgancia, cru-
ciar, esforciar, alteriar, trepiar, rasiar, Agüeria; ŝizio* 'lizo del
telar'; *acubiar* 'halagar a un animal, para cogerlo' (< * a c c a p-
t i v a r e); etc., etc.

En la Montaña santanderina, se conocen casos como *muriu,
juriacu* (< f o r a c c u, antig. español *huraco*, ast. *furacu*); *llu-
miaco* (< l i m a c e u), ast. *llimiagu* 'babosa'; *bandias* 'banda-
das', en Cabuérniga. Idéntica vitalidad acusa el habla sajam-
briega (A. FERNÁNDEZ, *loc. cit.*, pág. 43). En Asturias, *gociu*
'gozo'; *blandiu, curiar, andia* 'anda'; *llurdio* 'sucio', *sardiu* 'sardo'. En el occidente de León se usan numerosos casos parecidos
(Babia, El Bierzo, La Cabrera, etc.). En la provincia de Zamora
se oyen *urnia, melrriu* (Sayago). Son conocidas en el campo de
Salamanca voces como *empraciar, llabrancia* (ya en Juan del
Encina), *mudancia* (en Lucas Fernández), *crucian* (en Torres
Villarroel), *estruendio* 'estruendo' (Mazueco), *burdio* (Lumbrales), *deliriar* (Ciudad Rodrigo), *matancia* (Sierra de Francia);
etcétera. En Cáceres: *quiciás, jolgacián, palicia*. En Badajoz:
quiciás. En mirandés: *pastio, prazio, ondia, oufensia, berrio,
fario, amansiar*. Ejemplos como *grancia, venerio, alabancia, bra-
cio, ciercio, pulsio, juercia* van desde Babia y La Cabrera hasta
Mérida, en la extremidad sur del viejo reino de León.

En Asturias, en algunas ocasiones, esa terminación *-ja-*, con
-j- epentética, ha sustituido a *-e*: *sebia* (< s a e p e), en Colunga,
voz que en el asturiano general es *sebe*; *güestia* (< h ŏ s t e)

'procesión de difuntos, estantigua'. Lo mismo acaece con los adverbios *anantia, estoncia*[30].

VOCAL FINAL

Rasgo típico de las hablas leonesas es la tendencia a cerrar toda *-o, -e* finales en *-u, -i*, respectivamente. El cambio ya está atestiguado en los documentos antiguos, donde se lee *susu, maridu, otru, pradu, manu*. En documentos de Potes y Aguilar de Campóo se lee *conventu, mediu, pescadu*. El cambio llegó hasta tierras burgalesas (Oria, Frías), donde están atestiguadas voces como *electu, conventu, pedaçu, fazerlis, esti*. La *-i* final por *-e* es característica del riojano que empleaba Gonzalo de Berceo.

GERMÁN DE GRANDA ha reunido los testimonios conocidos y ha analizado detalladamente su comportamiento. En el caso de velar final, se pueden hacer cuatro grupos definidos. Uno es la Asturias occidental, con exclusión de Sisterna, con *-o* cerrada en masculino singular y *-os* en plural; un segundo grupo, la Asturias central y la comarca pasiega, con *-u* en el masculino singular y *-os* en plural[31]; una tercera zona quedaría constituida por la Asturias oriental, con *-u* en el singular y *-os* en plural, sin inflexión vocálica. Y una cuarta zona la forman las comarcas restantes (León, Salamanca, La Sisterna, etc.), con *-u*

---

[30] En Asturias documentan el hecho todos los dialectólogos. A los testimonios ya conocidos, pueden añadirse ahora los de Sisterna (JOSEPH A. FERNÁNDEZ, *loc. cit.*, pág. 51: *marciu* < M a r t i u; *quiciabis* < q u i s s a p i t; *diliriar; ribariar* < d i v a r a r e; etc.) y Navelgas (M. MENÉNDEZ GARCÍA, *El cuarto de los valles*, pág. 49 y ss., con bibliografía copiosa: *escombrio, sarrio, esfurziar, aŝindiar* < l i m i t a r e, y muchísimos más), y Cabrales (J. ÁLVAREZ FDZ. CAÑEDO, *El habla y la cultura popular de Cabrales*, pág. 29: *sobarbia* 'sobarba'; *caldiu* 'caliente'; etc.). Para más detalles, véase Fil, II, 1950, pág. 132.

[31] He aquí algunos ejemplos: *cuerpu, güeyu, santu, sapu, gochu, šineiru, vieyu, carbayu, toupu, llobu*, etc., etc. Por toda Asturias, puede percibirse claramente este cambio, con la variedad de matiz y de comportamiento que queda registrado arriba. Igualmente sucede con la vocal palatal: *nueiti, ŝeiti, padri, funti*, etc.

en singular y -*us* en plural [32]. De la observación de estas variantes se desprende el gran conservadurismo del asturiano, especialmente en la parte occidental, ya que nos presenta todavía el vocalismo latino-vulgar. En este caso, el asturiano occidental aún marcha de acuerdo con las hablas peninsulares en las que hasta el siglo XII había huellas de -*u* final: castellano del norte, aragonés, mozárabe. Este rasgo serviría también para apoyar el conservadurismo del latín peninsular. Compárese, por ejemplo, con el latín de Galia, donde ya en el año 700 se había concluido el paso de -*u* a -*o*. La nivelación -*u*, -*us*, de comarcas del sur leonés, se debe a la uniformidad acarreada por la repoblación de la Reconquista. Algo muy parecido puede decirse de lo referente a las vocales palatales. La -*i* se agolpa en regiones arcaizantes como sucedía con la -*u*. El asturiano central y oriental han conservado el fonetismo latino vulgar, en lo que coinciden con el riojano [33]. En las zonas extra-asturianas, la nivelación se ha hecho en -*i*, con lo que ha triunfado la tendencia a cerrar las vocales finales [34].

En Santander, como en el oriente de Asturias, se hallan generalmente -*u* e -*i*: *picachu, suelu, tenelu; montis, malis, esti,*

---

[32] Este comportamiento tiene un paralelismo estrecho con el del sardo logudorés, ya señalado por MEYER LÜBKE, *Grammaire*, I, 263; véase también G. ROHLFS, *Historische Grammatik der Italienischen Sprachen*, I, págs. 241 y ss.

[33] Este rasgo fonético, que establece continuidad entre el leonés y el aragonés, sale copiosamente en la poesía de Gonzalo de Berceo, riojano. Véase G. TILANDER, *La terminación -i por -e en los poemas de Gonzalo de Berceo*, RFE, XXIV, 1937, págs. 1-10. También debe consultarse, para los problemas que plantea la lengua original del *Libro de Alexandre*, el estudio de E. ALARCOS LLORACH, *Investigaciones sobre el Libro de Alexandre*, Madrid, 1948 (Anejo XLV de la RFE).

La tendencia a cerrar el timbre de las vocales finales átonas está atestiguada por todos los dialectólogos y vocabulistas que se han acercado al habla leonesa, desde las costas hasta Extremadura. El fenómeno es conocido también en judeo-español. En la Extremadura leonesa, la poesía de Gabriel y Galán refleja copiosamente, dentro de su natural exageración, el cambio. (Más frecuente -*e* > -*i*, que -*o* > -*u*. Véase A. ZAMORA VICENTE, *El dialectalismo de Gabriel y Galán*, en Fil., II, 1950).

[34] Véase para todo esto GERMÁN DE GRANDA, *Las vocales finales en el dialecto leonés*, en TDRL, II, págs. 29-117.

emboqui, enteri, royeli. En León, en el occidente (Curueña, Astorga), se halla el cierre de la *-o*, pero no el de la *-e*: *fucicu, llobu, salierun.* En la comarca de Sayago (Zamora), se oye *istiércu, pillus, diju, tenacis, trelvis* < *trébedes, hoci* 'hoz'. Es muy intensa la cerrazón en algunos lugares de la Ribera del Duero (Salamanca) (LLORENTE MALDONADO). En la Sierra de Gata: *imus* 'vamos', *robri* 'roble'. En tierras de Cáceres: *jizu* 'hizo', *prontu, nosotrus, ondi, cantaris, entoncis, güelvin.* Al este de 'la provincia (Madroñera, Zorita, el este de Trujillo), la *-u* final se conserva todavía. En la tierra de Miranda, *fami, parti, torri; tornu, podu.*

En el asturiano central, las terminaciones átonas *-as, -ais, -an* cambian la *a* en *e*: *les cases, blanques, guapes, tú yeres* 'tú eras', *decíes, cantabes, cantes* 'cantas', *cantabeis, cantaben, canten* 'cantan'. Ya diplomas ovetenses de los siglos XIII y XIV aportan *gallines, cartes, leídes, estauen.* El *Libro de Alexandre* trae *escuses* 'tú excusas', 442; las *madrones* 'matronas', 540; en el mismo *Alexandre, santes* y *tantes* riman con *elefantes* y *diamantes*, 261. El fenómeno tiene cierto paralelismo con el catalán, donde el plural de los nombres en *-a* se hace *-es*: *la casa, les cases*, y, en el verbo, *tú cantaves, nosaltres cantaven,* etcétera [35].

La frontera oriental del cambio *-as, -es* ha sido minuciosamente trazada por L. RODRÍGUEZ CASTELLANO: coincide por la costa, desde Avilés, con el río Guadamia (límite ya señalado por MENÉNDEZ PIDAL, *Dial. leon.*, § 7), separador de los concejos de Ribadesella y Llanes. Alguna pequeña aldea a la izquierda del río (Cuerres) ya no practica el cambio. Hacia el interior,

---

[35] El cambio se practica, donde es habitual, con todo rigor. El campesino aplica esta terminación a cualquier voz que reúna estas condiciones, por ausente que esté del dialecto: *medies, agarraes* 'agarradas', *tiraes* 'tiradas', *patates, fuerces, calamidaes, bofetaes, toes les coses enteres,* etcétera, etc. Así se oye, por ejemplo, en los concejos de Piloña, Colunga, Cabranes, Villaviciosa, Amieva. El cambio, hoy tan vivo, —invade hasta la conversación medio culta de la capital—, ya está registrado en el Fuero de Avilés. (Véase RAFAEL LAPESA, *Asturiano y provenzal en el Fuero de Avilés*, Salamanca, 1948).

el concejo de Cangas de Onís tiene al este unos cuantos lugares donde la terminación -*as*, -*an* permanece como tal (Beceña, San Martín, Con, Mestas). El resto del concejo de Cangas de Onís practica el cambio. La frontera, hacia el sur, coincide con el límite entre Cangas de Onís y Onís. (Véase BIDEA, XIV, 1960, págs. 106 y ss.)[36]. No practican el cambio las partes altas de los concejos de Lena (Telledo, Pajares, etc.) y de Aller (donde se dice *faba* y *fabas*). Los topónimos, sin embargo, revelan que hubo mayor difusión del cambio.

Fuera de Asturias, este fenómeno se encuentra en San Ciprián de Sanabria: *es tanáθes* 'las tenazas'; *dúes θjéntes* 'doscientas'; *médjes tóntes* 'medio tontas'; *mangues* 'mangas'; *caƀrilles* 'constelación'; *es outres hermanes* 'las otras hermanas'; etcétera; en el verbo, *canten, beƀjen* 'beban'; *entraƀen*, etc. (V. F. KRÜGER, SCip, § 41). Se oía hasta los años de la última guerra mundial, en que una viva mudanza de población por razones económicas lo hizo desaparecer, en El Rebollar, comarca del suroeste de Salamanca (El Payo, Peñaparda, Navasfrías): *les gallines, ellos idíen* 'decían'; *ellos canten* 'cantan'. (Véase MENÉNDEZ PIDAL, *Orígenes*, § 92, 4). En ambos sitios, el hecho se explicaba por razones de colonización cuando fueron reconquistados[37].

---

[36] La no existencia de -*es* < -*as* en las zonas altas de los concejos de Lena y Aller, zona rodeada por el cambio, revela una comarca conservadora y arcaizante, que ha mantenido la terminación -*a* frente al influjo irradiante de la zona central, en la que opera, con todo su prestigio, la capital del Principado. Los topónimos con -*es* son muy abundantes en la zona central: *Lleranes, Parades, Ventanielles, Segades, Roces, Peñerudes, Llanuces, Bonielles, Ferroñes, Labaides, Matielles, Poles* y *Obanes* rebasan el límite occidental actual, ya rodeado de varios *Baselgas, Folgueras, Llamas,* etc. También hay topónimos en -*es* al este del Guadamia: *Llanes, Parres, Pendueles, Cortines, Cobielles,* etc., lo que demuestra una mayor extensión en lo antiguo.

[37] Más recientemente, MENÉNDEZ PIDAL abandona la idea de la colonización asturiana, dada la falta de estos rasgos en los demás sitios vecinos, o en los que se puede afirmar una colonización anterior, y piensa que San Ciprián de Sanabria y El Payo representan la huella de un hablar primitivo, del que poco a poco han ido desapareciendo, por múltiples razones, esos rasgos. También habría sido borrado el paso -*as* > -*es* por

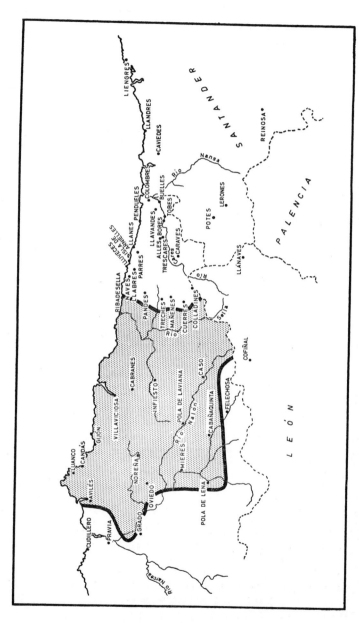

XII.—Cambio de *-as* > *-es* en asturiano. Obsérvense los topónimos en *-es* al este del límite.

En todo el centro-oriente asturiano hay unas cuantas voces con *-a* final en singular, en las que esta *-a* se ha cerrado en *-e*. Son *puerte, lleñe, sidre, peñe, llegre* 'legra' (< l ĭ g u l a m 'cuchilla para ahuecar la madera y hacer madreñas'), *rude* 'ruda, una planta'. Cambios de este tipo son desconocidos en el resto del leonés. Solamente puede recordarse, a propósito de este paso *-a > -e*, el comportamiento del mirandés, donde *-a '> -e* cuando va precedida de *i* o de *u*: *rue* 'rua'; *díe* 'día'. También pasa esta trasformación en el habla de Guadramil, y, con matices muy peculiares, en Sendim, donde la *-a > -e* detrás de consonante palatal (*ourelhes, laranje, castanhe*) y desaparece detrás de *u* e *i*: *ru* 'rua'; *ti* 'tía' [38].

La terminación *-ino* se hace *-in* en asturiano, en general. Esto ocurre en el singular; la *o* es restablecida en los plurales: *vecín, vecinos; molín, molinos; camín, caminos; padrín, padrinos*, etc., etc. Es general en los diminutivos: *guapín, buenín, prontiquín, señorín*, etc. No se produce la apócope en los nombres bisílabos: *llinu, pinu* no pierden la vocal final. Este tratamiento alcanza al ángulo noroeste de la provincia de León. En Curueña: *vecín, vecinos; mulín, molinos*, etc. En el oeste asturiano se da en el gallego fronterizo (Armental, etc.): *molín, molíos; vecín, vecíos; toucín, toucíos* (comp. gallego *moiño, touciño*, etc.). En El Bierzo, se encuentran las dos formas: *remoín, remoíño; focín* 'hocico'; *camíño*. En Babia y Laciana alternan: *mulín, -ino; padrín, -ino; vecín, -ino*. La toponimia refleja un reparto muy irregular de este fenómeno. En el nordeste de

---

la gran cuña castellana. Eljas, al sur de la cordillera central, se llamó en el siglo XIV, *Herjes*, forma que aún se ve en el portugués de hoy, *Erges*. La terminación *-es* se extendía, pues, hasta ese límite gallegoportugués por el occidente, y por las tierras del actual catalán en el oriente. Sería rasgo de ese hablar primitivo, que tendría, también, palatalización de *l* inicial, diptongación ante yod, etc. (Véase R. MENÉNDEZ PIDAL, en ELH, I, pág. XLIX).

[38] Véase J. G. HERCULANO DE CARVALHO, *Fonologia mirandesa*, I, páginas 65-66; F. KRÜGER, *Mezcla de dialectos*, en *Homenaje a Menéndez Pidal*, II, págs. 132-133, y MARÍA JOSÉ DE MOURA SANTOS, en RPF, XII, 1962-63, pág. 230.

Zamora, hacia Castilla, está *Villarín* de Campos, pero hacia Galicia existen *Villarino* de Manzanas y *Villarino* de la Sal, cerca de Alcañices; *Losacino, Fadoncino* (en Sayago). En Salamanca, solamente se da *-ino*: *Villarino* de los Aires, *Barceíno, Villosino*. En Extremadura, en cambio, sale de nuevo *-in*: *Ceclavín* (junto a *Solarino*), *Garcín, Alcollarín* (en Cáceres); *Medellín* (Badajoz), *El Golfín* (junto a Mérida); pero en el habla viva toda Extremadura se caracteriza por el frecuente uso'de *-ino*, empleado, sobre todo, para diminutivos.

En algunos lugares del occidente asturiano (Villapedre, Luarca, Pola de Allande, Besullo) se pierde la *-o* final en la terminación *-eno: centén* 'centeno', *chen* 'lleno' (pero *chanu* 'suelo'); *terrén* 'terreno' (*una cocina tarrén* 'cocina con el suelo de tierra' en Navelgas; MENÉNDEZ GARCÍA, *El cuarto de los valles*, pág. 37); *sen* 'seno'. Algún que otro caso aislado se recoge en otras zonas de Asturias (*pequén* 'pequeño', en Colunga).

La *-e* final se conserva en algunos lugares detrás de *d*, como en gallego-portugués. Los textos antiguos recogen *mezquindade, cidade, piadade, lide, idade*. (Fuero Juzgo, Fuero de Zamora, *Alexandre*). Hoy se oye esto en algunas comarcas vecinas al gallego. En Astorga, *necesidade;* en Miranda, *parede, sidade. Rede, sede* son generales en Salamanca y Asturias.

Tras de *l* y *r*, también la *-e* final se mantiene en algunos lugares. En Babia, Laciana, Maragatería y La Cabrera: *árbole, trébole, zagale, cuchare*. En Sanabria es muy viva la conservación en los infinitivos: *partire, tenere, mirare, surniare* 'roncar', etcétera (F. KRÜGER, *Westsp. Mund.*, §§ 132-133). El mirandés conoce casos como *azule, mare, sale*. En Aliste se conserva igualmente, haciéndose *i* en algunos lugares: *llamari;* pero lo frecuente es *-e: cogere, lograre, dormire*.

CONSONANTES INICIALES

f- inicial.—La *f-* inicial se conserva en el occidente y centro de Asturias y en el occidente de León: *farina, fiyo, fame, fueya, fesoria.* En Asturias, el límite entre *f-* conservada y la aspiración alcanza al río Sella. El oriente de la provincia se une con el habla santanderina aspirando esa *f-*, aspiración que se confunde con la *j* moderna castellana (*x*): *josoria, jayuco, jame, jaba, jilu, jebra, jornu, jollicu* 'zurrón'. Se puede afirmar que en Santander, a pesar de poderse considerar como prácticamente desaparecido el dialecto antiguo, la aspiración vive en casi toda la Montaña, con varia intensidad. Se trata hoy de un fenómeno limitado a hablantes rústicos. En algunos lugares, como Espinama, Dobres, Tudanca, Vega de Liébana, Polaciones, los restos de la aspiración son muy intensos. Son menos, en cambio, en pueblos como Cabezón de la Sal, Alfoz de Laredo y en el término municipal de Santander. En el valle de Cabuérniga la aspiración presenta cierta vitalidad y es corrientemente usada por personas de edad, dedicadas a las tareas del campo. En Santander aparece la aspiración como un fenómeno ya caduco. La pérdida, que no debe de ser muy antigua, se ha acentuado en los últimos tiempos y todo induce a pensar en su desaparición a corto plazo. L. RODRÍGUEZ CASTELLANO encuentra casos más abundantes en el occidente de la provincia (Espinama, valles altos y medios del Nansa y del Saja y medio del Besaya), más mitigados en la costa y el valle de Luena, y, ya aislados, en el lado izquierdo del Miera, incluida la comarca de la capital. Al este del Miera, ya no hay aspiración.

. Más intensa es la conservación de dicho fenómeno en el oriente de Asturias. Delimitando de norte a sur, todo el concejo de Ribadesella cae dentro de la zona de aspiración. Por la parte occidental, el límite coincide con el del concejo, a excepción del pueblo de Berbes, junto al mar, que ya usa *f-* inicial, lo mismo que su vecino al occidente, Caravia. El concejo de Cangas de Onís aspira, y lo mismo Cabrales. En el ángulo nordeste de León, todo el valle de Sajambre usa *h-* aspirada.

Los casos son análogos en todas partes, con las naturales diferencias de estimación social, cultural, etc.: *jazuca* 'hacha pequeña'; *jelecho* 'helecho' < f i l i c t u; *josco* < f u s c u 'os-

curo'; *jeta* < f e t a 'vaca parida'; *jigu* < f i c u 'higo'; *jurao* <
f o r a t u 'agujero'; *jincar, jacina, ajondar, juir*, etc.[39].

La *f-* inicial se conserva también en el occidente de León
(Curueña, Laciana, Babia, todo El Bierzo, Ponferrada, gran
parte del partido de Murias de Paredes, Astorga, etc.): *forno,
fumo, formiga, filar, facer, fégadu, figo, filo, farina, fuella, fuso,
falar, fame* o *fambre*, etc. En La Cabrera, *ferreiro* 'herrero',
figueira, fouz, furcada, ferver 'hervir', *fueya* 'hoja'; etc.

La toponimia refleja la *f-* inicial conservada en un área mucho
mayor; la pérdida es notoria hacia el este, hacia *Sahagún* (<
S a n c t i F a c u n d i, con *f-* perdida). El límite se va estrechando en tierras de Zamora. En esta última provincia, la *f-* inicial
comprende el partido de Puebla de Sanabria y Aliste (la toponimia, como siempre, acusa mayor área, casi la mitad occidental de la provincia). La zona de *f-* se continúa estrechando cada
vez más, a medida que descendemos hacia el sur. Salamanca
presenta aspiración incluso en las regiones limítrofes con Portugal (y solamente en algunas voces aisladas se encuentra la *f-*,
y algunas veces como portuguesismo: *farrapo, fenecho, fedion-
du*): *jurmientu, jerrén, jarina* (Villarino); *juciña, jambrina*
(Vilvestre); *jolgar, jornaja* 'hornacina', *juella, rejocillo* 'huella'
(Hinojosa de Duero); *jincar, Val-jondo, Fuente-jonda* (Lumbrales); *regilera* (Ciudad Rodrigo). Esta aspiración era la representada por una *h-* en los textos de Juan del Encina y Lucas Fer-

---

[39] Véase L. Rodríguez Castellano, *La aspiración de la h en el oriente
de Asturias*, Oviedo, 1946, y Alvaro Galmés y Diego Catalán, *Un límite
lingüístico*, en RDTradPop., II, 1964. La frontera actual de la aspiración
en el asturiano fue señalada por ambos trabajos, hechos aisladamente:
los resultados son, en general, coincidentes. La frontera marca hoy la
separación entre cántabros y astures, como ya se indicó arriba. En
Oseja de Sajambre y Posada de Valdeón, el ángulo noreste de la provincia de León, la aspiración persiste en la toponimia y aparece caduca en
el habla viva (Ángel Fernández, *El habla y la cultura popular de Oseja
de Sajambre*, Oviedo, 1958).
En Santander, la aspiración ha sido estudiada asimismo por L. Rodríguez Castellano. Hay casos como *jendedura, jayucu* 'fruto del haya';
jujuela < f o l i o l a 'frisuelos'; *jerrizu* 'cencerro'; *jedar* < f e t a r e 'parir
los animales', y los corrientes *jilo, jebra, joracu, jacer, joz, jormiga*, etc.,
etcétera.

nández: *ahuera, huego, hacia, ahuciar, perhición, desenhade-*
mos. En el siglo XVIII, Torres Villarroel la escribía *j*: *jilero,*
ajorcados, jurtar [40]. En Extremadura, la aspiración es general,
confundiéndose fonéticamente en ocasiones con la *j* (*x*) castellana. La provincia de Cáceres cae casi totalmente dentro de
la aspiración. La *f-* inicial aparece todavía en los lugares extremos de la provincia: el ángulo noroeste (Eljas, San Martín de
Trevejo y Valverde del Fresno), y algo más al sur, en Cedillo
y Herrera de Alcántara. Ambos rincones son de habla portuguesa. El resto de la provincia, con excepción de una pequeña
zona oriental, castellanizada por el influjo de Toledo, usa la
aspiración.

Hay grandes diferencias entre las diversas comarcas en lo
que a la articulación de esta aspiración se refiere. (No olvidemos que la aspiración existe aún en grandes zonas castellanas,
Andalucía, América, etc.). En el norte de la Península, la aspiración es sorda. RODRÍGUEZ CASTELLANO encuentra (*La aspiración*
de la h en el oriente de Asturias, § IV) las variantes: *h* (aspirada faríngea) *x* y *x^h* (aspiración velar). El grado *h* se halla con
preferencia en las comarcas más orientales de la provincia,
y las variantes *x* y *x^h* en las zonas limítrofes con la *f-* inicial,
conservada, del bable central. También es sorda en Santander,
cuando aparece [41].

Para RODRÍGUEZ CASTELLANO, la *h* asturiana es tan antigua
como la castellana. La línea fronteriza del río Sella es la antigua frontera entre cántabros y astures: «Esta coincidencia

---

40   Según LLORENTE MALDONADO, en la Ribera salmantina del Duero, la
f- inicial latina ilustra cumplidamente su evolución. Al lado de la conservación (*furañu, fierro, faba, fumu, formiga*) existe la aspiración en
varios matices (*jeder, jerrumbri, jenechu, jigu,* etc.) y la desaparición
total por influjo de la lengua oficial. (LLORENTE MALDONADO, *Estudio sobre*
el habla de la Ribera del Duero, Salamanca, 1947, págs. 91-94).

41   La aspiración santanderina, siempre sorda, se forma «en una zona
bastante amplia, que abarca principalmente la parte postvelar de la cavidad bucal y hasta en ocasiones la parte superior de la faringe». No llega
a ser nunca tan acusadamente faríngea como la andaluza occidental.
(L. RODRÍGUEZ CASTELLANO, *Estado actual de la h- aspirada en la provin-*
cia de Santander, en *Archivum,* IV, 1954, págs. 435-457.)

hace pensar que el cambio *f-* > *h-* en Asturias —lo mismo que en el sureste de Santander y norte de Burgos— fue debido a causas de tipo étnico, ya que la filiación de los cántabros parece demostrada» (*loc. cit.*, pág. 38).

En las demás comarcas, la aspiración presenta también matices diversos. En la provincia de Salamanca es sorda, por lo general[42]. El Rebollar la presenta a veces nasalizada. En líneas generales, puede afirmarse, como ya queda dicho atrás, que se confunde con la articulación de la *j* castellana. En la Ribera del Duero, LLORENTE MALDONADO atestigua la presencia de aspiraciones sonoras. Para Cáceres, RODRÍGUEZ CASTELLANO y A. M. ESPINOSA la señalan como sorda, pero tendiendo a sonora en cuanto la articulación se relaja. Toda la provincia presenta un ligero timbre nasal esporádicamente (KRÜGER lo había señalado en dos lugares: Villa de la Sierra y Villa del Campo). En el sur extremeño-leonés, Badajoz ha sido incluido en la zona de articulación sorda. Sin embargo, Mérida y su comarca la hacen claramente sonora, independientemente de la relajación articulatoria[43].

---

[42] Ya se anota atrás que en la ribera del Duero quedan algunos casos de pervivencia de la *f-* inicial (*fumu* 'mantillo'; *fierru* 'palanca'; *forrije* 'herrumbre'). No hay que perder de vista la proximidad a Portugal. En La Alamedilla, lugar fronterizo del partido de Ciudad Rodrigo y donde se habla portugués, las formas con *f-* inicial corresponden al dialecto local portugués. La aspiración ha invadido las formas españolas (RFE, XXIII, pág. 230). En el ángulo sureste de la provincia de Salamanca, la aspiración está muy viva. (P. SÁNCHEZ SEVILLA, *El habla de Cespedosa de Tormes*, RFE, XV, 1929, págs. 143-145.) Para más detalles puede verse a A. M. ESPINOSA (hijo) y L. RODRÍGUEZ CASTELLANO, *La aspiración de la h- en el sur y oeste de España*, RFE, 1936, XXIII. De todos modos, siempre es difícil generalizar. El castellano va nivelando rápidamente las formas del habla salmantina y, en general, los fenómenos dialectales se van relegando al habla rústica. En casos de este tipo, la aspiración se oye, aisladamente, en cuanto se sale de la capital (Calzada de Valdunciel, al norte; Salmoral, al este, etc.). En el extremo suroeste, en el Rebollar, es muy intensa (El Payo, Peñaparda, Navasfrías).

[43] La nasalización ocurre principalmente en pronunciación relajada y se acentúa con la vecindad de una consonante nasal. Este timbre es notorio en Montehermoso, Guijo de Galisteo, Aliseda, Pinofranqueado. En los dos puntos citados en el texto, Villanueva de la Sierra y Villa del

l- inicial.—El tratamiento típico del leonés, en lo que a la *l-*
inicial se refiere, es la palatalización en *l̦*. El *Libro de Alexandre* ofrece casos como *llinaje, llado, allevantar, allongado.* A
veces, también palataliza la intervocálica: *pallanza.* Los documentos asturianos antiguos presentan *llado, llogares*; el Fuero
de Salamanca, *llidiar.* La lengua de Juan del Encina y Lucas
Fernández está llena de casos análogos: *llogrado, llacerar, ca-
llambre, decrallar, collorado,* etc. También la lengua de Torres
Villarroei, en el siglo XVIII, usa *llobos, llarga, rellucir, pallabra,*
e incluso varios pronombres con la articulación palatalizada:
lla, llos, lles.

Hoy, la palatalización de *l-* inicial (no la intervocálica) es
usual en todo el dominio asturiano, con variedades fonéticas
importantes en ocasiones: *llimago; lleto* < l e c t u; *llargo,
llombo, lladral, lluz.* En el occidente asturiano, desde el Eo
hasta unos lugares en la orilla derecha del Porcía (sin incluir
a Tapia), se conserva la *l-* inicial inalterada; de aquí a la orilla
derecha del Navia, zona gallego-asturiana, ya se encuentra tras-
formada: *llado, llareira* (Boal), *llizos* ('pieza del telar'), *llobeco*
(Serandines). En Coaña, Armental, Villacondide se pronuncia
yeísta: *yetu* 'lecho del carro'; *yareira; yardo* 'grasa'; *yamber,
yargata* 'lagartija'; *yambuada* 'golosina'; *yingua* 'lengua'; *yúa*
'luna'. (Véase RODRÍGUEZ CASTELLANO, *Aspectos del bable occidental,* págs. 137 y ss.)[44].

La *ll-* inicial es característica del asturiano central y oriental, y así se establece la continuidad con el montañés santan-
derino, donde también la *l-* > *l̦*, si bien solamente en casos
aislados: *lladral, llubina, llumiacu,* etc. La toponimia acusa
una vitalidad mayor: *Los Llares* (Torrelavega), *Llaguno* (Castro

---

Campo, KRÜGER encontró una articulación nasal *ñ* casi exclusivamente,
nasalidad que se transmite a las vocales vecinas: *oños, teña,* etc. (*Westsp.
Mund.,* § 228 y 51.)

Otros datos sobre la aspiración extremeña, en OSKAR FINK, *Studien
über die Mundarten der Sierra de Gata,* Hamburgo, 1929. Para las sonoras
de Badajoz, A. ZAMORA VICENTE, *El habla de Mérida y sus cercanías,*
Madrid, 1943, y *El dialectalismo de J. M.ª Gabriel y Galán,* en Fil, II, 1950.

[44] Ver L. RODRÍGUEZ CASTELLANO, *Palatalización de la l inicial en zona
de habla gallega,* en BIDEA, 1948, págs. 113-134.

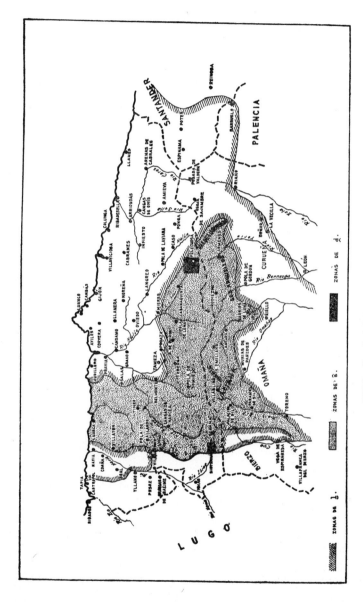

XIII.—La *l-* inicial en Asturias.

Urdiales), *Llerana* (Villacarriedo). La *ll-* lateral es lo corirente en Sajambre: *llagaña, llau, llar,* etc.

El occidente de la provincia de León conserva la *l-* inalterada en su zona gallega, parte del Bierzo y de Ponferrada: *luria* < l o r a 'cuerda'; *lama* 'barrizal'. Pero la zona ya leonesa conserva la palatalización: Ponferrada, El Bierzo oriental, etc.: *llacón, llamber, llama* 'barro', *llobo, llengua, lluna, llargo, llagaña, llámpara,* etc. En Astorga y su comarca, *lliebre, llucio, allargar, allegriya, llinaza,* etc. En La Cabrera, es muy intensa la palatalización: *llaramaco* 'babosa', *llagarto, llobo, llana, llino, lluna, llucerina; lluria* < l o r u m 'cuerda para sujetar la carga del carro'; *llambrión* 'hambrón'; etc. Curueña presenta también *ll* lateral (MENÉNDEZ PIDAL, *Dial. leon.,* pág. 163). La toponimia acusa la palatalización mucho más al oriente: *La Llama* (Riaño), *Llamazares* (La Vecilla), *Llamas* (Sahagún), muchos otros derivados de l a m a, etc.

De tierras de Zamora y de Salamanca hay testimonios. Seguramente, la palatalización ha sido desterrada por influjo de la lengua literaria. De los datos existentes, se puede desprender que la castellanización de la parte oriental de Zamora, León, y toda Salamanca ha debido llevarse a cabo a lo largo del siglo XIX. Al norte de Zamora hay topónimos con *ll-: Peña-llada* < l a t a m; *Llamas,* en Sayago, en el centro de la provincia.

La *ḻ* inicial existe muy viva en Aliste, Villarino tras la Sierra, Latedo, Viñas, Sanabria (*llimu, lladeira, llouja* 'tapadera de colmena'; *llume* 'lumbre'; *llonge* 'lejos'; etc., en Sanabria; *llesna* 'lezna', *llariego* 'cría del cerdo', *llegra* 'cuchilla', *llinu, llumbre, llagar, lluces, llobo,* etc., en Aliste). Apenas quedan rastros modernos en Salamanca (*lleña, Llagonaparda,* en La Ribera del Duero), pero todavía en el extremo sur del viejo reino leonés nos encontramos con *Llera* y *Llerena,* derivados de g l a r e a. En el mirandés, la palatal lateral es lo general: *lladrar, llino, allabastro.* No la usa el sendinés, habla del sur de la comarca mirandesa.

El sonido ŝ.—En una gran comarca del asturiano occidental y parte del centro y sur de la provincia de Asturias, la *ḻ-* > *ŝ,* una consonante africada, sorda, post-alveolar, de timbre grave. Ha sido estudiada con todo rigor por L. RODRÍGUEZ CASTELLANO [45]. Esta articulación presenta a veces variantes verdaderamente extraordinarias en el panorama fonético español, como es la ḍ cacuminal, que existe en la parroquia de La Sisterna, sonido análogo al de algunos dialectos sardos y sicilianos, y con algún matiz diferente, en el concejo de Aller [46].

Este sonido, š, africado postalveolar, se da regularmente, yendo de occidente a oriente, en una buena parte del concejo de Navia, Villayón, Pola de Allande, todo el de Cangas de Narcea, parte de Ibias y Degaña. Los límites orientales son más difíciles de precisar, como siempre que se trata de ver una zona de fricción con la lengua literaria. (Siempre el occidente es

---

[45] L. RODRÍGUEZ CASTELLANO, *El sonido š (< l-, -ll-) del dialecto asturiano*, en EMP, IV, 1953, págs. 201-238. Diego Catalán propone (RFE, XXXVIII, 1954, pág. 8) que se desestime el signo š para este sonido y se sustituya por ṣ̌, todo ello con muy buenos argumentos. Sin embargo, razones de impresión nos obligan a continuar con la representación tradicional, aun conscientes de su imperfección (sobre todo su posible y equivocada identificación con el antiguo español š, ortografía ç).

[46] La ḍ registrada en Sisterna ha sido descrita de diversos modos. Unos investigadores la han considerado sorda, otros sonora. Parece lo más justo la detallada descripción del sonido hecha por L. Rodríguez Castellano: «Se trata de una articulación oclusiva, sonora, que se forma en la parte anterior del paladar duro... La principal particularidad de tal articulación estriba en que el amplio contacto con el paladar no se realiza solamente con el ápice o la corona de la lengua, sino que interviene también de una manera muy marcada la parte inferior delantera de la misma, y esta porción delantera, bastante adelgazada, está vuelta hacia la bóveda del paladar... En algunas ocasiones, creemos que la articulación era algo geminada, sobre todo en pronunciación de palabras sueltas... En la pronunciación rápida, especialmente si es intervocálica, la ḍ pierde parte de ese refuerzo oclusivo y está a punto de ser una r fricativa palatal» (EMP, IV, pág. 225). Una descripción aproximada proporciona J. A. Fernández: «Es un sonido prepalatal o postalveolar, oclusivo, sonoro, con alta tensión articulatoria, sin huella de africación. Se articula sin redondeamiento de labios y, o bien con el ápice o, por lo menos en algunos hablantes, con la parte inferior de la punta de la lengua» (*El habla de Sisterna*, pág. 23).

La variante de Aller es vista por Rodríguez Castellano (*loc. cit.*, página 237) como un sonido «sordo o semisonoro, más o menos africado».

más arcaizante, más alejado de las corrientes culturales generalizadoras). Se conoce la articulación africada en casi todo el concejo de Valdés, con alguna excepción en la parroquia de Arcallana, cerca de Cudillero; también en Luarca es muy difícil dar datos exactos sobre la conservación del fonema. Cudillero se reparte entre $š$ y $ḷ$; lo mismo ocurre, aunque con menor área de $š$, en Salas. En Belmonte, la orilla derecha del Narcea tiene $ḷ$ en la parte norte del concejo; el resto, $š$. Teberga entero, el sur de Tameza, y Proaza, Quirós, Riosa, Somiedo, Lena, Aller y la mitad sur de Mieres son tierras de $š$. En Aller, la $ḍ$ cacuminal se da en Felechosa, al sur del concejo. Esta articulación se presenta igualmente cuando la -*ll*- es interior.

Los ejemplos más frecuentes son: *šaƀrjégu* 'arado'; *akéša* 'aquella'; *šéịte* 'leche'; *šóƀu* 'lobo'; *košár* 'collar', principalmente el de la esquila; *kunjéša* 'comadreja' (Luarca); $š$ registran los numerosos ejemplos de Navelgas: *šamurgueiro* 'lodazal' (< l a m a); *šjéḷdo, šeḷdár* 'fermento, fermentar el pan' (< l e v i t u m); *šéto* < l e c t u 'piso del carro'; *šizio* < l i c i u m 'lizo del telar'; *šourienzo* 'Lorenzo'; *šumbriza* 'lombriz' (< l u m b r i c o); etc.; *bašouta* 'Vallota'; *šóndrigu* 'nutria'; *duƀjéšu* 'ovillo'; *šaƀrjales* 'adrales' (Cudillero); *širja* 'comadreja'; *šúna* 'luna'; *šimjau* 'limaco' (Salas); *šingua* 'lengua' (Tameza); *šildar* 'lendar'; *portjéša* 'portilla' (Proaza); *šárima* 'lágrima'; *šúbu* 'lobo'; *šeịṇa* 'leña' (Quirós, Teberga); *šwíṇi* 'lejos'; *baišar* 'bailar' (Riosa); *mostaljéša* 'comadreja'; *kambiša* 'camba de la rueda'; *kučišu* 'cuchillo'; *šuntru* 'nutria' (Aller); etc., etc.

Casos con $ḍ$ cacuminal más frecuentes son: *ḍúna* 'luna'; *ḍumi* 'fuego' (< l u m i n e); *ḍubin* 'lobezno' (< l u p u s); *gaḍinas* 'gallinas'; *mjoḍu* 'meul de la rueda'; *ḍeiti* < l a c t e; *ḍabrar* < l a b o r a r e; *ḍieldu* < l e v i t u (Sisterna); *šḍeu* 'lado'; *šḍiga* < l e x i v a 'lejía'; *ḍšimáθ* 'limaco'; *kortadjéšḍo* 'topónimo'; *bádše* 'valle'; *šḍéṇa* 'leña' (Felechosa, Casomera, en Aller); etc., etc.

Esta evolución *l*- > *š*- (o -*ll*- > -*š*-) es típica también del occidente de León (Babia, Laciana, Ponferrada, Murias de Paredes): «Quien nun diga šumi, šinu, šana, nun yié de šaciana», reza el dicho popular. (*'Quien no diga lumbre, lino, lana, no es de Laciana'*). GUZMÁN ALVAREZ, *El habla de Babia y Laciana*, págs. 217 y ss., recoge numerosos testimonios. La articulación existe lo mismo procedente de la *l-* que de la *-ll-* medial: *šadrón* 'ladrón'; *šuenšje* 'lejos'; *šjentu* 'lento'; *šaguna* 'laguna'; *šombu* 'lomo'; *gašina* 'gallina'; *oša* 'olla'; *baše* 'valle'; *anjéšu* 'anillo'; *custjéša* 'costilla'; *ouvjéša* 'oveja'. Véase también *Límites de palatales en el alto León* en TDRL, I, Seminario Menéndez Pidal, Madrid, 1957.

Confusión de š y č.—Según RODRÍGUEZ CASTELLANO, la articulación *š* ha entrado en un período de franco retroceso en la mayor parte de los municipios donde se produce o producía, debido a que es considerada como rústica y haber perdido prestigio social. Además, está en permanente competición con la *č*, sonido que es muy cercano a *š*, y que, además, figura en el castellano oficial. Ambas razones han provocado la confusión de los dos sonidos, confusión que ocurre con gran frecuencia. En algunas zonas, solamente los ancianos los diferencian, en tanto que los jóvenes los confunden. La confusión es particularmente intensa en los concejos de Pola de Lena, Aller y Mieres. En otros concejos, la *š* ha invadido el dominio de la *č* en el habla de las personas de edad, mientras que las gentes jóvenes, en los concejos occidentales, tienden a hacer *č* toda *š*. Así, los ancianos dicen *šoré* 'lloré'; *šobu* 'lobo'; *šobú* 'llovió'; *šaparada* 'llamarada'; *šueθa* 'clueca'; *šana* 'llana'. Por el contrario, los jóvenes dicen *čóƀu*, *cučičo* 'cuchillo', *čínu* 'lleno'; *číči* 'leche'; etc. Dado el estado de la confusión, RODRÍGUEZ CASTELLANO no cree aventurado afirmar que muy pronto («una generación a lo sumo») el sonido *š* habrá desaparecido y habrá sido sustituido por *č* [47].

En lo que se refiere al occidente leonés, aunque el trabajo tan valioso de GUZMÁN ÁLVAREZ no insiste sobre el particular, la confusión *š-č* debe de estar en marcha. Es muy difícil escapar al copioso y tenaz peso de la lengua literaria. La confusión la

---

[47] La confusión *č-š* también la recoge en Navelgas MENÉNDEZ GARCÍA, *El cuarto de los valles*, págs. 101 y ss.

revelan, además, los datos allegados en *Límites de palatales en el alto León, loc. cit.*

Este sonido de *ŝ*, pues, tan curioso en la fonética peninsular, vive en leonés desde las costas de Luarca en el norte hasta los montes de León en El Bierzo y los Argüellos por el sur; y desde la frontera gallega hasta los concejos de Lena, Mieres y Aller, de oeste a este, en el centro de Asturias. Los palatogramas de la articulación son análogos a los del sonido cacuminal, tan famoso, típico del siciliano. Por otra parte, en gascón se produce también la articulación cacuminal de -*l̦*-, articulación que, al quedar final, se ensordece, como ocurre en el asturiano de Quirós y de Lena (*țṣ*, o *ĉ*, por su semejanza con la prepalatal castellana). Y, finalmente, esta área de *ll* con derivados africados de precedente cacuminal se produce en el Alto Aragón, en Jaca y Boltaña (véanse págs. 231-234). Es necesario poner en relación estas áreas y semejanzas. MENÉNDEZ PIDAL, al observar la estrecha cercanía de estos cambios con los de la Italia meridional e insular, piensa, eficazmente apoyado en la toponimia [48], inscripciones y hechos históricos, en una colonización sud-itálica, osco-sabina, palatalizante y arcaica, sobre la cual se hizo, a manera de romanización interna, la de las conquistas más tardías. Además, Menéndez Pidal supone una nueva emigración que explique la fonética del extremo astur como consecuencia de la guerra social (88 antes de Cristo), cuando ocurren las persecuciones de Sila contra los samnitas y otros pueblos de lengua osca del sur de Italia. Estos pueblos tenían entonces en España la tierra más amiga, debido a la resistencia de Sertorio, un sabino establecido en Osca. Es muy verosímil, en este estado de cosas, una nueva emigración de gentes itálicas,

---

[48] Un *Salentinos* (Palacios del Sil) repite en el occidente leonés el nombre de los S a l e n t i n i de la Messapia Apulia, «y más cuando vemos que la ciudad de estos salentinos de la Apulia se llamaba S a l ĕ n t i a, y ese nombre se repite exactamente en otro lugar de la vertiente norte de *ț ṣ*: *Saliencia* (ayuntamiento de Somiedo)». Análogo parentesco con Apulia revela el topónimo *Jomezana* (< D i o m e d i a n a), del concejo de Lena. También en Apulia, en comarca de -*ll*- cacuminal hay varios topónimos relacionados con *Diomedes, Diomedia*. (MENÉNDEZ PIDAL, ELH, I, página CXXV.)

meridionales, apegadas a la pronunciación de *ļ* cacuminal, pueblos principalmente pastores, que se establecerían en las dos vertientes del Pirineo y que más tarde irían a las tierras del monte Vindio, despoblado de astures por Augusto [49]. Este monte Vindio, famoso por su inaccesibilidad en las guerras de astures y cántabros con Roma, es justamente las cumbres de Degaña, Leitariegos y Somiedo, donde hoy está más arraigada la oclusión cacuminal de *d̦*, *țş*. Una emigración de este tipo explicaría también el nombre de la comarca o territorio de Oscos [50]. Esta teoría se refuerza al ver la pronunciación cacuminal rodeada por todas partes de *ļ* lateral, es decir, sobrepuesta, traída por emigrantes advenedizos. Estos emigrantes pueden estar representados modernamente por los famosos *vaqueiros de alzada*, cuerpo extraño, injerido entre la población rural de Asturias. La conciencia de ser advenedizos, forasteros, no asimilados, se refleja en su historia claramente: todavía en el siglo XVIII vivían como trashumantes exclusivamente, sin pagar tributos ni estar empadronados en parroquia alguna, y todavía en el XIX tenían en la iglesia y en el cementerio lugar separado del de los labriegos asturianos. Para Menéndez Pidal, los *vaqueiros de alzada* son los descendientes de los antiguos emigrantes procedentes del grupo pirenaico [51].

La palatalización de *l-* inicial en leonés se nos presenta hoy (tanto la viva como los restos de ella al oriente del territorio), como una manifestación más de la unidad lingüística peninsular anterior a la dominación musulmana. Existen huellas de esa palatalización en Cataluña (única lengua literaria que la con-

---

[49] El monte Vindio sirvió de refugio a los defensores del B e r g i d u m, *El Bierzo*, en la guerra cántabro-astúrica del año 26. Esas tierras debieron de ser repobladas después de la guerra. Como quiera que en esa guerra fue tribuno militar Tiberio, futuro Emperador, MENÉNDEZ PIDAL cree evidente la etimología de *Teberga* < T i b e r i c a. Teberga está hoy en el centro de la región de *ş*.

[50] Véase DÁMASO ALONSO, *Notas gallego-asturianas de los tres oscos*, en *Archivum*, VII, 1958, págs. 5-12; R. MENÉNDEZ PIDAL, ELH, I, pág. CXXV.

[51] Véase para todo esto R. MENÉNDEZ PIDAL, *A propósito de l y ll latinas. Colonización suditálica en España*, en BAE, XXXIV, 1954, págs. 165-216.

serva), Aragón, Castilla, León. La mozarabía la practicaba igualmente. Sobre esa área extensa aparecen hoy como islotes, las zonas de pronunciación cacuminal, testigos de la colonización suditálica supuesta más arriba. Y el castellano, enemigo de la *ll-*, en su marcha expansiva hacia el sur, ha ido alejando a comarcas laterales y conservadoras la actual *ll-* lateral de los dialectos.

Palatalización de n- inicial.—Del mismo modo que la palatalización de *l-* inicial, es característica leonesa la de *n-* en *ñ* (*ņ*). Los documentos antiguos no arrojan ejemplos, pero en el teatro de Juan del Encina y de Lucas Fernández son numerosísimos: *ño, ñascer, ñombre, ñubloso, ñoramala, irños, deñostar,* etc.

Hoy tiene mucha menos vitalidad que la de *l-*, pero existe. En Asturias falta en todo el occidente, hasta Pola de Lena, y es en el centro de la provincia donde se han propagado más algunas voces con la *ñ-* (*ñalga, ñarigudo, ñisal, ñato, ñegru, ñacer, ñeru* 'nido', *ñube, ñaide*). Algunas veces hay vacilaciones en la misma palabra: *navaya* y *ñavaya; nidio* y *ñidio.* Son corrientes *ñariz, ñeblina* y *ñata.* La palatalización de *n-* es característica del concejo de Piloña (Infiesto), que es motejado por los convecinos con el dicho alusivo: «Si ñon fuera el ñ'ome, ñon, los ñabos y la ñavaya, conceyu como Piloña, non lu había en toa España.» La *ñ-* es también característica de Cangas de Onís, Parres, Ponga y Amieva. También hay un dicho familiar para éstos, análogo al de Piloña: «Quien ñon diga ñon, ñabos, ñavaya, a mió tierra que ñon vaya». En Cabrales se encuentran leves ejemplos de *n-* inicial palatalizada: *ñuöz* 'nuez'; *ñiciar* < i n i t i a r e 'plantar, sembrar, criar por vez primera'; *ñalga* < n a t i c a (ÁLVAREZ CAÑEDO, *Bable de Cabrales*, pág. 33). En el resto de la Asturias oriental, es desconocido este tratamiento.

En León, la *ñ- < n-* es conocida en Murias de Paredes y Astorga y su comarca: *ñido, ñabo, ñariz, ñalga, ñadar, ñata.* En La Cabrera se han recogido *ñíspero* 'níspero', *ñjal* 'nido de las gallinas', *ñueso, -a* 'nuestro, nuestra'; *ñaspe* 'utensilio para hacer las madejas'; *ñueka* 'nuca', etc. (CASADO LOBATO).

En tierra de Zamora se citan *ños, ñublosu, ñacer, ño, ñube, ñarices, ñuesa*, en Sayago, todos conviviendo con formas con *n-* [52].

De tierras de Salamanca, la palatalización de *n-* ha desaparecido, probablemente como la de *l-*, a causa del influjo castellano desde el siglo XVI. De todos modos, *ñublo, ñudo, ñuca, ñuera, ñiñu, ñogal*, registrados en la Ribera del Duero (LLORENTE MALDONADO), son comunes a muchos lugares castellanos. Se trata de voces ya aisladas.

En mirandés es desconocida esta palatalización [53].

Diego Catalán ha observado cuidadosamente la repartición de *n-* > *n̦-*, y pone de manifiesto que el cambio se produce en las mismas regiones en que se encuentra el paso *l-* > *l̦-*, mientras que la *n-* permanece en las comarcas donde *l-* > *š*. Hoy, son menos numerosos los ejemplos que poseemos de la evolución de *n-* (ha sido muy descuidada su observación por los dialectólogos), pero los existentes nos revelan que existió muy arraigada esa *ñ* en la mayor parte del territorio leonés, e incluso se puede pensar que las castellanas *ñudo, ñublado, ñudoso* (usadas aún en el XVII por Alonso de Ercilla) son arcaísmos, testigos solitarios de una vieja palatalización mucho más extendida. La palatalización leonesa se batió en retirada permanente, pero aún se la percibe nítidamente en los rústicos dieciochescos de Torres Villarroel. La actual vigencia del fenómeno, arrinconado a zonas extremas, nos autoriza a verle como un caso de vieja evolución, idéntico al de *l-*, desbordado después y como éste, por la lengua literaria [54].

---

[52] Véase R. MENÉNDEZ PIDAL, ELH, I, pág. CXXVIII.

[53] En Sanabria, KRÜGER ha registrado a veces (San Ciprián) el grupo consonántico *ñj*, que puede representar una fase intermedia entre *n* y *ñ*, es decir, la *n-* se palataliza bajo el influjo de la palatal siguiente, sin llegar a absorber el elemento que ha dado origen a su transformación: *nɟegu* 'nido'; *nɟébra* 'nube'; *dɟeu le nɟébra* 'se asustó'; *anɟalárse* 'acuclillarse' (SCip, § 44).

[54] Para los distintos resultados de *n-* y su paralelismo con *l-* véase ahora DIEGO CATALÁN, *Resultados ápico-palatales y dorso-palatales de -ll-, -nn-, y de ll- (< l-), nn- (< n-)*, en RFE, XXXVIII, 1954.

g-, j-, iniciales latinas.—En el habla antigua, estas dos consonantes tuvieron valor de fricativa medio-palatal, como en portugués. Y esto ocurría lo mismo ante vocal anterior que ante vocal posterior (a diferencia del castellano que las trata de diverso modo: *juez, junco,* pero *enero, hermano, enebro; yeso*). Los documentos antiguos nos atestiguan *gectar* 'echar', *gete* 'eche', *gentar* 'yantar' (Fueros de Avilés y de Oviedo). El *Libro de Alexandre,* el Fuero Juzgo y numerosos diplomas usan formas como *gielos, gelada* 'helada'; *janero, genero* 'enero'; *jenojos* 'hinojos, rodillas'; *jetar* 'echar'; etc. Hoy, esta consonante sonora se conserva en mirandés: *gelar, giente, janeiro, jentar.* En asturiano se ha ensordecido la consonante, probablemente desde el siglo XVI, es decir, desde la pérdida de la distinción entre ž sonora y š sorda medievales del castellano (aunque la confusión bien podía ser mucho más antigua). Menéndez Pidal recoge un testimonio de Gonzalo Correas, quien, ya sin practicar la distinción del castellano, sino empleando siempre la sorda š, nos cita varias voces asturianas, todas con la sorda š, como en el refrán «*xelo sobre llovio, nieve fasta el xinoyo* (asturiano *xelo* es *ielo; llovio,* llovedura; *xinoio,* la rodilla)».

En la actualidad, esta š inicial es típica de todo el asturiano: *šemelgar* 'amelgar la tierra'; *šiniestra* 'hiniesta'; *šenru* 'yerno'; *šimelos* 'mellizos' en Teberga; *šantar* 'yantar'; *šaneiro* 'enero'; *šeitar* 'echar'; *šugu* 'yugo'; *šunta* 'yunta'; *šelar* 'helar'; *šatu* 'jato, ternero'; ast. occidental *šuogo,* oriental *šuego* 'el juego'. En Navelgas son frecuentes *šeito* < j a c t u 'modo, disposición, habilidad'; *šimir* 'gemir'; *šunzer* 'uncir' (< j u n g ĕ r e); *šanzaina* 'genciana'; etc. Análoga vitalidad se percibe en el habla de Sisterna (J. FERNÁNDEZ, *ob. cit.,* pág. 35). En Cangas de Tineo, aparece con la forma ya regular *ša, xa,* lo mismo que en el gallego del occidente de Asturias. Lo mismo que ante vocal anterior, la conservación de la consonante alcanza a gran parte de Santander: *juncir, junta, jugo.* Esta evolución aparece también muy firme en Cabrales: *šuicio* 'juicio', *šelar* 'helar', *šenru* 'yerno', etc. (ÁLVAREZ CAÑEDO, pág. 33) y algo menos en Sajambre (A. FERNÁNDEZ, *ob. cit.,* pág. 50).

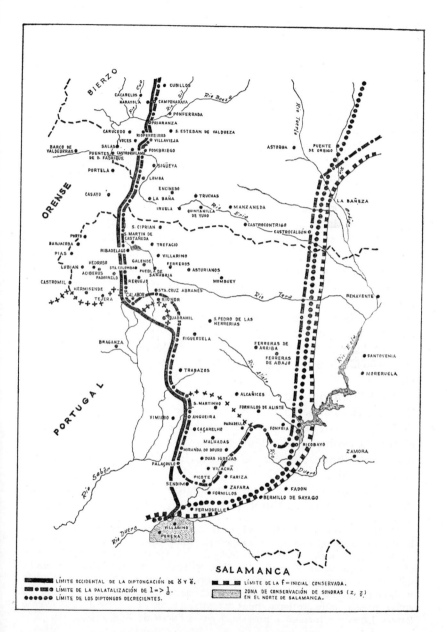

XIV.—Límites del dialecto leonés en tierras de León y Zamora.

En el occidente de León, la consonante se conserva en Babia y Laciana (GUZMÁN ÁLVAREZ) con gran vitalidad: *šjatu* 'jato'; *šjanθjana* 'genciana'; *šjénte* 'gente'; *šjernu* 'yerno'; *šilar* 'helar'; *šimir* 'gemir'; *šilada* 'helada'; *šjugu* 'yugo'; *šjuntar* 'juntar'. También en La Cabrera Alta, CASADO LOBATO registra casos parecidos: *šelare* 'helar'; *šuntos* 'juntos'; *šente* 'gente'; *šjema* 'yema'; *šjesta* 'retama'; pero al lado de la conservación hay ya voces con la forma castellana, como *encía, mielgo, yunta*, y con la consonante dialectal confundida con la *j-* (*x*) castellana: *jugo* 'yugo'; *jubo* 'yugo'; etc. Esta identificación ha sido muy frecuente en el occidente leonés. En Curueña, *jielo, jugo, jinero*. En Ponferrada y El Bierzo, *Genestosa*. En Astorga, *jilada* 'helada'. En la provincia de Zamora, persiste en Villarino tras la Sierra, Viñas, etc., ante vocal palatal: *gelada, janeiro, gela;* ante vocal posterior se conserva en *jugo* 'yugo'. En Sanabria se conserva el sonido aquí y allá, con vitalidad, aunque con variantes fonéticas diversas: *š, x* (*j* castellana), *ŷ* africada, *ž* sonora: *xjela; šjela*, en Ribadelago; *xeira* 'diaria', en la zona gallega fronteriza, es *žeira, šeira* en Calabor; *jenebra* 'enebro'; *mejare* 'orinar'; *ženžíƀres* 'encías', en Hermisende; *juñire* 'uncir'; *šjernu* 'yerno'; *cošu* 'cojo', etc., etc. (KRÜGER, SCip, página 86).

La Ribera del Duero en Salamanca solamente conoce huellas del viejo fonema en los derivados de j e n i p e r u, al lado de la *j-* (*x*) castellana: *himbre, hembre, enjembre*, etc. Más hacia el sur, la evolución es idéntica a la castellana, y la *j-* inicial en los casos donde aparece se aspira, identificándose con el proceso de aspiración [55].

La conservación de estas consonantes fue también un rasgo del habla mozárabe. Numerosos nombres de plantas, recogidos

---

[55] En la poesía de Gabriel y Galán, exagerada representación del habla extremeño-leonesa, se encuentra solamente huella de j a c t a r e (*jecha, jechal, jéchales, jechalsi, jechao*, etc.), frente a la casi total ausencia de derivados en el resto del dialecto (quizá el único vivo es *xetada*, del asturiano occidental, 'modo de reproducir cepas, enterrando la vieja y dejando al aire un sarmiento para que reverdezca'). La difusión de *echar* parece muy antigua, pues ya aparece en el Fuero Juzgo. (Véase RAFAEL LAPESA, *Asturiano y provenzal en el Fuero de Avilés*, pág. 31).

por los escritores árabes, nos revelan su conservación: *yenište-la* 'hinestilla, planta', es citada por Ben Albéitar en el siglo XIII; *yenair* 'enero' era hispanismo muy usado. Una jarcha de Judá-Ha-Leví usa *yermanella* 'hermanilla'; etc., etc. Si consideramos, además, la presencia de esta consonante en los demás dialectos peninsulares, habremos de pensar, una vez más, en la continuidad lingüística peninsular, quebrantada por el castellano en su ulterior evolución y expansión.

Grupos iniciales pl-, cl-, fl-.—Los grupos iniciales *pl-, cl-, fl-,* cuya evolución normal en castellano es *ll* (*ļ*), presentan en los viejos textos algunos ejemplos con *č*, como en gallego-portugués: *chagar* 'llagar'; *changer* < p l a n g ĕ r e. En algunos textos (Fuero Juzgo, Fuero de Zamora) aparecen *xagar, xamar, axegar.* Sin embargo, lo más corriente en los textos antiguos es *ll-*, como en castellano, o simplemente *l-*: *lorar, leno, lamar, lantado, losa* (< c l a u s a).

Hoy, la *č* inicial es típica del occidente asturiano. El área de *č*, que establece la continuidad con el gallego, alcanza los partidos de Castropol, Luarca, Belmonte y Lena. Los ejemplos son los acostumbrados en este caso: *chover* < p l o v e r e; *chano* < p l a n o; *čantén* < p l a n t a g i n e; *choca, chueca* 'cencerro' < c l o c c a; *chamar* < c l a m a r e; *chousa* 'cercado' < c l a u s a; *chama* < f l a m m a; *cheirar* < f l a g r a r e 'exhalar olor'; *churar* 'llorar'. Se conserva con toda vitalidad en Luarca, Villapedre, Villaoril, Navelgas, Santa Olaya, Teberga, etc. Algunas veces, la *č* ha perdido su parte oclusiva y se pronuncia *š*: *šantén, šorar.* En varios sitios donde existe *š* (Lena, Somiedo, Quirós, etc.), se han confundido los dos sonidos, diciéndose uno por otro según la edad del hablante o por otras causas diferentes[56]. El asturiano oriental mantiene

---

[56] MENÉNDEZ GARCÍA (*El cuarto de los valles*, pág. 101) insiste sobre la confusión de esta *č* en la comarca por él estudiada, con la otra africada, *š-*: *šabe* 'llave'; *šabía* 'clavícula', 'clavija de madera con que se asegura el yugo a la lanza del carro'; *šueca* 'cencerro'; etc., etc. La confusión se da también en topónimos: *šanteiro* 'Lanteiro' < p l a n t a r i u s. Asimismo se produce la confusión en el sentido contrario, es decir, *š* > *č*: *chaguazu* 'charco' (< l a c u); *chousar* 'cubrir algo con losas'; etc.

la *ḷ-*: *lloquero* 'cencerro' < c l o c c a. En Aller, en el centro de Asturias, la evolución es *y*: *yorare, yena, yaneza* (RODRÍGUEZ CASTELLANO, *Variedad dialectal del alto Aller*, págs. 96 y ss.). Idéntico yeísmo empalma este concejo con el de Cabrales: *yamar, yamátigu, yuöza* (ÁLVAREZ CAÑEDO, *ob. cit.*, pág. 34; no cita más que derivados de *cl-*).

La *č* vuelve a encontrarse en la parte occidental de León, al sur de la cordillera. Es usada en Babia y Laciana: *čaga* 'llaga'; *čenu* < p l e n u; *čuber* 'llover'; *čave* 'llave'; *čweθa* < c l o c c a; *čamar* < c l a m a r e; *čama, čamarada*. En la toponimia de esta comarca leonesa es abundantísima: *La Chana, el Chanu, Chan, Chanul, Chousa*, etc. (GUZMÁN ÁLVAREZ). Es conocida igualmente en Ponferrada y en El Bierzo, si bien ya en casos más limitados. La toponimia acusa *Chano* incluso en el límite oriental de Astorga. Queda la *č* viva en La Cabrera (*čama* 'llama'; *čurídas* 'flores de la retama'; *čanu* 'llano'; *čover* 'llover'; *čorare* 'llorar'; *cheidor* 'mal olor'; *chocallo* 'cencerro') (CASADO LOBATO). También se usa en Sanabria, no sólo en la parte gallega, donde es natural, sino en Ribadelago, San Martín, Vigo, Rábano, Escuredo, etc. (KRÜGER). En San Ciprián quedan ejemplos aislados (*čanícu* 'rellano'; *čubinéla* 'lluvia menuda'; *čueca, čucallo;* etc.), pero ya lo normal es *ll* (*ḷ*), como en castellano (*llaves, llegar, llamar*, etc.).

En Salamanca, la toponimia señala rastros de esa *č* (*Valdechano, Rechamo*), pero en el habla viva no se encuentra más que en voces aisladas: *chero* 'hedor' (que aparece incluso en Cáceres), *cherumen* 'fetidez del pus'. Otros casos pueden ser portuguesismos (*chocallo, chocalla*, en los pueblos rayanos), ya que al lado de las formas con *č* inicial existen otras con *l-*: *locajo, locajáa*, en Villavieja; *lavija, lover, luvia*, en la Ribera del Duero. En mirandés, siempre *č*: *cheno, chumbo, chama, chano*, etc. Todo el resto del territorio leonés presenta *ll*, que en Extremadura es palatal rehilada.

Un aparte especial merece la evolución de estos grupos iniciales en el habla de los vaqueros asturianos. En lugar de *ch* (*č*), se encuentra generalizada en todas las brañas una africada postalveolar sorda, dorsal, que puede transcribirse por *ṭ*: *ṭu-bere* < p l o v e r e 'llover'; *ṭurare* 'llorar'; *ṭenare* 'llenar'; *ṭueza* 'llueca'; *ṭamuscare* 'chamuscar'. Otras veces, los grupos, entre estos mismos hablantes, aparecen reducidos a *cy*: *cyana* 'llana'; *cyabe* 'llave'; *cyegare* 'llegar'. Esta evolución es normal en el habla vaquera, como resultado de *lj, c'l, g'l* (véase más adelante, pág. 146).

A pesar de esta decidida personalidad, también en el habla vaquera son frecuentes las confusiones (*śantare* 'plantar'; *śantén* < p l a n t a g i n e 'llantén'). (MENÉNDEZ GARCÍA, *El cuarto de los valles*, pág. 104; otros dialectólogos transcriben el sonido citado arriba por *ṭṣ*).

En los territorios al sur de la cordillera, fue normal el cambio de *l*, en segundo lugar de un grupo, en *r*. Es rasgo muy abundante en el *Libro de Alexandre*, en el Fuero Juzgo, en documentos, etc. Así se establece nuevamente la continuidad con el gallego, donde esta evolución es acostumbrada: *praga, prantar, cravo, freima*, etc., a diferencia del castellano, que conserva la *l*. En leonés existió bastante vacilación, pues también son frecuentes las formas con la *l* inalterada, e incluso son conocidas otras que sustituyen la *r* etimológica por *l*: *enxiempros, pracer, fabriella, soprar, fraco, comprimento, dobrada, perigro*, etc. El cambio aparece asimismo en textos de ligero matiz leonés o copiados por leoneses, como el texto salmantino del Arcipreste de Hita, que dice *frema, fabrarnonble* o la *Crónica general*, editada por Florián de Ocampo (Zamora, 1541), que escribe *puebro, prata*, etc.

Hoy es usual en Curueña y Astorga, Murias de Paredes y La Bañeza: *prantar, igresia, tabra, puebro, brusa, pruma, praza, cravo, frol*. En La Cabrera recoge muchos ejemplos CASADO LOBATO (pág. 63); iguales casos en la Ribera del Órbigo. También en Zamora (*igresia, praza, ubrigación*, junto a *planto, flaire*, en Sayago) y Salamanca (*plao, saludabre, templano*, etc.). Existen abundantes reliquias en Sanabria: *promu, prata, fror, pruma, branco*, etc. (KRÜGER, SCip, pág. 87). En Extremadura se señalan *frauta, ombrigo, cravu, groria, pracer*, etc. (FINK, pá-

138 Dialectología española

gina 75; ZAMORA VICENTE, Fil., II, 1950, pág. 144). El habla de
Juan del Encina (*crego, praz, prega, obrigar, cramar*) y Lucas
Fernández (*cravellina, cruquillo, púbrico*) y Torres Villarroel
(*frores, craridad, pranchas*) es excelente testigo de su vigor.
Hoy, en la Ribera del Duero saltan por la conversación espon-
tánea casos como *cravu, prata, pranta, frol, fran, crase, praza*
(LLORENTE MALDONADO). El topónimo *Grijota* (< e c c l e s i a
a l t a), en Tierra de Campos, autoriza a pensar en una mayor
área geográfica, en lo antiguo, para este fenómeno.
El mirandés hace asimismo *prazer, branco, fraco, cravo*.
De modo general, este cambio no se produce en Asturias.
Sin embargo, no es raro hallar huellas de él en las regiones
laterales del dialecto. Por ejemplo, algún testimonio se ha recogido en Cabrales, al oriente (*crabu* 'clavo') y, más numerosos,
en Navelgas, al occidente: *brusa* 'blusa'; *grándula* 'bultito que
se encuentra ocasionalmente bajo la piel'; *prádano* 'plátano
falso'; *Bras, Brasa*. Raro en los concejos occidentales (Luarca,
Tineo, Cangas de Narcea), parece normal en Sisterna, donde
MENÉNDEZ GARCÍA recoge copiosos ejemplos (*El cuarto de los
valles*, pág. 106). También son frecuentes en la mitad oriental
del concejo de Navia, según reflejan los términos del *Vocab.
del bable occidental*, de ACEVEDO-HUELVES. La continuidad con
el gallego queda, de todas maneras, bien manifiesta.
De la misma manera, en esta comarca occidental asturiana
se documenta el cambio de *r* etimológica en *l*, como queda
señalado arriba para otras zonas: *blincar* 'brincar', *blinco;
glaya* < g r a c u l u 'arrendajo'; *glayar* 'chillar'; *blingayo* 'cuerda de paja, vencejo'; *clabuñar* 'cabruñar'; *plegueiro* (< p e c o -
r a r i u) 'pastor'; etc. (MENÉNDEZ GARCÍA, *loc. cit.*, págs. 106-107).

CONSONANTES INTERIORES

La š.—Típica de las hablas asturianas es una articulación
prepalatoalveolar fricativa sorda, sin labialización, que aparece
constantemente, coloreando el dialecto de manera muy signi-
ficativa y que tiene su origen en los grupos latinos *-sc-* (o *x*) y

-*ss*-. El sonido es el resultado de la confusión, en ese fonema sordo, de los antiguos *j* (*ž* sonora) y *x* (*š* sorda), confusión análoga a la realizada en castellano en el siglo XVI; pero el asturiano, más arcaizante, se ha detenido en el grado *š*, sin haber seguido la evolución a *x* (*j* ortográfica) del castellano. Por el contrario, el asturiano sustituye esa *j* de la lengua oficial por su peculiar *š* en los castellanismos (*rešidor, reša* de una ventana, no *reya* del arado; *rešistar* 'registrar'; *rušir* 'rugir'; *pareša* 'pareja'; *antošu* 'antojo'; *monša* 'monja'; *ceša* 'ceja'; etc.).

Ejemplos:

a) Procedente de *x* latina. La *x* desarrolla un elemento palatal, vocalizándolo en *i*, que, a su vez, se conserva o se embebe en la *š* prepalatal: a x e > *eiše;* l a x a r e > *deišar;* t r a x u i > *truše* o *trouše;* c o x u > *cošo;* f r i s e o l u > *freišuelo* 'tortita frita'; todo el prefijo *ex-*: e x a m e n > *enšame* 'enjambre'; e x s u c a r e > *šugar* 'enjugar'. El topónimo *Šeišo* < s a x u m existe en Navia. Según GARCÍA DE DIEGO, a la derecha del Nalón, -*is*- > *š*: *eiša* > *eša* 'eje'.

b) Procedentes de -*sc*-: p i s c e > *peiše;* f a s c e > *feiše;* a s c i a t a > *eišada, šada* 'azada'; r o s c i d a t a > *rošada, roušada* 'rociada, humedad del amanecer'; *pišiu* 'un pescado'; *pišuetos* 'naturales de Cudillero, pescadores' [57].

c) Procedente de -*ss*-: b a s s u > *baišo, bašo* 'bajo'; r u s - s u > *rošo* 'rojo'; *arrošar, rošar* 'calentar el horno'.

Frente a estas formas aparece también, como queda dicho, la fricativa sorda en voces que el antiguo asturiano representaba por la sonora *j*: *šudío* 'judío'; *šinero* 'enero'; *šente* 'gente'. (Véase atrás, pág. 132); *mešar* 'mear'; *fušir* 'huir'; *llonše* 'lejos'; etcétera.

---

[57] En el centro y parte del oriente asturiano, -*sc*- > *θ*: *faza, jaza* 'haza de tierra'; *azá* < a s c i a t a; *esfrecer* < e x - f r i g e s c e r e 'enfriar'; *entremecer* 'mezclar' (Aller y Asturias oriental); *podrecer* (asturiano central y oriental), *ruciá* (Lena), etc. Sin embargo, estos casos coexisten con los en *š*: La interdental se oye en Sajambre (*podrecer, rociar*), donde hacen *š* los derivados de *x* latina (t a x u > *tešio, tešo*, etcétera).

La fricativa sorda de que nos estamos ocupando es también usada en el occidente de León. Babia, Laciana, La Cabrera emplean con gran vitalidad las formas con *š* (las descripciones fonéticas varían algo, pero el fonema se mantiene)[58]. Los casos son los mismos en unas y otras comarcas: *madeišja* 'madeja'; *tišjer* 'tejer'; *bišíca* 'vejiga'; *inšiba* 'encía'; etc. (Babia, Laciana. Hay, además, gran abundancia de topónimos, GUZMÁN ALVAREZ, pág. 222); *enšundja* 'enjundia'; *pášaro* 'pájaro'; *queišada* 'quijada'; *remišjare* < r e m i s c e r e 'mezclar revolviendo' (CASADO LOBATO, pág. 58). En La Cabrera, la consonante *š* aparece, además de en los ejemplos ya citados, en otros de diverso origen: *pušja* 'polvo de la era, tamo' < p u l s u s; *codeišo* < c y t i s u s 'codeso'. La articulación es conocida en Sanabria (*bešiga, queišada; fušaca* 'sepultura'; *inšambre* 'enjambre'; etc. F. KRÜGER, SCip, pág. 86). En Aliste ya aparecen las formas castellanas: *tejo, enjambre*. También la vieja sonora *ž* aparece representada por *š*: *gorša* 'garganta'; *regoišo* < r e p u d i u m 'regojo'; *canaleiša* < c a n a l i c u l a, 'canaleja del molino'; *šjela* 'hiela'; *šema* 'yema'; etc. Finalmente, añadiré su presencia en voces de diversas etimologías: *cantrošal* 'tierra estéril'; *cerráše* 'fleco de algunas prendas'; etc.

Las sonoras antiguas conservadas.—Hay una comarca que se reparte entre una pequeña zona del sur de Salamanca y gran parte de la provincia de Cáceres, a un lado y a otro de la vieja frontera entre León y Castilla, donde se conserva la distinción que castellano y leonés antiguos hacían entre la articulación sorda (antigua ortografía *ç*) y la sonora (antigua ortografía *z*). Estos sonidos coincidieron modernamente en la sorda *θ* (interdental fricativa sorda). El fenómeno de la distinción es, pues, un arcaísmo practicado especialmente por las clases populares y en franca vía de desaparición. Los límites son, en consecuencia, imprecisos. La sonora se conserva, en la provincia de Sala-

---

[58] Hay que insistir en que la *š* astur-leonesa no tiene labialización. Por razones de impresión los dialectólogos españoles nos hemos visto precisados a usar muchas veces el signo *š*, en lugar de *š̓*, que sería el exacto.

manca, en una faja de este a oeste, arrinconada junto a las sierras que forman la frontera con Cáceres. Se conserva con cierta intensidad en El Rebollar, comarca del ángulo suroeste (El Payo, Peñaparda, Navasfrías), junto a la frontera de Portugal [59]. No practican la distinción los pueblos cercanos (El Bodón, Alberguería de Argañán, Fuenteguinaldo). Restos aislados de la vieja consonante se hallan en los pueblos serranos: La Alberca, Nava de Béjar, Serradilla del Arroyo, Valero, el partido de Béjar. Más al norte (Sequeros, Linares), ha desaparecido la sonora.

En la parte oriental, el fenómeno parece tener su frontera última en la misma raya que separa a Cáceres de Toledo y Ávila. Vestigios de las sonoras antiguas se han registrado en Navalmoral de la Mata, pero siempre en casos aislados, sin vitalidad de distinción. Ésta vuelve a aparecer en las cercanías de Plasencia (Malpartida de Plasencia, Serradilla, Villarreal de San Carlos, Talaván, Garrovillas, Cañaveral). En la Extremadura leonesa, la distinción parece tener más arraigo (Montehermoso, Guijo de Galisteo, Torrejoncillo, Cilleros, el ángulo noroeste de la provincia). Al sur, los casos aislados llegan hasta Aldea del Cano, al sur de Cáceres capital, y La Aliseda, ya cerca ambos pueblos del límite administrativo con Badajoz. Es muy viva la distinción en las lagunas donde se hablan dialectos portugueses (Cedillo, San Martín de Trevejo, etc.). Solamente Valverde del Fresno ha generalizado el sonido moderno.

En el noroeste de la provincia de Salamanca, en la Ribera del Duero, unos pueblos (Pereña, Villarino de los Aires) conservan en franca decadencia las sonoras, limitadas, casi exclusivamente, a las personas de edad (LLORENTE MALDONADO, pá-

---

[59] Ya quedan señalados arriba, en distintos lugares, algunos de los rasgos de El Rebollar salmantino y las explicaciones supuestas. Desgraciadamente, el habla local hay que darla por perdida, ya que en los años de la última guerra mundial, la comarca sufrió un intenso y múltiple influjo de gentes de fuera, con formas de vida muy diferentes, debido a la riqueza del suelo en wolframio, lo que acarreó sobre los olvidados pueblecillos un total cambio de vida. Solamente personas ancianas, y ya equivocándose, recuerdan el viejo hablar.

ginas 61 y ss.). También se practica la distinción en la comarca sanabresa (Ribadelago, Calabor, Hermisende; KRÜGER, SCip, § 52; *Westsp. Mund.*, pág. 203; *Mezcla*, § 25-26).

En la misma área geográfica pero con mucha menos extensión y vitalidad, se practica la distinción entre *s* y *z* (sorda y sonora), distinción que también desapareció de la lengua corriente en el siglo XVI. Probablemente, la mayor resistencia de la antigua *z̦* (que hoy existe en español en determinadas circunstancias de aparición en la frase, pero nunca en condiciones etimológicas) es el haber sido identificada por los hablantes con la *đ* fricativa normal castellana. En cambio, la *z* (*s* sonora), desprovista de apoyos ajenos, ha sido eliminada mucho más rápidamente. De todos modos, se puede afirmar que las viejas sonoras van desapareciendo del dialecto no por su espontánea marcha hacia el ensordecimiento, sino por el poderoso influjo de la lengua oficial.

Ejemplos de *z̦* identificada con *đ*: *kođél* 'cocer'; *embođą́lta* 'en voz alta'; *djeđinwébe* 'diez y nueve'; *andaluđía* 'Andalucía'; *enđiba* 'encía'; *arđilla* 'arcilla'; *ađéro* 'acero'; *almwéđo* 'almuerzo'; *θeréđa* 'cereza'; *aguđál* 'aguzar'; *bautiđal* 'bautizar'; *algwađil* 'alguacil'; *đagal* 'zagal'; *θurđil* 'zurcir'; *beđér̄o* 'becerro'; *r̄eđjo* 'recio'; *bađukál* 'bazucar'; *kođina* 'cocina'; *r̄eđar* 'rezar'; *r̄eđentál* 'recental'; *beđino* 'vecino'; *beđeira* 'piara de puercos'; *r̄aíđes* 'raíces'; todas las formas de *hacer;* etc., etc.

Ejemplos de *z* (< -*ss*-): *káza* 'casa'; *dezatál* 'desatar'; *káu̦za* 'causa'; *bézu* 'beso'; *ilézia* 'iglesia'; *méza* 'mesa'; *nozótru* 'nosotros'; *lazálas* 'las alas'; *artéza* 'artesa'; *pabéza* 'pavesa'; *gizánti* 'guisantes'; *senabrézes* 'sanabreses'; *bráza* 'brasa'; *kozéĉa* 'cosecha'; etc.

La articulación de la sonora *z̦* se ha identificado, como ya queda dicho, con una *đ* fricativa normal, el sonido que más se le parecía acústicamente dentro de la lengua oficial: *hađél* 'hacer'; *iđil* 'decir'; *tiđón* 'tizón'; *aθeđál* 'acezar', es decir, no es la sonora correspondiente a θ. El sonido sonoro aparece como oclusivo en posición inicial absoluta, o detrás de *n*, y detrás de *l*. En los demás casos, el efecto acústico es el de una *đ* fricativa española de pronunciación esmerada. No desaparece nunca, a diferencia de la -*d*- etimológica española, sumamente caediza (terminaciones de los participios, *soldao*, etc.). En cuanto a la articulación de la *s*, han sido registradas variantes que van entre el ápico-alveolar cóncavo, corriente del castellano, y el predorsal convexo, análogo al tipo de *s* andaluza [60].

El ensordecimiento de las antiguas /ẑ/, /ẓ̌/ y /z/ (r̄óza, beẑíno), ha sido considerado por A. Martinet [61] como consecuencia del influjo vasco, y, según eso, sería cambio exclusivo del castellano y de algunos dialectos del sur francés, emparentados con el castellano también por otros rasgos. Pero este ensordecimiento no es exclusivo del castellano. Se ha producido en el gallego, con la pequeña excepción de alguna habla limítrofe con Portugal (Limia), en leonés (del que sólo lo recogido atrás son restos caducos) [62], en aragonés y catalán. La confusión de sordas y sonoras se encuentra atestiguada en los textos gallegos y aragoneses desde muy pronto, manteniéndose vigente hasta el siglo xv, es decir, de manera muy diferente a como se presenta en castellano, donde los textos literarios suelen presentar la distinción. Esto anula la posibilidad del origen vasco. Sin embargo, en tierras castellanas, se conocen casos de confusión anteriores a la gran época de la reducción de consonantes. En el siglo XIII, el Fuero de Madrid ofrece casos de ensordecimiento, y dentro de ese mismo siglo, pero a finales, el de Alba de Tormes presenta también la confusión. Casos aislados se dan en el *Libro de Buen Amor* (mediados del XIV)

---

[60] Todo lo relativo a la conservación de las viejas sonoras y su actual reparto y vitalidad fue esmeradamente estudiado por Aurelio M. Espinosa (hijo), *Arcaísmos dialectales*, Madrid, 1935.

[61] *The Unvoicing of Old Spanish Sibilants*, en RPh, V, 1951-52, páginas 133-156. Una versión condensada y revisada de este artículo aparece en *Économie des changements phonétiques*, Berna, 1956: *Structures en contact: Le dévoisement des sifflantes en espagnol* (págs. 297 y ss.).

[62] Creo que se deberán reconsiderar dentro de este apartado de viejas sonoras los escasos ejemplos, diseminados por Asturias, de *đ* en lugar de θ: *fađér* 'hacer'; *esfađér* 'deshacer'; *fuđícu* 'hocico'; *r̄uđéđinu* 'rodezno del molino'; etc. (occidente de Asturias; Rodríguez Castellano, *Aspectos*, pág. 130). El mismo Rodríguez Castellano recoge, como del asturiano oriental, *hiđjéron* 'hicieron'; *hađér* 'hacer'; *hiđo* 'hizo'. En Cabranes (centro de Asturias), se usa corrientemente *esparđer* 'esparcir'.

y en el Fuero de Guadalajara (principios del xv). Se presenta así una línea muy acusada de ensordecimiento medieval en el centro peninsular. La dificultad para explicarla estriba en decidir si tal hecho se basaba en la lengua de conquista venida del norte, o si se debería contar con un fuerte apoyo tradicional, mozárabe, muy vivo en esas tierras. De todos modos, lo que parece claro es que no se puede achacar el ensordecimiento a un foco de irradiación exclusivamente castellano [63].

Estrecha cercanía con la conservación de /z/ y /ẓ/ sonoras guarda la distinción entre *b* (bilabial oclusiva) y *v* (labiodental fricativa), registrada en Serradilla y Garrovillas (Cáceres) [64], por A. M. Espinosa (hijo). Ejemplos varios: *cabeza, calabaza* (con *b* oclusiva); *vérθa* < v i r d i a; *véđi* 'veces'; *enđíva* 'encía' < g ĭ n g ī v a; *ᵹesorvél* < r ĕ s ŏ l v ĕ r e; *vázuevínu* 'vaso de vino'; *sirvál* < s i b i l a r e. La *v* aparece esporádicamente en algún otro lugar (Zarza la Mayor, por ejemplo: *sirvá* 'silbar'). Según las transcripciones de Espinosa, esta *v* labiodental funciona como *b* oclusiva detrás de nasal, como la bilabial castellana [65].

Todos estos residuos de sonoras se reparten con llamativa proximidad en la península: pueblos castellanoaragoneses de Valencia (Énguera, Anna, Navarrés), el occidente leonés (como ya queda señalado) y una zona meridional andaluza (*v* difusa en la Andalucía oriental; *z* y *ẓ* sonoras en el sur de Córdoba, perceptibles hace algunos años; véase págs. 322-323), lo que ha empujado a Dámaso Alonso a ponerlos en relación. La confusión de *b* y *v* en la bilabial parece, eso sí, muy antigua: ya aparece en las primitivas glosas. El norte peninsular habría sido partidario de la *b* bilabial, pero en el sur existió la *v* labiodental. La

---

[63] Véase para todo esto, Dámaso Alonso, *Ensordecimiento en el habla peninsular de alveolares y palatales fricativas*, en ELH, I, suplemento, págs. 84 y ss.

[64] Ambas localidades están situadas en la línea del Tajo, Serradilla al norte, y Garrovillas al sur. Entre ambas corre la frontera entre Castilla y León. Véase mapas X y XV.

[65] A. M. Espinosa, hijo, *Arcaísmos dialectales*, pág. 4, nota 3. Para las voces recogidas arriba, ibidem, passim.

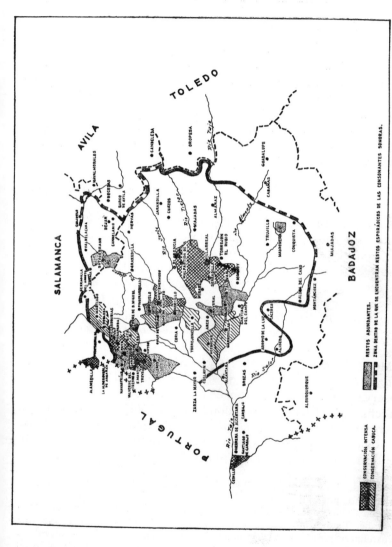

XV.—Conservación de sonoras en la provincia de Cáceres
(según A. M. Espinosa, hijo).

confusión se extiende por el norte del país, de mar a mar (como la desonorización de las palatales y alveolares) y penetra en las hablas del suroeste francés. Quizá una causa remota estará en los hábitos articulatorios de los primitivos habitantes de la península, entre los cuales los vascos son un componente. La imposibilidad vasca de articular labiodentales viene en nuestro auxilio en esta ocasión: ese hecho pudo actuar como activador de la bilabialización, especialmente en las tierras del norte burgalés y La Rioja, a la vez que se propagaba hacia Aragón y Gascuña [66].

GRUPOS DE CONSONANTES INTERIORES

La ll (ḷ).—El resultado de *-c'l-, -lj-, -g'l-* es *ll (ḷ)* ya en los documentos antiguos. El Fuero de Avilés presenta formas como *escolla, conceillo, aparelliadas, barailla, taillaren,* etc. En el de Oviedo se lee *baralla, fillo.* El *Libro de Alexandre* trae *profillar, millero, concello.* También el Fuero Juzgo y los documentos leoneses y asturianos presentan formas análogas: *semellar, fillos dalgo, escollau, muller, traballos, viellos, concello, serrallero* 'cerrajero'. No son desconocidos casos con *-y-: oveya* (Fuero Juzgo), *migaya, meyor (Alexandre,* 917, 1735) [67].

Modernamente, esta *-ll- (ḷ)* (v e c l u > *vello;* t e g u l a > *tella;* m u l i e r e > *muller;* p a l e a > *palla;* a l i u > *allo)* se conserva como tal lateral en el occidente de Asturias, en una estrecha faja hacia el Eo, donde están Vegadeo, San Tirso, Castropol y Figueras. La permanencia de esta *ll* en el occidente (en zona de *-n-* caediza) supone una continuidad con el gallego. Frente a estas formas (*fillo, folla*), la *ḷ* se hace *y* mediopalatal

---

[66] Véase Dámaso Alonso, *B-V en la Península Hispánica,* en ELH, I, Suplemento, pág. 155 y ss.

[67] La *ḷ* lateral era también el resultado más extendido en el habla mozárabe. Estamos, pues, ante un caso más de los numerosos en que el castellano rompe la continuidad fonética peninsular. La *ḷ* lateral (o sus derivaciones) está vigente en leonés y en gallego-portugués al occidente y en aragonés y catalán al oriente. Para otros resultados mozárabes y su discusión, véase M. Sanchís Guarner, ELH, I, pág. 322, con bibliografía.

en casi todo el resto de Asturias: a c u c u l a > *aguya;* c o c l e a-
r e > *cuyar;* m a l l e a r e > *mayar;* m u l i e r e > *muyer;* n o-
v a c u l a > *navaya;* i l i a r i c a > *iyarga* 'ingle'; v i t a l i a >
vidaya 'sien'; v e s p e r t i l i o > *esperteyo;* p a n u c u l a > *pa-
noya;* f o l i o l a > *fayuela* 'torta de sartén'; s o l e a t u > *soyau*
'suelo, piso del desván, desván'. Esta *ll* se ha convertido en *š*
aproximadamente en las comarcas donde la *l-* inicial ha sufrido
tal cambio (véase más atrás, pág. 124). Es decir, en Luarca,
Cangas de Narcea, Belmonte, Lena, identificándose así la *ll-*
de *llobu* con la *ll* de a u r í c u l a > *uréša.* RODRÍGUEZ CASTE-
LLANO ha encontrado, sin regularidad geográfica, es decir, mezclados, en el occidente, casos de *š, č* y *ŷ* (este último grado
intermedio entre *muyer* y *fichu*). (*Aspectos del bable occidental,*
págs. 172 y ss.).

La *y* mediopalatal está documentada en Asturias desde el
occidente hasta Cabrales, como la pronunciación típica y general. Sin embargo, el habla de las brañas occidentales presenta
aquí, como en otros casos, un comportamiento diferente. Las
brañas de Tineo, Luarca, Villayón y Navia presentan como resultado de *-lj-, -c'l-, -g'l-* una *ŷ* africada, que es reproducida por
los aldeanos como *č,* cuando éstos intentan imitar el habla
vaquera. Este sonido no desaparece nunca (siempre *fiyo,* no
fío; reya, no *rea; guiyada,* no *guiada;* etc. Comp. más adelante,
pág. 148).

En el asturiano central y oriental es *y* mediopalatal lo único
usado: *estropayu, escarabayu, payar.* La *y* penetra en tierras
leonesas (Curueña, Astorga, La Cabrera): *r̄eya* 'reja'; *uƀéya*
'oveja'; *tayuelo* 'tajuela, asiento de madera, de tres pies'; *fueya*
'hoja'; etc., aunque se encuentra alguna forma aislada con *-l̦-*:
arƀél̦os < e r v i l i a 'guisantes'. En el ángulo noroeste, en Babia, Laciana, Luna, y parte de El Bierzo y Murias el resultado
moderno ha sido *č,* africada prepalatal sorda, como la castellana: *aƀę̣i̦ča* < a p í c u l a; *naƀáča* < n o v a c u l a; *agúča* <
a c ŭ c ŭ l a; *áču* < a l i u; *arƀę̣i̦ča* < e r v i l i a 'guisante';
pača < p a l e a 'paja'; *kwáču* < c o a g u l u 'cuajo'; etc.[68]. En

---

[68] Esta *ch* es usual asimismo en Sisterna, Degaña, la parte meridional
de Cangas y Somiedo, Teberga y Quirós. (MENÉNDEZ GARCÍA, *El cuarto de*

El Bierzo hay abundantes casos de *ḷ*. La antigua consonante
lateral vuelve a surgir como único resultado en portugués:
uollo 'ojo'; *ourella; alleno; benceillo; speillo, teilla,* etc. Sanabria
presenta muy vivo el arcaísmo *ḷ* lateral: *fillu, palla, mullire*
'mujer'; *viella* 'vieja'; *badallu* 'badajo'; *gulleiro* 'alfiletero'; *es-
carabellu* 'escarabajo'; *gralla* 'graja'; leche *escuallarazada* 'leche
cuajada'; etc. Las formas sanabresas van siendo sustituidas
por las equivalentes castellanas, sustitución no fonética, sino
léxica: solamente se dice *espejo* (no *espellu*), *navaja* (no *navalla*), *surtija;* etc. (Véase KRÜGER, SCip, págs. 83-84). Más al
sur, hay *y* en Villarino tras la Sierra, Latedo, Viñas y, en general, en Sayago: *regociyo, vieyo, fiyo.* Ya en tierras de Salamanca,
lo dominante es la *-j-* castellana, pero aún quedan algunas voces
testigo de la antigua evolución dialectal: *millo* 'maíz'; *gorullo* <
v o l u c ŭ l u (*gorullo* ha penetrado en la lengua literaria), al
lado de *boruyo; mallar* 'majar'; *mayá* 'majada', en La Ribera;
etcétera. Análogo valor de voz aislada tienen los extremeños
fornalla, hornalla 'hornija' (Cáceres); *millo* 'maíz'; *rollo* 'ruejo'
(Mérida).

En los frecuentes casos de evolución a *y* mediopalatal, esta
consonante puede perderse detrás de *i.* Son los abundantes en
asturiano *fiyo* > *fío; miyo* > *mío* 'maíz'; *sortíes* 'sortijas';
vería < v i r i l i a; *chavía* 'clavija'; *guiada* < a q u i l e a t a
'aguijada'. La pérdida se produce, o puede producirse, también
en las voces castellanas acomodadas a la fonética asturiana:
morcia 'morcilla'; *mantía* 'mantilla'. Asimismo existe la pérdida
de la palatal detrás de *e:* t e g ŭ l a > *tea;* o v i c ŭ l a > *uvea;*
c a l l i c ŭ l a > *calea* 'camino entre dos propiedades'; a u r i c ŭ-
l a > *urea* 'oreja'; *fuea* 'hoja'; *abéa* 'abeja'. No se produce la
reducción detrás del diptongo *we, je: vieyo, güeyo.* Análogo
comportamiento existe en tierras de León, donde hay *fío* 'hijo',
en Astorga; *abéa* 'abeja'; *nadea* 'navija, pieza del molino'; *ca-*

---

los valles, pág. 148). Así queda establecida la continuidad con el ángulo
noroeste de la provincia de León, a ambos lados de la cordillera. Para
la repartición geográfica y convivencia de *mucher* y *cabašu,* etc., véase
MENÉNDEZ PIDAL, *Pasiegos y vaqueiros, loc. cit.,* pág. 23 y ss.; D. CATALÁN,
El asturiano occidental, pág. 85 y ss.

beyón, cabión 'clavija del arado', *guiada* 'aguijada', en El Bierzo; *rodea* 'rodilla, paño de la cocina', en tierras de León y Zamora.

Conservación del grupo -mb-.—Frente a la asimilación *-mb-* > *m*, típica del castellano, el habla leonesa mantiene el grupo inalterado. El *Libro de Alexandre* presenta casos como *camba*, antiguo español *cama* 'pierna'; *ambidos*, antiguo español *amidos* 'de mala gana' (< i n v i t u s); *lambión, relambiendo.* Muy frecuente en documentos es *lombos.* Al sur del viejo reino leonés, el Fuero de Usagre presenta formas como *palomba, palombar.*

Hoy, la conservación del grupo es general en Asturias: *lombu* (o *šombu*); *llamber, pallombu, camba, cambuchu* 'trozo curvo de la rueda'; *chumbo* 'plomo'; *amburar* 'arder' (*camburar*, en Cabrales).

La Montaña santanderina presenta los mismos ejemplos *lombo, lamber, relambíu, camba.* Análogos casos existen en el occidente leonés: *llombu, palumba* (Curueña); *La Lomba, Lombillo* pueblos al sur de Ponferrada; *šómbu* 'lomo'; *šamber* 'lamer'; *šambuleiro* (Babia, Laciana; GUZMÁN ÁLVAREZ, con numerosos topónimos en *-mb-*); *lambere* 'lamer'; *llambrión* 'hambrón'; *palombare* 'palomar'; *La Llombiella* 'topónimo', en La Cabrera. Las mismas voces se oyen en la comarca de Astorga. En la provincia de Zamora, hay topónimos *Lomba* en Sanabria (Barrio de *Lomba*, Riego de *Lomba*) y una *Santa Colomba.* Vivos, se oyen *camba, palumbar, llombu, entrambus*, etcétera. Aliste, al lado de la asimilación ya castellana, conserva *pallombeira, llombo.* Idénticos casos se van repitiendo en Salamanca: *camba* 'pieza del arado'; *cambizo* 'timón del trillo'; *lamberón* 'adulador'; *Los Pombianos*, topónimo (Ribera del Duero, Hinojosa, Lumbrales); *cambizo* 'cama del arado' (Ciudad Rodrigo). En Extremadura, *lamber* es muy conocido al lado de algún otro resto, ya como caso aislado. (Compárese *lambiar* 'lamer'; *lampucero* 'zalamero, adulador', en Mérida). El grupo se conserva con toda vitalidad en mirandés: *chumbo* 'plomo'; *ambos, lombo, ambeija* < i n v i d i a. En el habla popular de todas estas regiones, *también* se reduce a *tamién*, incluso en la tierra de Miranda. (Comp. port.

tamén). La *b* desaparece en voces cultas: *comenencia, comeniencia, incomeniente*.

La conservación del grupo *-mb-* une al leonés con el gallego y el portugués, e incluso con el mozárabe, donde permanecía el grupo en multitud de casos, posteriormente reducidos por el castellano reconquistador. (Véase MENÉNDEZ PIDAL, *Orígenes*, § 52). Todavía el riojano del siglo XIII prefería con frecuencia el grupo: *palomba, lombo*, etc., son usados por Gonzalo de Berceo.

Grupos -ct-, -ult- > -it-.—La evolución de estos grupos a *ĉ*, común en castellano y en gran parte del área leonesa, ha quedado en su grado arcaizante *-it-* como en gallego-portugués (*treytar, malfeytorías*), en una zona del occidente dialectal. En el Fuero de Avilés, que tiende a escribir el grupo latino, se lee *dreito* 'derecho' (véase R. LAPESA, *Asturiano y provenzal en el Fuero de Avilés*, pág. 52). En la actualidad, la falta de la africada es característica de la zona occidental del dialecto. La línea de la vocalización en Asturias alcanza, por el oriente, a Cudillero, y, por el interior, a parte de Belmonte. Quedan, pues, dentro: Villapedre, Luarca, Pola de Allande, Santa Olaya, Besullo, Villaoril. En el resto de Asturias se encuentra la *ĉ* común (exceptuando la laguna donde se hace *ŝ;* véase más atrás, página 127). Son abundantes casos como *abuitarse* < v u l t u 'parecerse en la cara'; *escuitar* < a u s c u l t a r e; *muitu* < m u l t u; *cuitu* 'estiércol'; *cuitieyu* 'cuchillo'; *leite, lleite, yeite* < l a c t e 'leche'; *noite, nueite* 'noche'; *treitoira* < t r a c t o r i a; *biscoitu* < b i s c o c t u; *peito, teito, oito; truita* < t r u c t a; *deitarse* < d e j e c t a r e 'echarse'; *ŝeitúa* < l a c t u c a; Arroyo de *Freita* < f r a c t a (Luarca); *barbeito* < v e r v a c t u 'barbecho'. La *i* del grupo *-it-* es embebida cuando va precedida de otra palatal: l e c t u > *ŝeto* 'lecho del carro'; f i l i c t u > *foleto* 'helecho'; *fitoria* < f i c t o r i a. Estas voces figuran con *ĉ* en el resto de Asturias y la Montaña santanderina: *trechoria, cucho, fecho, flecho, frecha* 'derrumbamiento'; *esfrecharse* 'derrumbarse' [69].

---

[69] También, como en los casos señalados atrás, la *ĉ* es, en las bra-

En tierras de la provincia de León, la vocalización ha quedado restringida a las comarcas occidentales. En Babia y Laciana es común el arcaísmo: *fléįtu* < f i l i c t u; *šéįte* < l a c t e; *šeitéįru* 'lechero'; *nwéįte* 'noche'; *cuitu* < c u l t u 'estiércol'; *askwitar* < a u s c u l t a r e. En El Bierzo hay *č̣*: *felecho, noche, nueche*. Más al sur, la vocalización se conserva en La Cabrera: *šéįto* < j a c t u s 'modo, manera'; *tréįto* 'trago de vino'; *dito* 'dicho'; *tritéįra* < t r a c t o r i a 'pieza del carro'; *dẹįtáre* < d e j e c t a r e 'acostarse'; *trwéįta* 'trucha'. En Maragatería reaparece la *č̣*.

Vuelve a verse la vocalización en Sanabria: *muito, freita, faleitu* 'helecho'; *treitu* trago' (pero es muy frecuente la *č*). En Aliste se generaliza la *č*, al lado de *oito, leito, peito,* cada vez más escasos.

Una forma intermedia con palatalización y conservación del diptongo es conocida por el leonés en el siglo XI: p a c t e t > *peiche;* f a c t u > *feicho.* Esta fase está viva hoy en alguna zona de Teberga (*seicha* 'surco'; *feichu* 'hecho'; GARCÍA DE DIEGO, *Dialectología,* pág. 159), de León (Ribera del Órbigo) y de Zamora (Villarino tras la Sierra): *feicho, leichuga* (comp. berciano *eichar,* recogido por GARCÍA REY)[70]. La vocalización es la forma

---

ñas, *ţ*: *peţo, estreţa,* etc. En otros lugares del asturiano occidental, alterna con *ţ* el grado *įţ.* Ocurre así en algunos lugares de Quirós: *feįto* 'hecho'; *šeįţe* 'leche'; etc. (MENÉNDEZ GARCÍA, *El cuarto de los valles,* pág. 141).

RODRÍGUEZ CASTELLANO encuentra, en algunas brañas de Navia, Luarca, Salas, Ibias, y en Belmonte y Quirós, e incluso en algunos lugares orientales de Lena, un resultado diverso para -ct-, -ult-. Es el sonido *ṣ̌,* que parece ser una africada postalveolar sorda, caracterizada por una oclusión muy reforzada e, incluso, por una probable geminación: *ọṣ̌u* 'ocho'; *fleįṣ̌u* 'helecho'; *kuṣ̌u* 'estiércol'; etc. (*Aspectos del bable occidental,* páginas 153 y ss).

[70] F. KRÜGER observó en estos casos (*Westsp. Mund.,* pág. 236) una articulación distinta de la *č* castellana en algunos lugares de Zamora (Fermoselle, Cibanal) y en otros ya en Cáceres (Zarza la Mayor, Garrovillas), que, indudablemente, representan un estado más arcaico, *ţš, ţ*: *peţšu* 'pecho'; *leţuga* 'lechuga'; *cuţiyu* 'cuchillo'; etc.

única y viva en mirandés: *feito, uito* 'ocho'; *nuite* 'noche'; *fruita, lluitar*, etc. [71].

Grupos ·d't-, -t'c-, etc.—En leonés, cuando se constituye un grupo consonántico motivado por la pérdida de una vocal latina, la primera de las consonantes se hace *l*. Ya está atestiguado el cambio en los viejos textos: *julgada, julgaron*, de *juzgar* (Fueros de Oviedo y de Avilés; R. LAPESA, *ob. cit.*, pág. 56). Es abundantísimo este rasgo en leonés antiguo: *caldal* < c a p i-t a l e; *delda* < d e b i t a; *beldo* 'beodo'; *dulda* y *dolda, duldar; coldicia, recaldar; muelda* (Castellano antiguo *muebda* < m ŏ-v i t a, de m o v e r e); *coldo* < c u b i t o; *alce* (cast. antiguo *abce* < * a v i c e); *portalgo, portalguero; dolze* < d u o d e c i m; *trelze, selmana* < s e p t i m a n a; *vilva* < v i d u a. Palabras con esta contextura aparecen incluso en manuscritos de ligero tinte dialectal, como en el leonés del *Libro de Buen Amor*, que registra *selmana* (997), *vilda* (743) 'viuda' (STAAFF, pág. 242; F. KRÜGER, *Westsp. Mund.*, § 301; MENÉNDEZ PIDAL, *Dial. leon.*, § 12/5; *Elena y María*, RFE, I, pág. 81). Hoy es general en Asturias: *coldo; lleldo, šeldo, inšieldu* < l e v i t u; *šieldar* 'fermentar el pan'; *coldicia* < c u p i d i t i a; *estreldar* < s t r e p i t a-r e 'hacer ruido'; *acaldáse* 'ataviarse' < * a c c a p i t a r e; *caltener* < c a p u - t e n e r e 'sostenerse firme, mantener'; *pielga* < p e d i c a m 'traba para el ganado'; *yelso* < g i p s u; *chalga* 'tesoro' < a f f l a t i c a, en Navelgas; *ašálga* 'hallazgo' en Lena; etcétera [72].

El habla santanderina mantiene igualmente el cambio: *acaldar* 'recoger' < * a c c a p i t a r e; *mayoralgu, yelsu* (incluso en la capital). Igualmente sigue vivo en los territorios leoneses al sur de la cordillera, si bien ya en pocos casos: *pielga* 'despectivo muy frecuente'; *entralgo* < i n t r a t i c u s, topónimo (Babia, Laciana). Este último ejemplo es el único encontrado en

---

[71] El grado arcaico *it* une estas regiones con las próximas análogas del gallego. Véase ZAMORA VICENTE, *Los grupos -oit-, -uit- en gallego moderno. Su repartición geográfica*, en BF, 1963, XXI, págs. 57-68.

[72] El *llamargu* 'tolla' < l a m a t i c u del asturiano general se explica por disimilación (MENÉNDEZ PIDAL, *Dial. leon.*, pág. 168).

La Cabrera por Casado Lobato, quien señala la introducción de la fonética castellana en esa comarca: *muébeda* 'grieta'; *codo, trébedes.* En Astorga, *ralvar* 'primera labor del arado'; *ralva* 'esa labor'. En Sayago, *treldes, trelvis* < t r i p e d e m; *coldo, julgar* (este último general en toda la provincia). Más abundantes ejemplos hay en Salamanca, especialmente en La Ribera del Duero: *nalga, mielga, mayoralgo, pielgo, julgao* 'juzgado'; *yeldo* 'fermentado'; *bilma* 'bizma, venda'; *recoldo* 'recodo'; *treldes* 'trébedes'. Son vivas formas de las antiguas *recaldar* (usada por Juan del Encina y Lucas Fernández), *enxelco* (también en Lucas Fernández), ant. esp. *execo; sielso,* en Villavieja, *sienso* en Lumbrales, ant. esp. *siesso.*

En Cáceres hay *relva* 'una forma de pastoreo', *pielga* (Serradilla). Muy al sur de la provincia hay topónimos con *Mayoralgo* (palabra que a su vez se ha perpetuado en la nomenclatura de la capital: Palacio del *Mayoralgo*) y *Mayoralguillo. Bilma,* que ha pasado en parte a Castilla, se usa por toda Extremadura. En tierras de Mérida, el sufijo -a t i c u ya presenta otra evolución: *-ajo: portajo, noviajo,* etc.

En mirandés es igualmente usual el paso de que estamos tratando: *Viñalgo* < *v i n e a t i c u* 'viñedo'; *nalga.* No aparece la *l* en los derivados de los numerales: *doze, treze* (Leite, *Estudos de Phil. mirand.,* I, 281).

El cambio es típicamente leonés: se diferencia vivamente en este tratamiento del castellano por oriente y del portugués por occidente: cast. *codo,* leonés *coldo,* portugués *cóvado;* cast. *portazgo,* leon. *portalgo,* port. *portádego.*

Grupos latinos mn, nn.—Frente a la palatalización castellana (*cáñamo, cabaña, paño*), el leonés ofrece *n* en diversos lugares de su territorio: s c a m n u > *escanu;* d a m n u > *dano;* s o m-n u > *suenu.* Las formas se prodigan en el asturiano occidental: *cana, cabana; enguanu* 'hogaño'; *panu, pena,* en Villaoril; *canaviera, pano,* en Villapedre (al lado de *caño* y *mañana*); *ano, oano,* en Teberga; *anušu* 'añojo' < *a n n u c u l u s; banu* < v a n n u 'criba', en Lena (asturiano general *bañu*); *aneyu* 'añejo'; *cabanu* en Colunga (al lado de muchas formas con *ñ*: *pe-ñeu*, en Libardón). En el asturiano oriental hay ya *ñ*.

Como en otros casos, el habla de las brañas presenta un comportamiento diferente del de las aldeas labriegas; el habla vaqueira parece decidirse siempre por *n*: *autueno* 'yerba verde que se siega en cualquier estación'; *sueno*, solamente en las brañas, rodeado de *sueño*. En el grupo *nn*, también las brañas se deciden por *n*: *anada* 'cosecha'; *inguano* < i n h o c a n n o; *aguanón* 'ratón'; etc. Las aldeas usan *ñ* (MENÉNDEZ GARCÍA, *El cuarto de los valles*, págs. 132-133; véase también RODRÍGUEZ CASTELLANO, *Aspectos del bable occidental*, pág. 168).

La palatalización es típica del mirandés, a pesar de que el portugués hace siempre *n*. Así, mirandés *año, cabaña, paño, caño*.

Idéntica evolución se registra en la parte occidental de la provincia de León, donde Babia y Laciana ignoran también la palatalización: *escanu* < s c a m n u; *suenu, outueno* 'otoño'; *anu* 'año'; *aguanu* 'hogaño'; *canutu, cabana, pena, nenu* (y copiosos topónimos). Estas formas ya aparecen palatalizadas en La Cabrera: *dañu, utoñu, sueñu* (CASADO LOBATO).

En la parte occidental de Zamora reaparece la asimilación en *n;* en Lubián, Hermisende, Pías, Calabor, Porto, etc.: *escanu, escaneta, ano; canada* 'callejuela'; *pano* 'pañuelo'; *pena* 'peña, topónimo'; *outonu* 'otoño'; etc. Hay casos con *ñ*: *escaño*, en Puebla de Sanabria, y es general la palatalización en San Ciprián de Sanabria. También existe la evolución *nd*: *escando*, en La Cabrera; *escandete*, en Quintanilla, Encineda (ambos en León).

Más al sur, Salamanca, etc., hay la palatal *ñ* (*ɲ*), como en castellano.

Grupo m'n.—El grupo m'n (esp. -mbr-: *lumbre, nombrar;* port. *lumieira, home, homear*) ya presentaba en leonés antiguo la asimilación a *m* (o bien la conservación de las dos consonantes): *lumnera, muchedumne, nomne, fame*, etc. Documentos asturianos registran voces como *quexume, fema, ome*. Hoy esta evolución a *m* sigue viva en asturiano occidental y central, hasta

Colunga incluida; *ome* (y su apócope, frecuentísimo en vocativo, *on*) 'hombre'; *fema* 'hembra'; s e m i n a r e > *semar; llume* 'lumbre'; i l l u m i n a r e > *allumar, asumar;* n o m i n a r e > *nomar; rellumar* (*rellumo, resumo* 'relámpago', en Teberga); *ensame* o *exame* 'enjambre'; *cume; valume* < v o l u m i n e; *dentame* < d e n t a m i n e 'dentadura' (*dentabre* 'dentadura' en Palencia; GARCÍA DE DIEGO, *Dialectología*, pág. 85), formas todas del occidente. Los mismos lugares emplean *f u r a m e* < f o r a m i n e 'agujero en la madera', cast. *holambrera;* etc. Estas formas, sin embargo, conviven con las castellanas en -*mbr-*, ya exclusivas en el asturiano oriental[73], desde Ribadesella y Llanes por la costa y desde Infiesto por el interior (aunque en algunas voces aisladas persistan casos de *m*): *jembra* 'hembra'; *jambre* 'hambre'[74].

La parte oriental de la provincia de León presenta la *b* epentética: *Sajambre* < S a l i a m i n e; d e n t a m i n e > *dentabre* 'dentadura', en la provincia de Palencia. *Llumbre, jembra, fambre* en Curueña. *Miñambre* en La Bañeza. Maragatería, frente al total -*mbr-*, conoce y usa *fame* 'hambre'. En La Cabrera domina -*mbr-*, pero ya son algo más frecuentes las formas con *m*: *brimbre, brimbrja,* al lado de *bime* < v i m e n 'mimbre'; *llumbre, llumbreiro* 'rama de urce para alumbrar'; *sembrare* < s e m i n a r e; *fambre* < f a m i n e m. La reducción se ha extendido por la zona nor-occidental de la provincia: *fema* 'hembra'; *fame* 'hambre'; *cume* 'cumbre'; *sume* 'lumbre'; *semar* 'sembrar'; *escarmar* < e s c a r m i n a r e; etc. (GUZMÁN ÁLVAREZ).

La provincia de Zamora tiene topónimos *Vime* y *Brime.* En Sanabria quedan restos de *m'n* > *m* en el habla viva: *fame,*

---

[73] Las formas con -*mbr-* se van infiltrando en toda el área asturiana. En Navelgas, región de casi exclusiva *m* (*sumera* 'lumbrera, orificio, tronera para que salga el humo y proporcionar luz'; *estrume* 'cama de los animales'; *surame* < l o r a m i n e 'pieza de cuero que sujeta las dos piezas del mayal'), van penetrando las castellanas *costumbre, alambre, nombre,* etc. (MENÉNDEZ GARCÍA, *El cuarto de los valles,* pág. 149). Sisterna es zona de *m* (l u m i n e > *dume; fami, home,* etc.).

[74] En Cabrales se da idéntica mezcla; *yambria* < l a m i n a 'piedra plana'; *yumbe* < l u m i n e; *hembra, hombri;* etc., pero *vimi* 'mimbre'; *semar* 'sembrar' (ÁLVAREZ FDZ. CAÑEDO, pág. 36).

ome, lume; frema < f e m i n a; *costume,* pero se van considerando arcaísmos frente a las formas con *-mbr-,* cada vez más
abundantes y aceptadas [75]. En Aliste, solamente se emplea la
solución castellana. Salamanca, del mismo modo, emplea siempre *-mbr-: esjambriau* 'hambriento' (ast. *esfamiau); cocolumbre-
ro* 'luciérnaga' (*cherumen* 'hedor', es portuguesismo). En la
tierra de Miranda, las formas se mezclan: *brime, fame, ome,*
pero *femena* (port. *femea); sembrar* (port. *semear*).

PÉRDIDA DE CONSONANTES INTERVOCÁLICAS

Para terminar con la exposición del consonantismo leonés,
conviene recordar cómo, en las zonas limítrofes con el gallego,
es decir, en una zona de transición, se produce la pérdida de *-l-*
y *-n-* intervocálicas en leonés. La parte más afectada por este
fenómeno es el occidente de Asturias. Los límites de la *-n-* caediza en esa zona han sido estudiados minuciosamente por
M. MENÉNDEZ GARCÍA quien ha establecido la frontera con toda
precisión. No llega la pérdida a Luarca, Tineo y Cangas de Narcea. Los concejos de Navia, Villayón, Allande y Degaña aparecen
partidos: la parte occidental pierde la *-n-* y la oriental la conserva [76]: *boroa, sardía, lúa, šiollo* (< g e n ŭ c ŭ l u); *llagúa* 'laguna';
lluis 'lunes'; *ter* 'tener'; *grao;* etc. La pérdida es general en la
terminación *-ino* (diminutivos en *-io: cancio* 'perrito'; *guapía*
'guapina'), *-ina* (*rapacía, oveyía*), *-ones* (*canzoes* 'perrazos'). Algunos casos avanzan hacia el este hasta Valdés (*dieiro* 'dinero';
fueiro 'estaca'; ACEVEDO). El resto del territorio asturiano conserva la *-n-: borona, funeiro, grano,* etc.

---

[75] Rionor presenta *-mbr-* como dominante: *aslumbrar, lumbreiro,
sembrar, cúmbrio.* Quedan residuos de *m: lume, guma* < a c u m e n;
fame (V. JORGE DIAS y J. HERCULANO DE CARVALHO, *O falar de Rio de
Onor,* pág. 22).

[76] Véase MENÉNDEZ GARCÍA, *El cuarto de los valles,* págs. 112 y ss.;
también, el mismo, *Cruce de dialectos en el habla de Sisterna,* RDTrad-
Pop, VI, 1950, págs. 365-66, y *Algunos límites dialectales en el occidente
de Asturias,* en BIDEA, 1951.

La pérdida de la -*l*- intervocálica, desaparición característica del gallego-portugués, también existe en esa zona de transición del occidente asturiano, no por la costa, sino por el interior, hasta el alto Navia. Formas como *pao* han sido localizadas en Grandas de Salime. De todas formas, los casos de desaparición son mínimos, sobre todo frente a los copiosos de pérdida de -*n*-. (Véase GARCÍA DE DIEGO, *Dialectología*, págs. 154-155). En el occidente de la provincia de León existen poquísimas huellas de esta desaparición. En el norte del Bierzo, se registran formas como *toar* < t o n a r e; *raa* 'rana'; *riis* 'riñones' (< r e n e s); *quella* < c a n a l i c u l a 'canaleja del molino' (en Trabadelo, cerca de Villafranca)[77]. En las proximidades de Villafranca del Bierzo hay varios topónimos con la -*n*- perdida: *Mosteiros*, *Balboa*, pero no hay que olvidar que, probablemente, se trata de viejas áreas gallegas, en secular retroceso. Algo casi idéntico ocurre con la -*l*-: *šeada* < g e l a t a, en Villafranca del Bierzo, frente a *šelada* en Ponferrada; c o l u b r a > *cuebra*. La toponimia vuelve a señalar casos de pérdida (*San Fiz*, *Aguiar*) en Villafranca.

En otras comarcas leonesas hacia el sur, las consonantes se mantienen; así ocurre, por ejemplo, en Maragatería y La Cabrera. En Sanabria, -*l*- y -*n*- intervocálicas caen en Hermisende, Calabor y otros lugares fronterizos. San Ciprián las conserva (F. KRÜGER, *Mezcla*, págs. 140-141). En la Ribera del Duero hay algunos casos esporádicos de pérdida, pero se trata seguramente de portuguesismos: *duente* 'enfermo'; *mañá* 'mañana'; *encambrias* 'calambres' (LLORENTE MALDONADO).

En análoga demarcación geográfica se produce la simplificación de -*ll*- > -*l*-, como en gallego: *bulir*, *fole*, *portela*, *farelo*, y, en general, el sufijo - ĕ l l u > -*elo*. Esta reducción solamente se oye en una pequeña faja hacia Castropol. Vuelve a salir la

---

[77] En el valle de la Fornela, último extremo nor-occidental de León, y, como ya queda dicho, básicamente leonés (diptongación, normal y ante yod; sufijo -*iello*; etc.), se pierde la -*n*- (no ante *a*): *bieis* 'vienes'; *xatíos* 'terneritos' (pero *xatinas*, con ŋ muy velar). (DÁMASO ALONSO y V. GARCÍA YEBRA, *loc. cit.*, pág. 46). La Fornela conserva la -*l*-.

-ll- como lateral en Tapia, y sigue hasta cerca de Navia, y, ya en lo restante, esta *-ll-* se ha hecho mediopalatal, *y*. Solamente en las comarcas donde *l-* inicial > *ŝ*, la *-ll-* intervocálica latina ha dado también ese sonido. Oviedo y el asturiano oriental restablecen la *l̦* lateral.

La toponimia cerca de Villafranca del Bierzo acusa el predominio de la reducción: *Quintela, Paradela, Sotelo, Portela, Trabadelo, Fresnedelo,* todas formas totalmente gallegas; pero el habla viva sostiene la *-ll-: cebolla,* etc.

En Sanabria, donde existe gran mezcla, vuelve a encontrarse la reducción en Hermisende y Calabor (*martelo, grilo, estrelas, amarelo*) y en Rionor (*martielo, amarielo, canielo* 'canilla', *gabiela* 'gavilla') [78]. La *-ll-* se da de nuevo en Santa Cruz de Abranes (*amariello, martiello*). En la zona del norte de León donde existe *ŝ*, esta *-ll-* se ha identificado también con dicho sonido (Babia, Laciana, Murias de Paredes).

Por último, para terminar este breve bosquejo de la evolución de las consonantes interiores, añadiremos la tendencia a la pérdida de las sonoras procedentes de las sordas latinas. Así, por ejemplo, en asturiano se pierde frecuentemente la *-d-* < *-t-*, especialmente en las terminaciones *-ado, -ada, -ido, -eda, -edo: mieu* 'miedo'; *rendíu* 'rendido'; *rosau* 'rociado'; *ceu* < c i t o 'pronto'; *mayá* 'majada'; *peneu, peñeu* 'peñascal'; *ablaneu* 'avellanedo'; *Uvieu* 'Oviedo'; *tou* 'todo'. En ocasiones también desaparece la *-g-* < *-c-: fueu* 'fuego'; *ŝao* 'lago'; *ŝimjáu̦* 'babosa'; *fuaza* < f o c a c e a 'hogaza'; *ŝe̦itúa* < l a c t u c a 'lechuga'. Las sonoras se pierden como en castellano (RODRÍGUEZ CASTELLANO, *Aspectos del bable occidental,* pág. 131). Fuera de Asturias, hay algunos casos muy parecidos en el occidente leonés: *piertio* < p ĕ r t i c u 'pértigo'; *mieu* 'miedo'; pero se trata, en realidad, de voces aisladas.

La desaparición de esta *-d-* se reitera en comarcas fronterizas. Así, en el gallego-leonés de Ancares, desaparece regularmente ante *o,* pero no ante *a: díus* 'dedos de la mano'; *didas*

---

[78] Más ejemplos análogos de Rionor (Conservación del diptongo leonés y reducción de *-iello* a *-elo* como en portugués) pueden verse en J. DIAS y J. HERCULANO DE CARVALHO, *loc. cit.,* s. v.

'dedos del pie'; *peneu* 'roqueda'; *ceu* 'pronto' (DÁMASO ALONSO y V. GARCÍA YEBRA, *loc. cit.*, pág. 61). De manera análoga se comporta el habla de Rionor: *arau* 'arado'; *louxau* 'tejado' (pero *boiada, bacada,* etc.) (J. DIAS y J. HERCULANO DE CARVALHO, *loc. cit.*, pág. 21).

La pérdida de esta -*d*- se atestigua también en La Cabrera, en la terminación -*etu*: *cepeu* (< c i p p u s 'cepo'); *uθéu* 'espesura de urces'; *a beseu* (< a v e r s u s, GARCÍA DE DIEGO, RFE, XV, 339) 'sitio donde no da el sol, umbría'; *acéu* 'ácido'. Más al sur, la pérdida de este sonido es como la general tendencia del castellano popular y vulgar [79].

FONÉTICA SINTÁCTICA

Las hablas leonesas conocen la asimilación *nl* > *n*, *rl* > *ll*, resultante de la fusión de -*n* o -*r* finales de alguna palabra con la inicial del artículo o pronombre: *connos otros, conos, conna grant priesa, connos toller, enno su cosiment, no término, nas tierras, nos ombros, pollo golpe recebir, pollo todo, polla hueste, polla guardar* (STAAFF, págs. 253 y ss.). Esta asimilación es todavía usual en toda Asturias: *cunu palu, cuna piedra, cola mano, col deu; nu* y más frecuentemente *nel, na ,ena, nas, enas, nes, enes, nel fornu* (y llega hasta *nn* o -*n*: *está'n fornu*); *ena casa, na casa, pola casa, pol castañeu, pel castañeu, pelos castañeos* o *polos castañeos, pel camín alante.* La lengua moderna conserva solamente una consonante, pero existen algunas huellas de la antigua doble (*pollo*). Así, por ejemplo, en Villapedre, al occidente, *poŝo monte* 'por el monte'; *poŝas madreñas* 'por las madreñas', formas arcaicas, al lado de las usuales *nos praus, col palu.*

---

[79] Un rasgo importante del habla local de Felechosa (Alto Aller, en Asturias) es la pérdida de la -*b*- intervocálica. Parece un fenómeno muy extendido en el habla de esa comarca: *ŝú* (< l u p u) 'lobo' (pl. *ŝós*); *fáula* < f a b u l a; *sacaéra,* asturiano general *sacabera; arría* < a d r i p a; *oeyas* 'ovejas'; *oeyeros* 'pastores de ovejas'; *cleu* 'clavo'; *co* < c a p u t 'junto a', etc. Por lo general, no desaparece en los verbos.

En el noroeste de León se practica la fusión en Babia y Laciana: *nu rigu, nus montes, na casa, nas queišeiras, cunu cabašu, cuna vaca, pula canada, pulas curnales, pulu vistu*, etc. Las formas *cono, polo, eno*, llegan hasta Astorga inclusive. Sanabria las usa no sólo en los lugares más afines al gallego, sino en otros más alejados, como Santa Cruz de Abranes, típico representante del viejo leonés: *pulla calle* 'por la calle'. En Miranda, *cul, cula, culs; colas outras; no, nel* o *ne, nes; na, nas; pul, pulas*. Más al sur, la asimilación no existe y el tratamiento es como en castellano. Esta asimilación es fenómeno que une al leonés con el gallego y portugués, lenguas donde se practica corrientemente: *co, enno, no, na, pelo*, etc.

La *-r* final del infinitivo también desaparece ante el pronombre enclítico. Los textos antiguos reflejan asimismo tal asimilación: *matalo, matallo*. Hay, en general, la pérdida de la *-r* final en Asturias ante cualquier pronombre: *matalu, decite, caese, llegavos, decinos*, etc. (*matášu, faéšu, tomášu*, en las zonas de *-ll-* > *š*). Análogamente acaece ante la *l* del artículo: *matá'l carneru, matá'lus carneros*. El pronombre en su forma *i, is*, equivalente a *'le, lo'*, produce el mismo proceso asimilador sobre la *-r* del infinitivo, según MENÉNDEZ PIDAL por recuerdo de la antigua *ll-* o *y-* que tuvo antes siempre y hoy en alguna ocasión mantiene todavía. Esto explica las variantes *pegá-yos* 'pegarles', y *pegá-is* (singular *pegá-i*), *vendé-is* 'venderles'.

La asimilación llega a tierras santanderinas: *contalas, royeli* 'roerlo'; *moveme, rozasi*. También se usa en León (Astorga, Murias de Paredes). El mirandés conoce también esta asimilación: *belo* 'verlo', *da la mano*, etc.

La asimilación de la *-r* del infinitivo ocurre además en muchas otras comarcas españolas. En Extremadura existe también: *vendelo, esbaratala, decile*. Se conoce asimismo la asimilación en *-ll-*: *vendello, escribille, traelle* (Ahigal, Cáceres). Comp. *vendello, fadello* 'hacerlo', en Santa Cruz de Abranes, en Sanabria (F. KRÜGER, *Mezcla*). San Ciprián pronuncia esmeradamente la *-r* final del infinitivo (F. KRÜGER, SCip, pág. 88).

Los textos antiguos registran la pérdida de *-s* final ante *l-* o *n-* iniciales de pronombre: *toda las criaturas, tra los otros*.

Tal fenómeno se da todavía en mirandés: *toda las, echaremo las, vemonos*. Esta pérdida es conocida del gallego y del portugués antiguo: *collamolos, amba las partes* (comp. cast. *hagámonos*). En el occidente de Asturias hoy, la *-s* final de la desinencia *-mus* se pierde ante *-nus* enclítico: *šavámunus* 'nos lavamos'; *rimunus muitu* 'nos reímos mucho'; *cayémunus* 'nos caímos'; etcétera (es decir, ya como en castellano).

La *-n* final del verbo y de algunos monosílabos no verbales asimila a sí la *l-* del pronombre. El fenómeno, muy abundante en los antiguos textos, es desconocido hoy hasta del mirandés: *sabeno, poder de bien no acabar, quienno versificó*, etc. Hoy, la tierra de Miranda dice *tornabãlo* (MENÉNDEZ PIDAL, *Dial. leon.*, pág. 172).

MORFOLOGÍA

Prefijos.—Es de una gran vitalidad el prefijo *per-* para reforzar la intensidad de la expresión, sobre todo en Asturias. Son frecuentísimas voces como *peramoriau* 'muy lleno de afanes, mareado, preocupadísimo'; *perciegu, perllocu, perroín; perferver, peracabar*. Se usa también con adverbios: *perlloñi* 'muy lejos'; *permunchu, a la perllonga* 'a la bartola'. En Cabranes y Colunga, se oye muchísimo con la mayor parte de los adjetivos: *perblancu, peraforrau, perbobu, perllongu, pergüenu, perllimpiu*. Generalmente, se emplea esta construcción cuando, por exageración, se trata de dar una idea contraria de la que expresa la cualidad; *sí, é* (o *yié*) *perblancu*, equivale a decir que la cosa no está tan blanca como debiera o que es negra. (CANELLADA, *Bable de Cabranes*, pág. 26).

El prefijo asoma, en algunos restos, por las tierras salmantinas: *percaído* 'conocedor, experimentado'; *perhinchir* 'rellenar'; *perinchío* 'muy elegante, compuesto' (LAMANO). El prefijo, ya frecuente en latín (p e r - i m b e c i l l u m; p e r - i l l u s t r i s; p e r - d u r a b i l i s; p e r - d o n a r e; etc.) llena la lengua de los pastores de Juan del Encina y Lucas Fernández: *perlabra-*

do, perdañosa, perchapado, perhecho, perentender, percontar, perñotar [80].

La frecuencia de su uso le hace ser empleado en lugar de otros prefijos: *percordar* 'recordar'; *percanzar* 'alcanzar' (de ahí *percance*, que ha entrado en la lengua literaria).

Como en toda el habla popular española, la *a-* protética se usa mucho: *atrucar* 'trocar, cambiar'; *atopar* 'encontrar'; *agomitar, arresistir, allorar, agoler, allevantar; abarbeitar* 'poner en barbecho'; *aberbenáse* 'criar gusanos'; etc.; *in-* y *ex-* son, como en castellano vulgar, muy abundantes: *enquivocase, engazo, angazo* 'rastrillo'; *esfoyar* 'deshojar'; *estruir, estruzar.* En Asturias son corrientes *esmondiar* 'lavar'; *esmoreñar* 'salirse de su sitio el eje del carro'; *espelleyar* 'quitar el pellejo'; *esllabotiar* 'lavotear'; *esgarduñar* 'arañar'; etc., etc. (Véase M. JOSEFA CANELLADA, *Bable de Cabranes,* s. v.). En el occidente asturiano se oyen: *esbugayar* 'desprenderse la castaña del erizo'; *escunšurar* 'conjurar'; *esberdiar* 'coger el fruto en verde'; *esbiráse* 'cortarse la leche'; etc. (MENÉNDEZ GARCÍA, *El cuarto de los valles,* pág. 245).

Sufijos.—El sufijo *-inus* ha evolucionado a *-in,* forma muy usada en el noroeste del dominio leonés y en Asturias. La forma gallego-portuguesa es *-inho, -iño,* que coexiste en El Bierzo con *-in.* Formas portuguesas se encuentran a lo largo de la frontera, de vez en cuando, a medida que se va avanzando hacia el sur: *juciña, juicino* 'especie de hoz', en Vilvestre (Salamanca), *escupiña* 'saliva', en Sayago y Badajoz, y algunas más. Fuera de la zona noroeste, el sufijo tiene la forma plena, *-ino.*

---

[80] Los ejemplos de los dos patriarcas de nuestro teatro son abundantísimos. Así, en Juan del Encina se leen *percoger* 'recoger, admitir'; *percontar* 'narrar'; *percordar* 'recordar'; *percudir* 'estimular'; *perdañosa* 'muy dañosa'; *perentender, perhecha, perhundo; perherir,* donde se conserva la aspiración de la *f-; perllabrado* 'bien cultivado'; *pernotar* 'considerar, observar'; *perpasado* 'muerto'; *perpujante, persaber,* etc. Varios de estos son usados por Lucas Fernández, quien, además, emplea *percanzar* 'alcanzar', *perchapado* 'muy bien engalanado'; *perllotrado, perllotrar* 'charlar, narrar'; *perñotar* 'publicar, decir'; *perpotencia,* etc.

Sin embargo, hay que destacar el uso corriente de este sufijo como diminutivo en asturiano (como en portugués): *zapatín, pequeñín, guapín, gochín, prontín, cerquina, muyerina, vieyina,* etc. [81]. Podemos afirmar que no hay otro para el diminutivo en Asturias: *šatín* 'ternerillo'; *mocina, buenín,* etc.; con nombres propios: *Anšelín, Pepín,* etc.; en nombres con valor adverbial: *tardiquina, escurecerín, mañanina,* etc.; y en adverbios: *despacín, despaciquín.* En algunos lugares se refuerza el diminutivo con el adjetivo *pequinu: una purtina pequina* (RODRÍGUEZ CASTELLANO, *Aller*) [82].

También en el noroeste de León: *sapín, madreñín, cabanina, curdeirín, pašjarín,* etc. (GUZMÁN ÁLVAREZ). En La Cabrera ya comparte la vitalidad con *-ico, -ica: pequeñín, pequeñina; rapacín, rapacina,* pero también *casica, pequeñico* (CASADO LOBATO). En asturiano, *-in* es siempre masculino, aunque sea sobre nombres femeninos: *un casín* 'una casina'; *el chovín* 'la llovizna'; etcétera.

Fuera de estas comarcas septentrionales aparece *-in* menos veces: *pequeñina (Alexandre,* 1701), *ñovatina* 'nuevecita', en Juan del Encina; *palmadina* en Lucas Fernández; *santinas* en Torres Villarroel, quien usa ya formas en *-ito, -ita.* En La Ribera del Duero son muy usados *-ino, -ina,* incluso no diminutivos: *resbalina* 'resbaladizo'; *tamborino* 'tamboril'; *pedrerino* 'vencejo'; *izquierdinu* 'zurdo'; *lucirina* 'petróleo'; *cantarina* 'cántaro'; *colaguina* 'calleja'; diminutivos: *corderinu, tontino, ternerino,* etc. (LLORENTE MALDONADO). El mismo autor cita tres

---

[81] El sufijo *-in, -ina,* además de diminutivo, tiene el natural valor afectivo, como destaca RODRÍGUEZ CASTELLANO (*Aspectos del bable occidental,* pág. 260): «Un examen detenido de la función que en cada caso desempeñe este sufijo, quizá nos pudiera mostrar que el matiz afectivo le es inseparable, y hasta muchas veces más importante que el concepto mismo de empequeñecimiento». Así se explica el insistir en la idea de pequeñez con *piqueno* u otras expresiones: *casina piquena, un corralín de nada, gatín piquén,* etc.

Más sobre diminutivos y aumentativos, y sobre otros sufijos asturianos, en RODRÍGUEZ CASTELLANO, *loc. cit.,* pág. 261-262.

[82] Comp. castellano *espadín, camisolín, polvorín.*

casos de -*in*: *gallarín* 'botón de la jara'; *cancín* 'cordero de un año'; *tamborín* 'tamboril'.

En Miranda, el sufijo corriente para el diminutivo es -*ico*, pero el portugués -*inho* va invadiendo todo.

La forma plena, -*ino*, -*ina*, es la usual hoy en Extremadura, donde son generales: *riquino*, *piquino* 'pezón'; *jambrina*, *prontinu*, *encuerinos*, *ratino*, etc. La poesía de Gabriel y Galán, junto a unos pocos casos en -*ito*, está llena de este sufijo: *airinos*, *angelinos*, *boquina*, *carina*, *cieguino*, *clavelino*, *mocino*, *torresnino* y muchos más. En la extremidad sur del viejo reino leonés, en Mérida y sus alrededores, vuelve a aparecer este sufijo: *chivino*, *burranquino*, *mesina*, *sillina*. También, como en algunos lugares de Asturias, se refuerza el diminutivo con palabras que dan idea de la pequeñez: *un burrino chico*, *un niñino chico*. Aisladamente se oye algún caso de -*in* en tierras extremeñas: *churretín*, *Golfín* 'topónimo'; *mediquín*.

En Santander, -*in* con valor de diminutivo es superado por -*uco*, -*uca*, muy representativo del habla montañesa: *casuca*, *mujeruca*, *pozucu*, *trapucu*, *hombrucu;* con adverbios: *cercuca*. Es muy característica la expresión dirigida a los niños: *corre corrienduco*. Este sufijo se usa algo en Asturias, con valor despectivo, al lado de -*acu* y -*ayu* < -a c u l u: *rapazuca*, *Xuanucu*, *mozacu*, *muyeruca*, *pequeñucu*, *babayu* 'bobalicón'; *simplayu*, *mazcayu* 'tonto'. El valor diminutivo-despectivo de -*uco* es el que tiene en Babia y Laciana: *güertucu*, *praducu*, *mucheruca*, *cestucu*.

El sufijo -*al*, -*ar* se usa para formar nombres de árboles, especialmente frutales. Aunque algunos coinciden con la forma castellana (*peral*, etc.), son, por lo general, femeninos, mientras que en castellano son siempre masculinos. En Asturias es frecuentísimo este uso: *la castañal*, *la figar* 'la higuera'; *la cerezal*, *la lloural* o *llourar* 'el laurel'; *la perar*, *la prunal* 'ciruelo negro'; *la pescar* o *pescal* 'melocotonero'; *la ñozar* 'nogal'; *la salgar* 'sauce'; *la peruyal* 'peral silvestre'; *la viñal* 'viña'. Esto no excluye la presencia aislada de alguna forma masculina. Buen ejemplo de esta vacilación dan los casos reunidos en Navelgas por MENÉNDEZ GARCÍA. Conviven ya varios en -*eiro*, como en gallego (*manzaneiro, ablaneiro, pruyeiro*), con formas en *-ar*, unas femeninas, otras masculinas. No tiene vigencia como abundancial, aunque sí lo refleje la toponimia (*El Carqueišal, El Rebusar*, etc.). En La Sisterna, donde ya aparecen algunos en *-eiro*, todos los en *-al* son femeninos.

En tierras de la provincia de León, se ha registrado la forma en *-al, -ar*, como femenino, pero es muy diversa la repartición. Se presenta en viva mezcla con las formas masculinas; en Babia y Laciana son masculinos: *ablanal* 'avellano'; *castañal* 'castaño'; *manzanal, cereizal*, etc. También en Maragatería son masculinos. En cambio, en la Ribera del Órbigo son femeninos: *la cereizal, la nogal, la peral*. En El Bierzo, se dan en mezcla masculinos y femeninos. En La Cabrera, frente a un uso ya casi total de masculinos, se encuentra alguna huella de femeninos: *el conchal* 'nogal'; *el cirolar* 'ciruelo'; *el zreisal* 'el cerezo'; etc., pero *la peral* 'el peral'.

En Salamanca, *-al*, formando femeninos con nombres de árboles es usual en la Ribera del Duero, especialmente en la mitad norte (la mitad sur usa *-ero* en estos casos; LLORENTE MALDONADO): *la guindal, la peral, la cerezal, la manzanal, la nuezal, la almelocotonal, la naranjal*, etc. En Extremadura, son masculinos.

El sufijo *-al* tiene mucho uso como colectivo: es siempre masculino: *el fabal, el picurnal, el salgueiral* (Babia, Laciana), *pedregal, šišadal, šardonal* (La Cabrera), *feleichal* (también de La Cabrera).

Numerales.—Los textos antiguos usaron la distinción de género entre *dos*, masculino, y *duas*, femenino. En la actualidad, dicha distinción se conserva en el occidente de Asturias, donde hay *duos* y *duas* o *duyas* (con *y* antihiática). *Duas* se emplea en Villapedre, Villaoril, Teberga; *duyas* en Santa Olaya. En Sisterna y Navelgas, *dugas*. En Sisterna, Villanueva de Teberga y Faedo, u n u pierde la *-u* final. También ocurre en Cabranes. El femenino en Sisterna es *úa*, con caída de la *-n-* intervocálica, como en el vecino gallego. También en la Sisterna n o v e se oye con diptongo *ua* (*nuave*), y es *uo* en torno a Luarca (*nuove*).

La distinción de género existe también en Babia, Laciana (*duos, duas, dues*), Curueña, Murias, Astorga, Miranda (*dos, dues*). Iguales formas se registran en La Cabrera (*duos, duas,* y, a veces, *duyas*). En Sanabria, *dous, dues.*

En el occidente asturiano existen, además, *seis* y *seyes; sete* y *siete; ueito* y *ocho; douce* y *doice; treice; dezaseis, dazaseis* y *dezaseyes; vente, vinti, vinte* (esta última también en Miranda); en Colunga, *venti; trinta* y *trainta; oitinta* 'ochenta'; *ducientos, trecientos, seyescientos.* En Sisterna se usan *diciaseis, diciasiete, diciaochu, dicianuovi.* También, y además de *cuarenta,* se oyen *cincuonta, cuarantiadúas, cincuantiadúas, sisenta* (J. FERNÁNDEZ, *ob. cit.,* págs. 54-55).

Las formas antiguas *dolze* y *trelze,* fonéticamente leonesas, no se conservan ya. En el habla de Santander, los compuestos de *diez* eliminan el diptongo, como ocurre en la mayor parte del habla popular española: *deciseis, decisiete, deciocho. Trinta* (que existe en el Fuero Juzgo y en el *Alexandre*) se usa en Miranda. En Asturias, ya queda señalado, se conoce *treínta,* con el acento primitivo. El Fuero de Salamanca registra *trenta.* En Sanabria, *dóus veintes* 'cuarenta'. Las formas en *-anta* (*cincuanta, sexanta*), que se encuentran en documentos antiguos, son hoy raras o desconocidas.

Artículo.—El leonés antiguo conservó mucho más tiempo que el castellano las formas arcaicas *elos, elas, ela* (*elos medios al rey, elos medios al conceillo;* Fuero de Avilés; R. LAPESA, pág. 60). No quedan rastros modernos. Las formas con *l-* inicial aparecen con la *l-* palatalizada en textos antiguos cuando iba precedida de consonante: *en llos montes.* En el siglo XVIII, Torres Villarroel la escribe palatalizada, incluso intervocálica: *hasta llos ojos les tapan; conocía llas gigantas en llas orejas, porque llas tienen huracadas.* Este rasgo, que es idéntico en antiguo portugués (*sobre lha esperança*), existe en la actualidad en la comarca de Astorga, a juzgar por los datos de Alonso Garrote: *lla era; llos bueis.* Al lado del derivado de i l l e, nominativo (*el*), el leonés usó el derivado del acusativo: i l l u m > *lo* (como en gallego y portugués antiguo), moderno *o.* En el

Fuero de Avilés aparecen las dos formas, pero destaca el uso de *lo*, muy abundante sin preposición (R. LAPESA, pág. 61).

Hoy, el artículo *lo* persiste fundido con la preposición: *conno convento, enno, pollo*. No usado con preposición es raro: *por lo laço soltar* (*Alexandre*). Solamente fundido con la preposición permanece en Asturias: *poṡo mundo, cono, eno, no, nos*, etc. *Viulu nu mulín, el nenu ta nu prau*, etc., en el occidente asturiano. En el resto de Asturias: *nunlu tires en suelu; el nenu ta en prau; tá'm prau;* etc. Otro resto de este artículo es la forma apocopada ante vocal: *l'outeiro, l'amu* (Villaoril); *l'orru, l'escanu*, general en toda Asturias. *Lo*, masculino, igualmente fundido con una preposición (*pelo, eno, cono*) se usa en Astorga. La forma *no* se sigue empleando todavía en zonas donde existe *el*.

Las formas del artículo tratan su vocal átona según la norma general: *el* > *il* (*il qui vien tarde* 'el que viene tarde'); *lo* > *lu*: *il ṡobu* 'el lobo'; *lus güeyus* 'los ojos'. En la región de *vacas* > *vaques, casas* > *cases*, el artículo se somete a igual cambio: *las* > *les*.

En La Sisterna, comarca de transición, el artículo es *il, a; us, as*. (Igual en Sanabria, menos el femenino plural, que hace *es*; KRÜGER, SCip, pág. 94)[83]. Existe la elisión de la vocal del masculino ante vocal (como en el resto de Asturias, el noroeste de León, Sanabria): *l'antroido, l'ome l'unto* 'sacamantecas, coco, figura ilusoria para atemorizar a los niños'; *l'ivierno* 'el invierno', etc. El artículo indeterminado es *un, una; unos, unas* (o *unes* en las regiones de *-as* > *-es*). Sisterna usa *un, úa; una, úas*.

Cambios de género.—En asturiano es muy frecuente la discrepancia, en el género, con el castellano, e incluso dentro del territorio asturiano, esas diferencias existen de comarca a comarca. En el asturiano occidental son masculinos *sal, ṡeite* 'leche'; *nublu* 'niebla'; *ṡumi* 'lumbre'; *ṡabor* < l a b o r e, etc.

---

[83] En Santa Cruz de Abranes (Sanabria), villa considerada por KRÜ-GER como típicamente leonesa, el artículo es *el, us; a, as.* (*Mezcla de dialectos*, HMP, II, pág. 143). En San Ciprián, el femenino plural hace *es*: *es fabes* 'las habas'; *es ourejes* 'las orejas'; *es hojes* 'las hojas'.

Este último es masculino en toda Asturias, como lo era en el teatro rústico de Juan del Encina. Asimismo son masculinos en el occidente *couz* 'coz'; *uñu* 'pezuña'. Muchas de estas voces cambian de género en el asturiano central: *la ubre, la miel, la sal,* pero las diferencias continúan. Se emplean como femeninos los neutros *cuerna, viría* < v i r i l i a 'ingle de los animales', y *vidaya* < v i t a l i a 'sienes'.

Son femeninos los nombres de árboles en *-ar* y *-al* (véase atrás, pág. 164): *la peral, la figar, la castañal, la nogal, la cerezal.*

Con diversidad de criterio según las zonas, se emplean las dos formas, masculina y femenina, con distinto contenido, aludiendo bien al tamaño, bien a la forma. En general, el femenino se usa para designar lo más grande: *foracu* 'agujero pequeño, por donde se esconde un ratón'; *furaca* 'derrumbamiento en una tapia, por donde puede pasar el ganado'. Es general *deda* > *día* 'dedo gordo del pie'; *gabito* 'palo en gancho'; *gabita* 'cadena o cordel para sujetar la yunta de encuarte'. Tal oposición se mantiene en *huerta-huerto, garfieda-garfiedu;* etc. Todo esto no excluye la posibilidad de interpretaciones en contrario, o relativas a la materia o a la forma: *nasa* y *naso; escoba* y *escobo;* etcétera. También puede tener el masculino cierto matiz despectivo (y más raramente también el femenino): *pataca* 'patata', pero *pataco* 'patata ruin'; *blinga* 'haza de tierra', *blingo* 'haza muy pequeña'; etc. Tal diferenciación se registra copiosamente en el área leonesa (Asturias, León, Zamora, Salamanca).

En toda el habla popular existe, más o menos acentuada, la tendencia a acomodar la terminación de la palabra a su género. Ésta es la razón de *llumbrizas* 'lombrices'; *crinas* 'crines'; *chinchas,* etc. Esta tendencia llega incluso a nombres de persona: *Matilda, Rosaria, Estébano,* etc.

PRONOMBRES

Personales.—El pronombre ĕ g o > *you,* en el occidente leonés. La forma *you* alcanza, a partir de Navia, a Villapedre, los concejos meridionales del occidente asturiano, Curueña, Babia, Laciana, Astorga, La Cabrera, Sanabria, Rionor, Guadramil y la tierra de Miranda. *You* penetra también en la zona gallega, sobrepasando el límite de la diptongación. Así, se emplea en todo el concejo de Navia, Villayón y algún lugar gallego de Allande (MENÉNDEZ GARCÍA, *Algunos límites dialectales*...). Existe, además, una forma *yáu*, analógica, atestiguada en Bandujo (Proaza) y La Cabrera. La variante *yeu*, registrada también en Sonandi (Cangas de Narcea) es etimológica (e o > *ieu*) y anterior a *you*.

Por el resto del territorio dialectal, la forma usual es *yo*. En la Ribera del Duero existe un *eo*, probable influjo del portugués. Cuando este pronombre va precedido de vocal, se convierte en *o*: *¿Qué sé o?; ¿qué hago o?*

La segunda persona, sujeto singular, no ofrece diferencias con el castellano. Solamente cabe señalar el resto, ya muy leve y disperso, de *tigo* < t i c u m 'tú'. Ha sido registrado en Grado por MENÉNDEZ GARCÍA (*you ya tigo* 'yo y tú'), y en Aller por RODRÍGUEZ CASTELLANO (*yo y tigo cantaremos; vamos yo y tigo*). Restos de este uso hay en Maragatería (*yo y tigo*), la Ribera del Duero (*yo y tigo fuimos*) y en el español de Santo Domingo (BDH, V, pág. 174). Obsérvese que todos los residuos de este uso aparecen en el sujeto compuesto *yo y tú*.

En el plural, junto a *nosotros, vosotros*, que son los generales, en el occidente se usan también las formas *nos* y *vos*, arcaicas. En Asturias, *probes de nos; fuise con vos; ¿nos dónde vamos?* En Proaza, Quirós, Grado (La Mata) y en Santiago del Monte, prefieren ya *nosotros, vosotros*, aunque también se puede oir *nos* y *vos* a algunas personas ancianas. En los concejos más occidentales (Cangas del Narcea, Somiedo, Tineo, Valdés, Salas, etcétera) lo regular es *nos, vos*, si bien no faltan gentes de alguna instrucción que emplean las formas *nosoutrus, bosoutrus* (RODRÍGUEZ CASTELLANO, BIDEA, XV, pág. 5).

En la Montaña santanderina quedan también huellas de estos pronombres. Tal es, por ejemplo, el testimonio que aduce Pereda, en *Peñas arriba*, y hoy todavía conocido en Cabuérniga: *Más avisaos que nos*. En Sanabria, *cuitados de vos; se vos quisiéredes*. En tierra leonesa se emplean *nos* y *vos* en Babia y Laciana y en el partido de Astorga, y en La Cabrera, al-

ternando con *nosoutros, vosoutros. Nos, vos,* son usuales en
Miranda: *cũ nos; cũ vos.* (Comp. port. *connosco, convosco*).
En la Ribera salmantina, *nos* y *vos* quedan ya solamente en el
habla de los ancianos. Igualmente pasa en El Rebollar salmantino. *Vos,* cuando átono, no pierde la consonante inicial. En
Asturias: *¿non vos lo diše?; va pegavos* 'va a pegaros'; *to deci-*
vos 'tengo que deciros'; *vou abrivos* 'voy a abriros'; *pra fevos*
'para haceros'. En Babia y Laciana, al hacerse átonas estas formas, cierran su vocal: *ya vus lu diše* 'ya os lo dije'; *afumouse-*
nus el pote 'se nos ahumó el pote'. En Astorga, *Dios vos guarde.*
En Sanabria, *nos, vos,* átonos, cierran el timbre de la vocal. En
Miranda: *you veio-vos a vos.* Ya más al sur, *vos* se hace *us,*
como en el castellano vulgar. Torres Villarroel dice *us echoren.*

En Sisterna, también el cierre de la vocal caracteriza a las
formas átonas: sujeto *nos, vos;* regido: *nus, vus.*

Se usa también el átono *mos,* vulgar, con *m-* inicial por
influjo de *me.* En el partido de Belmonte, se usa el plural
n o s c u m, v o s c u m, *cunnosgu, cunvosgu.* En algunos lugares
del occidente asturiano en Navia, y también en Cabranes, hay
un dativo *min* por *mi.*

Las formas de tercera persona son: *él, elli; elle, ela,* en
Asturias occidental; *él, ella* en lo restante. El arcaico *elli* subsiste en Llanes, Ribadesella, Colunga y algunas partes de la
región central, coexistiendo con otra forma, *illi.* En la comarca
de Tineo, Luarca, etc., donde *ll > š,* el pronombre adquiere
también este sonido: *eiša, eša; elos, ellos, illos, eyos, ešos,*
ešus; elas, ellas, eyas, ešas. En el asturiano central, *ellas >*
elles. En Babia y Laciana, región de *š,* el pronombre de tercera
persona es *él, eša; ešus, ešas.* En el resto de la provincia de
León, *él, ella; ellos, ellas* [84].

El dativo átono conserva la *ll-* u otra palatal equivalente, lo
mismo si va acompañado del acusativo que si va solo. Los textos antiguos presentan formas como *quanto-lle prestardes, nin*
lli los cuella 'ni se los coja'; *que yes dio, que lles lo tollieran,*
etcétera. Esa palatal permanece hoy en Asturias en toda la pro-

---

[84] Véase también L. RODRÍGUEZ CASTELLANO, *El pronombre personal*
en asturiano, en BIDEA, n.° 15, 1952.

vincia. Las formas son: *ye, yes* y la loista *yos (asándoyos cas-tañes,* general). Esas formas se adaptan a los cambios fonéticos de las diversas comarcas: *¿quién yos lo dio? '¿*quién se lo dio?'; *dióyoslo; dióyos pan;* etc. Conviven corrientemente en Asturias estas formas con las reducidas a *i, is: no i dio* 'no le dio'; *dioilu* 'dióselo'; *dióislu; va faceis mal* 'va a hacerles mal'. Este uso del dativo es uno de los rasgos más vivos y permanentes del dialecto [85].

En la región de *ŝ*, el dativo es *ŝe, ŝes: ŝi falta* 'le falta'; *ringalánduŝe* 'regalándole'; *custouŝe* 'le costó'; *dieuŝeslo; daiŝi* (Luarca, Tineo, Somiedo, Belmonte, Teberga), pero también en estas zonas se reduce a *i, is; lis, yis: is deu* 'les dio'; etc., en Villaoril, Navelgas, Lena. En algunos lugares de *ŝ*, el dativo sigue siendo *ye (quitaye la cobertoira al puote)* y el acusativo *lo* o *yo: rompinlo* o *rompinyo* 'rompílo'. En la parte sur del concejo de Cangas de Narcea, este dativo es *che: diuchelo* 'dió-selo'; *dístichi de cumer* 'le diste de comer' [86].

En el occidente asturiano, el acusativo unas veces reduce su *-ll-* como en castellano y hace *lo*, y otras palataliza en *ŝ*, como toda *ll* de la comarca, y hace *ŝu, ŝa*. En Teberga, Bandujo, Tene, Lena, hay *vendeŝu* 'venderlo'; *deciŝu* 'decirlo'; *faéŝu* 'ha-cerlo', pero *nun lu veo, decilu, matalu,* etc. La confusión parece grande. Sin embargo, *ŝu* es forma que pertenece a personas mayores y repudiada por hablantes jóvenes. Esto hace pensar que las formas *ŝu, ŝa* son las más antiguas y debieron estar más generalizadas (Rodríguez Castellano, *Aspectos del bable occidental,* pág. 206; Jesús Neira, *Habla de Lena,* pág. 48).

Dativo y acusativo *ŝe, ŝu*, llegan por el oriente hasta Mieres y Aller; en esta última región ya en algunos lugares solamente, pues predominan *ye, yos*.

---

[85] Este plural *yos* ha causado que se hable de loísmo en el asturia-no, cuando, en realidad, se trata de una forma analógica. No procede de i l l o s, sino que procede, por un doble proceso analógico, del sin-gular primero y, después, de los demás pronombres en plural. (Véase Emilio Alarcos, *Miscelánea bable,* en BIDEA, XXXIX, 1960, pág. 105).

[86] En las brañas, el dativo es, como en los casos de *-ll-, kyes: que kyes fale* 'que les hable'. En La Sisterna, como era de esperar, es *d̦i, d̦is: diúd̦ilus* 'se los dio'.

La -*r* final del infinitivo se asimila a veces al pronombre de tercera persona: *contestalles*. Esta *ll* se hace *ŝ* en las comarcas de tal sonido, como ya venimos repitiendo: *contestaŝes; mataŝo, compraŝo*, en Cangas del Narcea. La -*r* del infinitivo se asimila también ante -*se* enclítico: *metese, marchase*, formas hoy generales en Asturias. Los átonos se usan casi siempre enclíticos en Asturias con el indicativo: *voime, comiles, ŝévotelo, diŝome*. Con el infinitivo, suelen ir proclíticos: *tengo que lo facer; fue pra lo matar*.

En la provincia de León, *lle*, dativo, alterna con *ŝe, ye*. En Astorga, por ejemplo, *lle* y *ye* se usan indistintamente; en Babia y Laciana usan *ŝe, ŝes* (*diúŝeslu, repartiúŝeslus*, etc.). La reducción a *i* es conocida en Murias de Paredes, Valle de Sajambre, parte de la tierra de Astorga y La Cabrera. En esta última zona convive con la forma plena *ye*: *pidieuye* 'le pidió'; *nun i diŝe nada* 'no le dije nada'; *dióilu* 'se lo dio'; *diŝoi que* 'le dijo que'; etc.

En Sanabria, no hay palatalización; se usa *le* para el singular y plural; *pegaréle* 'les pegaré'; *díle* 'le dí' y 'les dí'. Solamente en Santa Cruz de Abranes usan *lle* (F. KRÜGER, *Mezcla*, 144).

En comarcas salmantinas no se usa hoy el dativo con palatal. En La Ribera del Duero es *li, lis*. En el siglo XVIII, Torres Villarroel lo usaba con palatal y forma loísta: *llo pusioren un vestido*. Esta palatal ha desaparecido también del mirandés, donde se usa *le* en singular y plural: *pal'dar* 'para darle' (port. *para lhes dar*) *queriélelo* 'se lo quería'; etc. En Miranda, ya por influjo del castellano, se dice *se lo mete* (MENÉNDEZ PIDAL, *Dial. leon.*, pág. 298).

La consonante palatal no es frecuente fuera del dativo. El acusativo la presenta esporádicamente. El fenómeno ya se daba en los viejos textos. MENÉNDEZ PIDAL lo recuerda alguna vez en el *Alexandre*: *el llo mereçíe*, 857. La poesía sayaguesa de Herrera Gallinato ofrece algún caso de acusativo con *ll-*: *vos llu guarde Dios*. Análogos ejemplos pueden ser registrados en el texto de Lucas Fernández: *llo sabes rellatar*, y, en el XVIII, todavía Torres Villarroel acusa algún testimonio: *Dios llo asista, ellos llo rellatarán.* En la lengua actual no se dan tales cambios fuera de las comarcas occidentales, donde el dialectalismo está aún vivo y definido con solidez.

Posesivos.—Las formas del posesivo más frecuentes en los textos antiguos son:
Masculinos: *mio, mios; to, tos; so, sos.*
Femeninos: *mia, mias; tua, tuas; sua, suas* [87].
De estas formas antiguas, el asturiano central y oriental ha conservado vigentes las masculinas: *mió, to, so,* que se usan también para el femenino. En cambio, en el occidente de Asturias y León, la diferencia de géneros se ha mantenido. La vocal tónica responde a una diferenciación de timbre latino.

m ĕ u > *meu* (Castropol, Luarca), *mieu* (*el mieu cabritu*), *mieus* (Luarca, Tineo, Teberga, Santa Olaya, Curueña, Babia y Laciana, La Cabrera, Astorga). Este triptongo se reduce a *míu, míus* (Villaoril, Miranda), *miyo* (La Cabrera). Existe una forma accesoria: *mióu* (Villaoril, Navelgas, Teberga): *miou muyer* en Luarca. (En Navelgas, se oye una forma intermedia, *miöu,* con ë labializada).

La forma *miou* tiene diptongo analógico, propagado de los numerosos casos en que aparece en la región (*tou, sou*); no se da con una continuidad geográfica, sino que se mezcla con *mieu,* y se oye en Cangas del Narcea, Pola de Allande, Luarca, Tineo. No es inusitado en Proaza. *Mieu* se da en las comarcas más arcaizantes. «Tanto *mieu* como *miou* valen lo mismo para el posesivo como para el sustantivo», en el occidente. La diferencia comienza a surgir en Quirós, Proaza. En Quirós, «como adjetivo se usa la forma *mió,* propia del bable central, y como sustantivo *míu: el mió šatu; ya míu»* (RODRÍGUEZ CASTELLANO, *Aspectos del bable occidental,* pág. 210).

---

[87] En el Fuero de Avilés se distinguen las formas masculinas de las femeninas: *so, sua; sos, suas,* lo que no excluye alguna confusión. Una vez aparece *seu,* forma recordada por MENÉNDEZ PIDAL (*Dial. leon.,* página 298) y explicada por RAFAEL LAPESA como galleguismo o dialectalismo. (*Asturiano y provenzal en el Fuero de Avilés,* pág. 68).

En Sanabria existe un pronombre *mieu,* pero no es exactamente lo mismo que en Asturias; se trata de una *e* de creación
secundaria, que ocurre también en otras muchas voces: *tieu*
'tío'; *frieu* 'frío'. En Asturias, los casos de *ieu* son etimológicos.

m ę a (con ę cerrada) > *mie, mies* (Santa Olaya, Curueña,
Astorga, Murias de Paredes, Miranda) o *mía, mías* (Villaoril,
Navelgas, Teberga, Babia, Laciana), o *mí, mis* (Navelgas, Villa-
pedre), o *miya* (Navelgas, La Cabrera); *mía, míes,* en Sanabria [88].

t ų u > *tou, tous;* s ų u > *sou, sous.* Igual en todas partes
por el occidente (al lado de un *teu, seu,* en Castropol, Tapia,
como en gallego). *Tou, sou,* son uniformes en todas las demás
zonas de recio dialectalismo, hasta La Cabrera y Sanabria.

En asturiano central y oriental: *to, so; tos, sos,* para los dos
géneros: *la to šata* 'tu ternera'; *la so caldera,* etc. Esto para las
formas antepuestas al sustantivo. Para las pospuestas o las sin
sustantivo, en el habla central se pueden emplear las mismas
formas (*esa casa yé to*). En el habla oriental, como en Cabranes,
las formas pospuestas son *tuyu, suyu; tuya, suya* (*la casa tuya,*
pero *la to casa*).

t u a, s u a (con vocal cerrada) > *tue, tues; sue, sues* (zona
oriental, Curueña, Babia, Laciana, Astorga). También existen
túa, túas (Villaoril, Teberga, La Cabrera, Babia). En la Ribera
del Órbigo es conocida una forma analógica, *tieu;* en Sanabria,
tua, tuyes.

También, como ocurre en el posesivo de primera persona,
Proaza y Quirós diferencian el sustantivo del adjetivo (confun-
didos en el resto del occidente asturiano): *esta vaca yia túa;
la twá vaca,* con dislocación del acento. *¿Viste la swá vaca?,*
pero *ía súa.* En algunos lugares se usa, frente al masculino *sou,*
un femenino *suya.* (R. CASTELLANO, *loc. cit.,* 211).

Las formas adjetivas son, en todo el territorio leonés, tónicas.

---

[88] Empleado como adjetivo, el acento se desplaza: *la mjá vaca, la
mjá šata,* pero *esa ya mía.* En las brañas se emplea siempre *mía,* sin
apócope, incluso en función de adjetivo: *mía mai* 'mi madre'; *la mía
nieta.*

n ŏ s s u, por n ŏ s t r u > *nueso, nuesa;* para la segunda plural, *vueso, vuesa* (Villaoril, Teberga, Luarca). Existen formas *nuoso, vuoso* en la misma comarca de Luarca, Villapedre, la tierra de Miranda. *Ñueso, ñuesa* (y sus plurales) en La Cabrera; *nuosu, nuosa; nuosus, nuoses; buosu, buosa; buosus, buoses,* en Sanabria. Las formas castellanas se van usando concurrentemente en varios sitios [89].

El dialecto usa siempre los posesivos con artículo: *el miou centeno, les tues vaques, la to casa.* Igual uso en tierras leonesas y extremeñas (ZAMORA VICENTE, *Dialectalismo de José M. Gabriel y Galán,* pág. 157).

En la zona del centro y oriente asturiano, donde *mió, tó, só* sirven para los dos géneros, se suelen usar también esas formas invariables para singular y plural: *la mió casa* y *les mió cases; la tó vaca* y *les tó vaques* (Aller y Cabranes). En algunos lugares se emplea el mismo género, pero se cambia el número: *la mió casa, les miós cases.* Para restos de posesivos analíticos, véase más adelante, pág. 206.

Indefinidos.—Se emplean: *angún, anguna,* formados seguramente sobre *ningún, ninguna; dalgún* 'alguno', usual en Asturias y occidente de León, lo mismo que *dalguien* (y *dayuri*). El vulgarismo *naide* es general. En el occidente de Asturias se usan *alguien, daquién* y *dalguién* 'alguien'; *cadagún, entramos.* En Quirós se oye *oitre* 'otro'. En Navelgas se usa *nimpunto* (*a-;* *-os, -as*) 'ningún' (*nun ái nimpunto centén*). Con valor sustantivo, las brañas emplean *dáque* 'algo' (*il qui dáqui mi da, dáqui mi quier* 'el que algo me da, algo me quiere') [90]. También es típica del occidente asturiano la expresión *cosa nacida* (o *alma nacida, persona nacida*): *nun vi cousa nacida,* etc., que recuerdan

---

[89] Las formas con *-str-* aparecen ya en asturiano central y oriental: *nuistru, buistru,* en Aller; *nuestro, vuestro,* en continuidad con el castellano, ya en Villaviciosa, Cabranes, Colunga. El plural: *nuestres, vuestres,* hasta Ribadesella.

[90] Además, cabe recordar diversas variantes de indefinidos, de uso más o menos local o restringido: *outro* 'otro' (occidente de Asturias); *oitre* 'otro' (ibidem); *dangún, danguna* 'ninguno' (Aller); *quinquiera; tal, tala* (Aller); etc.

muy de cerca el antiguo español *omne nado* o la *res nata* del
latín vulgar. *Persona nacida* 'nadie' fue usada por Gil Vicente:
«Toda su casa mandaba... / sin de nadie ser oída, / ni de *persona nacida* / porfazaba (murmuraba)[91].

*Demostrativos.—Iste, este, esti; ise, ese, esi; aquel, aqueli,
aquilla, aquella, aqueya* (*aqueŝa* en la zona de *ŝ*: Tineo, Belmonte, Lena). Las formas de plural están levantadas sobre las del
singular: *istes, eses, aqueles, aqueŝus*, etc. En Aller, *aquil, aqui-
la, aquilo* forma extraña en tierra de *ŝ*.

En Babia y Laciana se usan las formas dialectales *aqueŝu,
aqueŝa; aqueŝus; aqueŝas*. En el resto del territorio leonés, y
en Extremadura, *este, esti; ese, esi*.

VERBO

El verbo leonés presenta multitud de aspectos y complejida-
des, en especial en el occidente dialectal. En primer lugar, hay
que destacar la conservación de rasgos arcaicos, eliminados del
castellano en el período clásico. Así, mirandés y rionorés conservan la *-d-* en las desinencias de la segunda persona del plural,
solamente en las formas esdrújulas: *temíedes, tíñades, antrásedes, cantástedes*. En estas comarcas no se conserva la *-d-* en
las formas llanas: *faceis, temeis, partís* (KRÜGER, *Mezcla*). La
conservan las formas de acentuación llana en el asturiano occidental: *atopades, vulvedis, salides*, imperativo *salidi*. En Villaoril, después de *a* se pierde: *falais, falay*, pero *coedes* 'cogéis',
facedes 'hacéis'. Igual conservación se encuentra en varias partes de la provincia de León: *marcharedes, volveredes, apurades,
tenedes* (Astorga y su comarca), *cunucedes* 'conozcais'; *šjuna-
des* 'juntéis'; *estremecedes* 'estremecéis' (Babia y Laciana). Se
conserva por igual en formas llanas que en esdrújulas en La Cabrera: *yérades* 'érais'; *oyides* 'oís'; *facedes* 'hacéis'; *filábades,
saliades, partíredes*, etc. *Facedes, tenedes, juyides*, se usan en
Sanabria. *Queredes, tenedes*, en Aliste. En el oriente asturiano,

---

91 Véase GIL VICENTE, *Comedia del Viudo*, edic. y notas de A. ZAMORA
VICENTE, Lisboa, 1962, pág. 43.

donde cae la -*d*- en general (*llamaes, desgajaes*, etc.), cuando le precede *e*, suele conservarse para deshacer el hiato entre las dos *ee*: *busquedes, traeredes* (Valle de San Jorge). También se usan las formas contractas *mandés, oirés, serés* (MENÉNDEZ PIDAL, *Dial. leon.*, § 18).

En general, el verbo leonés se caracteriza por el aire arcaizante de muchas formas, por la confusión de temas y, sobre todo, por el gran influjo de la analogía [92].

Infinitivo.—En leonés se han mantenido en el paradigma -*er* muchos verbos que en castellano han hecho -*ir*. Es muy frecuente el cambio ya en los textos antiguos: *morrer* 'morir'; *correger* 'corregir'; *escrever, encher, fonder* 'hundir'. El Fuero de Avilés y el de Oviedo usan *aducer* (LAPESA, *Asturiano y provenzal en el F. de Avilés*, § 32). En el *Libro de Alexandre, sofrer* aparece rimando con *aprender* (2188); *vier, morrer, viver* en rima con *bever* (1990); el mismo texto emplea *contradizer, beneyzer*.

Estas formas existen aún en asturiano, donde se dice *oyer, oer* 'oír'; *dicer, morrer, rañer* 'reñir'; *ferver, mocer* o *mecer* < mu l gĕ r e (en Grado, Tineo, Colunga; pero también hay *mocir*); *render, šoncer* 'uncir'; *esparcer* 'esparcir'. RODRÍGUEZ CASTELLANO cita *finder* < f i n d ĕ r e 'henchir'; *arrebater* 'detener una res que corre'; *bater* 'batir' (*Aspectos del bable occidental*, pág. 217). Es corriente *tusir* 'toser', etimológico. Hay otros verbos en el habla asturiana que van a la conjugación -*ir* con distinta etimología: *atrivirse* < a t t r i b uĕ r e; *tañir* < t a n g ĕ r e; *frañir* < f r a n g ĕ r e; v a l e r e > *valir* (y *avalir*); *tresvirtir* 'trasverter', en Lena; *estruñir* < s t r i n g ĕ r e 'estrujar'; *prebir* 'dar abasto', en Navelgas; *firber* 'hervir'; *incher* 'henchir', en Sisterna.

Algunos de estos verbos -*er* se usan igualmente en el occidente de la provincia de León: *murrer, later, ouyer, ferver* están registrados en Babia, Laciana, La Cabrera, Ribera del

---

[92] Véase para el esquema general del verbo bable el agudo trabajo de MARÍA DEL CARMEN BOVES, *Fonología del verbo bable*, en BIDEA, XV, 1961, págs. 103 y ss.

Órbigo. En la Ribera del Duero existe aún alguna huella de estos verbos: *herver, añader,* en Villarino de los Aires (Salamanca). El etimológico *tusir* se usa en todo el occidente dialectal. Ejemplo de otros cambios son *valir* (Babia, Cabranes, Laciana), *cernir* (La Cabrera, La Ribera), *mocir* 'ordeñar' (todo el occidente leonés, asturiano). El mirandés tiene una acusada tendencia a *-ir: dezir, sofrir, teñir* < t i n g ĕ r e; *venir, recebir,* y *cair* al lado de *caer; vencir* junto a *vencer* < v i n c ĕ r e (LEITE, *Estudos de Philologia mirandesa,* I, pág. 366).

Por último señalaré la permanencia de la *-e* final del infinitivo en algunas comarcas del occidente de León. Esta pervivencia está registrada en los viejos documentos. Se usa en Babia y Laciana (*entrare, marchare, cantare, śabare,* etc.). En La Cabrera, según Casado Lobato, la *-e* final existe, pero es sumamente débil, y solamente en el habla de los ancianos: *desmaltare* 'desteñir'; *pescudare* < p e r s c r u t a r e 'pescudar'; *añisgare* 'pestañear, guiñar el ojo'; *acunchegare* 'arrimar, acercar'; *trullare* 'armar bulla'; *ruchare* 'brotar las plantas'; *añidire* 'añadir'; *masare* 'amasar'; etc. En Sanabria, *rebulcare* 'hurgar'; *juñire* 'uncir'; *tesquilare* 'esquilar'; *mejare* 'mear'; etc., al lado de muchas formas sin *-e.* Algo parecido ocurre en Aliste: *lograre, remendare, dormire, filare,* etc. Esta *-e* final, de timbre muy vario y relajado, no deberá considerarse como etimológica, tal y como hasta ahora la hemos venido considerando. Aparece siempre que hay una *-r* final absoluta (verbo o no: *azúcare, llare,* etc.), lo que obliga más bien a considerarla como paragógica [93]. En Asturias occidental, es muy intensa en el habla de las brañas; existe también en Teberga, Quirós, Riosa, Mieres y Aller. Últimamente se ha documentado en Cabrales. Parece acertado considerar esta *-e* como un desarrollo fonético secundario, originado en la propia condición de la *r.*

La apócope de la -e final tras *l, n, r, s, z,* en la persona El del presente de indicativo, o Tú del imperativo de los verbos en *-er, -ir,* es usual en todo el dominio dialectal leonés, lo mismo en Asturias que en León, Zamora, Salamanca o Santander: *val,*

---

[93] Véase F. KRÜGER, AILC, IV, 1950, pág. 278.

vien, quier, cues 'cose'; *tos, crez, alloquez, diz,* en Asturias; *quier, tien, naz, convien, jaz* 'hace'; *paez* 'parece', en Santander, León, Zamora, Salamanca; *sal, suel, val, ponse* 'se pone', en Sanabria; *duol* 'duele'; *quier, põ* 'pone'; *tē* 'tiene'; *vē* 'viene', en Miranda. La apócope es también general en las tres conjugaciones para las personas Yo y El de los subjuntivos en *-re* y *-se*: *vinier, cantés, comier,* etc.[94]. En mirandés hay *amar* frente a *amasse* (LEITE, *Estudos de Philologia mirandesa,* I, pág. 422).

Este tipo de apócope, donde el castellano mantiene la vocal, está registrado en todas las comarcas del occidente dialectal. Todos los dialectólogos y vocabulistas lo señalan, desde las costas cántabras hasta la Ribera del Duero. (Véase F. KRÜGER, *Westsp. Mund.,* § 363; MENÉNDEZ PIDAL, *Dial. leon.,* § 18).

Verbos incoativos.—En los verbos incoativos, la terminación etimológica *-sco* de la persona Yo se asimila a la terminación *-ces* de la persona Tú. Esta asimilación se produce igualmente en todo el subjuntivo: Yo *-za;* Tú *-zas.* Ya en Juan del Encina hay *conozo.* Hoy en Asturias existen *caleza, merezo, naza, aterreza* (< t e r r e s c ĕ r e), *aburreza, pareza, favorezan, anocheza; estremezo, reverdeza, cunozu,* etc., en Babia y Laciana. Estas mismas citadas, y *luza,* en La Cabrera. Idénticas formas se registran en Maragatería y Astorga: *conozo, merezo,* etc., e incluso llegan al oriente de la provincia. *Cunozo, cuñezo,* en Sanabria; *aborreza* en Sayago; *nazan, meza, oscureza,* etc., en la Ribera del Duero; *creza, paeza, conoza,* en Cespedosa de Tormes; *nazan, meza, oscureza,* en Guijo de Granadilla; *agraeza, anocheza, padezo,* en Malpartida de Plasencia. En la poesía dialectal de José María Gabriel y Galán se encuentran, entre otros, *agraeza, empocheza, meza, perteneza.* Las formas incoativas asimiladas llegan a la provincia de Badajoz (Mérida y su comarca), donde se usan *merezo, anocheza, creza,* etc. En Miranda son normales *apodreço, agradeço,* etc. En varias comarcas

---

[94] En Navelgas, por ejemplo, las aldeas no apocopan detrás de *s*: *tuse, cuese,* diferenciándose así las brañas vaqueiras que apocopan también en este caso: *tus, cues.* También en el imperfecto de subjuntivo eliminan esa *-e* en el habla de las brañas: *trouguiés, cumiés.*

leonesas, estas formas conviven con las castellanas *conozca*, *parezga*, especialmente en el oriente y el sur. *Conozgo*, etc., son frecuentes en el habla montañesa, que se une así al habla vulgar castellana [95].

Diptongo analógico.—Muchos verbos ofrecen diptongación analógica en sílaba átona. Los textos antiguos presentan *cuentar*, *cuentades*, al lado de *cuntar*, *cuntado*, *cunto* (como en el asturiano actual), formas hechas a semejanza de *cuento*, *cuenta*; en iguales sitios se lee: *traviessó*, *mieter*, etc. Hoy se usan en Asturias formas como *viendo* 'vendo', *cueso* 'coso', *cierrar*, *pierdidu*, *entierró*, *enriestrar*, *tiemblarán*, *piescar*, *apiertar* 'apretar', *restiellar*, *acostieyar* 'llevar a cuestas'; *enmantieyar* 'fajar al niño pequeño', etc. En La Cabrera se han registrados verbos como *añuedare* (< i n n ō d a r e); *apiertare*, *riesgare* (< r ē s e c a r e), *encietar* (< i n c ē p t a r e), etc. En la Ribera del Duero, *juegar*, *meriendar*, *enmiendar*, *rigüeldar*, *suerber*; en Mérida, *riengar*, *nieblear*, etc.

Al lado de estas formas existen otras, en cambio, sin diptongo: *templa* 'tiembla'; *roda* 'rueda'; *vola* 'vuela'; *cerra* 'cierra'; *tosta* 'tuesta'; *sembra* 'siembra'; *costa* 'cuesta'; todas en La Cabrera y varias en el occidente leonés; *colo* 'cuelo'; *fregu* 'friego'; etcétera, en Babia y Laciana. En asturiano occidental no diptongan *temblar* (< t r e m u l a r e), *tunar* (< t o n a r e), *sunar* (< s o n a r e), *tustar* (< t o s t a r e) y otros. Alguna de estas formas, como *sembra*, *sembla* (<s e m i n a r e), se mantienen sin el diptongo (como en español antiguo) desde Asturias (Aller) hasta Zamora (Sanabria). *Roa* 'rueda', llega a la poesía extremeña de Gabriel y Galán.

Según LLORENTE MALDONADO, en la Ribera del Duero hay copiosos verbos que no diptongan: algunos ejemplos son *retorcer*, *probar*, *tostar*, *negar*, *colgar*, *sembrar*, *morder* y otros. (*Habla de la Ribera del Duero*, § 95).

---

[95] Las formas en -*zgo* (*aduzgo*, *reduzgo*, *parezgo*) son muy frecuentes en la lengua clásica (y hoy *yazgo*, *yaces*; *plazga*, etc.). Hoy, pues, más que vulgarismos son arcaísmos. Un nutrido repertorio de ejemplos puede encontrarse en A. ROSENBLAT, *Notas de Morfología dialectal*, BDH, II, págs. 292-293.

En los presentes con vocal *o, e,* la diptongación se produce con arreglo a la norma fonética del dialecto, es decir, incluso ante yod: *tiengo, viengo, cueyo, mueyo, agüeyo* (< ŏ c u l a r e), *esfueyo* (< e x f ŏ l i a r e), etc. (Asturias); *cueĉu, mueĉu* (Babia); iguales formas en La Cabrera, Sanabria; *mueyo* en Aliste. La tendencia a la yod epentética al fin de voz hace que las formas s a p i a m, h a b e a m y otras, en vez de la -*a* final típica, presenten -*ja* en el presente de subjuntivo de los verbos -*er,* -*ir.* En un diploma asturiano de 1036 se lee *escogian;* el asturiano moderno presenta *sepia* junto a *sepa; ebia* junto a *eba* (< h a- b e a m) 'haya'; *sintia, pretendia, prendia, vencia, midia.* En el habla de Aller, esta -*j*- epentética aparece solamente en las personas Nos y Vos de los verbos -*er,* -*ir* (RODRÍGUEZ CASTELLANO, *Aller,* § 103). El fenómeno es análogo en gallego (*sábea, cábea, pódea*) y catalán (*cántia, séntia*). Esta -*j*- es frecuente (y representativa) en San Ciprián de Sanabria (F. KRÜGER, SCip, § 70), donde aparece en el presente de subjuntivo de las tres conjugaciones (*canties, marchies, pruebies, vendies, duermies,* etc.). No aparece nunca en la persona Yo; Tú y Ellos la usan con toda regularidad.

Dar y *estar* tienen un presente de subjuntivo que en los antiguos textos es *día, estía* (en lugar de *dé, esté*); estas formas *día, estía,* aparecen también con el hiato reducido a diptongo: *dié, estié, estiemos.* Las dos formas existen hoy en el asturiano occidental: *vosoutros díades, él estía* (Villapedre); *tú días, él día, dié; estía, estié, estiémus* (Villaoril). En Sisterna y Navelgas, *día, días; tía, tías; sía, sías.* (En Navelgas, conviviendo con *dea, estea,* etc.). Las mismas variantes se dan en Bandujo y Becil (*déišalu que tía* 'déjalo que esté). Por analogía, en el resto de los subjuntivos hay en Asturias central y oriental (Aller, Cabranes, Colunga) y en el occidente leonés la forma *dea, estea* (Astorga) o con -*y*- antihiática, *deya, esteya* (La Cabrera), *deia, esteia* (Miranda). En Sanabria, *día, díes* o *diés, diemus, diedes, dien* o *dién* (KRÜGER, SCip, § 70). Comp. gallego *dea, estea,* junto a *día, estía*).

Por un camino análogo al de *día, estía,* se explica el subjuntivo *posie* al lado de *posea,* en el romanceamiento del Concilio de Coyanza (Muñoz, *Fueros*, pág. 217). Véase Menéndez Pidal, *Dial. leon.*, § 18).

Imperativo.—La persona Tú presenta *-i* final al lado de *-e*: *comi* junto a *come*. Lo típico del dialecto es la conservación de la *-e* final en la persona Vos. Los viejos textos leoneses presentan corrientemente la terminación *-d* o *-t*, como los textos castellanos, pero a veces se lee *dade, atade*. Hoy, en el habla popular de Astorga y La Cabrera se oye *dádeme, trayéde, traédeme, vade*. En el occidente de Asturias, esta forma aparece con *-d-*, junto a otras sin esta consonante: *vulvedi, dade; falay* 'hablad'; *buscai* [96]. En el oriente de la provincia, en San Jorge y Cabrales, ocurre algo parecido: *dade, traede, oíde*, al lado de *sei, buscai, ponei, vení*. Idéntica convivencia existe en Babia, Laciana (*merecede, merecei; parecede, parecei; cunucede, cunucei;* etc.) y La Cabrera y Maragatería, donde al lado de las ya citadas con *-d-* conservada, existen las más populares *andai, guardaivus, vai, daime*, etc. En Sanabria: *amade, salide, tenede*. En la Ribera del Duero, al lado de la dialectal *matai, llegai*, etc., vive ya la forma castellana vulgar *matar, llegar*. Esta *-r* final desaparece al usar el verbo con un pronombre enclítico: *decínos, correvos, sentavos*, etc. [97].

Las formas con *-d-* perdida se hallan por toda el área leonesa. Lucas Fernández (y en el XVIII Torres Villarroel) usa *guardaivos, pegaivos, dexai, perdonaime, hacei, teneivos*, etc. Actualmente, la forma en *-i* es corriente para las tres conjugaciones (*cantai, correi, dormii*) en Asturias, Santander, Sajam-

---

[96] En el habla vaqueira, siempre *-te* > *-di*: *faladi, cumedi, salidi*. También en La Sisterna: *cantadi, rumpedi, xubidi*.

[97] En la Ribera del Duero, se oye también (en Villarino) *sentáte, calláte, peináte*, con cambio acentual, como en la América voseante. (Llorente Maldonado, pág. 44). También Menéndez García sospecha, ante *andá, comé*, etc., el posible influjo del español americano (*El cuarto de los valles*, pág. 218). No olvidemos que se trata de comarcas de intensa emigración, y muchos de estos emigrantes aprenden en América el español medio. Una vez de regreso al terruño, con el prestigio que les proporciona su nueva condición social, son fermento excelente para usos lingüísticos extraños a los nativos.

bre, occidente de León, Sayago, Salamanca, la tierra de Miranda y Extremadura. (No en Sanabria, donde se usan las formas contractas con la vocal final alargada: *cantá, comé, vení*) [98]. Algún ejemplo aislado se ha recogido fuera de los límites leoneses, como lo prueban los casos *dai* (Cisneros de Campos), *ponei* (Ávila).

El pretérito imperfecto.—El de los verbos regulares es en el occidente asturiano igual que en castellano: *falaba, había, pidía.* No se encuentran en esta región rastros de *ía* > *ie* (*tenie, habie,* frecuentes en la lengua antigua y hoy conservados en el oriente, en Cabrales, en verbos *-er, -ir*). En Aller, algunos verbos en *-ar* pierden la *-b-*: *yegáa, tornáamos.* Estas dos *aa* se unen en una sola en la conversación normal, pero en pronunciación lenta se percibe el hiato, menos en la persona Vos, donde siempre se da la reducción a *á*: *yegáis, tornáis* 'llegábais', 'tornábais'.

Dar conserva la *-b-* menos en vosotros *dáes* 'dábais' (Aller). Los verbos *-er, -ir* hacen *-is* la persona Tú: *coyía, coyís; corría, corrís; durmía, durmís* (Cabranes, Aller). La persona Ellos hace *-in*: *coyín, corrín* (Cabranes). También la persona Vos hace esta reducción en Aller: *salís* 'salíais'; *decís* 'decíais'.

Babia, Laciana, La Cabrera hacen el imperfecto como el castellano. Solamente se destaca la conservación de la *-d-* en la persona Vos: *filábades, teníades.* En Sanabria, la *a* de las personas Tú, Ellos se hace *e*: *entrabes, queimabes, dibes; entraben, queimaben, diben; decíes, pudíen.*

La Ribera del Órbigo presenta formas en *-je*: *salié, valié, cunucié* (al lado de *saliya*). En esta misma zona, las personas Yo y El hacen *estabay, criabay.* La persona Nos tiene desinencia en *-nus*: *parabanus, andabanus* (pero *deyjábades, estábanus,* con acentuación etimológica). En aldeas de Astorga, *hablés, you habié, eillos habién.* Asimismo surgen formas con *-jé* en Aliste: *apaecién, querié, tenié, salié, habié,* etc. La tierra de Miranda

---

[98] *Vai, echai, llevai, mirai* aparecen en la poesía de Gabriel y Galán.

tiene los imperfectos en *-ie* (todo el paradigma): *temié, partié* (LEITE, *Estudos de Philologia mirandesa*, I, pág. 384).

En la Ribera del Duero, en Salamanca: *tiniá, curriá, sirviás*, etcétera, como vulgarismo. Alguna vez, *teneba, podeba*, con la *-b-* conservada, como en aragonés. Más al sur, las formas presentan ya la uniformidad castellana.

El perfecto.—En los verbos en *-ar*, la persona Tú se hace *-este* por analogía con la persona Yo. Hoy se conserva la forma *-este* (*mateste, cerreste, tireste*) en Asturias, Santander, La Cabrera, Maragatería, Sanabria, Riberas del Órbigo y del Duero, la tierra de Miranda. Los verbos *-er, -ir*, en los documentos antiguos dan indistintamente *-iste, -ieste* (*viste, podieste, metiste*). En Asturias existe todavía hoy *toviesti, viniesti, dišiesti*, al lado de *vinisti*. Esta forma analógica es menos frecuente en los verbos *-er, -ir* que en los verbos en *-ar*. Nos y Vos presentan también en los documentos antiguos la doble forma: *fablamos, fablemos; ondrastes, ondrestes*. Hoy, la forma *-emos* se usa en tierra leonesa y extremeña (y en Castilla como vulgarismo) y ambas personas (*cantemos, cantestis*) se usan algo en Asturias y tierra de Miranda. Idéntico proceso ocurre con Nos y Vos de verbos en *-er, -ir*. Ya los antiguos textos reflejan la vacilación: *perdimos, vencistes; viniemos, partiestes*. Las formas en *-je* están muy extendidas en Asturias, al occidente (Villaoril, Villapedre). En Miranda se encuentra *partimos, partistes*. Ellos, en verbos en *-ar*, tiene una terminación en *-ó* acentuada, por analogía con la persona Él. Es decir, sobre *cantó* se hizo *cantoron*. Esta forma es conocida en Curueña, Maragatería y La Cabrera (*pescudoron, llegorun, echorun, queimorun, fartorun*), en la Ribera del Órbigo (*escomenzorun, sembrorun, pasorun*), en Miranda y Rionor (*laborũ, amorũ*). Al lado de esta forma coexiste otra con *ó* tónica analógica de la persona Él y *-e* final analógica de las otras personas Ellos: de *echen, echoren*. Estas formas de perfecto doblemente analógicas viven en Maragatería, Astorga (*llororen, dejonen*), Aliste (*marchoren, quemoren, juntoren*), Salamanca (*matorin, llegorin*, ejemplos de la Ribera del Duero). De la misma Salamanca procederán los casos utilizados por

Torres Villarroel (*quemoren, encargoren, mudoren, hartórense*). La misma analogía *llevoren, tocoren*, etc., existe en Robleda (Sierra de Gata). Al lado de estas formas citadas, circulan aún otras con *-e* final y sin la *ó* acentuada, que se hallan en el asturiano oriental (Cabranes, Ribadesella, Linares): *gastaren, cuntaren, echaren* (MENÉNDEZ PIDAL, *Dial. leon.*, § 18).

En los verbos *-er, -ir* existe asimismo una forma analógica. Los textos antiguos señalan *ferioren, contioren*, etc. Esta variante, hecha sobre Él *partió* vive hoy en el occidente leonés (*conocioron, vioron, dixioron*), en La Cabrera, Maragatería (según Casado Lobato ya solamente empleada por personas ancianas). La variante con *-jó-* analógico y *-e* final, analógica de las demás personas vive hoy en Salamanca, en la Ribera del Duero: *saliorin, curriorin, cumiorin, viniorin, trujiorin* o *trujioren. Trajioren, espardioren, riyoren, vinioren, jacioren*, etc., están vivas en el valle de Sajambre.

Torres Villarroel usó *salioren, jicioren, dixioren*. En Sierra de Gata, *trujioren, vinioren*. En Curueña y tierra de Miranda, zona de *-orun, -orũ* para *-ar*, hay *-ierun, -iru* para los verbos *-er, -ir*. Por último, la *-e* final sola, sin la *ó* tónica, se percibe en el oriente asturiano (Ribadesella: *prendieren, punšeren* 'pusieron', *jacieren* 'hicieron'), *fešeren* (Cabranes), *dieren, golbieren* 'volvieron' (Cabrales). En la provincia de Salamanca (Villarino de los Aires) se usa también la forma con *-e* final: *jueren* 'fueron' (MENÉNDEZ PIDAL, *loc. cit.*). Todas estas variantes tienen un estrecho correlato con las dialectales aragonesas, usadas en el oriente peninsular.

Existen unas formas de pretérito, típicas del leonés occidental, que, por su acusado valor dialectal, deben ser estudiadas aparte. En los verbos en *-ar*, los textos antiguos decían: Yo *falsey, criey* (*Alexandre*), como en gallego y portugués. Esta forma existe hoy en el occidente asturiano (Villapedre, Villaoril, Santa Eulalia, Navelgas, Teberga), aproximadamente hasta el límite del diptongo *ei* (en Grado, Proaza, se usan los futuros *vivirey, subirey*). En el occidente de León, las formas *-ei* están atestiguadas en Babia, Laciana, Curueña, Astorga, La Cabrera, Sanabria (*lleguei, pescudei, čorei, espertei, filei* 'hilé', *emburru-*

ñéime 'me enfadé'), Ribera del Órbigo (*turnei, escalcei, mar-
chei*). Ya no se conoce en el interior de la provincia de Zamora
(Aliste, Sayago), ni en Salamanca. Este diptongo *-ei* se extiende
a la persona Tú, y así, al lado de *falesti* 'hablaste', se usa *faléisti*
(Villaoril, Navelgas, Santa Olaya). Para la persona Él, lo actual
es *ou*: *cantou, percudou, matou, llegou,* etc. [99]. En los textos
antiguos es *-ó* (HANSSEN: yo *amei,* él *amó*). Hoy, geográficamente, el área de los dos diptongos es la misma. El diptongo *-ei* de
la persona Yo se trasmite del mismo modo a la persona Nos:
zarreimus 'cerramos' (Babia, Laciana), *pescudeimus* (La Cabrera, Sanabria). La propagación de *-ei* a todo el paradigma es
desigual. Es muy intensa en La Sisterna, pero, a pesar de todo,
no aparece en la persona Vos y, en muchos lugares del occidente de Asturias, tampoco en la persona Tú. Esta forma con
-ei analógico ya coexistía en los viejos textos con la variante
en *-emos*: *seeleymos, mandeymos* (STAAFF, § 65). La persona
Vos mantiene la desinencia etimológica - s t i s > *-stes*. En algunos lugares de Cangas de Narcea se pierde la *-s* final: *falasti*
'hablasteis'; *matasti* 'matasteis'. En Sanabria, esta persona es
lleguestes, matestes, dejestes (véase F. KRÜGER, *El perfecto de
los verbos en -ar en los dialectos de Sanabria y de sus zonas
colindantes,* RFE, XXXVIII, 1954, págs. 45-82).

En los verbos *-er, -ir,* la desinencia es igual en leonés y en
castellano. Solamente hay diferencias en la persona Él. En el
leonés del noroeste, los verbos *-ir* hacen *partió* o *partío,* y los
en *-er* hacen *metéo*. La distinción se refleja en algunos manuscritos del Fuero Juzgo, donde se lee *perdeo, corrompeo, estableceo;* en el Fuero de Avilés, *vendeo* (LAPESA, § 36); en el de Oviedo,
conoceo, vendeo. Otros documentos de los siglos XIII y XIV:
prometeo, apareceo, perdeo, vendeo, atreveo, etc.

La distinción en la actualidad aparece relegada al noroeste.
En Villapedre, se oye: *rompeu, comeu, devolveu, coyeu,* al lado
de las formas de los en *-ir, partíu* (existen también los fuertes
deu). En Villaoril es algo imprecisa la distinción: *morreu* unas
veces, otras *rompíu*. En algunos lugares de Tineo, sólo hay for-

---

[99] En La Sisterna *ei* ha invadido casi todo el paradigma: *cantei,
canteisti, cantou; canteimus, cantestis* o *canteistis, cantanun.*

mas con -*i*: *comíu, mitíu*, que en algunos sitios se acentúan a la castellana: *rompió, comiú*. El paradigma del tiempo anda muy revuelto en el occidente asturiano. Mientras en unos lados se han unificado en -*íu* (Somiedo, Teberga, Besullo: *metíu, partíu*), en otros (Villabona) lo han hecho en -*éu*: *perdéu, partéu*. Pero en gran parte de la comarca (Navelgas, Santa Eulalia, Soto, Arbodas) persiste la distinción - e v i t, - i v i t: *cuméu, partíu; chovéu, pidíu*, etc. La distinción existe también en algunos lugares de Sanabria: *ñacéu, paríu* (KRÜGER, *Mezcla*).

Más al este asturiano, *dieu*, y, en el centro, en el cabo de Peñas, *morreo* (Gozón), pero en Corvera *morrió*. Lo común en el asturiano central y oriental es sólo -*ió*.

En Lena, Quirós, Mieres, y algo en Aller, las dos formas -*éu*, -*íu* se unificaron en -*ú*, con pérdida de la vocal precedente: *comú* 'comió', *vú* 'vio', *parú* 'parió', *perdú, oyú, salú, escribú*, etcétera. La distinción vuelve a aparecer en el occidente de León: *metieu, comieu, corrieu, cogieu* (Astorga) de una parte, y *revivíu, moríu, salíu, bebíu*, de la otra; en Curueña y La Cabrera, *rumpiéu, naciéu, diéu*, etc. Más al sur no se encuentran: en Sayago, *lloviú, retuciú*, etc. En Miranda, *temiú*, a pesar de convivir con el portugués donde existen *temeu* y *partíu*, distintos. En Sanabria, la persona Él hace -*ieu*: *vendieu, drumieu, ouyieu*, etc. En La Ribera del Órbigo, existe igualmente esta forma: *salieu, punieu, siguieu, creyeu*, etc. (R. M. FARISH, TDRL, I, pág. 76).

La persona Ellos presenta la *r* asimilada a la -*n* final: *falanun, rompienun* (Navelgas, Villaoril), *fuenun* (junto a *fišerun* 'hicieron') en Santa Eulalia; *cavanon, echanon, queimanun, partienun, comienon* (Villapedre, Teberga); *empezanon, fónonse* 'fuéronse'; *trašenon* (Carreño, Gozón). RODRÍGUEZ CASTELLANO atestigua en el occidente asturiano (Navelgas, Besullo, Somiedo, Soto) una forma Ellos sin la nasal final: *dienu* 'dieron'; *pušenu* 'pusieron'; *trušenu* 'trajeron'; *fonu* 'fueron'; etc. En Babia y Laciana, *dišienun, vinienun, pudienun*, etc. [100].

---

[100] En Babia y Laciana no existe perfecto en -*oron*, haciéndose todas

En Guadramil, *labonẽ* 'lavaron', al lado de *labonũ* y *fonũ* 'fueron'; *fonũ* es usado en Rionor, donde se dice también *laborũ*.

En Villapedre, en la frontera con Galicia, el perfecto presenta terminaciones especiales, muy próximas a las del gallego:

> *faley*
> *falache* (gall. *cantache*)
> *falou* (como leonés occ.)
> *falamos*
> *falasteis* (gall. *-astedes*).
> *falanon* (gall. *-aron*)

> *rumpin, vinen, soupen* (gall. *fun, respondin, tiven, houben*)
> *rompiche, viniche* (como en gall.)
> *rompéu, partíu*
> *rumpiemus*
> *rumpiestes* (gall. *-estedes*).
> *rumpienun* (gall. *-eron*)

En la persona Ellos del perfecto y los tiempos afines, en las conjugaciones *-er, -ir*, el diptongo *-jé-* aparece reducido a *i*. El Fuero de Avilés arroja formas como *quissir* 'quisiere'; *issir* [101], *conveniren*; en el de Oviedo se lee *venissent, feriron*. En otros textos se leen formas como *bastiron, metiron, servira, morisse, vençires, sentiredes*, Esta *i* persiste en mirandés: *partirũ, temirũ, temirades, -ires*, etc. Aquí el mirandés mantiene la *i* frente al portugués, que hace en *i* los de la conjugación *-ir*, pero en *e* los de la conjugación *-er: partirão, vencerão*.

En el futuro de subjuntivo de la lengua antigua, las personas Nos y Vos, como en portugués, se sincopan. Los textos arrojan multitud de ejemplos: *alcançarmos, oviermos, guiardes*,

---

las formas Ellos en *-nun: zarranun, cuchenun, fišienun, supienun, vienun*, etcétera (GUZMÁN ÁLVAREZ, pág. 252).

[101] R. LAPESA piensa que esta *i* (*quissir, issir*) puede ser una grafía incompleta del diptongo *-ie*. (*Asturiano y provenzal en el Fuero de Avilés*, pág. 79).

quisierdes, pedirdes. Esta síncopa la practica hoy el mirandés: *antrarmos, temirmos, temirdes; partirmos, partirdes;* etc. (MENÉNDEZ PIDAL, *Dial. leon.;* LEITE, *Estudos Phil. Mir.,* I, pág. 398).

La lengua antigua conoció ligeras muestras de infinitivo personal, como en gallego y portugués, es decir, el infinitivo con la desinencia de persona Tú, Nos, Vos y Ellos. Según MENÉNDEZ PIDAL (*Dial. leon.,* pág. 306), solamente hay un ejemplo en el *Alexandre,* 1742: «Omnes de rayz mala / asmaron malvestad. Por *mataren* al bon rey / fezioren ermandat», y es ejemplo con dudas por razones métricas (o leer *matar* o suprimir *bon*). Este infinitivo aparece después en los portugueses que escriben en castellano. Así, Gil Vicente: «porque teneis gran razón / de *llorardes* vuestro mal». «No estés, compadre, triste, / por *salirdes* de prisión» (*Comedia do viuvo*). «Más es eso de hacer / que *vencerdes* a Melcar / en Normandía...» «ni *matardes* al soldán en Babilonia» (*Don Duardos*) [102].

Modernamente, este infinitivo persiste en mirandés: «a fin de *teneren* de qué le acusaren». «Seis tallas de piedra para *serviren* a las purificaciones» (MENÉNDEZ PIDAL, *Dial. leon.;* LEITE, *Estudos Phil. mir.,* I, pág. 373). Se oye también en algunos romances y canciones tradicionales, en tierras extremeñas: «¿De quién es aquel caballo / que en la cuadra relinchó? / —Es tuyo, mi don Alberto, / que mi padre te mandó / para *ires* a la boda / de mi hermana la mayor». (Recogido en Herrera de Alcántara, Cáceres).

PECULIARIDADES DE ALGUNOS VERBOS

Existen en el dialecto algunos verbos con personalidad muy acusada. De entre ellos, destaco los siguientes:

Ser.—Presente *so* (y *soy*), en asturiano central; *sou* (Luarca, Navelgas, Besullo) 2.ª: *es* (occidente, en algunos lugares); *yas,*

---

[102] Véase GIL VICENTE, *Comedia del Viudo,* edic. citada, pág. 37 y *Tragicomedia de Don Duardos,* edic. DÁMASO ALONSO, pág. 193-195.

yes (asturiano central y oriental), también *sos*, hecho sobre la persona Yo y usual en el occidente (Somiedo, Villaverde, Santa Olaya, tienen una persona Tú que hace *sodis* < s ŭ t i s). 3.ª: *ía* se usa en Luarca, Tineo, y, en general, en todo el occidente; *ía, yía, ya,* en Navelgas; *ye,* en asturiano central y oriental, ya a partir de Quirós [103].

Plural: *somus* (occidente de Asturias); *semos* y *somos* en el centro y oriente. 2.ª: *sois, sodes* (occidente); *seis, soes* (Aller); *soes* (Cabranes); *sois* (Lena). 3.ª *son,* general.

El pretérito imperfecto diptonga su *ĕ: yera,* o *yara, yeras, yaras; yera* o *yara; yéramos* o *yáramos; yérais,* etc. (En Sisterna, la persona Vos hace *yéradis*). Avanzando hacia oriente, ya no diptonga en Cabranes. La persona Vos es *éraes* en Cabranes, *yeis* en Aller.

Perfecto: 1.ª: *fo, fúi, foi* (Luarca, zona occidental) [104]; *fun* (Navia); *fue, fúi, juí, jué* (asturiano oriental); 2.ª persona: *foste, fuste* (Luarca); 3.ª: *fue* y *fui, hue* (oriental, la última forma ya en Cabranes), *foi* en Lena [105]. Plural: *fumos, fomos, juemos, fuimos* (oriente); *fuemos* (Lena); 2.ª persona: *foste, fostis* (occidente), *fueste* (Aller); *fuestes, fuesteis* (Lena); *fostes, huestes, juistes, fuestes, juestes* (centro y oriente de Asturias); 3.ª persona: *foron, fuoron* (Navia); *fueren* (Infiesto); *jueren* (oriente); *fuonon* y *fuenon, fonun* (Luarca, Navelgas). La más general en occidente es *fonu.*

En el subjuntivo hay formas como *sía, sea, siya, seya* (generales); *sías, síes, ses* (Cabranes, Infiesto); *siyas, siyes.* En el plural, *séamos, séais* (o *séades*) en occidente; *sían, señan* (occidente); *síen, sen* (Infiesto, Cabranes); *siyan, siyen;* en el pretérito *fora, fuora, fuera* y *juera; foras, fuoras, fueras, fores, jueras* (de occidente a oriente); *fose, fuose, fuese, juese; foren,* general.

<hr />

[103] En asturiano oriental y central, la persona El es indistintamente *e* y *yié* (Cabranes); en Cabrales, *so, sos, e; somos, sodes, son.*

[104] En algunos lugares, como Soto de la Barca y Valverde, usan *fúi* para la persona Yo; *fói* para la persona El.

[105] Las formas *yes, ye,* de presente, casi han desaparecido en Sajambre, donde sólo queda el recuerdo de ellas. En el perfecto, esta comarca coincide con el asturiano oriental, con aspiración: *juí, juemos, jueren.*

En el occidente leonés, *ser* tiene una conjugación análoga, aunque más reducida de variantes:

Singular:

soi (Babia, Cabrera).
sos (Babia, Cabrera); *yeres* (Cabrera).
yía (Babia, Cabrera); *yíe, yí* (Cabrera).

Plural:

somus (Babia, Laciana); *semos* (Cabrera).
sodes (Babia, Laciana, Cabrera); *sos* (Cabrera).
son (general).

En Aliste, Tú *sos*, Vos *sodes*, Él *yía, yíe*. Sanabria, Yo *sou* (al lado de *son* y *soy*); Tú *sos*. En Órbigo, *so, yes, ye; semus, sodes, son*.

En la Ribera del Duero, la persona Yo del presente de *ser* es *seo*; Tú, *sos*. Plural, *semos, seis*. El imperfecto posee las formas castellanas. El perfecto hace *jué, juisti, jué; juemos, juestis, jueron*. En Sanabria, el perfecto Yo *foi*, Ellos *fonen*.

Las formas del mirandés revelan su condición leonesa. Presente: *sou, yes, ye;* imperfecto: *yera;* subjuntivo: *seya, séyamos, séyades*, etc. El perfecto: *fuí, fuste, fuí; fumos, fustes, furun*. En Rionor, el perfecto hace: *fui, fuste, foi; fumos, fustes, fonon*. Es flexión muy cercana a la de La Cabrera: *fui, fuste, foi* (o *fwęi); fumos, fustes, foron*.

El imperfecto *yera, yeras, yera* (o *yía*) es general en Babia, Laciana, Cabrera, Maragatería. En Sanabria, *yera, yeres;* Vos *yérades;* Ellos *yeren*. También son generales las formas de subjuntivo con *-y-* antihiática (*seya, seyas*, etc.); en Sanabria, *seya, seyes, seya; seyamus, seyades, seyen*.

Haber.—Conserva el valor de 'tener'. Presente: *ei* (occidente asturiano, occidente de León, Babia, La Cabrera). Conviven en estas zonas *ha, has, ha* o *hay; hamos, hais, han*. En el oriente, es curiosa la forma Yo *ho*, en Cabrales. El plural es *emos, edes* en La Cabrera; *edes* en Ribera del Órbigo (en la Ribera del Duero, Yo *ei*, Vos *hais*, al lado de *habeis*). Las otras formas coinciden ya con el castellano. En el perfecto, el asturiano presenta las formas *hobe* (central), *hoube* (occidental), *hebio* (oriental); *hubiemos, houbiemos, hubieste, houbieste; houbienon, hubienun* (occidente). En el subjuntivo, aparte del vulgarismo general *haiga*, se encuentra en el oriente *eba, ebas, eba; ebamus, ebaes, eban* (Cabrales). Una forma *aba*, de persona Él, se usa también en las brañas occidentales (MENÉNDEZ GARCÍA, *ob. cit.*, pág. 227).

Estar.—Presenta en toda Asturias formas con aféresis: *tou* por *estou; tas, ta* (por *estás, está*); *taba*, etc., por *estaba; tuvi, taré*, etc. Imperativo: *tai, tade* (*tádevus quietus* 'estaos quietos'). El subjuntivo es en casi toda Asturias y en el occidente leonés, *estea, esteas* (a veces, *tés*). En el occidente asturiano, alternan, en algunos lugares, *tea* y *tía*: *déšalu que tía* 'déjado que esté' (Becil, Navelgas, especialmente en el habla de las brañas). En Aller, *él estí* < s t ē a m [106]. En La Cabrera, hay formas de subjuntivo con -*y*- antihiática: *esteya, esteyas, esteya; estéyamos, estéyades, esteyan* (*estea, esteas*, etc., son vulgarismos usados en otros muchos sitios de la Península). En Sanabria, hay una persona Ellos, de perfecto, *estuvionen; estuvenon* en Rionor. En la Ribera del Órbigo, *yo estive* [107].

Tener.—El imperfecto es *tinía* o *tiña* en Luarca (también *tiña* en Rionor, Hermisende). Tiene un perfecto *touve* o *tive* (Luarca); *teve* (Oviedo). El futuro no ofrece la -*d*- en muchos casos: *tenré, tendría, tinría*.

---

[106] RODRÍGUEZ CASTELLANO, *Aller*, pág. 151.

[107] En algunas zonas del occidente asturiano (Navelgas, Sisterna) el perfecto de *estar* coincide con el de *tener*: *tuve* o *tivi, tuvisti, tovu* (o *touvu, tevu, tivu*); *tuviemos, tuviestis, tuvienun*. La tercera singular *tivi, tivu* se usa en las brañas; *tevu* está relegada a personas ancianas. (MENÉNDEZ GARCÍA, *loc. cit.*, pág. 237; RODRÍGUEZ CASTELLANO, *Aspectos del bable occidental*, pág. 238). En Cabrales, al oriente, es: *estude, estudisti, estudu; estuviemus, estuviestis, estuvieren*. Al lado existe un perfecto débil: *estidió, estidiemos, estidestes* (o *estidiesti*), *estidieren* (ÁLVAREZ FDZ. CAÑEDO, *loc. cit.*, pág. 62).

El paradigma más generalizado en el occidente es:

tuvi	*tuviemus*
tuviste	*tuvieste, tuviestis*
tuvo	*tuvienu, tuvienun.*

Pero en algunos lugares (Irrondo, Besullo) se encuentran las formas arcaicas *tivi, tivisti, tivu,* formas documentadas en textos antiguos (LAPESA, *ob. cit.,* pág. 80) y en gallego-portugués. En Aller estas formas se oyen alguna vez en la conversación familiar (comp. el aragonés antiguo *tivo,* forma usada también en el Fuero Juzgo).

En Aller, el paradigma completo es:

> *tivi, tivisti, tivo* o *tevo.*
> *tuviemos, tuvieste, tuvioren*
>
> (RODRÍGUEZ CASTELLANO, *Aller,* pág. 161).

En mirandés, hay un imperfecto *tenie, teníes,* etc., y un perfecto *tuve, tuviste, tuvo; tuvimos, tuvistes, tuvirun.*

Facer.—El infinitivo es indistintamente *facer, fader, faer, fer,* en el occidente de Asturias (en Somiedo, *fere*). En Cabranes, *fer,* al lado de *facer.* Babia y Laciana usan *faer.*

El presente ofrece diversidad de formas: el occidente asturiano usa:

faigu	*fademus, faemos, femos.*
fais	*fadéis, faéis, fedes.*
fai	*fan, fain, fainin.*

En el subjuntivo, la analogía *faiga, faigas,* etc., es completa. Alguna vez se oye *faya* 'haga': *déiša que lu faya* 'deja que lo haga'.

El imperativo hace *fai, fadei, facei, facede.*

En Asturias central, el presente es *fago, faes, fais* o *fas; fai.* Plural: *facemus, faceis* o *fais; facen, fan, faen.* En el subjuntivo presenta, en el habla de Aller, además del paradigma *faiga*, otros *faga, fagas, faga; fišamus, fišaes, fagan.*

En el perfecto, el occidente de Asturias presenta las formas *fiši, fišisti, fišu.* Esta tercera persona conoce las variantes *fezu* y *feišu.* El plural es *fišemus, fišesti* o *fišestis, fišenu* o *fišenun.* En Aller, la tercera persona plural es *fišoren*, y esa misma persona, en Lena, *fišeron.*

Mayor riqueza de formas revela el habla de Cabranes (y con él, el concejo de Colunga):

feci, fici, feši   *feciemos, ficimos, fešemos*
fecisti, ficisti, fešisti   *feciestes, ficistes, fešestes*
fezo, fizo, fešo   *fecieren, ficieren, fešeren.*

El participio, de occidente a oriente, es *feito, fechu, jechu.* Las formas con *f- > h-* aparecen al oriente del río Sella (véase más atrás, págs. 64 y 117 y ss.). En Cabrales, el perfecto de *hacer*, es con aspiración, *heci, hecisti, hezu; hecimos, hecistes, hecieren.* Algunas de estas formas coexisten con una débil: *hació, haciemos, haciestes, hacieren.*

En el futuro, aparece un infinitivo *far* en *farei, farán*, etc., del occidente, frente a *faré, fadré*, etc., del oriente. También existen las variantes occidentales *fairéi, fairás*, etc.

Formas próximas hay en mirandés: *fago, fais* o *fazes, fai; fazemos, fazeis, faien.* Imperfecto: *fazíe*, regular. Perfecto: *fiç, faziste, fizo; fazimus, fazistes, fazirun* (en Rionor, Ellos *facienun*).

En Babia y Laciana, el presente hace *faigu, fais, fai; faemus, faedes, fain.* Imperfecto: *faía, faías*, etc. Perfecto: *fiši, fišisti, fišu; fišimus, fišistis, fišienun.* Futuro: *fairei.* Condicional: *fairía.* Imperativo: *fai, faiga; faigamus, faéde, faigan.* Subjuntivo: *faiga, faigas*, etc.; *fišiera, fišieras*, etc. Participio: *feitu.*

En La Cabrera: *fago, fuces, faz; facemus, facedes, facen.* El imperfecto *facía* ofrece formas esporádicas *facié.* En aldeas de Astorga, *jacié.* Perfecto: en La Cabrera, *fice, fecistes, fizo* o *fezo; fecimos, fecistes, fecieron.*

Un presente apocopado, *fa, fan,* se encuentra en la Ribera del Órbigo. Esta comarca conoce un participio *feychu.*

Sanabria usa un imperfecto *facié* y un perfecto *fice, feciste, fice; fecimus, fecistes, fecionen* [108].

Más al sur se usan las formas castellanas, con o sin aspiración de *f-* inicial. Formas con aspiración son también las santanderinas y sajambriegas: *jice, jezo; jicioren,* en este último valle.

Poner.—El occidente de Asturias tiene variantes de interés. El presente, en la Sisterna, es *pongu, pois, pon; punemus, punedis, poin.* El perfecto es, en general en el occidente, *puše, pušiste, pušu; pušimus* (o *pušemus*), *pušesti* (o *pušestis*), *pušenu* o *poušenun.* Para la persona Él, hay, además, *poušu,* con diptongo *ou* analógico; esta misma persona es en Soto y Navelgas, *poušuse, puéšuse* (ésta última etimológica, < p ŏ s u i t). Las formas *ponši, punše* (Cabranes), *punšu, ponšu* (Pajares, Lena), típicas del centro y oriente de Asturias, llevan *n* epentética por influjo del infinitivo. En Aller, Yo *puenši,* Ellos *punšoren.* Cabrales emplea un paradigma débil: *poní, ponisti, punió; puniemos, puniestes, punieren.*

La Ribera del Órbigo conoce un participio *punieu;* en Sanabria, se usa un perfecto *puse,* Ellos *pusieron, pusienun.*

En Salamanca y Extremadura es frecuente el gerundio *pusiendo,* con confusión de tema.

Dar.—El presente en Asturias es Yo *dou* (al lado de *doy*), en el occidente; *dades, daes;* el perfecto *di* y *disti* (Somiedo, Besullo), *deu* (Soto, Santa Olaya) y *diu.* En Teberga y Navelgas, *dieu; diemos, diesti, dienu* o *dienun* (estas últimas también en las comarcas del occidente asturiano); *dieron* y *dieren,* en el centro y oriente. Ellos *donun* en Rionor; *daron,* vulgarismo muy extendido por todo el territorio. Subjuntivo: *dea, deas, dea; déamos, déaes* o *déades, dean* y *den;* en La Cabrera estas formas

---

[108] En Sanabria existe además (Santa Cruz de Abranes) un perfecto de *hacer: fide, fediste, fido; fedimus, fedistes, fedieron.* (KüGER, *Mezcla,* pág. 152). Las formas recogidas arriba corresponden a San Ciprián de Sanabria.

llevan -*y*- antihiática: *deya, aeyas; déyamos, déyades.* En Navelgas, Soto, Sisterna, se registra la variante *día, días, día; diamos,
díais* o *díades, dían.* La forma *día* ya aparece en el Fuero de
Oviedo: *que non se vaia ata que día direitu.* Hoy, las formas
con *i* son típicas del habla vaqueira.

En Cabrales, oriente de Asturias, hay un Yo presente *do, das,
da.* Subjuntivo: *dea, deas, dea; diamos, dedes, den* o *din.*
Imperativo: *da, dade, dai* o *dei.*

Ir.—El verbo *ir* es *dir,* con *d-* protética, en todo el dominio
dialectal, no solamente en el leonés, sino en todas las áreas
hispánicas, e incluso pasó a la lengua literaria del siglo XVI
(Sánchez de Badajoz, Lope de Rueda, Timoneda). Se usa en
Andalucía, Aragón, Murcia, etc. (A. ROSENBLAT, *Notas de morfología dialectal,* BDH, II, pág. 299).

El presente, en el occidente de Asturias, es:

vou	*imus*
veis	*idis*
vei	*van*

Las personas Nos y Vos del clásico i r e llegaron hasta la
literatura clásica. *Ides,* también en mirandés.

El subjuntivo acentúa, en el oeste de la región, con uniformidad: *vaya, váyamos, váyais.* En Aller y Cabranes también se
mantiene esta acentuación.

El imperfecto lleva la *d-* en todas sus personas y en todas
partes, hasta el sur del antiguo reino, en Extremadura: *diba,
dibas,* etc. En La Cabrera, la persona Vos hace *díbades;* igual
en la Ribera del Órbigo. Sanabria usa *diba, dibes, diba; díbe-
mus, díbedes, diben.* La persona Él del presente es *vai* en la
Ribera del Duero, Sanabria, tierra de Miranda. El subjuntivo,
en las comarcas no asturianas, suele ser el vulgarismo *vaiga.*

El perfecto es análogo al de *ser.* El gerundio, *diendu.*

El imperativo es *véi* (o *vai*), *ide* (o *i* < ī t e) (Asturias) [109].

---

[109] Hay localidades del occidente asturiano donde las formas que
empiezan por *i* acentuada pueden ir precedidas de *y-: yir, yimus, yides,
yí, yíde* (MENÉNDEZ GARCÍA, *loc. cit.,* pág. 229).

Querer.—El presente de indicativo en el occidente asturiano es como en castellano. Únicamente cabe señalar la apócope, general por añadidura, de la persona Él: *quier.* En asturiano central y oriental suele faltar el diptongo: *quero, queres,
quer; queremos, querés, queren* (Cabranes). En subjuntivo, la
falta del diptongo es mucho más extensa geográficamente, abar-
cando el occidente: *quera, queras,* etc. En el centro y oriente,
lleva *-j-* epentética: *quéria, quéries, quéria; quériamus, quériaes,
quérien.* El mirandés presenta formas con diptongo: *quieo,
quies, quier,* etc.

El perfecto, en occidente, es:

quiši	*quišemus*
quišisti	*quišesti, quišestis*
quišu	*quišenu, quišenun.*

En la zona oriental asturiana:

quise	*quisemos*
quiseste	*quisestes*
quisu	*quiseren.*

En Sanabria, Ellos *quesionen.* En Rionor, *quišienon.*
Perfecto analógico se registra en la Ribera del Órbigo:
queriste. También existe el vulgarismo con tema confundido:
quisiendo. Los futuros suelen ser sincopados: *quedrá.*

Saber.—Se practica la unificación: *sei* y *sabo; soube* y *supe;*
subjuntivo, *sabia.*

Traer.—El presente, en el occidente de Asturias, es *traigo,
trais, trai; traémos* o *tremos, treis* o *traédes, tráin* o *tran.*
El perfecto, en Asturias, es:

a) occidente:

truši	*trušemos*
trušisti	*trušestes*
trušo	*trušenu.*

(RODRÍGUEZ CASTELLANO, *Aspectos del bable occidental,* pág. 234).

b) oriente:

treši	*trešemus*
trešisti	*trešestes*
trešo	*trešeren.*

(CANELLADA, *Bable de Cabranes*, pág. 46).

En occidente hay, además, *trouši*, con *-ou-*, como en gallego y en Sanabria[110]. En Aller, *triši, trišisti, trešo; trišemos, trišeste, trišoren*. Estas dos últimas son *trišesteis, trišeron* en Lena; *treši*, etc.; *trešiemos, trešeren*, en Cabrales. En Santander, *trijo* y *trejo*.

En Babia y Laciana: *truši, trušisti, trušiu; trušimus, trušistis, trušjenun*. En La Cabrera: *truše, trušistes, trušo; trušimos, trušistes, trušieron*. Este paradigma se acerca ya mucho al vulgar general. En Sanabria, este perfecto hace *trouje, troujiste, trouju; troujimos, troujistes, troujonen* (KRÜGER, SCip, pág. 107).

En el occidente asturiano existe un infinitivo *trer*.

Más al sur de la tierra francamente dialectal, a partir de Aliste, los perfectos fuertes hacen una tercera persona de plural en *-on*, analógica de la tercera singular: *supon, vinon, dijon, trajon, pudon, hubon, estuvon*, etc. (*hizon* en Juan del Encina, *Auto del Repelón*). Muchas de estas formas tienen una geografía muy grande y extraleonesa. Son muy abundantes en la poesía dialectal de José María Gabriel y Galán (Fil, II, 1950, pág. 159).

Existe además, en la Ribera del Duero, perfecto débil rehecho: *trai, traisti, trayó; traimus, trayorin, trahorin; andé, andemus, andorin; viniorin; dijiorin; hací; conducí;* etc.

También en esta comarca, el imperfecto de subjuntivo de los verbos en *-ir* presenta, en algún lugar, la forma contracta latino-vulgar, típica del leonés antiguo y persistente hoy en la

---

[110] En el habla de las brañas occidentales existe, además, la variante *trougui, trouguisti*, etc., y *traši, trašisti*, etc.

Sierra de Gata y en mirandés: *partira, subira, uyira.* Igualmente, en esta comarca ribereña del Duero se ha hecho un *queper* que sustituye a *caber.*

PARTÍCULAS

En asturiano existen unos cuantos adverbios de honda personalidad dialectal; entre los de lugar figuran *aší* 'allí'; *acó* < e c c u m h o c (comp. con la forma demostrativa aragonesa *ço*); *bašu, ambašu* 'abajo'; *ouquiera* 'dondequiera'; *u* 'donde'; *metanes* 'en medio'; *dayuri, dayures, denyures* 'en alguna parte'; *nenyures, nensures* 'en ninguna parte'; *ayundes* 'en alguna parte'; *neyundes, niundes, nichures* 'en ninguna parte' (occidente de Asturias). De tiempo: *güei, agüei, engüei* 'hoy'; *anueite* 'ayer'; *entanueite, antanueite* 'ayer' (para 'anteanoche' se usa *antanueite a la nueite*); en Teberga, *anueši a la nueši; inguano* 'hogaño'; *anagora, indagora* 'todavía'; *nantoncias, antoncies, entóncenes, estoncias, entós* 'entonces'; *šou* (Santa Eulalia), *šuou* (Soto, Somiedo, Teberga), *šuibu* (Mieres) < l o c u, equivalen a 'pronto'. De duda: *quiciá, quiciabes* 'quizá'; *seique, seica* 'acaso'. De modo: *outramientre* 'de otra manera'; *modu* 'cuidado, cuidadosamente' (*failu cun modu* 'hazlo con cuidado'); *desencumano* 'a trasmano'; *de sutaque* 'de improviso' [111]; *acordias* 'con sentido, con cordura' (Navelgas); *aduces* 'suavemente, poco a poco' (Cabranes). De cantidad: *abondo* 'bastante', general en Asturias.

Se siente como una unidad adverbial el compuesto *asumedio* 'regular, medianamente'; y lo mismo sucede con *asicasí* 'de todas maneras'. El arcaico *ende* se usa frecuentemente en Aller: *posavos d'ende* 'quitaos de ahí'; *perende; pendarriba* 'por allí arriba'. También es conocido este uso en Cabranes. En Aller se emplean las expresiones *desmano* 'fuera de mano'; *a costa* 'adrede'; *a šocostrinas* 'a la espalda' (*a recostin*, en Cabranes); *a matafayón* 'en abundancia' (centro y oriente de Asturias).

---

[111] Véase para la etimología de *sotaque*, DÁMASO ALONSO, *Etimologías hispánicas*, RFE, 1943, págs. 36 y ss.

En leonés de Babia y Laciana, *šuenšje* 'lejos'; *enestoncias*, *enestoncianas* 'entonces'; *aguanu* 'hogaño'; *cedo, ceu* 'pronto'; *nun* 'no', en el occidente de la provincia. *Illí, illina* 'allí'; *iquí, iquina* 'aquí', ambas en el Bierzo. En la Ribera del Duero son frecuentes las expresiones *mal a gusto* (como en Asturias); *en sus albos* 'a su albedrío'; *a roncias* 'a trozos'; *el corto* 'por lo menos'; *muy allá* 'de antes'.

De las conjunciones hay que señalar la existencia de ĕt diptongada: *ya, ye,* en el occidente, hasta el Nalón. También diptonga en el occidente de León (Babia, Laciana). En Aller es *y.* Tampoco existe ya el diptongo en Cabranes.

Entre las preposiciones, se usan en Asturias *fasta, cabo* 'al lado de'. *Sin* suele emplearse precedido de *en: en sin razón. So* < s u b (*so l'orru* 'bajo el hórreo), en Aller y Cabranes. En Aller se usa también la locución *ástasa aquí,* donde *-sa* es un aislado representante de i p s a. El uso de *sa* aparece, ya no muy pujante, en el oriente y centro de Asturias: *a saora, sagora, voy saora mesmo.* Para su origen hay que partir de ĭpse proclítico: i p s a h a c h o r a > *sagora.* Perdido el sentido del género, pasa a *sa hoy,* etc. El repetido uso detrás de *hasta* lleva a *hástasa, jástasa,* ya con el valor de 'hasta' (véase DÁMASO ALONSO, *Etimologías hispánicas,* RFE, XXVII, 1943, pág. 34).

Es de uso muy extendido en las diversas regiones asturianas la interjección *o, on* < h ŏ m i n e; se usa sobre todo al final de algunas frases, especialmente las interrogativas: *¿qué quies, on? ¿dónde vas, o?*

SINTAXIS

Nombre.—Se usa muy frecuentemente el genitivo sin preposición. Así, en Asturias: *la casa'l cura; el cestu les ablanes; un sacu patates* (Cabrales, Lena, Cabranes, el occidente, Sisterna; también en la Ribera del Órbigo, Babia, Laciana, etc.). Es particularmente corriente este uso en nombres de lugar: *la Vega'l Mur; el Valle les Piedres (a Fonti a Maruxa,* en Sisterna) (comp. mirandés *Carrasco'l Palleiro).* En realidad, se trata de un fenómeno general en toda España, en el habla vulgar, y se trata de un caso de fonética sintáctica: la *d-* de la preposición se pierde al encontrarse entre vocales. La *d-* reaparece en cuanto la palabra anterior acaba por consonante: *el payar de Fulano* (MENÉNDEZ PIDAL, *Dial. leon.*, § 19). Hay, sin embargo, excepciones. Un romance tradicional, recogido en Ferreras de Arriba (Zamora), dice: «Son los gallos las vecinas / que toas las noches me atruenan».

El calificativo puede no concertar con el nombre femenino y presentar un aspecto masculino. En Asturias oriental y central se dice: *lleche presu* (JOVELLANOS, BAE, XLVI, pág. 346 a; VIGÓN: *llechi presu*); *lleche cuayau, madera secu;* pero cuando el adjetivo precede, hay que concertarlo: *güena lleche.* Más ejemplos: *mantega ranciu, fariña blancu*, etc. El carácter de este fenómeno fue visto claramente por MARÍA JOSEFA CANELLADA (*Bable de Cabranes*, págs. 31-32): se trata de neutros de materia. Ante la frase *Mira la lleña secu,* otra persona puede decir: *¿Ulo?* Si ese *secu* fuera masculino, no se diría *¿ulo?*, sino *¿ulu?* Comp.: Cuando *la manzana se pon maduru,* da gustu *velo'm pumar* (no *velu*).

Mucho más claramente puede apreciarse este fenómeno en los ejemplos señalados en el concejo de Lena. En este lugar se distingue el neutro de los adjetivos y pronombres mediante la terminación en *-o.* Así, los adjetivos y pronombres tienen tres terminaciones: *-u,* masculina; *-a,* femenina; *-o,* neutra. En Lena, esta terminación de neutro concuerda con femeninos y masculinos (en Cabranes solamente se percibe la diferencia con femeninos): *café frío; yerba maúro; pan seco, nieve moyono.* Estos ejemplos de neutro colectivo han sido puestos en relación con los análogos existentes en el sur de Italia (sur de las Marcas y Umbría, hasta Bari y Matera) por DÁMASO ALONSO [112].

---

[112] Estos sustantivos de materia en *-o* aclaran las aparentes irregularidades que existen en la metafonía vocálica del asturiano. Existen muchos nombres que, terminando en *-u* (*yelsu, cueru, felechu, sabadiegu, quesu, negru*), no inflexionan la vocal tónica. Ahora, a la vista de los neutros en *-o,* podemos suponer que se trata de neutros de materia —como esos registrados en Lena y en Italia— a los que se ha contagiado

También en estas comarcas se usa *lo* para colectivos y *lu* para el masculino, e incluso en una parte de ellas se diferencian el neutro y el masculino por la terminación, *-o, -u*: *lo fèro* 'el hierro'; *lu piettu* 'el pecho'. Estos casos son muy semejantes a los de Lena (Marcas *lo bono;* Lena *lo bono*), incluso en la conjugación (Camerino *vaco* 'voy'; Lena *fago*), y en los adverbios (Lacio *quanno;* Lena *dacuando*). Todo lleva a pensar que es un elemento más que debe añadirse a la ya copiosa serie de manifestaciones en que se apoya la teoría de MENÉNDEZ PIDAL sobre la colonización sud-itálica en España.

El uso de esta concordancia es general en Asturias, desde el centro al oriente. Todavía en Llanes se usa *borona sudao*. En Cóbreces (Santander): *noche tapecíu* 'noche cerrada'. Puede colocarse un adverbio entre el sustantivo y el adjetivo: *madera bien secu* (Cabranes); *šeñe de faya tan guapu* 'leña de haya tan buena'. También frases como *l'augua tá fríu, la leche tá cuayao*. (En Cabranes, *šente menudu, ñeve fríu, sidre güenu*, etcétera).

El superlativo se expresa a veces con *abondo*, equivalente a 'muy': *ye abondo aína* 'es muy pronto, enseguida' (MENÉNDEZ PIDAL, *Dial. leon.*, § 19). Se expresa igualmente con el prefijo *per-* (véase atrás, pág. 161).

Pronombres personales.—En el habla de Cabrales se ha documentado el empleo de formas sujeto con preposición: *con yo, de yo, pa tú, a tú*, etc. (ÁLVAREZ CAÑEDO, pág. 70). *Vos*,

la *-u* final del dialecto. Denuncian la modernidad de su *-u* final precisamente por no tener inflexión. (Naturalmente, existen cruces diversos: un *pelo*, en tierras de *pilu*, como Morcín; *quiso* por *queso*, con *-o* final, en **Lena**).

Esto replantea de nuevo la metafonía de Pas. (Véase atrás, pág. 108.) ¿Se trata, como quiere MENÉNDEZ PIDAL, de un trasplante de pastores asturianos, o será una mancha testigo de una gran zona continua de metafonía? Para todo este aspecto de las hablas asturianas, véase el sugestivo artículo de DÁMASO ALONSO, *Metafonía y neutro de materia en España*, en ZRPh, LXXIV, págs. 1-24. Véase también J. COROMINAS, *Notas de lingüística italo-hispánica*, NRFH, X, 1956, pág. 154.

como tratamiento respetuoso es usado aún en Astorga: ¿«*Vos, tan fuerte? —¿Allá naide se quier morrir? —Naide; ¿y en la vuestra? —Toos bonicos*». Lo mismo en la Ribera del Órbigo y en Sayago. También en Miranda, usándose de hijo a padre o pariente, en señal de respeto: «*Ahora vos sabíades... Vos engañais, madrina; perdonai!*». También en mirandés se usan *él* y *eilla* como respeto, refiriéndose a *señor*: «*Fágole lo qu'él manda*»; «*eillas nun queren*» 'ustedes no quieren'; «*¿él cómo stá? —You bono*» (LEITE, *Estudos Phil. mir.*, I, pág. 469).

En la Ribera del Duero, *él, ella* se usan en segunda persona de plural: ¿*ándi vais él?*; ¿*qué coméis, ella?*; *está él entavía nuevu* 'está usted todavía joven'. En El Rebollar salmantino se ha atestiguado un uso de este pronombre *él* como tratamiento: ¿*Está él bien, señor cura? Venga él y su compañero también* 'vengan ustedes' (FINK, *Gata*, pág. 119). Es bastante frecuente en Asturias. En Colunga y Cabranes, *elli* se usa en lugar de *usted*: ¿*Quiere algo elli?*, dirigiéndose al padre; ¿*Busca algo elli?*, hablándole a un niño (CANELLADA, pág. 24). Uso idéntico se registra en Linares, cerca de Ribadesella: ¿*Sábelo ella, abuelina?* Es cortesía conocida de la literatura del siglo XVII [113]. *Él, ella* como pronombre de respeto, se oyen en romances y canciones tradicionales desde Asturias a Extremadura, e incluso en tierras de Ávila: «en el testamento queda / que me casara con ella» (siempre dirigiéndose a la interesada; Pola de Somiedo); «Case, señora, case conmigo, / yo me casaré con ella» (Aller); «Pues ese hombre, señora, / muerto queda en la guerra, / y en el testamento deja / que yo me case con ella» (Alba de Tormes). Variantes de este romance se han recogido en tierras

---

[113] Comp.: «¿Qué lo pregunta? Él, ¿no ve / que es hija de mi señor?» (LOPE DE VEGA, *El villano en su rincón*, Clás. Cast., CLVII, pág. 13). «Él, ¿no me mandó esconder?» (IDEM, *La dama boba*, Clás. Cast., CLIX, página 274). «Mas yo, mientras él dormía 'mientras usted estaba durmiendo' /.../ tomé la lancha que enseño» (TIRSO DE MOLINA, *Mari Hernández la gallega*, Bib. Aut. Esp., V, 77, pág. 114 a).
Hoy en La Sisterna se emplea para introducir una interrogación, dejando el verbo en forma independiente de este pronombre: *Él, ¿gústati? Él, ¿cúmu ti chamas?*, giro idéntico al de Lope aquí recogido.

de Zamora, Salamanca, Santander, Ávila, Cáceres y en judeoespañol.

En Aller, *vosotros* es el pronombre de cortesía, y dirigido
lo mismo a uno que a varios: *facelo vosotros* 'hágalo usted'
(mujer u hombre); *queréislo pa vosotros* 'lo quieren para ustedes'; *¿pa ónde vais?* '¿para dónde van ustedes?'. Con verbos
reflexivos, el acusativo de respeto es *vos*: *sentavos* 'siéntense
ustedes'. A veces, se le agrega *vosotros*: *sentavos vosotros* 'siéntense ustedes'. (Rodríguez Castellano, *Aller*, pág. 181).

Lo, acusativo masculino, se usa corrientemente en Asturias:
querellu 'quererle a él'; *lu apierta* 'le aprieta a él'. Este uso de
lo acusativo influye sobre el castellano usual en esas comarcas,
en el que también se percibe *lo* frente al ya generalizado *le*.
En Aller, Rodríguez Castellano no registra ningún caso de
leísmo. También *lo* es frecuente en Extremadura. Torres Na-
harro usaba *lo* frente a una exigua minoría de *le*, pero ya los
modernos usan *le* a la manera castellana (Menéndez Pidal,
Dial. leon., § 20). En los documentos antiguos asturianos, el
loísmo para el plural es frecuente aún en el dativo: «*segund
que llos diemos el poder*», «*et llos non fagan tantas revueltas*».
Modernamente, en Asturias existe este uso: *No ios dixo les
verdaes* (véase atrás, pág. 171). En la provincia de León, el
leísmo ha avanzado copiosamente: *no se les digas*, *mes les
comí*, etc. En Valencia de Don Juan, La Bañeza, etc., *lo*, *los*,
son casi desconocidos.

En La Sisterna, se emplea un neutro *il*: *nun sabi il qui di*
'no sabe lo que dice'; *dami il qui ti pareza* 'dame lo que te
parezca'. (J. A. Fernández, *Sisterna*, pág. 72).

El orden del pronombre personal en la frase es, en muchos
casos, análogo al del antiguo español. En Asturias, el pronombre se pospone al verbo cuando éste empieza la frase. Es uso
de la lengua literaria del siglo xvii: *¿Vaste pa Uvieu?*; *duélme
un pie*; *apetezme comer*; *¿quiéslu?* Este orden llega hasta la
Ribera del Duero: *pegóume*, *caíme*, *díjome* (Babia, Cabrera,
Sanabria, Órbigo, etc.). El infinitivo precedido de preposición

o de conjunción lleva el pronombre delante: *non van a se lu quitar; hay que los dešar; hay que lo traer; tien que te lu dar; tiente lu que dar* (NEIRA, *Habla de Lena*, pág. 72). Este uso del infinitivo con el átono antepuesto va en la lengua literaria del XIV al XVI, en que se fue olvidando. (MENÉNDEZ PIDAL, *Dial. leon.*, § 20).

El infinitivo, dependiendo de *quién* (o de *qué*, u otro interrogativo) lleva también el pronombre antepuesto: *si hubiera quién lu pagar*, construcción típica del romancero y todavía usada en el Lazarillo: *no tengo dinero qué os dar*. En la Montaña santanderina, en el occidente, el uso es análogo al asturiano: *¿trujístelo? ¿dijérontelo?*, *¿viósela?; fáltale;* pero *no sé cómo me arreglar para salir de este apuro;* etc. (GARCÍA DE DIEGO, *Dialectología*, pág. 194; MENÉNDEZ PIDAL, *Dial. leon.*, § 20).

Hay huellas del uso arcaico y vulgar del pronombre *yo* antes que los otros. *Yo y elli, yo y nos, yo y tigo* 'yo y tú' (Cabrales). La Ribera del Duero emplea mucho este orden: *yo y tú, yo y tigo*. En Extremadura es análogo.

El indefinido *un* se emplea en Sisterna con valor de *nos*: *Tábamus us tres xuntus, ya ¡si viras cumu vinía'l xabalí iscontra un!* (J. A. FERNÁNDEZ, *loc. cit.*, pág. 72).

Hay restos del genitivo pronominal partitivo, también frecuente en el castellano antiguo. Así, en Asturias se usa frecuentemente: *dai dellu, delles veces* (Rato) 'algunas veces'. En Sisterna, *daḍi d'el, daḍi d'eḍa*. En Cabranes se emplean para cantidades indeterminadas de materia: *dello taba güenu y dello malu*. La frase *bien dello* 'mucho' es muy corriente. En Lena también se ha señalado este genitivo partitivo: *dešo, dešos, dešas; había dešo* 'había algo'. En Aller: *mató dešas* 'mató algunas'. Finalmente, en Cabrales: *¿U tiés las cabras? Deyas en casa, deyas en monti.*

Este uso es conocido en casi toda la provincia de León. En Salamanca, los textos de Torres Villarroel lo registran todavía.

En Extremadura, un giro cercano se acusa en el muy frecuente *unos pocos de*: *unos pocos de burros* 'muchos burros', 'algunos burros'; etc.

Este uso figura también en la Andalucía occidental. G. SAL-VADOR opina (AFA, XII-XIII, pág. 398) que se trata de un signo de pluralidad, puesto en circulación para subsanar la pérdida de la *-s*.

Los textos antiguos utilizan muy corrientemente la inter-polación de un adverbio o un pronombre sujeto entre el pro-clítico y el verbo: *si lo tú fecieres*, etc. Más acusadamente leonés es el interpolar un sustantivo u otras palabras: *como lo el rey fiziere; que se muy bien defendía*, etc. En la lengua moderna no quedan rastros de esta construcción. (MENÉNDEZ PIDAL, *Dial. leon.*, § 20).

Además de las formas usuales posesivas, existe una tenden-cia a hacer posesivos analíticos (*un mocecu de mió* 'un criado de mí' o 'mío'; *contra mió* 'contra mí'; MUNTHE), ya documen-tada en los viejos textos: «*ellos, nin fillos nin nietos de so*» (VIGIL); *tierras de vuestro, bienes de so;* etc. Se trata de algo parecido al castellano *ser bueno* (o *malo*) *de suyo*. En el occi-dente asturiano, MENÉNDEZ GARCÍA aduce testimonios de Navel-gas: *estos nenos de mió* 'estos niños míos'; *esa gocha de tóu* 'esa cerda tuya'. Parece, por los ejemplos indicados, que el posesivo se usa siempre en masculino singular. RODRÍGUEZ CASTE-LLANO (*Aspectos del bable occidental*, pág. 212) cita esta construc-ción con todos los posesivos: *un primu i mióu, un prau de tóu, una tierra de sóu* (Cangas de Narcea, Somiedo). En Aller, las construcciones son muy variadas: *una tía de mió* 'una tía mía'; *unos praos de mió* 'unos prados míos'; *una muyerina de nues-tro* 'una mujer del mismo pueblo y de la misma condición so-cial que el hablante'. Esta riqueza de matices se da también con los otros posesivos: *una tía de tó* 'una tía tuya'; *estos praos son de sos* 'son de ellos', o 'de ellas'. (*Aller*, págs. 134-135).

Este uso está documentado en el habla de Lena: *un querru de mió* 'un carro mío'; *un pirru de tó* 'un perro tuyo'. Ocurre,

sobre todo, con el posesivo de primera persona, y, más raramente, con el de segunda. (NEIRA, *Habla de Lena,* pág. 73). Es
desconocido en Cabranes.

Sigue siendo general, en todo el dominio del dialecto, el
uso del posesivo con el artículo antepuesto, construcción conocida del antiguo castellano. Es general en toda Asturias: *la mió
muyer, la to casa,* etc. [114]. En Santander: *los tus padres, el nuestro puebluco, la mi madre.* En León: *el mió Gregorio, la mía
cayada* (Sajambre), *los tous fiyos, la tue muyer, el sou ganau*
(La Cabrera), *los nuestros šjatos* (Babia). La Ribera del Órbigo
dice *el sou puntu, la mi vaca silga, el nuestru dialetu.* En Zamora: *el mi sombrero, el tu manteo.* En la Ribera del Duero:
el tu güertu, la mi casa. En mirandés: *les mies palabras, la tue
ouración.* En Extremadura el uso es parecido. (Véase A. ROSEN-
BLAT, *Notas de morfología dialectal,* BDH, II, pág. 141; también,
Fil, II, 1950, pág. 157).

En Asturias es frecuente la omisión del artículo en nombres
que van regidos de la preposición *en: tan monti* 'está en el
monte'; *pusiéronmelu en carro; dar voces en castañeu* 'predicar
en desierto'; *téngolu en baúl, el gatu anda en teyau.* Se registra
esta contracción en Cabranes (*tá'n carru; tá'n monte; en cuetu,
en caneyu*); *durmióren en puertu* (Aller). En Lena se oye *tá'n
orro; t'án cuartu* 'está en el cuarto' (NEIRA, *ob. cit.*), y, como
extremos hacia occidente, en Teberga, Quirós y Proaza (*nun lu
tires en suelu; tien lu en prau;* RODRÍGUEZ CASTELLANO). Ya no
ocurre en La Sisterna, ni en Soto, ni en Navelgas, donde el
artículo vuelve a aparecer. Como queda señalado, esta desapa-

---

[114] En los nombres de parentesco, suele suprimirse el artículo cuando la persona aludida en el nombre pertenece al círculo inmediato de
trato o relación de consanguinidad, dejándose, en cambio, el artículo
para aquellos más alejados: *tíu Pachín* 'mi tío' (o 'nuestro tío') Pachín.
Pero *a tía Petra* 'una señora del pueblo llamada Petra' (Sisterna). En
Cabrales, *suegra tá na casa* revela respeto o deferencia familiar; *la
suegra ta na casa* elimina esa relación de respeto (ÁLVAREZ FDZ. CAÑEDO,
pág. 69).

rición se produce solamente con la preposición *en*, no con las demás (*pol*, etc.). La desaparición está también atestiguada en Sajambre.

El verbo.—En lo que al verbo se refiere, hay que señalar el arcaísmo en algunas regiones asturianas de no usar las formas perifrásticas de perfecto. Incluso el habla culta castellana de muchas familias rechaza el empleo de las formas compuestas: *¿oíste lo que digo?; hoy llovió todo el día*. Se atestigua en Cabranes y en Lena, donde el uso del perfecto perifrástico se indica como ultracorrección: *coyí la yerba* 'he recogido la yerba'; *fai poco que marchó el mío hermanu* 'hace poco que se ha marchado...'; en Aller ocurre lo mismo: *castigoren los ladrones* 'han castigado a los ladrones'. Igual uso en Babia y Laciana.

Las formas *-ara*, *-iera* tienen aún en Asturias su valor de pluscuamperfecto de indicativo, como en gallego-portugués: *dišo qu'hubiera comíu* 'dijo que había comido' (Cabranes, Cabrales, Aller, Lena). Al lado, existe también el valor de imperfecto de subjuntivo castellano. En Laciana: *chegou cuando you l'hubiera rematao* 'llegó cuando yo ya lo había acabado'. La forma simple en *-ra* no se usa en Laciana, a diferencia de la tierra asturiana con ella lindante (Somiedo), que la emplea mucho. La mezcla de valores llega a la tierra de Miranda, donde se dice indiferentemente: *yo había de verme ambaraçado se quejira* o *se quejisse fazer esso*.

En otros lugares, la forma *-ara* tiene valor de perfecto, esporádicamente.

En asturiano y mirandés, el infinitivo regido de auxiliar no lleva preposición: *vas iguáte* 'vas a arreglarte'; *has facélu; tó facer* 'tengo de hacer'; *vo dešalu* 'voy a dejarle'; *va cométe* 'te va a comer'; *hubo caése* 'estuvo a punto de caerse'. Lo recoge CANELLADA en Cabranes (*hubiemos comelo* 'por poco lo comemos'; *vo facelo lluego* 'voy a hacerlo en seguida'; etc.) y NEIRA lo atestigua en Lena (*fui decilo, tó dime, tó sabélo*). También existe en Aller (RODRÍGUEZ CASTELLANO: *fo segar yerba, vas venir*, etcétera). (Obsérvese el valor de *haber* en los ejemplos citados, 'estar a punto de...', 'por poco...'). Asimismo es general la falta de la preposición *a* en toda Asturias cuando el infinitivo va regido por *ir*.

El futuro se usa muy poco en algunas comarcas de Asturias. Así, por ejemplo, en Cabranes, Colunga, Infiesto, Cabrales, se sustituye por una perífrasis con *dir*, que pierde su sentido de movimiento: *vo facer* 'haré'; *vamos šintar* 'comeremos en seguida'; *vamos dir šintar* 'comeremos dentro de un poco, nos disponemos a comer' (CANELLADA, pág. 33). En Aller se usa el condicional simple en lugar del futuro perfecto: *cuando lleguemos todavía non vendría* 'cuando lleguemos aún no habrá venido' (RODRÍGUEZ CASTELLANO, *Aller*, pág. 182). En Cabranes se documenta igualmente este uso.

También se da el empleo de preposiciones con matices distintos a los de la lengua literaria: *han a facer* 'han de hacer'. Esta construcción *haber a* sirve, en Asturias occidental, para expresar un sentido de obligación débil: *ha fedélu you* equivale a 'tener cierta obligación de hacerlo y que el interesado lo hará de buena gana'. Otras veces representa un tiempo futuro: *déšalu, ha fadélo you* significa 'déjalo, ya lo haré yo' (aunque no haya obligación de hacerlo). Esta construcción se usa con el presente y el imperfecto de indicativo. (La idea de obligación con los demás tiempos se expresa con *tener que*). La preposición *a* se emplea solamente con las formas de *haber* que no terminan en vocal: *you ha fadélu*, pero *tú has a fadélu; ešus han a fadélu* (RODRÍGUEZ CASTELLANO, *Aspectos del bable occidental*, pág. 242). En mirandés existen giros análogos: *spera que l'hemos matar*, al lado de *hemos de matar*.

Per y *por* coexisten. *Per* designa principalmente una relación de lugar: *per les caneyes* 'por las calles, los caminos'; *per so el telar, per ende, pel monte*, etc. *Per* fue muy usada en la lengua antigua (véase R. LAPESA, *Asturiano y provenzal en el Fuero de Avilés*, pág. 86).

En el habla de Aller, la adversativa *más que* se reduce a *más*, con el valor de 'sino': *Non tengo má un fío* 'no tengo más que un hijo'; *nun piensa má comer* 'no piensa más que en comer, sino en comer'; *nun fai má yorar* 'no hace más que llorar'; etcétera. No parece existir este rasgo en otras zonas de Asturias. La lengua antigua practicó lo contrario, es decir, *que* en lugar de *más que* (provenzalismo, según R. LAPESA, *loc. cit.*, pág. 88).

Do, adverbio interrogativo, llegó en su vigencia hasta el período clásico castellano, sobreentendido el verbo *estar*. Se usaba para preguntar por algo que no se encontraba a mano: *¿Do la mi ventura, / que no veo ninguna?* Podía venir representado el sustantivo por un pronombre enclítico, dependiente del adverbio: *¿Do los mis amores, dolos?* / *¿Dó los andaré a buscar?* (MENÉNDEZ PIDAL, *Dial. leon.*, § 22) [115]. Este giro se conserva en asturiano con el adverbio *u* (se documenta en Navelgas, Cabranes, Lena y Aller): *¿U la leña?, ¿Ula?* «*Ahí tan les tes oveyes. ¿Ules?*» (Cabranes). *Tú perende, y la šente, ¿ulo?* 'tú por ahí, y la familia, ¿dónde está?' (Aller). Es idéntico al antiguo portugués *ulo* y al gallego *ulo, ulos, dulo, dulos*, etc.

---

115 Compárese este ejemplo del Arcipreste de Talavera, donde se ve muy claramente la expresión elíptica con el adverbio y el pronombre enclítico: «*¿Qué se fizo este huevo? ¿Quién lo tomó? ¿Quién lo levó? ¿Adole este huevo?*» '¿dónde lo encontraré'. (*Corbacho*, edic. M. Penna. pág. 82).

ARAGONÉS

El dialecto aragonés presenta, al oriente de la península, un correlato con el occidente leonés. Análogos fenómenos fonéticos, idénticas zonas extremas de interpenetración y confusión. Pero las diferentes circunstancias históricas han trazado clara diversidad sobre las líneas separadoras. Los Pirineos no han tenido siempre el valor separador que hoy podemos suponerles. Todavía hoy quedan a uno y otro lado de la divisoria rasgos comunes en fonética y en léxico [1]. En general, sin embargo, puede afirmarse que la cordillera marca una precisa frontera. Al occidente, el límite entre Navarra y Aragón viene a coincidir con la frontera política [2]. Pero donde los límites han sido es-

---

[1] En líneas generales, para la exposición de lo referente al dialecto aragonés, sigo el libro de MANUEL ALVAR, *El Dialecto Aragonés*, Madrid, Gredos, 1953.

[2] Una frontera de ascendencia prerromana se dibuja entre Navarra y Aragón: es la del doble resultado *ch* o *x* (x) (*javier-Chávarri*) en los derivados del vasco *etxe* 'casa'. Al oriente de la línea que se acerca a los límites entre Huesca y Navarra hay *x*; *ch* al occidente. (Ver MENÉNDEZ PIDAL, «*Javier-Chávarri*» dos dialectos ibéricos, en *Pirineos*, V, 1949, págs. 375-385.) La inclusión del norte oscense dentro de un territorio ibérico fue también estudiada por MENÉNDEZ PIDAL, *Sobre las vocales ibéricas ĕ y ŏ en los nombres toponímicos*, RFE, V, 1918, págs. 225 y ss. El extremo norte de la provincia de Zaragoza, limítrofe con Navarra (Salvatierra de Esca y Sigüés), ha sido considerado por M. ALVAR: la castellanización es muy intensa. Solamente en restos léxicos puede verse la huella aragonesa. (*Notes sur le parler de la vallée de l'Esca*, en *Via Domitia*, Annales publiées par la Faculté des Lettres de Toulouse, IV, 1955; también, del mismo, AFA, VIII-IX, págs. 9-61.)

tudiados (y recuerdan en su diversidad y en su orientación de
norte a sur los límites gallego-leoneses) es en el oriente, en la
separación entre aragonés y catalán. El primer estudio fue el
de A. GRIERA [3], trabajo que provocó un detenido comentario
de MENÉNDEZ PIDAL [4]. Al norte de Benabarre, los límites son
líneas dispersas, mientras que al sur las líneas diferenciadoras
de los diversos fenómenos fonéticos avanzan ya unidas. Hay
detrás de esta cualidad geográfica una razón étnica prerromana.
En esta tierra, reconquistada (o no ocupada) antes del siglo XII,
los límites lingüísticos responden a los de las viejas tribus pre-
rromanas (vascos, cerretanos, ilergetes, etc.); en cambio, al sur
de Benabarre, reconquistado a partir del siglo XII, la repoblación va marcando ya una frontera compacta. Los reyes de
Aragón avanzaron por las orillas del Ésera y del Cinca. Los
condes de Barcelona lo hicieron a su vez por el Ribagorza. «Con
la conquista de los pueblos de La Litera hasta Peralta y Tamarite por parte de los condes de Urgell, y más tarde con la conquista de Lérida (1149), Fraga, Torrente, Mequinenza, Velilla
y Zaidín por Berenguer IV, y la conquista de Monzón y los otros
pueblos de la ribera del Cinca por Pedro de Aragón, tenemos
explicado el origen histórico de la frontera lingüística de hoy»
(GRIERA, *La frontera...*, pág. 30).

En la Alta Ribagorza, el entrecruzamiento de rasgos dialectales ha sido perseguido por G. HAENSCH [5]. Quedan dentro del
habla aragonesa, con diptongación en cualquier circunstancia
de ŏ y ĕ latinas, Bisaurri y Renanué, mientras que Espés y
Los Paules no diptongan, pero, en cambio, poseen aún rasgos
que aproximan su habla al aragonés (*-s-* sorda, formas de la
conjugación, etc.). Bonansa, Ardanuy, Noales y Castanesa son

---

[3] ANTONIO GRIERA GAJA, *La frontera catalano-aragonesa*, Barcelona,
1914.
   [4] RFE, III, 1916, págs. 75-88. Véase también ahora una determinación
de fronteras (con otros criterios) en MANUEL ALVAR, *Catalán y aragonés en
las regiones fronterizas*. Actas y Memorias del VII Congreso Internacional de Lingüística Románica, Barcelona, 1955. Para una visión de conjunto de los límites dialectales puede verse con provecho A. BADÍA
MARGARIT, *Gramática histórica catalana*, págs. 50-57.
   [5] GUNTHER HAENSCH, *Las hablas de la Alta Ribagorza*, Zaragoza, 1960.

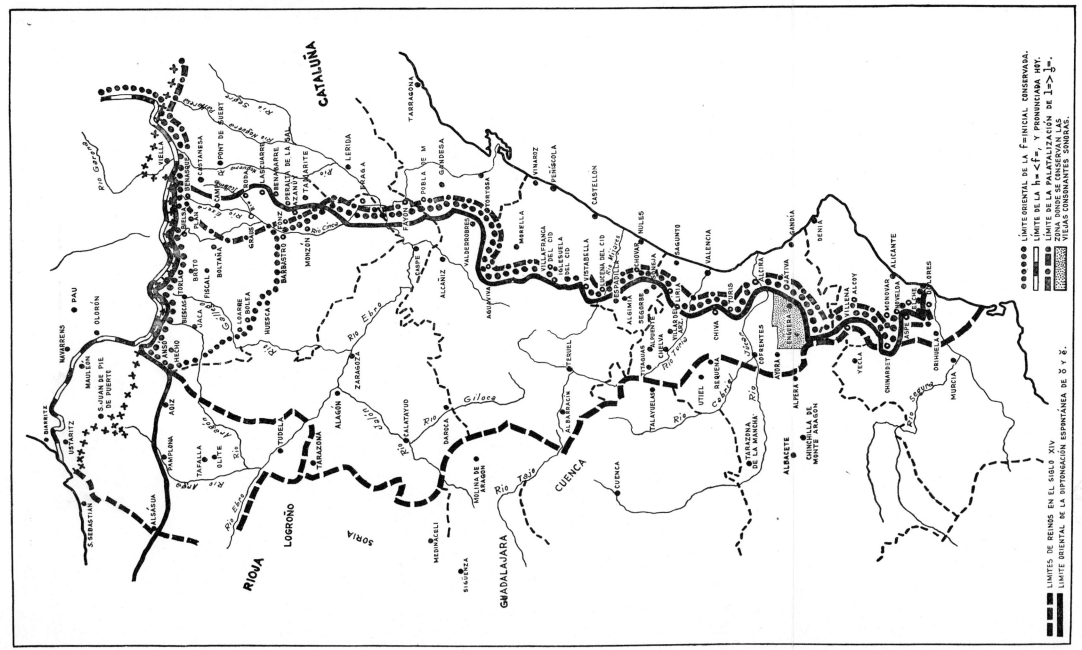

LÍMITE ORIENTAL DE LA f=INICIAL CONSERVADA.

LÍMITE DE LA h=<f=, Y PRONUNCIADA HOY.

LÍMITE DE LA PALATALIZACIÓN DE l=>$\not l$=.

ZONA DONDE SE CONSERVAN LAS VIEJAS CONSONANTES SONORAS.

LÍMITES DE REINOS EN EL SIGLO XIV

LÍMITE ORIENTAL DE LA DIPTONGACIÓN ESPONTÁNEA DE ǒ Y ě.

XVI.—El dialecto aragonés.

catalanes. Estos tres grupos señalados por Haensch se corresponden con las tres cuencas respectivas, de oriente a occidente: la del Ésera, la del Isábena, la del Noguera Ribagorzana.

La comarca de interferencias dialectales a lo largo de la frontera sigue en estas mismas direcciones hacia el sur, hasta Benabarre, Purroy, Calasanz. Como de costumbre, el primer signo diferenciador sería la diptongación o no diptongación de ŏ y ĕ; otro rasgo sería la palatalización catalana de *l-* inicial o la conservación (aragonesa) de ese sonido. Esta palatalización es perceptible todavía más al occidente que la diptongación, e incluye a Gistain, Benasque, Campo, Graus, Azanuy y Fonz. (Véase pág. 224). La *j-*, *g-* catalanas (ž), en posición inicial o interna, y a lo largo del Noguera Ribagorzana, se hacen oclusivas sonoras (y̌), pero, cruzado el río, surge ya el sonido aragonés č (*čermá, dičóus, penčá*). Esta africación y ensordecimiento de ž llena todo el Alto Aragón y se extiende hasta la frontera navarra. También en esta comarca se conserva la oclusiva después de palatalizar la lateral en los grupos *kl-, pl-, fl-, bl-*: *cllau, pllat, fllama*, etc. Otro rasgo diferenciador es la aparición de š en los lugares donde el catalán tiene *s*; así, frente a *sera, mossa, onsa*, de Benasque, Benabarre y Tamarite, existen *çera, moça, onça*, en Roda, Lascuarre, Peralta y San Esteban.

La frontera con el catalán ha sufrido en los últimos años un fuerte retroceso. En los primeros años de este siglo, SAROÏHANDY vio el fuerte peso del castellano sobre las hablas limítrofes. Campo, Graus, Fonz hablaban catalán en 1908; hoy ya no lo hablan; Benasque y Calasanz hablan aragonés; Roda se incluye en el catalán. Es decir, el catalán, como el gallego al occidente, se bate en retirada [6].

---

[6] En el habla de Benasque abundan los rasgos propios, definitorios: *-ts* en las segundas personas de plural, frente a la próxima *-z* aragonesa; conservación de la *-b-* en los imperfectos; *en ta* en lugar de *cap a*; etc., etcétera. Se trata de un catalán de transición (correlato del gallego de Asturias). Ver MENÉNDEZ PIDAL y SAROÏHANDY en *Primer Congrés de la Llengua Catalana*, Barcelona, 1908. Más modernamente algunos datos de SAROÏHANDY (*Revista de Aragón*, 1902) han sido revisados por M. ALVAR en *Dos cortes sincrónicos en el habla de Graus*, AFA, VI, págs. 9-58, para

Más al sur de la comarca que nos ocupa, es decir, en la tierra reconquistada después del siglo XII, entre Monzón y Tamarite hasta Alcolea de Cinca, Lérida y Fraga, la frontera entre aragonés y catalán es compacta, de paso brusco: está constituida por una superposición de varios límites coincidentes, lo cual es una buena prueba de que la lengua de ambos lados de la raya es una lengua llevada e impuesta por conquistadores y repobladores.

En el ángulo nordeste de la provincia de Teruel existe el curioso enclave de Aguaviva, estudiado primeramente por Hadwiger y hace poco tiempo por M. Sanchís Guarner[7]. Se trata de un enclave que puede ser caracterizado como valenciano y con rasgos arcaizantes, debido sin duda a haber sido, por diversos azares histórico-políticos, olvidada la reconquista de Aguaviva o haber existido huellas de las hablas mozárabes. Los lugares cercanos, Calanda, Castellote y Cuevas de Cañart, son aragoneses.

Avanzando más hacia el sur, la reconquista aragonesa entró en el territorio de la actual provincia de Castellón, donde fue mantenida por el obispado de Segorbe, que dependió de Toledo hasta 1318 y después de Zaragoza. Manuel Alvar ha trazado, valiéndose de informaciones de primera mano, la frontera en la provincia. Quedan, después de sus observaciones, dentro del

---

llegar a la conclusión de que el catalán se bate en retirada bajo el empuje de la lengua oficial.

[7] J. Hadwiger, *Sprachgrenzen und Grenzmundarten des Valencianischen*, en ZRPh, 1905, XIX, y M. Sanchís Guarner, *Noticia del habla de Aguaviva de Aragón*, en RFE, XXXIII, 1949, págs. 15-65. El habla de Aguaviva está llena de rasgos entremezclados. Conserva *f-*; tiene θ como el castellano y *ž* como el catalán (*cistella, žermá*); diptonga *ĕ* latina (*mial* 'miel', *θjal* 'cielo') pero también a veces la conserva en *e*, como el catalán y valenciano (*lebre* 'liebre', *peθa* 'pieza', *bell* 'viejo'); ante yod la presenta en *i*, como el catalán moderno: *llit, pit, cadira;* la *ē* se mantiene como en catalán occidental y valenciano (*θep* 'cepo'; *cadena; fret* 'frío'), pero también la diptonga a veces: *tial* 'tela'; *pial* 'pelo'; *viard* 'verde'; la *ŏ* no diptonga: *font, bo, porta;* pero sí lo hace ante yod como el catalán: *vuit* 'ocho'; *fulla* 'hoja', etc. Naturalmente, todos estos rasgos inclinan más el habla local del lado catalán que del aragonés, especialmente la diptongación.

lado aragonés: Castillo de Villamalejo, Argolita, Espadilla, Ayo-
dar, Castelnovo, Segorbe y Soneja[8].

Al sur de la provincia de Valencia queda el arcaizante enclave de La Canal de Navarrés (Anna, Énguera, Navarrés), pequeña zona donde se conserva la distinción entre las viejas
sonoras y sordas. En realidad, ya no se puede hablar tanto de
zona dialectal como de arcaísmos comunes con el castellano[9].

---

[8] «El primer obispo de Segorbe, venido de Aragón, de Albarracín,
colocó su diócesis, no bajo la autoridad del metropolitano catalán de
Tarragona, como hizo el obispo de Valencia, sino bajo la del castellano
de Toledo, con gran disgusto del obispo y clero valencianos que llegaron
a atacar armadamente a Segorbe en 1248; sólo después de creado el
arzobispado de Zaragoza, en 1318, se hizo el de Segorbe uno de sus su-
fragáneos. Esta enemiga eclesiástica de Valencia y Segorbe parece que
se refleja en la coincidencia curiosa de que mientras aquella parte de
la provincia de Castellón que habla valenciano depende eclesiásticamente
del obispado de Tortosa, la que habla aragonés se reparte entre los dos
obispados de Segorbe y Valencia. Es decir, que cuando ninguna división
civil, ni antigua ni moderna, coincide con la lingüística (hoy el partido
de Segorbe comprende mezclados pueblos que hablan aragonés y valenciano) la división eclesiástica responde aquí perfectamente a la procedencia de los pobladores de la reconquista» (MENÉNDEZ PIDAL, *Sobre los
límites del valenciano, Primer Congrés de la llengua catalana*, pág. 342.)
Véase también el ya viejo libro de C. TORRES FORNES, *Voces aragonesas
usadas en Segorbe*, Valencia, 1903.

[9] La comarca está situada en el suroeste de la actual provincia de
Valencia. Su habla es castellano-aragonesa con rasgos valencianos. Existe diptongación: *güerto, güeso, yerro, yerba* (*guierro, guierba*, en determinados niveles). No se conoce *fuella, huey, nueit*, etc., pero sí *güeyo*.
Conviven algunos valencianismos muy claros: *foc* 'fuego'; *grogo* 'amarillo'; se dice *hoja, hijo, hiemo* (pero también *fiemo* 'estiércol'), y son
conocidas *juerza, juente* 'fuente', *jui* 'fui'; la *l-* inicial se reparte entre
luna, leña, lobo, lomo, y *llevantar, llonganiza, llaboreta*, etc. Se oye *plorar*
'llorar', *plegar* 'recoger', pero *closar* 'entornar la puerta'; al lado de
llave existe *clau*, valencianismo de igual significado. Al lado de *gente,
yerno, enero*, se oye *chemecar* 'lloriquear, gemecar', *chelar* 'helar'. Se
distingue *s* sorda (*pasar*) de sonora (*casa*). La *z* sonora procede por igual
de las antiguas *z* (*dize*) y *ç* (*plaça*): *dize, crianzo* 'mal educado', *plaza,
cabeza, bezones* o *melguizos* 'mellizos', *zucre* 'azúcar'. También mantiene
el habla enguerina diferencia entre *b* oclusiva y *v* fricativa: *bever*. En
la morfología cabe señalar el uso de perfecto perifrástico (*sen va dir,*
'se fue'; *va venir* 'vino', etc.), el uso de *tú* con preposición (*con tú, pa
tú*) y la frecuente presencia de *inde* (*amosende, amonosende* 'vámonos';

Las vocales tónicas aragonesas guardan un estrecho parentesco con las leonesas: ŏ y ĕ diptongan incluso ante yod y presentan las mismas vacilaciones. Procedentes de ŏ coexisten *ua, uo, ue;* derivados de ĕ coexisten *-ja-, -je-*. En los siglos X y XI fue muy abundante la fluctuación y hoy persiste en las comarcas más arcaizantes. Quizá de todas las formas, *uo* fue la menos abundante: *fuoros* (1132), *malluolo* (1149), *Sanguossa* (1093-1300), *Zalduondo* (1098). En la actualidad, la forma *uo* se presenta esporádica y vacilante: *esquirguollo* 'ardilla' < s c u r i o l u (Lanuza); *guordio* < h o r d e u (Hecho, 'cebada'); pero al lado de estas formas, en el mismo Hecho se usan *güerdio* y *fuögo.*

La variante *ua* tiene más vitalidad. En Aragüés, Jaca, Tena, Biescas, Broto. Ordesa, Sercué y un poco más al sur (Bolea-Loarre) existen vivos ejemplos: *ruaca, puarca* 'surco'; *buano* < b o n u; c o l l u > *cuallu;* v ŏ m e r > *guambre* 'arado de reja enchufada'; *fuande, puande, quarta, bayuaca, cuallar, cualla, billuarta,* en Aragüés. Esta última voz se atestigua también en Jaca. En toponimia, *Luanga* (Aineto), *Forcarualas* (Hecho), *Araguás* (Villanúa), *Cuangas* (Aragüés), *Cuandras, Manzañualas;* en las proximidades de Jaca hay *Araguás, Banaguás, Badaguás, Guasa,* etc. En Navarra hay topónimos medievales que indican

---

end a d'er 'ha de hacer de eso'; *vestende* 'vete!'). De todos modos, en los últimos años, la nivelación lingüística, ya hacia la lengua oficial, ya hacia el valenciano popular, ha avanzado notablemente.

Esta curiosísima y atrayente habla local de la Canal de Navarrés todavía no ha sido estudiada con profundidad y detalle. Puede verse el artículo de BERNARDO MARTÍNEZ MARTÍNEZ, *Breve estudio del dialecto enguerino,* en ACCV, 1947, VIII, págs. 83-87.

Otra zona de tránsito es, al norte de la provincia de Valencia, Villar del Arzobispo. donde aún es perceptible el aragonesismo aquí y allá, sobre todo en el léxico. (VICENTE LLATAS, *Lenguaje de Villar del Arzobispo,* en ACCV, 1947, VIII, págs. 163-194; el mismo autor ha vuelto sobre el tema en *El habla de Villar del Arzobispo y su comarca,* Valencia, 1959.)

análoga evolución: *Arduasse* (1060), *Isuarre* (1091). Lo más abundante hoy es *we*, en el habla viva: *argüella, truejo, bagüeso, bayueca;* en la alta Ribagorza, *fuén* 'fuente', *puén* 'puente'.

El resultado *ja* < ě tiene menos área geográfica que *ua* < ŏ. Se conoce en los valles de Fanlo, Ordesa y Tena: *tiampo* < tĕmpus, *hiarba; dianda* 'diente'; *viallo* 'viejo'; *iara* 'era'. La documentación medieval no es muy abundante (*niata, ciarta*). En topónimos se encuentra *batialla* < *betella (Lanuza), *Cambarial* (Bergua) y algún otro.

En algunos casos el diptongo *-ja-* se ha reducido a > *a: sarra* < *siarra* [10]. El diptongo *-ja-* vive en Aguaviva de Aragón, donde, según Sanchís Guarner, que ha estudiado el habla de esta comarca, no es resultante de ě latina, sino cambio espontáneo de la ę abierta del valenciano y del catalán occidental. Procede, pues, tanto de ě como de ē: mĕle > *mial;* pĕde > *piau;* septe > *siat;* pilu > *pial; fial; cial* 'cielo'; *biale* (cat. *vela*); *mustiale* (cat. *mustela*), etc., etc.

No se ha reducido el diptongo *-ie-* en el sufijo *-ĕllu: corbiella* 'cesta, banasto'; *bertiello* 'anillo de madera'; *aguatiello* 'albañal';

---

[10] En varios casos, una *a* representa la reducción de un viejo diptongo *ua: frande* < frŏnte; *Langa* < longu; *pandallestra* < pŏnte, etcétera. La reducción es manifiesta, sobre todo, en los casos en que la voz es protónica: *fanfrera, fambiella, čan* (reducción de *čuan* 'Juan', nombre de unas casas en Embún). La reducción de *ja* > *a* parece darse sobre todo ante r̄ (a diferencia de *uo* > *a*, que se produce ante nasal). Según Elcock, sĕrra habría dado comúnmente un aragonés *siarra,* al lado de *sarra* (*sarra patía*). M. Alvar llama la atención sobre los múltiples casos en que la ě átona se abre por influjo de la r̄ múltiple siguiente: *Sarrato, Sarratón* (topónimos), *Sarrataz, Sarratello, Sarrambiana* (topónimos medievales), gascón *Sarrot,* cat. *Sarradel.* De todos modos, Elcock llama la atención sobre esta analogía ŏ > *a,* ě > *a* que había de consumarse llegando a igualar el vocalismo aragonés. («Analogía peligrosa de veras para el dialecto aragonés, si todas las *-e-* y las *-o-* del latín habían de coincidir finalmente en *a.* Acaso ha venido muy a tiempo el castellano para socorrerlo en una situación bastante comprometida, para poner alto a una derrota del vocalismo aragonés.» Elcock, *Toponimia menor en el Alto Aragón, Actas de la primera reunión de toponimia pirenaica,* página 81.)

regatiello; cingliello 'un aparejo' < cing'lĕllu, en Jaca; *arbiello* < *arvĕllu 'clase de embutido'. En Aragüés, *betiellu* < vitĕllu; *capiellu* < capĕllu; *taniella* < tanĕlla; *espatiella* < spathĕlla (GONZÁLEZ GUZMÁN, pág. 42). *Caniella* 'muñeca', *dibiello* 'ovillo', *bediello* (< vitĕllus) 'ternero', en la alta Ribagorza. La lengua antigua recoge muchos más testimonios de este diptongo: *aniello, amariello, cuchiello, poquiello, vassiella,* etc., etc. Pero la reducción también era conocida: *Cortilla, Castillo, Guasillo,* etc.

Las vocales breves (ŏ, ĕ) diptongan ante yod comportándose así en estrecho paralelismo con el leonés y frente al castellano: fŏlia > *fuella;* ŏculu > *güello;* rŏtulu > *ruello; cueto* < cŏctu; hŏdie > *güé* (*güey* en lo antiguo); pŏdiu > *pueyo;* hŏrdeu > *güerdio;* fŏvea > *fueva, despuellas,* etc. Casos de ĕ: tĕneo > *tiengo; viello, retienga, devienga,* etc.

El grupo *-kt-* conserva, por lo general, la vocal, aunque hay numerosas reducciones: factu > *feito* (pero *feto* en Torla, y *fito* en Bolea); jectare > *chitar* (pero *itar, titar,* en Hecho); pectu > *peito;* pectorale > *peitoral* (pero también *petral*); *estreito, leito.* Comp. *leitera* 'sábana', en Panticosa (KUHN, página 16).

Las voces con *x* latina han mantenido la *a* sin inflexionar: fraxinu > *frašino* (Ansó, Hecho), *frasno* (Jaca), *frašín* (Embún, Aragüés). Comp. el aragonesismo *faja* < fascia, de la lengua general, o el antiguo arag. *alašot* > laxavit.

Hay algunos restos de diptongación de vocales cerradas: *ibuerda* 'borda' (Fiscal); *cuerzo* 'corzo' (Aragüés, Embún); *güiembro* 'hombro' (Jaca); *muara* 'morera' (Panticosa). Este cambio existe también cuando sigue yod a la vocal: *duecho* < dūctus 'timón del arado'. De este cambio hay abundante huella en los textos antiguos: *mietro* (1347); *sien, sienes* < sīne (siglos XIV, XV); *viega* 'viga' (siglo XV); *orgüello* (siglo XIII); *adueyto, redueytos* < a- redŭctus (siglo XIV). Estos ejemplos empujan a M. ALVAR a pensar que quizá en antiguo aragonés también diptongaban las vocales cerradas (ALVAR, *Dial. arag.*, pág. 153.)

VOCALES ÁTONAS

La inicial se pierde frecuentemente: e p i t h e m a > *pirma;* a s c i a t a > *šada, jada;* u m b i l i c u > *melico; lecina* < i l i- c i n a 'encina'; o p a c i n u > *pacino* 'umbría'.

Los dialectólogos aragoneses estudian, por otra parte, gran variedad de cambios en la vocal inicial, debida, en su mayoría, a los sonidos vecinos y al especial timbre incoloro de las voca- les átonas; la mayor parte de los ejemplos son vulgarismos fácilmente documentables en áreas no aragonesas: *empolla* por *ampolla; ancina* 'encina'; *tarraza* (abundante en todas partes, incluso en judeoespañol, por el influjo de r̄); *chinebro* < j e n i- p e r u; también está registrada la pérdida: m e r e n d a r e > *brendar.*

Análogos casos son *frajenco* (< f r i x e n c u < f r i x u s, G.ᐟ DE DIEGO, *Contribución,* 270; el paso *i > a* es también cono- cido en zonas leonesas: *chanfonía* en Salamanca); *dreito* 'de- recho'; *buyero* 'boyero' etc., etc.

La vocal final *-e* se pierde en casi toda el habla viva, en especial detrás de grupos con nasal: *falz* (Jaca, Cuevas de Cañart); *adeván* (Hecho), *deván* (Ansó, Torla); *fuén* (Ansó, Ara- güés, Hecho, Jaca, Bisaurri); *chen* 'gente' (Ansó, Loarre, Hecho, etcétera); *glan* 'bellota' (por todas partes); *nuey* 'noche' (Hecho), *nuet* (Bielsa) [11]; *dién* 'diente' (Bisaurri).

Se conserva esta *-e* detrás de t: *parete* (Ansó, Aragüés, Jaca); *rete, almirete* (Jaca); *almute* (Aragüés). También aparece *-e* como vocal de apoyo detrás de *-br: guambre* 'arado' (Aragüés, Torla, Jaca); *güembre* (Hecho, Ansó); *pebre* < p ĭ p e r.

La *-o* se comporta en aragonés de modo mal definido. Entre el catalán que la elimina, y el castellano que la conserva, el

---

[11] La *-e* final se pierde también ante *-s,* es decir, en numerosos plura- les: *allagons, casetons, calcetins,* etc. (Véase más adelante, pág. 248.) Los documentos antiguos reflejan copiosamente este rasgo: *sorors, Novals, nols, casals,* etc. (Véase MENÉNDEZ PIDAL, *Orígenes,* § 38₃.)

aragonés parece la zona de tránsito natural. Se pierde mucho
en la zona oriental del dialecto, y en el Alto Aragón, y más
vacilantemente en el resto. En la lengua moderna, se pierde
en varias ocasiones, pero sin regularidad; desaparece en el
sufijo *-az* y en el *-in* (*ricaz, Fornaz, Campaz; gorrín, tocín,
cochín*). Se pierde asimismo detrás de algunas consonantes.
Detrás de *l*: *cimbal, roscadel* 'cesto'; *espícol* 'espliego'. Detrás
de *n*: *tabán, cién* 'cieno'. Detrás de *nd*: *blan* 'blando'. En los
casos de permanencia de *-o*, su timbre se cierra: *cayíu, caíu,
reyíu, veníu*. Esta *-u* es típica del habla vulgar y caracteriza vivamente la fisonomía fonética de las hablas rurales. Nunca se
hace diptongo, sino que se mantiene el hiato.

El sufijo *-i t t u* da *-et* o *-é* en la zona oriental: *molinet*
'molinillo'. En toponimia hay abundantes casos de pérdida de
-o: *Plan* (Huesca), *Canfranc, Esporret* (Jaca), *Tierz* (Huesca),
Monclús (ant. *Mont Cluso*, en Boltaña). En la zona oriental (Benabarre y Tamarite), la pérdida de *-o* en la toponimia es constante, probablemente por influjo catalán[12].

Los documentos antiguos registran *-e* por *-o*, tras *r* agrupada: *sepulcre, vidre, escopre*. Comp. los actuales *outre, alatre,
güeitre* 'arado', *vocable, esbarre* 'bifurcación', *alcorce* 'atajo'.

---

12 La pérdida de *-o* final en aragonés aparece atestiguada desde muy
pronto y con relativa intensidad: *Guasil* (hoy *Guasillo*, cerca de Jaca),
Randolf (1167); *Asiés* (hoy *Asieso*, también en la vecindad de Jaca);
Canfranc < c a m p u   f r a n c u. Muchos otros topónimos autorizan a
pensar en que la caída de *-o* final era rasgo definitorio del dialecto
primitivo de la comarca: *Esporret, Tierz, Monclús*, etc., ya citados arriba.
(No hay que olvidar, no obstante, los numerosos casos de conservación:
Broto, Aineto, Sabiñánigo, Fanlo, etc.). Probablemente, el influjo catalán
explicaría muchos casos de pérdida, sobre todo en la Edad Media, pero
en los topónimos es difícil sostener tal influjo: hay que tener en cuenta
el dialecto originario. Sólo así se explicarían los numerosos casos de
apócope vivos en el habla actual, incluso hasta los límites actuales de
Navarra (MENÉNDEZ PIDAL, *Orígenes*, § 36₃). Tal estado originario se vería
apoyado en las comarcas pirenaicas (especialmente en torno a Jaca) por
la frecuente relación con franceses, debida al camino de Santiago, que,
precisamente, penetraba en el territorio por el Somport (V. RAFAEL
LAPESA, *La apócope en castellano antiguo*, en EMP, II, págs. 185-226).

En lo que se refiere al acento, hay que destacar como rasgo muy típico del habla viva, la repugnancia por los esdrújulos, que se hacen paroxítonos. El fenómeno es general en el territorio: *cantaro, medico, maquina, cañamo* han sido documentados en Jaca; *figado, lica* 'águila'; *arnica; endice* 'índice, dedo'; *cantico, parpado, fenomeno,* etc., lo han sido en Bielsa; en el sur, *arboles, habito, lagrima, pajaro,* se recogen en Cuevas de Cañart. (ALVAR, AFA, III, pág. 187.) Idénticos casos señala F. MONGE en Puebla de Híjar. (RDTradPop, VII, 1951, pág. 192.)

Esta repugnancia hacia los proparoxítonos existe igualmente en la vertiente norte del Pirineo: p a t i n a m > *padéno;* m a n t i c a m > *mantego* 'prenda de piel de oveja'; l a c r i m a m > *legremo;* l a m p a d a > *lampade,* etc. (Véase G. ROHLFS, *Le Gascon,* pág. 107.)

Las vocales intertónicas tienden a desaparecer: *abrius* 'yunta', relacionado con h a b ē r e (Jaca, Aragüés, Puebla de Híjar); *cambreta* 'pequeña habitación en el desván'; *cañabla* < c a n n a b u l a (Jaca, Aragüés, Bielsa), *canabla* (Hecho) 'collar para la esquila'; *aspra* 'áspera', casi general, etc.

La lengua viva tiende a suprimir el hiato. El proceso, conocido y frecuente en muchas hablas y en todos los tiempos, tiene en el habla vulgar aragonesa una eficaz personalidad: *antiojera* 'anteojera'; *carriar* 'acarrear'; *bandiar* 'tañer las campanas'; *pial* < p e d a l e 'calcetín de lana' [13]. También existe en el habla vulgar el cambio acentual: *haíba, háiba* 'había'; *áuja* 'aguja'; *páice* 'parece'. Asimismo es conocida la pérdida del elemento átono: *ruma* 'reúma'; *pus* 'pues'; *almaza* 'almohaza'; *anque* 'aunque', etc., etc.

Y, finalmente, señalaré el procedimiento de deshacer el hiato mediante una consonante (*y, b, g*): *cayer, reyir, mayestro; Chubanet* 'diminutivo de Juan'; *atabul* 'ataúd'; *agún* 'aún'; *megollo* 'meollo'; *arreguir* 'reír'; *chudiga* 'judía'.

---

[13] La lengua antigua conoció también esta solución: *apiorarse, meniarse, desiada, liones, torniado, sortiar, lialment* (siglos XIII-XV).

La lengua antigua conoció -*j*- epentética en final de palabra, como en leonés, aunque con menor intensidad: *fundia, quadernio, jambia, turquio* (*Inventarios aragoneses*, BRAE, II, IV); *mostacia, vinio, juriar* (ALVAR, *Dial. arag.*, pág. 203). En la lengua viva queda algún rastro: *zandria* 'cedazo'; *barria, tarria* 'ataharre', etc. (ALVAR, *Habla de Jaca*, pág. 203).

CONSONANTES

f- inicial.—Se conserva hoy en altoaragonés (KUHN, § 6) y por el territorio del dialecto se encuentra aquí y allá conservada en determinadas palabras. Existen por todas partes *fabo* 'haya', *faba, ferrar, esfollinar* 'deshollinar'; *fuesa* 'huesa'; *ferrada, farinetas, fito* < f i c t u. *Fiemo, forca, fumarro, forniga; feuto* < f a c t u m; *forno* (Aragüés); *ferradura, fer, desfer* (Jaca); *fambre, farinato, ferraina, ficar, figuera, fuyir* (Bielsa); *fuso, freišĕ* < f r a x i n u s 'fresno' (Bisaurri, Renanué); *fenollo, fagüeño* < f a v o n i o. Otras voces tienen un área más reducida: *fusillo* (Hecho), *filorcho* 'hilaza' (Zaragoza). La frontera meridional de la conservación estaría por Loarre, aunque restos esporádicos aparecen más al sur: *finojo, foyeta, fogaril* (Puebla de Híjar), etc., etc. El habla castellana va imponiendo su fonética aun en las zonas más conservadoras.

En la toponimia y en el habla viva actual queda algún caso aislado de aspiración de *f*- inicial (o de pérdida); así ocurre con *jilo, juente* (anticuado en Jaca), *jéus* 'helecho' (Sallent), *juína* 'fuina' (Magallón), *Jumpudia* 'topónimo' < f ŏ n t e p u t i d a (Magallón), *jueron* (Puebla de Híjar). De pérdida es, por ejemplo, *Ongotituero* < f o n t e g u t t a t o r i u, en Linás.

La *f*- inicial es muy abundante en la toponimia general aragonesa; repartidos por todo el territorio, existen *Fornillos, Fontoba, Fontellas* (Huesca, Navarra), *Foradada, Formigales, Finestras, Monfalcó, Fosado, Figueruelas* (Zaragoza), *Foz, Ferreruelas* (Teruel), etc. [14].

---

[14] La lengua antigua mantiene la *f*- inicial regularmente: *fazer, faziendo, fijo, fardidos, fermoso*, etc. A fines del siglo XV un poeta aragonés,

g-, *j-* *iniciales.*—Ya hay una confusión de resultados palatales en la lengua antigua. Hoy *g-, j-* iniciales ante vocal anterior conservan su sonido palatal con diversas variantes: ĉ, ŝ, š. Así, por ejemplo, g e n t e > *šen* (Panticosa, Renanué, Bisaurri), j e n i p e r u >*šinebro* (Jaca), *chinebro* (Hecho, Aragüés, Embún, Alquézar, Benasque, Ipiés) o *chinepro* (Sallent, Bolea, Loarre), *chinipro* en Bielsa, *chinébre* en Ribagorza; *chelar* es general en todo el alto Aragón; * g e m i c a r e > *chemecar* (Zaragoza), *chomecar* (Hecho); j e n t a r e > *chintar* 'comer' (Hecho); *chirmán* 'hermano', en Bielsa. Al lado de estas formas hay *šen* (Ansó), *šiba, šiboso* 'jiba, jiboso' (Biescas), *šimillo* 'hinojo' (Hecho, Loarre); *chitar* (Bielsa) e *itar, titar* (Hecho, Aineto). En Puebla de Híjar se oye *ginestra* al lado de *chito, chiba, chiboso.*

Pedro Marcuello, escribía un panegírico de los Reyes Católicos simbolizando en la planta *hinojo* la unión de Aragón y Castilla. «Llámala Castilla *ynojo* / qu'es su letra de Ysabel... llámala Aragón *fenojo* / qu'es su letra de Fernando». Pero el Rey Católico, a los cinco años de casado, hablaba, o al menos escribía, «al estilo de Ysabel; seguiría diciendo *fenojo* por ser palabra campestre, pero, aun escribiendo a su padre, ponía, imitando a Isabel, *azer, ablar, aría,* si bien en la despedida epistolar se reconoce *obediente fijo*» (MENÉNDEZ PIDAL, *Orígenes,* § 41 ₁ ₂).

El comportamiento del Rey es significativo como prueba del dominio del castellano viejo y de la sumisión de Aragón. Pero en el territorio aragonés, en el siglo XVII, el *Octavario* de Dña. Ana Abarca de Bolea recoge todavía esa permanencia: *faga, fan, fembra, féndolas, fillo, folgó,* etcétera. (M. ALVAR, *Octavario,* pág. 33). Hoy, incluso en Zaragoza, capital, quedan rastros de esa *f-* inicial: *fardacho, finojeras, forcacha, farinetas, furgar.*

Sin embargo, para lo que a la Historia del aragonés se refiere, es oportuno recordar aquí que, a partir del siglo XV, el castellano comienza su enérgica acción sobre el habla dialectal. A principios del XVI, los restos se van arrinconando al estado en que se nos ofrecen hoy. En los *Inventarios* se empieza a señalar la pérdida de g- (*ermano*); la reducción de *-iello* > *-illo* (entre 1460-1480); el paso *-it-* > ĉ (1468-1480); el cambio de *pl-* > ḻ (h. 1495). De 1331 a 1403, siempre acusan los *Inventarios, almadrach;* en 1497, ya sale varias veces *colchón.* Por razones *económicas,* el catalán sigue proporcionando términos concretos, pero la fonética castellana se impone por razones *políticas* a fines del siglo XV. (Véase B. POTTIER, *L'évolution de la langue aragonaise à la fin du moyen âge,* en *BHi,* LIV, 1952, págs. 184-199.)

Ante vocal posterior, el resultado confuso es idéntico: *šoven*
(Biescas, Panticosa); *šunco* (Aineto); *šungo* (Fiscal); *šonko* (Hecho); *šugo*, *šugar* (Jaca); *chugo* (en todo el alto aragonés);
chunir < j u n g e r e (Loarre); *šugar* 'jugar' (Jaca); *chungueta*,
chungo < j u n c o (Aragüés, Bielsa); *chunto* (Bielsa); *chuvar*
(Aragüés); *chon* (Colls); *chugo* (Graus); *šuñir* < j u n g e r e;
chuñidera (Hecho, Loarre, Aragüés); *chodigas* 'judías', general
en todos los valles altos; *chuño* < *junio*, en Bisaurri y Espés,
etcétera, etc. En las localidades meridionales encontramos casos
como *jugo* (Cuevas de Cañart), *ginebro* (Puebla de Híjar), *gines-*
tra (ibidem), *juñir* (Puebla de Híjar, Cuevas), etc. *Juñir*, *juñi-*
dera, *jugo*, etc., con /x/ (j) como la castellana, hay en Torla,
Fiscal, Hecho, Jaca, Aragüés, etc. Lo mismo *junta* < j u n t a
'yunta'.

En topónimos casi siempre se oye /ĉ/: *chaz* < *j a c i u;
Chineblar (Espuéndolas); *Chungar* (Baraguás); *Chuncar* (Esta-
dilla); *Chungazal* (Bailo); *Chiratialla* (Yeba); *Chelau* (Gistaín);
Chuan (Espierva); *Chuset* (Espierva) [15].

l- inicial.—Se conserva en general: *luna*, *lobo*, *luello* <
l ŏ l i u; *lado*, *lana*, *lengua*, etc. En el oriente del país, en Ribagorza y parte de Sobrarbe existen casos de palatalización:
l u t e a > *lloza*; *lloseta*, *llomo*, *lluego*, *llop*, *llagarto*; l o c a l e >
llugá; *llana* 'lana', en Renanué, Espés; *llobo*, en Bisaurri. Hoy
la palatalización de *l-* > *ḷ* es típica del catalán, lo que puede
justificar la permanencia de casos en el oriente aragonés. Pero

---

[15] El resultado ĉ ante vocal posterior es considerado (M. Alvar,
Habla de Jaca, pág. 67) como «basto» entre los hablantes, en tanto que
la solución x (*junta*, *juñir*) se considera más fina. La solución x se mantiene incluso en los casos en que se ha hecho *y* (*yunta*, *yugo*) en castellano.
En la lengua antigua, estas consonantes eran sonoras: *germano*, *geitar*,
gentes, *girauan*, *gitar*, *ginollos*, *genollo*, etc. La confusión, sin embargo,
ya aparece muy pronto. Los *Inventarios aragoneses de los siglos XIV y
XV* revelan ya un gran trueque de sonidos palatales en estas circunstancias (*jamelot*, *pigel*, *xico*, etc.). El ensordecimiento ya es total en
el XVII: *chen*, *chunta*, *Chusepe*, etc. (Alvar, *Octavario*, pág. 17). Hoy la
consonante sonora persiste en catalán (*genru*, *gen*, *genoll*, etc.).

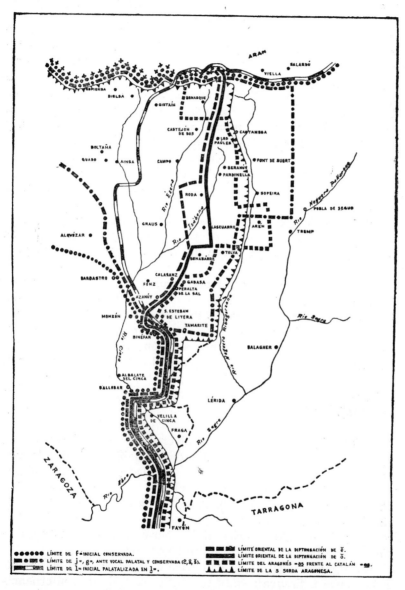

XVII.—La frontera catalano-aragonesa.

la lengua antigua conoció esta palatalización muy intensamente, estableciendo así, una vez más, la continuidad lingüística con el leonés (sabemos de esta palatalización entre los mozárabes andaluces), rota por el castellano. *Lloarre, lloco* son ejemplos del siglo XI. En el XVII, se lee en el *Octavario* de Ana Abarca de Bolea *llanzar, llástima, llengua, llindo, lloco, Llucas*. De todas formas, la *l̦-* inicial aragonesa tuvo mucho menos arraigo que la leonesa. Desaparecida de la Castilla central y de Aragón, la pérdida de *l̦-* < *l-* avanzó hacia el sur, relegando sus restos a las zonas extremas: el ribagorzano-catalán-valenciano al este, y el asturiano-leonés al oeste. (Véase MENÉNDEZ PIDAL, ELH, I, pág. 115 y ss.).

Fuera de la comarca ribagorzana o de Sobrarbe, la *l-* > *l̦* en casos de notorio influjo de yod siguiente: *lliebre, lliebrada* (Jaca, Aragüés), *lliestra* 'araña del trigo'.

n- inicial.—Algo muy cercano ocurre en el proceso de *n-* inicial: al lado de los normales *nabo, navalla*, etc., hay en Sobrarbe y en el Somontano de Barbastro casos de *n-* > *ñ* (*n̦*): *ñido, ñiño, ñiebla, ñublo*. Pero se trata de casos muy dudosos, ya que en todos puede haber una razón etimológica o asimilatoria. Sin embargo, y para mantener el correlato con el leonés, siempre en la menor escala en que se presenta este cambio, la lengua antigua ofrece algún ejemplo: *ñoble, ñon*, en el *Poema de Yusuf*.

s- inicial.—Ante vocal ofrece diversidad de resultados: ŝ, ĉ, θ. De ellas, el más representativo de las hablas del Alto Aragón es la africada ĉ, corriente en ambos lados de la cordillera: s a r g a n t a n a > *chargantana* (Jaca); s i f i l a r e > *chilar, chiflar, chilera, chuflar*; s u ï l l a > *chulla* 'chuleta, trozo de carne', voz que llega como aragonesismo hasta la Mancha albaceteña y la Andalucía oriental (en Navarra *chula*); s ŭ c t u > *choto*; s y r i n g a > *cheringa, chiringa*, etc. En algunos lugares, la articulación es ŝ: *ŝargantana* (Badaguás, Navasa, Frauca); *ŝilá* (Ansó). Se trata de una alternancia

análoga a la del antiguo castellano *ç-ĉ* (*çapuzar-chapuzar*). La
forma θ se encuentra en *zoca* (Hecho, Puyoles, Jaca, Aragüés),
zoque < s o c c u 'tocón de un árbol'; *zolle* 'pocilga' (Aragüés) <
s u i l e (v. GARCÍA DE DIEGO, *Contrib.*, 584); *zalamanquesa* (Nava-
sillas); *zapo* (general en todo el territorio). También existe la
evolución s- > x (*j*), como en varios casos castellanos: *jeringa,
jibia, jilguero*, posibles importaciones. La prepalatal fricativa
š es también conocida: *šaringa* (Jaca); s a t u r e j a > *šarguera*
(Ansó); *šarga* (Ansó); *šarra* 'zarza' (Aragüés); *šarrones* 'espina-
cas' (Panticosa); *šiordomudo* (Ansó), etc.

Ya en tierras del sur, la variación fonética se refleja de
igual modo en el habla viva. En la Puebla de Híjar coexisten:
Chilar, chula y *chullas*, con *zapo, zuro* (< s u b e r); *ceñar* (<
s i g n a r e); la /x/ inicial se encuentra en *jarmiento* (MONGE,
RDTradPop, VII, pág. 195; M. ALVAR, *Dial. arag.*, § 86).

CONSONANTES INTERVOCÁLICAS

Quizá el rasgo más destacado y expresivo de las hablas aragonesas pirenaicas sea la conservación de las consonantes oclusivas sordas intervocálicas. En el corazón de la Romania occidental, zona caracterizada por la sonorización, hay, a ambos
lados de la cordillera, una comarca donde las sordas se mantienen como tales. Es tan extraordinario este rasgo que ha pre-
ocupado su explicación a numerosos filólogos (SAROÏHANDY,
ELCOCK, ROHLFS, MENÉNDEZ PIDAL) y alguno (G.ª DE DIEGO) ha
llegado a intentar hacer un dialecto aparte con el habla de las
comarcas donde la conservación ofrece mayor arraigo y vitalidad. SAROÏHANDY y ROHLFS pensaban en un fenómeno de sustrato vasco-ibérico, opinión rechazada por ELCOCK y MENÉNDEZ
PIDAL (*Orígenes*, § 46₃). Se trata de un fenómeno de conservación que se bate en retirada contra el empuje de las formas
castellanas con sonora, formas que sustituyen voz a voz a las
formas dialectales.

Casos de -p- conservada: *sopinar, capana, lupu, apella* (Sercué); *liapre* < l ĕ p o r e (Buesa, Fanlo); *presepe* < p r a e s e-p r e (Bielsa); *escopallo* (Banaguás, Navasilla); *capeza* (Torla); *crapa* (general); *lupo, aprir, aprico* (Torla); *chinepro, napo, ripa; alapáu* 'rueda de molino'; *saper* (Torla, Buesa, Fanlo); *calapachín* (Torla); *carapachín* (Buesa) 'calavera'; *escopallo, escopero*, etc. En la toponimia son abundantes: *Capana* (Yésero), *Lupera, Chiniprés.*

Casos de -t- conservada: *ayutar* (Bielsa); *recutir* (Aragüés); *boyata, matriquera* 'matriz'; *ito* 'ido' (Panticosa); *išáta* < a s-c i a t a (Sercué, Bielsa); *latre* < a r a t r u m (Bielsa); *forato* (Aineto, Loarre); *cleta* (general) < c l e t a; *aceta* 'ácido' (Alquézar); *ferrata, maturo, betiello, betiecho* < v i t ĕ l l u; *colata; dital* < d i g i t a l e; *fusata, muta, putir*, etc. Se conserva la -t- en los participios en una pequeña comarca (Panticosa, valle de Broto, Linás, Torla, Buesa, Fanlo y Sercué y en la comarca de Bielsa): *puyato, ito, subito.* También hay copiosos topónimos: *Collata* (Yeba, Ansó); *Serrato* (Berroy); *Patielo* < p a t ĕ l l u (Villanúa); *Cote, Cotés* (Jaca); *Ceñato, Brachato, Cornato, Cubillata, Campo Polito,* etc.

Casos de -k- conservada: *išucar* < e x s u c a r e (Bielsa); *foricar* < f u r i c a r e (general en el Pirineo); *expícol* (Bergosa); *melico* < u m b i l i c u (general en todo el dominio aragonés); *allaca* 'aulaga' (Loarre); *esberrecar* (Sallent); *paco* < o p a c u; *afocar, faneca, furnica; leremico* < l u m b r i c u 'lombriz'; *lacuna, berruca; enšucar* (Buesa); *bišica* < v e s s i c a (Panticosa, Buesa, Torla); *lušica* (Bielsa); *espluca* < s p e l u c a (Fanlo, Torla, Buesa) (*esplucón,* 'una caverna' en Berroy); *taleca* (Torla, Sercué, Fanlo, Ansó); *murĉiacálo* 'murciélago' (Tierz, Ayerbe, Agüero). Topónimos: *Acuta* (Fanlo, Hecho); *Articones* (Espuéndolas); *Lacunarda* (Hecho); *Pequera* (Bailo).

Según M. ALVAR (*Dial. arag.,* pág. 175), el foco principal de la conservación radica hoy, como en tiempos de SAROÏHANDY, en una región de la cordillera comprendida entre Biescas, Broto, Boltaña, Plan y la frontera francesa. Pero la investigación más

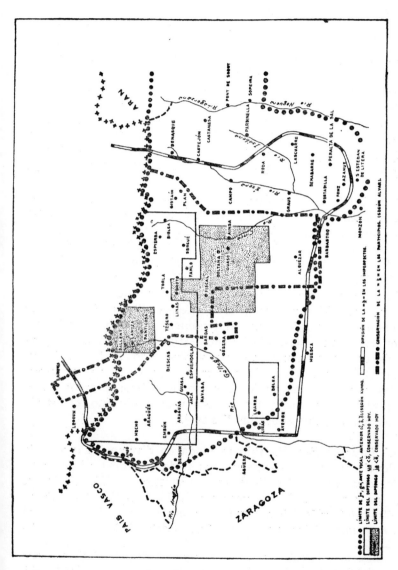

XVIII.—Algunos límites dialectales en el Alto Aragón (I).

reciente ha permitido documentar casos de conservación en una geografía mucho más extensa: La Litera, Zaragoza, Bajo Aragón: *sapia, mielca, cucullo, zuco, melico, rete, limaco*, etc. La toponimia ayuda a trazar un mapa mucho más extenso que el conocido tradicionalmente.

Algunos casos, como *pescatero*, llegan a la Mancha aragonesa (RFE, VII, 1943, pág. 236). En aragonés medieval los casos son muy frecuentes: *pocilca, marito, secutar, parete, entratas e exitas, napo, capeza*, etc., son manejados por MENÉNDEZ PIDAL (*Orígenes*, § 46). ALVAR añade *totos* (1435), *paco, ballato* (1502), *stripera* (1374), *jipón* (1374-1402), *Málica* 'Málaga' (1402), etc.

La pérdida de este rasgo dialectal es segura y rápida, debido a la castellanización. Las sordas se conservan en aquellas voces que responden a formas de vida tradicional, rústica, más apegada al paisaje y a la vida locales. En cambio, van siendo sustituidas por la forma castellana en las demás. La sustitución no alcanza sólo a los sonidos sordos, sino que, individualmente, afecta a las palabras enteras, que son arrinconadas y sustituidas por la equivalente castellana. ELCOCK, que ha estudiado detenidamente el fenómeno en ambas vertientes, ve en esta permanencia latina un testimonio de la interdependencia de las montañas de uno y otro lado de la cordillera, alimentada por la comunidad pastoril. Las voces que aparecen en las tierras llanas aluden siempre a objetos propios de la etnografía montañesa y revelan, en último término, el influjo de las tierras altas sobre las llanas [16].

-d- intervocálica. Ha sido señalada en diversas ocasiones la tendencia aragonesa a conservarla: *frida, paradiso, piedes, possidio, concludiendo, sedient*, etc. (UMPHREY, § 23). M. ALVAR cita, de textos antiguos, *possedir* (1376 y 1404), *prouedimos* (1437), *ridió, ride* (siglo XVII). Se mantiene con firmeza en el *Liber regum* (siglos XII-XIII): *adu, crudel, piedes*. Hoy persis-

---

16 Para todo lo referente a la conservación de las oclusivas sordas latinas debe verse W. D. ELCOCK, *De quelques affinités phonétiques entre l'aragonais et le béarnais*, París, 1938.

ten varios casos en el habla viva por todo el dominio dialectal: *rader* 'cortar la hierba'; t a e d a > *tieda* y *teda*, usados en el Pirineo y en el habla de Segorbe y Titaguas; *tedero* es general asimismo y llega hasta el valle del Roncal. La *-d-* se pierde en los vulgarismos (*aentro, piacico*) y en algunas voces (*peal, jau* < *jado*). M. ALVAR (*Dial. arag.*, pág. 177), apoyándose en la pérdida frecuente de la *-d-* intervocálica en el habla antigua navarra (*desnuarse, suor, coa* < c a u d a, *veet;* INDURAIN, pág. 46) y oponiéndose a la conservación del aragonés, piensa que este rasgo último puede servir para marcar una diferencia más, definitiva, entre ambos dialectos, navarro y aragonés.

-ll- intervocálica que evoluciona a tš, ĉ. La transformación de *-ll-* es típica de las dos vertientes pirenaicas. En el gascón actual ha dado *-r-* cuando es intervocálica (*gallina* > *gario*) y viene representada por *-t* cuando ha quedado final de palabra: a g n e l l u > *agnet*. Sin embargo, en algunas comarcas (valles de Luchón, Arán, Lez, Salat) se pronuncia *ch* (ĉ), que en determinadas localidades suena como una *t* palatalizada. El proceso se conoce en otras zonas románicas (Calabria, Sicilia, Cerdeña, Asturias). Todas estas diversas variantes, e incluso la *-ll-* española, existen en la vertiente aragonesa del Pirineo.

KUHN fue el primero en detenerse a explicar la evolución que nos ocupa. Para el filólogo alemán, la *-ll-* se redujo a *-l-*, y, a partir de aquí, una serie de palatalizaciones de diverso grado han sido el camino para llegar al estado actual; las formas de hoy con *-t-* se corresponden con las que tenían simplemente *-l-;* las de *ty* con las de *-l-* ligeramente palatalizada, y las de *-ch-* con las de *-ll-* fuertemente palatalizada.

Más tarde, ROHLFS (*Le Gascon*, § 387) ha explicado esta evolución de *-ll-* como resultado de una pronunciación cacuminal en la que la lengua se orienta hacia el paladar. ROHLFS se apoya en los casos de Calabria donde existen *-j-* y *-r-* con articulación cacuminal. Con posterioridad ELCOCK lo ha explicado de otro modo apoyándose en que la *ll* < *-ly-* no sufre en gascón las transformaciones de la *-ll-* latina. Para este dialectólogo *-ll-* > *-l-* en primer lugar, solución existente en Galicia, Portugal y Gascuña, y los otros resultados derivan de éste: *-l-* > *-r-* es general en todas las lenguas; *-ll-* > *-t-* es paralelo al de *-ll-* > *-ḍḍ-* del sur-oriente de Italia. Las formas *-ty-* y *ĉ* serían variantes locales de la *-t-*.

La evolución aragonesa *-ll-* > *tš*, *ĉ* fue señalada por KUHN. Corresponde a este investigador el haber puesto en relación el fenómeno aragonés con el asturiano y el gascón. KUHN veía en los ejemplos aragoneses testimonios de un estrato lingüístico desaparecido. Estos testimonios se reparten confusamente: el diminutivo -ĕllu (que en el altoaragonés común es *-iello*, como en castellano antiguo) es *-ietšo, -ieĉo* (Sallent, Lanuza, Escarilla) o *-ieto* (Hecho, Aragüés, Torla), formas que sólo se oyen en algunas palabras sueltas: *betietšo* (Bielsa), *betieto* (Torla) < vitĕllu 'ternero'; *libietšo* 'ovillo'; *panitietša* 'comadreja' (Bielsa); *mandiata* (Torla, Buesa) < mantĕlla 'mantilla'. Es quizá más frecuente en topónimos: *Estibietšo* (Lanuza) junto a *Estibiella* (Hecho) de aestivĕlla 'pasto de verano, braña'; *Betatietšo* (Hecho) < vetatu; *Espeluncietša* (Sallent) de spelunca, y algunos otros como *Saldiecho* (< saltĕllu), *Portiacha* (< Portella), *Lucieto, Solanieto, Turieto, Arquidiacha, Matiacha, Piniecho* (Panticosa), *Sarratiecho* (Asín). También algunos apelativos: *gritšas, gritšones* (Panticosa, Lanuza) de gryllus; *cochata* (Yésero), *cotata* (Buesa) al lado de *collata* (Ansó); *abetótš* (Hecho) < betullu 'abedul', catalán *bedoll*.

Ejemplos de esta evolución reunidos por ELCOCK (*Quelques affinités phonétiques*, pág. 184 y ss.) son: *cochata, cuecho* (< cŏllum), *bache* (Tella), *bache mala* (Gistaín, cerca de Plan), *bachón* (Bielsa), *bachellas* (Panticosa), derivados de vallem; *estatiecho* (Yésero), *estacho* (Biescas) (comp. ital. *stalla*, italiano meridional *staḍḍa*), topónimos derivados del germánico stall (REWb, 8219, 'lugar donde se está; parada, demora'). Son muy numerosos en los derivados del sufijo -ĕllum, como ya queda señalado: *solaniata* (Buesa), *planiecho* (Yésero), *pabiecho*, en Laspuña < pabĕllum, en latín clásico pabŭlum, de donde *paúl* 'pradería', 'terreno húmedo', tan abundante en esta región;

trascondiecha (Acumuer); *ceciniecho* (Basarán); *leturiecha* (Yésero); *lacuniachas* (Panticosa), etc. En *catella* (Hecho, Espuéndolas, Gésera) hay un derivado de c a l l e m; *mandiata* (Torla) < m a n t ĕ l l a es la forma aragonesa del castellano *mantilla.* La coincidencia fonética de esta evolución a palatal sorda con precedente cacuminal entre aragonés, gascón y asturiano ha sido estudiada y analizada por MENÉNDEZ PIDAL como una huella de la colonización sud-itálica.

En Bielsa se conserva la pronunciación geminada *nn* correspondiente a la de *ll* (*bel-la, payel-la* 'cesto'); *penna* 'peña', *cabanna* 'cabaña', *ninno, escannase* 'atragantarse'. De esto deduce MENÉNDEZ PIDAL que en el área de *ţ.ş*, la *nn* geminada tuvo articulación cacuminal, como en el sur de Italia [17].

La evolución *-ll-* > *ch, t,* parece la típica aragonesa. Lo demuestra el darse en palabras que designan plantas, animales,

[17] Véase también DIEGO CATALÁN, RFE, XXXVIII, 1954, págs. 1-37.
Para Menéndez Pidal, la presencia de estos fenómenos lleva a establecer una dependencia de las hablas peninsulares con los colonos itálicos osco-lucanos. «Son los que mantuvieron un mayor dialectalismo al norte de la ciudad de Osca, en la región montañosa de Jaca y en el Bearne, donde aún se perciben relictos de tres rasgos peculiares, estridentes por su rareza, en el conjunto de toda la Romania fuera de Italia, a saber, la conservación de *p, t, k,* el labdacismo cacuminal, y la *nn* y *rr* geminadas. Otra rama de estos mismos colonos salentinos son los que formaron el islote de labdacismo cacuminal, mantenido hoy con firmeza en las montañas astur-leonesas; este islote se halla, por el oeste, vecino a la región galaico-asturiana cuyo nombre, *Los Oscos,* revela también procedencia sur-itálica de colonos allí asentados después que Augusto sometió a los astures» (MENÉNDEZ PIDAL, ELH, I, pág. CXXXV). Otras coincidencias y analogías (perfecto de *ire* sustituido por el de *sum,* uso de *tenere* en lugar de *habere,* la metafonía astur, etc.) pueden verse en el mismo lugar.
La geminación belsetana es perceptible ya en un documento de Sobrarbe, de 1090, publicado por MENÉNDEZ PIDAL (*Orígenes,* págs. 42-44), en el que se lee repetidamente *cabalo* 'caballo' y *solos* 'sueldos'; y, al lado de *mula, elmo* 'yelmo', aparecen *mulla, éllemo.* En *cabalo* se ha de ver la marcha hacia la simplificación de la *-ll-* de *cabal-lo, sol-los,* en tanto que *mulla, éllemo* son ultracorrecciones. (Véase RAFAEL LAPESA, *Ofrenda de tres noticias,* en *Folia Humanistica,* II, 1964, págs. 589-594).

formas del terreno, etc., es decir, vida peculiar e inalienable. La palatalización en *ch* debe de ser tardía. M. ALVAR, en sus estudios sobre la toponimia del valle de Canfranc y del Campo de Jaca, ha aducido nuevos testimonios que corroboran este carácter. Considerando los derivados de - ĕ l l u, *-ieto* debe de ser el más antiguo y el más numeroso; *-iello* es préstamo castellano de época, aunque antigua, reciente; *-illo* es la importación moderna del español. Según M. ALVAR, *-ieto* < - ĕ l l u es anterior al siglo X.

La forma *ch* (ĉ) se da en las zonas más próximas a Francia, mientras que el resultado *t* presenta una geografía mucho más meridional.

Disimilaciones de -ll- y -rr-.—Además de estos variados resultados de *-ll-* latina hay todavía otros más: *-ll-* > *-ld-*: es el caso de *ballesta* > *gualdesta; cerolda, ceroldera.* Hay una estrecha correlación con el castellano antiguo: l i b ĕ l l u > *libeldo,* c ĕ l l a > *celda.* En aragonés se cumple este cambio en voces populares, y, según ALVAR, está en estrecha relación con el cambio análogo *-rr-* > *-rd-*, típicamente pirenaico.

El cambio *-rr-* > *-rd-* es considerado por ROHLFS (*Le Gascon,* § 384) como un cambio de origen ibérico, ya que solamente se documenta en léxico de ese origen; es el cambio de los vasquismos en español: *ezquerra* > *izquierda.* Este cambio tiene enorme vitalidad en las dos vertientes pirenaicas. En aragonés existe *bimarro* 'ternero de dos años', al lado de *bimardo; marrano* y *mardano* 'cordero que ya padrea'; *sarrio* y *sisardo* 'gamuza'; *barro, bardo* y *barducal* 'barrizal' (Aragüés); *zurriaga* y *zordeaca* (Estadilla); etc., etc. (ALVAR, *Dial. arag.,* § 89).

CONSONANTES INTERIORES AGRUPADAS

La sonorización de *p, t, k* tras nasal y líquida se ha explicado de distintos modos. SAROÏHANDY se mostró partidario del influjo del sustrato ibérico. De igual manera han pensado después KUHN y ROHLFS. Sin embargo, MENÉNDEZ PIDAL no ha aceptado esta explicación y ha propuesto por su parte (a la vez que para las asimilaciones *mb* > *m; mp* > *mb; nd* > *n*) una causa dialectal latina, por los colonizadores (osco-umbros) de la región. Más tarde, ELCOCK hizo reparos a la teoría de MENÉNDEZ PIDAL, basándose en la discontinuidad geográfica de los fenómenos y se inclina a considerarlos como un mero cambio fonético, motivado por desplazamiento del punto de articulación. MENÉNDEZ PIDAL ha contestado de manera satisfactoria a esos reparos, insistiendo y ampliando su teoría.

La sonorización de las sordas junto a nasal o líquida está atestiguada desde muy antiguo: *Petralda*, hoy *Peralta*, cerca de Tafalla; *rangura* (siglo XI), *algalde* (siglo XII). El río *Cinca* es llamado por César *Cinga*, y Lérida era llamada *Ilerda* o *Ilerta*. El viejo dialecto úmbrico sonorizaba también tras *n: iuenga*, lat. j u v e n c a; *ander*, lat. i n t e r; *tursiandu*, lat. t e r r e a n- t u r. Esta sonorización persiste hoy en la península italiana hacia los dos mares: desde el sur de las Marcas, por los Abruzzos, hasta el Ofanto, por el Adriático, y todo el Lacio y la Campania por el Tirreno: *kumbiñe* 'compagni'; *trenda* 'trenta'; *kuaranda* 'quaranta', en los Abruzzos; *addare* 'altare'; *vodde* 'volte' en las Marcas; *spirdu* en Nápoles, etc., etc. Todos estos cambios aparecen en España en comarcas donde se producen además *-mb-* > *m, nd* > *n, ld* > *l*, cambios que igualmente se dan —todos juntos— en la Italia meridional, lo que hace saltar a la vista una común filiación histórica. Esos cambios se dan también juntos en las lenguas del nordeste peninsular (gascón, catalán, aragonés, castellano) y debe estar su causa, según MENÉNDEZ PIDAL, en una razón anterior al fraccionamiento latino. Esto lleva a pensar a nuestro ilustre lingüista en una colonización suditálica sobre las comarcas que nos ocupan.

También hay que destacar que esos cuatro fenómenos se dan análogamente, en lo que se refiere a la intensidad relativa, en las dos áreas románicas citadas, la española y la italiana; *mb* > *m* es el de mayor área; le sigue *nd* > *n; en tercer lugar viene *ld* > *l*, que no tuvo sino una vigencia esporádica en España. Y la sonorización tras nasal o líquida ocupa el último lugar por su extensión. En Italia no se ha propagado a las islas y en España vive en reductos apartados y se ha extinguido modernamente en muchos de ellos.

Aparte de la secular comunidad histórica que pone en relación el nordeste español y el sur de Italia (en lo antiguo, el predominio del mediodía de Italia y sus islas sobre Tarraco, Cantabria y Osca; en lo moderno, el dominio de la corona de Aragón sobre Nápoles y Sicilia), puede servir de prueba la existencia de algunos topónimos: *Lavern* en Barcelona (*Labernia*, apellido) es L a v ĕ r n i u m en Campania; *Caracena* en Soria es C a r a c ē n i, pueblo samnita; *Vinuesa* (Soria) es V e n u s i a, la patria de Horacio; *Añón* (Zaragoza) es A n i o n e en Sabinia. MENÉNDEZ PIDAL vuelve a insistir finalmente en la latinidad de Osca, *Huesca*, gentilicio como I t a l i c a, situada además en el centro de la comarca de asimilación *nd* > *n*, característica del osco. «Y si esta asimilación con las otras análogas, *mb* > *m*, *ld* > *l*, así como la sonorización de la oclusiva sorda tras nasal o líquida, son en los dialectos italianos modernos manifiesto reflejo de viejos hábitos de los dialectos osco-umbros, también en las dos vertientes del Pirineo serán procedentes de estos mismos dialectos de la antigua Italia, trasplantados por colonos oscos y sus afines a la región de Osca y tierras contiguas» (MENÉNDEZ PIDAL, *Orígenes*, 3.ª edic., pág. 306).

En la actualidad, el proceso se extiende por el sur de los Pirineos hasta un límite meridional que pasa por Agüero, Ayerbe, Lasieso, Gillué y Morcat; el último límite oriental estaría en Plan y Banastón. Voces aisladas rebasan estos límites aquí y allá. La comarca de mayor vitalidad corresponde a Torla, Buesa, Fanlo, Sercué y Campol.

Ejemplos de estas asimilaciones son:

a) *-mb-* > *-m-*.—La reducción *mb* > *m* ya aparece atestiguada en los más viejos documentos de Huesca: *camio, amos.* Un documento ribagorzano de 913 dice: *cocamiamus... Intramas aguas; kamiaremos* dice el *Poema de Yusuf* (53 d); un documento de 1087 arroja *kamiasti*, y otro de 1089, *palomera; plumo* escriben los *Inventarios* (SERRANO Y SANZ, IV, 518). En la lengua actual, se oyen casos como *camilega* (Hecho, Aragüés), *camilera* 'liga' (< c a m b a); *lomada* 'paliza' (Hecho) < l u m- b u; *melico* < u m b i l i c o; *mosta* < * a m b o s t a, común en todo el Pirineo. En toponimia existen *Comos* < c u m b u (Ba- raguás); *Llomo* < l u m b u (Gracionépel) [18].

b) *-nd-* > *-n-.*—Esta asimilación fue muy abundante en la lengua antigua, y se documenta muy pronto: s p o n d a > *sponna* (Ribagorza, 910); *fonno* 'fondo'; *Galino* 'Galindo'; *quano* 'cuan- do'; d e m a n d a r e > *demanar; penient,* en un documento de 1502. También los documentos registran *nd* > *ñ,* de donde se desprende la antigüedad de *-nd-* > *-nn-*: s p o n g o l a > *spunia* (1206), *espueña* (1502), *espuñera* (Jaca). Los topónimos son numerosos: r o t u n d u > *Retuno;* c a m p u r o t u n d u > *Camporetuno;* g l a n d e l l u > *Glanieto;* l a n d a > *Las Lanas;* s p o n d a > *El Espuñal, Espuñetas. Pano* y *Panillo,* frente a los *Pando* y *Pandillo* del resto de la Península; *Mundóbriga* > *Munébrega.* La reducción *-nd-* > *-n-* es conocida también del bearnés: f i n d e r e > *hene;* t e n d e r e > *tene* [19].

c) *-nt-* > *-nd-.*—Es en la comarca de Sercué y Torla donde esta sonorización se presenta con mayor vitalidad: C a n t h a l e > *candal* 'cantorral, chancal'; p l a n t a > *planda;* m e n t i r i >

---

[18] En el navarro antiguo se conserva el grupo, en cambio: *palonba, palonbar, canbia, canbiar, canbas,* etc. (INDURAIN, pág. 43; G.ª DE DIEGO, *Dialectología,* pág. 255). Hoy se conoce esta conservación en La Rioja.

[19] La reducción i n d e > *ene* > *en, ne, n,* transformado de adverbio en pronombre: *dámene* 'dámelo, dame de eso'; *lindás* 'se lo das', etc., debe incluirse en este apartado.

MANUEL ALVAR (*Dial. arag.,* pág. 185) estudia el cambio *mp* > *mb* como aragonés. Se trata de un fenómeno que tiene pocas huellas en el habla viva: t r a p p a > *tramba* (Torla); a m p u l l a > *embolla,* en muchos lugares de la cordillera; *turra > torrombero, turrumbao; Cambones* (Aragüés), *Camblo* (Jaca), *Cambo* (Castiello); *cambaces, cam- bilán* (Fablo) < c a m p u. Incluso, añade M. ALVAR, se produce la reduc- ción secundaria: *mp* > *mb* > *m: camón, camoluengo* (Hecho) < c a m p u. (Véase también ELCOCK, *De quelques affinités...,* pág. 153.) La sonoriza- ción de *p* detrás de *l* está atestiguada solamente en t a l p a > *tauba* (Sallent) (*taupa,* en Panticosa).

mendir; aliando 'aliento'; *miande* 'miente'; m a n t e l l a > *mandiata;* s e n t i r e > *sendir;* e x p a v e n t a r e > *espandar; sargandana* 'lagartija'. Son corrientes en el habla formas como *pariende* 'pariente'; *fuande* 'fuente'; *monde* 'monte'; *undar, semendera; punda* < p u n c t a; *puende* 'puente'; *diande* 'diente'; i n c a n t a r e > *encandar;* p e n d e n t e > *pendiande,* etc. Los topónimos atestiguan un área mucho mayor de sonorización, que se extiende a todo el altoaragonés. También se ha registrado alguna reducción secundaria: *nt* > *nd* > *n*: v e n t u > *Las Benollas* (Canfranc, según ALVAR). Compárese *Pendiellos* (Sallent), *Pueyobanduso* < p o d i u v e n t o s u (Sobás); *San Climende* (Basarán); *contra* sale en topónimos bajo la forma *cuandra*: *a güelta cuandra, las cuandras,* etc.

d) *-nc-* > *-ng-.*—Los ejemplos más abundantes son: *bango* < b a n c u; *chungo* < j u n c u; *estalangán* 'cansado, rendido' < s t a n c a r e; *branga* 'blanca' (Torla, Sercué, Fanlo); *blango* 'blanco' (Torla, Buesa); *enguán* 'este año' (Benasque, Estadilla); *barrango* 'barranco'; *arengue* 'arenque' (Ansó); *Cinga* es forma vieja de *Cinca;* en Jaca, *frašengo* 'lechón' < f r i x e n c u < f r i x u s. El cambio se produce en una zona que va desde Panticosa hasta el Cinca; por el este llega a Tella y por el sur a Lasieso. Los topónimos reflejan más abundante esta sonorización: p a l a n c a > *Palagosa* (Ansó); j u n c u > *Chungar* (Baraguás); *Biango* < b l a n k (Panticosa); *Esplunga* (Biescas); *Puerto Espelungueta* (Jaca); *Los Trongales* (< t r u n c u), topónimo de Basarán; *Trongueta* (Gésera) y *Trongarita* (Biescas), así como *Cuangas, Milicuengas* (Plan), *La Lanancuenga* (Acumuer), etc., son buenos testimonios del cambio. *Splunga* aparece en un documento de Ramiro I y *splunguiello* en el Fuero de Alquézar (1069).

e) *-rt-* > *-rd-.*—Esta sonorización aparece menos atestiguada, pero se debe (ELCOCK) a la menor frecuencia de la agrupación consonántica, ya en latín (mucho menor, por lo menos, que la de nasal más oclusiva). Aparte de algún caso aislado (s ŏ r t e > *suarde*), los testimonios pertenecen a derivados de

ū r t i c a y de l a c e r t a, en multitud de variantes: *chordiga*,
šordiga, *šordigar* (formas del Campo de Jaca); e x ū r t i c a >
ixordiga (Plan, Benasque), *ixordica* (Biescas). Una riqueza verdaderamente asombrosa revelan las denominaciones de la lagartija; *salaradana* (Acumuer), *sagardiana* (Lasieso), *sargandia-*
na (Ayerbe), *sagardana* (Biescas), *singardana* (Yeba), *sardangana*
(Morcat), etc., etc. [20]. Una evolución análoga acusan los topónimos *Ardiquiacha* (Panticosa), *Laguarda* (Embún).

El área de *-rt-* > *-rd-* alcanza a Sigüés por el oeste, Tierz y
Aragüés por el sur, y a Benasque por el este. A este respecto,
MENÉNDEZ PIDAL recuerda las antiguas formas *Ilerda, Ilerta*
'Lérida', y *Olérdula, Olértula*, en el Panadés. (*Orígenes*, § 55.)

f) *-lt-* > *-ld-*.—La sonorización *-lt-* > *-ld-* es quizá la menos
frecuente de estas transformaciones afines a ambos lados del
Pirineo. En Sercué, se usan *buldorin* 'red' < v u l t u r e, y
aldo > a l t u, pero ya en vías de desaparición. También en
Sercué existen topónimos como *As Alduras*, o *Aldero*, en Espuéndolas. Con s a l t u hay que relacionar los *saldo* (Yebes,
Escarrilla), *Saldiecho, Caporosaldo* (Sallent). MENÉNDEZ PIDAL
cita un *algalde* (sonorización *-lc-* > *-lg-*) en documentos del
siglo XII de Santa Cruz de Jaca. Otros documentos medievales
permiten añadir algún topónimo en zonas vascas romanizadas
o en vías de romanización, como *Petralda* (1006), *Petralta* (1057);
Ripalda (1110), *Ripalta* (1115).

En general se puede afirmar que la sonorización de *t* detrás
de sonora o líquida (*-nt-, -lt-, -rt-*) se produce en la vertiente
aragonesa en una comarca que presenta sus mayores núcleos
en Fanlo, Sercué, Panticosa, Torla y Buesa (GARCÍA DE DIEGO,
Dialectología, pág. 234). Los ejemplos análogos en la vertiente
bearnesa, pueden verse en ELCOCK, *loc. cit.*, passim.

---

[20] Véase ELCOCK, *The enigma of the lizard in Aragonese dialect*, en
Modern Language Review, 1940, y, especialmente, el valioso trabajo de
J. COROMINAS, *Los nombres de la lagartija y del lagarto en los Pirineos*,
en RFH, V, 1943, págs. 1-20.

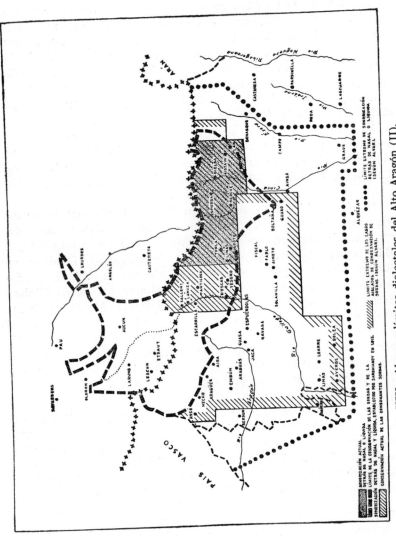

XIX.—Algunos límites dialectales del Alto Aragón (II).

Consonante + *l*, *r interiores* se conservan, lo mismo si van precedidas de vocal, que de consonante: -*pl*-: *implien*, *amplos* (en todos los textos medievales); *empler* (Ansó), *replegar* (general en Aragón y Navarra); *aplegar* (Segorbe); *aplanadores* (en todas partes); *aplacador*, *emplenar* (Aragüés), etc.

-*tr*- ofrece varias soluciones. Unas veces se conserva: es el caso de *cuatrón* (Bergosa), *patrino* < p a t r e (Aragüés); *alatre* 'arado' (Bielsa), y el de los numerosos topónimos *Petrosa* (Espuéndolas), *Petrillón* (Baraguás), *Petrizo* (Aisa), *Petriza* (Panticosa), *Petricaz* (Yésero), *Pietramula* (Bielsa), *Rupiatra* (Yeba), y otros (M. ALVAR, *Dial. Arag.*, pág. 188). Otras veces, el grupo -*tr*- evoluciona a -*ir*-: f r a t r e > *flaire*, *fraire;* también ocurre con unos cuantos derivados de p ĕ t r a: *peirón* (en pueblos de Zaragoza y Teruel); P e t r u > *Peiro*, o el antiguo *beyre* < v ĭ t r u. Cambio análogo revelan algunos topónimos: *Peiró* (Panticosa), *Sarrato Peirot* (Fanlo), *Lomo Peirot* (Biescas), *Peiralún* (Sallent).

Cuando el grupo es secundario, -*t'r*-, el tratamiento es igual: p a r a t o r > *pelaire* (en el habla y en toponimia). También evoluciona de este modo el grupo -*dr*-: *cuairón*, *cueirón* 'cuartón' < q u a d r o n e. (Formas de la montaña).

Algunas veces, el grupo evoluciona a *r*, como en Francia: *cofraría* (Jaca). Es la solución que presentan algunos topónimos como *Peralta* (Linás, Yésero), *Perarrúa*, *Perialla* (Yeba), *Perequín* (Berroy); *A Pera* (Cámpol, Bergua) < p ĕ t r a; *Faja cofraría* (Sobás) < f r a t r e. Existe algún caso donde el grupo ha dado -*rr*-: *Pierrina* (Torla). (Véase M. ALVAR, *Dial. Arag.*, pág. 188; KUHN, pág. 20.)

Grupos -*ps*-, -*ks*-.—El grupo -*ps*- se representaba en la Edad Media por -*bs*- (*cabsica*, 1386), -*pc*- (*capceta*, 1478), -*pç*- (*capça*, 1478), o bien evolucionaba a *ç* (*caça*, 1374) o a *us* (*causa*, *causeta*, 1453). Hoy es *š* en Aragüés (*cašico*, *caša*), Ansó, Torla, Lescún, al lado de la *j* castellana (*caja*, *cajico*).

Grupo de velar + *dental*.—La solución -*it*- es la característica de los documentos antiguos, frente a la africada del castellano. Esa solución se produce siempre, tanto si el grupo es primario como si es secundario. En la lengua antigua son frecuentes casos como *nueyt, feyta, dereyta, leyto, proveyto.* C a t a r a c t a > *cadrei*ta; ŏ c t o > *ueito;* c ŏ c t u > *cueito;* f r a c t u > *freito;* f r ū c t u > *fruito;* e x p l i c i t a r e > *espleytar; esleito,* etc. Cuando la vocal que precede al grupo es de la serie anterior, se ha embebido en ella la resultante del grupo: *dita, dito, sobredito,* etc. (UMPHREY, § 13). En el habla dialectal de hoy abunda dicho comportamiento fonético: *feito* (general en altoaragonés), *peito* (Ansó, Hecho, Embún), *peitoral* (Guara, Bergosa), *reita* (Guasillo), *dreito* (Banaguás); *leitera* 'sábana' (Panticosa, Lanuza); *estreito* < s t r i c t u; *leito, teito, sospeita; bueito* 'hueco' < * v ŏ c t u < v ŏ c i t u, etc., etc. A veces la *t* puede desaparecer si queda final absoluta: l a c t e > *ley* (Hecho).

Ese diptongo *ei* se reduce a *it* incluso en comarcas donde permanece como tal diptongo en numerosas voces: *pitoral* (occidente de Jaca); *dito* (Bielsa). La reducción *eit* > *it* se cumple igual que en la lengua antigua: *chito* 'brote' (postverbal de *chitar*); *titar* (Aineto, Hecho); *itar* (*titar* se usa detrás de consonante; *itar* en posición inicial). Las tres voces derivan de * j e c t a r e.

Al lado de esta reducción *-eit-* > *-it-* se produce, en el habla viva, la reducción a *-et-* (como en algunas áreas asturianas): *feito* > *feto* (Torla, Ansó); *dreto* (Ansó, Bielsa); f r a c t u > *freto; pretal* (Fiscal), etc. Como MENÉNDEZ PIDAL pone de manifiesto (*Orígenes,* § 51), esta solución *-ct-* > *-it-* une, por debajo de la cuña castellana y a través del habla mozárabe (*leyte, leyterola, armolayta;* todavía en 1257 se habla de un obispo toledano *lleito* 'electo'), el aragonés con el leonés. Aragón estaba en los siglos X y XI en el estado en que hoy están sus montañas, alternando *-it-* con *-t-*. Navarra y La Rioja fueron castellanizadas durante la Edad Media [21].

---

[21]   En la Rioja Alta, las formas castellanas imperan ya en el siglo XIII; en la Rioja Baja, en la primera mitad del siglo XIII aún se usa *dito, feytas,* etcétera. En la segunda mitad, salen ya formas castellanas. (*Orígenes,* pág. 281.)

La castellanización -*it*- > -*ch*- se registra en los documentos de Zaragoza a partir de 1452 esporádicamente, y total desde 1480-81 (M. ALVAR, *Dial. arag.*, pág. 191).

GRUPOS INICIALES PL-, CL-, FL-

Lo típico aragonés es la conservación del grupo. Solamente en una comarca oriental, Ribagorza, se palataliza la consonante lateral y se mantiene la oclusiva. Hacia el siglo XII, los textos aragoneses acusan ultracorrecciones que autorizan a pensar en una palatalización del grupo (*plosa, fiosa*, por c l a u s a); ME-NÉNDEZ PIDAL piensa en una restauración culta del grupo.

pl-: *plantaina* 'llantén' (Zaragoza, Puebla de Híjar); *plever* y *plover* (generales en el norte); *plegar, plegador* (Segorbe); *plorar* (general, aunque comienza a ser sustituido por la forma castellana); *planto, plano, plaga*, etc. Son formas de Bielsa *plever* 'llover'; *plan* 'llano'; *plen* 'lleno'; *ploro* 'llanto', etc.; *plevidiar, plevisniar* 'lloviznar' se oyen en Aragüés. En interior de palabra se conserva también: *impler* (Aragüés), *emplir* (Hecho). En toponimia existen *Plano, Planillo, Plañeta, Las Planas* (Villanúa), *Planomonde* (Lerés), *Plandusabas* (Acumuer), etc.

cl-: *clamar* (general); *clau* 'llave' (Hecho, Cartirana); c l a u-s a > *closa* (Hecho, Bergosa, Torla); *cleta* 'cancilla' (general); *clavero*, etc. En toponimia, *Closamargen* (Badaguás), *La Closa* (Torla; Berroy), *O Clusar* (Fanlo), *Las Claves* (Aineto), *Clamosa, Monclús* < m o n t e c l a u s u, etc., etc.

fl-: *flama, flamarada*, se usan por todas partes [22].

---

[22] Estos grupos iniciales palatalizan la *l* en las cuencas altas del Ésera y del Noguera Ribagorzana (y lo mismo al Norte de la Cordillera, valle alto del Aude, por ejemplo). La palatalización debió de tener más área en lo antiguo, pero, según MENÉNDEZ PIDAL, la pronunciación culta *cl-, pl-, fl-* tuvo mucho arraigo en la romanizada Tarraconense; de esto es testigo la actual conservación catalano-aragonesa de los grupos, des-

Grupo cr-.—A veces, por anaptixis se desarrolla una vocal:
c r i n e > *quirín* (Larrés), *quilín* (Sigüés, Salvatierra, Navarra).
Se sostiene la fonética etimológica en *crebazas* 'grietas de las
manos' (Alquézar, Magallón, valle de Aragüés, Puebla de Híjar),
crebanto (Bergosa). En toponimia existe *La Cremada* (Estadilla). También se conocen casos de sonorización de la oclusiva
inicial: c r i b u > *griva* (*Inventarios*, BRAE, IV, 597).

Evolución del grupo -ult-.—Este grupo se comporta igual
que *-ct-*, es decir, evoluciona a *it*. Los textos medievales reflejan
esta evolución con bastante fidelidad: *muyto, escuitar, cuitelle-
ria, cuytre*, etc. La lengua viva ofrece multitud de ejemplos:
m u l t u > *muito*, usado en todo el territorio altoaragonés,
a u s c u l t a r e > *escuitar* (*fer escuites* 'hablar al oído' en Hecho); c u l t e l l u > *cuitiello;* v u l t u r e > *boitre, bueitre,
güeitre* (Embún, Loarre, Ansó, Hecho).

El grupo *-uit-* se reduce a *-ut-* (como en bearnés: *butre,
boutre*). ALVAR registró *butre* en el Campo de Jaca; *cutre, cutriar* 'arado, arar' en las mismas comarcas y en el este de
Navarra. Esta solución existe asimismo en leonés [23].

Grupos con yod: lj, cl, lg, c'l, t'l, g'l.—En la lengua antigua
todos estos grupos venían representados por *ll*, articulación
que aún hoy es la más representativa del dialecto, frente a la
velar castellana *j* /x/: *fillo, muller, concello, fuella, tallar, treballo, millores*, etc., etc. Los textos del siglo XVII mantienen

---

aparecida del resto de la península por influjo castellano-leonés. (*Orígenes*,
pág. 501.)

Ejemplos de la palatalización ribagorzana son: *pllasa* 'plaza'; *pllegar*
'recoger'; *plluma* 'pluma'; *pllat* 'plato'; *plleno* 'lleno'; *plloure* 'llover';
cllau 'llave'; *cllavillero* 'tobillo'; *fllamas* 'llama'; *fllo* 'flor', etc., etc. (Ver
FERRAZ CASTÁN, *Vocabulario del dialecto que se habla en la Alta Ribagorza*,
Madrid, 1934, y A. BADÍA, *Contribución al vocabulario aragonés moderno*,
Zaragoza, 1948.) Numerosos ejemplos registra G. HAENSCH, *Las hablas de
la Alta Ribagorza*, pág. 75.

[23] De la evolución *-ult- > -it- > -t-*, puede decirse lo mismo que de
la *-ct- > -it-* en cuanto a su historia y a su actual reparto en leonés y
aragonés. Véase atrás, pág. 150.

muy viva la consonante dialectal: *palla, viello,* etc. En el habla de Zaragoza, sin embargo, la penetración castellana de la *j* es anterior: en las postrimerías del siglo xv se opera la lucha por la sustitución, y a partir de 1518 la *j* domina todo (M. Al-var, *Dial. arag.,* pág. 192).

La toponimia refleja la vieja pronunciación con mucha claridad: *Pallarones* (Castiello), *Cascallo* (Guasa), *Tripallos* (Villanúa), *Apellas* (Jaca), *Mallata* (Espuéndolas), *Cubilella* (Biescas), *Barella* (Sallent) < v a l l i c ŭ l a, etc. En el habla actual hay copiosos ejemplos de este rasgo dialectal; algunos son voces de uso general, las menos, como *muller, batallo* 'badajo'; *sortilla, tella* 'teja', *viello;* c o c h l e a r e > *cullar* 'cazo'; m u t u l u > *mullón* 'cardenal, golpe, chichón'; l e n t ī c ŭ l a > *lentella;* a n n ŭ c u l u > *anollo;* f e n u c u l u > *cenollo;* * v i n c i l i a > *vencello;* c ŭ r c ŭ l i o > *corcollo;* p o n t i c ŭ l u > *pondiello,* etc., etc. Otros son muy usados en comarcas o lugares determinados, pero con total vigencia: c i l i a > *cella* (Ansó, Hecho), m o l l i a r e > *mullar* (Ansó, Jaca); *cremallo* 'llares' (Torla, Fiscal); o v i c ŭ l a > *güella* (en Jaca, voz ya anticuada); *agulla; chinollo* 'rodilla' (Loarre), 'tobillo' (Ansó, Hecho, Embún), 'pantorrilla' (Ansó) < g e n ŭ c ŭ l u; r ŏ t u l u > *ruello* (Jaca, Orante, Loarre); c o a g ŭ l u > *cuallo* (Aragüés, Hecho, Torla), etc.

Grupos -sc-, -scy-.—El aragonés ha evolucionado a un sonido palatal fricativo, *š* (que a veces se ha convertido en *-j- /x/,* frente a la interdental castellana θ: *azada).* La lengua antigua presenta numerosos casos de este cambio: *pex, conoxer, naximiento, paxer, conoxensa, fenexen, axuela,* etc. En la *Gran Crónica* de Fernández de Heredia se encuentra *uaxiellos* 'bajeles', *naxiesses,* etc. En el xvii (M. Alvar, *Octavario),* Ana Abarca pone *g* en lugar de la *x* medieval: *nagido, agradejon* 'agradecieron', etcétera, lo que demuestra que, en la tierra de Guara, el paso *š > j* ya se había cumplido en el xvii. Hoy la *š* está viva en las comarcas pirenaicas: *crešé* 'crecer, aumentar'; *pariše* 'parece'; *našé* 'nacer' (en Ansó solamente); *ašada* (Ansó, Hecho, Bergosa); *fašina* 'quince haces' (Ansó, Hecho, Aragüés, Torla, Loa-

rre); *fašinadero* (Ansó, Hecho); f i s c e l l a > *fašella* 'escurri-
dera para el queso', 'encella' (Ansó); r u s c i d a r e > *rušer*,
etcétera. Las formas *ajada, jada* < a s c i a t a son generales en
todo el dominio aragonés. Lo mismo ocurre en *faja, fajar* <
f a s c i a; *fajinadero* se usa en Aragüés y Barós.

Los derivados de f a s c i a como topónimos aparecen con š,
y con -*j*-, pero también hay algunos con *iš*, desarrollo normal
de š: *A Faišá* (Fanlo), *Faišanillas* (Tella), *Faišons* (Yeba), *Faišualanga* (Cámpol), *Faša Langa* (Berroy), *Fašas* (Sobás), *Faš*
(Yésero), *Fašeta* (Lanuza), *Las Fajetas* (Cenarbe), *Fajones* (Badaguás), *Fajazas* (Abay), etc., etc.

Una evolución paralela a la del grupo -*scy*- presenta el grupo
-*stj*-: k r o s t i a m > *crušido*, en el Campo de Jaca[24].

La x latina y sus resultados.—Según M. ALVAR, la toponimia refleja el estado más arcaizante de la evolución: el resultado -*iš*-: *c a x i c u > Caišicos* (Sercué, Bielsa); *Caišigara* (Banastón); c o x u > *Lo Coišo* (Tella, Bielsa); t a x u > *A Taišo-
nera* (Yeba).

Están asimismo atestiguadas las formas con š: *La Bošica*
(Hecho), *Bušosa* (Linás). También con *s* hay formas: *Saso*
(Jaca), *Sasal, Tresaseras* (Abay). Los resultados modernos (*j,
ch*) también existen en topónimos: f r a x i n u > *Frágens* (Par-
dinilla), *Frajín* (Lerés), *Cajicar* (Lerés), *Cajico* (Espuéndolas,
Jaca).

Con -*ch*- hay derivados de b u x u: *Bucharón* (Espuéndolas),
Bucho (Baraguás). Igual resultado ofrece *Frachinesa* (Espuéndolas).

La forma viva dialectal más representativa es š: f r a x i n u
> *frášin* (Jaca), *fréišen* (Bielsa); m a t a x a > *madaša* (Ansó);
t e x e r e > *tišir* (Jaca), *tešer* (Hecho, Loarre); *bušo* es general
en el Pirineo; e x u r t i c a > *šordica*. (A veces, en Ansó se

---

[24] Esta š está documentada con abundancia. En muchos casos, los
vocabularios regionales la transcriben por *j* (BORAO, COLL y ALTABÁS, etc.).
En la vertiente francesa, es ĉ: *naché* 'nacer'; *couneché* 'conocer'. La
evolución palatal š es la general en la península, rota nuevamente su
continuidad por el castellano. (Ver *Orígenes*, § 57.)

percibe /šj/: *cošjo, bušjo, flošjo* 'flojo'.) Otros ejemplos son: *tašo, tašugo* 'tejón'; *lešiva* 'lejía'; *ašugar, enšugar* 'enjugar'; *dešar* (Hecho); *šambre* 'enjambre' (Loarre), etc.

Formas con *j* también están atestiguadas: *fragín* (Biescas), *frágin* (Jaca); *madeja* (Aineto). También el sonido ĉ se oye en ocasiones: *techir* (Biescas); *bucho* (Ipas, Larrés, Biescas, Loarre); *cocho* 'cojo' (Panticosa).

En el habla viva existen confusiones entre ŝ y š. Esta confusión es la que conduce a las formas con ĉ (ALVAR, *Dial. arag.*, pág. 195).

Grupos con yod: *-bj-, -vj-, -dj-.*—Es frecuente la evolución *-bj- > y*. Es corriente en el habla viva, e incluso en la toponimia, la voz *royo* < r u b e u. (Según ALVAR se usa de Benabarre a la Aezcoa y llega por el sur a Cuevas de Cañart.) *Royo* 'rubio' se oye conviviendo con *rojo* en el habla albaceteña. El grupo *-vj-* metatiza y conserva la consonante en los derivados de f ŏ v e a (*Fueba, Las Fuebas*). También hay casos de conservación del grupo, como *fovia* 'hoyo para guardar las patatas' (Hecho) y *Fobión* (Linás). Pero el tratamiento castellano, *y*, se va imponiendo hasta en la toponimia: *Foya, Foyaral*.

El grupo *-dj-* evoluciona a la mediopalatal *y* con gran regularidad. La lengua antigua usó *enoyos, puyar, pueyo*. En el siglo XVII están atestiguadas formas como *goyo*, y hoy son frecuentes en el habla viva *meyo* < m e d i u, *goyo* < g a u d i u, *cayo, seya, puyar, puyada, pueyo*. Son muy abundantes los topónimos derivados de *pueyo*: *Pueyo, Puyo, Puyuelo* (Buesa), *Puyalfar* (Plan), *Puyala* (Agüero), *Puyarruego* (San Juan) (MENÉNDEZ PIDAL, *Orígenes*, pág. 411 y mapa de pág. 415). En algún caso, el grupo ha evolucionado a *j*: m e d i a n a > *mejana* 'isla en el centro de un río'; *sangardiana* > *sangarjana* 'lagartija' (Borrés).

Algunas veces, si el grupo *-dj-* va precedido de consonante, se conserva inalterado: h o r d ĕ u > *ordio*, usual en todas partes, y sus derivados toponímicos: *Ordial* (Hecho), etc. (M. ALVAR, *Dial. arag.*, § 98).

Grupos -nd'l- y -ng'l-.—El grupo -*nd'l*- evoluciona a *ll* en aragonés (frente a las diversas soluciones castellanas: -*ndr*-, -*ñ*-,
-*nll*-): s c a n d u l a > *escalla* (Bergosa, Ansó, Panticosa) 'as-
tilla'; *escallar* 'romper' (Abay); *escallonera* 'arbusto' (Araguás).
En cambio, -*ng'l*- permanece: c i n g u l e l l o > *cingliello* (Jaca);
c i n g u l a > *cingla*. (Comp. las formas castellanas *ceño, cello,
cincho.*) El grupo -*c'l*- tras consonante se conserva asimismo:
c i r c u l u > *cerclo;* m a s c u l u > *masclo.*

CONSONANTES FINALES

En aragonés, la apócope de la vocal final, particularmente
intensa en la lengua antigua, en especial en el período de repoblación del valle del Ebro, llevada a cabo con numerosos
franceses y apoyada después por el influjo de la dinastía catalana, ha motivado que encontremos diversas consonantes como
finales, o grupos de consonantes. Asimismo, la formación de
los plurales motiva otro aspecto fonético en lo que a consonantismo final se refiere [25].

Por desaparición de la vocal final encontramos, como finales,
las siguientes consonantes:

---

[25] En lo antiguo, Aragón muestra una pérdida de -*o* final mucho más
frecuente que el resto de España: *Guasil,* hoy *Guasillo; Gualgard* 'Gallar-
do'; *Asiés,* hoy *Asieso,* etc., etc. Tantos indicios, incluso en toponimia,
que MENÉNDEZ PIDAL piensa que era rasgo propio del dialecto esa pérdida.
Algunas veces, es probable que la pérdida obedezca a influjo catalán o
francés, que fueron muy importantes en la Edad Media (colonización
abundantísima por franceses, paso de los peregrinos a Compostela por
el Somport, redacción en provenzal de importantes fueros, como el de
Jaca, etc., etc.), pero en la toponimia es siempre difícil el influjo extran-
jero. «Hay que pensar en un estado dialectal antiguo» (*Orígenes,* página 175). Tampoco cree el ilustre maestro que puedan ser catalanismos
los plurales en -*és* (*soltés* 'solteros'; *dinés* 'dineros'), que coexisten con
los en -*os* (*campos, cortaus* 'cortados'), y que no hacen otra cosa que
continuar viva una vacilación que ya registran los documentos antiguos:
carners, diners, etc. (*Orígenes,* pág. 176).

-*t*: *clot* 'agujero para el juego de bolas' (Hecho). En Bielsa, *cllot* 'fosa'. (El Diccionario académico recoge *clota* como aragonesismo.)

-*nt*: *fuent* 'fuente' ha sido recogida por ALVAR en el Campo de Jaca. Pero es más frecuente la forma *fuén* (Hecho, Aragüés, Aineto), como *món* (Hecho, Lacanal, Ansó), *puén, brabán* 'una clase de arado'. Esta apócope motiva, en el plural, la presencia de grupos consonánticos finales:

-*ns*: *capóns* (Baraguás); *cochíns* (Campo de Jaca); *esquilóns* (Ansó, Hecho, Aragüés, Novás); *tablóns* (Loarre); *barzóns* (Aragüés); *chirmáns, cans, piñóns, patríns, chóvens* (Bielsa).

-*ls*: *escarcels* 'cuévanos'; *carguils* (Aragüés); *arbols* (Aragüés, Bielsa); *señals* (Hecho, Ansó); *campanals, miércols, fils, mandils* (Bielsa).

-*rs*: *calders* (Benaguás); *labradors* (Aragüés, Jaca, Bielsa); *diners* (Borrés). Este grupo se hace frecuentemente *s*: *delantés* (Hecho, Embún, Aragüés); *ceñidós* (Aragüés, Cartirana); *quefés* 'quehaceres' (Hecho); *pinás* 'pinares' (Hecho); *tañedós* 'hombres que trabajan en las almadías'; *mullés* 'mujeres'; *matús* 'maduros' (Bielsa).

Un fenómeno que debe ser puesto en relación con el plural es la presencia de -*z* final con ese valor (vaya o no seguida de *s*). Ha sido encontrado en la toponimia por ELCOCK en una comarca en torno a la cuenca alta del Cinca, aunque el fenómeno debió de tener mayor difusión (por el occidente hasta Sardá y Gésera); es decir, se trata de un fenómeno que va estrechamente ligado, geográficamente, a la conservación de las sordas, o a la sonorización de sorda tras nasal o líquida. He aquí los datos ordenados según MANUEL ALVAR (*Dial. arag.*, pág. 198):

-*z* procedente de un plural -*t's*: *Las Corz* (Torla); *Os Mortez* (Yeba); *Poyolez* (Burgasé); *Balzez* (Berroy); *Guáriz* (Sardas); *Las Parez* (Morcat); *Marronez* (Banastón); *Fuanz* (Fanlo); *Suarz* (Sercué); *Los Cambez* (Berroy).

Según M. ALVAR, esta -z en una época antigua habrá sido
interpretada como signo de plural y se habrá extendido a otros
casos de etimología diferente: *Fondanalz* (Burgasé), *Salcorz*
(Bielsa) 'los alcores'. En época moderna, las hablas vivas, acostumbradas a la -s como signo de plural, han perdido conciencia
de esos plurales en -z, y han pasado a considerarla como singular: *Detaparz* (Torla); *Cuevas del Esforaz* (Agüero). Naturalmente, en ese momento en que la -z ha comenzado a perder su
valor de plural es cuando se han rehecho los numerosos plurales en -*ces*: *Rematrices* (Berroy, Bergua), *Planeta Francés* (Bergua), *Les Francés* (Sardas), *As Francés* (Banastón) < f r o n -
t e s > **fruanz* > *franz*. Esto es lo que atestiguan las formas
como *trapezs* 'trapetes, diminutivo de trapo', existente en los
poemas del siglo XVII (M. ALVAR, *Octavario*, pág. 19).

En el valle de Bielsa, este plural en -θ, procedente de -ŝ,
es muy abundante: *toz* 'todos', plural de *tot; chuchez*, plural
de *chuchet*, 'cachorros de perro'; *piez*, plural de *piet*, 'pies', etc.
(A. BADÍA, *Bielsa*, pág. 91).

La -*r* final desaparece en una comarca norte y oriental, no
bien señalada: *llugá, mullé, torná*. Es vacilante la ejemplifica-
ción en Ansó y pueblos cercanos.

-*d* y -*t* finales eran -*t* en la lengua antigua: *ret* 'red', *ciudat,
grant*. Hoy, en La Litera, - a t u > -*at*, y - e t u > -*et*: *tornat,
mocet*. En el norte (Panticosa, etc.) se tiende a perder la consonante: *torná, mocé, moliné* 'molinillo'.

-*v* > -*u*: *clau* 'llave' (Aragüés, Jaca); *breu* 'breve'.

-*ll* > -*l*: *val* (Jaca, Aragüés).

-*n* > -*n*: *chabalín* (Aragüés, Ansó, Torla, Loarre), *jabalín* (Aragüés, Jaca). Esta última forma se ha registrado tam-
bién en el sur aragonés, en Puebla de Híjar.

MORFOLOGÍA

El género.—Aparecen en aragonés algunos arcaísmos que
revelan la conservación del género latino: *la val, la fin, la salz*.

La lengua antigua tuvo muy viva la tendencia a dotar de terminación femenina los adjetivos invariables. Están documentadas formas como *libra* 'libre' (1143); *berda* 'verde'. En el *Poema de Santa María Egipciaca* se lee *cortesa, dolienta, genta* 'gentil'. El *Poema de Yusuf* dice: *onza* 'once', *granda*.

Hoy se oyen en el habla viva formas como *proba* 'pobre'; *cuala, descreyenta, jovena* 'joven'; *granda, estreudas; dolenta* (Bielsa); *verda* 'verde' (Aragüés); *diabla, patrina* (Aragüés). A esta corriente responden formas como *Pilara*. Asimismo existe la formación de masculinos del tipo *tristo* (*Yúsuf*), *grando, solano, lliebro* 'macho de liebre', *sequío* 'sequía'[26].

El número.—Es típico del dialecto la formación del plural añadiendo una *-s,* aunque el singular acabe en consonante (v. atrás, pág. 248): *allagons* 'aulagas'; *cols* 'coles'; *chipons* 'jubones'; *señals, tablons, diens* 'dientes'; *calcetins, casetons* (Jaca); *arzons, barzons, cadins, calzons, esquilons, arbols, carquils* (Aragüés). Este tipo de plural se encuentra atestiguado en los más viejos documentos del aragonés.

Algunos de los grupos consonánticos pueden reducirse, como ya queda dicho: *-rs > -s: primers, primés, ceñidós, labradós,* etcétera. Respecto a los plurales en *-z* y sus formas rehechas en *-ces,* véase atrás, pág. 249.

Numerales.—Apenas si presentan algo excepcional en la lengua viva, en que se usan generalmente las formas castellanas. Pero en la lengua antigua ofrecen variantes importantes. Entre los cardinales hay que recordar la forma femenina *duas; quatre,* como el actual de Sobrarbe y de todo el catalán, aparece en los *Inventarios; cinch, seix, siet;* ŏc t o > *hueyto, güeito* está documentado a partir del siglo XIII; es *hueyt* en el XIV y es

---

[26] Algunos de estos cambios son generales en el habla popular y rural de toda la península: *proba, granda,* etc. De los nombres con género etimológico, *fin,* femenino, se oye en el oriente peninsular, hasta Albacete y sus campos. En la expresión *a la buena fin* se emplea incluso entre hablantes cultos.

conocida también la forma catalana *vuyt* (Zaragoza, 1391). En 1464 ya se recoge *ocho*. *Güei* sigue vivo en el habla moderna.

nŏvem > *nueu* (desde el siglo xiv) vive en las montañas pirenaicas.

duodecim > *dotze* (xiv y xv), *dodze*.

Tretze aparece en un documento de 1437.

Para *diez y seis* hay el etimológico *setze* en el siglo xiv y la forma analógica *diciseis, deciseis; dizesiete, dezisiet; dezehueyto* (1375) y *diziocho* (en Zurita); *dezenou* (1496).

Viginti > *vint* (ya en el xiii), *veint* (en el xiv), *vient, veyent* (xiv), y *vente*, la actual forma vulgar.

beinteuno (Zurita), *ventecinco* (en el xvii), *vinte seys* (xiv), *vintiocho* (xvi).

trenta, documentada desde el xiv, vive hoy en el habla del norte.

quadraginta, con el acento trasladado > *quaranta* (en *Santa María Egipciaca*).

cinquanta (xiv y xv), *sixanta* (xiv), *setanta, huitanta* (xiv y xv), *uitanta* (xvi).

ducenti > *dozientos* (xv).

Por analogía se hicieron numerales que no eran perifrásticos en latín: *cincientos, cinquocientos, huicientos*.

En el habla viva, lo típico son las formas castellanas vulgares; así, por ejemplo, los compuestos de *diez* reducen el diptongo: *deciseis, decisiete...* (Aragüés, Jaca, Ayerbe, Puebla de Híjar, etc.). *Vente, trenta* viven de igual forma. No es desconocido el arcaísmo *milenta* 'mil'. En Bielsa, *uno* pierde su vocal final: *cuente un per un* (Badía).

Ordinales: *quarteno, cinqueno, seyseno, seteno* (usuales en el *Fuero General de Navarra* del xiii); *dotzena* (xv), *trenteno* (xv) (M. Alvar, *Dial. arag.*, § 107).

Personales.—El pronombre *Yo*, de primera persona, se ha usado también en los casos oblicuos: *con yo, a yo.* Con el de segunda persona, este uso es general: *de tú, con tú, a tú, para tú,* etc.

En Bielsa, el pronombre de tercera persona es *er, era,* en singular; *es, eras,* en plural. *Vos* se usa como sujeto en Hecho.

Las formas restantes son muy cercanas a las castellanas generales: *nusotros, vusotros.* Las variantes *nusatros, vusatros* tienen la *a* por disimilación con las otras vocales velares de la palabra. También existen *gusotros, gusatros* y *vušotros* (Borrés). Las formas *nusaltros, vusaltros,* usuales en Bielsa y Benasque, presentan un claro influjo catalán.

De las formas átonas hay: *mos* 'nos', vulgarismo frecuente en varias comarcas de la Península, influida por *me* y usual en Graus, Campo, Buesa. *Tos* (influida por *te*) 'os' en Larrés. También se usan los vulgarismos *sos, sus, us.*

El dativo de tercera persona era *li* en la lengua antigua (como era general en los poemas de Berceo) y hoy queda vivo (*li, lis*) en Benasque, Graus, Benabarre y Peralta (Ribagorza).

En el valle de Hecho se dice hoy: *pilla lo te* 'tómatelo'; *lo te diré* 'te lo diré'; *bébelate* 'bébetela'; *no la m'é levada* 'no me la he llevado', con el acusativo antes que el dativo, es decir, al contrario de la forma corriente. Este orden está atestiguado en la lengua antigua: *no lel consentiba* 'no se lo consentía' en el *Poema de Yúsuf* (MENÉNDEZ PIDAL, *Orígenes,* pág. 343). Asimismo en Bielsa perdura la forma *el,* complemento directo masculino no personal (el de persona es *le*): *el que y heba* 'lo que había'; *el dicen sin estar verdad* 'lo dicen sin ser verdad'. Esta forma vive ya en lucha con *lo;* sin embargo, en el uso del castellano *selo* < illi illum se emplea aún mucho: *dílelo* 'díselo'; *lel'trayen* 'se lo traen a él'; *les le trayen* 'traen esto a ellos'; *les la trayen* 'traen la [caja] a ellos' (BADÍA, pág. 112) [27].

---

[27] Este orden acusativo-dativo fue conocido también en Asturias: *si*

Los textos antiguos presentan variantes derivadas de i l l e
i p s e: *elesse, eleise, ellesse, elleise,* formas que, por disimilación con la *l* del artículo anterior, dan *enesse, ennesse* (pl. *elos
enesos*). Las formas más corrientes (*Fuero General de Navarra,
Fuero de la Novenera,* etc.) son: *si eneys, eyl eneis, aquella
eneissa.*

Posesivos.—La lengua antigua conoció un posesivo de varios
poseedores, que tenía las formas *lor, lur* (Umphrey, § 30). La
segunda, *lur,* también vigente en castellano, fue más abundante. Los documentos de Ramiro I usan también *lure* (1059); en
el siglo xii existe *lures* (1133). Este pronombre se usó hasta
La Rioja, hasta el siglo xiv, y abunda mucho, tanto en textos
jurídicos como en literarios. En los textos más antiguos se
encuentra *illores* [28].

Demostrativos.—La lengua antigua conoció, como en galo-
rrománico y catalán, un demostrativo *ço,* usual en textos del
siglo xiii, derivado de e c c e h o c [29]. Los mismos textos delatan

---

los li vedar, dar lo l'ei (*Fuero de Avilés,* Lapesa, pág. 65). También en
castellano: Menéndez Pidal recuerda el ejemplo del *Lazarillo*: «¿a dónde
os me llevan?» (pág. 46, edic. Foulché).

[28] Esta presencia de *lur, lures,* llega hasta el siglo xii en documentos
castellanos originarios de Soria, comarca que seguramente tendría muchos
aragonesismos, pues fue repoblada por Alfonso I en 1119. En el *Fuero
de Avilés* hay *lor* por provenzalismo. También aparecen *lur, lures* en
el Noroeste de Castilla, en Campóo, en documentos judíos del xiii.
Menéndez Pidal piensa en una colonia de judíos navarroaragoneses o en
una huella del influjo navarro sobre Castilla en tiempos de Sancho el
Mayor. (*Orígenes,* pág. 347.) De este *lur* no queda huella en el habla
viva actual.
Los demás posesivos se usan en muchas ocasiones y lugares con el
artículo y la forma plena. Así ocurre en Bielsa: *pal mío gasto, la tuya
casa, es nuestros libros.* El posesivo de tercera persona usa la forma
plena en singular: *la suya casa, el suyo libro,* pero usa *sus* en plural:
sus casas, sus libros. (A. Badía, *Bielsa,* pág. 116.) En la lengua antigua,
siempre *el mi nombre, la mi ánima, la tu sangre.* (Umphrey, § 29.)

[29] Véase Hilding Kjellman, *Étude sur les termes démonstratifs en
provençal,* Göteborg, 1928, y, en especial, G. Tilander, *Los Fueros de
Aragón,* pág. 53.

las formas *eiso, exe, eixe, eixa, eixo.* (*Exe* llega al XVII en los
textos de Ana Abarca.) Estas formas son las actuales *iše, -a, -o;*
išos, išas, empleadas en una comarca que alcanza desde Ansó
hasta Benabarre y por el sur el Gállego hacia Ypiés. Las variantes *eše, -a, -o* aparecen más al sur (Bolea, Loarre). La etimología de estas formas, que no puede ser i p s e, ha sido
propuesta y estudiada por G. TILANDER [30]. Se trata de los compuestos i p s e u m, i p s e a, etc. La forma i p s i u explica los
diferentes grados de palatalización. La -*e* final de *iše* es analógica con la de *ese* y *este.*

Los demostrativos tomaban en la lengua antigua una -*i* final:
esti, aquesti. La -*i* debe proceder de *qui.*

En Benasque hay *astó* 'esto', *asó* 'eso', *alló* 'aquello'; en
Bielsa (aparte del general *este, estes; esta, estas*) hay *iše, išes;*
iša, išas. También en belsetán se usa un demostrativo de tercer
término: *aquer, aquera; aqués, aqueras.* En el neutro, *eišo*
(A. BADÍA, *Bielsa*, pág. 117).

Relativos.—Las formas del relativo se han unificado con
las de la lengua literaria en casi todo el territorio. Subsiste en
el norte (Ansó, Hecho) el relativo *qui* con valor de *quien: ¿qui*
ie iše? '¿Quién es ése?'; *pa qui lo quiera* 'para quien lo quiera'.
Se usa también con preposición: *no sabes con qui šárras* 'no
sabes con quién hablas'. En la lengua antigua, la distinción
entre *qui* y *que* se mantuvo hasta el siglo XV, a fines, en tanto
que en Castilla ya había desaparecido *qui* a mediados del siglo XIII.

Según los estudios de A. PAR, *qui* no se usó con femeninos
ni con cosa masculina, mientras que fue, por contrario, abundantísimo su uso con persona masculina. (RFE, XVIII, 1931.)
Cual tiene una forma masculina, *cualo,* y otra femenina, *cuala.*
Son dos vulgarismos muy extendidos por el territorio peninsular.

---

[30] Véase *Etymologies romanes,* en *Studia Neophilologica,* XIX, 1946-
47, págs. 294-296.

Indefinidos.—La lengua medieval usó *hombre* con valor indefinido, igual que el castellano: *Como hombre entra a man ezquerra* (BAE, IV, pág. 213). *Cosa* por 'nada' es frecuente en negaciones.

En Bielsa, se usa tanto precedido del adverbio negativo (*no diz cosa* 'no dice nada') como solo (*¿qué tiene de particular?—Cosa*). Comp. con el parecido uso en Asturias, pág. 175. En la misma comarca de Bielsa se usan como indefinidos *guaire*, *bel* y *garra*: *sin guaires escrúpulos* 'sin muchos escrúpulos'. *Bel* tiene una forma femenina *bel-la* y equivale a 'alguno, alguna': *bel dia*, *bel-la vaca* 'algún día', 'alguna vaca'. A veces aparece compuesto con *-un*, *una*: *belaún*, *bel-laúna*. *Garra* es invariable: *no se pincha garra ramo*. 'No se cuelga ningún ramo'. (BADÍA, página 118.)

Hoy se usa *otri* en el Somontano (Huesca, Barbastro), forma que llega al límite oriental de Jaca (Sabiñánigo). En el Campo de Jaca vive hoy la forma de indefinido compuesto *išotros*.

ARTÍCULO

En aragonés existen dos derivados de i l l u m: *lo*, *o*. Las dos variantes se usan en áreas a veces coincidentes y viven en lucha con las formas castellanas. *Lo* se usa en el Subordán (Hecho, Aragüés, Embún), en el valle de Tena (Sallent, Lanuza), en Buesa y, ya menos, en algunos lugares del Campo de Jaca (Badaguás, Ulle, Martillué, Banaguás). La variante *o* (*a*; *os*; *as*) se usa en Ansó, Jaca, Guara, Somontano. Entre el Ésera y el Noguera Ribagorzana, se extiende una región de *el*, y en el Pallars, ya catalán, predomina *lo* [31].

---

[31] Esta multiplicidad se repite en la vertiente francesa de los Pirineos. Lo que en España son franjas verticales, es en Francia zonas longitudinales que presentan *lu*, *le*, *et*, *el*, *er*. (MENÉNDEZ PIDAL, *Orígenes*, pág. 336.) En lo que se refiere a las formas aragonesas, MENÉNDEZ PIDAL cree *lo* más arcaico que *o*. Formas como *o fuego* son irradiadas desde los centros más importantes, como Jaca, Boltaña, Barbastro, Ayerbe, etc. (*Orígenes*, § 62.)

Además existen las formas *ro, ros; ra, ras,* que viven en las cumbres de los montes; se extienden desde el valle del Gállego hasta el del Cinca (Panticosa, Torla, Sercué) y aisladamente por Sobrarbe y el Somontano (Loarre). La difusión de estas formas ha debido de ser mayor, a juzgar por los topónimos: *Campo ro Plano* (Sallent), *o portillo dera fresa, fabar dera seda* (Yeba), *Valderagüero* (Ayerbe). KUHN explicó estas formas como gasconismo, basándose en las formas análogas del otro lado de los montes: *era vaca* (siempre con femeninos). Pero ROHLFS lo ha desechado; asimismo se ha combatido la teoría de KUHN de que esa forma deshacía el hiato vocálico: *de o padre* > *de ro padre.* Según ROHLFS, *de o padre* > *d'o padre.* ALVAR piensa en el cambio *l-* > *r-* partiendo de una forma *elo,* como se atestigua en documentos medievales, ya que todas las formas recogidas en toponimia son intervocálicas. La *-ll-* latina se habría debilitado por el uso átono de la palabra, *-l-,* y ésta, a su vez, habría pasado a *-r-* cuando intervocálica. La explicación justifica, además, *a, o,* iniciales.

En la lengua medieval, los documentos reflejan el uso del artículo gascón *ero,* sobre todo en Sobrarbe, y de la forma *lo,* mientras que no se lee *o, a; os, as,* generalizados más modernamente. Sin embargo, la toponimia demuestra el uso antiguo de esta forma: *o paso lonso* (Buesa); *a fuande os comos* (Ibídem). Asimismo hay testimonios de Tella, Cámpol, Osia, Lasieso y Yésera.

El artículo se une a la preposición anterior: *do* 'del'; *no* 'en el'; *to* 'ta o', 'hacia el' (Aragüés, Jaca, Bielsa, etc.).

La lengua antigua usó también un artículo *es* frecuente en toponimia, y vivo hoy en Campo, Bielsa y Ribagorza, solamente usado con sustantivos masculinos: *es arbres* 'los árboles', *es amigos, es artos* 'las zarzas'; *es balons, es huembros, toz es vecinos,* etc. En nombres de lugar, se usa indistintamente: *Esberdes* (Espierba) 'las bordas', *es Lenés* (San Juan, cerca de Plan) 'los linares'; *Escañamares* 'los cañamares' (Espuéndolas); *Escochatas* 'las colladas' en Panticosa; *Esbachellas* 'las vallejas', también en Panticosa, etc.

Dentro del verbo es abundantísima la acción analógica. Por esto las formas verbales presentan a veces aspecto y comportamiento muy distinto de las nominales. Formas como *morio*, *sortiessen, venieren*, etc., son frecuentes en la lengua medieval, y hoy en el habla viva se recogen fácilmente formas como *colo* 'cuelo', *apreto, perdesse*. Igualmente se observan formas diptongadas por influjo de las fuertes: *enuiesto, puedades*, etc., etcétera. En las hablas vivas se oyen *cuentar, juegar, enmiendar, aprietar*, etc. Este tipo de diptongación es frecuente en el habla popular y vulgar de toda la Península. Existe viva tendencia a hacer formas débiles (*sabié* 'supe'; *dicié* 'dije'; *tenié* 'tuve') extremando la corriente del castellano. Esta tendencia es particularmente notoria en Bielsa, Aragüés, Jaca, Ansó, Hecho.

Cŏlligere presentaba en la lengua antigua un doble resultado: *cullir* (documentos del xiv y xv y actual en Bielsa) con inflexión de la *o* en *u* o bien mantenimiento de su vocal *o*: *collir*. Teneo, venio son en las hablas actuales *tiengo, viengo*, con diptongación ante yod. También la lengua antigua presentaba esas formas.

Los verbos en *-jar*, que suelen llevar el acento en la desinencia (*cambian* > *cambían*) modifican la terminación, asimilándose a los verbos en *-ear: cambian* > *cambean*. La acentuación proparoxítona es rechazada en líneas generales (como ocurre en los sustantivos) [32]: *veyebámos* 'veíamos', *comebámos* 'comíamos', *hesénos* o *fuesémos* 'fuésemos', etc.

Desinencias.—Hay escasísimas diferencias entre aragonés y castellano en lo que a desinencias generales se refiere. Son de señalar *-mus* > *-mos* (como en castellano) que se hace *-nos* (influjo de la *n* del pronombre personal) en Hecho, Campo de Jaca, Torla, Bielsa, Panticosa.

---

[32]   Toda el habla popular aragonesa hace graves las voces esdrújulas: *estomágo, tabáno, pampáno, medíco, cantáro, cueváno*, etc. Cambio acentual análogo existe también en gascón. (Rohlfs, *Le Gascon*, § 394.)

La segunda de plural *-tis* > *-ts* > *-z* en Ansó, Jaca, Hecho, Biescas, Torla, Bielsa, Campo, Azanuy. En Ansó, en los casos de coincidencia de primera y tercera de singular, la primera toma una *-i* final para diferenciarse.

Las desinencias de perfecto son más representativas de la lengua dialectal:

Tú: *-stes, -s.*	Vos: *-z, -eis.*
Nos: *-nos.*	Ellos: *-ron, -oron, -n.*

En la persona Tú la desinencia *-stes* es analógica de Vosotros y la segunda forma arriba señalada, *-s,* es creación sobre Yo + *s; -mus* > *-nos* por influjo de la *n* inicial del pronombre personal. En Vosotros la forma es analógica sobre Tú: Tú *cantés,* Vosotros *canteis;* la *-z* es etimológica: *ts* > *z.* En la tercera persona plural, la terminación *-ron* es etimológica: *cantaron;* *-oron* es analógica con la tercera singular: él *cantó,* ellos *cantoron;* y, finalmente, las formas que llevan una *-n* final están rehechas sobre la tercera singular con la *-n* del plural: él *cantó,* ellos *cantón.* (Comp. las formas leonesas. Véase atrás, pág. 198.)

Existen, a veces, formas diferentes de este comportamiento del perfecto. Tal ocurre, por ejemplo, en Bielsa, donde varían: la persona Yo tiene *-e* etimológica para los verbos en *-ar,* y analógica para los verbos en *-er, -ir;* la persona Tú se hace en *-ores,* analógica con Ellos; y Ellos es en *-oren,* con o analógica de la tercera persona, y *-ren* consecuencia del influjo de la desinencia *-en* de tercera persona de plural de las formas que la llevan (*-arun, -ieron; -orun, -oren*).

La diferencia entre los perfectos de la primera conjugación y los de las otras dos, estriba en que estas últimas llevan una *i* antes:

1.ª conj.	2.ª y 3.ª conj.
Yo: *-e.*	*-ié.*
Tú: *-ores.*	*-iores.*
El: *-ó.*	*-ió.*
Nos: *-emos.*	*-iemos.*
Vos: *-ez.*	*-iez.*
Ellos: *-oren.*	*-ioren.*

La -*e* final se apocopaba frecuentemente en la lengua antigua; de esos casos quedan algunos restos en las hablas vivas.

Apócope verbal.—a)   Presente de Indicativo: Ya la registran los textos jurídicos medievales (*faç, plaç*) y hoy también la acusan las hablas vivas frecuentemente: *vey* 've', *crey* 'cree'; *fa, sal, diz, cuez, cal, conoix,* etc.

   b)   En el pretérito indefinido. Es usual en la lengua antigua: *fiçist, matest, enpreynest* (siglo XIII); *pus* 'puse'; *fiz* (*Razón de Amor*), *perdonest* (ALVAR, *Dial. arag.*, pág. 222).

   c)   Pretérito imperfecto de subjuntivo: *toviés, diés, fués* (en el siglo XIII), *dixiés, entrás,* en Fernández de Heredia; *conveniés, pudiés* (en el XV). Estas formas subsisten hoy en el Campo de Jaca, Bielsa, Sercué (*cantás, temiés, partiés*).

   ch)   Imperativo: *tien* (Hecho, Bielsa).

   d)   Participio de presente: *renunciant* (1376), *habidant* (1404), *absent* (1435); *planyent, siguient* (UMPHREY, pág. 34).

   e)   En el gerundio, apócope limitada a Ribagorza, según SAROÏHANDY, donde se registra *cantán, comén, subín.* Tal apócope no es registrada por KUHN, § 40.

   La apócope no existe detrás de -*r*.

   El Infinitivo.—Existen derivados etimológicos en -*er*: n o c ē r e > *nozer* (1376) frente al *nocir* del siglo XVI. En la lengua actual, Hecho, Ansó y el Campo de Jaca usan (*a*)*rrier* < r i d ē- r e (KUHN, § 38); en Hecho, *impler* 'henchir', al lado de *implir*.

   Hay muchos verbos en - ĕ r e que siguen siendo -*er* (frente a la tendencia castellana que los hizo en -*ir*): c o n s t r i n g e- r e > *constrenyer;* r e m a n ĕ r e > *romayner* (siglo XIII), c o m- b a t t u ĕ r e > *combater,* r e n d ĕ r e > *render.* Hoy existen *ocorrer, escontraecer, cerner.* Algunos, como *cerner* y *añader* se usan hasta el extremo sur de la colonización aragonesa, en La Mancha albaceteña. *Cerner* penetra en la Andalucía oriental. (RFE, 1943, pág. 240.)

   Tanto la lengua antigua como la actual conocen los cambios de conjugación en algunos verbos: l e g ĕ r e > *leyr* (desde el XIII); *esleyr, obtenir;* p o s s i d ē r e > *possedir.* Hoy son usuales *tešir* 'tejer', *escondir, atrevir, tartir* 'tardar' (Hecho); *cernar* (Panticosa); *cogiar* 'coger' (Sallent); *enflacar* (Ansó). *Tusir,* etimológico, se usa en casi todo el dominio del dialecto.

Como vivos restos de la conjugación -ĕre existen *fer* (< facĕre) y sus compuestos *desfer, satisfer.*

En Benasque y su comarca existen infinitivos graves, originarios de las tres últimas conjugaciones latinas: *duelre* 'doler', *extenre* 'extender', *vinre* 'venir'. Son numerosos en Ribagorza (Bisaurri, Renanué): *bére* 'ver'; *valre* 'valer'; *torse* < torcĕre 'torcer'; *chaure* < jacĕre 'dormir, acostarse'; *calre* 'ser necesario'; *responre* 'responder'; *venre* 'vender'; *muelre* 'moler'; etcétera.

El pronombre enclítico al infinitivo provoca en las hablas vivas la desaparición de la -r desinencial: *lavalos, sostenelo, recogela, subilos, cogelas,* etc. (A. ALONSO y R. LIDA, *Geografía fonética:* -l *y* -r *implosivas en español,* RFH, VII, págs. 313-345), como ocurre en la mayor parte del habla rural española.

El presente.—Las *Ordinaciones* de Zaragoza (1391) acusan presentes de subjuntivo con aire incoativo: *provedescan, diffinezcan, repellescan, constituezcan,* formas todas diversas de las leonesas o de las castellanas.

La lengua antigua conoció algunos verbos en cuyo presente de subjuntivo había formas analógicas, con g, a imitación de los verbos con velar: *tuelga* (también castellano), *fierga, prenga, aprenga* (siglos XIII y XIV), *nuega* (XV). Este último es *nueze* en la *Leyenda de Alejandro* (siglo XVI).

Presentes con yod derivativa.—En la lengua medieval existe la diptongación de la ĕ en las formas fuertes de lĕvare, pero no se ha producido la palatalización de la consonante inicial: *lievan* se lee en el *Poema de Yusuf* y en *Santa M.ª Egipciaca.* Pero las formas con el diptongo coexisten con las sin diptongar: *leuo* (*Reyes*), *leven* (*Razón de Amor*).

En las hablas actuales, los verbos con -dj- han desarrollado una -g-, a imitación de los verbos con velar:

veigo	*creigo*	*faiga*
ves, veyes, vei	*creyes, creis*	*faigas*
ve, vey	*crey*	*faiga*
vemos, viemos	*creyemos*	(Aragüés)
veis, viyéis	*creyez*	
veyen	*creyen*	
(Pardinilla, Larrés,	(Cartirana)	
Orante, Aragüés)		

Esta -*g*- aparece en otros varios verbos, la tengan o no por razones etimológicas: (*a*)*rrigo* (Ansó, Hecho, Banaguás), *creiga* (Aragüés, Larrés), *liga* 'lea' (Hecho), *vaiga* (Graus, Benabarre), *veiga* (Aragüés, Jaca, Bisaurri, Bielsa). Al lado de estas formas con -*g*- existen aquellas en que la palatalización se produce: *liyo* 'leo' (Hecho); *trayo, traya; creyo, creya; cayo* (Campo de Jaca, Ansó, Hecho).

Imperativo.—La -*e* final, que tiende a desaparecer en el dialecto, se mantiene en *viene* 'ven', *sale* 'sal' (Hecho, Campo de Jaca). Se pierde esa -*e* final en Bielsa (*vien, tien*). Asimismo, la segunda persona de plural es, en el habla de Bielsa, igual al infinitivo: *meter* 'meted', *cantar* 'cantad', *partir* 'partid'.

Gerundio.—Muchas veces se forma el gerundio sobre el tema de perfecto. La lengua antigua conoce *uviendo, supiendo, dixendo, quijendo, toviendo, andidiendo, fiziendo*. Estas formaciones se registran modernamente en todas las hablas vivas: *dijiendo, trajiendo, supiendo, pudiendo, quisiendo, hiciendo*, lo que, por otra parte, es rasgo vulgar de muchas hablas dialectales.

Al lado de estas formas existen otras, para verbos de la tercera conjugación, en -*i*-: *consumindo, venindo* 'viniendo'; *midindo, dicindo, icindo* 'diciendo'; *indo* 'yendo' (Hecho); *rindo, oíndo, vindo* se registran en Puebla de Híjar. Los de la segunda conjugación conservan la forma en -*ie*-; en Puebla de Híjar, *leer* tiene un gerundio *leendo*.

Existen varias formas para el gerundio de *hacer*: *fendo* (Hecho, Panticosa, Torla, Biescas); *fiendo* (Embún, Bolea, Loarre); *faciendo* (Ypiés). En la lengua antigua, hubo *fiziendo*, como ya queda indicado.

Participio.—En la vida de los participios hay que distinguir dos claras porciones, ya señaladas por KUHN. La oriental (Tena, Bielsa, Sobrarbe), donde se conserva la -*t*- (*rompito, pillato, feto, subito, forato*) y otra occidental (Hecho, Ansó), donde la -*t*-, sonorizada, tiende a desaparecer: *rompiú, subiú, pilláu.* M. ALVAR ha recogido en el Campo de Jaca formas con hiato: *cayíu, sentíu, leíu,* lo que le hace pensar que la pérdida de la -*d*- es muy reciente.

La -*t*- conservada aparece, en topónimos, en un área mucho mayor que la del habla viva, ya que aparece incluso en la zona occidental. Se recogen ejemplos en Ansó, Aisa, Aragüés, Abay, Banaguás, Agüero, Lasieso, Baraguás, Lerés, Navasa, Gésera.

El participio pasado, como vimos hacía el gerundio, se forma a veces sobre el tema de perfecto: *huvido, quesido, supido* son frecuentes en la lengua medieval. Hoy se conoce *tuvido* (Linás, Torla, Fiscal), *quisiú* 'querido' (Bolea, al lado de *tenito*); *trujido* (Torla); *hubido* y *tuvido* llegan a tierras de Teruel. (No son raros en otras hablas vulgares).

En Torla, Fiscal, Biescas, Bielsa, sobrevive un *quiesto* (al lado de *quiasto*, en Torla) 'querido' < q u a e s i t u s (*quisto*, en Bisaurri). Compárese con la forma medieval *conquiesto* [33]. En la Ribagorza aragonesa (Bisaurri, Renanué), los verbos -ē r e, -ĕ r e, hacen el participio pasivo en -*éu, -eta*: *torséu* 'torcido'; *valéu* 'valido'; *debéu, movéu; responéu* 'respondido'; *cayéu* 'caído'; *sabéu, bebéu; coséu* 'cocido' (al lado de *cueto*); *ensenéu* 'encendido'; etc., etc.

Presentes irregulares.—El presente de *ser* se conjuga de la siguiente manera:

---

[33] En la lengua antigua existieron más participios fuertes: GARCÍA DE DIEGO cita *destruito* 'destruido'; *costreito* 'costreñido'; *meso* 'metido'; *comeso* 'cometido'; *tuelto* 'tullido'; *endueito* 'inducido'; *eslito* 'elegido' (*Dialectología*, pág. 264).

s u m > *so* (Hecho), junto a *soy,* usual en todas partes.

e s > *yes* (de Ansó a Ribagorza, y por el sur hasta Loarre); *yas* (Torla).

ĕ s t > *ye* (Hecho, Ansó, Campo de Jaca, Bielsa, Benasque, Campo); *ya* (Torla).

s ĭ m u s > *semos* (Campo de Jaca, Bielsa, Bolea). En Jaca, también *yemos.*

s e d e t i s > *sez* (Campo de Jaca, Bielsa); *séis* (Aragüés).

s ŭ t i s > *soz* (Ansó, Hecho, Azanuy).

s u n t > *son,* en todas partes.

En la Ribagorza aragonesa, la conjugación de este tiempo es *sigo, yes, ye; som, sots, son* (Bisaurri).

Semos, sez, son, existen también en Segorbe, enclave aragonés en tierras de Castellón de la Plana.

La persona Yo *so* no es exclusivamente aragonesa, aunque aparezca en los textos medievales: es también conocida en Castilla y León. La tercera persona era *yes* en la lengua antigua, pero desde el siglo XVI se atestigua *ye,* con lo que se destruye la homonimia con la segunda. (En la *Crónica de San Juan de la Peña* viene representada por *ys*). *Semos* puede proceder también de s e d e m u s, y esta forma latina es, por lo menos, la etimología de *seyemos* y *siemos.* En Loarre existe *semons,* cuya *-n* puede explicarse por influjo del pronombre *nosotros.* La forma *yemos,* de Barós, es imitación de *ye.*

En el siglo XVI, la *Leyenda de Alejandro* registra *ien,* forma analógica de *ye* + *n.* En subjuntivo, la lengua antigua usó *sía, sías,* etc., provenientes ya de *s i a m, ya de s ĕ d e a m. En Bisaurri, hoy es *siga, sigas, siga; sigám, sigáts, sigan.*

El presente de *haber* ofrece el siguiente paradigma:

Yo *hí* (Jaca, casi general y vulgar hasta Puebla de Híjar).

Nos *himos* (igual repartición que *hí*). Existe una persona Vos *habís,* también vulgar en muchos lugares. En Bielsa, la persona Vos hace *hez.* El resto del tiempo, como en castellano. En Bisaurri, Nos *hem,* Vos *hets.*

En subjuntivo se generalizan las formas *haiga*. En Bielsa, la persona Vos es *haigaz;* en Bisaurri, *haigats*.

El presente de f a c i o también ofrece diversas formas:

facio > *fago* (Bolea, Loarre, Ayerbe, Ypiés, Benasque, Graus); *fo* (Hecho); *foi* (de Ansó a Torla); *fego* (Bisaurri).

facis > *fas* (de Ansó a Benasque, y por el sur hasta Loarre); *faces* (Ayerbe, Ypiés).

facit > *fa* (desde Ansó a Vió, y por el sur hasta Loarre); *face* (Ayerbe, Ypiés).

facimus > *femos* (desde Ansó hasta Torla y Bielsa); *facemos* (Bolea, Loarre, Ayerbe, Ypiés); *fem* (Bisaurri).

facitis > *féis* (Ansó, Aragüés, Panticosa, Biescas, Buesa); *feiz* (Campo de Jaca); *fez* (Ansó, Hecho, Jaca, Torla, Bielsa, Campo); *fachis* (Bolea, Loarre, Ayerbe, Ypiés); *fets* (Bisaurri).

faciunt > *fan* (de Ansó a Benasque); *facen* (Bolea, Loarre, Ayerbe, Ypiés).

Fo es forma analógica de *so; foi* lo es de *soy. Fez* se explica desde facitis > *fac'tis* > **feites* > *feits* > *feiz* > *fez.*

Existen además, por todas partes, formas paralelas a las castellanas, aunque con la *f-* inicial conservada y las formas sincopadas propias del dialecto. Ellos *fan*, limitada hoy al norte del país, se encontraba en Casbas en el siglo XVII.

En subjuntivo, se encuentran las variantes siguientes:

fac(i)am > *faga* (desde Ansó a Benasque); *faiga* (Embún, Anieto, Graus); *faya* (Biescas, Bielsa); *fayay* (Ansó).

fac(i)as > *fagas, faigas, fayas* (Biescas, Bielsa, Ansó).

fac(i)at > *faga, faiga, faya.*

fac(i)amus > *fagamos, faigamos, fayamos.*

fac(i)atis > *fagaz, faigais* (Embún); *fayais* (Biescas); *fayaz, fáyaz* (Bielsa, Ansó).

fac(i)ant > *fagan, faigan, fayan.*

Las formas *faya*, etc., son analógicas de *haya*, etc., así como las *faiga* son de *haiga, traiga*, etc. *Fayay*, de Ansó, tiene la *-i* final para diferenciarla de la tercera persona. (Véase atrás, pág. 259.) (V. Manuel Alvar, *Dial. arag.*, págs. 228-229).

Imperfecto.—El imperfecto aragonés se caracteriza por la conservación de la *-b-* en las tres conjugaciones (*cantaba, temeba, partiba*). La conservación de esta *-b-* en los verbos *-er, -ir* ha sido explicada por Menéndez Pidal como una analogía de los en *-ar* (pensando en la que se encontraba en Salamanca y Nuevo Méjico). Pero, para la aragonesa, en realidad, es insuficiente tal explicación. Se trata de la *-b-* etimológica que aparece en los imperfectos gascones y en el catalán de Alguer. Los documentos medievales no son muy abundantes en ejemplos, pero debe de ser a causa del influjo de la cancillería real, muy castellanizada. Los textos literarios son muy claros al respecto. La *Razón de Amor* dice:

> *Entre çimas de un mançanar*
> *un uaso de plata ui estar*
> ... ...
> *una duena lo y e u a puesto*
> *que era señora del uerto.*

En el siglo XVII, el *Octavario* de Ana Abarca escribe formas como *eua* 'era', *cubrivan, salivan, pareçeva* (Alvar, *Octavario*, página 22).

En la lengua actual, las formas de verbos *-er, -ir* con la *-b-* conservada existen desde la frontera navarra hasta el Esera y desde Bigorra a Bolea. Los más abundantes son:

Verbos *-er*	Verbos *-ir*
creyeba, bebeba, comeba,	*tosiba, deciba, reiba, partiba,*
rompeba, meteba, pleveba,	*moriba, residiba, veniba,*
vendeba, aceba.	*traiba, subiba, abriba,*
	sentiba, serviba, escribiba, floriba.

(Alvar, *Dial. arag.*, § 126; Kuhn, § 43).

En el habla de Bielsa, la persona Yo presenta desinencias -*e* con lo cual se diferencia de la 3.ª El esquema es como sigue:

dabe	*danos*	*cayebe*	*cayenos*	*decibe*	*decínos*
dabas	*dabez*	*cayebas*	*cayebez*	*decibas*	*decibez*
daba	*daban*	*cayeba*	*cayeban*	*deciba*	*deciban*

La primera persona en -*e* es usada también en Ribagorza (Benasque, Durro). KUHN registra también -*ie*: *cosíe*. (Benabarre, La Litera, pág. 132) [34].

Algunas observaciones sobre imperfectos.—Los verbos que tienen -*y*- epentética hacen el imperfecto sobre las formas con -*y*-: *trayer*, *trayeba*; de *creyer*, *creyeba* (Campo de Jaca). Asimismo, de un infinitivo *vier* (Hecho, Torla), nace un imperfecto *vieba* (Araguás de Solano). Hay algunos en los que se cambia de conjugación, como *bebiba*, *ceneba*, *pleviba* (y por ultracorrección *ayudían*, Jaca). En otros casos, el Imperfecto se forma sobre el perfecto: *rompieba*, *subieba*, *abrieba*.

La ĕ del imperfecto de *ser* diptonga normalmente: e r a m > *yera(y)*; ĕ r a s > *yeras*, *yéramos*, *yeraz*, *yeran*. Estas formas atestiguadas para la lengua antigua en el *Yusuf*, se usan hoy en Ansó, Hecho, Campo de Jaca, Benasque. (En Bielsa: Yo *yere*, Nos *yéranos*.) En Bisaurri, *yeba*, *yebas*, *yeba*; *yeban*, *yebats*, *yeban*.

El verbo *haber* hace su imperfecto *heba* o *haiba*; en subjuntivo *ésemos*, *ísimos* (Aragüés, Jaca); en Bielsa, el imperfecto de subjuntivo es *hes*, *heses*, *hes*; *henos*, *heces*, *hecen*. (BADÍA, pág. 133.) En Bisaurri, *haiga*, etc.; *haigám*, *haigáts*, *haigan*.

Futuro y Condicional.—La lengua antigua conoce casos de futuros y condicionales sincopados: *ferrá* 'herirá', *pasçrán* 'pacerán'; *cadrá* 'caerá'; *cometrá* 'cometerá'; *recebrá* 'recibirá'. Eran muy numerosos. Hoy existen los casos, frecuentes en

---

[34] Véase para todo esto M. ALVAR, *El imperfecto -iba en español*, en *Homenaje a Fritz Krüger*, I, págs. 41-45. Esta -*b*- se ha documentado en muchos más lugares del mundo hispánico.

toda la Península, con consonante epentética: *toldrá* 'tollerá';
combrán 'comerán'; *doldrá* 'dolerá'. En algunos lugares el vulgarismo *salirá, caberá* es frecuente (Puebla de Híjar). En el Norte
(Bielsa), el condicional hace Yo *-í*: *partirí, partirías;* Nosotros
partirímos, Vosotros *partiríz* (igual en las tres conjugaciones).

Perfecto. Verbos en -ar.—La lengua escrita antigua tuvo una
clara uniformidad diferente de la hablada [35].

Esa lengua escrita presentaba el siguiente paradigma:

pagué,	*adjugamos,*
compraste, matés	*leuastes,*
ratificó,	*pronunciaron.*

Pero la lengua hablada no fue tan uniforme. Presentó diversas formas (o presenta). En lo antiguo era:

pagué,	*tornemos,*
matés,	*laurestes,*
confirmó,	*atorgaron, costón.*

Las formas de este paradigma popular son fácilmente explicables por analogía. Según Navarro Tomás, el vulgarismo
más corriente en los textos aragoneses del XIII-XIV es *-oron,*
que se usó desde Ansó hasta Aínsa y por el sur hasta Huesca
y Barbastro. Las *Actas* de Zaragoza (1439) lo presentan copiosamente: *levantoron, juroron, admetioron, stablioron, arbitroron,*
etcétera.

En la lengua actual, el paradigma del perfecto es el siguiente:

compré,	*compremos,*
comprés,	*compreis, comprez,*
compró,	*comproron, comprón* (KUHN, § 44).

---

[35] Según las observaciones de TOMÁS NAVARRO, *El perfecto de los
verbos en -ar en aragonés antiguo,* en RDR, I, 1905, págs. 110-121.

Estas formas eran usuales a principios de siglo, en el Campo de Jaca, Biescas, Fiscal, Sobre Puerto, Boltaña y Aínsa; por el sur llegaban a Naval y Alquézar. *Comprez* se usaba menos que *compreis*. Hoy siguen vigentes. Estas formas han sido recogidas por Kuhn en Ansó, Biescas, Loarre, y por M. Alvar en el Campo de Jaca (donde la terminación *-ez* apenas se usa, salvo en Cartirana). La tercera plural en *-oron* se usa en la orilla derecha del Gállego y la *-on* en la izquierda. Como es natural, alguna vez coexisten con las formas castellanas *compraron, comprasteis* (Biescas, Loarre). Compárense con las formas leonesas, pág. 184. (M. Alvar, *Dial. arag.,* pág. 234.) Una forma especial tiene el perfecto en Bielsa: *-e, -ores, -ó; -emos, -ez, -oren.* (Véase atrás, pág. 259).

Perfectos en -e. De las formas antiguas solamente *gité* 'echó' se ha documentado. El paradigma moderno es el siguiente:

maté,	*matemos,*
matés,	*matez,*
maté,	*materon.*

Este tipo de perfecto, explicable por analogías (menos El *maté* < -a i t < -a v i t) es el usual en Hecho[36].

Hay además las formas del perfecto en *-o;* en los textos antiguos están documentados *camiomos, atorgonus* y *compró.* En la actualidad es:

cantó,	*cantomos,*
cantós,	*cantoz, cantois,*
cantó,	*cantoron.*

En este perfecto, la analogía ha obrado sobre todas las formas. La única extraña es Vosotros *-ois,* hecha a imitación probable de las otras formas en *-eis.* Este perfecto fue encontrado

---

[36] *Gité* 'echó', *mandé* 'mandó'; formas hoy confinadas al valle de Hecho (Navarro Tomás, *loc. cit.,* pág. 116), se explican por contracción de la desinencia - a v i t > - a i t > -é (Menéndez Pidal, *Orígenes,* pág. 362).

por Navarro Tomás en Aragüés y Aisa, pero debió de tener
mayor área geográfica, a juzgar por los hallazgos de Kuhn
(pag. 134) en Panticosa (*fice, fizós, ficimos, fizois, fizon,* paradigma algo alterado) y de Alvar en Barós (*dijós* 'dijiste', perfecto en -x i que acaso pueda relacionarse con estos perfectos
en *-o*). Pero en la actualidad (datos de M. Alvar, 1950) se puede
decir que el perfecto en *-o* ha casi desaparecido. En Sinués,
Aisa, Esposa, no hay ninguno. En Aragüés y Jaca hay escasísimos restos, solamente en personas de edad avanzada y nula
cultura: *pagomos, acostois, cantoz.* (P. González Guzmán, *Habla
de Aragüés*, pág. 88, se expresa de idéntica forma) [37].

Perfecto de los verbos en -er, -ir.—El paradigma hallado por
Kuhn para estos verbos es el siguiente:

vendié	*vendiemos*
vendiés	*vendiez*
vendié	*vendieron*

(Hecho).

dormié	*dormiemos*
dormiés	*dormieis*
dormié	*durmión*

(Torla).

Kuhn explica este paradigma poniéndolo en relación con
los imperfectos en *-ía > -ie > -jé*, imperfectos corrientes en
lengua castellana, que fueron sustituidos a veces por los en *-b-,*
y que se fusionan fonéticamente con los perfectos. Se trata,
pues, de una pérdida del valor 'imperfecto' de las formas en
-jé, que fueron suplantadas por las en *-iba*.

Estas formas en *-jé* son típicas de las hablas del norte. En
Bielsa, el perfecto de los verbos *-er, -ir* es:

---

[37] En Bielsa, *tú cantores, tú viores, tú pagores; ellos dioren, estioren,*
etcétera. Nuevamente debemos relacionar todas estas formas *-oron, -ioren*
con las leonesas. (Véase atrás, pág. 184 y ss.).

metié	*partié*
metiores	*partiores*
metió	*partió*
metiemos	*partiemos*
metiez	*partiez*
metioren	*partioren.*

En las tierras llanas, y en general en las hablas vulgares, se dan los vulgarismos analógicos tú *-stes;* nos *-emos.* (Como, para los en *-ar,* formas del tipo *daron, andó, estase,* etc.). En Bisaurri y Renanué (Ribagorza) existen ya los perfectos perifrásticos con *anar,* como en catalán.

Perfectos fuertes.—El perfecto de *dar* sigue, por analogía, al de *-er*: d ĕ d i > *dié* (Hecho, Campo de Jaca); *diey* (Ansó); d ĕ d i s t i > *diés* (Ansó, Hecho, Campo de Jaca); d ĕ d i t > *dié* (en los mismos sitios que el anterior); *dió* (Ansó, Martillué); d e d i m u s > *diemos* (Ansó, Hecho, Campo de Jaca); d e d i s- t i s > *diez* (Ansó, Hecho); *diéis* (Martillué); *diesteis* (Navasilla); d e d e r u n t > *dieron* (Hecho, Navasilla); *den* (Navasilla); *die- ron* (Ansó, Martillué); *dion* (Castiello, Badaguás, Baraguás, Car- tirana).

En Aragüés, hace *dié* (como en Hecho) la primera y tercera persona singular; la segunda, en cambio, se diferencia: *diestes;* la segunda plural es *disteis,* y la tercera *dién.*

En Bielsa, *dié, diores, dió; diemos, diez, dioren.*

El perfecto s t e t i ha seguido un destino análogo, y en el mismo dominio geográfico: *estié* (o *estiey*), *estiés, estié; estie- mos, estiez* (o *estiéis*), *estioron* o *estieron.* (De estas dos últimas formas, la primera en Ansó, la segunda en Hecho.) En Bielsa, el perfecto de *estar* repite el paradigma de *dar* [38].

Traer, como ejemplo de perfecto en - s i presenta numerosas formas que han sido agrupadas por M. ALVAR de la siguiente manera:

---

[38] En Hecho, según el sistema indicado (*estiey* en lugar de *estuve*) se conjugan *habié* 'hube'; *sabié* 'supe'; *podié* 'pude'; *trayé* 'traje'; *querié* 'quise'; *facié* 'hice'; *icié* 'dije'; *venié* 'vine'.

I	II	III
traje	*truje*	—
trajes	—	—
trajo	*trujo*	*truyo*
trajemos	*trujemos*	—
trajisteis	*trujes*	—
trajieron	⎰ *trujeron* ⎱ *trujon* *trujieron*	*trayeron*

	IV	V
	trajié	*protegié*
	trajiés	*protegiés*
	trajo	*protegió*
	—	*protegieimos*
	—	*protegieyos*
	—	*protegieron*

Los cuatro primeros paradigmas pertenecen al Campo de Jaca; el último a Ansó (M. ALVAR, *Dial. arag.*, pág. 243).

El segundo esquema, con ligeras variantes (Tú *trujes*, Vosotros *trujesteis*, Ellos *trujeron*) es el recogido en el valle de Aragüés. Lanuza, Embún usan el vulgar general español: *truje, trujiste, trujo; trujimos, trujisteis, trujeron*. Bielsa sigue normal a sus peculiares hábitos: *trayé, trayores, trayó; trayemos, trayez, trayoren*.

De estos varios esquemas, el primero es el perfecto castellano con analogía en Tú y Nosotros; el segundo es el arcaísmo vulgar, general en la Península; en el tercero hay interferencia del presente *trayo*, de Ansó. En el cuarto hay un cruce con los perfectos en *-ié* y con las formas castellanas. El quinto es el ansotano, que pertenece a los perfectos en - s i por su *-j-*, pero contaminado también por los perfectos en *-jé*. Las formas de t r a h o en - s i, según M. ALVAR, se han perdido también en Ansó, que hace modernamente *trayey* (infinitivo *trayé*), *trayés, trayó; trayemos, trayez, trayoron*. (Ver abajo, pág. 268.)

El de *decir* presenta una flexión analógica: Yo *diciey* (Ansó), *dicié* (Hecho, Bielsa); Tú *diciores* (Bielsa); El *dició* (Bielsa, Ansó); Nos *diciemos* (Bielsa), Vos *diciez* (Bielsa); Ellos *dicioren* (Bielsa).

También para f e c ī y f u ī, M. ALVAR señala diversos grupos:

I)

fice (Campo de Jaca, Buesa, Biescas, Loarre, Bolea)
ficiste (Bolea, Loarre, Biescas)
fizo (Jaca, Panticosa, Loarre, Biescas, Bolea, Buesa)
ficimos (Biescas, Panticosa, Loarre, Buesa, Bolea)
ficisteis (Buesa, Bolea, Loarre)
ficieron (Banaguás, Biescas, Bolea, Loarre, Buesa)

II)

Tú *fices* (Castiello), *ficés* (Borrés), *fizos* (Panticosa)
El *fice* (Embún)
Nos *ficemos* (Campo de Jaca)
Vos *ficez* (Cartirana), *ficeis* (Borrés, Barós, Ulle), *ficiés* (Pardinilla), *ficistes* (Embún), *fizois* (Panticosa)
Ellos *fizon* (Campo de Jaca, Panticosa), *ficioron* (Embún), *fizoron* (Araguás)

III)

El esquema III es el usado en Ansó: *ficiey, ficiés, fició; ficiemos, ficiés, fición* o *ficioron*.

IV)

El esquema IV es típico del cheso: *fació, faciés, facié; faciemos, ficiez, facieron* [39].

---

[39] Véase D. MIRAL, *Tipos de flexión en el cheso; el verbo hacer-fer*, en *Universidad*, VI, 1929; KUHN (*Der hocharag.*, pág. 150) señala para Hecho las formas *facié, faciés, facié; faciemos* (o *hemos feito*), *faciez* (o *hez feito*), *facieron* (o *han feito*). Este paradigma difiere del expuesto por MANUEL ALVAR. Naturalmente, en el complejo mundo de analogías e influjos en que se mueve la conjugación, ambas formas pueden coexistir. (Véase también A. BADÍA, *Sobre morfología dialectal aragonesa*, páginas 36-38.)

En el valle de Aragüés se presenta una forma mezcla de las dos primeras (P. González Guzmán, *Habla de Aragüés*, pág. 91). El paradigma primero es el castellano, con la *f-* inicial conservada, propia del dialecto. El tercero se explica por la inflexión vocálica de f e c ī > *fice* y las analogías que obran sobre las desinencias. El cuarto deriva de f a c i o con atracción analógica de su final. El segundo es el más complicado. Tú *fices* es analógica con la persona Yo (*fice* + *s*); *ficés* lleva el acento de las débiles y *fizos* es analógica de la persona El. También sobre *fizo* está hecho *fizois* de Panticosa, como asimismo *fizoron*, de Araguás. En Bielsa, según Badía, el paradigma más propio es *fayé, fayores, fayó; fayemos, fayez, fayoren;* sin embargo, estas formas conviven con otro paradigma menos usado: *ficié, ficiores, fició; ficiemos, ficiez, ficioren.*

El perfecto de *ser* ofrece el siguiente cuadro:

fue(y) (Ansó, Hecho, Campo de Jaca, Bielsa)
fués (Ansó, Hecho, Jaca), *fueres* (Bielsa)
fué (Ansó, Hecho, Jaca, Bielsa)
fuemos (Ansó, Hecho, Jaca, Bielsa)
fueis (Jaca), *fuez* (Bielsa, Ansó, Hecho), *fués* (Ansó)
fueron (Ansó, Hecho, Jaca), *fueren* (Bielsa)

El de *estar*:

estié (Hecho)   *estiemos* (Hecho)
estiés (Hecho)   *estiez* (Hecho)
estié (Hecho)   *estieron* (Hecho)

Las formas de *estar* se explican por cambio de tema y paso al paradigma de los perfectos en *-jé*. (Véase atrás pág. 270.) En Hecho, las formas *fué, fués*, etc., se usan solamente para la idea 'ir'. Todo el perfecto ha sido sustituido por *estar*. La persona Yo *fué* es análoga a la del asturiano y español de América; la segunda está rehecha sobre la primera. *Fuemos, fuez, fueis* son analógicas. *Fués* se usa en singular y en plural.

Cambios de tema en el perfecto.—Los temas de presente y de pretérito se unificaron en aragonés ya desde antiguo: los textos documentan *estaron, daron, andassen.* En el siglo XV, se documentan en Zaragoza formas como *teniese, seyés* 'fuese', *hauió* 'hubo', *dasen.* En el *Octavario* de Ana Abarca de Bolea, del XVII, M. ALVAR encuentra: *quirió* 'quiso', *sabió, tenión, dició, estió.* Este cambio de tema subsiste en el habla actual: *querese* 'quisiese', *venise* 'viniese' (Hecho), *ise* 'fuese' (Embún), *estase* 'estuviese'; *hacesen* 'hiciesen'; *tenese* 'tuviese', *tenésemos* (Jaca); *decís, decises, querés, quereses,* en Bielsa, etc.

Adverbios.—De LUGAR: Además de los castellanos *aquí, ahí, allí,* hay que añadir *astí* (Bielsa), propiamente 'ahí', pero referido también al tercer término, más determinada la lejanía que en *allí.* La expresión *per astí* equivale al castellano 'por ahí' (Bielsa). En el Campo de Jaca, *hastí* significa 'hasta ahí'. También se registra en Aragüés, solo y en los compuestos *hastiba, hastirriba, hastibajo* (también en el Campo de Jaca 'hasta ahí arriba', 'hasta ahí abajo'). *Astí* es *estí* en Benasque. En Alquézar existe *astívan* (< hasta ahí avant) compuesto de *astí* y el antiguo *avant,* sustituido este último por *adeván* (Hecho, Bielsa) y *deván* (usual en todo el Pirineo). *Avant* permanece en catalán.

Además de los corrientes *o* (< u b i), *onde, ne* (< i n d e), *entro* (< i n t r u), cabe señalar *dalto* 'arriba'; *talto* y *tabaišo* 'hacia arriba' y 'hacia abajo' (Bielsa), hechos a base de la preposición *ta; arrán* 'casi tocando', 'al mismo nivel' (comp. catalán *arrán*), *leišos* 'lejos'; *ta zaga* 'atrás' (Bielsa); *to* (*ta + o*) 'hasta donde' (Jaca). En Aragüés existen derivados de adverbio + i l l e + i n d e: *to-ene: dolene, tomalene, partelene; dillá* 'más allá' (Novás); *derré* 'detrás' (Benasque), etc.

Aparte de éstos de aire indudablemente peculiar, se usa el arcaísmo *dende* por todo el territorio.

i b i > *bi, i,* en Hecho, usados con el verbo *haber: bia* 'hay', *bieba* 'había', *ibiese* 'hubiese'.

De TIEMPO: *güé* 'hoy'; *maitín* 'mañana' (*maitín de maitín* 'mañana por la mañana'; *dispués de maitín* 'pasado mañana'); *anuet* 'anoche' (Bielsa); *encara* 'todavía', abundante en la lengua antigua, se usa hoy en Bielsa, Ribagorza, Campo; *agora*, arcaísmo, se documenta en varios lugares pirenaicos; *al talle* 'entonces' (Bielsa); *enguán* 'hogaño', en Ribagorza. Los vulgarismos *dimpués, empués*, son generales.

De MODO. *Asinas*, general, se usa además en amplias zonas del habla popular (llega hasta Albacete y Andalucía oriental). La lengua hace adverbios en *-mente*: *antiguadamente* (Jaca).

De CANTIDAD se podrían citar *més* 'más', *además* 'además'; *muto* y *muito* 'mucho'; *guaire* 'mucho'; *pro* 'bastante, suficiente' (comp. cat. *prou*), todos en Bielsa.

Adverbio de AFIRMACIÓN, típico del belsetán, es *profés* 'sí, ya lo creo'; *tammién* (con geminación de la nasal); *pro* 'mucho', afirmativo, existe en Ansó, Graus, Bielsa.

Cabe destacar las expresiones negativas de Bielsa: *no me sabe guaire bien que...* y *no me fa goyo que...* [40].

Preposiciones.—Hoy viven en el dialecto, repartiéndose el uso con las castellanas, entre otras: *cata* «cata arriba, cata abajo» (Campo de Jaca); *ta* (< i n d e + a d, COROMINAS, VRo, II, pág. 160); la más usada y general del dialecto (y también en gascón): *tarriba, tabajo, tallí*; en Bielsa, *ta* expresa el movimiento en una dirección concreta, mientras que el hecho en una dirección aproximada se expresa con *dica*; *dica* se acumula a veces con *ta* en el mismo sentido de 'orientación de movimiento': *dica ta Salinas*; *cara* 'hacia' es general (existe una variante *carria*, recogida en Magallón); *enta* 'hacia' es la forma plena de *ta*; se usa en Ansó, Embún, Benasque. *Segunt, seguntes*,

---

[40] En la lengua antigua se usaron otros varios adverbios: *adú* 'aún', usado a veces con valor conjuntivo. Todavía se usa en el siglo XVII (ALVAR, *Octavario*, s. v.); *aprés* 'después'; *assaveses* 'además', usado en el *Libro Verde de Aragón* (ALVAR, AFA, II, 1947, pág. 28); *desuso* 'arriba'; *dius* 'abajo'; *ensemble* 'a la vez'; *encontinent* 'en seguida', etc., etc. (Algunos se reconocen hoy en catalán.) Fue muy usada la frase *las horas* 'entonces' (MENÉNDEZ PIDAL, *Yúsuf*, § 36).

muy usada en lo antiguo, permanece en Bielsa, y, en general, en el Somontano. Otras preposiciones o expresiones con valor preposicional son las belsetanas *de zaga de* 'tras'; *deván* 'ante'; *chunto* 'junto, cabe' [41].

Conjunciones.—Las conjunciones, prácticamente, son las del castellano. Cabe destacar la constante reducción *pues > pos > pus* (como en tantos otros lugares del dominio lingüístico español); *u* 'o'; *siquiere* 'o, ya'; en Bielsa, la conjunción ĕt se mantiene como *e*, tendiendo a cerrada, incluso en contacto con otra *e* (*se casoren e riñoren, clar e escur,* etc.); la conjunción condicional *si* es también en belsetano *se: no sé se pleverá* 'no sé si lloverá'. En la lengua antigua figuraron, además, *nin* < n e c, y *car* < q u a r e, como en el viejo español.

Interjecciones.—La lengua de hoy usa las castellanas, o modismos análogos. En la lengua antigua existió, como reflejo directo de la hablada, *ayec* < a d ĕ c c u m. (Comp. el provenzal *ec,* ital. *ecco.*) (Véase G. TILANDER, *Ayec,* en RFE, 1936, páginas 193-197) [42].

---

[41] También la lengua antigua conoció otras preposiciones: *ad* 'a', que fue de mucho uso. Juan de Valdés la consideraba aragonesa. Las formas *dius, dios* (esta última en el XVI), *jus* y *deius,* derivados de d e ŏ r s u m, se reconocen en algunos topónimos, donde aparecen como *chus: Chusas, Chusaseras;* también fue muy frecuente en la lengua medieval *entro, entroa, tro, troa* 'hasta', como el provenzal *tro; escuantra* 'contra' aparece hoy en el topónimo *Cuandras* (Badaguás). Por último, recordaremos *sos* (< s u b t u s) (comp. franc. antiguo *soz,* bearnés *sos*), muy empleada en la formación de sustantivos y adjetivos compuestos, *sozmerino, soç metido.*

[42] La primera vez que *ayec* se encuentra es en la *Compilación de Huesca* de 1243: «Qui passara por la villa o por el mercado o por otro logar con so bestia cargada o non cargada e non dira "¡ayec!, ¡ayec!", o "*fora devant*" o alguna otra palabra senblant deve emendar el danno que fizo con so bestia o con la carga, segunt qual es el danno, con la calonia; mas si dize "¡ayec!, ¡ayec!", o "*fuera delant*" ad altas vozes, non deve emendar el danno ni peitar la calonia» (G. TILANDER, *ob. cit.,* pág. 193).

FORMACIÓN NOMINAL

Prefijos.—Es muy abundante la prefijación con *des-*, *ex-*,
como en la mayor parte del habla vulgar (ROSENBLAT, *Morfología*, págs. 241-243): *esgarrar, escalabrar, espellejar, estrozar,
esfollinar, eslomar*, etc. En Titaguas (comarca de Segorbe, la
zona aragonesa de Castellón), todos los verbos que empiezan
por *des-* pierden su *d-*, confundiéndose con *ex-*: *esaparejar,
esabotonar, espeñar, espizcar, escomenzar, espartir*, etc. En
muchos nombres, el artículo se incorpora a la voz, convirtién-
dose en un verdadero prefijo: *es tijeras, es tenazas, es trébedes,
es treudes* (KUHN, *Der hocharag.*, pág. 164; COROMINAS, RFH,
II, 1943, pág. 7).

Sufijos.—El sufijo -a c e u tiene gran uso como aumentativo;
becerraz (Banaguás, Araguás), *camaz* 'tamarindo'; *marguinazo*
'límite' (Aragüés, Panticosa, Torla, Alquézar); *narizaza* (Embún);
morgalaz 'pelma' (Hecho); *airaz* (Campo de Jaca, Embún);
rušazo 'chaparrón' (Loarre); *carrazo* 'racimo'; *barraza* 'escoba'
(Campo de Jaca, Aineto); *zaborrazo* 'pedrada' (Embún, Fiscal);
tochazo 'garrotazo'; *cantalaza* 'peñazo' (Lanuza); *inocentaz* (Hecho), *pobraz, -a* (Hecho). También de Hecho son *tafalaz* 'hablador', *toñanaz* 'torpe'; *bufaralazo* 'que hace aspavientos'. Este
sufijo es muy abundante en toponimia: *Vallonazos, Camalazo*
(Biescas, Ansó); *Costalazo* (Panticosa), etc. Al lado de la forma
-azo, existe *-az* (*Fornaz, Campaz, Charcaz*) y *-aza* (*Articazas,
Labaza, Viñazas, Fondazas*)[43].

Para el *diminutivo*, los sufijos más usados son -i c c u e
-i t t u. -i c c u se viene considerando como el típico del dialecto
para este valor, aunque se use en toda la Península, y especial-

---

[43] Más ejemplos de este sufijo y sus usos, en KUHN, *Der Hocharag.*,
página 232. El *Vocabulario* de BORAO recoge los casos más conocidos:
punchazo, peñazo, pisazo, quemazo, testarrazo, zamarrazo, etc. Algunas
de estas voces (*peñazo, quemazo, nevazo*) llegan hasta Albacete y su
comarca. (Ver RFE, XXVII, 1943, pág. 240).

mente en Albacete y Murcia (donde se debe quizá a la colonización aragonesa), y en la Andalucía oriental: *almendrico* 'almen-
druco'; *caballico* 'trébedes' (Abay); *mocico* 'tentemozo'. Este
sufijo se emplea mucho en el habla del centro y sur de Aragón,
y, a veces, reforzado: *jovencico, montecico, montoncico*, pero
en el norte del territorio se une directamente al sustantivo:
jovenico, montico, montonico. En cuanto al sufijo -i t t u, en
gran parte del dominio aragonés es el más representativo para
la idea de disminución, como en catalán y provenzal; -i t t u
está atestiguado por el este hasta muy adentro de Navarra
(Aezcoa); por el sur llega más abajo de Huesca, capital. Presenta diversidad de formas:

a) *-ete, -eta*: *zoquete* 'freno del carro' (Ansó, Sallent, Biescas); *zoqueta* 'guante de madera usado por los segadores' (Oroz
Betelu, general); *mojete* 'una salsa'; *chiquete* 'mozuelo'; *charre-
ta* 'jarra' (Panticosa).

b) *-et*: *barranquet* (Ansó, Hecho); *calderet* (Fablo); *molinet*
'molinillo' (Panticosa); *goset* 'huesecillo'; *eret* 'trozo de tierra'
(< a r e a); *cuarteronet* 'una medida de vino'; *šubanet* 'Juanito'.

c) *-é*: *moliné* 'molinillo'; *mocé* 'mozuelo'.

La terminación femenina es la más abundante en la toponimia: *Ripareta* (Sercué); *Canaleta* (Osia); *Cruceta* (Yeba), etc.

El sufijo -ĕ l l u, abundantísimo, sobre todo en toponimia,
presenta también variedad de formas: *-iello, -illo, -iacho, -iecho*,
etcétera. La forma arcaica *-iello* aparece en *aguatiello* 'albañal'
(por todo el Pirineo); *betiello* 'ternero'; *doviello* (Ansó); *regatiello* (Alquézar); *arbiello* 'embutido' (Jaca); *taniella, cingliello;*
restiello 'rastrillo del lino' (Hecho); *pastiello* 'cantidad de masa
para el hornero' (Ansó); *variella* 'vara' (Hecho); *ramiello* 'ma-
torral', etc.; *-illo* se encuentra en *vertubillo* 'hoz' (Torla); *verduguillo* 'hoz' (Lanuza, Campo de Jaca); *retabillo* 'rastrillo'
(general en la montaña); *cadillo* 'perro joven' (abundante por
el Pirineo); *morerillo* 'chocolatero' (Ansó); *mostillo* 'tonto' (Hecho); *posillo* 'asiento' (Ansó); *estrabilla* 'cuadra' (Hecho).

Otras formas (*-ialla, -iata, -iacha, -iecho, -ieto*) son frecuentes,
al lado de las anteriores, en la toponimia: *Condialla, Pardinialla,
Portiello, Planiello, Foradiello, Chiradiello, Pinarillo, Falcilla,*

Arquidiacha, Matiacha, Trascondiecha, Sarratiecho, Piniecho, Castieto, Saldieśo, Betatieto, etc.

Otros sufijos que puedan recordarse son —entre varios—: - a c ŭ l u > *-allo*: *cremallo* 'llar' (Torla, Fiscal, Bielsa); *espantallo; mirallo* 'celosía' (Hecho); *abrigallo* 'bufanda' (Hecho); *ligallo* 'liga' (Hecho). - a t o r > *-aire*: *enredaire* 'enredador' (Fiscal); *pelaire* 'hilador' (Ansó, Panticosa); *charraire* 'jactancioso'; *garrapescaire* 'flamenco, ave'; *porgadoraire* 'ahechador'; *quinquilaire* 'buhonero'. - ŏ l u > *-uelo*: *aśuela* 'azuela' (Hecho); *lapizuela* 'losa de lavar' (Hecho); *mujarruelo* 'lugar donde llueve mucho' (Torla); *toñuelo* 'torta, pasta' (sobre *toña* 'pan de centeno, grande'); *esquiruelo* (Hecho, Aragüés) y *esquirgüelo* (Lanuza) 'ardilla'; en toponimia, conserva el diptongo *-wa-*: *Forcarualas, Vicarizuala*, etc. (al lado de *-we-*: *Sandaruelo, Sequeruelo, Pallaruelo*). - i v u mantiene la *-v-* en aragonés: *calibo* 'rescoldo'; *vacivo* 'oveja que no cría'; *Lastiva*, topónimo (Bielsa, Biescas, Plan). - o r r u > *-orro*: *machorra*, además del general 'animal estéril' (Ansó, Hecho, Aineto) significa 'lugar de la madreña donde se ponen los clavos'; *chichorros* 'vísceras de animal muerto', y *chichorrería* 'tienda donde se venden' (hasta en Zaragoza); *pichorro* 'pico del botijo' (Ansó); *baldorro* 'aldabón'; *tontorro* 'caballo viejo'. - u c e u > *-uz*: *carnuz* 'carne mala, carroña' (Hecho), 'moza fea' (Lanuza) (*carnuza* 'carne en malas condiciones' se usa en Albacete); *palluz* 'restos de paja'; *ferruza* 'hoja de la espada'; *grenuza* 'mujer despeinada', etc. Existe la variante *casucia* (Lanuza). (Comp. con el albaceteño y murciano *tontucio*, con valor despectivo.)

NOTAS SINTÁCTICAS

El artículo, en el habla viva, se elude ante nombres de persona (Jaca, Bielsa)[44], y ante nombres de parentesco: *dice tío, suegra dice; tío Juan*, etc. Según BORAO, se elude ante los nom-

---

[44] En cambio, la lengua antigua lo usó alguna vez: *el Jaime Martel, el Alonso Santangel...* Ejemplos del *Libro Verde de Aragón*, según M. ALVAR, *Dial. arag.*, pág. 285.

bres de río: *llevar por Ebro, comer más que Ebro*. M. ALVAR
dice que no ha confirmado estas últimas construcciones en el
habla viva: puede obedecer a un proceso de castellanización,
ya que el uso de nombres de río sin artículo es un arcaísmo
aún vigente en muchos sitios. (RFE, XXVI, 1942, pág. 90). La
lengua antigua documenta abundantemente este giro [45].
Ante el posesivo, se emplea el artículo en la región pirenaica
(véase atrás, pág. 207); es uso también leonés y arcaico en
general. Como en varias comarcas de España y América, la
posesión se expresa con el artículo en forma neutra y la preposición *de*: *lo de Fulano* 'la propiedad de Fulano', 'la tierra
o la casa de Fulano'.

Del uso de los pronombres hay que destacar, sobre todo,
el empleo de las formas sujeto con preposición: *pa yo* 'para
mí'; *con yo* 'conmigo'; *de yo* 'de mí'; *a yo* 'a mí'. Lo mismo
ocurre con los otros pronombres: *pa tú, con tú*, etc. El uso
se extiende desde el Pirineo hasta el valle del Ebro y aún más
abajo. En Cuevas de Cañart, ya solamente se hace esta construcción con el pronombre de segunda persona.
En el uso de los átonos debe señalarse que el de cosa precede al de persona: *bébelate* 'bébetela'; *lo te diré* 'te lo diré';
píllalote 'tómatelo' (Hecho); *mételote en a capeza* (Sercué).
Este uso ya aparece documentado en la lengua medieval (*Orígenes*, pág. 343). En Bielsa, dativo + acusativo no sufren el
proceso de palatalización que se dio en castellano: *dálelo,
decílelo*, etc. (véase atrás, pág. 253).
En lo que a los enclíticos se refiere, hay tendencia al empleo
de *le* como dativo, *la* acusativo femenino de persona y *lo* acusativo de persona y cosa.
Los posesivos se emplean siempre en Bielsa con la forma
plena: *pal mío gasto, la tuya casa, es nuestros libros* (véase
BADÍA, pág. 116). Hay que señalar la ausencia del posesivo en
las expresiones *el hombre* 'mi marido', *la muller* 'mi mujer'.

---

[45] Pueden verse numerosos ejemplos en Fernández de Heredia, *La
Grant Crónica de Espanya*, edic. de REGINA AF GEIJERSTAM, Uppsala, 1964,
pág. 95.

En lo que a los relativos se refiere, hoy no hay diferencia con la lengua oficial. (Véase atrás, pág. 255.)

El verbo. El participio de presente tuvo un gran papel en la lengua antigua: «quantos assi... en conceio *fazientes* o *consintientes* auran estado...» (*Fuero de Teruel*); «*cobdiciantes* semellar a la misericordia de Dios» (*Fueros de Aragón*); etc. Hoy se percibe este uso alguna vez aisladamente en el habla viva: «los nervios *dolientes*», en Bergosa (M. ALVAR, *Jaca*, pág. 116).

El participio pasivo concordaba, en la lengua antigua, si iba precedido de su régimen: *si dos maridos aya avidos* (*Fueros de la Novenera*); *unos dineros los quales le auia prestados* (*Fueros de Aragón*); *cobró toda la tierra que auía perdida* (*Liber regum*); etc. Hoy este uso es general en otras lenguas románicas. Dentro del área aragonesa, permanece en cheso, donde se oye: *te yeras tornada* 'te habías vuelto', hablando a una mujer; *ellos se son tornaus* 'ellos se han vuelto'. El uso de este participio concertado penetra en Aézcoa (Navarra): *tenía que haber estao venida* 'ella tenía que haber llegado' (M. ALVAR, *Dial. arag.*, pág. 292).

Haber 'tener', frecuente en la Edad Media, ha llegado a hoy con este valor en el valle de Hecho: *he fambre* 'tengo hambre'; *heba muitos dinés* 'tenía mucho dinero'; *no he habiú otro remedio*, etc. En Bielsa, *més de veinte años habe* 'tiene más de veinte años'.

En los tiempos de obligación, *haber* puede construirse sin la partícula, o bien con otra distinta de la que lleva en castellano: *vergüenza hebas haber d'icir tal cosa* 'habrías de tener vergüenza de decir eso'; *li has a dar* 'le vas a pegar'; *¿por qué vos hez a pellar?* '¿por qué os tenéis que pegar?'; *¿cómo hébanos a fer išo?* '¿cómo tendríamos que hacer eso?'; etc. (KUHN, *Der hocharag.*, pág. 153).

Ser sustituye a *estar*: *lo año que'n somos; somos sin luz; yes triste; no sigas asi* 'no estés así'; *qué cochambre yes fendo* 'qué cochambre estás haciendo' (Hecho). Esta confusión ya está acusada por los textos antiguos. Hoy existe, además de en Hecho, en Ansó, Sercué, Jaca. En Bielsa tiene gran vitalidad: *soy d'ayunas* 'estoy en ayunas'; *an yeras* 'dónde estabas'; *yenos* 'estábamos'; *ye nuble* 'está nublado'; *la comida ye cueta* 'la comida está cocida'; etc., etc.

En los tiempos compuestos, *ser* se emplea como auxiliar: *se yera estada escuitando; ellas se son idas; yeras puyada* 'habías subido'; *te yeras tornada orgullosa* 'te habías vuelto orgullosa' (Hecho). En tierras navarras, en la Aézcoa, M. ALVAR señala: *¿no eras de ir hoy?* La lengua medieval acusa reiteradamente este uso de *ser*: *fuessen seydas* (*Fueros de Aragón*), *yes seido vendido;* etc. [46].

En el habla jacetana, *meter* ha adquirido el valor de 'llenar': *te metebas de polvo* 'te llenabas de polvo'. En igual comarca, es general el uso de la expresión *tener especie* por 'creer, opinar' (M. ALVAR, *Jaca*, pág. 116).

Muy representativo de las hablas pirenaicas es la conservación de derivados pronominalo-adverbiales procedentes de i b i e i n d e. Su actual repartición y aparición en el habla aragonesa fue estudiada por A. BADÍA [47]. De i b i proceden *bi, ibi, y.* Aparece como locativo: *ta do no bi pleguen los rayos del sol* (Hecho). *¿Vaste a Salinas?* —*No y voy* (Bielsa); *no ibi ye* 'no está aquí' (Hecho). También aparece como complemento preposicional: *¿Has pensau en dar dinés?* —*No bi-he pensau* (Hecho). Este complemento preposicional aparece también referido a personas: *donaloye* (Graus), *donaly* (Benasque). En el Campo de Jaca, aparece incluso como expletivo: *iše campo lo y muga* 'ese campo limita'.

Todos estos usos son abundantísimos en la lengua medieval (quizá el único escaso es el de complemento preposicional referido a personas). Hoy viven en Ribagorza (frontera del catalán, donde permanecen vigentes), aparecen en el Campo de

---

[46] En Bielsa se usa *ser* como auxiliar, pero ya al lado de *haber* (este último siempre con verbos de movimiento): *yo soy estato un tonto hasta güey* 'he sido un tonto hasta hoy', etc. (A. BADÍA, *Bielsa*, pág. 127; también, del mismo, *Morfología dialectal aragonesa*, pág. 51).

[47] A. BADÍA MARGARIT, *Los complementos pronominalo-adverbiales derivados de ibi e inde en la Península Ibérica*, Madrid, 1947.

Jaca y en Bielsa, y mucho en Hecho. No se usan en Ansó. Por el sur, ya no se conocen en Barbastro y Alquézar.

Los derivados de i n d e ofrecen mayor riqueza y variedad; todos están atestiguados por igual en los textos antiguos y en la lengua actual. Aparece como locativo: *no'n viengo* (de Hecho a Benabarre; por el sur, hasta Graus y Peralta de la Sal). Es el uso de la lengua antigua: *sacolos dende por grant... (Santa María Egipciaca).* También como complemento preposicional (el más abundante): *Heba que clamarte y me'n só acordau* (Hecho); *que'n faigan* [*casas*] (Bielsa); [¿Te son antipáticos?] —*Mol, me'n son* (Benasque). Ejemplos de este uso en los textos antiguos pueden ser: *Assi cuydó fer al tu fijo / mas mucho fue ende repiso. (Santa María Egipciaca)* (Apud BADÍA, *loc. cit..* pág. 147). Complemento preposicional aplicado a personas reflejan los ejemplos siguientes: *Ya fa dies que n'hem sabut res* [de mi hermano] (Peralta de la Sal); en lo antiguo: *et fazia su poder tornarlos a su eregia et muytos ne fizo morir turmentados* (J. F. DE HEREDIA, *Emperadores*, BADÍA, *ibídem*, pág. 149).

Ejemplos de uso partitivo: *¿Hez vino? —No n'hemos* (Hecho). *¿Quieres papel? —Ya'n tiengo* (Ansó, todo el norte, y hasta Graus, Peralta de la Sal, etc.). Los ejemplos antiguos de este uso son tardíos.

Con verbos de movimiento se usa abundantemente: *men voy, baišatene; vosaltros si tos ne querez ir, irosne* (Bielsa); etc., etcétera. Este uso se documenta de Ansó a Benasque. Es también muy frecuente en la lengua antigua.

En el habla de Bielsa, algunas veces el derivado de i n d e forma grupo precisamente con i b i: así, por ejemplo: *me'n y he meso* 'he puesto de ello en este lugar'; *no ñ'hay* (por *no n'y hay*), *ñ'heba* (por *n'y heba*). Esta palatalización es debida a la concurrencia de sonidos. No existe en cambio cuando agrupan i l l i + i n d e. (Comp. castellano i l l i + i l l u m > *gelo* > *selo;* pero belsetán *lelo*); i l l i + i n d e evoluciona a *lene: dílene, dálene, enseñálene* (Ansó, Campo de Jaca). Plural, *les ne dirán.*

Enclítico con infinitivos, se pierde la -r final: *desatane* 'desatarlo' (Jaca). Comp. con la asimilación vulgar con el pronombre enclítico *date, enseñale*, etc. [48].

Los derivados de i n d e tienen mayor área geográfica que los de i b i. Aparecen en Alquézar, Graus, Barbastro, Peralta de la Sal, donde son desconocidos los de i b i. (En Graus, i m u s n o s i n d e > *imo-ne;* i t i s v o s i n d e > *itozné*). Estos derivados tienden a perderse por la nivelación que el castellano impone. En Ribagorza, limítrofe con el catalán, lengua donde dichos derivados son corrientes, la comunidad lingüística les asegura una mayor permanencia.

La negación aparece reforzada con partículas: *no faré yo pas* (Jaca, Aragüés); en Bielsa (véase atrás, pág. 276) se refuerza con *guaire* o *garra*: *no'n tenemos garra; no'n pilla guaires*. La lengua antigua usó como reforzamiento *res* (*nulla res nol valie; Egipciaca*) y *pon, pont* (< p u n c t u m); *non ye pon descabeçada* (ALVAR, *Octavario*, § 28) [49].

En el Campo de Jaca, Aragüés, etc., se refuerza la negación con la expresión *tampoco no*: *tampoco no se consigue, tampoco no aprendió;* esta forma es corriente en Navarra, incluso aislada, como afirmación clarísima: *No, ni tampoco no* 'naturalmente, fuera de toda duda'.

Por último, señalaré, en lo que al uso de las preposiciones se refiere, la falta de la partícula *de* en las formas equivalentes

---

[48] En Ansó se oye a veces *end*, cuando sigue vocal: *¿Ahora ya os end iz?* (BADÍA, *Contribución al vocabulario aragonés moderno*, s. v.). Esta pronunciación de la -d parece ocurrir también en el habla de Énguera, en el sur de la provincia de Valencia, región de grandes arcaísmos aragoneses: *end a d'er* 'ha de hacer eso', *damende*. (MENÉNDEZ PIDAL, *Yúsuf*, § 20.)

[49] En Ribagorza, se usan, además de *guaire*, otras voces reforzatorias: *masa, cap, prou, res, brenca, molla*. En algunas se ve ya la continuidad con el catalán. Estos procedimientos reforzatorios de la negación no son exclusivos del aragonés. Véase E. LLORÉNS, *La negación en español antiguo*, Madrid, 1925 y K. WAGENAAR, *Étude sur la négation en ancien espagnol jusqu'au XVᵉ siècle*. Groningen, 1930.

al genitivo posesivo; es muy abundante en Hecho: *lo demonio lo tempo; lo canto lo fuego; la boca lo lobo; a lo punto lo día; a casa Sallan* (Graus); *el femero Rosalía,* etc., etc. Se usa en cambio, esta preposición *de* para expresar el partitivo: *n'eba que fer a ormino de bušadas* 'tenía muchos quehaceres' (Hecho); *de gordas en tiengo* (Ansó) (KUHN, *Der hocharag.,* pág. 157). Ambos usos están atestiguados en los textos medievales: *Jorge la Cabra, Fernando la Cauallería,* en el *Libro verde;* «*plegaron tantas de gentes*», «*murió sins de fillos*» (*Crónica de San Juan de la Peña*).

ANDALUZ

De todas las hablas peninsulares, el andaluz es la única variedad dialectal de orígenes no primitivamente románicos. Se trata de una evolución in situ del castellano llevado a las tierras andaluzas por los colonizadores y repobladores a partir del siglo XIII y hasta los principios del XVI. Es, pues, un subdialecto castellano. Las circunstancias históricas explican la presencia en el habla andaluza de numerosos arcaísmos y occidentalismos, debidos los primeros a la pervivencia mozárabe y los segundos a que la reconquista del territorio —excepto el reino de Jaén— fue debida a la acción conjunta de Castilla y León.

No hay apenas monografías locales sobre hablares andaluces. Existe, en cambio, una nutrida gama de ideas de propiedad común sobre los rasgos más salientes. Entre esas ideas generales destacan la creencia de que toda Andalucía es yeísta; la de la aspiración de la *h-* < *f-*, y la de *-s* final de palabra o sílaba; también determinadas asimilaciones de grupos consonánticos. Por lo general, se puede decir que estos fenómenos existen igualmente en otras regiones españolas, en mayor o menor grado, sin que se pueda establecer relación alguna de dependencia o parentesco histórico con las comarcas andaluzas.

El rasgo más significativo del andaluz, dentro de la conciencia lingüística peninsular, es el seseo, o el ceceo: identificación de *s* y θ en *s* o en θ respectivamente, fenómeno que se opone a la distinción clara de estos sonidos en el resto de León, Castilla y Aragón. No obstante, también hay otras comarcas españolas donde el seseo existe: territorios catalán y valenciano, Vasconia, parte de Galicia. Pero la peculiaridad andaluza estriba en la diferente modalidad articulatoria de su *s* frente a la castellana vecina. La *s* andaluza se reparte en dos variantes principales:

Una, coronal, la más frecuente, que se articula entre los incisivos superiores y los alvéolos, con la lengua plana.

Otra variante, la más extrema y característica, la *s* predorsal, que se articula con el ápice en los incisivos inferiores y con la lengua convexa. Frente a la ápico alveolar cóncava castellana, este sonido da al andaluz un timbre agudo que contrasta con el grave del castellano.

La aparición de la *s* andaluza es en consecuencia el rasgo fonético más definido para establecer la frontera del dialecto. Este es el fruto del trabajo de T. NAVARRO TOMÁS, A. M. ESPINOSA (hijo) y L. RODRÍGUEZ CASTELLANO, *La frontera del andaluz* (RFE, XX, 1933, págs. 225 y ss.), elaborado con los materiales obtenidos para el Atlas Lingüístico de la Península Ibérica [1].

Los límites así establecidos vinieron a señalar que la frontera lingüística no coincide con la político-administrativa. Tampoco coinciden estos últimos límites con los de la confusión entre *s* y *θ*.

Estos dos tipos de *s*, la cóncava y la convexa, denotan diferencias esenciales entre la pronunciación andaluza y la castellana. En Castilla, la base articulatoria está situada en una zona de la boca más interior que la de la pronunciación andaluza. En esta última, los órganos tienden a una posición más avanzada que en el castellano. Los sonidos anteriores tienen en el andaluz un alto grado de tensión articulatoria, y los labios ejercen una acción más tensa y definida en el alargamiento horizontal de las vocales anteriores que en el redondeamiento de las vocales posteriores. La velarización de *a* posterior y de *l* cóncava, y la fricación de *j* son mucho más intensas en castellano que en andaluz, etc., etc. Estos datos, al lado de otros de intensidad y signo variables, nos indican que la frontera a base del distinto tipo de *s* tiene un interés fundamental-

1 MANUEL ALVAR ha comenzado ya la publicación del ALEA (*Atlas lingüístico y etnográfico de Andalucía*, cuatro volúmenes, 1961-65), copiosa recolección de material que ayudará al esclarecimiento de multitud de problemas, especialmente léxicos. Anticipo de esta publicación fue, entre otros trabajos, el titulado *Las encuestas del Atlas lingüístico de Andalucía*, Granada, 1955 (Publicaciones del ALEA, tomo I, n.º 1), también inserto en RDTradPop, XI, 1955, págs. 231-274.

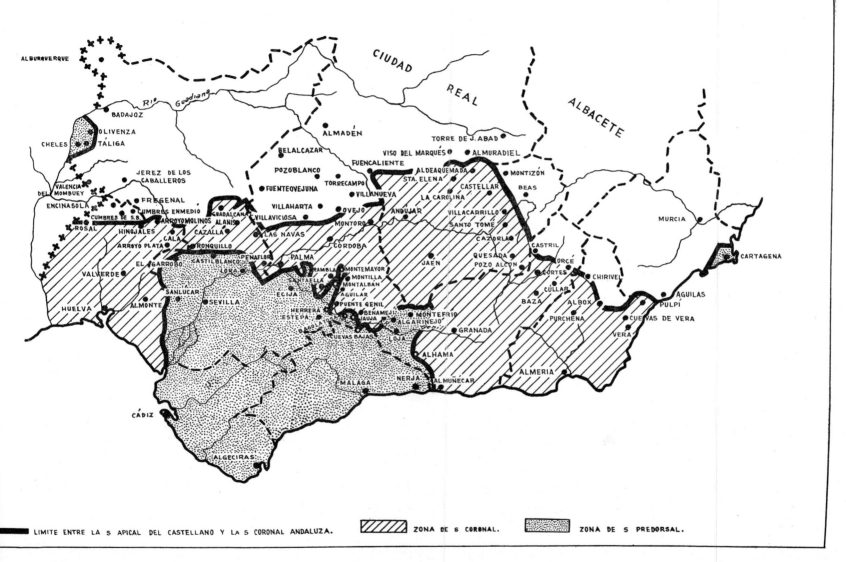

ALBURQUERQUE
Rio Guadiana
BADAJOZ
OLIVENZA
CHELES TÁLIGA
CIUDAD
REAL
ALBACETE
ALMADÉN
TORRE DE J. ABAD
BELALCÁZAR
VISO DEL MARQUÉS
ALMURADIEL
JEREZ DE LOS
CABALLEROS
POZOBLANCO
FUENCALIENTE
ALDEAQUEMADA
MONTIZÓN
VALENCIA
DEL MOMBUEY
TORRECAMPO
STA. ELENA
CASTELLAR
BEAS
FREGENAL
FUENTEOVEJUNA
VILLANUEVA
LA CAROLINA
ENCINASOLA
VILLAHARTA
OVEJO
ANDÚJAR
VILLACARRILLO
MURCIA
CUMBRES ENMEDIO
GUADALCANA
VILLAVICIOSA
MONTORO
SANTO TOMÉ
CUMBRES DE S.B.
ARROYOMOLINOS ALANÍS
LAS NAVAS
CAZORLA
CASTRIL
CARTAGENA
ROSAL
HINOJALES
CALA
CAZALLA
CÓRDOBA
QUESADA
ORCE
ARROYO PLATA
RONQUILLO
POZO ALCÓN
CHIRIVEL
EL GARROBO
CASTILBLANCO
PEÑAFLOR
PALMA
JAÉN
CORTES
ÁGUILAS
VALVERDE
LORA
RAMBLA
MONTEMAYOR
CÚLLAR
PULPÍ
MONTILLA
HUELVA
ALMONTE
SANLÚCAR
SEVILLA
SANTAELLA
MONTALBÁN
BAZA
ALBOX
CUEVAS DE VERA
ÉCIJA
AGUILAR
PURCHENA
VERA
HERRERA
PUENTE GENIL
ESTEPA
BENAMEJÍ
MONTEFRÍO
BADOLA
JAUJA
ALGARINEJO
CUEVAS BAJAS
LOJA
GRANADA
ALMERÍA
CÁDIZ
ALHAMA
MÁLAGA
NERJA
ALMUÑÉCAR
ALGECIRAS

LÍMITE ENTRE LA s APICAL DEL CASTELLANO Y LA s CORONAL ANDALUZA.   ZONA DE s CORONAL.   ZONA DE s PREDORSAL.

XX.—La *s* andaluza.

mente metodológico, ya que cada uno de ellos está representando un fondo fonético diferente.

Con este criterio, la frontera se podría trazar de la forma siguiente: en el occidente, coincide prácticamente con los límites de la provincia de Badajoz con Huelva y Sevilla. El ángulo noroeste de la provincia de Huelva (Encinasola, Cumbres de Enmedio, Cumbres de San Bartolomé) tiene *s* cóncava castellana. En el centro, la parte norte de Córdoba, la sierra, queda dentro de la *s* castellana, apareciendo la *s* andaluza por encima de la línea del Guadalquivir. Entre Ciudad Real y Jaén, el límite coincide nuevamente con el administrativo, esta vez firmemente dibujado por las montañas. Al oriente, la *s* castellana se encuentra en los partidos de Orcera (Jaén), Huéscar (Granada) y Vélez Rubio y Huércal-Overa (Almería), limítrofes con Albacete y Murcia. En el ángulo de costa almeriense limítrofe con Murcia, la *s* andaluza domina (Pulpi, Cuevas de Vera, Vera, etc.) y coincide con el límite administrativo con Murcia.

Fuera de los límites andaluces, la *s* de tipo andaluz se oye en el ángulo noroeste de la provincia de Badajoz (La Codosera, San Vicente de Alcántara y la capital, coexistiendo con la cóncava) y en una zona de la provincia de Murcia, de Cartagena al Cabo de Palos y Mar Menor[2].

---

[2] La zona murciana señalada arriba, sesea. Este seseo se considera como algo vulgar, y, desde luego, toda persona instruida distingue. El seseo alcanza a Escombreras, Alumbres, El Llano, Los Blancos, El Estrecho, Algar, y algunos lugares más. El último punto seseante por la costa es Los Nietos. Por encima de Cartagena, el seseo alcanza un radio de 10 a 15 Kms. (Los Molinos, Aljorra, La Palma, Torre Pacheco, Pozo Estrecho, Los Dolores y algunos más). El hacerse este seseo con *s* predorsal le da un aire mucho más cercano al andaluz que al valenciano, donde la *s* es apical. El resto de la provincia de Murcia tiene *s* apical cóncava. (Véase más adelante, pág. 342.)

En tierras de Badajoz, el seseo va desapareciendo rápidamente en torno a la capital. En Olivenza y su comarca, el seseo indudablemente es de origen portugués; Olivenza perteneció a Portugal de 1298 a 1657 y de 1668 a 1801; gran parte de la población es bilingüe. En esta comarca es precisamente donde se da la *s* predorsal. En el resto de la provincia domina la cóncava castellana, con mayor o menor tendencia a hacerse coronal.

Quizá el rasgo fonético más importante, no sólo dentro de las características del andaluz, sino de todo el español peninsular, es el comportamiento vocálico del dialecto. Este comportamiento, estudiado en la Andalucía oriental (Granada; Cabra, el sur de Córdoba, atestiguado en Puente Genil), acusa una riqueza de timbre vocálico desconocida del castellano medio. El castellano se caracteriza, precisamente, por la exquisita limpidez de su timbre vocálico, mantenido con extraño rigor. En cambio, en andaluz, tenemos por lo menos ocho vocales, es decir, tres más de las acostumbradas en el castellano medio: ọ, ǫ, ẹ, ę, a, ä, i, u. Este timbre desempeña además en la frase un papel de primera importancia y se observa en toda clase de hablantes. Se debe a que, al aspirarse la -s final de voz, signo fonológico del plural, la lengua ha tenido que recurrir a transformar el timbre de la vocal final para dar idea de la pluralidad: pọ́kọ, pǫ́kǫ. Pero lo verdaderamente extraordinario y significativo es que esa transformación de timbre se ha transmitido a la vocal tónica, pọ́kọ, pǫ́kǫ, y a todas las vocales de la palabra. Así, el habla se comporta cerrando las vocales en el singular y abriéndolas en el plural. Además, la vocal tónica así transformada es de una duración notoriamente mayor que en el castellano. La cerrazón de vocales en el singular es más ostensible cuando las vocales pertenecen todas a la misma serie: ẹ́fẹ, lẹ́šẹ; ę́fę, lę́šę; mọnọ́tọnọ, mǫnǫ́tǫnǫ.

Se trata, pues, del rasgo más acusado y de más grave importancia que se percibe hoy en el esquema fonológico del español peninsular. Tal cambio fue señalado por vez primera por T. NAVARRO TOMÁS [3], y estudiado después con minucioso pormenor fonético, referido al habla culta granadina, por

---

[3] *Dédoublement de phonèmes dans le dialecte andalou*, en *Études phonologiques dédiées à la mémoire de N. S. Troubetzkoy*, pág. 184, TCLP, VIII, 1939, y *Desdoblamiento de fonemas vocálicos*, en RFH, I, págs. 165-167.

D. ALONSO, A. ZAMORA VICENTE y M.ª JOSEFA CANELLADA [4]. He aquí un resumen de dicho desdoblamiento de timbres:

La *á* tónica en los plurales adquiere una enorme abertura y un marcado timbre palatal, ä̞. En su articulación, la lengua se adelanta en ä̞ mucho más que en *a* y se ensancha hasta tropezar y cubrir los dientes inferiores.

Ejemplos:

Sing.	Plur.
kápa	kápä̞
váka	vákä̞
máta	mátä̞
tápa	tápä̞
graná	granä̞

Esta ä̞ es palatal, de efecto acústico cercano a *e;* su punto de articulación es, sin llegar al de *e*, mucho más adelantado que el de la *a;* en el plural, la abertura de las mandíbulas es mucho mayor que cuando es *ẹ*.

La, las, aislados, presentan una *a* mucho más abierta y nasal en el plural. Proclíticos, apenas presentan diferencia.

NAVARRO TOMÁS (RFH, I, pág. 166) encontraba en esa *a* un tono velar. También insisten sobre este timbre velar en Cabra, RODRÍGUEZ CASTELLANO-PALACIO. En el habla granadina, el matiz velar de esa *a*, de existir, no es destacable, o, por lo menos, no es una velarización como la que acostumbramos a oír en otras ocasiones o en otros lugares.

Las demás vocales presentan igual comportamiento:

---

[4] *Vocales andaluzas. Contribución al estudio de la fonología peninsular*, en NRFH, IV, 1950, págs. 209-230. Ha sido considerado en el habla local de Cabra (Córdoba) por L. RODRÍGUEZ CASTELLANO y ADELA PALACIO, *El habla de Cabra*, RDTradPop., IV, 1948.

Sing.	Plur.
pésǫ	pésǫ
bésǫ	bésǫʰ
mõmẽṇtǫ	mõmẽ́ṇtǫ
klaƀé̦	klaƀélę
r̄é̦	r̄é̦ r̄ę́đę
ǫ́xₒᵘ	ǫ́xǫ
sǫ́rđǫ	sǫ́rđǫ
tõ̦ṇtₒᵘ	tõ̦ṇtǫ
mǫ́ʰi̦ǫ	mǫ́ʰtǫ
bǫ́ka	bǫ́kä

La *é* tónica, trabada por *s* + consonante, presenta una abertura mucho mayor que cuando va trabada por otra consonante cualquiera: *é̦ʰto*; final tónica, trabada por *-d*, siempre es cerrada: *r̄é̦* 'red'; el plural funciona como en los demás casos: *r̄é̦*, *r̄é̦đę*, *r̄ę́ʰ*; *paré̦*, *paré̦ʰ*, *paré̦đę́ʰ*.

La *o*, en posición final, trabada por *-l, -s, -r*, o por alguna otra consonante que sea aspirada, es abierta en el singular: *sǫl*, *tǫʰ* 'tos', *bǫ́ʰ* 'voz'. La única consonante que cierra la vocal es la nasal (en estos casos): *r̄atǫ́ŋ*, *melǫ́ŋ*, etc. En el plural, vuelve a abrirse[5].

La *i* y la *u*, aun manteniéndose dentro de esta trayectoria, no presentan tan visible el cambio. Cuando van en sílaba libre es algo más notoria la abertura de su timbre.

Como observación general a todos los casos, hay que destacar el extraordinario alargamiento de la vocal tónica, mucho mayor que en castellano: *tǫ́:nǫʰ pǫ́:kǫʰ*. Este alargamiento es el rasgo fonético más acusadamente sentido por el hablante extraño, hasta el punto de ser el que se imita, en tono de burla, al intentar reproducir el habla andaluza en el teatro o los chistes.

---

[5] Parece existir, en algunos lugares de la Andalucía oriental, una *ö* palatalizada, en los plurales de singulares en *-o*. Los investigadores del ALEA piensan en una posible oposición singular-plural (*o : ö*) correspondiente a la oposición ya citada para los plurales en *-a* (a : ä). (A. LLORENTE, RFE, XLV, pág. 237).

Vocales iniciales.—De lo expuesto sobre el funcionamiento de las vocales tónicas —y las finales, en los plurales— se deduce ya el comportamiento de las átonas restantes. Las iniciales —y en esto reside uno de los rasgos fundamentales de esta mutación fonética— siguen o tienden a seguir el ritmo de cambio que queda señalado para las tónicas. Como a éstas, las variaciones corresponden con más personalidad a las vocales *o, e, a.* La menos destacada es la *a,* cuya fijeza de timbre parece estar más decididamente conservada: *e* y *o* se cierran en el singular y se abren en el plural. Este movimiento es mucho más ostensible cuando la inicial es de la misma serie que la tónica.

En las *vocales finales,* cabe señalar que el habla popular del Albaicín granadino, y en general el de todas las clases poco cultas, tiende a cerrar la final singular extraordinariamente: *pĕ́šu* 'pecho'; *mŭnšu* 'mucho'; *tráxʰi* 'traje', etc.

Los investigadores del ALEA han registrado la presencia de una -*a* átona > -*e,* cuando queda final absoluta, por aspiración y pérdida no de -*s,* sino de otras dentoalveolares: *almíbe* 'almíbar'; *azuque* 'azúcar'. Este cambio se da en la misma zona geográfica del paso *á > é.* Se ha encontrado esporádicamente este fenómeno en lugares de la Andalucía oriental, pero, con carácter sistemático, toda -*a* final átona se hace -*e* en el pueblo de El Padul, en el valle de Lecrín (Granada): *niñe* 'niña'; *case, camise; saque la bote* 'saca la bota'; *que come muncho* 'que coma mucho'; etc., entre toda clase de hablantes. (A. LLORENTE, RFE, XLV, 1962, pág. 233).

Este juego de cerrazón-abertura de las vocales desempeña un papel de la máxima importancia en la conjugación, donde se produce con una maravillosa regularidad, recordando el funcionamiento de otras lenguas románicas (portugués, hablas réticas). Por ejemplo:

Venir:	Tener:	Ir:	Leer:
bḗŋgᵘₒ	tḛŋgᵘₒ	bᵘ̯i̭	lé°ᵤ
bjḛnḛ	tjḛnḛ	bą̃	lḗ
biḛnḛ	tjḛnḛ	bá	lḛ
bḛnímǫ	tḛnḛ̃mǫ	bámǫ	leḛmǫ
bení	tḛnḛ́i̭	bą̃i̭	lǫḛ́i̭
bjḛ̃nḛ̃ŋ	tjénḛŋ	bā̃ŋ	lēŋ (en pronunciación rápida lĩŋ)

En la Andalucía oriental, este cambio vocálico alcanza **a** toda clase de hablantes, sin distinción de edades, cultura, etc. Va del universitario con gran formación científica o literaria hasta el vendedor callejero de flores o de agua; y desde las voces del fondo tradicional idiomático hasta los más exagerados cultismos. En cuanto a su comprobación geográfica, ha sido atestiguada en Cabra (sur de Córdoba), Jódar (Jaén), Cúllar, Monachil, Granada (Granada), Enix, Carbonera, Almería (Almería). Hay unos lugares de la provincia de Málaga (Atajate, Yunquera), en los que se ha señalado la mutación, pero no tan acusadamente como en el oriente andaluz. Especial mención merece el rincón de las tres provincias de Sevilla, Málaga y Córdoba (Puente Genil, Estepa, Casariche y Alameda; restos esporádicos en una zona próxima, bastante amplia), donde la tendencia a la palatalización de la *a* tónica en los casos señalados se lleva al extremo, y tal *ä* suena *ę́* —transformación que apoya la condición palatal de la *a* transformada, y no velar, como en otros trabajos se indicaba—. En esta comarca, la oposición singular-plural es *graná, granę́; boluntá, boluntę́.* Existen además los cambios de esa *-á* tónica y final, trabada por *-l, -r, -θ*: *ǫʰpitę́, ǫʰpitále; oliƀę́, oliƀárę; capę́, capásę* 'capaz, capaces', etc. Pueden oírse diálogos como éste: *«¿Qué té eʰtá uʰté? —Igüé, iʰo, o mę́ mę́».* '¿Qué tal está usted? —Igual, hijo, o más mal'[6].

---

6 Esta culminación del proceso de palatalización en la comarca de Puente Genil ha sido expuesta en forma excepcionalmente clara y amena por DÁMASO ALONSO, en su delicioso: *En la Andalucía de la E. Dialectología pintoresca*, Madrid, 1956. Matiza en algún aspecto sus conclusiones M. ALVAR, *El cambio -al, -ar > e en andaluz*, RFE, XLII, 1958-59, págs. 279-282.

La existencia de estos sonidos con personalidad propia acarrea un sistema vocálico distinto del español oficial. El sistema triangular español

queda sustituido por otro cuadrangular, de dos clases de timbre:

i u
i̯ u̯
ẹ ọ
ę̣ ǫ
a ä

En este esquema se encuentra, pues, el andaluz, dentro de los sistemas de cinco grados de abertura, que Trubetzkoy consideraba rarísimos, y que, en Europa, solamente se habían documentado en Kerenz (Glaris, Suiza). De todo esto, deduce M. ALVAR que el habla de Andalucía oriental se caracteriza por un sistema vocálico cuadrangular con dos puntos fundamentales de localización (las series anterior y posterior o palatal y velar, respectivamente), y cinco grados de abertura.

Sin embargo, quizá sea un poco exagerado hablar de un sistema de «cinco grados». Más razonable parece pensar en un desdoblamiento del sistema triangular; así habría dos subsistemas de cantidad diferente (si se considera el alargamiento) o de cavidad diferente (si se considera la abertura). Véase, para todo esto, E. ALARCOS LLORACH, *Fonología y Fonética*, en *Archivum*, VIII, 1958, págs. 191-203 [7].

---

[7] Los cinco grados de abertura podrían quedar establecidos desde el momento en que el cierre o abertura no depende de la situación del fonema en la palabra, sino de la categoría gramatical del número. Véase TRUBETZKOY, *Principes de Phonologie*, pág. 119. También E. ALARCOS, *El sistema fonológico español*, RFE, XXXIII, 1949, pág. 268. Atinadas observaciones a este particular hace E. ALARCOS en el estudio citado en el texto (*Archivum*, VIII, págs. 191-203).

Para terminar, en lo que a la mutación vocálica se refiere, añadiré que, en las escasas observaciones que se han hecho en la Andalucía oriental, se ha destacado la viva diferencia existente entre el habla masculina y la femenina. Esta última representa un estado más conservador, arcaizante, que se defiende de lo nuevo —representado por el habla de los hombres—. Así ocurre en el extremo occidental (Estepa, Palenciana, Puente Genil), donde lucha contra la falta de mutación del andaluz occidental, y ocurre también en el nordeste de Granada, en Vertientes y Tarifa, aldeas de Cúllar-Baza, donde las mujeres representan un islote castellano, que se defiende precisamente de la mutación [8].

CONSONANTES

F- inicial: La aspiración de *f-* inicial latina (*húmo, hámbre, higuéra,* etc.) es rasgo también considerado como típicamente andaluz. Sin embargo, la Andalucía oriental no practica esa aspiración con rigor, y, en su mayor parte, la ha perdido. La provincia de Jaén la desconoce. El límite coincide exactamente con el político-administrativo de Córdoba, donde esa aspiración existe. Dentro de Jaén, tan sólo hay restos esporádicos en Andújar, Lopera y Marmolejo; dos pequeñas zonas de la parte sur de la provincia (una es Mures y Ermita Nueva, caseríos al sur de Alcalá la Real; la otra es Noalejo, al sureste del partido de Huelma) la conservan. Por lo demás, solamente en determinadas voces y esporádicamente se halla aspiración en la provincia.

Avanzando hacia el sur, el límite de la aspiración divide la provincia de Granada en dos grandes zonas, de extensión aproximadamente igual. El oeste y sur de la provincia aspiran; la parte nordeste la elimina. Dentro de la zona de aspiración quedan los partidos de Loja, Montefrío, Alhama, Santa Fe,

---

[8] Ver Dámaso Alonso, *loc. cit.*, pág. 31; Gregorio Salvador, *Fonética masculina y fonética femenina en el habla de Vertientes y Tarifa* (Granada), en *Orbis*, I, 1952, págs. 19-24; Idem, *El habla de Cúllar-Baza*, RFE, XLI, págs. 161-252; M. Alvar, *Diferencias en el habla de Puebla de Don Fadrique*, RFE, XL, 1956, pág. 134.

Granada, Motril, Órgiva, Albuñol, Ugíjar, gran parte del de Iznalloz y una pequeña comarca del de Guadix. En Iznalloz, los lugares más orientales con aspiración son Campotéjar, Dehesas Viejas, Iznalloz, Darro y Diezma. Al este de esos pueblos, la aspiración se conserva ya sólo en palabras sueltas. En Guadix, solamente Lapeza, al sureste del partido, practica la aspiración. El partido de Ugíjar, situado más al sur que Guadix, ofrece un aspecto análogo: la parte nordeste ha perdido la aspiración.

El límite que venimos trazando penetra en la provincia de Almería, donde solamente el ángulo suroeste (partido de Berja) practica la aspiración. Por el resto de la provincia, hay casos esporádicos.

Las restantes provincias andaluzas (Córdoba, Málaga, Sevilla, Cádiz, Huelva) practican la aspiración de la *h-* inicial (< f-) con toda regularidad. (Véase ALEA, I, 58, mapa de *hacina*, y I, 72, mapa de *harnero*).

La aspiración es fundamentalmente faríngea. La estrechez en que se produce la aspiración ocurre en una amplia zona que comprende toda la faringe bucal, desde la epiglotis hasta el velo del paladar y las fauces. «Para formar la estrechez necesaria se acercan entre sí las paredes de la cavidad faríngea, y, simultáneamente, se aproxima la raíz de la lengua a la pared posterior de la faringe»[9]. Estas aspiraciones se matizan según los sonidos inmediatos. (Véase atrás, pág. 68 y ss.)

Juntamente con la aspiración de *h-*, procedente de f- inicial latina, hay que considerar la identificación con ella de la aspiración de *j* /x/ castellana. La aspiración se diferencia esencialmente del sonido x puro en la amplitud de la abertura entre el postdorso y el velo del paladar, circunstancia que se refleja en una mayor o menor perceptibilidad de la fricación. «Teóricamente son posibles todas las posiciones intermedias entre una fricativa velar, cerrada y áspera, y una aspiración velar»[10].

[9] Véase A. M. Espinosa (hijo) y L. Rodríguez Castellano, *La aspiración de la h en el sur y oeste de España*, RFE, XXIII, 1936, pág. 341.
[10] *Ibídem*, pág. 344.

Ambas aspiraciones (la de *h*- y la de x), como asimismo la de
-*s*, pueden ser sordas /h/ o sonoras /ɦ/. Normalmente son sordas en casi todo el territorio andaluz que las practica, pero
tienden, en el lenguaje ordinario y descuidado, a presentar una
variante más abierta, relajada, sonora o semisonora (Granada
sobre todo). La Andalucía occidental tiene articulación sorda
casi constantemente.

La línea divisoria de la aspiración entre Córdoba y Jaén
viene a confirmar los asertos de MENÉNDEZ PIDAL. Albacete fue
reconquistada en 1242, y Jaén lo fue en 1246. En Albacete hay
un *Hontanar* y dos *Oncebreros*, lo que muestra que fue conquista privativa de Castilla (Alcaraz se ganó en 1213, por Alfonso VIII, rey de Castilla). En Jaén hay *Hontanares, Hontillas,
La Hontana*, porque su conquista fue comenzada por Fernando III el Santo cuando todavía no era Rey de León, sino solamente de Castilla (Martos, Andújar, Espeluy, se reconquistan
en 1224, Baeza en 1227); la recuperación subsiguiente debió
de continuar como empresa exclusivamente castellana (Úbeda
1235; Arjona 1224; Jaén 1246). En cambio, más al occidente
(Córdoba 1236; Sevilla 1248; Huelva 1257; Cádiz 1264), la reconquista es ya una empresa de Castilla y León unidos, y no
se encuentra en su toponimia un solo caso de *Hon-* entre los
frecuentes *Fon-, Fuent-* que aparecen. Esto demuestra, según
MENÉNDEZ PIDAL, que la colonización castellana de Jaén (tierra
sin aspiración de *f-* inicial latina) fue decisiva en su evolución
lingüística posterior. La parte oriental del reino de Granada
que vemos tampoco aspira la *h*, se explica porque la campaña
de 1485 (conquista de Guadix, Baza y Almería) se dispuso y
organizó en Jaén, y de Jaén partió; por el contrario, la campaña reconquistadora de Ronda, Málaga y Granada, partió de
Sevilla y de Córdoba. Y este punto de partida revela también
el punto de origen de los colonizadores y repobladores. Estas
tierras de Sevilla, de Córdoba, de Huelva y de Cádiz fueron
reconquistadas por Fernando III y por Alfonso X como reyes
de Castilla y León: no hay, en consecuencia, exclusivismo castellano. En esta comarca, la aspiración se generalizó, con aspi-

ración que procedía directamente de Extremadura y del sur leonés. De esta comarca andaluza era Nebrija, quien en 1492 publica su *Gramática* donde se establece la *h-* aspirada como norma literaria para las voces que hoy pierden la *f-*[11]. (Véase atrás, pág. 70.)

SESEO Y CECEO

El territorio andaluz se reparte entre varias clases de *s*. Las variantes recogidas son, fundamentalmente, tres: la apical cóncava, la coronal plana y la predorsal convexa. Estos sonidos se reparten en zonas evidentemente relacionadas con la distinción entre *s* y θ, o bien con la confusión de ambos sonidos: el *seseo* y el *ceceo*.

La *s* apical cóncava se encuentra en el norte de Córdoba, el noreste de Jaén y de Granada y la parte de Almería lindera con Murcia. Se trata en esencia de la *s* apical castellana, y su aparición extensa es lo que ha servido para establecer los límites del dialecto. (Véase atrás, pág. 288.) Es la misma articulación castellana de Castilla la Nueva y especialmente de La Mancha, algo menos cóncava y de timbre más agudo que la *s* de Castilla la Vieja. Este tipo de *s* cercano al castellano s o l a - m e n t e   a p a r e c e   e n   l o s   l u g a r e s   a n d a l u c e s   q u e   p r a c t i c a n   l a   d i s t i n c i ó n   e n t r e   s   y   θ.

La *s* coronal plana, con tendencia más o menos marcada a la convexidad, es la que se oye como general y corriente en la mayor parte de Andalucía. Predomina en la provincia de Huelva, en el norte de Sevilla, en el sur de Córdoba, entre las

---

[11] En la Edad Media, dominó la *f-* inicial en los documentos de esta comarca occidental, reveladores de una lengua culta esmerada. Así hablan los documentos lingüísticos publicados por MENÉNDEZ PIDAL, menos el último (de 1492) otorgado por los Reyes Católicos durante el cerco de Granada, donde la aspiración es normal (*hazer, hebrero*, etc.). En cuanto al influjo de Nebrija, su prestigio se advierte en la imprenta: la *Celestina* de Burgos, 1499, usa *f-* en la mayoría de los casos; la edición de Sevilla, 1501, pone mayoría de *h-*. (Véase MENÉNDEZ PIDAL, *Orígenes*, § 41, página 227). Hoy, en esa comarca occidental hay *f-* inicial en algunos topónimos (*Fogarín*, por ejemplo), y en alguna voz (*fusiyo* 'husillo'). (GIESE, *Nordost-Cádiz*, pág. 22).

gentes no ceceantes de Granada y en las provincias de Jaén y Almería. Su rasgo fundamental está en la carencia de concavidad y en el timbre más agudo que de este rasgo nace. Es también más larga y tensa que la castellana.

La *s* predorsal aparece, coexistiendo con el ceceo, en la parte más meridional de Andalucía, en las provincias de Cádiz y Málaga y en el sur de Sevilla, incluida la capital. Aparece incluso en las personas cultivadas, no ceceantes, de estas comarcas. Siempre aparece esta articulación en zonas de confusión entre *s* y θ.

En la mayor parte de los casos, el ceceo andaluz se produce con articulación coronal, sin que el ápice de la lengua se coloque entre los dientes, y sin que la fricación se produzca en el filo de los incisivos superiores. «La corona lingual se estrecha contra la parte más baja de la cara de dichos incisivos, elevándose en forma más o menos convexa, de la cual participa también el predorso, y el ápice entre tanto forma contacto con los dientes inferiores» (RFE, XX, pág. 270).

La correlación entre el ceceo y la *s* predorsal se ve confirmada por los casos de Olivenza (Badajoz), de seseo, portugués de origen. En esta comarca la *s* es predorsal y se oyen vacilantes pronunciaciones entre *s* y θ; algo análogo ocurre en la zona de Cartagena donde existe idéntica *s:* ha surgido ceceo en Torre Pacheco y Perín, lugares próximos a Cartagena. En cambio, el ceceo es desconocido en los lugares seseantes y de habla castellana de Alicante, donde la *s* es apical. Naturalmente, esto no excluye la presencia de *s* predorsal en muchos lugares (como lo es en muchos idiomas) donde no existe el ceceo [12].

La distinción entre *s* y θ existe, con el mismo carácter general que en Castilla, en casi una tercera parte de Andalucía. La distinción la practican las provincias de Jaén y Almería en su

---

12 El seseo existe, autónomo, sin interdependencia entre sus focos, en varios lugares de la Península (Galicia, León, Extremadura, Alicante). Solamente en Andalucía logró esta tendencia amplia difusión y generalización. Esos focos han sido estudiados y considerados por AMADO ALONSO, *Historia del ceceo y seseo españoles*, en *Thesaurus, Boletín del Instituto Caro y Cuervo*, VII, 1951, págs. 111-200.

mayor parte; Huelva, Córdoba y Granada presentan la confusión como signo más general. La frontera es una línea continua,
pero sinuosa, desde Portugal a Sierra Nevada. Esta línea coincide, en su mayor parte, con la división natural entre el llano
y la montaña. Toda Sierra Morena, en las dos vertientes, practica la distinción; solamente en Sevilla la confusión alcanza
pueblos serranos (Cazalla, Constantina), pero también los pueblos sevillanos que distinguen son de la sierra (Almadén de la
Plata, Real de la Jara, Castillo de las Guardas, etc.). Es particularmente nítida la coincidencia en las provincias de Huelva y
Córdoba; por el este, la confusión ocupa las zonas de vega de
Loja, Alhama, Granada, Motril, y se extiende por el litoral hasta
Almería, y por las tierras llanas de Guadix y Baza, en tanto que
la distinción reaparece en los pueblos montañeses, entre la
sierra de Cazorla y en Sierra Nevada (las Alpujarras se reparten
entre distinción y confusión). En Jaén, la comarca de confusión
está en unos cuantos pueblos a lo largo del Guadalquivir y en
el ángulo de Alcalá la Real, en comunicación con la vega de
Granada. Los enclaves de confusión en zona de distinción (Mengíbar y Pegalajar en Jaén; Guadix, Zújar, Baza, en Granada)
deberán explicarse por razones de su historia particular [13].

Zona de seseo.—El seseo en Huelva, Sevilla y Córdoba constituye una faja intermedia entre la distinción y el ceceo. La
distinción no llega por ningún sitio hasta la costa, ni el ceceo
hasta la sierra (excepto los breves entrantes de Valverde del
Camino, en Huelva, y de Aznalcóllar, en Sevilla). El seseo aparece en el oeste de Huelva y en el norte de Sevilla, como arrinconado hacia la sierra, oprimido por el avance del ceceo.

_____

[13] A. LLORENTE MALDONADO, en un sugeridor y valioso trabajo, nos in-
forma (basándose en su personal experiencia como investigador del ALEA)
de que el área de la *s* coronal es mucho más reducida de lo que dan
los informes que recojo arriba (reducción hecha por el crecimiento de
la *s* predorsal). Esperemos a que el ALEA esté totalmente publicado
para corregir nuestros gráficos. Lo importante por ahora es el señalar
los dos rasgos esenciales indicados arriba: la *s* predorsal como típica
del dialecto y la fijeza del límite con la s cóncava castellana, que A. LLO-
RENTE considera bien fijado. (*Fonética y fonología andaluzas*, RFE, XLV,
1962, págs. 237-238).

En Córdoba es más extensa la zona de seseo. Desde aquí, remontando el valle del Guadalquivir, el seseo penetra en Jaén (Marmolejo, Andújar, Arjona). Por el sur, el seseo cordobés entró también en Jaén (Santiago de Calatrava). La forma de aparecer el seseo en Córdoba, y su prolongación en Jaén, parece indicar que se trata de un fenómeno irradiado desde el suroeste de Andalucía [14]. Al sur de Sevilla (Estepa, Martín de la Jara, Gilena, etc.) y al norte de Málaga (Antequera, Archidona, Campillos) hay seseo. También debe ser considerado como un rastro arrinconado por el ceceo. Este enclave llega hasta Montefrío, al norte de Granada.

Zona de ceceo.—El ceceo se extiende por casi todo el sur de Andalucía, desde la frontera de Portugal hasta Almería. No presenta interrupción alguna en la costa hasta las proximidades de Almería, capital, desde donde reaparece en núcleos aislados. Avanza hacia el norte considerablemente en las provincias de Sevilla y Granada, y se reduce en Málaga, donde no pasa de la sierra del Torcal y Abdalagis. En Córdoba es desconocido el ceceo, menos en dos o tres pequeños lugares junto a la frontera sevillana (Montalbán, Montemayor, y, más al sur, Jauja). Jaén solamente presenta ceceo en el rincón suroeste (Castillo de Locubín, Alcalá la Real), en continuidad con el ceceo granadino [15]. En Granada, el ceceo limita con la distinción de norte a sur, sin que se presente zona intermedia de

---

[14] R. Castellano y A. Palacio señalan para Cabra una θ interdental en los casos de -*s* final agrupada con la dental sonora inicial de la palabra siguiente; esta -*s*, que primero se habrá aspirado, es atraída luego y asimilada por la dental: *loθ deílę* 'los dediles', *loθ ḏọmĩŋgọ*. (*Habla de Cabra*, pág. 412.)

El testimonio de José Celestino Mutis es inequívoco en lo que se refiere a Córdoba, como prueba indirecta de la radiación del seseo desde el suroeste: «... y hallé universalmente extendida la fuerte pronunciación de la *h*, pero no pude hallar en todos igualmente el seseo andaluz, pues algunos pronunciaban perfectamente la *s*, *c*, *z*, dándoles a cada letra su correspondiente sonido» (*Diario*, pág. 20).

[15] Apartado de las comarcas ceceantes, se ha registrado el ceceo en Pegalajar, al este de Jaén capital, y en Mengíbar, contiguo a la zona seseante del Guadalquivir.

seseo. La línea de separación avanza desde Guadahortuna hasta la Alpujarra. Tampoco hay zonas de seseo arrinconadas, como en Málaga, Sevilla o Huelva. Tampoco al norte hay zonas de seseo entre el ceceo granadino y la distinción de Jaén. Al oeste de la línea divisoria reaparece ceceo en Guadix y Baza, en manchas aisladas, y donde las personas educadas tienden a eliminarlo por la distinción [16].

En Almería, al este de la capital, existe una comarca reducida (Tabernas, Turrillas, Huércal, Cabo de Gata), con ceceo caduco.

Desde el punto de vista histórico, seseo y ceceo son un grado más en la reducción de fonemas operada durante el siglo XVI y parte del XVII. Las antiguas ç y z se convirtieron en fricativas, y además la z perdió su sonoridad, igualándose ambas en castellano en la fricativa sorda interdental θ. Pero ésta no se confundió con la s procedente de la igualación de -ss- y -s-, las antiguas sorda y sonora respectivamente. Es decir, los cuatro fonemas medievales quedaron reducidos en Castilla a dos: s y θ. En Andalucía, en cambio, los cuatro fonemas confluyeron en uno solo. Bien en s, seseo, pronunciación única, con s sorda, coronal o predorsal, bien en sθ ceceo, articulación única predorso-interdental sorda.

Una evolución análoga a la andaluza se ha producido en los lugares donde, con posterioridad, se han mezclado castellanohablantes de diversas procedencias: en el español de América y en el judeo-español. El judeo-español ha reducido las cuatro sibilantes medievales —dentales y alveolares— a dos, una fricativa predorso-dental sonora, z, y otra sorda, s. En cambio, el español de América ha procedido como el andaluz, reduciendo los cuatro a una fricativa dental sorda, s.

Parece que el foco más antiguo de esta confusión estuvo en la ciudad de Sevilla, aunque debió de haber otros dentro y

---

[16] En Granada, capital, y en los pueblos ceceantes de la Vega, las personas instruidas reemplazan el ceceo por el seseo o por la distinción, a diferencia de lo que ocurre en la Andalucía occidental, donde, con total unanimidad, se aplica el seseo como corrección distinguida.

fuera de Andalucía, dispersos y sin relación alguna entre sí. Lo mismo en Sevilla que en los demás focos, la distinción fue fallando primeramente en las sonoras -s- (z) y -z- (ẑ) y, más tarde, en las sordas -ss- (s) y -ç- (ŝ). La dualidad actual seseo-ceceo es un resultado tardío: a lo largo del siglo XVI y la primera mitad del XVII, lo que los testimonios revelan en completo acuerdo no es *ceceo* o *seseo*, sino la confusión y los cambios anárquicos entre estas consonantes. La decisión por una u otra actitud fonética ha sido cambio largo, y hoy mismo se le ve vacilante en algunos lugares. AMADO ALONSO ha estudiado los testimonios que pueden dar luz sobre la historia de la confusión. Los dos primeros escalones de la igualación: 1) aparición de -s por -z en posición implosiva; 2) aparición de -s- intervocálica por -z- intervocálica, están abundantemente atestiguados antes de mediar el siglo XV. El tercer grado (s- o -ss- en lugar de c o ç) se documenta a fines del XV. Los dos primeros trueques seguían el camino corriente en la Romania occidental (seseo francés, provenzal, portugués). Pero el tercero es el que marca algo extraño y diferente, el ceceo, que llamó la atención como algo peculiar[17].

Quizá el testimonio más significativo es el de Arias Montano (nacido en 1527), en tierra del sur de la actual provincia de Badajoz (Fregenal de la Sierra), tierra geográficamente sevillana. Arias Montano estuvo matriculado en el colegio de Santa María de Jesús, en Sevilla, en 1546-47. (Allí fue discípulo de Juan de Mal Lara y de Francisco de Medina, entre otros). En 1588, Arias Montano escribe sobre la pronunciación de los sevillanos, y dice que «siendo él joven, su pronunciación era la misma que la de los castellanos de ambas Castillas», pero veinte años después (es decir, en 1566) «truecan la s por la z, y al revés, la z o ç castellana por la s» y añade: «la antigua y común pronunciación todavía (en 1588) se guarda entre buena parte

---

17 Con posterioridad RAFAEL LAPESA ha vuelto magistralmente sobre el tema llevando más lejos los testimonios valiosos y perfilando agudamente la transición y los resultados del cambio. Véase su *Ceceo y seseo*, en *Homenaje a André Martinet*, I, pág. 67 y ss.

de los viejos más graves» y «que no pocos de los jóvenes mejor educados la practican».

Evidentemente, Arias Montano recordaba la fonética esmerada y conservadora de los que fueron sus profesores en el Colegio sevillano, pero es de presumir que el cambio existiera abundantemente entre las clases populares ya en los años en que él era colegial de Santa María de Jesús. RAFAEL LAPESA recoge ejemplos escritos de esos años donde la confusión es total. Un Cancionero (es decir, obra ya de un cierto nivel cultural) de 1560-70, trae palabras como *Gusmán, soçiego, sercando, coser* 'cocer', etc., etc. Los datos de Arias Montano, de 1588, aluden a una minoría selecta, pero seguramente muy corta.

A partir de 1600, las denuncias del cambio son muy abundantes. Bernardo de Alderete, en 1614, insiste en la aseveración de Montano, y la amplía advirtiendo el trueque *c-s* en los sevillanos y «en los de la costa de la Andaluzía». Como vemos, en 1614, la confusión *c-s* se localizaba en Andalucía la Baja; Córdoba, hoy seseante, no estaba alcanzada.

El testimonio más importante de esta época es el de Mateo Alemán, muestra excelente del gran avance de la confusión. Alemán había nacido en Sevilla, en 1547, el mismo año en que Arias Montano daba fin a sus estudios en la misma ciudad. Alemán representa, pues, a la generación que, al decir de Montano, trocaba los sonidos. Ya adulto, a pesar de su condición de hombre de letras y de artista sumo del idioma, Alemán cae en la confusión, «porque me vuelvo al natural ['a mi sevillanismo'] y pecado general en los andaluces» [18]. La confusión refleja así una expansión rapidísima, sobre todo si comparamos a Alemán con Herrera, trece años más viejo y mantenedor empeñoso de todas las distinciones. Ximénez Patón (en 1614) y Correas (1630) insisten sobre el vicio de la confusión sevillana. Pero ya en 1651, el jesuita Padre Juan Villar, andaluz del oriente, es decir, de tierra distinguidora, pero que fue a vivir

---

[18] MATEO ALEMÁN, *Ortografía castellana*, pág. 104, edic. de J. ROJAS GARCIDUEÑAS, México, 1950.

(y a morir) en la Andalucía occidental, nos da el valioso testimonio (*Arte de la lengua Española*, Valencia 1651) de considerar la confusión como costumbre ya envejecida: el ceceo se había sedimentado.

¿Qué había ocurrido en Andalucía para que ese cambio consonántico, que asoma tímidamente en los documentos del siglo xv, ya estuviese generalizado a fines del xvi? «Hubo una doble sacudida en la vida andaluza: primero con los desplazamientos acarreados por la guerra y reconquista de Granada; después, con el descubrimiento de América, la intensa emigración y, a la vez, el crecimiento de Sevilla en pobladores y riqueza. Sevilla, emporio del comercio con Indias, fue la mayor ciudad de la España imperial, y a su grandeza económica y demográfica correspondió la fijación de una fuerte peculiaridad que se manifestó en las formas de vida, en la literatura y en el arte. Consecuencia de todo ello fue la creación de una conciencia regional satisfecha de sí» (R. LAPESA, *Ceceo y seseo*, pág. 76). Este orgullo, esta seguridad en sí mismos, animados por el resplandor vital de Sevilla, pudo más que el aristocrático prejuicio purista. Los andaluces adoptaron el rasgo diferencial que el ceceo llevaba. Es seguro que habría otros focos de confusión (como hoy los hay todavía fuera de Andalucía), con distinto poder expansivo, pero Sevilla los sobrepasaría y marcaría la norma con su prestigio. De esa norma nace el ceceo.

RAFAEL LAPESA ha llamado la atención sobre esta propagación del ceceo. Ahora hablamos de *ceceo* y *seseo*, pero los testimonios históricos sólo hablan de *ceceo* y *cecear*, *zezeo* y *zezear*, y no de *seseo*, *sesear*. Hay testimonios ilustres que aluden al ceceo en zonas donde hoy hay seseo. Sólo en el siglo xviii se habla de *sesear* [19], como rasgo típicamente andaluz: en José Celestino Mutis, en un testimonio de localización, exacto todavía hoy. Según R. LAPESA, lo que ha variado desde el siglo xviii a hoy no ha sido la pronunciación sevillana, sino la significación de las palabras *ceceo* y *seseo*. El origen del *ceceo* y de la *s*

---

[19] Antes, *sesear* alude al trueque no andaluz: al valenciano, por ejemplo. (Véase R. LAPESA, *loc. cit.*, passim).

predorsal ha de buscarse en hábitos articulatorios de la población cristiana andaluza, después de la Reconquista. Hacia 1500, es probable que en Sevilla fuese aún general la *s* apicoalveolar; en 1584, quizá un poco antes, era ya la predorsal, o la coronal. Esta *s*, en su origen, fue una variante de *ç, z*: su contagio de la pronunciación de *-s-, -ss-* fue sentido como *ceceo, zezeo*, por los hombres del siglo XVI.

Esto se verá más claramente si partimos del hecho de que para explicar la trasformación de las sibilantes antiguas en Andalucía, hay que arrancar del momento en que ŝ (*ç*) y ẑ (*z*) se hacen fricativas. La fonética andaluza contaba, como en Castilla, con la oposición de africadas ŝ, ẑ, y fricativas s, z; las primeras, dentales; las segundas, alveolares. Al hacerse fricativas las primeras, la diferencia fonética se redujo al punto de articulación, lo que no bastó, en el occidente andaluz, para mantener la distinción. Es posible que hubiera un período de trueques anárquicos, pero esto se resuelve en cuanto la lengua se decide por uno de los tipos en lucha: en Andalucía fue el decidirse por las dentales, eliminando las alveolares. Lo que hoy dividimos en *seseo* y *ceceo* no son fenómenos dispares o encontrados, sino variedades de una misma articulación fundamental. El abandono de una articulación alveolar, s (*-s-, -ss-*), sustituyéndola por otra proveniente de *c, ç*, fue históricamente *ceceo*, «tanto si el sustituto era *ciceante* (θ, sθ) como si era *siseante*» (*s* coronal, *s* dorsal) (R. Lapesa, *loc. cit.*, pág. 89). «Y fue *zezeo* la sustitución de la alveolar sonora, z, por una pronunciación surgida de la z antigua (*z* coronal, *z* predorsal). Variedades de vida corta, ya que, al ensordecerse en el XVI, se igualaron con las procedentes de *c* y *ç*. Resulta así que el uso único de los términos *ceceo, zezeo, zeceo*, en los siglos XVI y XVII, con referencia al cambio ocurrido en las sibilantes andaluzas, está plenamente justificado desde el punto de vista histórico, etimológico» (Lapesa, *ibídem*, págs. 89-90).

Pero, por otro lado, Castilla había reducido desde el siglo XVI a dos fonemas los cuatro medievales: uno siseante-ciceante (a fines del siglo XIII ciceante puro, θ), y otro siseante puro, *s;* frente a esto, Andalucía ya tendría muy extendida la articulación coronal o dorsal de su *s*, pero, al esforzarse por diferenciarla de la *c*, convertían su *s* en una variante de la *s* castellana, cuando, en realidad, era variante de *c*, *z*. A medida que la pronunciación de *c* fue haciéndose θ por todo el norte y centro de la Península, la lengua general subrayó la oposición *ciceo / siseo* como rasgo capital entre *c* y *s*. En la cita de José Celestino Mutis, vemos claramente la nueva dimensión semántica de la palabra *seseo*. Mutis llama *s* no solamente a la apical cóncava del castellano, sino que incluye, dentro del concepto de *s* a las variedades regionales siseantes *s* coronal, *s* predorsal, y aplica el término *seseo* al andaluz, a diferencia de los tratadistas anteriores (Lapesa, *loc. cit.*, pág. 92).

No sabemos si en los siglos pasados ha habido diferencias de estimación social por una u otra pronunciación, dentro de Andalucía. Podemos pensar que, al no presentarse con una difusión conjunta, gozaron de distinto aprecio. Generalizando y sin temor a grandes errores, podemos afirmar que el ceceo goza de prestigio en capas populares, y se considera como más vulgar y rústico que el seseo. Incluso en zonas de ceceo, las personas educadas tienden a eliminarlo, bien por el seseo, bien por la distinción. (Sevilla capital sesea en todas las capas sociales).

El ceceo malagueño y granadino se deberá, como ya intuyó Navarro Tomás, a haber sido repobladas sus tierras con gentes de Cádiz y Sevilla. En cambio, el seseo del extremo norte de Málaga (Archidona, Antequera) o el de otros lugares (Andújar, Cazalla, Guadalcanal) es voluntaria adaptación de la fonética urbana de Sevilla, no la vulgar del campo y de la costa atlántica [20].

---

[20] Los gitanos, que surgen en España en 1447, ceceaban. Ya aparecen así en el teatro de Gil Vicente, en 1525. Se les caracterizaba por su ceceo (siempre *c* por *s*) en muchos lugares literarios: Lope de Rueda, Timoneda, Cervantes, Lope de Vega, Espinel, Gracián, etc. El ceceo gitano no modifica la cuestión del ceceo andaluz. Véase Amado Alonso, *Historia del ceceo y seseo españoles*, en *Thesaurus*, VII, 1951, pág. 189 y ss.; también, del mismo autor, *O çecear cigano de Sevilla, 1540*, en RFE, XXXV, 1952, págs. 1-5.

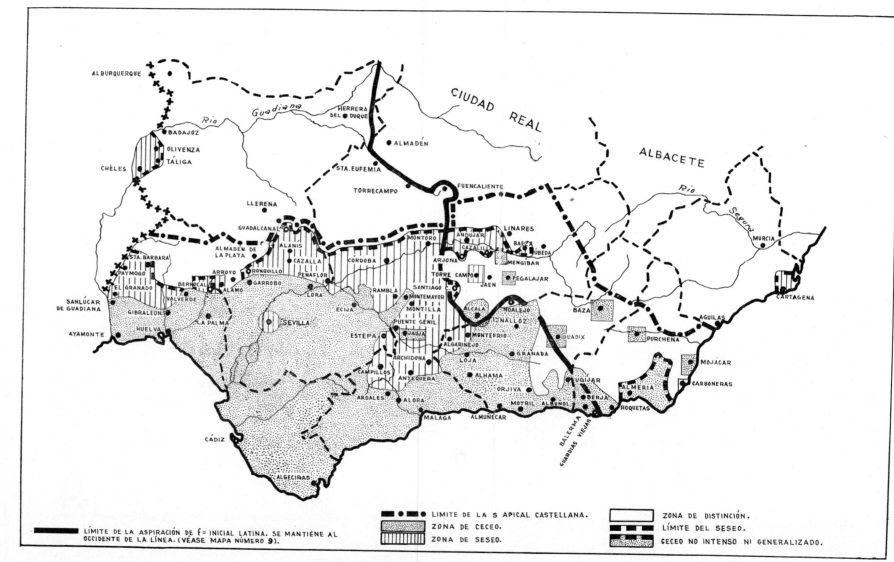

XXI—Algunos límites fonéticos del andaluz.

Resumiendo: «La divergencia entre el andaluz y el castellano general en el tratamiento de las sibilantes surgió en concomitancia con la formación de una variedad en el modo de vida, variedad determinada por la cercanía de la frontera musulmana, los obstáculos geográficos para la comunicación con las Castillas y la creciente importancia de su capital propia. Se consolidó en Sevilla, y se extendió desde allí con los trasiegos demográficos ocurridos en Andalucía a partir de la conquista del reino granadino» (LAPESA, *loc. cit.*, pág. 94).

LA CONFUSIÓN -LL- > -Y-

El área continua de mayor extensión, en lo que a pronunciación yeísta se refiere, corresponde en la Península, sin duda, a Andalucía. Además, existe por todas partes la conciencia de que todos los andaluces son yeístas. En esta valoración ha debido de influir probablemente el numeroso y aceptado teatro de costumbres andaluzas. Sin embargo, es cierto el hecho de que el yeísmo andaluz es más viejo que el de Madrid (véase atrás, pág. 80 y ss.), o, por lo menos, era ya considerado como andaluz en época en que era desconocido en la capital. En varios lugares lleístas llaman a sus vecinos yeístas «andaluces» [21]. Se trata de un cambio muy moderno. No encontramos testimonios de su existencia en los gramáticos y ortólogos clásicos, incluso los andaluces. Algunos dan valiosas indicaciones sobre la articulación y confusión de las viejas consonantes, pero no dan noticia alguna de yeísmo. Eso ocurre con Nebrija (1517), Francisco Delicado (1534), Cristóbal de las Casas (1570), Juan Sánchez (1586), Mateo Alemán (1609), Bernardo de Alderete (1606, 1614), Juan Bautista de Morales (1623), Juan de Robles (1631), Juan Villar (1651). Para Castilla, el testimonio clarísimo de Juan de Valdés no deja el menor lugar a dudas sobre la distinción rigurosa. Todos los autores señalados arriba descri-

---

[21] «A los yeístas de Brihuega (Guadalajara), los vecinos de Argecilla, Utande, Ledanca y demás pueblos circundantes, en los cuales se pronuncia la *ll* - *ḷ*, les llaman los andaluces de la Alcarria» (T. NAVARRO TOMÁS, RFE, X, 1923, pág. 38).

ben perfectamente la articulación de la l̦. Correas, extremeño,
tampoco registra la confusión. En fin, hasta mediados del siglo XVIII no comienzan a aparecer indicios de *ll* y *y* confundi-
das. AMADO ALONSO ha señalado unos versos de Tomás de Iriarte
(1750-1791) como primera aparición. Se trata de un *Romance
en que se describe un ridículo baile casero*:

> De Andaluces y Andaluzas
> Vi una grei tan numerosa
> Que dudé si estaba en Cádiz
> En medio de la Recoba.
> Oí zalameras voces
> De veinte damas ceceosas,
> Las unas ya muy *gayinaz*
> Y las otras aún muy *poyaz*.

Que por estos tiempos el yeísmo era tenido por meridional,
lo contraprobamos con su ausencia en el lenguaje de Don
Ramón de la Cruz, coetáneo de Iriarte, que tanto imitó el habla
popular madrileña en sus sainetes: ahí no figura yeísmo [22]. Es
decir, hacia 1780, en Madrid, el yeísmo no era, por lo menos,
una confusión arraigada. El primer informe seriamente reco-
nocedor de confusión en Andalucía se debe al ortólogo Mariano
José Sicilia, canónigo de Baza y catedrático de Granada. Él
mismo no sabía ya orientarse para la pronunciación. Para él,
la distinción *ll-y* era práctica arcaizante y típica de castellanos
viejos, por ejemplo. Aunque él no propugnaba la igualación
como solución ortológica, la practica (1827) y reconoce la ex-
celencia de la distinción tradicional. La confusión se ha ido
extendiendo enormemente durante todo el siglo XIX [23].

---

[22] En 1798, Don Ramón de la Cruz consideraba el yeísmo como rasgo
andaluz, en *Las provincias de España unidas por el placer*. (Véase R. K.
SPAULDING, *How Spanish grew...*). Falta el yeísmo en las escenas navideñas
de GASPAR FERNÁNDEZ Y ÁVILA, *La infancia de Jesu-Christo*, impresa en
Málaga en la segunda mitad del XVIII; abundan estas escenas en casos
como *jecho, jambre, patrialca, osté, asusar*, etc. Palatalizan la *l-* inicial
o interior, lo que hace pensar en un cliché libresco del viejo sayagués.
(Véase R. LAPESA, *Historia de la lengua española*, pág. 315.)

[23] Para todo esto, véase el trabajo de AMADO ALONSO, *La ll y sus altera-*

No obstante, ya podemos trasladar el yeísmo mucho más atrás de lo que pensaba Amado Alonso, y, precisamente, el yeísmo peninsular. Van apareciendo testimonios de excepcional importancia (incluso en las cercanías de Madrid), que demuestran la existencia de la confusión ya en pleno siglo XVI. Existe incluso el valioso de un morisco andaluz en los primeros años del siglo XVII, prueba ya de haberse desfonologizado la oposición /ll/ y /y/, con pérdida de la ḷ. (Véase atrás, pág. 82.)

Hoy, en contra de la creencia general de una Andalucía yeísta totalmente, han aparecido manchas de ḷ lateral en Huelva y Granada. En la provincia de Huelva, la ḷ lateral existe aproximadamente en la zona de seseo, con ramificaciones en la de distinción. Se oye regularmente la articulación lateral en Paimogo, Santa Bárbara, Alosno y demás pueblos de esta zona. Entra en la zona de ceceo en Sanlúcar de Guadiana, San Silvestre de Guzmán, y llega casi al mar en Lepe; y en la zona de distinción de s y θ, la ḷ lateral se emplea en Cabañas y El Cerro. La conciencia popular acusa a Cabañas como el lugar donde mejor se habla, es decir, existe el sentimiento de la superioridad de la distinción. En los lugares de confusión, la articulación es y, la mediopalatal suave, como la castellana, o bien yˢ, es decir, con ligera tendencia al rehilamiento. Totalmente rehilada la usa Rosal de la Frontera, al noroeste, en tierras de distinción de s y θ, uniéndose así al habla de Badajoz. En otros lugares de la provincia, la confusión de ḷ y y se articula con variantes intermedias entre y y ẑ (Nerva, Berrocal, Trigueros, etc.). La distinción de ḷ y y se registra en el pueblo de Castillo de las Guardas, de la provincia de Sevilla, frontero con Huelva. La distinción fue encontrada también en la zona sureste de Granada, en algunos lugares alpujarreños a lo largo de la frontera entre ceceo-distinción de s y θ. Con posterioridad a los datos recogidos arriba (procedentes de NAVARRO TOMÁS, ESPINOSA, RODRÍGUEZ CASTELLANO, *La frontera del andaluz*, RFE, XX, 1933), MANUEL

---

ciones en *España y América*, en EMP, II, 1951. (Reeditado en *Estudios lingüísticos. Temas hispanoamericanos*, Madrid, 1953).

ALVAR ha podido señalar nuevos restos de ḷ lateral en medio de la general confusión. Una mancha bastante extensa, y muy importante por su extraordinaria cercanía y relación con Sevilla, capital, es la comarca de Olivares y Sanlúcar la Mayor. En este enclave en la orilla derecha del Guadalquivir (Olivares, Bollullos de la Mitación, Valencín, Salteras, Villanueva del Ariscal, Carrión de los Céspedes, Benacazín) la ḷ lateral se emplea con rigor y entre toda clase de hablantes. Los mismos investigadores del Atlas lingüístico de Andalucía señalan otros enclaves de *-ll-* lateral no confundida, en el ángulo gaditano-malagueño de Jimena de la Frontera, Benaocaz (Cádiz), y Gaucín y Jubrique (Málaga) [24].

En el ángulo de Jaén-Granada-Albacete, la distinción se practica en Santiago de la Espada (Jaén), relacionado con la distinción albaceteña; en Cúllar-Baza y Puebla de don Fadrique (Granada) la distinción la practican las mujeres, y la confusión los hombres. (Véase atrás, pág. 296.)

Una relación de los pueblos distinguidores puede verse ahora (como resultado de las investigaciones del ALEA), en A. LLORENTE, RFE, XLV, pág. 235. Futuros trabajos dirán cómo se reparte esto en el área andaluza. El yeísmo total, con cierta tendencia a rehilar, o, en algunos lugares, a hacer la africada, ŷ, lo han registrado L. RODRÍGUEZ CASTELLANO y ADELA PALACIO en el sur de Córdoba (*El habla de Cabra*, RDTradPop, 1948, LV, pág. 570 y ss.) También en Granada capital se ha registrado el yeísmo con una tendencia a rehilamiento suave (yᶻ) en las clases cultas. En el Albaicín, las clases populares rehílan claramente, aunque siempre es menor que el extraordinario y tenso zumbido de la rehilada extremeña. (Ver *Vocales Andaluzas*, pág. 225.)

Fonéticamente, el yeísmo ha de ponerse paralelo al tratamiento de la *č*. La *č*, en la mayor parte de Andalucía, tiende a una articulación muy poco tensa, relajada, que ha conducido

---

[24] Véase M. ALVAR, *Las encuestas del Atlas lingüístico de Andalucía*, páginas 15-16. La ḷ de Benaocaz fue señalada por W. GIESE, *Nordost-Cádiz* pág. 221. Pueden consultarse también los mapas del ALEA, I, 33, *escardillo;* I, 36, *cascarilla* del trigo, y I, 130, *collera.*

a una articulación fricativa, š, con gran frecuencia no labializada, š: *nóše, mušášo, šatíko, óšu* 'ocho'. El grado de labialización varía a veces por sujetos. Entre las clases populares del Albaicín, la labialización es muy marcada.

Esta articulación fricativa es la típica de Granada y su vega, del sur de Sevilla, de la provincia de Cádiz, del occidente de Málaga y de la costa almeriense cercana a la capital. El resto del territorio presenta la articulación africada, con diversos matices. (RFE, XLV, 1962, pág. 236).

De este modo, frente a las articulaciones palatales, el andaluz sigue su camino de igualación de fonemas. Así como los pares de consonantes *s-z, š-ǯ* se redujeron a una, bien *s* o bien θ, ahora la compleja variación palatal castellana (ļ lateral, y mediopalatal, *ĉ* africada dorsopalatal) se reduce a la pareja, perfectamente homogénea de sorda š (por ĉ; fricativa prepalatal no labializada) y sonora ž (fricativa prepalatal no labializada, proveniente del rehilamiento de ļ y *y*).

-L Y -R IMPLOSIVAS

La igualación de *-l* y *-r* implosivas es fenómeno muy frecuente en andaluz, si bien muy difusamente señalado y sin que se puedan fijar fronteras exactas o delimitar comarcas con propensión señalada a uno u otro fonema. La creencia común y generalizada es la divulgada por el teatro y la literatura andalucistas: la que refleja el dicho del maestro andaluz: «*Niño: zordao, barcón y mardita zea tu arma ze escriben con ele*». De todos modos, en este sentido, el andaluz se une con el habla vulgar de otras varias comarcas españolas (hecho ya señalado por CUERVO, *Apuntaciones*, § 749; *Obras inéditas*, págs. 54-56): *artura, durce, murtitú, argún, er* 'él', etc. SCHUCHARDT (*Cantes flamencos*, pág. 316) se explicaba la igualación andaluza *-l > -r* por una pronunciación relajada: «se afloja —dice— el fuerte contacto en la línea media de la cavidad bucal».

Esta igualación es señalada, de una u de otra forma, por todos los dialectólogos, pero siempre como si se tratase de algo que, por familiar y conocido, es obvio destacar. El más preciso señalador es GIESE, para la Andalucía occidental. «Aparece con bastante regularidad en Villaluenga, Zahara, El Gastor... Los demás lugares de la sierra vacilan entre *r* y *l*, sin que... pueda afirmarse que prevalezca una u otra pronunciación. Esta vacilación aparece en un mismo hablante... La Campiña prefiere *-l*». También registra el mismo GIESE la caída de la final (*Nordost-Cádiz*, pág. 222).

El cambio *-l* + consonante > *-r* lo registra ya T. NAVARRO TOMÁS (*Ortología*, pág. 88): *sarto, arguno, borsa, barcón; WULFF cita voces como *murtitú, sartando* (*Chapitre*, págs. 22-24). GIESE registra las vacilaciones *calsetine, carsetine*, en el nordeste de Cádiz (*Nordost-Cádiz*, pág. 222). El *Vocabulario* de ALCALÁ VENCESLADA señala: *asorvar* < *azolvar* 'obstruir, cegar un conducto'. ALVAR recoge voces como *cardera* (en lugares de Cádiz, Málaga y Huelva) y *arberca* en Málaga y Huelva (*Las encuestas...*, páginas 35 y 41).

El trueque contrario *-r* + consonante > *-l* se da en Constantina (Sevilla): *cuelpo, picaldía* (SCHUCHARDT, *Cantes*, página 316); también se registra en Sierra Nevada: *saltén* (VOIGT, pág. 37); el paso *-r* final > *-l* es también conocido: *pael* 'pared' (ALCALÁ VENCESLADA).

En el habla culta granadina, se produce el sonido intermedio relajado ļ: áļto, maļđonáđọ, pero con grandes vacilaciones. Cuando el sonido queda final, ante pausa, la relajación no es tan grande como en el interior de frase. (*Vocales andaluzas*, pág. 225.) La confusión se registra también en Cúllar-Baza, al extremo nordeste de Granada, y en Puebla de don Fadrique.

L. RODRÍGUEZ CASTELLANO y ADELA PALACIO documentan vivamente el trueque de las implosivas en el habla de Cabra, al sur de Córdoba (RDTradPop, IV, pág. 578 y ss.): *l* + consonante > *ɹ*: *áɹƀa* 'alba', *poɹƀaéra* 'polvareda'; *aɹmoá* 'almohada'; *aɹcáɹde* 'alcalde'; *boɹsíyo* 'bolsillo'. La *l* se relaja incluso en aquellos casos en que pasa a ser interior por fonética sintáctica: *le sube eɹ pabo* 'le sube el pavo'. (Cuando la palabra siguiente empieza por vocal, la *-l* no se altera.)

También *-r* + consonante se convierte en *l*: *balbecho, yelba;* finales absolutas, la relajación alterna con la pérdida [25].

Según Amado Alonso, esta confusión de *-l* y *-r*, su pérdida, o su fusión en un solo fonema, son manifestaciones de un mismo hecho: la degradación o relajación de las consonantes en final de sílaba (que comprende también la *-s*). «La fusión de *r* y *l*, en un fonema único, ya sea *r*, ya *l*, fonéticamente mixto, su vocalización y su aspiración (que también las funde y unifica) son cumplimiento particular y circunstanciado de una ley fonológica del español, la que hace que todas las consonantes españolas abandonen en la distensión silábica, sin que la consonante pierda su identidad, algún rasgo componente que, en la tensión, sea constitutivo; *r* y *l* pierden dialectalmente en fin de sílaba su dualidad y oposición, como la pierden en el español oficial y literario *r-rr*: en español, *mar* y *mar̄* valen lo mismo, pero *mares* y *marres* (de *marrar*) no se confunden; así, el plural de los dialectales *olol* o *faror* es en todas partes *olores* y *faroles*. Este mismo doble trato debió ocurrir en un principio en fonética sintáctica con la *r* o *l* finales (*er gato*, pero *el amo*) y será, sin duda, práctica de algún dialecto». (A. ALONSO y R. LIDA, RFH, VII, pág. 342). Esto último acaece en Cabra: *er cielo, er canuto, pero el arma* 'el alma'; *tolaño* 'todo el año'; *el ojo*.

La igualación de *-l* y *-r* implosivas se había venido considerando como fenómeno muy reciente (RFH, VII, pág. 344). AMADO ALONSO y RAIMUNDO LIDA no habían encontrado huellas antiguas del cambio por sitio alguno. Sin embargo, también se trata de un hecho vivo en la lengua antigua y clásica, según demuestran los nuevos ejemplos aducidos por RAFAEL LAPESA [26]. Existen

---

[25] Para todo este trueque de *-r* y *-l* implosivas y su repartición geográfica, véase AMADO ALONSO y RAIMUNDO LIDA, *Geografía fonética: -l y -r implosivas en español*, en RFH, VII, 1945, págs. 313-345 (reeditado en *Estudios lingüísticos. Temas hispanoamericanos*, Madrid, 1953). Según A. LLORENTE, las encuestas del ALEA han acusado la igualación *r, l*, incluso en posición intervocálica: *palo / paro; vara / vala; angariya / angaliya*. Tal confusión se ha registrado en puntos del sur cordobés y del sudeste sevillano. (RFE, XLV, 1962, pág. 240).

[26] *Historia de la lengua española*, 4.ª edición, Madrid, 1959, pág. 323.

precedentes mozárabes de los siglos XII y XIII [27], y aparece reiteradamente en textos andaluces de los siglos XIV al XVI. Unas
cuentas del Ayuntamiento de Sevilla (1384-1392) dicen *abril* por
'abrir'. En el *Cancionero* de Antón de Montoro, cordobés, se
lee «*solviendo* los vientos»; una copia manuscrita de un poema
de Juan del Encina acusa *comel* [28]; el morisco granadino Francisco Núñez Muley escribe en 1567, dirigiéndose a Felipe II,
alçobispo, silben 'sirven', *leartad, particural*. En un documento
granadino de 1576 se lee *Antonia Belmúdez* (BRAE, XXXIV,
1954, pág. 268). Un manuscrito de 1601, publicado por A. RODRÍ-
GUEZ MOÑINO (BRAE, XXXIV, 1954, págs. 335 y ss.) cita como
andaluzas *carcañal, lebrel, guadamecil, delantar,* oponiéndolas
a las castellanas (según él) *calcañar, lebrer, guadameçir, aban-
tal*. La confusión se señala, ya avanzado el siglo XVII, en un texto
de Góngora y en el *Escudero Marcos de Obregón*, obra de un
rondeño. Ejemplos tempranos del siglo XVI se registran también
en América [29]. (Véase más adelante, pág. 416). Lo que sí parece
de fecha reciente es su rápida propagación en las hablas populares.

PÉRDIDA DE CONSONANTES

Existe en andaluz una marcada tendencia a la desaparición
de algunas consonantes intervocálicas. En algunos casos, como
en la caída de -*d*- fricativa, se extrema mucho más que en castellano la tendencia a la desaparición. He aquí algunos ejemplos:
Pérdida de -*d*- intervocálica. La consonante desaparece siempre entre vocales, cualquiera que fuere la naturaleza de éstas:
a) entre vocales iguales: *graná* 'granada'; *nẹđaʰká* 'nevada'; *asá*

---

[27] Petro *Arbarez* 'Alvarez', en Toledo, 1161 (MENÉNDEZ PIDAL, *Orígenes*,
[1950], pág. 438); el Fuero de Madrid (anterior a 1202) dice *menestrare*
'menestral', *carrascar, Balnegrar;* un documento de Ocaña, 1246, dice ya
arcalde (MENÉNDEZ PIDAL, *Documentos lingüísticos*, pág. 432).
[28] R. O. JONES, *An Encina Manuscript*, en *Bulletin of Spanish Studies*,
XXXVIII, 1961, pág. 234.
[29] Véase RAFAEL LAPESA, *El andaluz y el español de América*, en *Presente y futuro de la lengua española*, I, pág. 180.

'azada'; *r̄ecomeéro* 'reconcomio'; *r̄eór* 'alrededor'; *mó* 'modo'; *kó* 'codo'; *koʰrní* 'codorniz'; *subiíya* 'subida, sarampión, sarpullido'. b) entre vocales de diferente naturaleza: *pelaéra, mandaéro, asaúra, ñúo, méico, florío, menúo, déo; graíya* 'umbral'; *peír*, etc. A veces, el diptongo provocado por la caída de la -*d*- sigue evolucionando según las normas corrientes en el habla popular: así *Mainíya*, topónimo <*Meiniya* < *Medinilla* (Cabra).

En Granada, capital, incluso entre gentes de elevado nivel cultural, se oyen voces como *complicaísimo;* entre hablantes análogos, el plural de *pared* es *par̨éʰ* y el de *granada, gran̨á.* (Comp. *uʰt̨é* 'ustedes'; *deseguía* 'enseguida', etc.). Como se ve, el andaluz va más allá que el castellano medio, donde la pérdida se generaliza y tolera en la terminación -*ado*, pero es considerada como vulgarismo hiriente en otros casos. En el habla andaluza, esa tendencia a la eliminación de la -*d*- apenas si tiene excepciones en el habla popular.

También la -*g*- desaparece, aunque con menor frecuencia que la -*d*-. Aparte del ya generalizado *miaja* 'migaja', se pueden citar *mijita* 'migajita', *pujá* 'pegujal' (< p e c u l i a r e m), *cajón* 'cagajón', *mijiya* 'migajilla', *cujón* 'cogujón', *ijón* 'aguijón de la abeja'; *jamúa* 'jamuga'; *juar* 'jugar'; etc. Los ejemplos son casi los mismos en toda el área castellana popular. Parece tratarse de un proceso de disimilación eliminatoria, ya que en todos los casos citados hay siempre la vecindad de una /x/ fricativa velar (representada o no por la aspiración). (GREGORIO SALVADOR, *Habla de Cúllar-Baza*, pág. 59).

Hay algunos casos esporádicos de pérdida de -*b*-. También se produce este fenómeno en otras hablas populares, aunque con una frecuencia muchísimo menor que en los casos de -*d*- y -*g*-. Son frecuentes en Andalucía voces como *anuláo* 'nublado'; *toíyo* 'tobillo'. El proceso de total asimilación de la consonante sonora a las vocales cercanas no ha logrado realizarse plenamente en los casos de -*g*- y -*b*-, sin duda debido a que estas consonantes tienen mayor tensión articulatoria que la -*d*-, pero van camino de ello.

La -*r*- intervocálica, como en el habla vulgar castellana, desaparece también con gran frecuencia, sobre todo en casos de pronunciación rápida: *mjá tú lo ke háse; me paése mu anĉa; maikíya* 'Mariquilla'. Cae en las formas rápidas de los verbos *mirar, parecer* y *querer* (*kjé, mjá*) y en algunos casos de intervocálica por fonética sintáctica: *poaí* 'por ahí'; *pol* 'por él'. Las formas *pae, mae,* 'madre, padre', son indudables casos de pérdida tardía de -*r*- intervocálica. Es muy probable que en la época de la reconquista y trasplante del castellano a tierras andaluzas fuesen ya *pare* y *mare* (comp. *Pero* < P e t r u m), con una -*r*- fricativa. De todas formas, *mae* y *pae* no son exclusivas, sino que conviven al lado de *padre* y *madre,* y de *pare* y *mare* del habla gitana, en casi todo el territorio. (*Habla de Cabra,* pág. 578.)

CONSONANTES FINALES

Del consonantismo final andaluz, el rasgo más importante, que ya ha quedado de un modo o de otro señalado atrás, es la aspiración de -*s*. Cuando esta articulación queda final absoluta (y lo mismo -*z* > -*s*), se aspira siempre, sin distinción de sexo ni edades. El efecto acústico de esa aspiración es muy variable. Vive con notoria intensidad en los medios rurales, y casi desaparece la articulación en los medios cultos o semicultos. También varía la naturaleza de la aspiración, unas veces sorda y otras sonora. (Generalmente, final absoluta es breve y sonora.) La pérdida total queda compensada (véase atrás, pág. 290) con la transformación del timbre vocálico. En los plurales de las voces terminadas en -*θ*, la *s* reaparece sin vacilación: *andalúsęʰ, krúsęʰ, lúsęʰ,* etc. El efecto de abertura ha sido señalado como mucho más ostensible cuando la aspiración final procede de la -*s* de plural que cuando esa aspiración procede de consonante diferente. Es decir, hay una gran diferencia de timbre vocálico entre la *o* de *kǫ́ʰ* 'codos' y la de *sǫ́ʰ* 'sol'. (*Habla de Cabra,* pág. 590; *Vocales andaluzas, passim*).

Las demás consonantes finales se pronuncian con una notoria relajación articulatoria e incluso, y es lo más frecuente, desaparecen por completo. Así, por ejemplo, la *-d* se pierde, ya sea final absoluta, ya vaya seguida de otra voz: *la verdá pura, la pura verdá, Madrí, uʰtę́* 'ustedes'; *mitá, almú, salú*. En algunas capas de cultura más elevada, la *-d* reaparece en los plurales: *berđáđęʰ, mitáđęʰ*, pero no causa extrañeza alguna el uso de *lä̀ đǫ mitä́* 'las dos mitades'; *almúęʰ* 'almudes'; e incluso *laᵠ ϕerđä́ʰ* 'las verdades'.

La *-n*, cuando se oye, tiende a hacerse velar: *páŋ, báŋ, hožiŋ*, etc. Existe también su desaparición y sustitución por una intensa nasalización de la vocal. (Véase más adelante, página 323.

Para *-l* y *-r*, véase pág. 313 y ss.

CAMBIOS PROVOCADOS POR LA ASPIRACIÓN DE -S INTERIOR

La *-s* final de sílaba o grupo se aspira en toda el área andaluza. El fenómeno no se puede considerar exclusivo del hablar andaluz, ya que alcanza a otras áreas (Extremadura, sur de la comarca central, Murcia, Albacete e incluso localidades de Alicante, y ya se oye en el habla popular madrileña). Pero sí es muy significativo —o por lo menos mucho más abundante— el comportamiento de esa aspiración ante otras consonantes. La aspiración puede ser sorda o sonora; estudios parciales basados en el Atlas lingüístico de Andalucía nos señalan sus matices y repartición, pero generalmente es sorda. La aspiración alcanza por igual a toda θ en iguales condiciones, convertida en *s* en los lugares seseantes.

Esa aspiración ante consonante suele pronunciarse agrupada con la articulación subsiguiente, y su duración se acorta ostensiblemente. La asimilación de ambos sonidos es uno de los rasgos más significativos del habla andaluza. La *-s* aspirada se matiza en bilabial, labiodental, dental, alveolar, velar, según la condición de la consonante que sigue. Naturalmente, la mecánica y el rigor de estas asimilaciones oscilan de sujeto a sujeto, y dependen del mayor o menor grado de énfasis, rapidez, relajamiento articulatorio, etc., etc.

La aspiración de -s ante sonido labial produce una aspiración bilabial, φ, que ensordece la consonante sonora bilabial que le sigue: *läφφótä^h* 'las botas', *deφφán* 'desván'. Este ensordecimiento es lo corriente en el habla popular española en este caso. Sin embargo, en andaluz muchas veces la consonante labial es labiodental, con gran rehilamiento incluso. (Véase adelante, pág. 322, para labiodentales); así oímos con gran frecuencia *deφváŋ*, *loφvesíno^h* 'los vecinos', con labiodental sonora, o, todo lo más semisorda. Ante labial sorda, la aspiración es claramente sorda con marcada implosión: *oḇ̯^hpo*, *obị̯^ppo*; *lo^hppér̥o* 'los perros'.

Lo mismo ocurre ante las consonantes restantes; ante dental sonora: *ante^θ đanóĉe*, *lo^θđjéṇte* 'los dientes', etc. Ante sorda: *e^hte*, *lo^httréṇe* 'los trenes'.

Ante alveolar, la asimilación es muy profunda: *mú^hlo* 'muslo'; *lo^h mú^hlo* 'los muslos'; *r̥eḇú^ňno* 'rebuzno', *á^ňno* 'asno'.

La aspiración es también típica de la consonante alveolar cuando es -r final de grupo o sílaba: *komé^ňlo* 'comerlo'; *pé^ňla* 'perla'; *ká^ňne* 'carne'; *bị̯^ňēŋ* 'virgen', con una clara resonancia nasal en toda la palabra.

Ante velar sonora se produce a veces análogo ensordecimiento: *r̥á^hgo* 'rasgo'; *de^hgár̥o* 'desgarro'; *e^hxár̥o* 'esputo'.

En ocasiones la asimilación es completa: *r̥ahár* 'rasgar'; *dihúto* 'disgusto'. Ante velar sorda, se tiene con frecuencia la impresión de una consonante geminada: *r̥ikko*, *ekkoba*, *tókko*, etcétera [30].

---

[30] Más ejemplos de este comportamiento de -s aspirada andaluza + consonante pueden verse en ALFRED ALTHER, *Beiträge zur Lautlehre südspanischer Mundarten*, Aarau, 1935; véase también *Vocales andaluzas*, págs. 228 y ss.

Un adelanto provisional de los resultados de las encuestas del Atlas lingüístico andaluz señala dos grandes zonas en la tierra andaluza para el comportamiento de -s + consonante: una oriental, con predominio de soluciones ensordecidas (-s + b > f; -s + d > đ; -s + g > x), en continuidad con el murciano (V. J. GARCÍA SORIANO, *Vocabulario del dialecto murciano*, pág. LXVIII) y albaceteño (RFE, XXVII, 1943, pág. 238), y otra occidental en la que se mantiene la consonante sonora y se pierde la aspirada. A esta última zona corresponden Huelva, Sevilla, Cádiz;

Para la antigüedad de esta aspiración, AMADO ALONSO y RAI-
MUNDO LIDA pensaban que era un fenómeno desarrollado a lo
largo del siglo XIX, o todo lo más en la segunda mitad del
siglo XVIII. Sin embargo, hay que recordar el precioso ejemplo
de Cristóbal Colón (exhumado por MENÉNDEZ PIDAL, *La lengua
de Cristóbal Colón*, pág. 34), en el que se registra el ensordecimiento de la consonante bilabial: *Sofonifa*, por *Sofonisba*. En
esta voz, el ilustre maestro encuentra un eco del habla cordobesa, ya aspiradora de *-s* final; la ortografía quiere representar
esta articulación, motivada por la condición bilabial de la consonante sonora *b*, es decir, una φ bilabial (*sofoniφφa*). Esta
aspiración aparece registrada como propia del habla de negros
en el teatro de Lope de Rueda y de Góngora: *ponemo, barremo,
pué, falcone*, etc. R. LAPESA encuentra pruebas escritas de su
existencia hacia 1575. He aquí, pues, otro de esos fenómenos
que han subvivido largamente en el habla viva [31].

La aspiración de *-s* final recuerda muy de cerca el fenómeno
análogo del francés, que se produjo durante el siglo XII (BRU-
NEAU-BRUNOT, *Grammaire historique de la langue française*,
§ 85): *forêt, tête*, etc. [32].

Sin embargo, el alargamiento vocálico subsiguiente del francés no se ha producido todavía en andaluz, o no es tan marcado en algunos lugares (Cabra), aunque en algunos casos granadinos puede hablarse muy bien de vocales muy prolongadas
al quedar finales. (Véase pág. 292.) El alargamiento de la vocal
final se ha señalado también en Cádiz (GIESE, *loc. cit.*, pág. 223).

Málaga sería la zona de transición. (M. ALVAR, *Las encuestas del Atlas
lingüístico de Andalucía, loc. cit.*, págs. 17-19. Véase también ALEA, II,
360, mapa de *níspola;* III, 803, *eslabón*, y III, 805, *yesca*).

[31] R. LAPESA, *El andaluz y el español de América, loc. cit.*, pág. 180.

[32] JOSEPH CHLUMSKY se sirvió de la *-s* aspirada andaluza en relación
con otros panoramas lingüísticos, en *La -s andaluza y la suerte de la -s
indoeuropea en eslavo* (trad. de M. ALVAR, Granada, 1956), aparecido en
Slavia, Praga, VIII, 1928-29. Véase también DÁMASO ALONSO, *Sobre la -s
final de sílaba en el mundo hispánico*, ELH, I, Supl., págs. 47-53.

OTRAS CONSONANTES

La *v* labiodental aparece con gran frecuencia, pero sin regularidad alguna. Incluso dentro de un mismo hablante no se puede establecer una predilección o diferenciación claras. La *v* se oye (hablo especialmente del habla granadina y de la Andalucía oriental; del resto faltan datos todavía) desde una articulación con rehilamiento (sobre todo detrás de aspiración), hasta la simple articulación labiodental, apenas rehilada, pasando por una consonante bilabio-labiodental, *bᵛ*. En unas mismas voces se da la transformación, en desigual repartición con la *b̵* corriente del castellano. La *b-* y la *v-*, iniciales absolutas o detrás de nasal, son siempre oclusivas, *b*, como en castellano. Pero detrás del acento basta el contacto con una vocal posterior para que se presente como bilabial: *káb̦ǫ, kób̵a*. (Sin embargo, es frecuente *árvǫl, árvǫ*, 'árbol'). Detrás del acento, entre *e-e*, hemos registrado algún caso de bilabial en Granada (*njéb̵e*) al lado de numerosas labiodentales con marcado rehilamiento: *fiévre, ljévre, trévéd̦ǫ*, etc. (Véase *Vocales andaluzas*, pág. 228).

Se observa con precisión, asimismo, que los granadinos que llevan mucho tiempo fuera de su tierra natal eliminan las labiodentales, acomodándose a la bilabial castellana[33].

En el extremo meridional de la provincia de Córdoba, limítrofe con la mancha occidental de seseo de la provincia de Granada (Montefrío, Algarinejo), se encuentran los pueblos de El Higueral, La Parrilla y La Laguna (partido judicial de Priego). Se trata de un enclave arcaizante, de escasas comunicaciones,

---

[33] La articulación labiodental ha sido observada también en algunos lugares del treviño Sevilla-Málaga-Córdoba (Alameda, Palenciana). Véase DÁMASO ALONSO, *En la Andalucía de la E*, pág. 16, y A. LLORENTE, RFE, XLV, pág. 235. Véase, para la valoración e historia de la *v* labiodental en castellano, DÁMASO ALONSO, *B-, V- en la Península hispánica*, ELH, I, Suplemento, págs. 155 y ss. Del problema concreto señalado arriba se ocupó, con diferentes puntos de vista, G. SALVADOR, en AFA, XII-XIII, pág. 399.

donde se distinguen s y z (o se distinguían hace pocos años). Pero lo verdaderamente curioso es que ambas articulaciones eran sonoras (z, z̦), aunque de variable intensidad en la sonoridad: *méz̦a* 'mesa'; *dóz̦ə* 'doce'; *pắṇz̦a* 'panza'; *kabéz̦a* 'cabeza'; también aparecía sonora en casos de inicial *z̦ḗi̦* 'seis'. (Véase RFE, XX, 1933, págs. 244-245)[34].

NASALIZACIÓN

Estamos acostumbrados a desdeñar el estudio de la nasalización de los dialectos, cegados por el claro timbre oral del español medio. Sin embargo, hace falta dar la señal de alarma en este sentido. Grandes zonas hispánicas hablan con notoria nasalidad. Tal ocurre, por ejemplo, con el español de Chile o el del Caribe, en general. En Andalucía ocurre también, y, a veces, muy vigorosamente. Faltan estudios concretos y sistematizados. Nuestras observaciones sobre el habla granadina hicieron ver nasalizaciones sorprendentes. En general, se puede afirmar que todas las aspiraciones tienen un claro timbre nasal (perceptible también en cordobeses, jiennenses y malagueños; lo registran RODRÍGUEZ CASTELLANO y A. PALACIO, *Cabra*, página 408)[35]. La resonancia nasal alcanza a voces en las que no figura ninguna articulación nasal: no sólo son nasales palabras

---

[34] Las encuestas del ALEA van poniendo de manifiesto la complejidad de las consonantes andaluzas. Valga como ejemplo la tendencia a la geminación, como resultado de la asimilación de una primitiva aspiración a la consonante siguiente: *mullo* 'muslo'; *ęl lụṇę́* 'el lunes'. El hecho ha sido señalado en Cúllar-Baza (RFE, XLI, 1957, pág. 209; *Idem*, XLV 1962, pág. 239). También se ha señalado la presencia de sonidos cacuminales (*góḷḏo* 'gordo'; *áḷṭo* 'alto'; *kóḷŝa* 'colcha'), en una franja central, de norte a sur en la provincia de Málaga. (M. ALVAR, RFE, XLIII, 1958-59, págs. 279-282; A. LLORENTE, RFE, XLV, 1962, pág. 239).

[35] «... es muy corriente oír una aspiración nasalizada en cualquiera otra circunstancia [sin vecindad de nasales], especialmente en aquellos casos en que la sonoridad es más acusada y la articulación más netamente aspirada y relajada, esto es, entre vocales. En estos casos, la nasalización se propaga también a las vocales vecinas». Ejemplos: *labīhã* 'clavija'; *dihõ* 'dijon'; *se̦ŕóhõ* 'cerrojo'; etc. (*Habla de Cabra*, pág. 408.)

como *vírgen, cármenes, mismo,* sino los nexos *los dos, de Dios.*
El quimógrafo acusa en su registro nasal una ininterrumpida
vibración, que reclama un estudio detallado. (Véase quimogra-
mas en *Vocales andaluzas,* págs. 224-225.) En los casos de *-n*
final absoluta, abunda, junto a la articulación velar de esa *n*
(ŋ), sobre todo al enfatizar la pronunciación, la desaparición
de la consonante, que es sustituida por una gran nasalidad:
mêlǫ̃ 'melón'; *ĩŋỹẽ̃ʳθˢjǫ̃* 'inyección'; *pǫrtǫ̃* 'portón'; *haƀǫ̃* 'jabón'.
Es de uso general *rǫ̃pę* 'rompe'; *mǔšõ* 'mucho'. Un hablante,
ya de completa pronunciación universitaria, aseguraba, en el
curso de nuestras indagaciones, que había dicho siempre *muncho,* y cree que, a pesar de haber perdido ese hábito en la
Universidad, lo sigue diciendo muchas veces. El popular barrio
de Granada, el *Albaicín,* se oye *aɭƀai̯θˢî,* sin *-n* final, pero con
una extraordinaria resonancia nasal.

La nasalización es, pues, algo importante dentro de la fisonomía fonética del andaluz. Wulff (*Un chapitre de phon.*) nega-
ba la existencia de vocales nasales en andaluz. Existen, como
vemos. E incluso la nasalización está en camino de desempeñar
papel fonológico en la conjugación, en las oposiciones *vocal
oral / vocal nasal* existentes entre las personas *él / ellos: él
canta, ellos cantã; viene, vienẽ; le, lẽ; va, vã;* etc., etc. Otras
veces, la cerrazón máxima de la vocal en la persona ellos es
bien expresiva: *le / lĩŋ.* (*Vocales andaluzas,* págs. 223-225.)

GRUPOS CULTOS

El andaluz lleva al extremo la tendencia castellana a la
eliminación del grupo culto *-gn-: sinificante, indino, malino,
repunante,* etc.[36]. El grupo *-ct-* se pronuncia unas veces con
total eliminación de la implosiva velar (*jatansia, sedutor, in-
direta,* etc.), o bien otras veces se vocaliza (*caráiter, faisione*

---

36 El grupo *-gn-* se redujo a *n* desde el siglo xv. Fue repuesto al
formularse en el xviii las reglas ortográficas. Hoy suena *n* en Méjico y
Nuevo Méjico, Asturias, Vizcaya, Santander, Aragón, Castilla la Vieja y
Nueva, etc. (BDH, I, pág. 233).

'facciones') (SCHUCHARDT, *Cantes flamencos*, pág. 311). En el habla de Cabra, RODRÍGUEZ CASTELLANO y PALACIO han documentado la pronunciación *rt*: *árto* 'acto'; *farturíya* 'facturilla'; *insérto* 'insecto'; análogo cambio en el grupo *-cc-*: *laⁿ leɹsjónę* 'las lecciones'.

GRUPOS INICIALES

La *ll-* inicial, procedente de *kl-*, *fl-*, *pl-*, sigue la norma general del yeísmo andaluz en todas partes. Sin embargo, algunas excepciones, aquí y allá, en voces aisladas, no son infrecuentes: *labíha*, *labihéro* 'clavija, clavijero', han sido recogidas en Cabra y su comarca. Lo mismo *lantén* < p l a n t a g i n e. En Doña Mencía, lugar próximo a Cabra, se ha señalado el cambio en *r* de la segunda consonante, cambio que se viene considerando como propio del gallego-portugués y del leonés (véase página 137), *frama*, *prata*, *cravé*, *cravo*, *grobo*, *branco*, etc. Lucena, otro lugar cordobés, también presenta este cambio. Debe de tratarse de un vivo rastro de la colonización leonesa en la comarca [37].

LÉXICO

Dentro del léxico andaluz es de destacar la presencia viva de numerosos arcaísmos. Tales son, por ejemplo, *afuciar* 'amparar, proteger', palabra que aparece en Santa Teresa, Fray Luis de León y Cervantes, y ya considerada como anticuada por el *Diccionario de Autoridades*; *añadidura* 'trozo de carne que se regala al comprador', acepción que coincide con la que registra Covarrubias; *atacarse* 'abrocharse los pantalones'; *ataute* 'ataúd', que es el *ataut* medieval (usado en el *Libro de Apolonio*, en *Exemplos*, LXXIX, y en *La lozana andaluza*); *aterminarse* 'atreverse'; *cabero* 'último' (*Si has sido recuero, guárdate del*

---

[37] RODRÍGUEZ CASTELLANO-A. PALACIO registran el dicho popular de Cabra que sirve para ridiculizar a los de Lucena: «*Sardinah como sabreⁿ maφφráŋka que la prata*» 'sardinas como sables, más blancas que la plata'. (*Habla de Cabra*, pág. 593.)

cabero, en CORREAS); *casapuerta* 'puerta de la calle, zaguán',
usada por Cervantes («en el portal de la calle que en Sevilla
llaman *casapuerta*, hizo una caballeriza...», *Celoso Extremeño*)
y ya considerada como andalucismo por los académicos del
XVIII (hoy se usa también en Canarias); *certenidad* 'certeza',
de gran abolengo literario (véase abundante documentación en
R. J. CUERVO, *Obras inéditas*, pág. 189); *disanto* 'día de fiesta',
que aparece en el Padre Guevara, en Fray Luis de León y en
tantos más; la expresión *de juro* 'ciertamente', tan abundante
en la literatura clásica y hoy vulgar en Andalucía; *entenzón*
'discordia, pelea'; *escarpín* 'calcetín'; *hablistana* 'charlatana',
usada por Juan de Valdés y registrada en el campo de Gibraltar
por AMÉRICO CASTRO; la frase *«es un juicio»* 'cantidad enorme'
(*«es un juicio de gente»*), recogida por CORREAS y usada por
Mateo Alemán y Cervantes; *manque* 'aunque', usado en toda
América, es vivo testigo del clásico *mas que; munir* 'avisar las
fiestas con cantos matinales'; *munidor* 'campana para avisar';
niervo, forma que es general en casi toda el habla popular hispánica; la frase *«hacer mala orilla»* 'tiempo malo, lluvioso', ya
aparece en Berceo y el Arcipreste de Hita, y Covarrubias la
explica perfectamente (comp. «después de muchas lluvias, viene
la buena oriella», *Buen Amor*, 796 c; «porque facié mal tiempo,
caía fría elada / o facié viento malo, *oriella* destemplada», BER-
CEO, *Santo Domingo*, 69 a); *prometer* 'asegurar', tan abundante
en la lengua clásica, y general hoy en Chile, etc., etc...

Al lado del arcaísmo léxico existe el fonético: *vide* 'vi';
guisayo 'guisarlo'; *comeyo* 'comerlo', en Doña Mencía, recogidos
por RODRÍGUEZ CASTELLANO-PALACIO.

Los arcaísmos van acompañados de voces típicamente mozárabes, como *cauchil* < c a l i c e, 'arca de agua, registro de
riego', usada por Luis del Mármol y correntísima en el habla
viva granadina (y como granadina la considera el *Dicc. de
Autoridades*); *almatriche* 'reguera' < m a t r ĭ c e, mozárabe
matrič, atestiguado en la *Agricultura* de Gabriel Alonso de
Herrera (comp. leonés *madriz* 'surco abierto por la lluvia en
la tierra', COROMINAS); *paulilla* 'insecto perjudicial en los cul-

tivos' < p a p i l e l l a, voz en la que el diptongo *au*, como en *cauchil*, explica su origen frente al castellano *polilla*.

Abundan en el léxico andaluz los arabismos, pero sin que se pueda asegurar una preponderancia o exclusividad, ya que muchos de ellos se usan también en el habla general o en la comarcal de otras regiones. Los más significativos son, por ejemplo, *alcarcil* 'alcachofa', voz ya usada por Pedro Espinosa; *aljofifa* 'bayeta de fregar los suelos' (y *aljofifar* 'fregar'); *almud* 'celemín, medida de áridos o de tierra'; *marjal* 'medida agraria'; *zamacuco, jamacuco* 'cazurro'; etc.

Los efectos de la reconquista conjunta de Andalucía occidental por Castilla y León se observan también en el vocabulario. Los primeros textos andaluces registran voces de aire occidental, como *prato, branco;* hoy se usa en Córdoba *prata*. También es frecuente la *d-* protética, corriente en numerosas formas leonesas: *dir, dalguno, dambos,* o algunas voces como *esmorecerse* 'trasponerse de ira, desmayarse', usual en las comarcas del occidente peninsular.

Mucho más vivo es el residuo aragonés o levantino, llegado al andaluz a través de Murcia. Entre estas voces se pueden señalar algunas como *babero* 'delantal, bata de los niños'; *baladre* 'adelfa' (se emplea también como término de comparación para designar 'amargo'); *bardomera* 'barrizal, suciedad', voz que procede del aragonés *bardo* 'barro' (recogida en los trabajos de FERRAZ, BADÍA, KUHN, ALVAR, etc.); *barfolla* 'hojas de la mazorca del maíz'; *boira* 'niebla'; *falsa* 'desván', usada en el oriente de la provincia de Granada, es típicamente representativa del habla altoaragonesa; *fiemo* 'estiércol'; *garba* 'gavilla de mieses' (del germánico g a r b a, REW, 3682); *melguizo* 'mellizo'; *melsa* 'bazo'; *pansío* 'pasado, desecado'; *jaquir* 'desamparar, abandonar a una mujer' (del catalán *jaquir* y éste del franco *jahhjan), etc., etc. GREGORIO SALVADOR (*Aragonesismos en el andaluz oriental*, AFA, 5, pág. 143 y ss.) ha recogido y analizado una copiosa lista de voces de este origen.

Al lado de estas palabras son abundantes los significados
locales, creaciones del habla popular, muy generalizados: *baila-
bonicas* 'hombre mujeriego, veleidoso'; *crestellado* 'gallo, gallina
con la cresta doble'; *desnoclar* 'desnucarse'; *enfermarse*, usado
siempre como reflexivo, como en América; *engaliar*, 'enredar a
alguien, engatusar'; *fuguillas* 'persona vivaracha que se enfada
fácilmente'; *lorigada* 'gallina de pluma gris y blanca'; *mijera*
'planta parásita, raíces de la grama'; *poyetón, irse al poyetón*
'quedarse soltera', expresión que ha llegado hasta Extremadura;
rejuz 'ruín, diminuto' (en Granada *rejú* 'desecho', sobre todo
en las crías del ganado; GARCÍA DE DIEGO, RFE, VII, 1920, página, 137); *tabaquear* 'fumar'; *cañear* 'tomar cañas'; *achispaíyo*
'ligeramente borracho'; *afiebrao* 'febril'; *retrataero* 'fotografía,
lugar donde se retrata'; *quebrancía* 'hernia'; *lastimanzas* 'que-
jas'; *antepare* 'abuelo', etc., estas últimos usuales en Cádiz,
etc. Son innumerables los cambios de sentido y las acepciones
nuevas de las voces usuales. De un objeto tan familiar y conocido como el *botijo*, MANUEL ALVAR ha encontrado unas vein-
ticinco voces diferentes para designarlo (*alcarraza, búcaro, ca-
chucho, caliche, nomames, pipo, pirulo*, etc., etc.), unas ya viejas,
otras transformadas, otras graciosas creaciones nuevas (ALEA,
III, 747) [38].

El andaluz es molde excelente para la deformación exagerada y la burla fina. Un copioso auxilio, en el habla común, para
este aire de gracejo y de expresividad fluida, lo constituye la
abundancia de palabras jergales y gitanas: *camelo, camelar*
'enamorar'; *pira* 'golfo, ladrón'; *jindama* 'miedo'; *giñar* 'defecar';
churumbeles 'niños'; *ducas* 'penas, sufrimientos'; *gilí* 'tonto,

---

[38] Véase *Cuestionario del Atlas Lingüístico de Andalucía*, Granada,
1952, págs. VI-VII. Algunos apartados del léxico rural andaluz han sido
estudiados y agrupados por WILHELM GIESE en *Volkskundliches aus
Ost-Granada*, en VKR, VII, 1934, págs. 25-54, y, también del mismo
W. GIESE, *Nordost-Cádiz. Ein kulturwissenschaftlicher Beitrag zur Erforschung Andalusiens*, Halle, 1937. De análogo alcance es el trabajo de
PAUL VOIGT, *Die Sierra Nevada*, Hamburg, 1937. Útiles agrupaciones de
geografía léxica hace M. ALVAR, en *Estructura del léxico andaluz*, BFUCh,
XVI, 1964, págs. 5-12.

infeliz'; *menda* 'yo', pronombre; *mi menda* 'yo mismo'; *panoli* 'cándido, desangelado'; *undebé* 'Dios', etc., etc.

NOTAS MORFOLÓGICAS Y SINTÁCTICAS

En el occidente (en Cádiz, MÜLLER), son frecuentes los cambios de género: *er chinche, er costumbre, er sartén* (*chinche* y *sartén* son también masculinos en Chile); *er porción, er miel, er sazón,* aparte de las vacilaciones arcaicas *el color - la color, el calor - la calor.* El artículo femenino se hace a veces *ra* (MÜLLER, pág. 24; GIESE, *Nordost-Cádiz,* pág. 222).

Es muy frecuente, en la Andalucía occidental, la sustitución de *vosotros* por *ustedes.* Esta sustitución acarrea la pérdida de la segunda persona de plural en las formas verbales. Un andaluz puede decir *ustedes hacen* y también *ustedes hacéis.* La literatura popularista refleja algunas confusiones: *se vais* (*se van* + *os vais*) se lee en *El Patinillo,* de los hermanos Álvarez Quintero. Una expresión corriente es *veisos acomodando* 'idos acomodando', etc., etc.

El trueque de estos pronombres acaece en Huelva, Sevilla, Cádiz y Málaga, donde ocurre con gran vitalidad. Para MANUEL ALVAR, el tipo *ustedes hacéis* es una reacción cultista, vacilante. La forma normal *vosotros hacéis, ellos hacen,* es la usual en la Andalucía oriental (sin excluir casos aislados de confusión) [39].

Los pronombres átonos guardan en el habla andaluza el uso etimológico con más rigor que en el castellano medio: *lo, la,* acusativo; *le, les,* dativo. Entre las partículas y expresiones adverbiales cabe recordar el arcaico *quizabes,* usual en el occiden-

---

[39] Muchas de las características señaladas arriba han sido también recogidas en el habla de Cabra: *caracol* es femenino, y lo mismo *potaje;* asimismo existe la sustitución de *vosotros* por *ustedes* (ǫʰtté se ɓájʰ 'vosotros os vais'); la *-r* final del infinitivo puede asimilarse de diversas formas a la *l-* del pronombre enclítico (*koméyǫ, desíyǫ; komḗʰlǫ, desíʰlǫ; yeválǫ, jasélǫ*); etc., etc. En Cabra persiste el impersonal *ha* en expresiones que encierran una idea temporal: *cuánto ha qu'está aquí* (L. RODRÍGUEZ CASTELLANO, *Habla de Cabra* (*Notas de morfología*), en *Archivum,* II, 1952, págs. 384-407).

te peninsular (León, Asturias, Salamanca, Santander); la negación *nanai,* ya muy divulgada por el abuso del folklore regional
en todo el país. Son frecuentes las expresiones *de gañote* 'de
gorra, a costa de alguien' (este mismo valor posee *de acatu,*
frase que, en algunos lugares del occidente, vale también por
'borrachera'); *a la compartía* 'al fin y al cabo'; el gitanismo
de mistó 'estupendamente'; *a la tentaruja* 'a tientas'; *con la
misma* 'en seguida, al instante', frase que ya aparece en Cervantes y aún es perceptible en algunos lugares de América;
etcétera, etc.

No tanto cuestión morfológica como fonética es la acentuación *váyamos, véngamos,* que geográficamente se superpone al
trueque de pronombres. Se trata de un cambio acentual (v.
Amado Alonso, *Cambios acentuales,* BDH, I) de gran difusión
en el área hispánica. Hay que destacar que tanto este cambio
acentual como el trueque de pronombres se producen, sobre
todo, en lo que podríamos llamar la Andalucía leonesa, con lo
cual reconocemos el parentesco de muchos fenómenos occidentales y repetidos en América.

En el uso de los tiempos hay también algo cercano a lo
anteriormente dicho. En general, todos los perfectos absolutos
tienden a ser sustituidos por las formas compuestas en las
provincias de Cádiz y Málaga. (Comp. atrás lo dicho sobre el
perfecto en leonés, pág. 208. El presente de indicativo llega a
sustituir al futuro en varios lugares de Huelva, Sevilla y Málaga,
e incluso al pretérito perfecto. La extensión de valores del presente obliga al uso de perífrasis para intensificar al propio
presente: *voy a* + infinitivo es muy usada. Nuevamente debemos recordar aquí el uso de *ir* + infinitivo en algunas comarcas asturianas.

También hay que hacer resaltar el poco uso del subjuntivo,
casi sustituido por el indicativo [40].

Los infinitivos se emplean con *de* en condiciones diversas
de la lengua oficial: *oí de cantar* 'oí cantar'; *vi de llorar* 'vi

---

[40] M. Alvar, *Las encuestas del Atlas de Andalucía,* págs. 19-22.

llorar'; *comencé de limpiar* 'empecé a limpiar', etc. Esta construcción no es extraña al cancionero tradicional. En cantares
de la raya extremeño-andaluza se oye: «Estando la Catalina /
sentadita en el laurel, / con los pies a la frescura / *viendo el
agua de correr,* / *vió de venir* a un soldado...».

Algunos verbos en *-er, -ir* conservan la *-b-* del imperfecto:
leíba, traíba, caíba, oíba, creíba son usuales en el habla vulgar.
(Comp. los imperfectos aragoneses, pág. 266.) En ocasiones se
sustituye por una perífrasis activa con el gerundio: *estaba
haciendo* es 'hacía'.

Asimismo, son generales en toda el habla popular los futuros
contractos: *jadré* 'haré'; *cadré* 'caeré'; *quedré* 'querré'; *consigré*
'conseguiré'; *recibré* 'recibiré'; *perdré,* etc. Mucho más significativos son los participios analógicos: *abrío* 'abierto'; *cubrío*
'cubierto'; *escribío* 'escrito'; *ponío* 'puesto'; *posío* 'puesto'; *mo-
río* 'muerto'.

Como en otros lugares occidentales y americanos, se usa
haber por *estar* en frases como *aquí habemos seis,* etc.

HABLAS DE TRÁNSITO

Existen en el territorio peninsular unas cuantas hablas laterales, extremas, hablas de tránsito, que el uso coloquial español ha consagrado, bajo un vago contenido semántico, como hablas dialectales. Son, por ejemplo, las hablas designadas con las voces *extremeño, riojano, murciano, canario.* En realidad, no existen como tales dialectos. Se trata de hablas que participan en mayor o menor cantidad de los rasgos de los dialectos vecinos, o del que derivan históricamente, y de los más extendidos rasgos del castellano vulgar y rural. Esos caracteres fundamentales, desde el punto de vista dialectal, histórico, etc., ya quedan señalados en los capítulos oportunos. Sin embargo, y para llenar la probable curiosidad, doy a continuación unas breves notas sobre esas hablas, recopilando lo disperso o añadiendo alguna otra información.

EXTREMEÑO

Se encierra bajo este epígrafe el habla de las dos provincias extremeñas, Cáceres y Badajoz. Es un habla de profunda raigambre leonesa, enclavada a los dos lados de la vieja Calzada de la Plata, la vía romana de Mérida a Astorga, separadora de los reinos de León y Castilla. En esas hablas predominan los rasgos que autorizan a encajarlas en el leonés oriental, siguiendo la división establecida por Menéndez Pidal. Los fenómenos leoneses son, como era de esperar, más abundantes en tierras de Cáceres, mientras que en Badajoz ya se insinúan los andaluces. Ambas corrientes están fomentadas, en la actualidad, por las naturales condiciones geográficas, materiales y sociales de la vida regional.

En general podemos señalar como caracteres leoneses la epéntesis de *-j-* en la terminación (abundantísima: *matancia*, general en Cáceres; *jolgacián, alabancia; venerio* 'manantial'; *grancias* 'granzas'; *jarancios* 'jara'; *quiciás* 'quizá'; *palicia* 'paliza'; etc.); el cierre de las vocales finales *-o, -e* en *-u, -i*, respectivamente (*abaju, cieguinu, finu, jocicu, maletu, lindu, cachuju; altoncis, alcaldi, pobri, airi, dendi, golpi*, y en todas las formas verbales: *mandis, matin, ponin, puedi, vienin*, etc.). También es leonesa la conservación del grupo *-mb-: dambos, támbaras, lamber, lambiar*, y *lampuzo, lampucero* 'lamerón, pelotillero', donde se explica la *-p-* por el énfasis de la oclusión provocada por la nasal; también es leonesa la transformación de la *d* implosiva en *l: bieldo, mielga, portalgo, mayoralgo;* la poesía de Gabriel y Galán usa alguna vez *alvertío*. El cambio en *-r* de la *-l* en los grupos *pl-, cl-, fl-* es, asimismo, leonés: *frauta, fror, ombrigo, cravé* 'clavel'. Estos rasgos, repetimos, son mucho más frecuentes en la Extremadura alta, es decir, en tierras de Cáceres, que en la baja, en tierras de Badajoz.

Típica del norte de Cáceres es la conservación leonesa de *g-, j-,* + palatal (*gierno, gielnu, giela, gencías, gelmanu*, etc.), representativa del habla hurdana, y, en general, de la vertiente sur de la Sierra de Gata (Pinofranqueado, Horcajo, Cambroncinos). (Compárese con las formas de Gabriel y Galán *jecha, jechalu, jechin*, etc., derivados de j a c t a r e). También en esos lugares hurdanos es frecuente la palatalización de *s-* inicial (jubir, šubir): *šanguijuela, šangre*, en Hoyos; *šábạu* 'sábado', en Trevejo; *šuegru, šol*, en Torre de Don Miguel, etc., etc.

Como vemos, todos estos cambios emparentan estrechamente el habla extremeña con las tierras de Salamanca y León, e incluso algunos llegan a Asturias.

Comunes a ambas Extremaduras son, por ejemplo, otros aspectos fonéticos. La aspiración de *f-* inicial (*el que no diga jumo, jigo, jiguera no es de mi tierra*) es general en las dos provincias —excepto en los lugares de habla portuguesa, donde, claro es, la *f-* inicial se conserva—. La aspiración es sonora en tierras de Badajoz, y de muy poca tensión articulatoria. La sonoridad alcanza al sur de Cáceres. Al norte del Tajo parece existir solamente la variante sorda.

La aspiración de la *f-* inicial pone en contacto a Extremadura con las tierras de la Ribera del Duero que la practican (y también con el ángulo de las montañas de Asturias, Sajambre y Santander) y con toda la Andalucía leonesa. En cambio, se une al Sur peninsular por la identificación de la -x- con esa aspiración, como hace Andalucía (*navaha, trabaho, diho, eʰpého*, etc.), y por la aspiración de -*s* implosiva (*tráʰto, kaɾáʰka, péʰka*, etc.). Final absoluta, esa -*s* no suele tener efecto acústico alguno.

También une al extremeño con el andaluz el grado avanzado de yeísmo en las tierras bajas. La pronunciación de *ž < ll, y*, es, en Mérida y su comarca, de un rehilamiento intensísimo, de gran tensión articulatoria y enorme fuerza de fricación, seguramente el rehilamiento más señalado de cuantos se han registrado en el área hispánica (*kaɓážo, mážo, síža*, etc., etc.). Sin embargo, se han señalado restos de ḷ lateral en Albalá (Cáceres) (véase atrás, pág. 74). Meridional es también la confusión de -*r* y -*l* implosivas (*facel, albéital, colol, dolol, menestel, sentil, vendel*, etc., aunque hay zonas, como la tierra de Mérida donde la -*r* final del infinitivo se pierde totalmente); también es meridional la pérdida muy frecuente de la -*d*- intervocálica. Asimismo inclina al extremeño hacia el andaluz el sufijo -*ajo* de Badajoz: ya no *novialgo, mayoralgo, portalgo*, etc., sino *noviajo, portajo, terrajo*, etc. El sufijo -*al*, que en tierras del norte es femenino (*la figal, la castañal, la cerezal*, etc.), en tierras de Badajoz ya es masculino como en castellano; etc., etcétera.

No puede considerarse como dialectalismo, sino como arcaísmo, conservado tanto en la Extremadura leonesa como en la castellana, la presencia de z y ẓ sonoras (véase, para detalles, atrás, pág. 140 y ss.). La conservación se produce, además, en los lugares de habla portuguesa de la provincia de Cáceres (no en los de Badajoz). Es muy abundante la distinción de estas sonoras en el rincón noroeste de Cáceres y en las cercanías de Plasencia y Coria. (V. mapa XV, pág. 145.) En Malpartida de Plasencia (donde se califica de *chinato* al hablar local), hay, además, ceceo, ya señalado en el siglo XVII por Gonzalo Correas.

La franja occidental de la provincia de Badajoz *sesea*. La identificación se da, naturalmente, en los lugares portugueses (Olivenza, Cheles, Táliga), pero llega a la capital, Alburquerque, La Codosera y Talavera la Real. En todas estas zonas existe ya la *s* coronal andaluza media, en convivencia con la *s* apical castellana. El seseo existe también en un islote, aislado, en Fuente del Maestre, pero limitado a clases populares.

El artículo ofrece en ambas Extremaduras algunos usos arcaicos. Siempre se emplea con el posesivo: *el tu padre, la mi hermana, el mi cortinal, la mi prenda, la nuestra iglesia, el mi pueblino*, etc. Es uso muy generalizado. No se emplea el artículo delante de algunos nombres de ríos: *llorar más que Guadiana, el puente sobre Guadiana; Guadiana subió, Guadiana bajó; los higos de Albarregas*, etc. También en el orden de los pronombres pervive el arcaísmo *yo y los mis muchachos* (uso, por otra parte, muy extendido en otras hablas: Guadalajara, América, etc.).

La expresión interrogativa general extremeña es: *¿lo qué? Soñar* tiene flexión pronominal.

También es común a las dos provincias la generalización del sufijo -*ino* (*niñino, burranquino, coloraíno*) [1] para los diminutivos, y las formas en -θ*o* para los presentes incoativos (*agraeza, arriza, creza, meza, escureza, perteneza, anocheza*).

El imperativo en -*ai* (*echai, mirai, llevai*, etc.), y los perfectos *dijon, trajon, jizun, tuvon, vinon, estuvon, quisun*, son también frecuentes en toda Extremadura.

---

[1] Existe -*in* en algunos topónimos: *Ceclavín, Medellín, El Golfín.*

En cuanto al léxico, son usuales en toda Extremadura los leoneses y salmantinos *caer* 'tirar, derramar, volcar'; *quedar* 'dejar, olvidar'; *apañar* 'coger algo, cosechar'; *candar* 'cerrar'; *enciva* 'encía'; *esmorecer* 'aterirse de frío'; *maza* 'cubo de la rueda del carro'; *piña* 'mazorca'; *puño* 'puñetazo'. Muchos de estos ejemplos persisten en el español americano y en el judeo-español. Otras voces occidentales son *abangar* 'torcerse una cosa, alabearse algo'; *bago* 'grano de fruta, uva o trigo'; *concalecer* 'enfermar, podrirse algo'; *zorondo* 'tardío'. Es muy abundante el empleo de los portuguesismos *fechar* y *fechadura* 'cerrar' y 'cerradura'.

Son frecuentes en la provincia de Badajoz los andalucismos: *aterminarse* 'decidirse'; *cerillos* 'fósforos'; *doblao* 'desván, piso alto de las casas, destinado a guardar la cosecha'; *escupidera* 'orinal'; *tarraya* 'esparavel'; *telera* 'una clase de pan'; etc.

El habla de Badajoz ha sido analizada (hasta ahora el único hablar regional que, con una parcela del asturiano, ha sido sometido a semejante estudio) desde el punto de vista de la entonación. La melodía de la frase extremeña ofrece grandes diferencias con la normal castellana —como, por otra parte, ocurre en todos los dialectos—. La entonación es lo último que se pierde en el proceso general de castellanización del país, y constituye el signo externo más identificador de las hablas. La entonación extremeña se caracteriza por una larga prolongación de las sílabas fuertes y una elevación de tono muy marcada, que altera la línea uniforme de la frase, en cuanto se introducen elementos enfáticos. La frase no es enunciativa, como en castellano, sino más bien exclamativa, y el tono medio es más elevado en extremeño que en castellano. (Véase RFE, XXV, 1941, págs. 78-91).

RIOJANO

Al oriente peninsular, en el enclave entre Navarra, Aragón y Castilla del Norte, existe una comarca donde, también ıntensamente castellanizada, vive otra habla de tránsito: el riojano. Disimulados bajo el manto castellano surgen, de vez en cuando, testigos aislados de su viejo aire dialectal: *huey, luejo*, son ejemplos de una vieja diptongación ante yod, hecho que le unía al aragonés (y al leonés: recordemos la antigua continuidad, rota por la cuña castellana); *garulla* 'uva', recuerda la vieja evolución del grupo *-lj- > ḷ*; también *espollar* 'desplumar a uno en el juego'. Rasgos aragoneses que aparecen aquí y allá pueden ser, por ejemplo, la sonorización de una sorda detrás de líquida en *largadro* 'lagarto', y la conservación de los grupos iniciales con *-l* (*plegar, flama, plantaina, glariar* y *aglariar* 'asustar'; *glera*), o la permanencia del grupo *-ns-* (*ansa* 'asa'), o la evolución *-sc- > x* (*ajada* 'azada'; *faja;* también existe el paso *-sc- > ĉ*: *chuela* 'azuela'). El grupo *-c'l-* permanece en ḷ lateral en alguna ocasión: *agullaero* 'agujero'; *aiguillao* 'flaco, delgado como una aguja'.

La Rioja fue castellanizada muy pronto, ya a partir del siglo XI. La pérdida de *f-* inicial también fue muy temprana, debido, sin duda, a su vecindad geográfica con el vascuence. (Hoy aparece esa *f-* muy raramente: *fuína* 'escapada de la escuela, hacer novillos', y *fuinero* 'aficionado a la *fuína*', o *fundío* 'hoyo grande, oculto con ramajes, para que sirva de trampa'). Las vocales átonas finales se cerraban, y así vienen reflejadas en la lengua de Gonzalo de Berceo en el siglo XIII (véase atrás, pág. 111) y así se oyen hoy en toda el habla rural de la comarca. (*Buenas tardis, ya li dicho*, etc.). El paso de *-o > -u* está igualmente muy documentado: *chachu, prau, colorau, visus* 'idos', y, en general, en los participios *-ado > -ạo > -ạu̯* (*llegạú̯, pasạú̯, apretạú̯*, etc.).

La palatal inicial se conserva en *juñir, yuncir* 'uncir', y el grupo *-mb-* en *lamber*, voz extendida por casi todo el castellano popular y vulgar. Existe una tendencia muy acusada a la pérdida de la *-d-* intervocálica y, aunque no tan extremada, a la de *-g-*: en Cervera de Río Alhama, lo comprueba el dicho popular: «*el que no dice vea, soa, talea, no es de Cervera*», donde esas voces equivalen a 'vega', 'soga', 'talega'. Rasgo fonético de la Rioja baja (que la une a Navarra y a algunas zonas aragonesas) es la palatalización del grupo -*tr*- (tra͡báxo, ot͡ro, lu͡ṣt͡re, póṣt͡re, etc.). Asimismo, la r̄ múltiple es frecuentemente fricativa asibilada, r̃; en el grupo -*ndr*- no es rara la desaparición de la -*d*-: pǫn͡ré, ten͡rá, etc. La igualación de -*r* y -*l* implosivas está muy extendida: *mujel, hacel, tiral*, etc. (Según MAGAÑA, RDTradPop, IV, 1984, pág. 269, esta confusión es típica de Arnedo y Calahorra).

Como rasgos morfológicos cabe indicar, someramente, los imperativos *venide, subide, cogeile, tomaile*, y la conservación de la -*b*- en algunos imperfectos (*traiban*, etc.). La lengua antigua usó *plus* junto a *mais* en las comparaciones (*plus vermeio*, etcétera). También aparece en la lengua antigua el posesivo *lur, lures* (*Becerro de Valbanera;* también aparece *lures* en el *Fuero de Soria*); el artículo *lo* fue frecuente asimismo en la lengua antigua: ambos casos, posesivo y artículo, son lazos del riojano con el aragonés.

El léxico refleja claramente esa múltiple orientación histórica y vital a que la encrucijada geográfica obliga. Son frecuentes voces como *acutrar* 'binar, dar la segunda labor a las tierras' (comp. navarro *cutre* 'arado', *cutriar* 'arar con el cutre'); *aladro* 'arado', en el valle de Ojacastro, es voz común en altoaragonés y en alavés; *arguellar* 'desmedrar, enfermar' es también aragonesa; *ascla* 'astillita'; *desbafar* 'perder el aroma', es caso de -*f*- interior conservada; *fiemo* 'suciedad, basura, estiércol' (y *afiemar* 'estercolar') es la idéntica voz aragonesa; *esmuir* 'recoger frutos a mano'; *gardacho* 'lagarto'; *jauto* 'soso, insípido' (y *jaudo*, véase abajo, pág. 376, judeoespañol *šavdo*), voz que llega hasta el dominio murciano; *lluejo* (< lŏlium) 'cizaña'; *maitina* 'jornada matinal de tarea'; *mengrana* y *mingrana* 'granada', ya usada por Berceo; *rebús* 'los desperdicios, lo peor de una cosa', y *rus* (que llega a Soria) con igual valor, han de ponerse en relación con el alavés *reús* y el andaluz *rejúz*, derivados de refusum (V. GARCÍA DE DIEGO, RFE, VII, 1920, pág. 137): *rujal* 'arado con vertedera', también conocido en el Pirineo aragonés; *sencío*, aplicable para 'calificar cosas nunca oídas' (RDTradPop, IV, 1948, pág. 297) es la misma voz de los poemas de Berceo: «prado bien *sençido*», «Castro... no remaso *sençida*», etc. (V. GARCÍA DE DIEGO, RFE, VII, 1920, pág. 117); *tusturrar* 'tostar' llega a Soria; *támbara, tambarón*, mantienen el grupo -*mb*-: son también voces leonesas y extremeñas, nuevo ejemplo de la continuidad por debajo de la capa castellana; *taleazo* 'caída, golpe grande', recuerda el sufijo -*azo*, abundante en el oriente peninsular (*nevazo, peñazo*, etc), y lo mismo *zarrapostrazo* 'golpe con el látigo', y *zarrapotazo* 'caída en la que los labios golpean contra el suelo'; etc., etc. Las formas *yuncir, juncir, jubo, yubo, yubada*, son también usadas. Como ocurre siempre en estas áreas de transición, es relativamente fácil hallar capas de verdadera arqueología léxica, ocultas por las capas más nuevas de castellano vulgar y popular.

MURCIANO

El murciano es el habla de tránsito del extremo sur-oriental de la Península. Sobre él operan corrientes históricas castellanas y aragonesas, y, modernamente, el valenciano por el este y el andaluz por el oeste dejan sentir su peso sobre el habla viva. Hoy se denomina murciano el habla de la provincia de Murcia, parte de la de Alicante (Villena, Sax, Salinas, Elda, Aspe) y la de la aún más castellanizada provincia de Albacete. El reino de Murcia se incorporó a la corona de Castilla en la primera mitad del siglo XIII; años después los moriscos domeñados se sublevaron, y Jaime I de Aragón intervino en la revuelta, en ayuda de Alfonso X el Sabio: esta intervención tuvo como resultado el que numerosos aragoneses y catalanes se establecieran en el territorio. Todavía más adelante, Jaime II ocupó totalmente el territorio murciano, que no se reincorporó a Castilla hasta los primeros años del siglo XIV. Aquí está el origen de los vivos influjos aragoneses y valencianos sobre este hablar extremo. La parte norte del territorio (los lugares alicantinos, Yecla, Hellín, Almansa, Albacete y Chinchilla) fueron hasta 1480 el núcleo principal del marquesado de Villena, verdadero estado incrustado entre Aragón y Castilla a lo largo del siglo XV.

En esa comarca, la lengua mozárabe tuvo rasgos definidos, que fueron luego totalmente borrados y sustituidos por el habla compacta, uniforme, de los repobladores. Por ejemplo, las vocales no diptongaban ni en la zona costera ni en el norte, hasta las cercanías de Chinchilla. (También había comarcas de diptongo: *Parriel, Orihuela, Moratalla*, topónimos). La *f*- inicial se conserva aún en algunos topónimos: *El Fenazar, Ferriol*, varios *Fontanar* o *Fontanilla, Fonseca*, e incluso persiste en alguno de aspecto mozárabe: *La Fausilla*, de f a l c e, con el diptongo *au* conservado, y *Ficaria* 'higuera', con la consonante sorda mantenida.

Huellas de esa eficaz ascendencia aragonesa o catalana podemos ver en algunos aspectos fonéticos del habla moderna, también aislados, también ocultos bajo la intensa capa del castellano vulgar. Aparecen algunas voces con la consonante sorda intervocálica conservada: *cayata, cocote, acachar, pescatero, yatear* 'jadear'; *atoba* 'adobe'; el grupo *-lj-* se reconoce en el estado no castellano de ḷ en *gorgollo* < c u r c u l i u m. De aire aragonés es también la conservación del grupo *-ns-* en *ansa* 'asa'; *pansío, panso* 'pasado', hablando de frutos; *suspensar* 'sopesar'; la *l-* inicial ha palatalizado en multitud de ocasiones, como en catalán-valenciano: *llampar* 'lampar', *llampear* 'relampaguear'; *llampío* y *llampo* 'relámpago'; *llampuga* 'un pez'; *llanda* 'lata, lámina metálica del horno'; *llanquete* 'angula'; *llatido, llengua, lletra, lletura, lluego*, etc., etc. También, como en catalán y en aragonés, hay algún caso de conservación de los grupos iniciales *pl-, cl-, fl-*: *flamarada* 'llamarada'; *plantaje* 'llantén', etc. En nuestro dialecto se representan con la africada ĉ varias equivalencias valencianas, en lugar de la velar sorda castellana: *minchar* 'comer'; *panocha* (valenciano *panotxa*, aragonés *panolla*); *regachar, rodancha*, etc.

Frente a estos caracteres aragoneses y levantinos, se presenta en el murciano otra serie de indicios que le ponen en relación con las hablas meridionales: el diptongo *ei* abre extraordinariamente su *e* (*azaite, sais*, etc.); desaparecen frecuentemente algunas consonantes: *piojar* 'pegujal'; *caeza* 'cabeza';

tuillo 'tobillo'; la -*d*- desaparece en cualquier posición: *escullar* 'escudillar'; *bebía* 'bebida'; *bufío* 'bufido'; *crúo* 'crudo'; *ciazo* 'cedazo'; *piazo* 'pedazo'; *pesambre* 'pesadumbre, enfado'; *sábao* 'sábado'; etc., etc. El sufijo -*azgo* es -*ajo*: *noviajo, mayorajo,* etcétera. El reforzamiento nasal es frecuente: *bolinche, henchizar, romanza, lenjos, muncho,* etc. Existe total identificación de -*r* y -*l* implosivas: *farta, er* 'él'; *árto, arθá* 'alzar'; en posición final absoluta los campesinos cartageneros tienden a hacer -*l*: *mujel, amol, hasel.* (En los infinitivos, la -*r* final se conserva en Albacete, pero ya se altera en la tierra murciana, donde aún se oye *pedille, cogello, atajallo,* etc.) Por *r* se sustituyen frecuentemente las implosivas de los grupos cultos: *arto* 'acto'; *dirno* 'digno'; *orsequio* 'obsequio'; *armósfera* 'atmósfera', etc. La -*r*- entre vocales idénticas suele perder su elemento vocálico: *grapá* 'garapada'; *drecho* 'derecho'; *abriguar* 'averiguar'; *torzón* 'torozón'; *abrujarse* 'aburujarse'; *brujón* 'burujón, chichón'.

Pero quizá los rasgos fonéticos que más acercan el murciano a las hablas meridionales son la aspiración de la -*s* final de grupo o sílaba y el seseo. La -*s* final se aspira corrientemente en el habla popular (en la dicción esmerada, sin embargo, suele reponerse). La aspiración de esta -*s* es siempre sorda, y ensordece la consonante sonora que le sigue. Ante sonora labial se produce una φ bilabial, típica del habla popular: laφφóta^h 'las botas'; deφφokáu̯ 'desbocado'. Ante velar sonora, la aspiración produce el efecto acústico de una velar fricativa sorda: *loj jamones, laj jallinas,* etc. Ante consonante sorda, la aspiración se matiza de ella: á^hko, pé^hka, aƀí^hpa.

En el campo de Cartagena, la pérdida de la -*s* final ha provocado la trasformación del timbre vocálico, de manera muy cercana a la andaluza. (Véase atrás, pág. 290). Esta fonologización ha sido destacada por G. García Martínez (*El habla de Cartagena*, pág. 54) y estudiada detalladamente por Emilia García Cotorruelo (*Estudio sobre el habla de Cartagena y su comarca*, págs. 35 y ss.)[2].

---

[2] Ya nota la Sta. García Cotorruelo que sobre el campo cartagenero

El seseo (ya registrado en 1631, por el cartagenero Nicolás Dávila)[3] se produce en una comarca que tiene a Cartagena como centro. Lo limitan Mazarrón por el oeste y el Cabo de Palos por el este. Existe en los pueblos ribereños del Mar Menor, hasta Los Alcázares. Por el norte de Cartagena, el seseo alcanza un radio de dos o tres leguas (Los Molinos, La Aljorra, Los Dolores, La Palma, Pozo Estrecho, Torre Pacheco). También sesean La Unión, Alumbres, Los Blancos, El Llano, El Beal, El Algar, y algún otro. El seseo es con *s* coronal o predorsal, como la andaluza. (En Villena y demás pueblos alicantinos de habla murciana existe seseo con *s* apical, como la castellana, es decir, se trata de un seseo valenciano. Véase atrás, pág. 289 y siguientes).

También existe un pequeño enclave de ceceo en Perín, al oeste de Cartagena, y, alternando con el seseo, en Torre Pacheco. (Véase atrás, pág. 300.)

El murciano presenta predominio de la distinción de ļ lateral y *y* mediopalatal. Las ciudades son yeístas, y de ellas va irradiando la identificación. Pero en los campos la distinción permanece muy viva. Las comarcas albaceteñas distinguen. En Cartagena, yeísta, la distinción se percibe en lugares cercanos: La Aljorra, La Magdalena, Pozo Estrecho, Albujón. Según G. García Martínez, los pueblos agrícolas de la comarca de Cartagena son ultralleístas, e ignoran la *y* (RDTradPop, II, 1946, pág. 467)[4].

---

han pesado inmigraciones andaluzas, atraídas por las minas y por la pesquería. (De Granada y Almería, principalmente). (*Ob. cit.*, pág. 14).

[3] A. Alonso, *Historia del «ceceo» y «seseo» españoles*, BICC, VII, 1951, pág. 133; G. García Martínez, *ob. cit.*, pág. 75, cita documentos del Archivo Municipal de Cartagena en los que, ya en 1608, se lee *condición, haser, vesino*.

[4] Insiste sobre este rasgo en *El habla de Cartagena*, pág. 82. E. García Cotorruelo disiente de esta opinión (*ob. cit.*, pág. 73). Es muy posible que, dada la inseguridad de la articulación, que se presenta, además, en litigio, sean frecuentes las ultracorrecciones, lo que explicaría la afirmación de García Martínez. E. García Cotorruelo señala que el yeís-

La ĉ murciana es tensa, de gran mojamiento (llega a los incisivos superiores). Es típica del *panocho*, habla de la huerta de Murcia. La palatalización huertana es también muy ostensible en la pronunciación local del diminutivo (*-iquio, -iquia*, frente al general en murciano *-ico, -ica*). Asimismo se oye palatalización en el diminutivo en un lugar de la raya norte de Albacete, Tarazona de la Mancha, donde se dice siempre, diferenciándose por eso de sus vecinos, *-icho, -icha* («*los del puchericho y la cobertericha*»)[5].

Otros rasgos fonéticos que podrían ser señalados rozarían ya al vulgarismo general castellano.

En lo relativo a morfología, el aire castellano total del habla difícilmente deja observar algo diferenciador. Cabría destacar el sufijo *-azo*: *quemazo* 'quemadura'; *peñazo* 'pedrada'; *nevazo* 'nevada'; persisten formas arcaicas en la conjugación (*vía, vías*, etcétera; *vide*, etc.), algunas incluso con la acentuación clásica: *vácio, vácias*, etc. Algunos imperfectos conservan la acentuación etimológica (como en aragonés): *amabámos, erámos, ibámos, veniámos*, etc. Los incoativos hacen el presente en *-zg-*: *conozgo, luzgo, padezgo*, etc.

Sobre el léxico murciano se perfilan con ceñida cohesión en el habla viva las corrientes que han operado sobre la comarca. Por un lado, los arcaísmos castellanos no son raros: *alifafe* 'colcha, cobertor' (y también 'enfermedad'); *aguaitar* 'acechar'; *certenidad* 'certeza'; *empella* 'manteca'; *maza* 'cubo de la rueda del carro'; *medio* 'mellizo'; *senojil* 'liga femenina'; *surtir* 'salpicar, brotar'; etc. Los aragonesismos son muy frecuentes, como ya queda señalado: *ablentar* 'aventar'; *ansias* 'náuseas', llega de Aragón a Andalucía; *babero* 'bata, delantal de los

---

mo es relativamente moderno, y su propagación aparece más arraigada y segura en los pueblos próximos a Cartagena (y mejor comunicados).

[5] La ĉ tensa, casi *ts*, parece la típica del agro cartagenero. En cambio, en la zona minera (La Unión, Portman, etc.), se oye una *ch* de oclusión débil. Se trata de un nuevo rasgo andaluz, traído, seguramente, por los inmigrantes mineros. (E. García Cotorruelo, *ob. cit.*, pág. 78).

niños'; *bajoca* 'judía verde'; *chulla* (< s u i l l a) 'chuleta, trozo
de carne'; *espolsar* 'sacudir el polvo', y *espolsador* 'zorros de
sacudir', usual en Cataluña y Aragón; *falsa* 'desván, sobrado de
las casas'; *gemecar* 'sollozar' (< g e m i c a r e) ya fue usado
por Fernández de Heredia en la *Crónica de los Conquiridores;*
lastra 'astillita de madera que se clava en la piel'; *melguizo*
'mellizo'; *melsa* 'bazo', usual en Ribagorza y Aragón y viva en el
habla sefardí (véase pág. 373); *rebús* 'lo inservible, lo último',
ya ha sido señalado (véase pág. 328); *rosigar* 'roer'; *zuclero*
'azucarero'; etc.

Los valencianismos y catalanismos son también abundantes. Sirvan de ejemplo *adivinalla* 'adivinanza'; *bufeta* 'ampolla,
vejiga'; *barchilla* 'medida del terreno' (< p a r c e l l a m); *cal-
farse* 'acalorarse'; *chitar* 'acostarse' es el valenciano *gitar* <
j a c t a r e; *esclafar* 'estrellar, romper'; *jeja* 'candeal'; *llanda*
'lámina de lata para el horno'; *fenás* 'heno'; *llus* 'un pescado';
soca 'tronco'; *tréspol* 'suelo, piso'; *yayo* 'abuelo'; etc.

Por otra parte, se insinúan en el habla voces que ya estable-
cen una continuidad con el andaluz. Tales son, por ejemplo,
alcancil 'alcachofa'; *apaño* 'tener relaciones amorosas'; *apechusques* 'trastos de un oficio'; *aterminarse* 'decidirse'; *cañaduz*
'caña de azúcar'; *churrel* 'niño pequeño'; *expresiones* 'recuerdos, saludos'; *folla* y *follá* 'temperamento, gracia'; *patulea* 'chi-
quillería'; *quebrancía* 'hernia'; *vendos* 'zorros de la limpieza';
etcétera, etc. Voces típicas del habla murciana y albaceteña
son, entre otras, *arreboleras* 'rojeces del crepúsculo'; *cansina*
'fatiga, cansancio'; *embusar* 'embutir'; *esmestar* 'escoger, se-
leccionar', hablando de la aceituna; *hermano* 'tío, tratamiento';
lebrilla 'barreño de pequeñas dimensiones'; *ñora* 'pimiento';
pesambre 'pesadumbre, disgusto'; *puma* 'ciruela'; *sanochar* 'tras-
nochar'; *secayó* 'juego de naipes'; *zompo* 'peón'; etc.

CANARIO

El habla del archipiélago canario está aún poco estudiada. Abundan los trabajos sobre léxico, parcelados, pero falta una visión de conjunto sobre el panorama lingüístico de las islas que nos ponga en relación su habla con su situación geográfica y su herencia histórica. La conquista de las islas Canarias se inició en tiempo de Enrique III y se terminó bajo los Reyes Católicos. La repoblación —y las expediciones a tal fin— debió ser dirigida u orientada desde Andalucía, y así el fondo patrimonial idiomático (fonético, léxico) participa fundamentalmente de los rasgos de las hablas meridionales de la Península. Pero, a su vez, el hecho de haber sido las islas durante siglos plataforma de los grandes viajes a América y de las expediciones portuguesas, explica el aire de heterogeneidad de su vocabulario, en el que han quedado restos, en ocasiones muy significativos, de este carácter de lugar de tránsito.

El habla canaria conserva viva la aspiración de la *f-* inicial latina, uniéndose así al oeste andaluz y al sur leonés-extremeño: *jablar* 'hablar'; *jose* 'hoz'; *juyir* 'huir'; *jeder* 'oler mal'; *jinojo* 'hinojo'; etc., etc.; a su vez, la velar fricativa sorda castellana /x/ (ortografía *j*) se ha identificado en la pronunciación con esta aspiración, como ocurre también en Andalucía y la Extremadura leonesa. También rasgos meridionales son la aspiración de la -*s* final de grupo o sílaba (áʰko, péʰka; múʰlo, etc.)[6], con el ensordecimiento ya señalado para el murciano y el andaluz, y el seseo, con *s* no castellana (la confusión en *s* de las cuatro articulaciones antiguas *s, ss, ç, z* era ya total en el siglo XVII; véase A. MILLARES CARLO, *Una crónica primitiva de la conquista de Gran Canaria*, en *Museo canario*, II, 1935), estableciendo así

---

[6] La -*s* implosiva mantiene su articulación en Hierro y La Gomera, especialmente si es explosiva por fonética sintáctica (*es arrendau, las hay de...*) o si es final absoluta. (DIEGO CATALÁN, *El español en Canarias*, pág. 241).

el lazo con el seseo americano y el andaluz[7]. El yeísmo mediopalatal existe corrientemente en las dos grandes ciudades del
archipiélago (especialmente en Las Palmas de Gran Canaria),
desde donde tiende a propagarse con rapidez. Sin embargo, aún
quedan importantes núcleos de distinción, incluso en mayoría. (La Laguna, ciudad, es centro de distinción). La ĉ mantiene
tensa su parte oclusiva, a diferencia de la andaluza. Escritores
y filólogos canarios han señalado varias veces la existencia de
una *s* sonora en las islas. Búsquedas sistemáticas han documentado su existencia en La Gomera, donde conserva gran
vitalidad en los medios rústicos: *quézu, rázu, caza, quehazer,
quezéra* (frente a *cabésa, escoser*, etc.)[8]. Otros rasgos fonéticos
que sería fácil enumerar son, en general, comunes al habla
popular española de distintas zonas (aunque predomina lo occidental y meridional): *paire* 'padre'; *maire* 'madre'; *lairón* 'ladrón'; *cuairil* 'cuadril, hueso de la cadera'; *poirir* 'podrir' (muy

---

[7] Las islas todas sesean. En *El español hablado en Tenerife*, M. Al-
VAR registra casos numerosos, aunque irregulares en su aparición, de
una articulación «postinterdental». DIEGO CATALÁN (*ob. cit.*, pág. 251) considera, desde el punto de vista fonológico, que ese sonido no existe como
fonema distinto de *s;* los dos se intercambian libremente, sin atención
a la etimología y sin guardar oposición de valor significativo. Históricamente, hay que tener en cuenta, además, como el propio D. Catalán
subraya, la antigüedad del *çeçeo* canario (véase para *çeçeo*, atrás, página 306), ya generalizado en los primeros años del siglo XVI (según revelan las *Actas del Cabildo* de Tenerife), e incluso usual en un escribano,
Antonio de Vallejo, originario de Medina del Campo (compárese el paralelismo con Bernal Díaz del Castillo, pág. 421). En el siglo XVII, Castillo
Solórzano nos presenta, en 1634, a un segoviano que para pasar en Salamanca por canario, «comenzó a cecear un poco».
Las articulaciones señaladas por Alvar, análogas a las de la Andalucía
ceceante, son realizaciones diversas del mismo fonema (véase atrás, página 306). No cabe, pues, hablarse de «conservación de la z», sino de
casos de *ceceo* análogos a los andaluces.
[8] J. ÁLVAREZ DELGADO, *Puesto de Canarias en la investigación lingüística*, pág. 32, señaló, con cautela, la *s* sonora /z/, en La Gomera y regiones altas de Tenerife; J. RÉGULO PÉREZ, *Cuestionario sobre palabras
y cosas de la isla de La Palma*, lo indicó, con datos ceñidos, para esta
isla, Tenerife y La Gomera; MARÍA ROSA ALONSO dio también noticias de
esta sonora (*Pulso del tiempo*, Tenerife, 1953, pág. 39).

frecuente en La Gomera); aspiración de -*r* ante nasal (eté^hno 'eterno'; sá^hna 'sarna') e igualación de -*r* y -*l* implosivas (*jalto* 'harto'; *barcón* 'balcón').

También cabe destacar la enérgica tendencia a mantener la -*d*- < -*t*-, en toda situación. Este rasgo parece muy vivo en Gran Canaria y en el norte de Tenerife.

Vosotros ha desaparecido del habla general, y se conserva solamente en La Gomera y en los campos de La Palma. En las demás, *ustedes* es lo usual. Son frecuentes *losotros* 'nosotros', y *los* 'nos'; *vámolos* 'vámonos'; *vamos a dirlos;* etc. La persona Nosotros del subjuntivo presenta acentuación analógica: *cómpremos, téngamos, húigamos;* puede oírse todavía *haber* con valor de 'tener': *¡Que hayan suerte!;* el verbo *ser* puede emplearse como auxiliar de verbos intransitivos (*Soy nacida en... soy cristianizada en...*); como en varios lugares de Andalucía, *hay* puede usarse por 'hace': *hay tiempo* 'hace tiempo'; *ya hay años* 'ya hace años'; etc. Es frecuente el uso de *haber* impersonal concertado con el complemento: *habían libros, hubieron fiestas,* etc. Finalmente señalaré construcciones como *¿Qué día somos? — Somos cuatro* '¿A cuántos estamos? — A cuatro'; *Somos viernes* 'estamos a viernes'; etc.

El léxico registra la variedad de influjos que ha pesado sobre las islas. Quedan guanchismos como *gofio,* nombre del popular alimento isleño, y *chénique* 'piedra del hogar'; también se consideran guanchismos *gánigo* 'cacharro de barro' y *baifo* 'cabrito'. De análoga ascendencia son *arrife* 'tierra sin cultivo, terreno de poca calidad', *belete* 'calostro', *goro* 'establo, cueva', *mago* 'campesino' y 'una clase de calzado rústico'; *perinquén* 'especie de lagarto'; *tabaiba* 'un arbusto'; *tagasaste* y *tajinaste* 'nombres de unas plantas'. La fonética occidental de la Península se recuerda con precisión ante casos como *millo* 'maíz' (compárese gallego-portugués *millo*) o las voces que conservan la *f*- inicial (*fogal* 'hogar'; *ferruje* 'herrumbre'; *fonil* 'embudo'; *fechadura* 'cerradura'; *frangollo* 'maíz molido'); asimismo los casos de conservación de -*mb*-: *lambusa, lambusar, lambusado, lambusiar*, etc. También recuerda el gallego-portugués la voz *legume* 'legumbre'; idéntico origen reflejan *abanar* 'abanicarse'; *andoriña* 'golondrina'; *bagua* 'pena, aflicción'; *bucio* 'caracol marino'; *caruncho* 'carcoma'; *gilbarbera* 'mata espinosa'; *liña* 'cuerda'; *nuevo* 'joven'; *garruja* 'llovizna' (port. dialectal *caruja*); *jeito* 'maña, habilidad'; *petudo* 'cargado de espaldas'; *sarillo* 'devanadera'; *taramela* 'lengua, tarabilla'; etc.

Voces leonesas son *bago* 'grano de uva'; *cancil* y *canga* 'yugo'; *carozo* 'corazón de la mazorca'; *embosada* 'lo que cabe en las dos manos'; *sachar* 'cavar' y *sacho* 'azada'; *desborcillar* 'romperse el borde de la boca de un cacharro'; *verija* 'ingle'. También se pueden espigar algunos arcaísmos castellanos, como *aguciar* 'azuzar'; *ajotarse* (*ajoto* 'en atención a que...'; *ajota*, el antiguo *ahotas* 'a la verdad'). *Ajotarse* vale 'confiarse'; *asmado* 'asustado'; *besos* 'labios'; *gago* 'tartamudo'; *cadenado* 'candado'; *lenguarazo* 'que habla mucho'. Como arcaísmo se puede considerar el tratamiento *vuestra merced*, reservado a los amos y personas de respeto. Andalucismos son *burgado* 'caracol'; *casapuerta* 'zaguán' (véase atrás, pág. 326); *lasca* 'lonja, trozo'; *vieja* 'pez marino'. Por último, señalaremos algún americanismo, explicable por el referido papel de plataforma que las islas han desempeñado; *alegador* 'charlatán'; *atorrarse* 'vagar, gandulear'; *cachetada* 'bofetón'; *cucuyo* 'luciérnaga'; *machango* 'bromista'; *rascado* 'agraviado'; *guagua* 'autobús'; *monifato* 'monigote, tipo ridículo'; *morrocoyo* 'galápago, persona baja y gruesa'; etc., etc.

Es natural que el léxico de las islas Canarias esté influido por el particular lenguaje del mar y la navegación. Pueden servir de muestra voces como *apopar* 'animar'; *bandola* 'vuelta de la capa'; *bígaro* 'persona enclenque'; *lanchón* 'zapato muy grande'; *tolete* 'persona torpe'. La expresión popular *perder la tierra de vista* equivale a 'desmayarse, perder el conocimiento'. Son muy abundantes las imágenes del habla coloquial que recuerdan la condición isleña: *saber más que un peje verde; haber más gente que agua; ser más matrero que un sargo breado*, etc. La frase *ser de la raya verde para afuera* equivale a 'forastero'.

JUDEOESPAÑOL

En 1492, los Reyes Católicos, Fernando e Isabel, decretaron la expulsión de los judíos de España. Una gran mayoría se estableció en tierras del Imperio turco. Otros se afincaron en el norte de África (Orán, Argel, Fez), donde sufrieron multitud de vicisitudes, muriendo muchos de hambre y de enfermedades; también muchos fueron vendidos como esclavos o asesinados por los naturales. Más suerte tuvieron los emigrados a Portugal e Italia. En Italia disfrutaron, en general, de buena acogida: hubo colonias sefardíes de importancia en Nápoles, Venecia, Padua, Roma y, en especial, en Ferrara, donde gozaron de grandes favores por parte del duque Hércules I de Este. Ferrara (y con ella Liorna) fue un importantísimo centro de judaísmo sefardí, como demuestra la aparición en dicha ciudad de la famosa *Biblia*, primera traducción de la *Biblia* al judeoespañol, editada con caracteres latinos. Posteriormente, estas colonias adoptaron la lengua de su nueva patria, olvidando el español[1].

En Portugal, los emigrados vivieron, en un principio, mezclados con sus hermanos portugueses; sin embargo, los que permanecieron fieles a su fe y no se convirtieron al cristianis-

---

[1] La bibliografía sobre el judeo-español es ya copiosísima. Véanse entre otros MAX L. WAGNER, *Caracteres generales del judeoespañol de Oriente*, Madrid, 1930 (anejo XII de la RFE); idem, *Beiträge zur Kenntnis des Judenspanischen von Konstantinopel*, Viena, 1914; M. LURIA, *A study of the Monastir dialect of Judeo Spanish*, New York, 1930; CYNTHIA M. CREWS, *Recherches sur le judéo-espagnol dans les Pays Balkaniques*, Paris, 1935; P. BÉNICHOU, *Observaciones sobre el judeo-español en Marruecos*, RFH, VII, 1945.

mo fueron expulsados de Portugal: hacia 1593 es la fecha de
los primeros establecimientos de judíos sefardíes en Amsterdam, donde se desarrolló una floreciente colonia. Entre éstos,
el bilingüismo era corriente, pero el portugués terminó por
hacerse la lengua dominante, ya que los portugueses constituían
el mayor número de los colonos y los españoles estaban ya
familiarizados con la lengua portuguesa por el previo período
de destierro en Portugal. No obstante, el español fue considerado como lengua más noble y usado, por ejemplo, en los libros
de rezo. El portugués de los judíos siguió usándose hasta mediados del siglo xix. Análogas vicisitudes sufrieron los grupos
de judíos hispano-portugueses que se establecieron en Hamburgo a principios del siglo xvi.

El origen de los importantes núcleos judeoespañoles de
oriente está en el ofrecimiento generoso del Sultán Bayaceto II
para que se establecieran en sus tierras, en donde les garantiza-
ba libertad amplia y les concedía grandes privilegios. Ante
este porvenir, muchos judíos de Portugal, de España, de Italia
y del norte de África se establecieron en las grandes ciudades
del Imperio turco. En los primeros años vivieron separados, en
agrupaciones que recordaban el lugar de su procedencia. Así,
en la Constantinopla de principios del siglo xvi existen sinagogas castellanas, portuguesas, aragonesas, e incluso otras de cordobeses, barceloneses y lisboetas. Algo parecido ocurría, ya muy
temprano, en Salónica. Estas comunidades sefardíes aparecen
en ciudades de Rumanía, de Bosnia y de Servia, y en el norte
de Grecia, y en el litoral de Asia Menor, y en Palestina, Siria
y Egipto, y en la isla de Rodas. De entre ellos salieron persona-
jes que desempeñaron importantes misiones, como el famoso
Duque de Naxos, gobernador de dicha isla. Sefardíes fueron
casi todos los médicos de la corte y de los sultanes. En el comercio gozaron de situaciones verdaderamente excepcionales y
privilegiadas. Las especiales condiciones políticas del Imperio,
que no se mezclaba en los asuntos religiosos y familiares de
sus súbditos no turcos, hicieron que los judíos españoles dis-

frutaran de una amplísima libertad, tuvieran escuelas propias y se sirvieran de su lengua libremente [2].

El español que los emigrados llevaban era el de finales del siglo XV y principios del XVI. La secular separación ha provocado el mantenimiento de los rasgos fonéticos esenciales de ese español antiguo, que han permanecido con bastante claridad hasta nuestros días. De aquí se deduce el carácter más interesante del habla judeoespañola: su enorme arcaísmo. Al alejarse de la Península, los hablantes no participaron de las grandes transformaciones fonéticas que el español ha experimentado posteriormente. La pronunciación del judeoespañol es, en líneas generales, la que indica la *Gramática* de Nebrija y sirve para aclarar y confirmar datos, noticias, etc., que nos aparecen dudosos en los textos del tiempo de la expulsión. Hoy, después de tantos y tan rigurosos azares, la lengua está en rápida y franca decadencia. En muchos sitios (Túnez, Trípoli) han abandonado la lengua madre para adoptar la de las nuevas patrias. En Egipto y Siria solamente quedan algunas expresiones del ritual religioso, de los juegos de naipes, los números. En los países balcánicos, donde ha resistido y vive con más fuerza, el judeoespañol cede terreno paulatinamente ante las lenguas oficiales. Por todas partes se bate en retirada. Ya no es la importante lengua literaria que fue en el primer siglo después de la expulsión, tiempo en que se editaron obras religiosas y

---

[2] Salónica fue el gran centro de los emigrados, donde constituyeron más de la mitad de la población, con hasta 30 sinagogas; ellos promovieron un gran florecimiento comercial de la ciudad. Los judíos castellanos absorbieron a los portugueses, italianos y alemanes, haciendo la lengua española común en la comarca. Son abundantes los testimonios que revelan la conservación de la lengua con gran pureza, hasta un siglo después de su instalación en Turquía. Se cita siempre, a este respecto, el pasaje de Gonzalo de Illescas, cincuenta años después del éxodo (1574). Dice de los judíos de Turquía: «Llevaron de acá nuestra lengua, y aún la guardan y usan de buena gana, y es cierto que en las ciudades de Salónica, Constantinopla, Alexandría y El Cairo y en otras ciudades de contratación, y en Venecia, no compran ni negocian en otra lengua, sino en español. Y yo conocí en Venecia hartos judíos de Salónica que hablaban castellano, con ser bien mozos, tan bien o mejor que yo» (M. L. WAGNER, *Caracteres generales*, pág. 14).

literarias de envergadura, impresas en Salónica. El influjo de las lenguas rodeantes, el turco en primer lugar, se hizo notar en seguida. La estructura sintáctica, y sobre todo el léxico, comenzaron a ser invadidos y fueron relegando al español a una habla casera, petrificada, empobrecida día a día, sin grandes vuelos que iniciar. Finalmente, los últimos acaeceres de la segunda guerra mundial han debido de reducir considerablemente la relativa vitalidad del judeoespañol[3].

Esta lengua patrimonial es bastante homogénea en su fondo, y los sefardíes de cualquier parte de oriente se entienden perfectamente por medio de ella. Sin embargo, hay diferencias de pronunciación y de léxico entre unos y otros. WAGNER ha establecido diferencias entre el grupo oriental (Andrinópolis, Constantinopla, Brusa, Esmirna, Rodas) y el occidental (Bosnia, Rumanía, Macedonia, Salónica). Este grupo occidental se caracteriza por presentar algunos rasgos típicos de los dialectos del norte de España o de Portugal, como, por ejemplo, *-o* y *-e* finales cerradas en *-u*, *-i*, respectivamente; conservación de la *f-* inicial, pronunciación de *er* como *ar* (*piarna*, *páru* 'perro', *vardi* 'verde', etc.). En cambio, en el grupo oriental, las condiciones fonéticas recuerdan mucho más a las de Castilla[4].

El carácter esencial, en consecuencia de todo lo que venimos diciendo, que caracteriza al judeoespañol es su marcado arcaísmo. Su sistema fonético, en líneas generales, es, como ya queda indicado, el que refleja la *Gramática* de Nebrija, con distinción de los tres pares de consonantes medievales: *x* /š/ y *j* /ž/; *ç* /ŝ/ y *z* /ẑ/; *ss* /s/ y *s* /z/. Naturalmente, la presencia de este tipo de sonidos no es regular ni uniforme. En algunos lugares se mantiene la distinción, mientras que en otros solamente quedan

---

3 Véase HENRY V. BESSO, *Situación actual del judeoespañol*, en *Presente y futuro de la lengua española (Actas de la Asamblea de Filología del I Congreso de Instituciones Hispánicas)*, I, Madrid, 1964, págs. 307-324.

4 M. L. WAGNER, *Algunas observaciones generales sobre el judeoespañol de Oriente*, en RFE, X, 1923, págs. 225-244; *Caracteres generales*, págs. 21 y ss.; A. S. YAHUDA, *Contribución al estudio del judeoespañol*, RFE, II, 1915, págs. 339-370.

restos aislados y en otros se han desarrollado identificaciones
como el *seseo* [5].

La *f-* inicial se presenta en su triple aspecto de mantenimiento, aspiración y desaparición absoluta. Aparece distinción
de *b* labial y *v* labiodental, a la vez que la distinción entre *b*
oclusiva y *v* fricativa no labiodental, etc., etc. Haremos un
ligero análisis de estas variantes y reparticiones.

VOCALISMO

La diptongación de *ŏ* y *ĕ* es normal en *wé* y *jé*, como en el
castellano peninsular. Sin embargo, son frecuentes las voces
donde el diptongo aparece reducido. Muchas de estas voces son
usuales también en la Península. (Prescindiendo de algún resto
de consonantes arcaicas, se puede afirmar que cualquier rasgo
fonético del judeoespañol se encuentra vivo en la pronunciación popular del español usual en España y América.) Algunas
de estas voces con el diptongo reducido son, por ejemplo, *preto*
por *prieto* 'negro', *regoldo* 'regüeldo', *ponte* 'puente', *sorte* 'suerte' (Constantinopla); *tútano* 'tuétano', general en Bosnia, pero
usado en Extremadura y América (aparece en *La Celestina*);
tutano en la *Biblia* de Ferrara; *portu*, *kenkér(i)*, *kualker* (Bosnia); algunas como *pasensia*, *sensia* son generales en toda el
habla popular española. Idéntica reducción se da en las comunidades de Bucarest. (M. SALA, *Algunas observaciones lingüísticas sobre los refranes judeo-españoles de Bucarest*, 1959,
pág. 229).

Las vocales protónicas también presentan cambios conocidos
en otras áreas del español popular o dialectal: *a* > *e* después
de *r̄*: *arrescuñar*, *arresgar* (comp. el arcaico *rencura*).

---

[5] Además de la diferenciación de sibilantes, existe en algunos lugares
el *seseo*: *ç* y *ss* se han identificado en una *s* sorda, predorsal, semejante
a la andaluza; *z* y *s* se han convertido en una *s* (z) sonora, también
predorsal.

e > *a* en contacto con *r*: *tarnero*, *rapelar* (Constantinopla). Es rasgo típico el cambio *er* > *ar* en el habla de Kastoria (al sur de Monastir, Yugoslavia): *afarrar*, *sarrar* 'serrar', *puarta*, *bardá* 'verdad', *syadra* 'sierra' (HMP, II, pág. 200)[6]. Lo mismo ocurre en los dialectos de Bosnia (SUBAK, ZRPh, XXX, 141, § 5). Este cambio llega al diptongo *je* en esa situación: *fiarru* 'hierro'; *piarna* 'pierna'; y al *we*: *cuarda* 'cuerda'; *fuarte* 'fuerte'; *muartu* 'muerto'; *tiara* 'tierra' (BARUCH, *El judeoespañol de Bosnia*, RFE, XVII, 1930, págs. 113-154).

Las demás transformaciones de estas vocales protónicas (*siñor*, *siñores*; *fiñir* 'heñir'; *siñal*, *chuflar*, *chuflete*; *escuro*, *espital*; *coydar*, *logar*, etc., etc.) existen o han existido en el habla española. Su explicación fonética puede encontrarse en MENÉNDEZ PIDAL, *Gram. histórica*, págs. 68 y ss.

En las vocales finales es de destacar la tendencia a cerrar *-o*, *-e* en *-u*, *-i*, respectivamente. El fenómeno se da con mayor o menor intensidad en diversos lugares (Karaferia, Kastoria), pero es típico del habla de Bosnia (BARUCH, RFE, XVII, 1930, pág. 126). También ocurre en Bucarest (M. SALA, *ob. cit.*). Este cambio es corriente asimismo en el occidente peninsular (véase atrás, pág. 111. En Constantinopla y Brusa, como hablas de aire castellano, *-a*, *-o*, *-e* finales tienen su timbre muy claro (HMP, II, pág. 202).

CONSONANTES

La *f-* inicial se mantiene bien en Salónica, Bosnia, Monastir, Karaferia: *fazer*, *ferroža* 'herrumbre'; *ferida*, *faldukéra*, *furmiga*, *afogarse*, *fambri*, *fižu* 'hijo'; *filu*, etc. También existen algunas voces con aspiración: *haragán*, *hazinu*, *handraju* 'andrajo', etc. (BARUCH, RFE, XVII, pág. 132). C. M. CREWS ha atestiguado la presencia de *f-* en el habla de Salónica, con gran abundancia, pero también ha desaparecido completamente en numerosas voces: *hablar*, *ižo*, *eĉo*, *azer*, etc. Falta en Rumania, Bulgaria y Turquía. El judeoespañol mantiene (Bosnia) la diferencia entre

---

6 M. L. WAGNER, *Los dialectos judeoespañoles de Karaferia, Kastoria y Brusa*, en HMP, tomo II, 1925, págs. 193-203.

oclusiva bilabial *b* y *v* fricativa labiodental; *b-* inicial latina, oclusiva: *boca, bien, bezar; v-* inicial absoluta: *vinu, visiu, vela, vengar, vaziyu* 'vacío' (en Marruecos es bilabial).

Interior de palabra esta consonante labiodental puede representar incluso una *-p-* latina: *saver, sevoya* 'cebolla'; *resivir* 'recibir'; *kaver* 'caber'. Cuando estas consonantes van precedidas de *l* o *r*, son siempre labiodentales: *polvu, sjervu, árvol*. También sigue con pronunciación labiodental la labial de los grupos latinos *b'd, b't, v'd, v't*, que en español moderno pasó a *u*: *sivdat* 'ciudad', *devda* 'deuda', *bivda, kavdal* 'caudal', *kovdo* 'codo', etc., etc. El fenómeno es usual en Bosnia. En otros lugares existe *bd* (Monastir), como pronunciaba, ya anticuándose, Juan de Valdés [7].

Las palatales sonora *ž* y sorda *š* típicas de la lengua antigua, persisten en judeoespañol. Así, por ejemplo, en Bosnia son generales voces como *diši, dišu* (formas de perfecto de *dezir*); *tišir, tišo* (de *tejer*); *enkášo* (de *encajar*); *trúšu* (de *traer*); *kóšu* 'cojo'; *péši* 'pez'; *brúša* 'bruja'; *enšugar*. La consonante sonora representa los grupos latinos *-lj-, -cl-*: *fižu* 'hijo'; *mužer* 'mujer'; *viežu* 'viejo'; *paža* 'paja'; *uréža* 'oreja'. También inicial: *žugar* 'jugar'. Este sonido aparece también en algunas voces que tienen *s* alveolar en el español peninsular: *vižitar;* en todas las formas de perfecto de *querer* (*kíži, kižítis*, etc.). En el habla de Marruecos, estos sonidos quedan solamente en restos diseminados y se impone en todas partes la *j* /x/ velar castellana (*ašwar* 'ajuar', *kobižar* 'cobijar') [8].

También distingue aún el judeoespañol las consonantes medievales postdentales sorda *ç* /ŝ/ y sonora *z* /ẑ/. El sonido sordo ha pasado a *s* identificándose, por el seseo, *ç* y *ss* antiguas. La

----

[7] «MARCIO: Veo en vuestras cartas que en algunos vocablos ponéis *b* donde otros no la ponen, y dezis *cobdiciar, cobdo, dubda, súbdito;* querría saber por qué lo hazeis así.—VALDÉS: Porque a mi ver, los vocablos están más llanos y mejores con la *b* que sin ella, y porque toda mi vida los he escrito y pronunciado con *b*» (*Diálogo de la lengua*, Clás. Cast., LXXXVI, pág. 66). Sin embargo, Valdés aquí era decididamente conservador: aunque hay excepciones, Nebrija ya era partidario de suprimir la *b*.

[8] Véase M. ALVAR, *Endechas judeoespañolas*, Granada, 1933.

articulación actual es predorsal sorda, semejante a la andaluza. Los ejemplos abundan: *sinco* 'cinco', *senar* 'cenar', *cabesa* 'cabeza'. La consonante sonora *z* aparece en palabras como *amenazar*, *vizinu* 'vecino', *siniza* 'ceniza'. La vieja consonante *z* /ẑ/ se ha identificado en la sonora anteriormente citada, manteniéndose así la diferencia medieval entre -*s*- y -*ss*-. Esta sonora actual es también predorsal: *kaza*, *kezu*, *mozotrus* (frente a *pasar*, *asar*, *güesu*).

El sonido *dz* /ẑ/ persiste todavía en los numerales compuestos de *diez*: *ondzi*, *dodzi*, *dodzena*, *tredzi*, *katordzi*, *kindzi* (en otros lugares *kinse*, *kinze*); quedan restos en algunas palabras: *tedzu* 'tieso'; *pindzel*, *pindzeta* 'cepillo'; *mendziya* 'mancilla'; *podzu* 'pozo'; *apodzar* 'posada'. Esta articulación se ha conservado solamente en estas palabras. Se trata de restos esporádicos. También es conocida esta pronunciación entre los judíos de Marruecos.

La -*s* ante consonante se palataliza, como ocurría en el castellano del siglo XVI: *buškar*, *čamuškar*, *moška*, *piškadu*, generales; *arišku*, *boške* (Bosnia); *kaškara*, *eškola* 'escuela'; *eškapar*, *maškar*, *meškita*, *moška*, *peliško* (Constantinopla, WAGNER, página 10).

En todas las hablas judeoespañolas, el yeísmo es lo general. La articulación lateral de ļ ha desaparecido: *yavi* 'llave'; *amariyu* 'amarillo'; *sevoya* 'cebolla'; *fayar*. Aparece igual en los dos nombres femeninos *Beya* y *Estreya*. En algunos casos la ļ se ha reducido a *l*: *luvia* 'lluvia'; *pileyu* 'pellejo'; *kaleža* 'calleja'; *fulí* 'hollín'; *pelisku*, *peliskar* 'pellizco, pellizcar', etc. La *y* aparece por -*lj*- en *cayenti* 'caliente' y *yensu* 'lienzo'. Yeísmo es lo típico del judeoespañol de Marruecos: *yama*, *ayara*, *yanto*, *yeban* (ALVAR, 158). Cuando la consonante va junto a vocal anterior desaparece: *cučío* 'cuchillo', *bia* 'villa', *castío*, *bolsío*, *amaría*, *gaína*, *aí*, *ea* 'ella', en los Balcanes.

Según AMADO ALONSO, este yeísmo es del siglo XVIII, o a lo más de la segunda mitad del XVII, ya que es posterior a la fijación del ladino en la escritura rabínica [9].

---

[9] Los tratadistas han señalado rastros de ļ lateral, pero son dudosos, y, desde luego, insignificantes. SUBAK la señaló en Ragusa. LURIA, en

Las velares *g* y *k* son fricativas en Constantinopla y Salónica, pero oclusivas, con carácter muy perceptible, en Bosnia (BARUCH, RFE, XVII, 1930). Ante el diptongo *wé* se desarrolla una velar en Constantinopla y en otros lugares (*cirgüela, güeso;* es rasgo abundante en el habla rural española). En Bosnia no se presenta esta tendencia con la misma fijeza que en otros lugares: solamente se ha desarrollado en posición inicial de palabra: *güevu, güesu, güezmu* 'husmeo', *güeli*. En cambio, *mižuelu* 'nezuelo' frente a *nižgüelo* en Constantinopla.

Las articulaciones velares y labiales desarrollan una *w* en voces como *laguar, guato, puadre, alducuera* 'faltriquera', *tortugua, luguar, lechugua*, etc. También es este fenómeno desconocido en Bosnia (*lugar, tartuga, enšugar, gato, padre*). En Marruecos, *kwasa* 'casa', *lugware* 'lugar' (ALVAR, 160).

La sílaba *swé-* en posición inicial se convierte en *shwé-* o *sfwé-*, es decir, genera una *h* o una *f* aspirada ante el diptongo: *sfwegra* o *isfwegra, esfweko* o *shweku* 'zueco'; *shweñu* o *sfweño* 'sueño'; *esfwelo* 'suelo', etc.

En el habla de Bosnia, la oclusión de *k* y *g* se relaja en ciertos casos y a la vez la pronunciación se hace palatal: *r̄ik'u, fig'u, castig'u, salpic'ar, furmig'a*.

Esta palatalización es visible sobre todo en los diminutivos *-ico, -ica:* *fižic'u* 'hijico', *ermanik'a, livrik'u*, etc. [10].

Monastir, señala *ll* lateral en *billetes* y *millón*, en lo que puede verse un influjo italiano. Lo general es la *y* mediopalatal.

También se mantiene la *ļ* entre yeístas al repetir romances en las voces que la llevan, como *donzella, castillo* (CREWS, pág. 175).

En cuanto a la fecha, la *ll* se mantiene todavía en ladino, lo cual prueba que en la lengua hablada del XVI y del XVII se mantenía la diferencia. (V. AMADO ALONSO, *La ll y sus alteraciones en España y América*, en *Estudios Lingüísticos. Temas hispanoamericanos*, pág. 228.)

[10] «La pronunciación de la *k* en *rik'u* ... coincide con la de *tío* al emplear esta palabra como nombre apelativo: *t'u Avrám;* análogamente, la *g* en *furmig'a* se pronuncia igual que la *di̧* de *embidi̧a* (envidia)» (BARUCH, RFE, XVII, 1930, pág. 138).

En cuanto al sufijo diminutivo, BARUCH da *-ico* como el corriente, que puede añadirse en palabras que ya llevan un sufijo diminutivo: *cabritic'u, poquitic'u*, como en La Mancha, Murcia, Aragón. El sufijo *-ito* es desconocido en Bosnia; *-illo* no es frecuente (*loc. cit.*, págs. 137-138).

Es de observar que en todos estos casos citados, las velares van precedidas de sonido palatal.

Es general, en todas las hablas judeoespañolas, el cambio de *n-* inicial en *m-* no sólo en los casos corrientes en el habla vulgar del dominio hispánico (*muestro*, etc.), sino también en otras voces: *mižuelo* 'nezuelo'; *muez* 'nuez', *mwevi* 'nueve', *muebeno* 'noveno', *mwebo* 'nuevo', *ermwera* 'nuera', *esmudare* 'desnudarse', etc.

También es frecuente la metátesis *d-r* en lugar de *r-d*: *vedri*, *pedrer, guadrar, acodrarsi*, etc. No se da en Bosnia: *vardi* 'verde', *parder* 'perder', *gordu* 'gordo'. La metátesis, en Bosnia, es frecuente en los imperativos con pronombre enclítico: *alavaldu* 'alabadlo', *daldi* 'dadle', *sintildu* 'sentidlo'. Esta metátesis se oye en los romances de la tradición oral:

«*parildu*, infanta, *parildu*, / que ansí me parió mi madre» [11].

La *-d* final es sonora en algunos casos (*bondad, virtud, salud*) en Bosnia, en especial en el habla cuidada, pero tiende a ensordecerse con frecuencia: *idat* 'edad'; *diričidat* 'derecho'; *set* 'sed'. En Bosnia no se oye nunca esa dental en *verdá* 'verdad'. Tampoco se oye en las formas aisladas de imperativo: *tomá, yamá, vení*. En estas formas, cuando aparece el pronombre enclítico todavía se aprecian las terminaciones *-ai, -ei*: *tomaimus* 'tomadnos', *yamaivus* 'llama(d)os'. Formas análogas viven en Marruecos: *lebantai* (al lado de *levantá*), *sakaila, escribei* (ALVAR, 165).

Se han generalizado por todo el judeoespañol algunos rasgos de hablas dialectales peninsulares, como, por ejemplo, la permanencia del grupo *-mb-*, como en leonés y gallegoportugués (frente a la asimilación en *m* del castellano). Así se dice por todas partes *lombo, palombica, lamber*. También es general

---

11 Reproduzco el ejemplo de Baruch (*loc. cit.*, 139), pero esta fusión del pronombre enclítico con el imperativo es propia de la lengua antigua: *daldas, dezildes, valelde*. Con el pronombre *nos* cayó en desuso ya en el siglo XIV, pero con *le* llena la lengua clásica (MENÉNDEZ PIDAL, *Gram. Histór.*, § 115). Comp., líneas más abajo, *yamaivus* con el medieval *venidvos* o *venidos*, frente al moderno *veníos*.

lonso 'oso', que es el aragonés *onso* con el grupo *-ns-* conservado (conf. *panso, pansío,* etc.). Ya queda señalada antes la presencia de vocales átonas finales *-i, -u* en lugar de *-e, -o* (*entoncıs, piliscus*).

Otras voces de aire dialectal son *chuflar* 'chiflar, silbar' (comp. ast. *chuflar*); *percurar* 'procurar', vulgarismo usual en Galicia, Salamanca y otros lugares; *resta* 'ristra de ajos', etc., como el gallego *restra,* salmantino *riestra,* asturiano *riestra;* *šamarada,* como el leonés o portugués *šamarada* 'llamarada'. Formas portuguesas no es raro encontrar debido a que muchos judíos emigrados se refugiaron primeramente en Portugal, hasta que también fueron expulsados de allí. Así ocurre con ejemplos como *anojar* 'enojar'; *embirrarse* 'enfurecerse'; *froña* 'funda'; *chapeo* 'sombrero'; *clabina* 'clavel'; *amurcharse* 'marchitarse'; etcétera.

MORFOLOGÍA

Es también notable el arcaísmo de muchas formas gramaticales. Persisten los presentes *do, vo, so, estó,* frente a las formas modernas de la Península con *-y.* Persiste Tú *sos* como segunda persona del singular del presente de *ser.* Al lado de Tú *sos* existe la forma Tú *ses* (junto a la normal Tú *eres*):

> *so, se,*
> *sos, ses, eres,*
> *somos, semos,*
> *soš, seš,*
> *son, sen.*

Las formas arcaicas de segunda de plural en *-ades, -edes* aparecen en la lengua popular en *-aš, -eš* (vosotros *soš, queréš, comandáš,* etc.). También existen las modernas *-ais, -eis.*

La *-d* final de los imperativos no se pronuncia: *mostrá, comandá, queré,* como ocurría en la lengua clásica (Santa Teresa, por ejemplo). Reaparece esta *-d* en los casos de pronombre enclítico: *abrilda, quitalde, traílde, dalde,* etc.

En algunos sitios, la persona Yo del perfecto de los verbos en *-ar* termina en *-i*: *amí, cantí*, etc., forma que coexiste con la normal en *-e*: *maté, burlé* (CREWS, Monastir; SALA, Bucarest). La segunda plural es en *-tis*: *tomatis* (Bosnia), *dexatis* (en Marruecos; ALVAR, BÉNICHOU).

Para el futuro es frecuente la perífrasis *ando + a +* infinitivo. Todavía, en algunos casos, persiste el sentido de la composición del futuro, como en *alegrar nos hemos*, etc.

Para la formación de los tiempos compuestos se usa con frecuencia *tener*: *tengo hecho, tengo venido*. Este uso, típico del portugués (*tenho feito*, etc.), es también conocido del antiguo español (HANSSEN, *Gram.*, § 583).

Los verbos reflexivos han conquistado una mayor extensión y muchos verbos se pueden usar con forma reflexiva o no, según el capricho del hablante, sin que cambie el significado: *intrar, sintrar, ir o irse, venir(se), casar(se), sanar(se)*, etc. Son muy abundantes las formaciones analógicas: *irgó, abró, fazeré*, etcétera, etc. [12].

PRONOMBRES

Yo aparece también en la forma *io*. *Mos, nusotros*, como en español vulgar y dialectal, se usan por muchos sitios en lugar de *nos, nosotros*.

Vos, como dativo, se usa igual que en antiguo español (y como preconiza la *Gramática* de Nebrija): *beníbos*.

La forma *os* es desconocida. En los pronombres de tratamiento, *usted*, o el arcaico *vuestra merced*, son desconocidos.

---

[12] En el judeoespañol de Marruecos estudiado por P. BÉNICHOU (RFH, VII, 1945, págs. 209-258), se observa además de los rasgos señalados arriba, la presencia casi constante de verbos *-er* en lugar de *-ir* (*suber; viveré, viverá*, de *viver; acudería* de *acuder; sinter* 'sentir'; *durmer* 'dormir'; etcétera). La primera persona plural del presente indicativo es siempre *-emus*, no *-imus*, incluso en los verbos que conservan infinitivo *-ir*: se dice *sintemus, abremus, venemus*, etc. Parece que la 3.ª conjugación no existe. Un proceso de análoga simplificación se ha realizado con las raíces verbales irregulares: *encontran, solten, volvas*, etc. (*loc. cit.*, páginas 236 y ss.)

Se usan *él* (femenino *eya*) y alguna vez *vos*, este último sobre todo en Marruecos. (Compárese con el uso leonés de cortesía, página 203.

Por todas partes la sensación de inestabilidad, de formas poco pulcras, iliterarias, frecuentes en todo el dominio rural español, nos acosa, dándonos ese aire de lengua petrificada y poco rica que tiene el judeoespañol. Tal ocurre, por ejemplo, con formas como *muestro* por *nuestro;* el uso del artículo ante el posesivo (*irme quero, la mi madre*); el uso del artículo *la* (antiguo *ela*) ante *a-* inicial acentuada (*la habla, la augua, la ambre*); el demostrativo *aqueo, aqueos, aquea, aqueas*, con la palatal desaparecida; los relativos *cualo, cuala;* el interrogativo *cuálo* (*Cuálo vamos a hazer después de comer?*); restos de ordinales en *-eno* (*oćeno*); adverbios como *agora* (aún dialectal y corriente en la lengua clásica), *aínda* 'todavía', *muncho* (*yo só muy muncho rica*), *nunqua* (como en el *Cid* o en Berceo, etcétera); *bueno* por 'bien' (*escobas nuevas barren bueno*), etc., etcétera. Los testimonios que servirían para dar este clima de arcaísmo serían innumerables.

LÉXICO

Es natural que el léxico del judeoespañol ofrezca bien claros los rasgos definitorios del arcaísmo. Tal como se presenta hoy esta variante del español hablado produce la impresión de un anacronismo exagerado. Todo el fondo patrimonial del habla es bastante compacto, y los sefardíes de diversas partes pueden entenderse muy bien. Pero dado el larguísimo aislamiento, ese patrimonio se fue perdiendo poco a poco, disipándose. Muchas locuciones y voces se olvidaron completamente y las lagunas producidas se fueron llenando con préstamos de las lenguas de las comarcas donde se habían establecido. El léxico revela también la diferenciación entre las dos zonas, oriental y occidental, conservándose en la primera voces de aspecto castellano, voces que en la segunda zona son de aire leonés o de alguno de los dialectos del norte de la Península. Así, por ejemplo, los siguientes casos:

Zona oriental	Zona occidental
agranada	mangrana
asukar	asukir
bostezar	bostežar
estrevde	estrelde
gartiža	ḷagarteža
enzías	žinžíbres
blando	moye
rubio	royo
tibio	tebio [13].

Son muy numerosas las formas que están atestiguadas en los dialectos norteños de España: *babažadas* 'tonterías'; *karas* 'mejillas'; *kariɲo* 'nostalgia'; *kazal* 'aldea'; *kaleža* 'calle'; *fiemo* 'estiércol'; *furo* 'vacío'; *lonso* 'oso'; *šešo* 'guijarro'; *šamarada* 'llamarada', etc. También hay algunas voces de claro origen portugués: *froña* 'funda'; *fadu* 'suerte en el matrimonio'; *embirrarse* 'enfurecerse'; *enguyos* 'náuseas'; *saloso* 'sollozo'; etc. En ocasiones, alguna palabra de origen dialectal ha arraigado en una comunidad y es desconocida en las restantes. Esto ocurre, por ejemplo, en el leonés *bilma*, forma que corresponde al castellano *bizma*. *Bilma* parece que no es usada más que en Bosnia, mientras que tanto *bilma* como *bizma* son desconocidas en las demás regiones. *Melsa* 'bazo' es palabra aragonesa, que se usa en Kastoria (HMP, II, pág. 200) al lado de la forma *meltza*, de Dúpnitza (Bulgaria), pero en el resto del oriente se usa el turco *dalak* (*bazo* es desconocida), etc.

Este empobrecimiento progresivo de las formas patrimoniales ha sido sustituido por el préstamo, como ya queda dicho. De las formas alienígenas, el turco ha sido la más explotada, naturalmente mucho más en Constantinopla que en las pequeñas ciudades del interior del Imperio. En muchas ocasiones, durante siglos convivieron la voz patrimonial y la alienígena, pero después de la primera guerra mundial, con los naciona-

---

[13] M. L. WAGNER, *Espigueo judeoespañol*, en RFE, XXXIV, 1950, páginas 9-106.

lismos jóvenes y la supresión de las escuelas judías, aparte de la total incorporación de las generaciones jóvenes a la vida del país (servicio militar, etc.), la lengua oficial ha ido desbancando a la tradicional. En Marruecos, la lengua asimismo ha sido arrinconada por mezclarse cada vez más con el español de la Península. El análisis de unas cuantas voces nos permitirá darnos una ligera idea del fondo léxico del habla, haciendo, como siempre, la salvedad de que estas hablas han sufrido enorme disminución con las especiales circunstancias de la última guerra mundial.

abediguar, abidiguar 'resucitar, volver a vivir', forma que se usa solamente en fórmulas religiosas. La voz está atestiguada en la *Biblia de Ferrara*, en la variante *abiviguar*. Existió la palabra en los antiguos proverbios: «Mil sesudos que te maten y no un loco que te *abedigue*»; «Ni para vivos lograr, ni para muertos *abediguar*». Este último proverbio está divulgado en Bulgaria, aunque en forma algo diferente: *«Ni para bivus onradus, ni para muertus abidugadus»*.

ablistón 'charlatán, parlanchín, hablador' es el viejo esp. *hablistán*. Para el sufijo comp. con las formas parecidas de la Península: *lambistón* 'goloso' (Santander). La forma antigua *favlistán* existe en Bitolj (Monastir) (LURIA, pág. 461). La forma *hablistán* sigue usándose en el Campo de Gibraltar y en el judeoespañol de Marruecos (A. CASTRO, *Lengua, enseñanza y literatura*, pág. 78). Comp. con este trozo de Juan de Valdés: «Mosén Diego de Valera, el que escribió *La Valeriana*, es gran *hablistán*... Y avéis de saber que llamo *hablistán* a Mosén Diego, porque, por ser amigo de hablar, en lo que scrive pone algunas cosas fuera de propósito, y que pudiera pasar sin ellas...» (*Diálogo de la lengua*, Clás. Cast., LXXXVI, págs. 174-175).

abufarse 'hincharse' está en estrecha relación con el ant. esp. *abufado*, registrado por Covarrubias y vivo hoy en Puerto Rico: *abufado* 'hinchado, abotagado' (MALARET, *Voc. de Puerto Rico*). *Abufaren* se oye todavía en Amsterdam con el valor 'dar de comer hasta la saciedad'. Aparece en el ARCIPRESTE DE TALAVERA, libro III, cap. 4: «los flemáticos la color tienen como de *abu-hados*»; *abufaren* es también en Holanda 'abrumar a uno a preguntas' [14].

agranada 'granada, la fruta', así en Constantinopla y en Esmirna. Pero en Salónica es *mangrana* y en Monastir *man-grane*, como el aragonés y catalán *mangrana* (comp. el ant. esp. *milgrana*).

alĉiprés 'ciprés' en Constantinopla. Variantes *aciprés, alci-prés*, son conocidas de los dialectos peninsulares (extremeño, salmantino, gallego, asturiano occidental). La palatal del judeo-español puede ser equivalente a la del catalán *xipré(r)* o bien puede deberse a influjo de la voz italiana. No existe en Bul-garia, donde se usa la voz búlgara *kiparés*. En Constantinopla, el pueblo inculto también la desconoce; usa siempre *pino*, palabra que designa a todas las coníferas. El vocabulario rela-tivo a la naturaleza es un poco pobre entre los sefardíes: *pášaro* es una voz que designa toda clase de aves. Y algo aná-logo ocurre con los árboles: *árbole* es el nombre genérico (a veces se añade un determinativo, *árbole de la pera, de la mansana*, etc.). También se ignoran casi todos los nombres es-pañoles de las flores, yerbas, instrumentos usuales, etc.

aleĉar 'criar, dar leche, amamantar' aparece en la *Biblia de Ferrara* con los derivados *alechador, alechadera*. Todavía en la actualidad se llama *alechadera* a la nodriza en Bulgaria. En Monastir, *alichar* 'criar' (LURIA, 556).

alméša 'ciruela' es usado en Bosnia. También en Bosnia y Bulgaria se usa el derivado *almíšada* 'mermelada'. Ambas cosas se relacionan con el portugués *ameixa*, gall. *ameija*. En la zona oriental se dice *zirgüela* para designar las ciruelas secas, al lado de la voz griega *abrámila*. La voz *pruna* (esp. antiguo y catalán *pruna*) se usa en Salónica y Larissa; en Bulgaria *pruma*, con *m* debida a labialización (fenómeno también conocido en algún dialecto italiano, en el del Irpino, por ejemplo). Comp. con la forma *puma* de Albacete (RFE, XXVII, pág. 252), o con

---

[14] J. A. VAN PRAAG, *Restos de los idiomas hispanolusitanos entre los sefardíes de Amsterdam*, BRAE, XVIII, 1931, pág. 143.

las formas de otras hablas y dialectos (inglés ant. *plume*, alemán *Pflaume*).

anadar 'nadar' en Bulgaria, es *enadar* en Salónica. La forma recuerda las de los dialectos occidentales peninsulares (sanabrés *añadar*) y portuguesas (*adanar* en Estanco Louro y Alportel; *adanar*, *danar*, en Madeira). La forma *nadar* es general en Constantinopla.

antinada 'hijastra' en Bitolj y Skoplje (CREWS, pág. 255), *intinada* en Bosnia (BARUCH, RFE, XVII, pág. 127), recuerda con exactitud el ant. esp. *entenado* y está conforme con el port. *anteado, enteado*.

antier 'anteayer' es usado en Bulgaria y Marruecos. Se emplea en el español popular de todas partes.

aprestar 'valer, servir', en Marruecos (ALVAR, pág. 171). Es el *prestar* asturiano, 'aprovechar' (RATO; CANELLADA) y leonés (usado por Juan del Enzina y el *Libro de Aleixandre*).

arrinchir 'relinchar', en Bitolj, con cambio de conjugación, puede ponerse en relación con el ast. *rinchar* (CANELLADA, ACEVEDO) y el gallego-port. *rinchar*.

asúkir 'azúcar', en Bulgaria (en Bosnia, *asukri*) se relaciona con el ast. *azucrı*, leonés *azúqueri*, femenino usado en Maragatería y tierra de Astorga, gallego *zucre*, catalán *sucre*. En Constantinopla se dice *la asúcar* (igual en Esmirna y Kastoria) y en Salónica *la asúka*; en Marruecos, *assucuar*. Las formas repiten una vez más la distribución de voces orientales y occidentales.

atabafar es general en todo el judeoespañol por 'ahogar, sofocar': *s'atabafó* 'se ahogó', en Bulgaria. Está en relación con el asturiano *abafar* 'echar aliento a la cara de alguien' (RATO), y (en cuanto al significado) con el portugués *abafar* 'sofocar, asfixiar'. Probablemente la forma con -ta- se debe a un cruce con el esp. *atafagar* 'sofocar'.

atorgar 'consentir', en Salónica, Bulgaria y Constantinopla, es *atrogar* en Bitolj (CREWS). También significa 'confesar'. «*Pecado atorgado es medio perdonado*». Es el español antiguo *atorgar*, de copioso uso literario. Hoy se usa en Aragón y Salamanca. En Albacete existe la voz *atorgos* 'esponsales, fiesta para el consentimiento de la boda' (RFE, XXVII, pág. 245). *Atorgar* existe también en Marruecos y en el catalán antiguo. De las formas antiguas peninsulares procede el sardo *atorgare, atrogare* 'confesar'.

babažada es en Bulgaria 'tontería, cosa sin sustancia'. *Babažador, babažadero* es el 'hablador pesado e insulso'. La palabra tiene una amplia repartición por el occidente peninsular: ast. *babayo* 'tonto de capirote'; *babayada* 'tontería' (RATO; ACEVEDO; CANELLADA). En el Bierzo existen *baballón, baballoso* 'baboso, hablador'.

bafo 'aliento, soplo' es general en Bosnia, Monastir, etc. Es el antiguo español *bafo,* ast. *bafu.* En Constantinopla se aplica sobre todo a una bocanada de humo de tabaco. WAGNER señala además derivados usuales: *bafuriar* (Bulgaria) 'dejar salir el humo'; *ezbafar* 'sofocar de dolor'; *baforis* 'calentura'; *desbaforadu* 'sin aliento'.

bantal 'delantal de las mujeres', usado en Bulgaria, aparece con variantes en otros lugares: *vental, debantal,* en Salónica. Es el antiguo español *devantal* (usado, por ejemplo, por LOPE DE RUEDA, *Armelina,* III, Clás. Cast., LIX, pág. 143), hoy representado en copiosas formas dialectales: *avantal* (Zamora), *vental* (Santander), portugués *avental.* En Bitolj se usa *bantil,* forma debida probablemente a un cruce con *mandil.*

besico 'especie de pastel', usado en Brusa. Está en relación con el portugués *beijinho* 'especie de bollo', y el hispanoamericano *besito* 'panecillo de harina, coco, etc.' (MALARET).

bidro, general por 'vidrio'. Es la forma del viejo español *vidro,* forma usual en la literatura (Espinel, Cervantes, Alemán, Lope; Nebrija ya vacilaba entre *vidro* y *vidrio*). Hoy *vidro* sigue usándose con gran vigor en el habla popular. Comp. el ast. *vidru* (RATO; MUNTHE), gallego *vidro,* port. *vidro.*

biko es en todas partes 'el pico de las aves'; *biku* en Bitolj. Comp. el asturiano *bico* 'beso', port. *bico* 'pico'.

bostesar, con /z/ sonora, es usual en Constantinopla, Brusa, Esmirna; en Bosnia, Bulgaria, Salónica, *bostežar;* es *bustižar* en Kastoria. Las formas con ž se corresponden con el ast. *bo-cexar*, extremeño *bocejear*, port. *bocejar*.

bučiča; en Salónica, una *buchicha de šabón* 'una burbuja de jabón'; parece emparentada con el ast. occidental *bochiga* 'ampolla, vejiga'. Comp. con el alavés *bochincha, puchica* 'vejiga de la orina del cerdo' y el riojano *bochincha* 'vejiga de los cerdos, que se usa para guardar la manteca'. En Babia y La-ciana, es *bičiríga* (GUZMÁN ÁLVAREZ).

čóka, en Salónica 'gallina clueca'. Está emparentada con numerosas formas peninsulares: gallego *chocar* 'empollar'; *choca* 'gallina clueca'; *choco* 'huero, clueco' (con formas parecidas en portugués); leonés *chuecla* (GARROTE); *chocra, chuecra*, en La Cabrera (CASADO LOBATO). En otras comarcas sefardíes, *kločka, fazer cločka* (Constantinopla, Bosnia), que es voz turca. En Brusa vive *kuleka* (*asentarse kuleka*), forma corriente en hablas peninsulares y americanas, formada así por influjo de *culo*.

chuflar 'silbar', *chuflo* 'silbido', *chufletico* 'pito'. La *u* (< s i-f i l a r e) se debe a una labialización que es también típica de la Península: aragonés *chuflar*, asturiano *chuflar*.

desmuerto, en las expresiones *reír, comer al desmuerto* 'har-tarse de reír, comer copiosamente' es también de la lengua antigua. *Comer a desmuertas* 'desmesuradamente' (L. ROUANET, *Colección de autos, farsas y coloquios del siglo* XVI, Bibl. Hisp., VIII, pág. 476).

dišos i midišos 'chismes, habladurías', procede de *dišo i me dišo*. Idéntica expresión vive aún entre los sefardíes marro-quíes: *dixo y mixo* 'charloteo, habladuría, chisme'. En oriente existe además la voz *digmidik*, hecha sobre la base *digo*.

drago es en Bulgaria 'hombre fuerte y violento'. Comp. el esp. ant. *drago* 'dragón'. El femenino *draga* (usado por GIL VICENTE, *Comedia do Viuvo*) aparece en cuentos tradicionales de Constantinopla.

enguyos 'náuseas', en Constantinopla y Bulgaria. La voz se corresponde muy bien con el port. *engulho* 'náuseas'; *engulhar* 'causar náuseas'.

enšaguar es general (Bosnia, Bitolj, etc.). Ya aparece en la
Biblia de Ferrara: *enxaguar*, como el esp. ant. y actual asturiano *enxaguar*; clásico *enjaguar* (Tirso, Lope, Vélez de Guevara,
López de Úbeda). La voz tiene gran difusión en América. Comp.
gallego *enjagoar*, port. *enxagoar*.

enšemplo es muy general, pero no se usa más que con el
valor de 'suceso notable, destacado' como en el esp. antiguo:
los enxemplos de Salomón 'los Proverbios'. La expresión 'por
ejemplo', se dice *por ežempjo, por egžempjo*. La fonética, ž,
gž, recuerda la antigua voz española.

eskombransa es un derivado de *eskombrar*. Se usa esta voz
para indicar el haberse librado de un mal amigo o de un enemigo: «*Muerte no es bengansa, ma es buena eskombransa*».
Escombrado tenía en español antiguo el valor 'desembargado,
libre, solo'. Comp.: «...viendo cubierto el suelo de aquellos exor-
bitantes monstruos, como vimos la tierra *descombrada* dellos...»
(ESPINEL, *Marcos de Obregón*, Clás. Cast., LI, pág. 278), «y por
esto te he traído por calles tan *descombradas* de gente» (LOPE
DE RUEDA, *Eufemia*, IV. Clás. Cast., LIX, pág. 72). En Salónica,
escombrar el corazón es 'inclinar a alguien a algo'. En Marruecos, *escombrar* significa 'limpiar'; «*El día que no escombrí,
vino el que no pensí*».

eskulkar aparece en la *Biblia de Ferrara* por 'espiar' (y *esculca* 'espía'). Éste era también su valor en español antiguo
(*Historia Troyana, Regimiento de Príncipes*). Pero el sentido
actual es el de 'indagar', y *eskulko* 'curiosón', persona en general
vieja. Con este valor fue usado por Quevedo y hoy es usual en
el oeste y centro de Asturias, en Alburquerque y Andalucía,
Galicia y Portugal y todos los países del Caribe (en algunos
lugares con ligeras deformaciones). V. COROMINAS, RFH, VI, 226.

eskuma, general por 'espuma', coincide con el portugués
escuma. En Bulgaria *eskumaraže* equivale a 'saliva', es decir,
será el español *espumarajo* transformado según *eskuma*. La
forma *espuma* no se conoce entre los sefardíes.

De *eskupir* existe el derivado *eskupitiña* (Bulgaria). En la
Biblia de Ferrara, *escopetina*, como el esp. familiar *escupitina*.
En Bitolj se oye *iscupiñe*. También se usa *escupiña*, como el

salmantino recogido por Lamano. Comp. el viejo *escopiña* 'saliva', empleado por Sánchez de Badajoz (C. Fontecha, *Glosario de voces comentadas en ediciones de textos clásicos*).

estrevde 'trébedes' en Constantinopla; *la strévdi* en Rustchuk; *la trévde* en Kastoria. Todas estas formas (como aragonés *estrébedes*, *estreudes*, salmantino *estrébedes*; leonés *estrébede* (Cabrera Alta); *estrébedes* (Bierzo); extremeño *estrébedes*) proceden del plural español *las trébedes* por fonética sintáctica. Además existen formas más en relación con las auténticamente occidentales. Tal ocurre con la *estreldi*, en Pazardjik (compárese zamorano-salmantino *estreldes*), y *trempe* (en Kastoria, al lado de *trevde*); comp. el portugués *trempe*.

esfwéla, *ešwela*, *šwela*, en Bulgaria 'tenaza de forjador', es el español *azuela* < a s c i o l a; port. *enxó*.

falduquera, en Salónica y Karaferia 'bolsillo faltriquera'. En Bosnia vive la variante *falkudera;* en Constantinopla, Brusa, Esmirna: *aldeikera;* en Bulgaria *aldikjéra, aldukwéra*. Son todas formas vivas bajo el influjo de *falda*. Comp. el español *faldriquera*, salmantino *faldiquera, falduquera* (Lamano), montañés *faldriquera;* gallego *faldriqueira, faltriqueira;* asturiano *faltriquera;* sanabrés *faldriquiera, faltriqueira, faldricheira*, etc.

fižalda en Sofía, *frižalda* en Pazardjik, 'hojaldre'. La voz de Sofía se relaciona con el antiguo *hojalde* < * f o l i a t i l e. *Hojaldra*, con -*a* final (a imitación de *filloa, torta*, etc.), fue usada por Lope de Rueda, pervive en salmantino y es la forma generalmente usada en Asturias y América (en algunos casos hasta por personas cultas). Las formas con *f*- inicial parecen indicar un influjo de *freír*, claro en la voz de los sefardíes de Marruecos: *frojalde* (y en la de Pazardjik *frižalda*).

fižones en Karaferia, Brusa 'una clase de judías; en Salónica *fižo, fižoleta*. Estas formas sin *r* (andaluz *frijón*, salm. y extrem. *frejón*), recuerdan el gallego *feijó*, port. *feijao;* ast. *feisuelo*, catalán *fesol*. Entre los sefardíes es desconocida la voz *judías*. Existe *alubias* 'judías verdes', *favas* 'judías blancas', y *fižones*. En otros lugares existen formas como *žirgwélos* (Constantinopla), *žurgwélos* (Sofía, Dúpnitza), *čurgwélos* (Andrinópolis, Filipópolis). Para WAGNER la forma *žirgwélo, žurgwélo* es el viejo *judigüelo* 'judías, habichuelas' recogido por Covarrubias, muy posible fonéticamente desde el punto de vista leonés. Este segundo grupo de voces, pues, será un testimonio más del occidentalismo de buena parte del léxico judeoespañol.

fjemo (en Kastoria, *los fiemos* 'las basuras'), en cambio, nos lleva al oriente peninsular. Es el aragonés *fiemo* 'estiércol, basura' también usado en Andalucía (véase atrás, pág. 327).

fraguar conserva todavía el viejo sentido de 'edificar, construir', como en la *Biblia de Ferrara*. (Comp.: «que fuessen *fraugar* el templo de Iherusalem qui era destruito» *Crón. Villarense*, h. 1210, BRAE, VI, pág. 200). Existe asimismo el sustantivo *fragwa* 'construcción, edificio'; *fragwador* 'albañil'. Los derivados de * f r a b i c a (por f a b r i c a) tienen igual sentido en sardo (V. WAGNER, RFE, XXXIV, 1950, pág. 57).

froña, en Constantinopla, Salónica, 'funda de almohada'; en Brusa, *enfroña*, postverbal de *enfroñar* 'enfundar la almohada'. Es el port. *fronha, enfronhar*.

fulí 'hollín', en Bosnia, parece forma emparentada con el port. *fuligem*. Debe de ser la misma palabra que *fulina* 'tela de araña', en Kastoria. (Compárese el port. ant. *esfulinhar* 'barrer, quitar telas de araña') [15].

furo 'vacío' en Bulgaria: *una nues fura* 'una nuez vacía', y, en sentido figurado, 'fanfarrón'. Se trata del español *huero*, derivado de f o r a r e. Comp. el salmantino *hura* 'agujero', el catalán *burat* 'agujero'.

gartíža 'lagartija' en Constantinopla, Salónica, Karaferia; en Bitolj *gritíže;* en Brusa, *lagartéža;* en Bulgaria *lagartíža* y *gartéža;* en Rustchuk, *langritéža*. Las formas con *é* tónica están de acuerdo con las del Norte de España: asturiano *llargatesa* y *llagartesa;* montañés *lagartesa, ligartesa;* aragonés *sangartesa;* español antiguo *lagartezna*.

---

[15] A. STEIGER, *Sobre algunas voces que significan 'hollín' en las lenguas románicas*, en HMP, II, pág. 37.

gažo 'gajo, porción interior de alguna fruta'. Se usa en Constantinopla, Andrinópolis, Bulgaria. También es conocida de los judíos de Marruecos.

huerco, güerco 'diablo, la muerte', Se usa en Monastir (LURIA) y en Marruecos. Comp. «*Quien ve al güerco le queda el gesto*», refrán citado por FOULCHÉ-DELBOSC (*Proverbes judéoespagnols*, París, 1895). Procede del latín o r c u s 'Plutón'. Fue usadísimo en la literatura medieval y llega a la clásica. Estuvo muy divulgado el refrán: «*la casa fecha y el huerco a la puerta*» (V. COROMINAS, DCELC, s. v. *huerco*).

impo 'hipo' en Constantinopla. Se puede relacionar con el gallego *impo, impar* 'gemir, suspirar', portugués *impar;* salmantino y extremeño *jimplar, rejimplar.*

kaleža 'sendero, callejón' es usado en Bosnia, Marruecos, etcétera. Comp. con el salmantino *caleja*, gall. *calexa*, leonés *caleiyo*, asturiano *caleya, caneya*, etc.

kansar es popularmente *encansar*. «*Ken presto corre, presto se encansa*». El participio suele ser *canso*, forma aún corriente en el español dialectal (Aragón, La Mancha) y general en español antiguo. Existe asimismo el derivado *canseria* 'cansera, cansancio' (Monastir) (comp. el dialectal español *cansera*).

kazal 'aldea', *kazalino* 'aldeano, labriego' (la voz *aldea* no es conocida por el judeoespañol). La palabra recuerda muy de cerca el gallego *casal* 'caserío, parte de aldea'; port. *casal* 'pequeño poblado' (FIGUEIREDO).

kóčo 'cocido', usado en Constantinopla, Bulgaria y Marruecos: «*El pan está cocho*». En Marruecos además existe *cochero* 'lo que se cuece fácilmente' (BENOLIEL, BAE, XV, pág. 50). En Salónica, *cocho* significa 'maduro', como en el español antiguo [16].

---

[16] Comp.: «de necessidad compran el pan que es duro, o sin sal, o negro, o mal lleudado, o avinagrado, o mal *cocho*, o quemado, o ahumado, o reciente, o mojado, o desazonado, o húmedo...» (FRAY ANTONIO DE GUEVARA, *Menosprecio de corte y alabanza de aldea*, Clás. Cast., XXIX, pág. 119).

končéntu, en Rustchuk, Pazardjik: *eya tiene el končentu,* es decir 'ella está embarazada'; *eya'sta končentada.* Se trata del aragonés *concieto,* que, al decir de Borao, significa 'apetito semejante al de las mujeres preñadas' y que representa al latín c o n c e p t us. En la Alta Ribagorza, *consieto* 'capricho de embarazada, antojo'. Comp. el clásico *conceta* 'concepción', en *La Pícara Justina* (Bibliófilos Madrileños, VII, 69). La -*č*- en lugar de *s* quizá pueda explicarse por el influjo de voces italianas (*concepire, concezione*) o rumanas.

kožéta 'colecta, cuestación', empleado en Constantinopla y Bulgaria, repite el viejo leonés *cogeta* (STAAFF), asturiano de Colunga *coxeta* (VIGÓN), montañés *cogeta* (G.ª LOMAS).

landre se oye en Constantinopla, Brusa, Salónica, Karaferia, Skoplje; en Bosnia y Bulgaria es *landra.* Representan el español *landre* 'glande' (*landre* 'tumor', en Mateo Alemán). Las formas con -*a* final se acercan al gallego *landra,* port. *landoa* y repiten, una vez más, la repartición de voces norteñas.

lonso 'oso', junto a *onso,* existe en todo el oriente. Repite la forma aragonesa *onso,* numerosamente registrada por dialectólogos y vocabulistas (COLL Y ALTABÁS; BORAO; KUHN; G.ª DE DIEGO, etc.). Comp. el extremeño *nosu* (*un osu* > *u nosu* > *un nosu*) y el nuevo mejicano *lo josos* (*loh osos, lo josos*) para explicar la presencia del artículo por fonética sintáctica. Existe la expresión *un pedaso de lonso* 'estúpido'. En Bitolj, LURIA ha registrado con el valor de 'oso' la voz *urse,* como el gallego y portugués *urso.*

maique por 'aunque' existe en Marruecos (ALVAR, *Endechas*).

mandzía 'aflicción, desgracia'; en Bosnia *mandziya;* en Bitolj, *mandzíe, mandzjosu;* en Bulgaria, *mandziya* 'lo que causa una gran pena'. (En las hablas sefardíes, con -*dz*- sonoras, la *d* es un sonido de transición). Las formas citadas coinciden con el antiguo español y con el portugués *mazela.* El valor 'triste, desgraciado' ya existe en antiguo español [17].

---

[17] Véase YAKOV MALKIEL, *A Latin Hebrew blend: Hispanic «desmazalado»,* en HR, XV, 1947, págs. 297-301.

matakandelas 'mariposilla de la luz', en Andrinópolis, re-produce las denominaciones españolas de varios insectos que acuden a la luz: *matacandiles, apagacandiles,* etc. En Álava existe *matacandelas* (BARÁIBAR). *Apagacandiles* se usa en Murcia y Albacete. Formaciones análogas existen asimismo en otras áreas románicas.

mažar 'majar, aplastar, machacar', en Constantinopla y Bulgaria, siempre con ž (< m a l l e a r e).

mego 'brujo', repite el leonés *meigo, meiga* 'brujo, hombre que pacta con el diablo'; asturiano occidental *meiga* 'bruja'; salmantino *mego* 'embaucador'; gallego-portugués *meiga* 'bruja' (< m a g i c u s REW, 5226).

melsa 'bazo' en Kastoria y Bulgaria, es el aragonés y albaceteño *melsa.* (Ver RFE, XXVII, 1943, pág. 250).

El viejo *melecina* 'remedio, cura' existe por todo el dominio judeoespañol (Constantinopla, Bitolj, Salónica, Marruecos) y en las áreas leonesa, asturiana y andaluza, y tuvo un copioso uso literario.

moƀer 'abortar' ha sido registrado en Constantinopla y en Bulgaria; *móƀito* 'aborto'. El valor 'mover' ha venido a ser representado por *menear, manear. Mover* 'abortar' fue conocido de la lengua clásica: «No sé si me olvidaré, que soy desmemoriada después que *moví*», se lee en *La Lozana Andaluza* (Mamotreto XXXVII, pág. 188) y ya fue registrado por Nebrija. Comp. el español *movición* 'aborto', recogido en tierras de Burgos y Guadalajara, o la forma recogida por el *Dicc.* académico *muévedo* 'feto abortado'. También en Portugal es arcaísmo, pero se recoge en hablas dialectales (Traz-os-montes, Serra de Albardos). El sustantivo portugués es *móvito* (FIGUEIREDO).

Bien cercanas a voces peninsulares son formas como *mofo* 'moho', *mofezer* 'enmohecer', *mofina* 'mohina'; *moleža* 'molleja, estómago de las aves' (comp. el español ant. *moleja,* gallego y portugués *moela*); *moye* 'blando', *amuyeser* 'ablandarse' (port. *amolecer,* montañés *mollo* 'fofo'; leonés *mollo* 'podrido'); *naniko* 'bajito, pequeño de estatura' (español ant., leonés y extremeño *nano;* port. *nanico*); *negro,* como en España, significa también 'malhadado, funesto'. Existe el derivado *negrigura* 'desgracia, maldad', usado en Constantinopla, Salónica, Esmirna, Bulgaria. También *negragura* 'desgracia', en Salónica. *Negregura* se usa en el *Quijote* (comp. *negregoso* 'muy negro', en portugués, usado por Gil Vicente, y *negregado* 'desventurado'). Se emplea en judeo-español también la voz *nigrigón* 'contusión, cardenal' y *negreguear* 'negrecer'. En Bosnia y Salónica se ha señalado *negrañada* 'desgracia'; en Constantinopla, *negreñado* 'desgraciado'; *nižgwélo* 'pobrecillo, pobre hombre' y su frecuente diminutivo *nižgweliko* (en Bosnia, *mižwélo*) es el antiguo *nezuelo* que sale frecuentemente en los *Autos Viejos* (edic. ROUANET).

pader (por *pared*) es vulgarismo muy extendido por toda el área hispánica.

panetero 'panadero' (en Bulgaria) existe en España como voz palaciega, 'encargado de la panadería de Palacio'. Hoy, todavía en catalán, *panater* es 'panadero'.

piña 'mazorca del maíz' tiene igual valor en Canarias, Extremadura y algunos lugares de Ávila y existe con valores parecidos en territorio catalano-aragonés y gascón.

En la *Biblia de Ferrara* aparece *plenismo* < p l e n ī s s i m u s, con pérdida de la *i* postónica. Esta voz, que se oye de otra forma en Constantinopla, sigue el aire popular de algunas comarcas españolas, Albacete, por ejemplo, donde los superlativos se hacen *buenismo, grandismo, pobrismo*, etc. (RFE, XXVII, pág. 235).

preto 'negro', sin diptongo, se oye en las comunidades sefardíes de Marruecos, en Constantinopla, Salónica, Monastir. Es el *prieto* 'negro' de tan abundante uso en la literatura medieval. Las formas sin diptongo están relacionadas con el occidente peninsular.

puño 'puñetazo' y 'puño'. Con valor de 'puñetazo' se oye en Skoplje y Bitolj. Este valor de 'puño' es antiguo y clásico [18] y

---

[18] Comp. «...i de *puñox* i de kalçes atan mal lon feriyo» (*Poema de Yúsuf*, 18c, edic. MENÉNDEZ PIDAL, Granada, 1952, pág. 53); «así sé yo

pervive hoy en algunas comarcas de Extremadura, Puerto Rico y Chile (RFE, XXVI, 319).

ř̃einado 'juguete' en Skoplje. Comp. el español *reinado* 'cierto juego de naipes antiguo' [19]. En Andalucía existe un *reinarse* 'triunfar en algunos juegos'; en aragonés hay un *reinar* 'bailar la peonza, la perinola', etc. También en portugués hay una voz análoga, *reinar* 'divertirse', *reinação* 'broma, juerga, bullicio'.

ř̃eskaldo 'rescoldo'. La forma usada y conocida por los sefardíes es siempre con *a*: *rescaldo*. Esta forma está muy divulgada por las hablas populares españolas: salmantino *rascaldo* (LAMANO); gall. ant. *rescaldo*, citada por VALLADARES y lo mismo en portugués actual; *rescaldo* es usada también en aragonés (Magallón), en asturiano (CANELLADA); en sanabrés, *rescualdo* (A. CASTRO, RFE, V, 33) y en La Cabrera (CASADO LOBATO).

ř̃ezfolgo, en Constantinopla, 'alivio, descanso'. Comp. las formas portuguesas *re(s)fól(e)go* 'alivio', *re(s)folgar,* o la vieja *resolgar* 'respirar', usada por Santa Teresa y hoy viva en Albacete y su comarca.

ř̃oyo 'rubio', en Bosnia, como el aragonés *royo*, con igual valor. En Constantinopla se dice *rubio*.

safumare 'sahumar', con la *-f-* intervocálica conservada, como en el español preclásico (*Cancionero de Baena,* Arcipreste de Talavera, etc.). Se usa en Marruecos (ALVAR) y Salónica; en Constantinopla se emplea sin la *-f-*.

saragwel 'calzoncillos', en Constantinopla. Es el antiguo *zarahueles.*

sayo 'traje, vestido', en Bulgaria, y *sayla* 'camisa de la mujer', están en relación con el español *sayuela* 'camisa de estameña usada por las religiosas', o con el cubano idéntico 'camisa de mujer ajustada a la cintura'. Fonéticamente, está

---

quién es la señora Dulcinea como dar un *puño* en el cielo» (*Quijote,* Clás. Cast., XIII, pág. 169).

[19] *Reinado* 'juego de naipes' aparece en el *Quijote* (Clás. Cast., XXII, pág. 40).

aún más cerca del portugués *saiola* 'enagua, falda blanca que las mujeres usan sobre la camisa'.

šamarada 'llamarada' (Constantinopla, Salónica) y *šamalada* (Bosnia, Bulgaria) debe ponerse en relación con el leonés *chamarata* (LAMANO; MENÉNDEZ PIDAL, *Dial. leon.*, pág. 162).

šaudo 'insípido', en Constantinopla, Salónica, Bulgaria. Existen los derivados *savdés* 'insulso', y el verbo *ensavdar*. Estas formas reflejan el español dialectal *jaudo* (en La Rioja), aragonés *jauto* (BORAO). Según GARCÍA DE DIEGO, procede de *insapidus* (*Contrib.* 329). En Marruecos se oye *šebdo* 'soso, insípido', derivado directo de insipidum[20].

šešo 'guijarro, piedra', en Karaferia, y sus formas de diminutivo *šišíko, šušuniko;* aumentativo *šešón, šišón, šušín,* etc., son hermanas de las peninsulares análogas: leonés *sejo*, sanabrés *šeišo,* salmantino *jejo*, astorgano *jeijo*, montañés *sejo*, gallego *seijo*, portugués *seixo*. Todas ellas remontan a s a x u m.

tútano 'tuétano', usual en antiguo español, con abundantes testimonios literarios, existe aún igual en el salmantino, en el extremeño de Mérida, en Cespedosa de Tormes y en toda el habla americana. El portugués *tutano*, con acentuación llana, se oye en Argentina y Chile.

tu(y)ir(se) 'dolerse por el entorpecimiento de algún miembro'. En Constantinopla, «*tengo las manos tuyendo*». En Salónica, *tuirse*. Es el español *tullir*.

žinžíbre 'encías' (con variantes: *žinžívris* en Bosnia; *las zinzíbis* en Rustchuk; *las sinsibes* en Pazardjik). Estas formas se relacionan con el salmantino *gengiba*, gallego *gengibas*, portugués *gengivas*, extremeño *encibas*. Es tanto más posible cuanto que la forma *žinžíbre* es típica del oeste (Bosnia, Salónica, Bulgaria), donde se dan más abundantemente las formas occi-

[20] *Jaudo,* como la forma riojana, se usa también en Murcia, según el testimonio de J. GARCÍA SORIANO, *Voc. del dialecto murciano*, s. v., quien localiza la voz en Fuentes y Ponte. Véase también PAUL BÉNICHOU, *Formas de i n s í p i d u m en latín y sus derivados españoles*, en NRFH, II, 1948, págs. 265-268.

dentales .(Véase atrás, pág. 362.) En el este se dice *enzías* (Constantinopla), *inzías* (Brusa), *las énzyas* (Kastoria), de acuerdo con las variantes castellanas [21].

Fácilmente se desprende de la lista precedente el aire arcaizante, dialectal o rural del fondo patrimonial del léxico hispanojudío. Quedan por señalar las peculiaridades de su habla matizadas por la vida religiosa. Ya la lengua medieval decía *Dío*, y no *Dios*, por considerar la voz castellana como un plural inaceptable. La lengua estaba asimismo invadida por hebraísmos: *meldar* 'leer libros sagrados', *oinar* 'endechar', *mazal* 'destino'. Voces como *malsín, malsinar, máncer*, han pasado por su intermedio al habla general española. A partir del siglo XVI, la influencia bíblica ha progresado, y numerosas voces hebreas se mezclan con las españolas.

Por todas partes, la decadencia del viejo hablar heredado es notoria y progresiva. El fondo patrimonial español ha disminuido extraordinariamente, y ha sido sustituido por voces italianas, griegas, búlgaras, turcas, eslavas, árabes, etc. Cuando por razones políticas o sociales las comunidades han emigrado, a la primera generación (en Estados Unidos por ejemplo) se ha olvidado por completo el español y se utiliza exclusivamente la lengua del país de adopción [22]. En Marruecos, ya queda dicho, el peso de la lengua peninsular ha ejercido asimismo un gran influjo nivelador. La última guerra ha herido de muerte a las comunidades helénicas, etc., etc. La desaparición de esta emocionante huella viva del español preclásico parece inevitable e inminente.

---

[21] Más noticias sobre léxico sefardí pueden encontrarse en CYNTHIA CREWS, *Notes on judeo-spanish*, en *Proceedings of the Leeds philosophical Society*, VII, 1955, y VIII, 1956.

[22] Véase DENAH LEVY, *La pronunciación del sefardí esmirniano de Nueva York*, en NRFH, VI, 1952, págs. 277-281.

ESPAÑOL DE AMÉRICA

El fundamento del español americano está, naturalmente, en el llevado al Nuevo Mundo por los conquistadores. Ese castellano es el preclásico, la lengua de fines del siglo xv, la usada por Mena, Manrique y *La Celestina* y codificada en la *Gramática* de Nebrija. Es decir, una lengua anterior al esfuerzo creador de las grandes personalidades de los Siglos de Oro. A pesar de las sucesivas capas de español importado, el fondo patrimonial idiomático aparece vivamente coloreado por el arcaísmo y por la tendencia a la acentuación de los rasgos populares —lo que no excluye alguna que otra restauración escolar en determinados casos—.

Esa lengua, trasplantada, aún no unificada, ofrecía aquí y allá vivos rasgos dialectales, provinciales. Es decir: no se había producido la unificación del período clásico. Por añadidura, si consideramos el origen de los primeros pobladores y conquistadores, en general de clases sociales poco refinadas, nos explicaremos aún mejor la fuerte inclinación hacia el léxico y los fenómenos fonéticos de aire popular o vulgar.

El español americano presenta, no obstante, una sólida homogeneidad sobre todo dentro de los niveles cultos. Las diferencias son más marcadas en las capas semicultas y vulgares. A pesar de todo, las diferencias, dentro del enorme territorio americano, son mínimas dentro de la estructura total del habla. Hay muchas menos diferencias entre dos regiones cualesquiera de la enorme América, por separadas que se encuentren, que entre dos valles vecinos de Asturias, por ejemplo. A lo largo del Nuevo Mundo, desde Nuevo Méjico a la Tierra del Fuego, los fenómenos fonéticos se repiten. Algunas regiones denotan alguna preferencia por éste o por el otro fenómeno, pero todos existen en todas partes, y, por añadidura, todos son conocidos en el español peninsular.

Naturalmente, estos fenómenos pueden reducirse a un esquema determinado. Enumerándolos nos encontramos con los siguientes [1]:

1) Paso de *e* átona a *i*: *vistido, visino, lisión, siguro, sigún.*

2) El cambio de *e* en hiato a *i*, cambio que en muchos lugares alcanza el habla culta: *tiatro, pasiar, rial.* El cambio se produce en casi todos los verbos en *-ear.*

3) Cambio opuesto al anterior, es decir, *i* protónica a *e*, quizá por disimilación: *copeo* presente de 'copiar', *melitar, cevil, escrebir, vesita, prencipal.*

4) Paso de *o* protónica a *u*: *cuete* 'cohete', *gurrión* 'gorrión', *tuavía* 'todavía'.

5) Cambio opuesto al anterior, es decir, *u* protónica a *o*: *josticia, chobasco.*

6) Abertura total de la *e* en el diptongo *ei*, hasta sonar *ai*: *asaite* 'aceite', *sais* 'seis', *raina* 'reina'.

7) El fenómeno opuesto al anterior: *ai* > *ei*: *méiz* 'maíz', *beile* 'baile', *agüeitar* 'aguaitar'.

8) Reducción de los grupos cultos de consonantes: *corrución* 'corrupción', *indino* 'indigno', *ilesia* 'iglesia'.

9) Vocalización del grupo *-ct-*: *aspeito, defeito, doutor.*

10) Caída de la *-d-* intervocálica: *piaso* 'pedazo', *cuidao* 'cuidado', etc.

11) Aparición de *-d-* intervocálica por ultracorrección: *vacido* 'vacío', *tardido* 'tardío', *bacalado* 'bacalao'.

---

[1] La bibliografía sobre el español americano va siendo ya copiosa y desigual. El lector que quiera estar bien informado, necesitará manejar, ante todo, los tomos de la *Biblioteca de Dialectología Hispanoamericana* (citada BDH. Véase bibliografía). Una muy clara y práctica exposición de conjunto puede verse en MAX LEOPOLD WAGNER, *Lingua e dialetti dell'America spagnola*, Firenze, 1945.

12) Diptongación excesiva (*priesa, dientista*) o falta de diptongación (*quebras* 'quiebras', *apreta* 'aprieta').

13) Cambios acentuales: a) acentuación vulgar: *cáido* 'caído', *bául* 'baúl', *máistro* 'maestro'; b) acentuación culta: *austríaco, cardíaco*.

Todos estos rasgos fonéticos son conocidos del español popular, vulgar y rural de la Península, y algunos de ellos han tenido frecuente y digno empleo en la literatura preclásica y clásica. Así, por ejemplo, y siguiendo el orden de la enumeración precedente, podemos atestiguarlos cumplidamente:

1) Formas como *sigún, siguro,* son usuales en toda el habla popular de España. Hoy se usan en el occidente (Zamora, Cespedosa, Extremadura), parte de Andalucía, La Mancha, etc. Fueron usados frecuentemente en el habla (remedadora de lo popular) de Santa Teresa, y persisten en el judeoespañol. *Lisión,* que es usado por San Juan de la Cruz, suena *lición* en el habla rural de Castilla (NAVARRO TOMÁS, RFE, X, pág. 30). Formas análogas (*confisión, perfisión,* etc.) aparecen en Juan del Encina, Mena, Fray Luis de León, poesías tradicionales, etc. En América aparecen registradas desde Nuevo Méjico a Patagonia (BDH, I, págs. 92-93).

2 y 4) *Pasiar, acordión, rial, tiatro* y análogos, y *pueta, almuada, cuete* y sus análogos, documentados en toda América, existen lo mismo en Castilla, Vizcaya, Navarra, Aragón, Cespedosa de Tormes; en Zamora, se registra *pior* y en Extremadura *ciazu, piazu.* También en La Mancha. Asturias dice *rial, pior.* Voces como *de ruíllas* 'de rodillas', *tuillo* 'tobillo', etc., se oyen en Andalucía y Murcia (RFE, VII, 36; VKR, I, 363). (Sin embargo, tiene menor geografía el cambio $o > u$, que el $e > i$). Para América, todos los vocabulistas han registrado con mayor o menor intensidad el cambio (V. L. FLÓREZ, *La pronunciación del español en Bogotá,* págs. 118 y ss., y A. ALONSO, BDH, I, pág. 340).

3) $i > e$: *escrebir, vesita, melecina,* etc., y casos análogos. Se oyen en Santander, Navarra, Aragón, Murcia; *vesita* en

Aragón, Andalucía, Murcia, Extremadura, Toledo. (También existe como ruralismo hasta en Coimbra). Voces como *deputao, deligencia,* etc., son vulgares en toda la Península y en toda América.

5) Con el apartado 5, *u > o* (*sospirar, joventud,* etc.), se puede hacer análoga distribución. *Coyontura* se ha documentado en Méjico, Antillas, América Central, Venezuela, Chile, el Plata. *Sospiro, sospirar,* aparece en textos desde el *Poema del Cid* y Berceo hasta Cervantes, y es usual en Santander, en La Mancha, en Méjico, en Colombia. *Joventud* es la forma que aparece en el Arcipreste de Hita, Alfonso de Palencia y Lucas Fernández, y hoy está viva en Chile, Colombia, Albacete, Salamanca, y en general en toda el habla rural.

6 y 7) *ei > ai; ai > ei.* Ambos cambios han sido documentados copiosamente en toda el habla vulgar de la Península y de América. NAVARRO TOMÁS lo recuerda como característica del hablar vulgar de Castilla (Hisp, IV, 156; RFE, III, 55). En América se documenta en análogos medios sociales en todas partes (WIJK, § 27; MALMBERG, pág. 45; CUERVO, § 786, etc.), y es muy usado por la literatura gauchesca (TISCORNIA, § 30, § 31. V. GARCÍA DE DIEGO, *Dialectología,* pág. 314).

8) La reducción de los grupos cultos es general en toda el habla popular y fue la representada literariamente en el período clásico. Solamente la reacción latinizante a través de formas académicas, el libro, la escuela, etc., los ha ido restaurando. (Se repusieron en el siglo XVIII con las reglas ortográficas). Juan de Valdés, en pleno siglo XVI, decía: «...cuando escribo para castellanos y entre castellanos, siempre quito la g y digo *sinificar* y no *significar, manífico* y no *magnífico, dino* y no *digno...*». Otras voces registradas en Valdés son, por ejemplo, *lición, dotor, prática, aceto, acetar, afetación.*

JUAN DE ROBLES, en *El culto sevillano* (siglo XVII), insiste sobre lo mismo. Las rimas de toda la gran poesía clásica lo ratifican. Hoy es general en toda el habla popular de la Penín-

sula. Formas como *dino, indino,* son generales. Las formas semicultas *dinno, dijno,* revelan asimismo la imprecisión y poca
seguridad fonética del grupo en ciertos medios sociales. *Ilesia*
se oye en Andalucía, Asturias, Extremadura, Zamora, etc. En
América en muchos casos, la reducción es mera conservación
de voces que ya fueron importadas así por los conquistadores
(HENRÍQUEZ UREÑA, *El español en Méjico,* BDH, IV, pág. 310).
En algunos sitios americanos la restauración escolar ha sido
muy fuerte. Así ocurre, por ejemplo, en medios cultivados
argentinos, donde, incluso en la conversación ordinaria, la consonante implosiva tiene una gran personalidad: *ápside* 'ábside',
etcétera [2].

9) Otra resolución de grupos cultos es la vocalización:
doutor, efeito, ausoluto, perfeuto, etc., etc. La historia de estas
variantes ya fue estudiada ampliamente por CUERVO (*Disquisi-
ciones,* RHi, V, págs. 273 y ss.) y en el aspecto fonético por
LENZ, BDH, VI, 147 y ss., y KRÜGER, *Westsp. Mund.,* § 432.
Estos dos últimos la explican no como un proceso evolutivo,
que habría sido análogo al de estos grupos en otras lenguas
románicas, sino debida a un salto o sustitución repentinos de
una pronunciación por otra. También puede explicarse por una
previa conversión del fonema implosivo en explosivo: **doco-
tor, *ácato.* Esto altera gravemente la fisonomía de la palabra,
pero, a pesar de su dificultad, se ha producido en algunos
casos: port. del Brasil: *abisurdo* por *absurdo.*
De todos modos, la explicación más acertada es la de una
sustitución del fonema desconocido por uno conocido, ya que,
para el oído dialectal, la implosión puede representar un sonido
cercano a una *i, u,* puesto que, en el habla correcta, en lugar
de *k, p,* aparecen *g, b,* más o menos sonoras, más o menos
vocalizadas.
El ejemplario es numerosísimo y general. En mayor o menor
grado se da en toda el habla popular y rural españolas.

---

[2] BERTIL MALMBERG, *Études sur l'espagnol parlé en Argentine,* pág. 67.
Véanse a este propósito mis observaciones en *Anales del Instituto de
Lingüística de Cuyo,* V, págs. 430-436.

Vocalización del grupo *cc* en *i* se oye en Castilla, Andalucía, Méjico, Costa Rica, Venezuela, Colombia, Chile, Argentina; este mismo grupo se hace *u* en Nuevo Méjico y Chile (*acción* > *aisión, ausión*). El grupo *act* vocalizado (*carauter, intauto; caraiter, intaito*) produce, en una amplísima geografía, *aut* (en Chile, Argentina, Uruguay, Santander, tierras leonesas de Astorga y Maragatería). En Méjico se vocaliza en *i;* en Andalucía, los dos: *au, ai;* igual vacilación registra KRÜGER para las tierras de Aliste, en Zamora.

El grupo *ect* (*correuto, perfeuto, reuto, direito, direuto, efeito, efeuto*, etc.) tiene análoga repartición. Vocalizado en *u* se ha registrado en la Argentina, Chile, Uruguay, Colombia, América Central, Santander, Zamora, Castilla, Extremadura. También se conocen las dos formas en Andalucía. En Méjico es en *i* la forma corriente.

Análogamente podría decirse de los demás grupos: *cautura* 'captura', en Chile, Argentina, Venezuela; *auto* 'apto' en la Montaña santanderina; *conseusión* en Chile, Bogotá, lugares del Plata; *eseuto* 'excepto', *acetar* 'aceptar' en Castilla, Salamanca, Santander, Colombia, Chile y Argentina; *aseito* 'acepto' en Méjico.

La *-d-* también se vocaliza en el grupo *-dr-: paire* > *pare*, etcétera. Así ocurre en Chile, Puerto Rico y Andalucía. En todos los casos citados arriba, aludo solamente a las pronunciaciones modernas, no a las idénticas de origen latino, como leonés o aragonés *perfeito, direito*, etc. También debe recordarse aquí que las dobles formas *auto-acto, autor-actor*, etc., se han conservado en la lengua literaria.

10) La caída de *-d-* intervocálica está registrada en todos los lugares de España, en el habla popular, y, en muchos casos, no resulta extraña esa pérdida en el habla culta coloquial. Generales son voces como *na* 'nada', *pueo* 'puedo', *peaso, piazo* 'pedazo', *ca* 'cada', etc., etc. Más frecuente es todavía la pérdida en las terminaciones en *-ado* (*soldao* 'soldado', *lao* 'lado', etc., y en todos los participios). Tan general es esta pérdida que casi es más eficaz y rápido recordar los casos de mantenimien-

to: permanece en parte de León, parte de Ávila (Barco de Ávila y Arenas de San Pedro), en algunos pueblos de Cáceres, en el judeoespañol, en parte de Colombia. En América, lo corriente es la pérdida, pero, en algunos lugares, se ha reforzado la articulación: así ocurre, por ejemplo, en Méjico, donde llega a oírse una oclusiva (también así en el judeoespañol de los Balkanes occidentales).

La pérdida de *-d-* en los participios en *-ido* es menos frecuente que la de *-ado*, pero igualmente conocida.

En Argentina, el habla culta y semiculta pronuncia una *d* tensa, a veces oclusiva, pero se trata claramente de una restitución escolar, ayudada de notorio énfasis.

La *-d* final, desaparecida también en la Península (*usté, verdá, virtú*) —hablo siempre del habla popular—, ha caído también en América. Así son abundantísimas formas en Lucas Fernández, en Sánchez de Badajoz (en los imperativos había desaparecido ya en la época clásica). En el *Manual de Escribientes*, de Antonio de Torquemada, 1574, se dice que la *-d* final es más débil que la medial, tanto que «apenas se siente... y... hay algunos que no la escriben». En Argentina, y también por imposición escolar, la *-d* final se ha reforzado de tal modo que llega a sonar *-t*: *ustet, bondat*.

La *-d-* en la terminación *-ado* quizá participaba ya de esa debilitación que hemos señalado para la final desde el siglo XV. Sin embargo, podemos afirmar que, a fines del siglo XVII, ya se omitía. Lo reflejan las noticias del francés Maunory (*Grammaire et dictionnaire françois-espagnol*, 1701), quien registra *matao, desterrao* y otros casos más o menos precisos (no en los sustantivos *soldado, cuidado*, etc.). Conforme avanza el siglo XVIII, van siendo más abundantes los testimonios (Padre Isla, Ramón de la Cruz, etc.).[3]

No parece existir en América la pronunciación *-d* > θ (*Madriz, Valladoliz, parez*) con que se pronuncia en Valladolid, Salamanca y Castilla la Vieja. (Comp. salmantino vulgar *Mirat* (*miraθ*) 'apellido', *Miraces* 'todos los miembros de esa familia').

---

[3] Véase la aclaración de RAFAEL LAPESA a AMADO ALONSO, en *De la pronunciación medieval a la moderna en español* (2.ª edic.), pág. 77.

Para los matices de la pronunciación -*ado* y su valoración psicológica, véase NAVARRO TOMÁS, RFE, X, 1923, págs. 35-37.

11) La aparición de una -*d*- intervocálica por ultracorrección es también vulgarismo, sentido como tal, general a todo el dominio hispánico. Los ejemplos (*tardido, vacido, bacalado, Estanislado, Wenceslado*) son conocidos por todas partes. *Vacido* aparece en las *Cartas* de Cortés y hoy es frecuente en la América Central, Méjico y Salamanca; en Chile se dice para ridiculizar la -*d*- innecesaria. «*¡Tanto frido! no se puée pasar el rido para ir a ver al tido.*» También es usual: «*No ha llegado el corredo del Cailado*», análoga frase a la española «*el corredo de Bilbado*». En Madrid no es extraño oír a aldeanos preguntar por la Plaza del *Callado* al dirigirse a un extraño.

Los vocabularios americanos registran además voces como *desedo, mido, obleda, Marida, curazado, crujida,* etc.

12) También la diptongación excesiva o analógica o la supresión de diptongos, son hechos conocidos a los dos lados del mar.

Diptongación: *escuendo, compriendo, tueso, apriende;* en nombres: *tierral, piedrada, afrienta, briega, tiendero.*

Reducción del diptongo: *greso* 'grueso'; *preba* (usual en Asturias); *tútano* (arcaísmo, ya en *La Celestina*); *nervoso, presidario, Usebio, Ulogia,* etc.; en formas verbales: *tosta, apreta, queren, mento,* etc.

Reducción o aparición de diptongo son vacilantes en la terminación -*encia* (*diferiencia, concencia*) y en los numerales compuestos de *diez: deciseis,* etc.

Aparte hay que considerar los restos de viejas voces diptongadas, como *riestra, cuasi, priesa,* vivos ejemplos de formas no reducidas. Todos estos casos y otros análogos son fácilmente perceptibles en toda el habla popular española.

13) El cambio acentual *cáido, bául, máistro, páis, máiz,* etcétera, está documentado desde Nuevo Méjico a la Argentina, aunque haya lagunas de pronunciación correcta. El cambio acentual se oye también en el judeoespañol de Brusa (de im-

pronta castellana), y, dentro de España, es conocido en la pronunciación vulgar de Castilla, Navarra y Aragón, Álava, Albacete, Cuenca. (Parecen no tener inclinación a este cambio las
hablas leonesas y andaluzas.) En cuanto al estado social del
cambio acentual, ha alcanzado a clases cultas en América, en
tanto que en España no ha perdido su aspecto de vulgarismo.
«La sinéresis de *laúd, baúl, país, maíz, vizcaíno, bilbaíno*, frecuente entre el vulgo de España y muy extendida aun en clases
más cultas en América, se usa rara vez en el ambiente castellano, entre las personas instruidas»[4]. Sólo en lenguaje rápido
y en posición relativamente débil o secundaria dentro de la
frase o del verso, cabe emplear alguna vez la pronunciación
páis, bául, bilbáino, etc. (NAVARRO TOMÁS, § 146). Sin embargo,
vizcáino, bóina, bilbáino, cáir, etc., son, en Navarra y Aragón,
generales en campos y ciudades. Lo mismo ocurre en Vizcaya
y Álava. No obstante, la lengua literaria señala que, en los siglos XVIII y XIX, pronunciaciones *cáido, ráiz, extráido* eran usadas por las gentes cultas peninsulares con una gran frecuencia,
como ocurre ahora en América. En poesía, a uno y otro lado
del mar, eran bien usuales. Meléndez Valdés acentúa *cáido* en
alguna ocasión; Lista usa *léidas, réir*, y Espronceda *áhi*, todos
en ocasiones en que el acento rítmico lo exige. En la actualidad esto sería absurdo. No obstante, nos prueba que la tendencia a deshacer el hiato es general dentro del idioma, y que
solamente una reacción cultista ha logrado mantenerle en determinados casos. La diferencia entre una y otra ribera del
Atlántico está en la natural contextura de las clases sociales
directoras. Además, en España, la tradición oral, considerada
como digna, como patrón, venía a coincidir con las formas
académicas correctas; en cambio, en América, con salvedades
de país a país, las formas populares estaban adscritas a las
mejores familias, por lo que la lengua elevada tenía que ser, en
muchas ocasiones, popularista.

Por último, conviene añadir que esta tendencia a eliminar
el hiato (no general en los primeros tiempos de la colonización,

---

[4] TOMÁS NAVARRO TOMÁS, *Manual de pronunciación española*, 5.ª ed.,
New York, 1957, pág. 67.

ya que quedan grandes manchas de hiato, demostradoras de que los cambios han sido más modernos) ha tenido gran profundidad social en todas partes. La lengua literaria posee voces como *réina*, *váina*, *véinte*, *fláuta*, *páila*, y alguna ultracorrección como *vahído*, acentuaciones ya consagradas en el siglo xv, y, por lo tanto, comunes a toda el habla española, incluso las regiones donde hoy no se produce la tendencia (Andalucía, judeoespañol, zonas no diptongadas de América). La tendencia ha seguido obrando posteriormente sobre el léxico: prueba son los casos poéticos citados. Y si hoy se observa más en América que en España, se debe a la menor resistencia cultista encontrada en aquélla. A pesar de todo, la conversación pulcra, las «buenas maneras» idiomáticas tienden a eliminarla.

Dentro de este apartado podrá citarse, a título puramente informativo, la existencia de otros cambios acentuales que no suponen proceso fonético, sino prurito de ordenación o distinción falsa, que acarrean alteraciones del sistema morfológico o léxico. Es decir, acentuaciones del tipo *méndigo*, *cólega*, *périto*, o bien *váyamos*, *puédais*, *quiéramos*, etc. Son vulgarismos contra los que lucha denodadamente una reacción culta. En cuanto a las acentuaciones de los cultismos grecolatinos *cardíaco - cardiáco*, *bigamía - bigamia*, *neumonía - neumonia*, etc., la Academia Española ha decidido libertad de pronunciación[5].

Lo que se desprende claramente de todo lo expuesto es la estrecha comunidad del fondo patrimonial idiomático a uno y otro lado del Atlántico. Todos los fenómenos fonéticos se dan en mayor o menor grado, en España y América.

LOS ELEMENTOS INDÍGENAS

Los españoles encontraron a su llegada un territorio desconocido, poblado por gentes que hablaban una infinidad de lenguas también extrañas, y vivían en un medio también asombroso, una naturaleza deslumbrante. En un principio, plantas,

---

[5] Ver Real Academia Española, *Nuevas normas de prosodia y ortografía*, Madrid, 1952.

animales, accidentes del terreno, útiles de la cultura popular, fueron designados con las voces españolas que nombraban, en España, lo que resultaba más parecido a los ojos de los españoles. Mas, con el tiempo, a medida que la familiaridad con las lenguas indígenas fue creciendo, las palabras o giros españoles se fueron sustituyendo por las voces nativas.

Esas lenguas eran prácticamente innumerables (más de 123 familias de idiomas) pero las que han dejado huellas en el español allí transplantado son: el *arahuaco*, hoy muerto, que se hablaba en las Antillas; el *caribe*, que se hablaba en las Antillas del sur, Venezuela y Guayanas; el *náhuatl*, la más extendida dentro del imperio mejicano; el *quechua*, hablado en el Perú, y propagado por los incas a lo largo de los Andes, desde el Ecuador hasta el norte de Chile y noroeste argentino; el *araucano* (o *mapuche*) en el sur de Chile, y el *guaraní*, hablado por los pobladores de las cuencas del Paraguay y del Paraná, y en el Brasil [6].

La valoración del influjo indígena sobre el español ha tenido muchos altibajos. Para unos la acción de la lengua nativa ha sido enorme: así, por ejemplo, para RODOLFO LENZ, estudioso del habla vulgar chilena. Llega a afirmar que el habla de aquella comarca era «español con sonidos araucanos». Sin embargo, a medida que pasa el tiempo y se van conociendo mejor las variaciones dialectales de España y América, esta afirmación se va desmoronando. Casi todos los hechos fonéticos americanos, como ya queda expuesto atrás, son conocidos en la Península, y no es menester acudir a esa explicación: se trata de íntimas corrientes de la lengua. Así, no se pueden considerar como araucanismos la articulación de *b*, *d*, *g*, fricativas o la aspiración de la -*s* final, ni la *f* (φ) bilabial y otros rasgos chilenos destacados por LENZ.

El mismo autor considera araucanismo la especial palatalización del grupo -*tr*- (*třabạxo*, *otřo*) o el paso de *r̄* a *ř̄* asibilada (*ř̄óto*, *ř̄isa*). AMADO ALONSO demostró que esas articulaciones se

---

6 Véase ANTONIO TOVAR, *Catálogo de las lenguas de América del Sur*, Buenos Aires, 1961.

dan en otros lugares, sobre todo en La Rioja, Navarra, Aragón, Álava, y son conocidas en muchos otros lugares de América. (Ver adelante, pág. 414.)

Otras particularidades de las hablas americanas han sido asimismo atribuidas al sustrato indígena. Sin embargo, no es así. Tal ocurre con la palatalización chilena de /x/ o /g/ (ortografía *g, j,* y *gu,* respectivamente) ante vocal palatal (*muyier, yierra* 'guerra'). El cambio es producido simplemente por la vocal palatal subsiguiente, que motiva un adelantamiento de la articulación. Ocurre en todas las regiones hispánicas, y es, incluso un hecho de fonética general. En América, se ha extendido en Chile más que en ningún otro sitio, pero es conocido, por ejemplo, en Colombia, Navarra, Castilla (BDH, I, pág. 247). Y en el habla de Almería (ALTHER, *Beiträge zur Lautlehre südspanischer Mundarten,* pág. 136), donde se dice *la higuera > laiyera,* es decir, se repite el cambio antiguo *regina > reyina > reína,* etc. Articulación adelantada de la *k', g',* ha sido señalada en el Perú: *porquie, jiefe, giente* (MURRIETA, pág. 124).

De igual manera, la transformación del grupo *-dr-* en *-gr-* (*pagre, piegra*), frecuente en Chile, Argentina, Uruguay y Paraguay, explicado por LENZ como araucanismo, no tiene nada que ver con tal causa, y se oye en Nuevo Méjico y Méjico (*magre, lagrar*); se trata de una equivalencia acústica de la que algunas formas como *dragea-gragea, médano-mégano, párpado-párpago* aparecen en todas partes.

No obstante, en algunas circunstancias y casos, el influjo del sustrato indígena está vivo y palpable. Es notorio, sobre todo, en las poblaciones bilingües. Hacia 1729, el padre Juan de Rivero, hablando de las misiones venezolanas del interior, decía: «No es pequeño estorbo el poco uso de la lengua castellana que por acá se encuentra, pues con la necesidad de tratar a estas gentes en sus idiomas bárbaros se beben insensiblemente sus modos toscos de hablar y se olvidan los propios»[7]. Esos hábitos indígenas persisten aquí y allí, pero sin alterar gravemente en ningún caso la estructura del español. Entre indios

---

[7] R. LAPESA, *Historia de la lengua española,* pág. 329.

de la Sierra del Ecuador se conserva, al hablar castellano, inalterable la *a*, pero se extrema la vacilación *e-i, o-u*. Tanto el indio como el *bozaión* (mestizo de habla muy influida por el quechua) dicen corrientemente *buñega* 'boñiga', *me veda* 'mi vida', *albañel* 'albañil', *dolsora* 'dulzura', *des que* 'diz que', *tríbul* o *tribúl* 'trébol', *vila* 'vela', *istira* 'estera', *risoltar* 'resultar', *Jisós* 'Jesús', *mi mojier* 'mi mujer', *asé* 'así', etc., etc. Estos cambios se explican por el adstrato indígena. En quechua solamente existen tres vocales: *a, u, i*. Los sonidos *e, o* son simples variantes de *i, u*, y como tales se interpretan. Estos cambios, sin embargo, disminuyen a medida que el habla pasa del pueblo indígena al mestizo y al blanco. Como la frontera entre las categorías sociales es muy imprecisa, sobre todo en los medios rurales o de baja cultura, ocurre que estos cambios de origen indígena se oyen en boca de multitud de hablantes que ignoran el quechua. (Toscano Mateus, *El español en el Ecuador*, páginas 51-52.) Estos cambios se acusan también en el habla popular de Tucumán. La reducción de vocales influye en la morfología verbal, en la que vemos la eliminación de los pretéritos: *deje* 'dije'; *queso* 'quise'.

En Yucatán, por ejemplo, incluso las personas cultivadas articulan su español sirviéndose de las «letras heridas» del maya (*p', t', k', ch', tz'*), cuya articulación oral es seguida de una oclusión de glotis (*pak'er* 'pagar'; *khiero* 'quiero'; *t'anto*) [8].

Quizá en las diversas manifestaciones de la entonación sea fácil encontrar huellas de las entonaciones indígenas, y también en las alteraciones del ritmo. (Abreviación de voces en mejicano, sobre todo con la eliminación de las vocales internas, frente a la prolongación de tónicas y pretónicas del argentino; véase, por ejemplo, B. Malmberg, *Español en la Argentina*, pág. 220).

---

[8] Véase BDH, IV, págs. 215-217; también, Víctor M. Suárez, *El español que se habla en Yucatán. Apuntamientos filológicos*, Mérida de Yucatán, 1945, págs. 49-52 y 83 y ss. El grupo *tl* de los numerosos nahuatlismos mejicanos ha alterado su pronunciación. Se mantiene con firmeza cuando es inicial, pero se tiende a pronunciar *cl*: *chipotle > chipocle; apancle* 'arroyo'; *Zacaclán* 'Zacatlán, ciudad'; *ixcle* 'ixtle, fibra'; etc. Al quedar final, no es raro oir -*l*: *nágual* 'náhuatl'.

Casos de substrato morfológico y sintáctico son muy pequeños. R. Lenz, a pesar de su afán por hallar indigenismos por todas partes, no pudo señalar ninguno de este tipo. Ya Cuervo (*El castellano en América*) señaló en Arequipa la posposición del posesivo quechua *-y* a voces españolas con valor afectivo: *viday* 'vida mía'; *viditay* 'vidita mía'; *agüelay* 'abuela mía'. (Este uso se da, sobre todo, en vocativos.) Desde el norte argentino hasta el Ecuador vive el sufijo quechua *-la* para indicar cariño (argentino *vidala*, *vidalitay*, con *l* por despalatalización; ecuatoriano *mi guaguaža* 'mi guagüita'), pero ya hoy estos viejos morfemas no se sienten como tales. En Santiago del Estero se oyen construcciones como *mula corral* 'el corral de la mula'; *puente bajada* 'bajada del puente', en las que debe buscarse una razón de sustrato. En el Ecuador se han señalado copiosos rastros de idéntico origen (*Cruz loma* 'loma de la Cruz'; *¿qué para hacer?*; *harto porque habían tenido*). Murrieta ha hallado casos parecidos en la sierra peruana. El sufijo náhuatl *-ecatl* ha producido el castellano *-eca* (*azteca*, *chichimeca*, *yucateca*, *guatemalteco*, etc.) y también el *-eco* de Méjico y América central para designar defectos físicos: *cacareco* 'pintado de viruelas', *bireco* 'bizco', *chapaneco* 'achaparrado', etc., etc. [9].

Donde la huella indígena es más notoria y valiosa es en el terreno del léxico [10]. La más antigua fuente es el arahuaco, lengua hablada en las Antillas, las primeras tierras con las que el conquistador tomó contacto. De este origen es la primera voz indígena aceptada y luego difundida por todas las lenguas modernas: *canoa*. Ya la registra el *Diccionario* de Nebrija

---

[9] Comp. *patuleco* 'con las piernas torcidas'; *boleco* 'borracho'; *chapaneco*, *tulleco*; *maricueca* 'llorón, majadero'; *tontuneco* 'tontaina'; *totoreco* 'gibado', etc. (Véase Max Leopold Wagner, *El sufijo hispanoamericano -eco para denotar defectos físicos y morales*, en NRFH, IV, 1950, páginas 105-114.)

[10] Una excelente visión de conjunto sobre todo lo relativo al elemento indígena en el español americano puede encontrarse en Max L. Wagner, *Ob. cit.*, capítulo II, *L'elemento indiano*, págs. 51-77. Además de los tradicionales repertorios de léxico, añádase ahora Tomás Buesa Oliver, *Indoamericanismos léxicos en español*, Madrid, 1965.

(1493). Una forma más perfeccionada de esta embarcación es la *piragua*, voz también difundida en otras lenguas. *Cacique* 'jefe de tribu' ya fue empleada por Colón, y después, entre otros, por el Padre Bartolomé de Las Casas.

Arahuacas son también:

tabaco. Voz que designaba no a la planta, sino al instrumento en que se fumaba, según explica el P. Las Casas.

La *batata* fue citada por vez primera por Pedro Mártir de Anghiera en 1516. Navagiero las cita en una carta a Ramusio en 1526: «He visto muchas cosas de las Indias, y entre ellas las raíces que llaman *batatas*, las he comido y saben como las castañas.» La voz es recordada por muchos cronistas (Martín Fernández de Enciso (1519); Enrique Montes (1527), Las Casas, Oviedo (1526), Cieza de León, López de Gómara, Díaz del Castillo, etc.). Oviedo dice: «Una *batata* curada no es inferior en el gusto a gentiles mazapanes.» Hoy en América, *batata* equivale a 'papa dulce' (*camote* en algunos lugares, palabra azteca), mientras *patata* es en todas partes *papa*, palabra quechua.

Otras palabras antillanas son: *bohío, caníbal, sabana* 'llanura' (palabra de Haití, según Oviedo); *naguas* o *enaguas* 'prenda femenina'; *guacamayo, tiburón, yuca*. *Huracán* ha pasado a otras lenguas con igual valor; fue considerado de las islas por Oviedo, pero investigaciones recientes han descubierto que es un préstamo del quiché de Yucatán al taíno antillano; *hamaca*, también difundida, fue usada por Oviedo: «bien es que se diga qué camas tienen en esta Isla Española, a la cual cama llaman *hamaca*» (la voz suena con *h* aspirada en Santo Domingo en las hablas populares; en toda clase de hablantes *hamaquear*, con aspiración). Algunas voces de este origen se transmitieron a otras regiones americanas, como *maíz* (ya aparece en Pedro Mártir y en la *Summa de geografía* de Fernández de Enciso, 1519) o la citada *cacique;* lo mismo ocurre con *baquiano* 'guía, hombre conocedor', hoy frecuentísima en el Plata (*baqueano* es ultracorrección); fue usada por Oviedo, Juan de Castellanos... Otras voces de este origen son: *batea, bejuco, caoba, guayaba, iguana, maní*. Igual procedencia tienen *comején* 'insecto xilófago', *macagua* 'un árbol', usual en las Antillas y Colombia;

nigua 'especie de pulga que penetra en la piel, donde produce serias alteraciones'; *guaicán* 'rémora', etc., etc. Típicamente taínas son, además del señalado *huracán, manigua* 'terreno cubierto de maleza' ya citada por los cronistas; *arcabuco* 'ramaje espeso', voz que utilizó Mateo Alemán (*alcabuco*); *caney* 'choza, cobertizo'; *macana* 'porra, arma para golpear', que se ha extendido con diversidad de valores y derivados (comp. *macanudo* 'excelente, formidable'). Taíno es también *areito*, nombre de la danza y canto populares de los antiguos habitantes de las Antillas, extendido con la conquista a varios otros lugares y ya empleado por Lope de Vega. Son numerosas las voces que designan frutos o plantas: *ají, tuna, maguey, caimito, copey,* etcétera, etc. (V. H. UREÑA, BDH, anejo III, pág. 112 y ss.) [11].

Voces del náhuatl son, por ejemplo, *aguacate, cacao, chocolate, tomate, cacahuete. Aguacate* ya figura como tal voz azteca en Motolinia (1541) y en el *Vocabulario* de Molina (1571). Fue usada por Las Casas (1560); *cacao* aparece en Fernández de Oviedo; *cacahuete* (en Méjico se sigue usando la forma primitiva *cacahuate*) aparece en el P. Sahagún. También el P. Sahagún documenta *tomate* (1532); *jícara* 'taza', *chicle* 'goma de mascar', *hule* 'tela impermeable', *petaca, petate, nopal, tiza,* etcétera, son otras tantas voces de origen náhuatl. Como era de esperar, la zona más abundante en nahuatlismos es el altiplano mejicano, aunque algunos se hayan propagado a los países próximos (e incluso lejanos): *jacal* 'choza rural', ya citada por el P. Sahagún; *tianguis* 'mercado', vivísima en Méjico y Centroamérica, y ya usada por Cortés; *metate* 'piedra para moler a mano el maíz'; *malacate* 'huso'; *molcajete* 'mortero de barro' (y *tejolote* 'mano del mortero'); *huipil* 'manto, prenda femenina'; *pulque* 'bebida hecha con jugo de pita'; *tamal* 'empanada de harina de maíz y otros alimentos'; *chicle* 'resina de un gomero'; *atole* 'gachas de maíz'; *cuate* 'mellizo, amigo'; *mitote*

---

[11] El origen antillano de *batea* es negado por COROMINAS, quien se decide por un étimo árabe; el mismo etimologista niega origen náhuatl a *tocayo*, voz que tradicionalmente se venía considerando americana Parece adaptación de una frase latina (DCELC, s. v.).

'primitivamente, baile cantado', y hoy 'jaleo, bulla' o 'fiesta casera'. Son muy usados en Méjico algunos nombres de animales como *coyote* 'lobo'; *ocelote* 'gato montés', 'tigre'; *quetzal*, ave de vistoso plumaje, cuyas plumas eran empleadas para las coronas de los emperadores, y hoy nombre de la moneda guatemalteca; *sinsonte* 'pájaro muy estimado por su canto'; *zopilote* 'buitre'; *guajolote* 'pavo'; etc. Todavía se llama *chinampa* la plantación flotante de flores o leguminosas, tan conocida en Méjico. Lo mismo ocurre con *elote* 'maíz tierno'; *chile* 'guindilla'; *milpa* 'sembradura de maíz', 'el propio maíz'; *ayote* 'calabaza'; *zacate* 'hierba', etc., etc. Sería muy larga la lista, tanto de las que se limitan a Méjico como de las que se propagaron a toda la América central y parte de la meridional, por su uso y vitalidad durante los tiempos virreinales.

El quechua era la lengua principal del Imperio incaico. Primitivamente, *quechua* designaba una provincia del Imperio, aproximadamente la actual Apurímac. Después de la conquista, el término se generalizó por todo el país. Vocablos de origen quechua son: *cóndor, alpaca, vicuña, guanaco, puma* 'el león americano', *llama, coca, guano, mate, pampa, puna* 'llanura desolada en las zonas altas', *papa* 'patata'. Algunas de estas voces han tenido gran difusión, tales, por ejemplo, *carpa* 'tienda de campaña, toldo'; *chacra* 'campo cultivado'; *china* 'joven de servicio, amante, muchacha del pueblo'; *yapa* 'propina, algo que se da de regalo'; *pucho* 'colilla de cigarro'; *poroto* 'habichuela'; *choclo* 'maíz tierno'; *tambo* 'casa rústica, granja'; *pirca* 'pared, tapia'; *pirgua* 'troj, depósito rústico para el grano', y su variante *pilgua* 'bolsa'; *porongo* 'una especie de calabaza'; *lampa* 'azada'; *guaraca* 'honda'; *chiripá* 'paño que el gaucho lleva colocado entre las piernas'; *vincha* 'cinta, listón para el cabello'; *charque* 'carne curada'; *achuras* 'vísceras de la res, menudos'; *pongo* 'criado, sirviente'; *yanacón* 'arrendatario, aparcero'; *chasqui* 'mensajero, persona enviada con alguna misión particular'; *yaraví* 'canto popular, por lo general triste'; *quena* 'flauta'; *soroche* 'molestias de la altura, mal de montaña'; *cancha* 'terreno espacioso y libre'; *vizcacha* 'un roedor', muy citado en la literatura gauchesca; *chuño* 'fécula de patata'; *zapallo* 'una especie de calabaza'; *yuyo* 'cualquier yerbezuela inútil'; *palta* 'aguacate'; *totora* 'junco, enea'; etc., etc. Muchas de estas voces tienen una geografía muy amplia que rebasa con mucho su origen. Casi todas están vivas en el habla rioplatense, lo que se explica por la dirección de las expediciones, hechas, durante mucho tiempo, a través de los altiplanos, ya que los viajes por mar hacia el estuario del Plata son relativamente tardíos.

Finalmente citaremos la fuerte huella guaraní. Esta lengua se hablaba en una amplia zona que correspondía a la cuenca de los grandes ríos suramericanos que confluyen en el Plata. Hoy se habla todavía en el Paraguay (prácticamente el único país bilingüe; el español es lengua de la cultura, pero el guaraní es la lengua de la comunicación). De esta lengua han salido numerosos nombres de plantas y animales del Brasil y Argentina. Algunos son conocidos incluso en Europa, como *tapir*, *tapioca, mandioca, ñandú, jaguar, ananá*, etc. Muchas de estas voces han pasado al léxico común español a través del portugués brasileño. Otras voces guaraníes menos divulgadas son, por ejemplo, *yacaré* 'caimán'; *bagual* 'potro salvaje'; *tucán* 'ave trepadora'; *irupé* 'victoria regia'; *mucama* 'criada de servicio', *catinga* 'olor desagradable de algunos animales y de los negros', voz usada por don Juan Valera y después dignificada en *Tirano Banderas*, de VALLE-INCLÁN; *mamboretá* 'mantis religiosa'; *tapera* 'ruinas, escombro'; *zarigüeya* 'animal, mamífero trepador'; *cobaya* 'conejillo'; *coatí* 'una especie de oso'; *tatú* 'armadillo'; *ipecacuana* 'planta medicinal'; *petunia* 'planta'; etc. Gran parte de estas voces tienen su primera documentación española en tiempos modernos (AZARA, ULLOA), pero ya en el siglo XVI son conocidas en el portugués brasileño.

También del mapuche o araucano existen algunas huellas léxicas: *gaucho* 'habitante de las pampas' es la voz más generalizada; *poncho* 'prenda de abrigo indígena' y *malón* 'expedición dañosa, ataque repentino de los indios' son del mismo origen. Según COROMINAS (DCELC) *poncho* aparece atestiguado por vez primera en Alonso de Santa Cruz (1530) y *malón* en Tribaldos

de Toledo (1625-34) [12]. Otras voces de este origen son *boldo*
'arbusto', cuyas hojas se emplean en infusión contra los tras-
tornos hepáticos; *chope* 'instrumento para cavar'; *chamal* 'paño
que se coloca entre las piernas, fijado en el cinturón; *pirco*
'guiso de maíz y judías'; *güinca, huinca* 'forastero'; *laucha*
'ratón'; *chucao* 'ave nocturna'; *pegüén* 'una clase de pino';
lingue 'laurel'; etc.

Debe destacarse, del examen de las voces citadas, cómo
el sustrato léxico se refleja especialmente sobre aspectos de la
vida material, concreta, localizada sobre cosas y manifestaciones del vivir cotidiano. Para la vida del espíritu, el vehículo
obligado es el español patrimonial.

EL FONDO IDIOMÁTICO

Ya queda señalada —y reiteradamente— la gran homogeneidad del fondo idiomático del español americano en las capas
cultas o de cierta cultura. Sin embargo, esto no implica rigurosamente que no existan diferencias, algunas ostensibles, cada
vez mayores en los niveles populares o rurales. Algunas, por
ejemplo, han sido unidas a rasgos climatológicos o geográficos.
Por ejemplo, frente a una estrecha identidad de vocabulario
hay diferencias fonéticas entre la pronunciación de las tierras
frías, altas, y las calientes, bajas. En Méjico, capital, ciudad
situada a dos mil metros sobre el nivel del mar, la pronunciación de las consonantes es minuciosa y pulcra, en cualquiera
posición en que aparezcan; las vocales, en cambio, son breves,
y las átonas tienden a desaparecer: *viejsito* 'viejecito', *psioso*
'precioso'. En Veracruz, en la costa yucateca, la vocal recobra

---

[12] Además del trabajo citado de M. L. WAGNER, *Lingua e Dialetti*,
véanse R. LENZ, *Diccionario Etimológico de voces chilenas derivadas de
lenguas indígenas americanas*, Santiago, 1904-1910; G. FRIEDERICI, *Hilfswörterbuch für den Amerikanisten*, Halle, 1926; M. A MORÍNIGO, *Las voces
guaraníes del Diccionario Académico*, Bol. de la Acad. Argentina de
Letras, III, 1935; P. HENRÍQUEZ UREÑA, *Palabras antillanas en el Diccionario de la Academia*, RFE, XXII, 1935; A. ZAYAS, *Lexicografía antillana*,
Habana, 1932; etc., etc.

su personalidad, y las consonantes, por el contrario, tienden a debilitarse. Análogos fenómenos pueden señalarse en otras comarcas americanas. (V. Henríquez Ureña, RFE, VIII, 1921, pág. 358; véase más adelante, pág. 411). En general, las tierras bajas tienden a la pérdida de -s y -d-, sonidos conservados en las tierras altas. Este rasgo ha sido muy utilizado en la ya larga polémica sobre el andalucismo del habla hispanoamericana, idea que se cultivó y se consideró vivamente a fines del siglo xix, que fue desechada en gran parte a consecuencia de los trabajos de Henríquez Ureña y que nuevamente vuelve a ser considerada como válida en los estudios más modernos [13].

Desde luego, lo que no puede hacerse es peligrosas generalizaciones. Dentro del español americano, diversas razones obran en sentido diferenciador. Tales son, aparte de las señaladas de clima y geografía, los contactos con diversas lenguas indígenas, los distintos grados de cultura, el mayor o menor aislamiento o relación con focos culturales, etc., los cuales han producido o alentado modificaciones en la fonética, en la morfología y sintaxis y, sobre todo, en el léxico. Por estas razones —y provisionalmente— Henríquez Ureña dividió la América española en cinco zonas principales:

1) El sur y suroeste de los Estados Unidos, Méjico y las Repúblicas de América Central.
2) Las tres grandes Antillas españolas (Cuba, Puerto Rico, Santo Domingo), la costa y los llanos de Venezuela y, probablemente, la parte septentrional de Colombia.
3) La región andina de Venezuela, el interior y la costa occidental de Colombia, el Ecuador, el Perú, la mayor parte de Bolivia y quizá el norte de Chile.
4) La mayor parte de Chile.
5) Argentina, Uruguay, Paraguay y quizá parte del sudeste boliviano.

Estas cinco zonas (sigo resumiendo la teoría de Henríquez Ureña) están condicionadas por la proximidad geográfica de

---

[13] Véase más adelante, pág. 418.

las comarcas que las componen, los lazos políticos y culturales que las ataron durante el período colonial y, en especial, el contacto con una lengua indígena principal. A la primera región corresponde el náhuatl, a la segunda el arahuaco, a la tercera el quechua, el araucano a la cuarta y el guaraní a la quinta. Los elementos diferenciales radican, sobre todo y como queda señalado, en el léxico. Fonéticamente, ninguna zona de las señaladas es rigurosamente uniforme. Por añadidura, dentro de las zonas sería muy fácil hacer subdivisiones; por ejemplo, dentro de la primera zona habría que distinguir seis regiones distintas: el territorio hispánico de Estados Unidos (con curiosos cambios fonéticos); el norte de Méjico; el altiplano central, donde se asienta la capital, niveladora y orientadora de la lengua general y sometida al influjo del náhuatl; las tierras calientes de la costa del Golfo, sobre todo los estados de Veracruz y Tabasco; la península de Yucatán, donde ejerce influjo el maya; América Central, comenzando desde el estado mejicano de Chiapas, que perteneció en lo antiguo a Guatemala. Y aun es probable que dentro del istmo pudieran hacerse otras subdivisiones.

Hasta aquí, la tantas veces seguida división de Henríquez Ureña, que citamos como testimonio importante en la historia de los estudios dialectológicos hispanoamericanos. Diversos estudios han puesto de manifiesto lo endeble de tal clasificación, hecha con un criterio desbrozador inicial, y basada en los escasos conocimientos que entonces se tenían de los hechos y problemas idiomáticos. La primera objeción es la referente a las lenguas indígenas utilizadas: el número y eficacia de las existentes es mucho mayor de lo que Henríquez Ureña podía sospechar. Tampoco es exacto el reparto geográfico que se hace de las utilizadas. (El caso más visible es el del guaraní, cuyo influjo hay que limitar a las provincias del nordeste argentino, y no a todo el resto del enorme país). Pero la razón más importante es el escaso volumen de datos concretos sobre las hablas locales o regionales que entonces existía, y que, al ir ensanchándose, ha cambiado el mapa dialectal de América.

Hemos de mirar ahora, además del posible influjo de las lenguas indígenas, a la repartición de los fenómenos que vamos conociendo con mayor o menor exactitud (voseo, yeísmo = žeísmo, formas de la segunda persona de plural), y nos hemos de ayudar, en lo posible, con los datos que nos proporcione la historia de la colonización y de la expansión cultural. Un ejemplo podría aclarar de qué se trata. En la tradicional clasificación de Henríquez Ureña, la República Argentina aparece englobada por entero en la zona V, con Paraguay y Uruguay y parte de Bolivia, unidas todas por el guaraní. Una mirada más detenida nos divide el territorio por lo menos en cuatro zonas: una, la más grande, constituida por Buenos Aires, Entre Ríos, Santa Fe, La Pampa y los territorios del sur hasta la Tierra del Fuego (esta tierra extrema ha sido poblada y colonizada desde Buenos Aires en fecha relativamente reciente). Una segunda zona sería la auténticamente guaranítica (Corrientes, Formosa, Misiones), que empalmaría con el español del Paraguay en varios aspectos. Una tercera zona incluye Santiago del Estero y parte del Chaco, con claros testimonios de sustrato quechua, y la cuarta, finalmente, encierra a las provincias de la antigua Cuyo (San Juan, Mendoza, San Luis), tierras mucho más próximas a Chile —desde donde fueron colonizadas y regidas— que a las tierras pampeanas. Esta comarca norte-occidental penetra en Bolivia, de la misma manera que la porteña o pampeana penetra en el Uruguay. (Lo que no quiere decir «todo el Uruguay», ya que partes del norte y del este de esta república ignoran el voseo pampeano y conservan el tuteo).

También en las demás regiones de la vieja clasificación de Henríquez Ureña podrían hacerse apartados semejantes. En unos lugares sería la diferenciación entre un español «marinero» o de las costas («de las flotas», dice Menéndez Pidal) y otro de la «administración»: ésa sería la diferencia señalada por la aspiración de -s final (y a veces voseo) frente a la conservación de esa -s y pérdida, en cambio, de vocales (hecho en el que, por otra parte, cabe suponer un hecho de sustrato): es el caso de Méjico. En el mismo Méjico se podrían desglosar las áreas a las que el influjo del brillo cultural del virreinato ha llegado de diversas maneras: el norte, escindido por la mediatización del inglés (Nuevo Méjico, Tejas, etc.) y el sur (Tabasco, Chiapas), donde la Capitanía general de Guatemala hizo de manera diferente su vivir histórico. Es indudable que en el español de las Antillas el influjo negroide es muy visible, lo que nos haría destacar las islas como una subzona de ese español que he llamado «marinero». En fin, el tradicional aserto de la homogeneidad del español americano es claro que debe limitarse al habla culta, pero no al sistema expresivo de las clases populares o iletradas, donde las diferencias son, a veces, extraordinariamente acusadas. (Véase más adelante, pág. 440, para el proceso de la nivelación idiomática) [14].

Basándose en los aspectos del español americano sobre los que tenemos ya una información clara, José Pedro Rona ha intentado una nueva delimitación, en la que señala hasta unas veintitrés zonas. Aún señalando que varias de estas reparticiones podrían refundirse, relegando algunas de las señaladas a subzonas o subgrupos, la clasificación propuesta por Rona está llamada a ser un punto de arranque para nuevos estudios [15].

VOSEO

Dentro del habla popular de gran parte de América —pero con importantes excepciones—, el pronombre de segunda persona de plural, *vos*, ha reemplazado al de segunda persona de singular, *tú*, olvidado. Con él se ha perdido igualmente *os*, pronombre objeto, y el posesivo *vuestro*, que han sido reemplazados, respectivamente, por *te* y *tuyo*, *tu*. Este uso de los pronombres acarrea frases híbridas al ser equivocado algunas

14 Debe verse, para todo lo relativo a la repartición dialectal de Hispanoamérica, los trabajos, razonados y convincentes, de José Pedro Rona, *Aspectos metodológicos de la Dialectología hispanoamericana*, Montevideo, 1958, y *El problema de la división del español americano en zonas dialectales*, en *Presente y futuro de la lengua española*, I, pág. 215 y siguientes; también, D. L. Canfield, *La pronunciación del español en América*, Bogotá, 1962.

15 J. P. Rona, *El problema de la división del español americano en zonas dialectales*, loc. cit., págs. 222-224.

veces el oportuno uso de las formas verbales: «*Vos te gastáis tu vida con vos solo*» (chileno), o bien «*Vos te has guardado esa platita para vos solo*» (argentino). En oposición a estos deslices, el habla popular emplea siempre con rigor y exactitud el *usted, ustedes* (substituto de *vosotros,* también olvidado) y las formas adverbiales o pronominales que les acompañan.

Las clases cultas emplean *tú* y *usted,* pero en toda clase de hablantes y en toda América, *ustedes* es el plural único de *tú, vos, usted,* o de cualquier combinación de éstos [15].

La conjugación aparece, no obstante, en francas combinaciones de las formas del plural con las del singular, confusiones debidas al uso del *tú* y a la lucha entre los dos tratamientos. El uso de *vos* para la segunda persona del singular es el hecho que se designa con el nombre de *voseo,* por paralelismo al de *tuteo.* En algunos lugares, Argentina por ejemplo, la voz *tuteo, tutearse* equivale a 'tratarse de vos', es decir, 'no de usted'.

En Argentina y Uruguay (y Paraguay) se emplean con el sujeto *vos* tres tipos de formas verbales: las del singular; las del plural, coincidentes, unas veces, con las normales castellanas (*reís, vivís*) y, otras veces, con las formas arcaicas en las que falta la *i* de los modernos diptongos de la última sílaba (*pensés, tenés, querés*) o la *-d* final (*mirá, llegá, vení, poné*); y, por último se emplean formas antiguas que pueden considerarse bien como formas simplificadas (*estabas-estabais*), bien como formas del singular, porque lo son en la lengua culta (*estabas, estarías, estuvieras*) o en la lengua popular de regiones donde el *vos* es desconocido: *mirastes, estuvistes.*

La región rioplatense, pues, usa en el presente de indicativo las formas arcaicas de plural de los verbos -*ar,* -*er*: *vos tomás, tenés, vos sos*; para los verbos en -*ir* se oyen las formas normales modernas: *vos reís* (en algunos verbos hay formas ambiguas: *vos das, vos estás, vos ves*; en *haber* se usa el singular: *vos has*). En el presente de subjuntivo ocurre algo muy parecido: *tomés, tengás, vivás* (pero *rías, veas, seas, des, estés*). El imperativo usa las formas simplificadas del plural (*tomá, tené,*

[16] El plural *ustedes* en lugar de *vosotros* es también conocido en la Península. Véase para su uso en Andalucía, pág. 329.

Dialectología. — 26

viví). En el pretérito es muy frecuente el uso del singular: *tomaste, viviste;* en subjuntivo, *tomaras, vivieras, pudieras* (ambiguas, no existe uso de los formas en *-ses* y *-res*) [17].

En Chile, en cambio, el voseo adquiere un tono muy peculiar por las desinencias verbales en *-í*. El presente de indicativo emplea las formas modernas para los verbos en *-ar* (*tomáis, cantáis*) y en *-ir* (*vivís, decís*) y para *ser* (*sois*), pero no es raro escuchar formas arcaicas. Las formas de los verbos en *-er* son iguales a las de los verbos en *-ir*: *tenís, querís, habís*, cambio también conocido en el habla popular de Castilla, La Mancha y Aragón. El futuro de indicativo, enteramente nuevo, se ha hecho sobre estas formas: *vos tomarís, vivirís.* Con el subjuntivo ocurre algo análogo: normal para verbos *-er, -ir* (*tengáis, viváis*), y el de los en *-ar* terminados en *-is*: *tomís, juguís, llevís*, cambio conocido en Aragón. En el imperativo oscila entre los normales del singular y del plural (éstas sin la *-d*, es decir: *ven, oye, vení, oyí*); entre estas últimas, las que deberían terminar en *-é* lo hacen en *-i*: *comí, poní* [18].

Estas formas de voseo chileno avanzan hasta ocupar, en tierra argentina, las provincias de la antigua Cuyo: Mendoza, San Juan y San Luis. La región dependió de Chile hasta 1776, en que se creó el Virreinato del Plata y se incorporaron a Buenos Aires, por considerarlas dentro de sus fronteras naturales. En esta razón histórica está probablemente el origen de esa identidad de comportamiento lingüístico.

---

17 Ejemplos rioplatenses: «*Vos sos un gaucho matrero*». «*Vos matastes un moreno*» (*Martín Fierro*). «*Dormíte, hijo, dormíte / si no te dormís...*» (Canción popular recogida por CIRO BAYO). «*Ah, si vos pudieras...*» «*Percanta que me amurastes...*» «*¿Te acordás, milonguita?*» ...«*Vos eras...*» (Letras de diversos tangos). «*Ponéte serio... Mirá que te pego*» «*¿Te querés callar, condenao?*» (De FLORENCIO SÁNCHEZ, *M'hijo el dotor*). Véase para la forma de futuro en voseo, y su repartición e interpretación, J. PEDRO RONA, *El uso del futuro en el voseo americano*, Fil, VII, 1961, pág. 1211 y ss.

18 Ejemplos de voseo chileno: «*¿Querís que te lo cuente otra vez?... Andá p'ajuera... no te demorás mucho...*» (RAMÓN LAVAL, *Cuentos chilenos de nunca acabar*); «*Aquí tenís mi sombrero, / dime... Agora contestáme, decí... Has hablado una herejía, ¿no sabís? ¿Por qué armais el espantajo / y luego te espantais dél?...*» (BARROS GREZ, *Los palladores*).

LIMITES DEL ESPAÑOL EN AMÉRICA.
ZONA DE VOSEO.
ZONA DE TUTEO.
LUCHA ENTRE TUTEO Y VOSEO.
ZONAS DE l LATERAL.
ZONAS DE DISTINCION ENTRE ž (< ḻ) Y y MEDIOPALATAL.

XXII.—El español de América.

En Colombia, la conjugación se acerca más a la rioplatense: *tomás, tenés, salís, sos;* subjuntivo: *tomés, salgás,* etc.; imperativo: *tomá, tené, salí, í.* La diferencia más señalada está en el futuro que no es en *-as* ni en *-is,* como el chileno, sino en *-és*: *tomarés, podrés.* En Centro América ocurre algo muy parecido a Colombia: el futuro acaba también generalmente en *-es,* pero también hay casos en *-as.* La forma *habés,* presente de indicativo, se usa en Nicaragua, pero al lado existe *has* y *habís.* El pretérito es muy vacilante (*-astes, -aste, -ates, -istes, -ites*).

En otros lugares, Venezuela por ejemplo, es muy grande la confusión entre formas de plural y de singular. En Ecuador también hay gran confusión. H. TOSCANO MATEUS (*El español en el Ecuador,* pág. 200) afirma que en «la sierra es verdad que el *tú* lucha con el *vos* entre las clases cultas. No suena afectado en la conversación de personas cultas el uso correcto de *tú, te, ti,* aunque lo general es que personas de cierta cultura usan en habla familiar el *vos* con el verbo en singular (*vos eres*) y muchos también con el verbo plural (*vos sois, vos tenís*). El vulgo serrano vosea siempre. En la provincia meridional y serrana de Loja, el voseo está menos extendido». Entre el montuvio (que mezcla voseo y tuteo) se prefiere a *vos sabís,* forma serrana, *vos sabéis* o *vos sabes.*

Resumiendo: las formas verbales del voseo se pueden reducir a este esquema:

A. Vos *cantáis   teméis   reís.*

(Identificación con las normales de plural del castellano medio).

B.   *cantáis   temís   reís.*

(Sierra de Ecuador, sur del Perú, Chile).

C.   *cantás   temés   reís.*

(Sur de Méjico y Centroamérica, Colombia, Venezuela, costas de Ecuador, Paraguay, Argentina pampeana y guaraní, Uruguay).

D.   *cantas   temes   ríes.*

(Santiago del Estero).

Lo arriba señalado ayuda vivamente a trazar la repartición geográfica del voseo. Tampoco se puede generalizar diciendo que el voseo sea común en el español americano, ya que más de la tercera parte de la población americana lo ignora. En algunos sitios vive pujante; en otros lucha con el tuteo a la española y en otros ha desaparecido. He aquí una rápida exposición de su estado actual [19].

El *vos* vive y se propaga con pujanza extraordinaria en la región rioplatense, tanto en las ciudades como en los campos. Las clases cultas de las ciudades conocen el *tú*, sobre todo en Montevideo. En Argentina es donde el voseo se ha identificado y mantenido incluso en nobles formas literarias. En Uruguay, el voseo es normal. Sin embargo, hay una comarca donde el tuteo existe: los departamentos de Rocha y Maldonado, y algo del Treinta y tres, en la costa atlántica, y en otras comarcas del interior fronterizas con Brasil (parte de Artigas, Rivera y Salto) [20]. En el Paraguay, *tú* es exclusivo de las clases ilustradas, pero *vos* sigue vigente entre el pueblo y los campesinos y en la conversación familiar. En Chile, BELLO lo rechazó por disolvente. La escuela ha ayudado y ayuda a la desaparición y sustitución por el tuteo. Algo muy parecido pasa en Colombia, donde fue condenado por CUERVO. Hoy conviven *tú* y *vos* en el uso popular. Esta mezcla, limitada a una mínima parte del pueblo, se reproduce en el Perú: el voseo se emplea en Arequipa, al sur, y en Piura, al norte. Pero fuera de estos pequeños territorios extremos, lo total entre las diferentes clases sociales es el tuteo a la manera española.

Bolivia ofrece rasgos análogos: lucha de tuteo y voseo en el sur, en Tarija y Potosí, probable contaminación del voseo argentino por efecto del tráfico internacional, pero el resto del

---

[19] Una ojeada de conjunto del voseo, excelente hasta su fecha, en ELEUTERIO TISCORNIA, *La lengua de Martín Fierro*, BDH, III, Buenos Aires, 1930, § 97. Trabajos posteriores obligan a matizar el mapa en diversos lugares.

[20] JOSÉ PEDRO RONA, *Aspectos metodológicos de la dialectología hispanoamericana*, pág. 19, y del mismo *El uso del futuro en el voseo americano*, con mapa en pág. 131.

país conserva un español más puro y aquilatado que otros muchos lugares del continente. El uso del *tú* con las formas verbales correctas es general entre todas las clases sociales.

En el Ecuador, la mezcla es conocida. En el litoral se usa correctamente el *tú;* el *vos* se ha relegado a la región interandina, donde el *vos* tiene uso entre campesinos y el vulgo de las ciudades. *Vos* con imperativos como *tapá*, *cogé*, *buscá* es también general en Quito, la capital. El *tú* revela clase social culta, elevada. En la lengua popular, los *Cantares populares*, recogidos por J. LEÓN MERA en el siglo pasado, dejan ver que el *vos* se usa entre amigos, que la madre trata de *vos* a la hija, y que ésta trata de *usted* a aquélla.

La convivencia es lo típico de Venezuela. El *tú* es patrimonio de la clase ilustrada en casi todo el país; el *vos*, de la popular. En los estados de la región andina (Táchira, Mérida, Trujillo) no se usa *tú*, sino *usted*. En las relaciones de superior a inferior, el tratamiento es siempre de *vos*. Por otra parte, en muchos casos tiene un valor despectivo.

El voseo es conocido en toda la América central. Panamá usa *tú* en las ciudades y *vos* en el interior, particularmente en medios rurales. Costa Rica usa voseo general y el *tú* no goza de prestigio social alguno. Nicaragua confunde las formas, y lo mismo sucede en Honduras. El Salvador vosea, y solamente en las clases refinadas se usa el *tú* [21]. En Guatemala, el voseo es general [22].

---

[21] Para Panamá, véase STANLEY L. ROBE, *The Spanish of Rural Panamá*, pág. 125. El voseo del Salvador lo registra cuidadosamente D. L. CANFIELD: «En cuanto al trato familiar, *vos* es de uso universal. Sólo hablando a una persona de otro país donde rija *tú* emplearía el salvadoreño este último pronombre. Como en América en general, *vosotros* sirve muy raras ocasiones algo formales (banquetes o discursos políticos), para congraciarse, y por lo común resulta difícil y acaba por abandonarlo el que habla. La forma familiar plural es *ustedes*, como lo es para trato formal» (*Observaciones sobre el español salvadoreño*, Fil, VI, 1960, página 70. Para Costa Rica, véase A. AGÜERO, *El español de América y Costa Rica*, pág. 164).

[22] Ejemplos centroamericanos: «*Vos cantás lo que quedrás*». «*Cantate la Panameña...*» «*Andá, tré lo vos...*» 'traedlo' (A. ECHEVERRÍA, *Concherías*, Costa Rica). «*¿Volverés por más?*» «*¿Querés que te lo cuente otra vez?*»

Méjico es zona de tuteo. Solamente se usa el voseo en una región al sur, entre Guatemala y el istmo de Tehuantepec, que incluye el estado de Chiapas y la mayor parte del estado de Tabasco. Esta parte de Méjico tiene afinidades lingüísticas con Guatemala, explicables por haber dependido durante el tiempo colonial no del Virreinato, sino de la Capitanía General de Guatemala. Méjico y Nuevo Méjico ignoran el voseo.

Dentro de las Antillas, Puerto Rico y Santo Domingo usan solamente *tú*. En Cuba, también el tuteo es lo general. Se han venido indicando tradicionalmente restos de voseo en una pequeña comarca del este de la isla (Camagüey, Bayamo, Manzanillo), pero investigaciones más recientes parecen demostrar que ha desaparecido [23]. Finalmente añadiremos que el voseo es exclusivo en el papiamento de Curaçao [24].

El voseo no es otra cosa que un rígido arcaísmo. La lengua antigua usaba *vos* como tratamiento de nobleza y distinción. De *vos* habla el Rey al noble en el *Poema del Cid;* de *vos* se hablan marido y mujer y los nobles entre sí. En cambio, *tú* se empleaba al dirigirse a personas de rango inferior, a los criados, a los vasallos, a los niños. Siempre con exacto uso de las formas verbales. Al principio del siglo XVI, todavía podemos encontrar testimonios claros de esta valoración de los pronombres. En *La Comedia do Viuvo* (GIL VICENTE, 1524): las asombradas hermanas, heroínas de la comedia, descubren que el pastor no es tal pastor, sino un príncipe, y exclaman:

> PAULA.—¡Jesús, Jesús, Jesús!
> Más es esto que pastor.

(A. MEMBREÑO, *Hondureñismos*). «*¡Un dirás!*» «*¡Ya no sabés cómo son las caulas!*» ... «*No, hombre, no es para que te afliiás!...*» «*¡Bueno, pues! ¡No me contés nada!*» (MIGUEL ANGEL ASTURIAS, *El Señor Presidente*, Guatemala).

[23] HUMBERTO LÓPEZ MORALES, *Nuevos datos sobre el voseo en Cuba*, en *Español actual*, n.º 4, Madrid, 1965, pág. 4-6. Los viejos informes acusaban un estado vacilante al recoger el voseo con el uso de las formas objeto correctas de *tú*: *os, vuestro*, etc.

[24] Para el papiamento, véase pág. 441.

MELICIA.—Y nos llamábamosle *tú*.
Dezidnos, por Dios, señor,
¿quién sois *vos?*

En Juan del Encina se documenta *tú sos.* Y en Lucas Fernández lo mismo: «Vení, verá, como *sos* tan perpejibre» / «*Vos sos* un gran lladrobaz» (Egl. 7). «Y *tú sos* el forcejudo / zagal de buen retentivo» (Ibídem, 42). En *La Lozana Andaluza* se lee: «*Entrá vos* y *mirá* si está ninguno allá dentro» (XII, 56). «Aquí es el Aduana, *mirá* si *querés* algo» (Ibídem, XV, 70). En Timoneda, por ejemplo, puede leerse el siguiente pasaje:

> CAP.—Pues que tanta presunción
> *vos tenés,*
> veamos cómo *entendés.*
>
> CURA.—Anda no *m'ensaminés*
> que no medre si *sabés*
> lo que sé.
>
> (*Obras,* I, 172).

Estos textos reflejan el uso del *vos* actual gauchesco: formas de plural con valor de singular, indiferente uso de *tú* y *vos* con *sos*, etc., etc.

A través del siglo XVI, se fue realizando un largo desgaste de *vos*, que descendió de su condición hidalga a una nueva, plebeya o vulgar. En compensación, *tú* pasó a llenar su hueco, especialmente en la vida familiar (en la pública se generalizó *vuestra merced*) [25]. De todos modos, *vos* fue rebajándose en dignidad: esto lo reflejan algunos testimonios excepcionales.

Hurtado de Mendoza escribe en una carta al Cardenal Mendoza (1579): «El secretario Antonio de Eraso *llamó de vos* a Gutierre López, estando en el Concejo, y por esto se acuchilla-

---

[25] De *vuestra merced* procede el moderno *usted.* La evolución fonética ya fue expuesta por CUERVO. La historia del tratamiento fue expuesta por J. PLÁ CÁRCELES, *La evolución del tratamiento «vuestra merced»,* en RFE, X, 1923, págs. 245-280.

ron». En el *Quijote* se lee: «Finalmente, con una no vista arrogancia *llamaba de vos* a sus iguales y a los mismos que le conocían» (I, cap. LI). «Desdichadas de nosotras las dueñas... no dejarán de *echarnos un vos* nuestras señoras si pensasen por ello ser reinas» (II, XL). CORREAS, en 1626 (*Arte grande de la lengua castellana*), dice: «*El* usan los mayores con el que no quieren darle merced, ni *tratar de vos, que es más bajo y propio de amos a criados... De vos tratamos a los criados y mozos grandes, y a los labradores y personas semejantes, y entre amigos a donde no hay gravedad ni cumplimiento se trata de vos*». Hay testimonios muy ilustradores de Fray Antonio de Guevara, de Juan de Valdés, de Juan de Luna, Ambrosio de Salazar, Covarrubias, etc., etc. Lo cierto es que *tú* fue dignificado por la lengua de España después de la conquista y colonización de América y llevado allá, donde solamente fue mantenido y propagado en las cortes virreinales, Méjico y Lima, y en las comarcas por ellas influidas [26]. El cambio debió de hacerse a lo largo del primer tercio del siglo XVI. Los dramaturgos del XVII con gran frecuencia ridiculizan el *vos* frente al *tú* [27]. Y

---

[26] Una prueba excelente de cómo el voseo es ante todo un hecho cultural, lo revela su nítida frontera en el sur de Méjico. Chiapas vosea. Y Chiapas no perteneció al Virreinato de Nueva España, lugar de gran cultura, sino, como ya queda dicho arriba, a la Capitanía General de Guatemala. Y se une así al voseo centroamericano. Véase para más detalles y valoración del voseo en América el libro de ARTURO CAPDEVILA, *Babel y el castellano*. Y sobre todo para lo referente a la actitud espiritual reflejada en la lengua, el luminoso libro de AMÉRICO CASTRO, *La peculiaridad lingüística rioplatense y su sentido histórico*, Buenos Aires, 1941.

[27] Comp. este ejemplo de TIRSO DE MOLINA:

—Yo os *haré*
mercedes, *andad* con Dios.
—¿*Os haré? ¿Andad? ¿Ya es vos
lo que tú hasta agora fue?*
Pues vive Dios que hubo día,
aunque des en vosearme,
que de puro tutearme
me convertí en atutía.
—Gastón, tu estancia es abajo,

así fue su desaparición. Solamente en algún lugar apartado, dentro de zonas dialectales, aparece en la Península (LAMANO, *Dial. sal.*, § 48-50). La pérdida de *vosotros* también tiene su equivalente en el andaluz en las formas *ustedes sois*, *ustedes venís*, etc.

ALGUNOS RASGOS FONÉTICOS Y SU REPARTICIÓN [28]

En lo que se refiere a las vocales, el hecho más llamativo e importante es la pérdida de las vocales átonas en el español

> vete y despeja.
> —Eso sí,
> *tú* por *tú*: *vete de aquí*,
> y no *andad* en tono bajo,
> que esto de *vos* me da pena.
>
> (*Celos con celos se curan*, acto II)

Otro ejemplo de LOPE nos demuestra claramente el valor de «cercanía, afectuosidad, confianza» que se ponía en *tú*, frente al engolamiento y distancia de *vuestra merced*:

> D. JUAN: Con tantas *vuesas mercedes*
>   mira que matarme puedes.
> ELENA: ¿Dueña yo, siendo *su* esclava
>   de *vuesa merced*?
> D. JUAN: Ya estoy rendido, ¿qué quieres?
>   Por Dios que de *tú* me nombres.
>
> (*La esclava de su galán*, acto III)

Lo mismo se percibe en este texto de Tirso de Molina:

> (*Lee*) *Mi bien, cuando estoy sin ti...*
> ¿De *tú*, Leonora, y *mi bien*
> a un hombre, y no sé yo a quién?
> Viuda noble que habla ansí
> muy adelante está ya
> en materia de afición.
>
> (*Amar por razón de estado*, acto I, escena IV).

[28] Señalo arriba solamente aquellos fenómenos más acusados. Indudablemente, la caída de las vocales es uno de los más llamativos, sobre todo si pensamos en la exquisita limpidez de timbre de las vocales cas-

de algunos lugares, fenómeno especialmente vivo en el altiplano mejicano. Son frecuentes *orita, oritita* 'ahora, ahorita'; *viejśito* 'viejecito'; *pśioso* 'precioso'; *p'eso* 'por eso'; *psńtonskwans ćapó* 'pues entonces cuando escapó'; *splaticaba* 'se platicaba'; *balás* 'balazos'; *lps* 'lápiz'; etc., etc. La pérdida alcanza a todas las vocales y es casi absoluta delante de *s*, consonante que recibe un alargamiento compensatorio muy ostensible.

La pérdida llega, en el español de México, en muchos casos a la vocal tónica, claro es que sin la frecuencia ni la intensidad que tiene la caída de las átonas. Incluso la *á*, la más resistente, presenta casos de eliminación: *grs* 'gracias'; *kjénsbeké* 'quién sabe qué'; *sjempśt'srád°* 'siempre está cerrado'; etc. El fenómeno se produce entre toda clase de hablantes, sin que exista la menor sanción contraria en la conciencia lingüística.

La pérdida de las vocales en el español mejicano cambia notablemente la fisonomía fonética de la lengua: se reduce notablemente el número de las sílabas y las vocales finales no cuentan para formar sílaba; finalmente, existen consonantes silábicas, surgidas de la pérdida vocálica [29].

Sin detenido examen de las circunstancias en que se produce la caída vocálica, ha sido señalada en otros lugares (sierras del Ecuador, Perú y Bolivia, y en el habla de Bogotá. Quizá se documente todavía en más amplia geografía, a manera que vayan estudiándose las hablas locales).

---

tellanas. Para lo que se refiere a diptongos, asimilaciones, etc., y su relación con lo peninsular, véase atrás, pág. 379. Únicamente debo destacar aquí la presencia en Puerto Rico de vocales con valor fonológico como en Andalucía, transformado su timbre al perderse la consonante subsiguiente por la aspiración: *pie, pię* 'pie, pies'; *dió, Diǫ;* etc. (NAVARRO TOMÁS, *El español en Puerto Rico*, pág. 46). No parece, sin embargo, ser tan acusado el hecho como en Andalucía (véase atrás, pág. 290). También se ha señalado el cambio en el Uruguay (WASHINGTON VÁZQUEZ, *El fonema /s/ en el español del Uruguay, Revista de la Facultad de Humanidades y Ciencias*, VII, n.° 10, Montevideo, 1953). Seguramente, trabajos sucesivos irán documentando el cambio en otros lugares. Con los datos que tenemos a la vista, estas vocales abiertas empalman el habla «marinera» de América con el andaluz.

[29] Véase A. ZAMORA VICENTE y MARÍA JOSEFA CANELLADA, *Vocales caducas en el español mexicano*, NRFH, XIV, 1960, págs. 221-241.

La -*d*- intervocálica se debilita y desaparece en casi toda el habla hispana. En la Península es hecho frecuente y general. También en América ocurre lo mismo, pero no es general, y, por añadidura, lucha, aquí y allá, con restauraciones escolares. Se pierde en el español de Nuevo Méjico (*piaso, Gualupe*) y Puerto Rico, en el habla rústica y vulgar colombiana (*tua la noche, cogío, menúa, déo;* Colombia presenta desaparición generalizada en la costa del Caribe y Santander, pero el sur [Nariño] refuerza la articulación), en el Perú, San Luis (con resistencia a desaparecer en el grupo -*ido*), en el habla gauchesca. En todos estos lugares, la terminación -*ado* presenta los mismos matices que en la Península, oyéndose fácilmente el diptongo *au̯* (*llegau, mercau,* etc). En Argentina cae con menos frecuencia que en España. Indudablemente se trata de una restauración escolar, que lleva, a veces, a articular una -*d*- tensa, oclusiva, de evidente afectación para el oído español, en especial en las terminaciones -*ado* (*mercado, comprado, acabado,* etc.). En el Ecuador se pierde en la costa de manera general, pero la Sierra la conserva, sin que, al parecer, haya mediado imposición escolar (TOSCANO MATEUS, pág. 113) [30].

Comarca de conservación de -*d*- intervocálica es la altiplanicie mejicana (coexiste con la pérdida, pero muy mitigada) donde lo corriente es un reforzamiento de la articulación: *andaddo, paradda.* Esta -*d*- de articulación oclusiva recuerda la análoga de algunas zonas del judeoespañol. De todas maneras, el comportamiento del fonema en América recuerda al de España muy de cerca, donde también quedan lagunas de firme conservación y amplias zonas de decidida inclinación a la pérdida. En general, se puede afirmar que las clases cultas tienden a conservarla más en América que en España.

La -*d* final no se pronuncia generalmente. La tendencia ya aparece documentada en viejo castellano (Lucas Fernández, Santa Teresa, etc.). En algunos lugares, sobre todo Argentina, frente a algunos escritores que escriben fonéticamente *verdá,*

---

[30] A idénticas conclusiones llega PETER BOYD BOWMAN, *Sobre la pronunciación del español en el Ecuador,* NRFH, VII, 1953, págs. 221-251.

salú (BORGES, por ejemplo), lo corriente es reforzarla hasta el ensordecimiento y articular una -*t*.

La *č* ha sido registrada como fricativa en Nuevo Méjico, especialmente en una comarca al sur de Albuquerque, es decir: una *š* no labializada, análoga a la de muchas regiones andaluzas. Esta tendencia es muy perceptible en Cuba, y algo menos en Santo Domingo. Sin embargo, lo corriente por todas partes es la articulación africada española. Excepción importantísima a este comportamiento es la isla de Puerto Rico, donde NAVARRO TOMÁS ha registrado una *č* con el elemento oclusivo más largo que el fricativo, combinación que en muchos casos produce el efecto acústico de una *ţ* dorsopalatal. Esta *č* de Puerto Rico representa el extremo opuesto a la fricativa andaluza, «mientras que de la castellana puede decirse que tiene su punto básico en el centro de ambas tendencias». En Puerto Rico, esta *č* existe en todas las clases sociales, y se ha registrado también en algunos hablantes de Venezuela y Colombia [31]

La *v* labiodental se articula solamente en casos de afectación o pedantería. Está quizá más generalizada en el Plata y en Paraguay. No ha sido registrada ni siquiera en los anglicismos del español en Nuevo Méjico, lo que refuerza la opinión de que era ya un sonido desconocido del español de la conquista.

La *f* es frecuentemente bilabial, suave, poco tensa /φ/. Se ha registrado así en Nuevo Méjico, Guatemala, Costa Rica, Chile, Paraguay, Ecuador, Argentina. En algunos lugares (Perú, Argentina), la pronunciación culta restaura la *f* labiodental; en cambio, en otros como Puerto Rico es uniformemente empleada la *f* /φ/ bilabial. En el habla popular el grupo interior -*sb*- ha producido esta bilabial por todas partes, como, por otro lado, ocurre en casi toda el habla rural de la Península.

La *h*- aspirada, procedente de *f*- latina, persiste, incompletamente, en la altiplanicie mejicana, apenas se oye en el Perú,

[31] T. NAVARRO TOMÁS, *El español en Puerto Rico*, pág. 98.

y en Chile se limita al verbo *huir*. Esporádicamente se oye también en San Luis (Argentina), pero parece típica del habla gauchesca. Se ha documentado en el resto del continente: en Colombia (toda el habla popular incluso en casos de *f-;* véase FLÓREZ, págs. 177 y ss.), en Chile, Ecuador, Venezuela, Las Antillas, Méjico, Nuevo Méjico, Paraguay (y aunque mitigada se ha registrado en el Plata). En grandes partes del inmenso territorio, la aspiración de la *h* y la *j* /x/ se han identificado en el mismo sonido blando, suave. Esto ocurre especialmente en Centroamérica.

Por casi todas partes se ha conservado la *f-* inicial en el arcaísmo *fierro*. Como siempre hay que hacer notar la diferenciación de las pronunciaciones en el habla culta.

Para ḷ y véase más arriba, págs. 76 y 79.

Las velares k, g, x adelantan, en el español de Chile, su punto de articulación cuando les sigue una vocal palatal. La sonora *g* llega a sonar como una *y* mediopalatal [32] con un mayor estrechamiento que la *y* de otras procedencias: *y'era* 'guerra', *y'inda* 'guinda', etc. El hecho, achacado a un sustrato araucano por LENZ, es un fenómeno de fonética general y también conocido en alguna comarca española. (Véase atrás, página 389.)

La *r̄* múltiple, como la española, alveolar vibrante, se emplea en Santo Domingo, Cuba, la mayor parte de Colombia, Venezuela, Méjico y en el habla culta argentina y peruana. Pero en el habla popular del Plata y del Perú se articula una *r̃* fricativa asibilada, muy característica. Es general en Corrientes, Entre Ríos, San Luis y Misiones (Argentina) [33], en Chile, en

---

[32] Para todo lo relativo al yeísmo americano y su repartición geográfica, véase atrás, págs. 76 y ss.

[33] La *r̃* vibrante múltiple se mantiene en la Argentina, en las provincias de Buenos Aires y Santa Fe. De aquí parece haber irradiado a La Pampa, el Neuquén y los territorios meridionales. Pero las provincias andinas, juntamente con los territorios y provincias citados en el texto (Misiones, Corrientes, Entre Ríos, Chaco) se unen a la zona americana de *r̃* fricativa asibilada, propia del Paraguay, Bolivia y Chile y ya hasta el extremo norte del dominio lingüístico español. En Uruguay, la *r̄* vibrante

el Paraguay, Uruguay, Bolivia, la sierra peruana, Ecuador, sur de Colombia, Costa Rica, Guatemala, algunas comarcas del altiplano mejicano y Nuevo Méjico. En España esta articulación se usa en algunas zonas de Álava, Navarra y Aragón. Una geografía igualmente extensa posee la articulación de los grupos -*tř*- -*dř*- que fueron estudiados primeramente por LENZ, y atribuida su transformación a influjo araucano. La presencia de la articulación en España y en otros muchos lugares de América hace inútil tal afirmación. Se trata de algo que está implícito en las corrientes internas de la lengua [34].

Más curioso es el especial cambio de *ř* en el español de Puerto Rico. En dicha sla, la *ř* múltiple es una *ř̃* velar, parecida a la francesa (con mucha mayor tendencia a la fricación y al ensordecimiento). Parece que Puerto Rico es el único país de habla española donde la *ř̃* velar no ocurre como simple defecto o perturbación individual, sino como hábito lingüístico colectivo. Al lado de la *ř̃* velar existe otra que Navarro Tomás llama mixta, que comienza por un elemento fricativo vacilante, ya velar, ya alveolar, y termina como una múltiple fricativa. Se obtiene un efecto aproximado anteponiendo a la *ř* castellana una débil *j*: *cajrro, pejrro*, etc. Tal clase de *ř̃* ha sido registrada también en Colombia, pero como individual e inestable. La *ř̃* velar realiza progresos en Cuba.

La *r* sencilla tiende a pronunciarse fricativa en casi todas partes. Final de grupo, o bien se elimina (*comé, llegá*) o se confunde con la *l* (*caldo-cardo*). La igualación *l-r*, y al revés, ya señalada para España (véase págs. 313-316), ha sido asimismo observada por AMADO ALONSO y R. LIDA (*De geografía fonética*:

---

de Buenos Aires es muy frecuente, sobre todo en las ciudades. (Ver BERTA E. VIDAL DE BATTINI, *Extensión de la ř múltiple en la Argentina*, Fil, III, 1951, págs. 181-184, y DANIEL N. CÁRDENAS, *The geographic distribution of the assibilated r, rr, in Spanish America*, en *Orbis*, VII, 1958, págs. 407-414.) En Méjico, en el distrito federal por lo menos, es frecuente oír *ř̃* fricativa, asibilada, en los casos de -*r* final, incluso entre hablantes cultos.

[34] V. AMADO ALONSO, *El grupo -tr- en España y América*, HMP, I, página 190; también del mismo, *Examen de la teoría indigenista de Rodolfo Lenz*, en RFH, I, 1939, págs. 313-350, y *Substratum y Superstratum*, ibidem, III, 1941, págs. 209-218.

l y r implosivas en España y América, RFH, VII, 1945, páginas 332-342). Los documentos acusan la igualación en las Antillas ya en los principios del siglo XVI. Se ha atestiguado la igualación en Chile y en el territorio argentino de Neuquén (vecino de Chile y con rasgos fonéticos chilenos); en Méjico se conoce en la costa del Golfo, de habla semejante a la de Cuba. (No ocurre la igualación en Méjico, capital, ni en su valle, ni en el estado actual de Guanajuato); es frecuente la igualación en las Antillas. Abunda en Panamá[35] y no ha sido señalada en el resto de América Central. Existe la confusión en Venezuela (Estados de la costa; no existe en la cordillera, donde la igualación se considera de mal gusto, aun entre el pueblo). En Colombia, la confusión fue notada ya por CUERVO para las comarcas de la costa; también la practica la costa ecuatoriana y la peruana. El trueque esporádico existe en todas partes.

La *-n* final de palabra es velar en gran parte de América, como la *ŋ* castellana de *θiŋko, maŋga;* es asimismo velar en interior de palabra: *caŋbiar, iŋpedir.* Se ha registrado esta *ŋ* velar en Cuba, Puerto Rico, Santo Domingo, Nuevo Méjico, Guatemala, Venezuela[36], costas y sur de Colombia, Perú, Paraguay, Uruguay, Argentina. El hecho es también frecuente en muchos lugares del español europeo, aparte de Galicia, donde es típica y representativa (Andalucía, Extremadura, Asturias, León, Canarias)[37].

La *s* es, en general, más parecida a la variante predorsal andaluza que a la apical cóncava castellana. Dentro de esta

---

[35] Véase STANLEY L. ROBE, *-l y -r implosivas en el español de Panamá,* NRFH, II, 1948, págs. 272-275.

[36] La *-n* final no se velariza en el valle de Méjico (JOSEPH MATLUCK, *La pronunciación del español en el valle de México,* NRFH, VI, 1952, páginas 109-120).

[37] En Puerto Rico «la *n* velar se manifiesta en las personas instruidas con la misma regularidad que entre los campesinos iletrados» (NAVARRO TOMÁS, *El español en Puerto Rico,* pág. 101). El mismo NAVARRO ha señalado esta articulación en Santo Domingo recientemente (*Apuntes sobre el español dominicano, Revista Iberoamericana,* XXI, págs. 41-42.)

diferenciación, grosso modo, hay multitud de matices entre los que parece dominar una *s* plana, coronal. Predorsal se ha atestiguado en Colombia y Las Antillas, algunas partes de Méjico, Paraguay, Ecuador, Argentina, Uruguay y Chile. Apicales hay en partes de Colombia, Puerto Rico, Bolivia, Santo Domingo y zonas del Perú. En Méjico, ciudad y valle, la *s* es un sonido predorso-alveo-dental fricativo, de timbre muy agudo y de larga duración. Este prolongamiento contribuye a dar su peculiar fisonomía fonética al habla mejicana (cuando la -*s* es final, además de articularse plenamente es aún más larga; NRFH, VI, pág. 117; XIV, págs. 221-241). La -*s* final se conserva en la meseta de Méjico, el Perú y algunas regiones andinas. En el resto de Hispanoamérica, la -*s* final se aspira. Se ha documentado en Nuevo Méjico, Méjico, Las Antillas, Venezuela, Chile, Colombia y los países del Plata. Esta aspiración (que coexiste con la pérdida, asimilación y otros cambios) ha alcanzado en el español americano mayores proporciones que en la Península. (Para la historia del cambio, véase atrás, pág. 321.) Su comportamiento sobre las consonantes siguientes es el mismo que en España (*refalar* 'resbalar'; *Refalosa* 'nombre de una danza cuyana'; *dijusto, ejarrón,* etc.).

Dentro de este tipo de articulación dorsal, convexa o plana, señalado para la *s*, se desenvuelve el seseo americano, general en todo el territorio.

Casos de ceceo se han registrado en varios lugares. Lo señala en Puerto Rico Tomás Navarro («tan cerrado como el gaditano»). Se ha registrado también en Colombia, El Salvador, Nicaragua y la Argentina [38]. Hay informes imprecisos de ceceo

---

[38] Véase, además de los libros de Navarro Tomás y Luis Flórez ya citados, los artículos de D. L. Canfield, *Andalucismos en la pronunciación salvadoreña, Hispania,* XXXVI, 1953, págs. 32-33, y de Herberto Lacayo, *Apuntes sobre la pronunciación del español en Nicaragua,* en la misma revista, XXXVII, 1954, págs. 267-268. De la Argentina, cita casos de ceceo Berta E. Vidal de Battini, *El español en la Argentina,* 1954. Como dato curioso debe recordarse aquí que, en medio del universal seseo, existe θ (como la castellana moderna) en unas reliquias del alto Perú. Son las universales (*doce, trece*) voces que han conservado la pronunciación antigua en varios sitios (judeoespañol, valenciano). (Véase Amado Alonso, *De*

en Venezuela y Honduras, pero seguramente aparecerán más
núcleos a medida que se vayan conociendo mejor las hablas
locales. De todos modos, lo que domina y prevalece en toda
América es la pronunciación seseante.

EL ANDALUCISMO DEL ESPAÑOL AMERICANO

El español que fue trasplantado a tierras americanas, en
los albores de la conquista, era el español preclásico; debería
de tener muy pocas diferencias con el español llevado por los
sefardíes en su emigración. Este último se petrificó y anquilosó
al estar rodeado de lenguas extrañas y no tener lazo alguno
de unión con la metrópoli; en cambio, el español llevado a
América continuó recibiendo nuevas capas de español hablado, y, mantenidos firmemente los lazos culturales y espirituales,
fue sufriendo los cambios que sufría el español de la metrópoli;
en primer lugar la gran transformación consonántica del siglo XVI. Dentro de esta continuada evolución hay algunos cambios que alejan el español americano del habla media de Castilla y lo acercan al sur de la Península: las cuatro sibilantes:
s, ss, ç, z, han venido a coincidir en una *s*, que, aunque de
distintos matices, está, por lo general, más cercana de la predorsal andaluza que de la alveolar castellana; la aspiración de
-s final de grupo o sílaba y su asimilación a la consonante siguiente; el *yeísmo* ya fricativo mediopalatal, ya rehilado; el
trueque de *r* y *l* agrupadas o su pérdida en fin de palabra, etc.,
contribuyen a dar este aire de semejanza o cercanía fonética
entre las hablas hispanoamericanas y las del sur de la Península.

Esta larga serie de coincidencias se explicó, o pretendió
explicarse, suponiendo que de Andalucía y Extremadura había
procedido la mayoría de los colonizadores.

---

la pronunciación medieval a la moderna en español, pág. 122; BENVENUTTO
MURRIETA, *El lenguaje peruano*, pág. 119.)

Con altibajos en la valoración del hecho, fue unas veces combatido y otras veces apoyado el andalucismo de América [39]. HENRÍQUEZ UREÑA hizo ver en 1932 que los primeros colonizadores fueron originarios no sólo de Andalucía, sino de Extremadura, las dos Castillas y León, e incluso un considerable número de vascos. Con los datos que entonces se podían manejar, resultaba que en el siglo XVI los andaluces constituyeron solamente la tercera parte de los emigrantes; sumando a los andaluces los murcianos y extremeños se alcanzaba el 50 por 100. Por otra parte, los testimonios existentes sobre la confusión andaluza de sibilantes no iban más allá de 1570, fecha por la que se iniciaba el fenómeno en América. Todo hacía pensar que se trataba de evoluciones paralelas y no ligada la una a la otra. La convicción de la independencia de los fenómenos se cimentaba además en el hecho de que en América no se hubiese registrado caso alguno de ceceo, pronunciación considerada como típica de Andalucía.

El estado de la cuestión ha variado mucho después del libro de HENRÍQUEZ UREÑA. Se posee nutrida prueba documental de que el cambio andaluz ya estaba produciéndose en los tiempos de los viajes descubridores y en los de las primeras colonizaciones [40]. Parece que el cambio tenía ya gran vigor a fines del

[39] Puede verse el libro de P. HENRÍQUEZ UREÑA, *Sobre el problema del andalucismo dialectal de América*, anejo I de la BDH, Buenos Aires, 1932. La primera vez que se identificó el español americano con el andaluz fue en el siglo XVIII, en el *Diccionario geográfico histórico de las Indias Occidentales* de ANTONIO DE ALCEDO (Madrid, 1786-1789). En su tomo V se inserta el primer *Vocabulario de las voces provinciales de América*. Ya en el siglo XX han intervenido en la discusión con diversos puntos de vista, matizándose mutuamente, M. L. WAGNER, UREÑA, AMADO ALONSO, NAVARRO TOMÁS, etc. Véase el libro citado de HENRÍQUEZ UREÑA, págs. 121 y siguientes.

[40] Ver RAFAEL LAPESA, *Sobre el ceceo y el seseo en Hispanoamérica*, en *Revista Iberoamericana*, XXI (Homenaje a Henríquez Ureña), n.os 41-42, págs. 409-416, y D. L. CANFIELD, *Spanish American Data for the Chronology of Sibilant Changes*, en *Hispania*, XXV, 1952, pág. 28. Con nuevos datos y documentos estudiados se enmiendan grandemente las conclusiones de HENRÍQUEZ UREÑA, ya que se demuestra la superioridad numérica de los andaluces llegados entre 1493-1508. También se demuestra que en el perío-

siglo xv, aunque según la cita repetida de Arias Montano no se generalizase en Sevilla hasta 1570. La confusión siseante en *s* coronal o predorsal y la ciceante θ o $s\theta$ fueron originariamente variedades de *ceceo*, pues proceden de *ç* o *z*, no de las apicoalveolares. Por eso la confusión andaluza se llamó hasta el xvii *çeçeo* o *zezeo*, mientras que la valenciana, que generalizó la *s* apicoalveolar, se llamó *seseo*. Solamente a partir del siglo xviii se llamó *ceceo* a la igualación andaluza en θ[41].

Lo que hoy llamamos *seseo* americano fue en un principio como el andaluz, *çeçeo* o *zezeo*. Han aparecido articulaciones ciceantes en Puerto Rico, Colombia, Salvador, Nicaragua y Argentina. Quizá aún aparezcan en otros lados. Son vivos restos de la anarquía de la mezcla (si no son evolución autóctona de la *s* predorsal), ya que en distintas partes se reunieron gentes de distinto origen. La nivelación del lenguaje, hecho decisivo en la vida colonial, suprimió los particularismos y se hizo general una *s* no apicoalveolar, sino dental o predorsal[42]. Hay escritos mejicanos que desde 1525 ya revelan la confusión. En

---

do 1504-1519, las andaluzas excedieron en mucho a todo el resto de mujeres trasladadas a América. Todo empuja a creer que en las Antillas se formó una lengua de hondo carácter andaluz o andaluzado, que constituyó la base del ulterior lenguaje desparramado sobre todo el continente.

El estudio documental de estos inmigrantes es materia de trabajo de Peter Boyd-Bowman, quien ya nos va dando repertorios y datos esclarecedores sobre el origen de los colonos: *Regional origins of the earliest spanish colonists of America*, en PMLA, LXXI, 1956, págs. 1152-1172; *La emigración peninsular a América*, 1520-1539, en *Historia Mexicana*, XIII, 1963, págs. 165-192, y *Índice geobiográfico de cuarenta mil pobladores españoles de América en el siglo XVI*, I, 1493-1519, Bogotá, Instituto Caro y Cuervo, 1964. La superioridad andaluza queda muy manifiesta en esas publicaciones. También ofrece interés para el debatido problema el estudio de José Pérez Vidal, *Aportación de Canarias a la población de América*, *Anuario de Estudios Atlánticos*, Madrid-Las Palmas, 1955, n.º 1, donde se lee el dato importantísimo de que la mayor parte de los pasajeros que embarcaron en Canarias rumbo a América en la primera mitad del siglo XVI, no eran insulares, sino extremeños y andaluces, especialmente de la Andalucía occidental.

41   Véase antes, págs. 303 y ss.

42   Véase Amado Alonso, *Orígenes del seseo americano*, *Estudios lingüísticos*, *Temas hispanoamericanos*, págs. 113 y ss.

los cuatro años transcurridos entre la conquista de Méjico y la fecha de estos escritos no se puede producir tal cambio: es de suponer que los amanuenses ya venían así o de Las Antillas o de la Andalucía occidental [43]. Bernal Díaz del Castillo, nacido en Medina del Campo, comarca de rigurosa distinción, escribió su *Historia verdadera de la Conquista de Nueva España* hacia 1568, después de haber vivido en el Nuevo Mundo cincuenta años. En esos cincuenta años se había contagiado vivamente de la pronunciación americana: el autógrafo del libro muestra una gran confusión de sibilantes; el ya anciano escritor nos habla de su convivencia prolongada con un capitán, Luis Marín, de Sanlúcar, «*que çeçeaba un poco como sebillano*», o con aquellos tres pilotos que en 1517 llevaron al autor y a sus compañeros desde Cuba hasta el Yucatán: «el más principal ... se dezía Antón de Alaminos, natural de Palos, y el otro se dezía Camacho de Triana, y el otro piloto se llamaua Joan Alvarez, el Manquillo, natural de Güelva». La confusión de sibilantes se refleja también en la obra de Fernán González de Eslava y de Francisco Ortiz de Vergara. El primero salió de España a los veinticuatro años de edad, en 1558, y tuvo actividades literarias en Méjico hasta 1579. Vergara llevaba treinta y tres años en el Plata en 1569. Los dos confunden. Análoga confusión revela el Cancionero *Flores de varia poesía*, Méjico, 1577. Todos estos testimonios se aúnan para demostrar que la confusión, llevada a Méjico con la conquista o a raíz de ella, era el hábito colectivo dominante y contagiaba allí a los españoles distinguidores.

En fin, la antigüedad y vitalidad de la confusión de sibilantes en América fueron anteriores a lo que se venía considerando. Lo mismo ocurre con la neutralización de *l* y *r* implosivas, con la aspiración de *-s* final, con el yeísmo. Debió de haber un sedimento inicial, hecho en el período antillano, con un gran fermento andaluz —por la mayoría numérica— y ayudado des-

---

[43] La confusión se produce ya en sus tres etapas: en posición implosiva (*Badajós, mays, dies*); entre sonoras (*razo, frizada, tosino*) y entre sordas (*calsas, piesas, çecución*). (LAPESA, *loc. cit.*, pág. 413.) Un documento de Puerto Rico registra *cavsyón* 'caución', en 1521.

pués por los emigrantes de igual origen y por el contacto obligado con Sevilla y Cádiz, ciudades que, durante los siglos XVI y XVII, monopolizaron el comercio con las Indias. El andalucismo del español americano vuelve nuevamente a estar en el primer plano de la teoría sobre aquellas hablas.

De todos modos, siempre conviene recordar que estas semejanzas se acentúan en las tierras bajas, mientras que en las altiplanicies el habla se acerca más a la de Castilla. Esta diferenciación se ha pretendido explicar diciendo que los andaluces se asentarían en las llanuras y en el litoral, y los castellanos en las tierras altas, buscando unos y otros tierras y climas afines a los de sus lugares de origen. Esta aseveración necesita una confirmación histórico-documental. Entretanto se produce tal confirmación, es más acertado pensar que estas diferencias se deben al influjo cultural de las ciudades de Méjico y Lima, con gran vida universitaria y espiritual y administrativa durante el virreinato. En 1604, Bernardo de Balbuena alababa la pronunciación de Méjico, «donde se habla el español más puro y con mayor cortesanía». El influjo de las cortes virreinales se extendería a todas sus comarcas; en el Perú, por ejemplo, llegó hasta Bolivia. Por otra parte, en estas zonas de gran población indígena, el español sería la lengua aristocrática y distinguida, con natural tendencia al purismo y a la corrección, frente a la población dispersa, de vida difícil, de las llanuras, donde el lenguaje fácilmente se apartó de las normas correctas.

En cambio, sí es patente que los fenómenos que podemos llamar «andaluces» se dan claramente en las costas. Esto es debido al reiterado vaivén secular de las flotas, pensadas, organizadas y equipadas en Andalucía. Todo el variado y complejo proceso de la fletación obligaba a los componentes de las expediciones a pasar largas temporadas en Sevilla, a veces dentro de difíciles condiciones, con menosprecio de las normas castellanas y visible peso de las locales. Los marineros en gran parte eran originarios del sur peninsular o estaban familiarizados con el habla de la Andalucía occidental, y dispuestos a someterse al prestigio de Sevilla con preferencia al de Madrid. En fin, las costas americanas reflejan vivamente el andalucismo, a diferencia de las tierras altas, que acusan la vida universitaria, de la administración y de la norma cortesana. El ángulo de observación tradicional ha de cambiarse y hemos de sustituir el carácter climatológico de «tierras altas y tierras bajas» por el socio-cultural de español «marinero» y español de la «administración» [44].

Desde el punto de vista fonético, la presencia de los fenómenos de relajación, muy adentrada en la Península, haría nacer «lo americano» a muy pocos kilómetros al sur de Madrid (recuérdese que incluso en el habla popular de la capital se dan algunos de sus rasgos). Por esta razón es sugestiva la oposición, empleada por DIEGO CATALÁN, entre «español castellano» y «español atlántico» (BF, XVI, 1956-57, págs. 305 y ss).

VOCABULARIO

El léxico americano es, como fácilmente se desprende de todo lo que se viene señalando, abundante en arcaísmos. Tales son, por ejemplo, los siguientes:

-*acalenturado* 'febril'. Aparece en Fray Alonso de Cabrera y en otros textos del XVII (MIR, *Rebusco de voces castizas*).

-*acaso*, usado en sentido negativo en pregunta («¿*Piensas acaso tú...?*», *Epístola Moral*), se ha convertido en el Ecuador en negación completa, y así aparece, por ejemplo, en las novelas de JORGE ICAZA (*Huasipungo, Huairapamushcas*). En Colombia, *acaso vino* 'no vino' (BICC, XVI, 1961, pág. 227.

-*acuerdo de ministros*, etc., 'reunión, consejo, consulta'. Comp. «Cada diez o doce días el rey tenía *acuerdo* con todos los jueces

---

[44] R. MENÉNDEZ PIDAL, *Sevilla frente a Madrid. Algunas precisiones sobre el español de América*, en *Miscelánea homenaje a André Martinet*, III, La Laguna, 1962, págs. 99-165; R. LAPESA, *El andaluz y el español de América*, en *Presente y futuro de la lengua española*, II, 1963, págs. 173-182. Véase A. ZAMORA VICENTE, *Aspectos generales del español americano*, en *Actes du Xe Congrès International de Linguistique et Philologie romanes*, Strasbourg, 1962, III (1965), págs. 1327-1348.

sobre los casos arduos» (Bartolomé de las Casas, *Historia*, NBAE, tomo XIII, pág. 555).

-agonía 'angustia, desazón' se usa hoy en zonas rurales de España, La Mancha, por ejemplo. Comp. este ejemplo del *Lazarillo*: «Por mejor satisfacerme con la verdad y con la gran *agonía* que llevaba, asiéndome con las manos...» (Clás. Cast., XXVI, pág. 98).

-alfarnate 'desvergonzado, bribón'. Se usa en las Antillas. Fue usado por Cristóbal de Castillejo: «Como muero / con este torpe grosero / perezoso, haragán, / chocarrero, charlatán, / *alfarnate*, mesonero dormidor» (*Diálogo de mujeres*, Clás. Cast., LXXII, pág. 254).

-alifafes 'dolencias, achaques'. Antillano. Se usa en Venezuela y Colombia y, en España, en La Mancha (RFE, XXVII, pág. 242).

-alquilarse una persona 'servir uno a otro mediante estipendio', que se emplea en Santo Domingo, fue de la lengua clásica. Aparece en el *Lazarillo*, Moreto, en el *Viaje de Turquía*, etc. Ya se oye en el teatro de Gil Vicente (*Comedia do Viuvo*) [45].

-alzarse 'hacerse salvaje', derivación semántica del antiguo *alzarse* 'apartarse, esconderse'. Se usa en Santo Domingo. Con el valor antillano aparece en Las Casas, Oviedo, Alonso de Ovalle, etc. Hurtado de Mendoza dice en una ocasión: «...combatían cuevas donde había moriscos *alzados*» (*Guerra de Granada*). La evolución se percibe claramente comparando el texto citado con este otro de Cobo (*Historia del Nuevo Mundo*, tomo II, pág. 355): «En muchas provincias de América hay gran suma de caballos *alzados* al monte o montaraces».

-amargoso 'amargo'. Recuerda el viejo *negroso* 'negro' usado por Gil Vicente y Juan del Encina. En Nuevo Méjico parece desconocido *amargo* y sólo se usa nuestra palabra.

-amiga 'escuela de niñas' ha sobrevivido en España hasta el xix (en Andalucía hasta nuestros días: figura en *Platero y yo*, de J. Ramón Jiménez). Es la famosa voz del romancillo de Góngora. También la usó Sor Juana.

---

[45] Comp. «El amor es tan podroso / que me trajo a la defesa / con cayado. / Mándame ser *alquilado* / ansí lo tengo por gloria / y lo quiero...» (Gil Vicente, *Obras*, edic. Marques Braga, tomo III, pág. 110).

-*aparente*. Antillano. Se emplea como rústico en el habla argentina y en Salamanca y su tierra, y también en Asturias («un vistiu muy *aparente*», Cabranes). Significa 'de buena apariencia', 'apropiado'.

-*apearse* 'hospedarse'. Se oye en Santo Domingo. Fue usado por Cervantes: «una hostería o posada donde me *apeé*». CUERVO, *Dicc.*, registra ejemplos de su uso en Quevedo, Saavedra Fajardo, etc.

-*bravo* 'enojado'. Se oye en las Antillas, Honduras, Venezuela, Ecuador y en el Plata. Era usual en el siglo XVI. Véase RFE, X, 1923, 75. CUERVO, *Apuntaciones*, recoge multitud de ejemplos.

-*candela* 'fuego, lumbre para la cocina', también frecuente en Andalucía y Salamanca.

-*cansado* 'fatigoso'; lo usaron Espinel y Sor Juana Inés de la Cruz, entre otros.

-*catar* 'mirar' aparece en la lengua gauchesca de Ascasubi y es conocido en Santo Domingo. Ya Correas lo daba como anticuado en el XVII.

-*cuero* por 'piel', general en el Plata, es el arcaísmo que perdura en la expresión española «estar en cueros», «en cueros vivos». También se usa en Colombia.

-*despacharse* 'apresurarse', antillano, es el reconocible aún en la frase anquilosada peninsular «despacharse a su gusto».

día lunes, día martes, etc. Es usual en Chile, Argentina, Méjico, etc. Estuvo muy arraigado en la Edad Media y en especial en leonés y aragonés. Ejemplos de su uso aparecen frecuentemente en los documentos leoneses publicados por Staaff y en el Fuero Juzgo. Varios aragoneses salen en los *Inventarios* publicados por Serrano y Sanz, BAE, IV, 346. Comp.: «Llevarl'he / de camino, cuando vaya, / una barreña de haya, / la que *di lunes* llabré» (JUAN DEL ENCINA, *Obras*, edic. Academia, pág. 154).

-*frazada* 'manta' es de uso general en Hispanoamérica (con la variante *frezada*). Aparece en Fray Antonio de Guevara, en el *Guzmán*, en el *Quijote*.

-*fundo* 'finca rústica'. Se usa en Chile y las Antillas; en España persiste en Asturias.

-hobacho, hobachón (o *jobacho*). Se usa en las Antillas con el valor 'pesado de cuerpo'. También en Colombia es conocida (Caldas), con el valor de 'retozón'. (BICC, XXV, 1961, pág. 227). Usado por Espinel, por ejemplo. La Academia (ya en 1843) califica de anticuada la voz que, desde luego, es desconocida en España.

-incómodo 'enojado, molesto por alguna razón'; *incomodarse* 'enojarse' es antillano y centroamericano, chileno y boliviano. Se oye en La Mancha.

-llamado 'llamamiento', que se emplea en la Argentina, está en el *Refranero* de Correas y en Pérez de Hita.

-lindo. Exclusivo por 'bonito' en toda América y en multitud de usos y giros; es también arcaísmo de muy noble abolengo español. (V. Corominas, DCELC, s. v.; ídem, AILC, I, 175-181).

-liviano 'ligero' tiene una ascendencia parecida al anterior.

-masas 'pasteles' en Argentina, Chile, Ecuador, era general en el español del siglo XVII. Todavía el andaluz *masillas* evoca este sentido.

-maza 'cubo de la rueda' es conocido en las Antillas, Chile, Argentina y Uruguay. Ha pasado incluso al guaraní como hispanismo vigente (Morínigo, *Hispanismos en el guaraní*, página 254). En España existe en el occidente: Cespedosa de Tormes, Salamanca, Extremadura.

-memorias 'recuerdos, saludos' es también usual en España (Asturias, Andalucía, Navarra, La Mancha). En América es casi general. Se usa mucho en las Antillas.

-pararse 'ponerse de pie' es general en toda América. Es una desviación de la frase «pararse en pie», ya en el *Calila*, donde *parar* tiene un valor de 'ponerse' (Corominas).

-pollera 'falda de las mujeres', casi general. Aparece también en la literatura del XVII (Lope, Quiñones de Benavente, etc.). Comp. este ejemplo de Luis Vélez de Guevara: «... habiendo una priesa notable a quitarse zapatos y medias, calzones y jubones, basquiñas, verdugados, guardainfantes, *polleras*, enaguas y guardapiés...» (*Diablo cojuelo*, Clás. Cast., XXXVIII, pág. 35).

-prieto 'oscuro, negro' sigue hoy como dialectal en España.

Español de América

427

-prometer 'asegurar' es del léxico corriente del teatro clásico.

-recibirse 'tomar un grado universitario' se usaba en España todavía a fines del siglo pasado. Hoy es general en el léxico culto americano.

-recordar 'despertar'. Se usa en Argentina, Colombia, Méjico, Santo Domingo, y, en España, en Asturias y Maragatería. Fue de un enorme empleo en la lengua preclásica y clásica. Entró en desuso en el XVII. Aparece en Manrique, *La Celestina*, el *Guzmán*, Timoneda, Cervantes, Lope, Tirso, etc., etc.

-saber 'soler', argentino, ecuatoriano, de Chile, Méjico, de Guatemala y Perú, etc. (no es antillano); pero sobre todo se oye en el lenguaje hablado del Plata, donde *soler* es totalmente caduco. Fue usado por Mira de Amescua, López de Gómara y, en la lengua medieval, ya aparece en el *Alexandre*.

-sentirse 'resentirse, estar dolido', antillano, de Méjico, América Central, Colombia, Perú, fue usado por Espinel y hoy se emplea en Asturias.

-sobrar 'burlarse de alguien, tomar el pelo', muy frecuente en la Argentina; procede del sentido clásico de 'superar, exceder en algo', ya considerado poético por Juan de Valdés. De ahí la expresión porteña *ser sobrador* 'tener conciencia de superioridad'.

-taita 'padre', general. Fue usado por Quevedo, Lope de Rueda, Tirso, etc., etc. [46].

---

[46] La lista podría ser ensanchada copiosamente: *barrial* 'barrizal', frecuente en el occidente peninsular; *aguaitar* 'mirar'; *esculcar* 'registrar', usual en Colombia y Méjico, significaba 'explorar': «Envía a ti varones y *esculquen* en tierra de Kenahán» se lee en la *Biblia de Ferrara, Números,* XIII, 3 (Comp. *esculca* 'espía' en *Enrique, fi de Oliva*, Bibliófilos Españoles, VIII, 26, y *esclucar* 'mirar a escondidas, como por un agujero o rendija', en Cabranes, Asturias); *contraste* 'fracaso, contrariedad' usual en el Plata, se oye también en La Mancha (Albacete y pueblos cercanos); *apeñuscado* 'amontonado, apiñado', es colombiano y apareció en el P. Las Casas, en Ambrosio de Morales, etc. Comp. «Viendo el rey que los españoles infantes eran tan pocos que estaban *apeñuscados* como gente medrosa, dijo a los suyos: ...» (INCA GARCILASO, *Comentarios reales*, II, libro I, cap. XXI); *candelada* 'hoguera', antillano, se usa en Andalucía y Salamanca y aparece en Fray Juan de Torquemada, que escribió en

Algunos de estos arcaísmos, en frases por ejemplo, son muy ilustradores de cómo la vida de la colonia se reducía de contenido frente a la metrópoli. Así, por ejemplo, la expresión argentina *de arriba* 'de gorra, gratis, algo logrado a costa de alguien' es una frase que procede de la lengua de los místicos. Del sentido de 'lo que viene del cielo' se pasa fácilmente a 'sin comerlo ni beberlo'. «Mira, señor, que esta enfermedad te viene *de arriba* porque has injuriado a Cristo», dice el Padre Granada (*Símbolo de la Fe*, BAE, VI, pág. 364 a). Santa Teresa insiste en este valor de 'enviado por Dios' (*Las Moradas*, Clás. Cast., I, págs. 155-156). No fue precisamente el territorio del Plata lugar para que el delgado vivir de la religión tuviese un alto cultivo. El valor semántico descendió al actual: «No hay duda, pero mi padre / dice que no te reciba, / que vos no venís por mí, / sino por comer *de arriba*», dice una canción popular del Uruguay. Se va al cine *de arriba*, se come *de arriba*, etc. Es el peninsular *de gorra*.

Aún es más ilustrador otro ejemplo argentino: la frase *tener sangre en el ojo* (o *andar, estar con sangre en el ojo*) vale por 'resentimiento, necesidad de venganza, ira contenida'. Así figura varias veces en la poesía gauchesca. Es una expresión española de gran predicamento y antigüedad. Correas define: *tener sangre en el ojo* por 'tener estimación de su honra y ante sus ojos la noble sangre de do viene'. El *Diccionario de Autoridades* insiste en el valor de 'punto de honra', 'casta, prejuicio'. Así se usó frecuentemente en el lenguaje clásico (Guillén de Castro,

---

Méjico; *curioso* 'entendido, hábil', persiste en Asturias y lo usó Lope de Vega en *Fuenteovejuna*. Hoy es usual en Santo Domingo. Ha pasado a significar 'curandero' en Colombia, Chile, Perú, otras Antillas, Venezuela; *manido* 'que comienza a pudrirse', usual en Méjico, Las Antillas, Colombia y Venezuela, persiste en el occidente leonés, y fue usado por Quevedo y Mira de Mescua, entre otros; *prima noche* 'primeras horas de la noche', hoy dominicana, fue cervantina; *sobajar* 'manosear, usar', dominicana; *sobajear*, centroamericana y en Colombia, Ecuador, Venezuela, Perú, persiste hoy en muchos lugares peninsulares y aparece en el *Guzmán de Alfarache*, I, cap. 66. (V. GILI GAYA, *Sobajar*, en RFE, 1926, XIII, págs. 373-375); *terrero* 'casa terrera, de un solo piso', dominicana, es un portuguesismo según M. L. WAGNER (BDH, V, pág. 67), etc., etc.

Tirso de Molina, etc.). Quevedo se burló agriamente de la frecuencia de ese uso. De todos modos, el sentido de 'honra' se perdió y quedó sólo el de 'venganza, rencor, furia', cambio debido a la peculiar estructura del Plata, donde no hubo un solo título de nobleza y donde la vida se organizó de modos diversos.

Un apartado importante en el léxico ha sido hecho por JUAN COROMINAS, que ha estudiado (*Indianorománica*, RFH, VI, 139 y ss.) las voces americanas que son dialectalismos del occidente peninsular. Tales son, por ejemplo, los leonesismos: *andancio* 'epidemia, moda'; *cangalla* 'albarda para llevar cargas'; *carozo* 'hueso de algunas frutas'; *chifle* 'cuerno'; *furnia* 'sima, concavidad subterránea'; *lama* 'moho'; *piquinino* 'chiquillo, muchachito'; *renco* 'cojo'; *zuncho* 'sostén metálico, abrazadera'.

Formas de ascendencia gallego-portuguesa son: *bosta* 'excremento del ganado'; *cardume* 'banco de peces'; *laja* 'piedra plana y de poco grueso'; *piola* 'cordel'. También pueden ser occidentalismos: *botar* 'arrojar'; *buraco* 'agujero'; *chantar* 'dar golpes'; *pararse* 'ponerse de pie'; *dolama* 'achaque, enfermedad crónica'; *fundo* 'finca, propiedad rural'; *pino* 'porción de ganado'; *soturno* 'taciturno, cazurro'; *tranquera* 'puerta de travesaños de madera en los establecimientos o fincas rurales'.

A través del Brasil han llegado los lusismos: *carqueja* 'planta'; *changador* 'cargador, mozo de cuerda'; *pedregullo* 'piedrezuelas menudas, grava', etc., etc. Asimismo tienen claro aire occidental las expresiones o construcciones como: *hablar despacio* 'hablar en voz baja'; *más nada, más nadie*, etc.

Los abundantes *peje, lamber, fierro*, a la vista de tan rico sedimento léxico del occidente peninsular, pueden ser considerados desde ese ángulo y agregados a la lista precedente.

Todo este vivo fondo occidental se explica fácilmente por la mayoría de emigrantes leoneses y extremeños que pasaron a América hasta fines del siglo XVI, contingente que, unido a los portugueses y gallegos, es mucho más elevado que el de castellanos.

Otro apartado numeroso en el fondo patrimonial léxico lo constituyen las voces de origen marinero, también de fácil explicación: por el mar llegaron las nuevas formas de vida, y hombres del mar fueron los primeros pobladores. Además, las largas travesías imponían su léxico. Algunas de estas voces se aplican a designar accidentes o rasgos del terreno: *costa* 'faja de tierra a lo largo de los montes'; *punta* 'espolón de las sierras'; *ensenada* 'corral'; *playa* 'espacio llano'. Se llama todavía *travesía* en la Argentina a una 'región vasta, desierta y sin agua'; *bordo* es 'elevación natural del terreno'; *abra* 'lugar abierto entre montañas'; *resaca* 'limo de los ríos al descender el caudal', etcétera, etc.

Otras voces revelan la acomodación al nuevo ambiente, como *mazamorra* 'galleta de marineros', que pasó a designar una 'comida de maíz cocido con agua o leche'; *estadía* 'permanencia en un lugar'; *rumbo* 'dirección, camino'; *flete* 'precio de los portes' (también 'caballo' en Argentina); *sucucho* 'rincón, escondrijo'; *socar* 'apretar'. Numerosos verbos (*rumbear, fletar, aportar, atracar, costear, remar, maronear* 'columpiarse') y expresiones (*tierra adentro; calma chicha; embicar* 'embestir', etc.) son de análogo origen [47].

El léxico de los conquistadores se fue empobreciendo paulatinamente. Voces peninsulares se aplicaron a objetos diferentes (frutas, accidentes del terreno, etc.). Algunas voces reflejan la peculiar manera de interpretar los hablantes el hecho: tal ocurre con el argentino *vereda*, el mejicano *banqueta*, que significan 'acera', o el centroamericano *volcán* 'monte'.

Se han formado multitud de voces nuevas mediante el uso de sufijos: *carniar* 'matar las reses'; *cueriar* 'azotar, golpear'; *uñatiar* 'robar', etc. El sufijo *-ada* es muy fértil: *muchachada, carnerada, criollada;* sin valor colectivo son frecuentes: *limpiada, acurrucada, asustada* 'susto'; *enviada* 'envío'; *bailada* 'baile';

---

[47] Véase Berta E. Vidal de Battini, *Voces marinas en el habla rural de San Luis*, Fil, I, 1949, págs. 105-150; Delfín L. Garasa, *Voces náuticas en Tierra Firme*, Fil, IV, 1953, págs. 169-209.

paseada 'paseo'; *cortada* 'cortadura'; *calentada* 'disgusto'; *conversada* 'charla'; *platicada* 'conversación'; *bañada* 'baño', etc.

El fondo de arcaísmo, vulgarismo, neologismo (a veces innecesarios: *sesionar* 'celebrar sesiones'; *ultimar* 'matar'; *vivar* 'dar vivas'), voces indígenas y extranjerismos (galicismos: *usina* 'fábrica'; *masacrar* 'matar'; los italianismos argentinos: *bacán* 'elegante, rumboso'; *capuchino* 'café con leche'; *pibe* 'muchacho' [48]; *biaba* 'paliza'; *mina* 'muchacha' [49]; los anglicismos del deporte o de las comarcas de Nuevo Méjico y las Antillas) dan su peculiar fisonomía léxica al español americano. En las Antillas, contribuye además el copioso léxico afronegroide (*bembe* 'labio grueso'; *mambí* 'rebelde'; *ñangotarse* 'ponerse en cuclillas'; *calalú* 'una comida'; *baquiné* 'velorio de un niño'; *bongó* 'tambor'; *mambo* 'canto ritual, danza'; *burundanga* 'revoltijo, mezcla de cosas inútiles'; etc.).

ASPECTOS MORFOLÓGICOS Y SINTÁCTICOS [50]

El español americano tiende a hacer más notoria que el peninsular la innovación de hacer adjetivos o nombres femeninos a voces que no tienen distinción genérica (*huéspeda, tenien-*

---

[48] *Pibe*, según M. L. Wagner, provendría del italiano jergal *pivo* 'muchacho'. Pero parece tratarse del español *pebete* 'sustancia aromática', aplicada a los niños por antífrasis, aludiendo al mal olor de los mismos, provocado por la falta de higiene. La voz aparece atestiguada con análogos valores en portugués dialectal, donde no cabe pensar en influjos de jergas italianas. (Véase L. AMBRUZZI, *Sobre pebete*, en RFE, XXIII, 1936, pág. 67; COROMINAS, DCELC, s. v. *pebete*.)

[49] Otros italianismos son *batifondo* 'alboroto'; *bochar* 'suspender en los exámenes'; *chao* 'adiós' (usual en otros lugares de Hispanoamérica, y al que se le ha hecho un diminutivo *chausito* 'adiosito'); *grapa* 'una bebida alcohólica'; etc. (Véase GIOVANNI MEO ZILIO, *Italianismos generales en el español rioplatense*, en BICC, XX, 1965, págs. 68-119, e *Italianismos meridionales en el español rioplatense*, en BFUCh, XVII, 1965, págs. 225-235).

[50] Para todos estos aspectos del habla americana, aparte de las notas dispersas a lo largo de los tomos de la BDH, es de la mayor utilidad el libro de CHARLES E. KANY, *American Spanish Syntax*, segunda edición, Chicago, 1951. Véase también JUAN M. LOPE BLANCH, *Observaciones sobre la sintaxis del español hablado en México*, México, 1953.

ta, parienta, estudianta), o bien el caso contrario (*bromisto, pianisto*). Así se encuentran, por ejemplo, voces como: *diabla, federala, liberala, intelectuala, naturala, orientala, aborígena, yerna, atorranta, marchanta*, etc., etc. Del caso opuesto son, entre otros, *pleitisto, hipócrito, cuentisto, campisto, modisto* (éste también en España), *maquinisto, telegrafisto*. Casos de divergencia con el español peninsular son el general arcaísmo, ya señalado, *el vuelto* 'la vuelta de un cambio'; el mejicano *la muelle* y el antillano y mejicano *el bombillo* 'la bombilla'. Persiste *el costumbre* en Colombia, Costa Rica, gran parte de Méjico. En algunas comarcas rurales de Puerto Rico (Utuado, Lares) el gerundio concuerda con su propio complemento: *quemándolo, quemándala, peinándolo, peinándala, el hombre está muriéndose, la mujer está muriéndase* [51].

Está muy vivo el uso de plurales por atracción en multitud de casos en los que la lengua peninsular se ha decidido por el singular. Es rasgo de la lengua antigua; en el *Cid* se lee: «de *las sus bocas* todos dezían una razón», «escudos *a los cuellos*», etcétera. Hoy se usa el plural hablando de las partes del cuerpo: «Nos hemos mojado *las cabezas*», «todos traían *las caras* compungidas», «se les embotan *sus cerebros*», «los concurrentes volvieron *las caras*», etc. La frase «*ponerse de pies*» (frente al actual peninsular «*ponerse de pie*») ha persistido en Ecuador, Colombia, Venezuela, América Central (y Asturias). En algunos lugares se tiende a emplear el plural en nombres generalmente singulares: *los resuellos, los regazos*, «razonó *sin miedos*», «no tener *miedos* a una cosa», etc. Es general en toda América la frase «*qué horas son*». Lo mismo ocurre con «*las onces*» por 'las once', *hace tiempos, los otros días* 'el otro día', *las otras noches* 'la otra noche', *los altos* 'el piso de la casa', etc. La expresión *las casas* por 'la casa' es también general; etc.

---

51 Según J. J. Montes, en el Departamento colombiano de Bolívar se oyen frases como *tengo yuca blanco*. Sería del mayor interés perseguir esta construcción y su vitalidad, ya que, como insinúa el recolector, podría tratarse de un eco del neutro de materia (BICC, XVI, 1961, página 227).

Algunos adjetivos se usan adverbializados: *él cantaba lindo; crecía fácil; yo era suficiente fuerte; almorzar feo; sírvete breve.* La construcción, conocida en España, es mucho más usual en América. El adverbio *medio,* sobre todo en el habla rural argentina, es *media* cuando se usa delante de participios o adjetivos de forma femenina: *media muerta, media olvidada; están medias locas; ella está media mala, media enferma,* etc.

El adjetivo posesivo, que en España va pospuesto al nombre (*hijo mío, libro mío,* etc.), se coloca delante con gran facilidad: *diga, mi hijo; mi dotor, no se asuste; mire, mi tía; hasta luego, mis amigos* (y así «*mi novio*», «*mi compadre*», «*mi viejo*», etc.; comp. el restringidísimo peninsular *mi capitán, mi coronel,* etc.).

En el Plata, sobre todo, el adjetivo posesivo se emplea detrás de adverbios en lugar del personal con preposición: *delante suyo, debajo suyo, encima nuestro,* etc. Algunas veces hay concordancia con la persona referida: *delante suya, arriba mía.*

También es frecuente la sustitución del posesivo por el personal con preposición: *es idea de nosotros, es la compañera de él, fuimos a casa de él, es hijo de nosotros;* etc., etc.

El superlativo se oye en Méjico a veces con *mucho muy: Esas novelas me parecen mucho muy interesantes.*

El sufijo -*azo* sirve para formar superlativos. Así en el Plata, Chile, Venezuela, Guatemala, Méjico: *tantazo, grandazo, cansadazo, vengo de relejazo, lo atendió cariñosazo; gustan muchazo; tenías pocaza riqueza,* etc., etc.

El pronombre personal de segunda persona se usa con preposición en el caso sujeto (*con tú, de tú, para tú*) en algunas comarcas españolas (Aragón, por ejemplo) en el habla rural. En el español americano este uso ha llegado al pronombre de primera persona: *pobre de yo; acaban con yo; a yo me mandaron; vayan delante de yo,* etc. Es uso atestiguado en América Central, Venezuela, Ecuador, Colombia, el Plata.

En el uso de los pronombres átonos hay gran variedad. En general, la escuela ha tendido a mantener el *lo* acusativo frente al leísmo peninsular. Los enclíticos adoptan siempre la *n* del plural: no solamente en el caso de *se* (que se da en la mayor parte del habla popular peninsular), sino también en los otros: *váyansen, cáyensen, mirenmelan, mirenlon, larguenlon, demen, demelan, delen, sueltemen, esperandomen,* etc., etc. El fenómeno esta registrado en toda el área americana.

También es general el uso del pronombre átono al lado del propio nombre a que se refiere. Este pronombre redundante da una especial fisonomía a la frase americana: *lo vió llegar a Juan; lo ha visto a Santiago; ella lo quería a Luis,* etc., etc. Asimismo se usa en toda América la expresión *lo de* por 'casa de': *ir a lo de Pedro; en la puerta de lo de Juan,* etc. Se trata de una supervivencia de usos que aún son esporádicamente conocidos en España (RFE, XV, 1928, pág. 240) y frecuentes en la lengua clásica.

Este se ha convertido en un rictus lingüístico en el habla rioplatense, aunque es conocido en otros lugares (Chile, Venezuela, Ecuador; Cuba prefiere *esto*).

El futuro es, en general, mucho menos usado que en la Península y se tiende a sustituirle por una perífrasis: *haber de + infinitivo;* así en frases como *después te hemos de contar* 'contaremos'; *¿tú has de saber contar?* '¿tú sabrás?'.

También la locución *ir a + infinitivo* reemplaza al futuro: *vamos a ver, vamos a decir,* etc., son simples futuros. Este tipo de construcciones es general. En América Central y Colombia, el futuro se hace con *va y + el presente: va y se cae* 'se caerá'.

El pretérito indefinido se usa con gran abundancia frente al restringido uso del pretérito perfecto: *durmió, cantó, compraste* equivalen a 'ha dormido, ha cantado, has comprado'. En este uso, el español americano se acerca a algunas hablas locales peninsulares, al asturiano y leonés occidental, por ejemplo. Asimismo tienen un frecuente uso en todo el territorio americano las formas *tuviera, llegara, dijera,* etc., con valor de 'había tenido', 'había llegado', 'había dicho'. Es sobre todo abundantísimo en la Argentina. Sin embargo, se emplea en los demás países del Plata, Chile, Bolivia, Perú, Colombia, Venezuela, América Central, Méjico, Antillas. El imperfecto de subjuntivo se da en la apódosis de las oraciones condicionales: *si yo tuviera hambre, comiera; si no tuviera catarro, te besara.* Es uso registrado en Venezuela, Puerto Rico y en algunos lugares de Colombia.

Algunos verbos intransitivos (*venir, subir, bajar, huir, aparecer, volver, tardar, sanar,* etc.) se usan en el español americano en forma reflexiva: *me saludé con Fulano; me soñaba que hacía un viaje* (*soñarse,* reflexivo, se usa en León y Extremadura); *ya se crecen las mareas, allí se volcaron varios autos,* etc.

Enfermarse, tardarse, robarse o *dilatarse* son muy representativos del habla americana.

Algunos verbos tienen verdadero valor de auxiliares. Así ocurre con *mandar, dar, agarrar.* En algún caso hay claro precedente antiguo: así el *mandedes ensillar,* del *Cid,* o el *mandes lo tomar* del *Fernán González,* son los lejanos antepasados del actual *mandarse mudar* 'cambiar, irse, marcharse', general en Argentina, Chile, Ecuador, América Central.

Dar se usa seguido de un gerundio: *yo y mis hermanos le damos vendiendo* 'vendemos'; *le ruego me dé teniendo* 'me tenga'. Es uso de Ecuador y Colombia.

Agarrar (que ha sustituido a *coger* por razones de pudor en Argentina, Uruguay y Venezuela) tiene un uso de puro rictus lingüístico: *agarró y se sentó, agarró y se fue, agarro y me largo.*

Las formas impersonales de *haber* suelen emplearse en plural: *habían cinco hombres; hubieron más gentes; ¿quiénes hain dentro?; han habido muchas revoluciones; han de haber más hombres como éste,* etc. Este uso se ha registrado en todas las comarcas. Análogo comportamiento presenta el impersonal *hacer: hacen años que... Ya hicieron dos años que nos conocemos; hacían días que llegué,* etc.

El giro *ir, venir, ser* + gerundio está en franca lucha con las formas simples: *¿cómo le va yendo?; se está viniendo la montaña; se fue yendo de lado; yo estaba yendo.* También es un uso arcaizante.

Diz que 'dicen que', 'se dice', era muy frecuente en español antiguo, y todavía en la época clásica. Juan de Valdés aclaraba: «decimos *dizque* por *dizen* y no parece mal» (*Diálogo de la lengua*, Clás. Cast., pág. 121.) Ya le parecía, sin embargo, a Covarrubias a principios del siglo XVII propio de gentes aldeanas. Hoy se conserva en el habla popular de gran parte de América y de España en numerosas variantes: *diz que, izque, que izque, que esque, quizque, y que*. Todas estas formas están registradas en Méjico, Colombia, Venezuela. Algunas en Centroamérica, Ecuador, Perú, Bolivia, Chile, Argentina.

Una locución verbal muy frecuente en el español americano es *como ser* 'por ejemplo'; en ella se usa el infinitivo *ser* en lugar de la forma conjugada del verbo, que sería la oportuna. Es construcción que choca mucho al oído español: «Fulano tiene muchas preocupaciones, *como ser la de*...» «Hay muchas industrias y fábricas, *como ser* las azucareras y los alcoholes, y el frigorífico». Es particularmente frecuente en el habla argentina. Se oye en Chile, Perú, Venezuela, Panamá.

Usos peculiares son el de *estar* en Puerto Rico (*Le estoy mandando a usted ... le estoy avisando* 'le mando', 'le aviso'), y Cuba (*me está que no viene* 'me parece que no viene') o el de *latir* en Méjico (*Me gustaría ir a...*, *pero no me late nada quedarme allí*).

Está generalizada por toda América la construcción *es entonces que vino, es por esto que*; es muy frecuente en las Antillas, Colombia, Venezuela, el Plata. A pesar de su posible arcaísmo, en gran parte es influjo francés. (CUERVO, *Apuntaciones*, § 460; COROMINAS, RFH, VI, pág. 239).

El sujeto singular de una acción, unido a otro por la preposición *con*, lleva el verbo en plural: *cantamos con él; fuimos con vos*, significan: 'yo canté con él, yo fui contigo'. «*Con diez de sus amigos jugaban a*...» 'él y diez de sus amigos jugaban a...'. Esta construcción es frecuente incluso en la lengua literaria. Comp. este ejemplo de E. MALLEA: «Durante los días subsiguientes *hablamos mucho con Ferrier*» 'Ferrier y yo hablamos' (*La bahía de silencio*). El mismo uso es conocido en Perú, Chile, Colombia, América Central.

Un particular aire adquiere el español americano por el frecuente uso de numerosas locuciones adverbiales. Tales son entre otras: *a cada nada* 'a cada rato' (Colombia, Venezuela, Chile, América Central); *hoy día* 'hoy'; *levántate hoy día un par de horas; hoy día estamos a catorce de mayo;* es de uso general; *a la disparada* 'fuga precipitada', 'salida con urgencia' (países del Plata, Chile, Perú); *a la fija* 'con seguridad', 'ciertamente' (países del Plata, Chile, Colombia); *a la mejor,* en lugar del *a lo mejor* peninsular, usado en Méjico, Venezuela, Cuba; *a las cansadas* 'tardíamente, después de mucha espera', empleado en Argentina. Las expresiones *al ñudo, al botón, al cohete, al pedo,* y algunas con el adjetivo *divino (al divino botón, al divino ñudo)* son usuales en Argentina, Uruguay, Paraguay y Chile, con el sentido de 'en vano, inútilmente'. *Casualmente* por 'exactamente, precisamente', es de uso casi general; *de juro,* empleado en Argentina, Chile, Uruguay, Perú, Colombia, América Central, Cuba, equivale a 'sin remedio', 'a la fuerza', 'por supuesto'. La expresión existe en el habla rural peninsular. *De pie,* con valor de 'constantemente', se usa en Méjico y América Central. *De repente* 'a lo mejor', 'en alguna ocasión', 'por casualidad', se usa en todas partes; *de yapa* 'de propina, de regalo, de añadidura', se oye en la América meridional. La misma idea se expresa en Méjico con *de pilón.* La construcción *lo más* + un adjetivo o un adverbio equivalente a *muy* + ese adjetivo o ese adverbio: *estoy lo más bien, una casa lo más linda,* es de uso general. Representativo del habla hispanoamericana es el uso de *no más,* expresión que tiene varios sentidos: a) 'solamente'; «*hace dos días no más que llegó*»; b) equivale, detrás de adjetivos o adverbios, a un sufijo reforzador: *ahí no más* 'ahí mismo', 'ahí cerca'; c) añadido a formas verbales, especialmente al imperativo, adquiere un tono enfático intensivo: *Murmuren no más; miren no más; sigan no más.* La locución *vez pasada* equivale a 'hace unos días', 'hace algún tiempo', 'una vez'[52]. Es

---

[52] En el habla argentina se oye *más* con valor de partícula reforzatoria de la negación en expresiones como «*el tren no viene más*»; «*Fulano no está más*»; es difícil reconocer el matiz: 'el tren no viene', o 'no viene todavía', Fulano no está, porque se haya ido, es decir 'ya no

de uso general, especialmente rioplatense. Típico del español
americano es el uso de *recién* sin participio y con valor temporal ('ahora mismo', 'en aquel instante', 'apenas', 'en cuanto',
'luego que'): *recién llegó; recién pasó a su cuarto; recién salían;
recién viene*, etc. También se une a otros adverbios: *recién
entonces. Siempre*, además del uso general español, se emplea
en América con valor de 'definitivamente', 'resueltamente', 'de
todos modos': «*¿Siempre se va mañana?*»; «*¿Crece el niño?
—Siempre es grandecito*». «*¿Conque siempre se murió?*». En
Méjico se usa incluso en oraciones negativas, con valor de partícula intensiva: «*¡Siempre no me caso!*». «*Los mismos mensa-
jeros de las buenas nuevas fueron a decirme que siempre no*»
(LÓPEZ Y FUENTES, *Mi general;* cito a través de KANY, *American
Spanish Syntax*, pág. 328).

  También no se usa por 'tampoco': «*Yo también no voy*»;
«*también no tenía padre*». Es uso de la lengua clásica. Asimismo es del español clásico la frase «*¿Qué tanto?*» '¿cuánto?':
«*¿Qué tanto nos falta para salir?*». Es también de uso general
en América.

  En Argentina, Chile y Uruguay es frecuente *desde ya* 'desde
este momento', 'desde ahora', portuguesismo brasileño.

  En el empleo de las preposiciones cabe señalar también
algunos aspectos peculiares: *a* por 'en', arcaísmo: «*métanlo al
cuarto*»; «*caer a la cama*» 'enfermar'; «*ingresar a*»; «*internarse
a*», etc. *Arriba de* se usa en lugar de «*encima de*»: «*bailó arriba
de una mesa*»; «*colgaba arriba de la cabeza*»; «*le cortó arriba
de la muñeca*», etc., etc. *Entre* por *dentro* se oye en Argentina,
Uruguay, Colombia, Venezuela, América Central y Méjico: «*Ya
entre poco comeremos*»; «*el libro está entre la gaveta*», etc.
También se usa por 'cuanto' en la frase mejicana *entre más*:
entre más fácil, más aprensión les entra. Es uso documentado
en el occidente peninsular (*entre más tiene, más quiere*, en
Cespedosa de Tormes). *Hasta* se usa sin referencias al tiempo

---

está', o bien que 'no está definitivamente'. En este uso de *más* puede
haber un influjo francés o italiano (COROMINAS, RFH, VI, pág. 238). *Más
nada, más nadie*, son muy comunes en América.

terminal de la acción: «*Hasta las tres iré*» significa 'hasta las tres no iré'; «*Hasta el año que viene vendré*» 'hasta el año que viene no vendré'. En Colombia, Centroamérica y Méjico *hasta* equivale al *recién* de Argentina, Perú, Chile, etc.: «*Hasta hoy empecé a trabajar*» es en el sur «*recién hoy empecé a trabajar*».

Del empleo de las conjunciones se puede señalar *cada que* por 'cuando'. En el período clásico, la expresión era considerada como no buena por Juan de Valdés: «*Cada que* por 'siempre' dizen algunos, pero no lo tengo por bueno.» Hoy se usa en Argentina, Paraguay, Chile, Bolivia, Perú, Ecuador, Colombia, Méjico. «*Cada que llueve me enfermo*», «*Cada que llegan molestan*», etc.

Para las ideas *para que, de modo que, a fin de que, hasta tal punto que*, es muy empleada la expresión *cosa que*: «*Terminá y venite, cosa que yo te encuentre cuando vuelva.*» «*Salí pronto, cosa que te vean cuando pasen.*» Es conocido este empleo en Argentina (ejemplos de B. VIDAL DE BATTINI, BDH, VII, pág. 399), Uruguay, Chile, Perú, Colombia, Ecuador, América Central, Venezuela.

Muy típico es el ilativo *pues*, por su gran frecuencia (en España es usual en La Rioja, Navarra, Aragón). Se presenta de varias formas (*pos, po, pus, pué, pis, pu;* BDH, I, pág. 118, nota). Es de uso general. Muy frecuente en el habla popular peruana (*Veremos, pues; qué dice, pues*).

Algunas interjecciones —o expresiones con valor de interjecciones— deben ser destacadas por su interés o por lo frecuente y caracterizador de su uso. Tales son, por ejemplo: *malaya, amalaya* (español *¡mal haya!*), que se emplea para representar los dos extremos optativos: *bien haya* y *mal haya*. La primera expresión ha desaparecido y la segunda ha acaparado su sentido, de forma que *malaya* ha venido a significar *ojalá*. Este cambio de sentido es general en América (Colombia, América Central, Puerto Rico, Méjico, el habla gauchesca, etc.). Sobre esta forma (*¡ah, mal haya!* > *amalaya*) se ha creado en muchas partes el verbo nuevo *amalayar*.

La idea negativa expresada en el español general por *¡ca!* (< q u i a) 'de ninguna manera' viene significada en el español americano por multitud de expresiones (aparte de las corrientes *¡qué va!*, *¡en absoluto!*, *¿de dónde?*, etc.), de las que las más representativas son *¡qué esperanza!* (usada en el Plata, Bolivia, Ecuador, Méjico, Puerto Rico), *¡ni modo!* (Méjico, Centroamérica), *¡qué capaz!* (Ecuador, Guatemala, Méjico), *¡ni riesgo!* (Colombia).

¡Cómo no!, de una frecuencia abrumadora y de uso general, es la expresión afirmativa típica de todo el español de América. Equivale a 'naturalmente', 'sin duda', '¡claro!', 'ya lo creo', etc. A veces se usa irónicamente con valor negativo.

Capaz que + subjuntivo se usa en muchos lugares con el valor de 'es posible, quizás, probablemente'. Se usa en América meridional y Méjico: «*Es capaz que llueva*», etc. Algún resto de ese uso existe todavía en el occidente peninsular. En Chile se usa en el habla popular *¡mecón!* (< *me condenara, me condeno*) y el diminutivo *meconcito* como juramento condenatorio, execratorio: «*¡Mecón que es cierto!*»

Entre las fórmulas de tratamiento cabe recordar *tata, taita, tatita* 'padre' (e incluso 'Dios', en hablas rurales); *amigo, m'amigo, amigayo; viejo, vieja* 'padre, madre'; *vale* mejicano 'amigo'. *Niña* 'mujer', con diversidad de usos en el territorio, pero aplicado sin distinción de edad. *Ño, ña*, reducción proclítica de «señor, señora», son frecuentes en el habla rural y son conocidos en España (BDH, I, 417). *Misia* y *misiá* 'mi señora' son también frecuentes en el habla rural [53].

---

[53] Queda por recordar el problema, tan traído y llevado, de la posible escisión idiomática. Las posturas son muchas y han sido más numerosas todavía. Hay que recordar que, a pesar de todo lo indicado arriba, la distancia existente entre la lengua hablada y la escrita es enorme en América. Mucho mayor que en la Península. Existen, además, fuertes corrientes puristas que impiden la propagación de los vulgarismos. Y por añadidura, ninguno de los caracteres señalados arriba hiere a la esencia del idioma. La unidad espiritual del español es fuerte y definida y debajo de ella caben innúmeras variedades concretas. V. AMADO ALONSO, *El problema de la lengua en América*, Madrid, 1935, y R. MENÉNDEZ PIDAL,

EL «PAPIAMENTO» DE CURAÇAO

Como apéndice al estudio del español americano debe citarse la única lengua criolla de todo el antiguo territorio del Imperio hispánico: el *papiamento* de las Antillas holandesas (Curaçao, Bonaire, Aruba). La isla principal es Curaçao, incorporada
a la Corona de Castilla en fecha relativamente temprana (1499,
descubrimiento por Alonso de Ojeda). Los habitantes indios se
convirtieron al cristianismo oficialmente en 1527. La isla fue
conquistada por los holandeses en 1634. Desde 1648 comenzó
la llegada de negros esclavos, juntamente con mulatos y mezclados de todos los matices. Hasta hoy, la población, fuera de la
capital, se compone casi toda de negros y mulatos. El tráfico
de negros que los portugueses traían de África tenía en Curaçao
su centro de distribución para toda América. Se calcula en
20.000 anuales entre 1650 y 1750; más tarde llegó esa cifra a
los 100.000 por año. En 1795 hubo una sublevación de esclavos,
pero fue sofocada, y ese mismo año se entregó el gobierno de
la isla a los franceses. En 1800 la isla fue colocada bajo el pro-
tectorado de Inglaterra, pero en 1802, por la paz de Amiens,

La unidad del Idioma, Madrid, 1941, entre otros trabajos. De este último
son las siguientes palabras: «... la tarea que históricamente nos toca es,
primero, la de no menoscabar, por desidia, la vigencia de esa forma (la
viva del lenguaje); después, el llevarle constantemente a nueva perfección
literaria, con el oído siempre atento a los pueblos hermanos, para que la
evolución idiomática se realice, no en abandono bajo aquella divergencia
creída fatal, sino al unísono, tendiendo a un futuro en que aparezca
más espléndida la magnífica unidad lingüística creada a un lado y a otro
de los mares, una de las más grandiosas construcciones humanas que ha
visto la Historia» (*Castilla, la tradición, el idioma*, Madrid, 1945, pág. 218).
Incide sobre la cuestión con tino admirable DÁMASO ALONSO, *Unidad y de-
fensa del idioma*, en Memorias del II Congreso de Academias de la
Lengua Española, Madrid, 1956. No parece que podamos plantear el
problema en la misma forma en que se lo planteó Cuervo: los medios
de comunicación seguros, el mayor conocimiento del común pasado cultural, valioso y eficaz, y la más alta conciencia literaria y lingüística,
llevan el peligro de una secesión a un lugar más concreto y fácilmente
sujetable a normas.

fue devuelta nuevamente a Holanda, devolución que puede ser considerada definitiva en 1815.

El holandés es la lengua oficial del gobierno y se enseña en todas las escuelas obligatoriamente. Pero para hacerlo comprensible y para la mecánica de la enseñanza ha de ser traducido al papiamento, lengua conversacional de todo el mundo, excepto de los funcionarios de la administración metropolitana —el papiamento se usa incluso en la vida de las organizaciones católicas—.Este último dato nos dice claramente cómo el papiamento ha llegado a ser lengua de la cultura.

Una lengua criolla nace del contacto de dos lenguas distintas, que se acercan y comprenden dificultosamente. De esta fricción surge una lengua de emergencia, que se va madurando en determinadas condiciones. Es claro que al llegar a Curaçao los españoles impusieron su lengua a los dominados, pero como este cambio no puede ser un hecho súbito, y como, por otra parte, los europeos no entendían la lengua de los indígenas, surge momentáneamente una lengua que tiene como base la de los dominadores, despojada de elementos flexionales y aumentada por elementos indígenas. Las sucesivas y más modernas capas de la lengua dominadora importada acaban por hacer desaparecer ese estado intermedio, pero como tales capas no existieron en Curaçao, sino que, por el contrario, las nuevas importaciones eran de negros africanos, la lengua de emergencia siguió prosperando y elaborándose hasta verse en el estado actual. Así es la génesis, sumariamente expuesta, de una lengua criolla.

El papiamento tiene en su base el criollo negro-portugués que traían los esclavos de África. En Curaçao esta lengua se mezcló con el español hablado en las Antillas y en las costas venezolanas. Por añadidura, cuenta con numerosas palabras holandesas.

El papiamento tiene *seseo* y *yeísmo*, como el resto del español americano. La y (*y, ll* ortográficas) se pronuncia a menudo con nasalidad, de modo que muchas veces se confunde con la ñ: *aña* 'haya'; *ñama* 'llama', de *llamar; gaya* es frecuente por *gaña,* de *engañar,* posible portuguesismo (*engalhar*). La *h-* inicial aspirada se usa generalmente. La *s* (castellano *s, ce, ci, z*) delante de *i* seguida de otra vocal se hace dorsoprepalatal, *š* (*atenšōn* 'atención'); *shegu* 'ciego'; *shinishi* 'ceniza'. La *-s* final se pierde a menudo; la *-d* final se pierde igualmente, pero no es extraño su ensordecimiento total, *-t.* La *r* sencilla es siempre un solo golpe suave contra los alvéolos, y se pierde con gran frecuencia no sólo final, sino interior de palabra: *palaba* 'palabra'; *ceca* 'cerca'. La *s* sonora (z) se conserva en bocas acostumbradas al holandés, pero corrientemente es sorda. La *n* final es velar, *ŋ.*

En las vocales hay que destacar la alteración de timbre de las átonas: *muchu, dilanti,* etc. La *a* átona se hace *ä.* Una característica importante del papiamento es su gran tendencia a la nasalización. En ocasiones se desarrolla una nasal claramente articulada: *angúa,* port. *agulha; bringa,* port. *brigar* 'luchar, pelear'; *pampel,* esp. 'papel'; *trinsyona,* de *traicionar; mansa* 'masa de pan'; *cuminda* 'comida'; etc., etc. Este fenómeno existe igualmente en el afrocubano (*nengri* 'negro'). También es rasgo del papiamento el betacismo, es decir, la igualación de *b* y *v* en *b,* generalmente oclusiva, y la imprecisión acentual (*tende, tendé,* indistintamente). Es de notar también la tendencia a reducir las palabras a dos sílabas: *riba* 'arriba'; *mucha* 'muchacho'; *para* 'pájaro'; *bispa* 'víspera'. Los participios en *-ado, -ido* pierden normalmente la última sílaba, por lo cual se confunden con los infinitivos. La única voz donde esta terminación se conserva es en *tao* 'atado', que significa 'montón, muchedumbre' [54].

---

[54] La fonética del papiamento ha sido considerada nuevamente en 1953 en unas breves notas de T. NAVARRO TOMÁS (*Observaciones sobre el papiamento,* NRFH, VII, 1953, págs. 183-189) que confirman lo expuesto tiempo antes por LENZ, matizando algunos extremos, y hace ver, sobre todo, el aumento del influjo español-caribe en la lengua de la isla. También para NAVARRO TOMÁS el papiamento se fraguó en los siglos XVII y XVIII, teniendo como base el afro-portugués de los esclavos y traficantes, aunque Curaçao no haya pertenecido jamás a Portugal. «El sello portugués persiste en la nasalización, en la relajación de vocales inacentuadas

El sustantivo es invariable. No hay variantes de género ni de declinación. El plural se expresa agregando al singular el pronombre de tercera persona plural *nan* 'ellos', de origen africano: *muchanan gracioso* o *mucha graciosonan* valen por 'muchachos o muchachas graciosos' o 'graciosas'; *prenda di oronan* 'prendas de oro'. Cuando el plural del sustantivo está expresado por un numeral o un adjetivo determinativo cualquiera, no se agrega *nan*: *mi tin tres stûl* 'yo tengo tres sillas'. En algunas ocasiones se usan castellanismos anquilosados: *casitasnan, inquilinosnan*. También es castellanismo algunas terminaciones femeninas: *señora, esposa, amiga, niña*. La expresión propia del papiamento es *yíu hómber* 'hijo'; *yíu muhé* 'hijo mujer', es decir, 'hija'; *hóben* 'joven'; *mosa* 'la joven'.

El artículo definido es *e;* se trata del demostrativo *es*, derivado del port. *esse;* el indefinido es *un*, usado sólo en singular (el plural se expresa por *algún*).

El adjetivo es también invariable. Las formas representativas en español y portugués del género (*frío, fría; barato, barata*, etc.) han confundido al negro parlante que ha fijado definitivamente una de ellas para todos los usos. Así, al lado de *nobo*, port. *novo*, o *shegu* 'ciego' con los dos valores de género, hay *marga* 'amargo'; *bunita* 'bonito'; *bisiña* 'vecino'; etc.

Los pronombres personales son:

1.ª singular: *mi;*	plural: *nos;*
2.ª » *bo;*	» *boso, bosonan;*
3.ª » *ele, el, e;*	» *nan.*

El pronombre *tú* sólo se conserva como vocativo, en insultos: *Bai for de mi, tú, muher infiel* ('Vete lejos de mí, tú, mujer infiel').

El verbo es también una palabra invariable. Los derivados del castellano o del portugués terminan casi siempre en *-a, -e, -i*, vocales características de los infinitivos: *mirá, comé, drumí*

---

y en palabras como *porta, porco, galiña, hariña, bon, també, antó* 'então', *ainda*, etc.» (pág. 188).

'dormir'. Pero los que se derivan del holandés no tienen terminación especial: *wak* (*waken* 'velar'); *sóru* (*zorgen* 'cuidar').
Otros verbos derivan no del infinitivo español o portugués, sino
de otras formas muy frecuentes, como *bai* 'ir', que procede de
vai, 3.ª persona del singular, port. *vai*, tal vez ayudado por el
castellano *vos vais*. Del optativo *vamos* se deriva la forma *bam*,
que se usa también como infinitivo: *lagános bam* 'vámonos,
pues'; *lagános bam baña* 'vamos a bañarnos'.

La forma base verbal sirve, sin ninguna añadidura, como
infinitivo, participio pasado, imperativo y optativo. El verbo
conjugado, en general, exige la presencia de una partícula verbal o de un verbo auxiliar. Estos son: *a*, de *haber*, y *ta* (port.
esta): *e ta mira* 'él mira', 'él está mirando'; *mi ruman a bini*
'mi hermano vino' o 'ha venido'. La forma durativa del imperfecto se expresa mediante *tabata* (*estaba* + *está*): *e tabata malu*
'él estaba enfermo'. *Taba*, solo, no se usa, pero sí en combinación con el verbo *tener* (> *tene*, *tini*, *tin*). La forma usual de
esa combinación es *tabatín*: *e tabatin hopi plaka* 'él tenía mucho
dinero'. Sin sujeto, *taba* equivale al impersonal *había*. El futuro
se expresa poniendo *lo* generalmente delante del sujeto pronominal: *lo mi cantá* 'yo cantaré'; *lo bo murí* 'tú morirás'. *Lo*
se deriva del portugués *logo* 'en seguida, luego, al punto, inmediatamente'.

Existen unos cuantos verbos auxiliares para señalar las
relaciones de modo: *por* 'poner'; *kier* o *kié* 'querer'; *mester*,
mesté 'menester'. Estos verbos no necesitan la añadidura de *ta*
para el presente, y para el pasado no están precedidos, sino
seguidos de la partícula *a*, la cual queda unida con el verbo
de la idea dominante: *es hende aki por skirbi bon latín* 'este
hombre puede escribir buen latín'; *mi no kier mirá-bos mas
riba kaya* 'yo no quiero más verte en la calle'. Los tres verbos
por, kier, mester se usan también independientemente con complementos y proposiciones subordinadas: *nos mesté un poku
awaseru* 'necesitamos un poco de lluvia'.

En el léxico hay que destacar los únicos sufijos característicos y populares del papiamento, que son *-mentu* (del port.

-mento), -or y *-ero* (con las variantes este último *-eru, -er, -é).*
Así del portugués *acabamento* procede *kabamentu;* del portugués *nascimento, nasementu.* Por este sistema se ha hecho *murimentu* 'muerte'; *kimamentu* 'quemazón'; *nengamentu* 'negación'; *primintimentu* 'promesa'; *kaimentu* 'caída'; *hasimentu di aña* 'cumpleaños'; *kuntamentu* 'narración'; etc. El sufijo se usa incluso con verbos holandeses (*kapmentu di palu* 'tala de árboles', del holandés *kappen* 'cortar'). El sufijo es tan vivo que se puede aplicar a todos los verbos curazoleños.

Del sufijo *-or* hay también muchos ejemplos: sobre *piskador* 'pescador' hay *lezador* 'lector' (holandés *lezen* 'leer'); *kapdor* 'cortador de leña'; *distribidó* 'destructor' (derivado de la forma criolla *distribí* 'destruir'), etc. Con *-ero,* según *panadero, carpintero, barbero,* etc., vivos en el habla, hay *kunukero,* del taíno *conuco* 'tierra de labranza'; *platé* 'platero'; *sapaté* 'zapatero'. Al lado de *berdat* se usa *berde, berdé,* como adjetivo y sustantivo: *di berde mes* 'en verdad, realmente', literalmente 'de verdadero mismo'.

Existe un proceso de *desacriollamiento.* A principios del siglo XIX, importantes núcleos de venezolanos y colombianos se trasladaron a las islas para establecer relaciones comerciales o bien por motivos políticos. La comunicación de las islas con el continente es desde entonces fácil y constante. Alejado del portugués por entero, el papiamento ha ido echando mano del español en cuantas necesidades lingüísticas se le han planteado. En la actualidad, el 85 por 100 del léxico es español; un 5 por 100 es holandés y el resto es de procedencia portuguesa o africana. También se percibe ya algún influjo inglés.

Pero el peso del español se refleja también en la fonética: se han generalizado palabras con diptongo (*piedra, muerte*); hay aspiración inicial en lugar de *f-;* la *č* (en gran parte fricativa) ha eliminado a *-it-;* se han hecho fricativas *b, d, g,* y se comienza a perder la nasalización. Es de suponer que este influjo sea cada vez mayor. Sin embargo, el papiamento tiene todavía un alto valor de comunicación social y hasta literario [55].

[55] Se publican en papiamento periódicos, poesías, cuentos, gramáticas, diccionarios, etc. En la *Bibliografía* recogida por LENZ, la obra más antigua es una cartilla escolar de 1843. Le sigue una traducción del Evangelio de San Mateo, 1844. Véase RODOLFO LENZ, *El papiamento. La lengua criolla de Curazao. La gramática más sencilla*. Santiago de Chile, 1928. Una minuciosa exposición de la historia de las islas y de su lengua ofrece H. L. A. VAN WIJK, *Orígenes y evolución del papiamento*, en *Neophilologus*, XLII, 1958, págs. 169-182. La estructura del habla puede verse en A. J. MADURO, *Ensayo payegana un ortografía uniforme pa nos papiamentu*, Curaçao, 1953.

EL ESPAÑOL EN LAS ISLAS FILIPINAS

Nos resta, para terminar esta visión del español ultramarino, exponer dos palabras sobre el habla de las islas Filipinas. Este remoto archipiélago fue descubierto por Hernando de Magallanes en 1521, quien le llamó islas de Poniente o de San Lázaro. Magallanes murió en las islas, en lucha contra uno de los reyezuelos locales. La expedición española (la primera circumnavegación de la Tierra) regresó a la península bajo el mando de Juan Sebastián Elcano. El Emperador reiteró las expediciones (Loaisa, 1524; Saavedra, 1527), que fracasaron por las difíciles y largas travesías. En 1541, se organizó una nueva flota desde Méjico, guiada por Ruy López de Villalobos quien llamó *Filipina*, a la isla de Leyte, en homenaje al entonces heredero de la corona. Esta expedición regresó también a España por el Cabo de Buena Esperanza.

Siendo ya rey Felipe II, el virrey de Nueva España Luis de Velasco organizó la expedición de Miguel López de Legazpi (1515?-1572), quien llegó a las islas en 1564. Legazpi fundó Manila en 1570 y estableció relaciones regulares con Méjico (la famosa nao de Acapulco, en realidad la admirable y casi fantástica primera línea de navegación a través del Pacífico, navegación que duró regularmente hasta los comienzos del siglo XIX) [1].

---

[1] La nao de Acapulco (también nao de la China) fue suprimida en 1815, ya en marcha el proceso de la independencia mejicana. Solamente a partir de esa fecha se estableció nexo marítimo entre Filipinas y España, a través del Índico, comunicación que fue lenta y escasa. Desde entonces y hasta la guerra con los Estados Unidos, España se interesó

Como consecuencia de la guerra con los Estados Unidos en 1898, el tratado de París transfería las islas a la confederación norteamericana. Después de lentas reformas en la administración, las islas consiguieron su independencia en 1946.

La hispanización de las islas tuvo un camino y alcance bastante distintos a los de los restantes territorios ultramarinos. Las órdenes religiosas evangelizadoras impartieron la enseñanza en las lenguas indígenas, y apenas se preocuparon de enseñar el castellano. Éste fue la lengua de la clase directora, de los tribunales, de la cultura en general, minoría bastante reducida[2]. A principios del siglo XX, hablaba español en las islas el 10 por 100 de la población. Este español flotaba sobre las numerosas lenguas locales[3] y éstas, a su vez, se iban tiñendo de numerosos hispanismos, hasta producir una lengua de comunicación, casi una jerga, de varios matices y subdivisiones, lo que hoy podemos llamar *tagalo-español*.

Los Estados Unidos se propusieron imponer el inglés en las islas; a pesar de eso y de la indudable eficacia de sus decisiones, el español fue en 1935 declarado lengua co-oficial del país; en 1937, también lo fue el tagalo. En consecuencia, en la actualidad, la república filipina tiene tres lenguas oficiales: el tagalo (frecuentemente llamado *pilipino*), el inglés y el español. Esto no impide que el español sea lengua de una minoría, minoría culta, de gran prestigio social, pero en retirada. En

---

realmente por las islas, y abundan los proyectos y medidas de gobierno y educación. De aquí proceden los restos de castellano normal y de gran prestigio social que tienen las clases cultivadas de Manila. Todo muy tardío, como vemos.

[2] Como en tantas ocasiones y lugares, también en Filipinas hay huellas de la enorme fuerza expansiva del ademán imperial hispánico. Buena prueba es la documentada presencia, en la Manila de 1583 (trece años después de su fundación), de una valiosa colección de libros, algunos impresos ese mismo año. Véase IRVING A. LEONARD, *Una biblioteca particular, Manila, 1583*, en *Los libros del conquistador*, México, 1953, páginas 191 y ss.

[3] Los agustinos predicaron en una docena de lenguas, aprendidas entre el centenar largo de las conocidas. Las más importantes son el bisayo, el tagalo, el ilocano, el pampango y el cebuano.

esta minoría deben incluirse las personas que estudian español, exigido en determinadas carreras universitarias.

En el largo contacto del español con las lenguas locales se ha producido un estado nuevo, en el que se han hecho cuatro divisiones o subdivisiones: caviteño, ermitaño, zamboangueño y davaoeño [4]. Entre ellas existe una clara dependencia de tipo histórico (asentamientos de población, colonizaciones diversas). El más moderno es el último, nacido y desarrollado en el siglo XIX y lo que va del XX. Todos tienen en su pasado al ternateño, de la isla de Ternate, en las Molucas, teñido de portugués. De esa isla, numerosos hablantes (unas doscientas familias) fueron trasladados a Manila ya en el siglo XVII. Sobre todas estas hablas criollas ha pesado duramente la ocupación japonesa durante la última guerra mundial.

El español cultivado, o cuidado por las clases cultas y por los hispanistas, es el que refleja, por ejemplo, el único periódico subsistente en español: *El Debate*, de Manila. Salvo los inevitables indigenismos (y quizá mayor presencia de giros ingleses), la lengua de ese periódico recuerda el español americano (*es por esto que...; corte* 'tribunal'; *platicar* 'charlar, conversar'; *novedoso* 'nuevo, original'; repetición innecesaria del acusativo *lo*: *lo vi a Pedro; también no* 'tampoco'; etc.). Sin embargo, parece que entre hablantes cultos, la norma peninsular se impone, incluso en la fonética (distinción de *s* y *θ*; distinción de *l̦* y *y;* vocales normales; diferenciación de *p* y *f*) [5]. Pero en las hablas populares se presentan otros rasgos.

Existen seseo y yeísmo; se conserva en algunos casos la aspiración de *f-* inicial latina: *jablar* 'hablar'; *jambre* 'hambre';

---

[4] El zamboangueño es en realidad el famoso *chabacano*, que tuvo más área de difusión y que ya atrajo la atención de SCHUCHARDT (*Kreolische Studien*, IV). Se usó mucho como lengua de relación, incluso por los españoles. Es casi seguro que haya estado más mezclado de lo que hoy está, especialmente de tagalo y cebuano.

[5] Es el español acusado por JULIO PALACIOS, *Filipinas, orgullo de España*, Madrid, 1935.

jací 'hacer'; *jaltao* 'hartado'; etc. La *j* /x/ castellana se ha identificado con la aspiración, como en tantas otras hablas hispánicas. La *f*, sonido que no existe en tagalo, es sustituida corrientemente por *p* bilabial: *Pilipinas* 'Filipinas'; *pondo* 'fondo'; *puera* 'fuera'; *plores* 'flores'; *puelte* 'fuerte'; *diperente* 'diferente'; *suprí* 'sufrir'; *protá* 'frotar'; *pastidiá* 'fastidiar'; etc.

La *-d-* intervocálica desaparece en la terminación *-ado*, como en tantos otros sitios (*dorao, desesperao, masiao* 'demasiado'; *ispantanao* 'espantado'). En otras situaciones, es oclusiva, y lo mismo ocurre con *b* y *g*. Está atestiguada copiosamente la neutralización de *-l* y *-r*: *mujel, cuelpo, talde, polque, puelte, maltín pescadol*, etc. La *-r* final de los infinitivos suele desaparecer y es sustituida por una oclusión glotal, típica del tagalo: *escondé'*. Otras veces se conserva seguida de una vocal neutra, relajada: *jablarə*[6].

El tagalo tiene un sistema trivocálico (*a, i, u*) lo que hace que, especialmente en el caviteño, la *e* y la *o* españolas se hagan respectivamente *i, u*: *ritirá* 'retirar'; *ingrandicí* 'engrandecer'; *puní* 'poner'; *pinsá* 'pensar'; *cumí* 'comer'; *gutiá* 'gotear'.

El artículo definido es invariable, *el*: *el viento, el luna, el murmuración*, etc. En zamboangueño, a veces se usa *los*: *los cuatro, todos los días*. Existe la contracción *del* (*del mirada del viejo; del mujel; del olas;* etc.); la preposición *na* puede desempeñar funciones del artículo en ella embebido: *na olas y na cielos*. El indefinido es *un*, también invariable: *un mujel, un ola, un lágrimas, un céntimos*.

---

[6] El paso *j* > *s* (*navasa, labasa* 'navaja'; *saro* 'jarro'; *sabón* 'jabón') procede de las observaciones de SCHUCHARDT (*loc. cit.*, pág. 141) y desde ahí se viene repitiendo. MAX L. WAGNER todavía pensaba en restos de vieja pronunciación española. Sin embargo, en los textos transcritos fonéticamente que he podido manejar no he encontrado ni una sola prueba de este cambio. Puede haberse dado en alguna ocasión y haberse nivelado el hecho de lengua, o haberse perdido definitivamente: no hay que olvidar lo inestable de estas hablas y su constante fluctuación, agravada por la presión creciente de las demás.

El género no se conoce en tagalo. Esto hace que en las hablas criollas tampoco esté vigente la diferenciación española. Existe solamente en algunas palabras de uso frecuente: *viejo, vieja; muchacho, muchacha.* El plural se forma o bien siguiendo la forma española (*rosa, rosas; dolor, dolores*) o con la partícula tagala *mana: su mana compañera* 'sus compañeras'; *el mana vicino* 'los vecinos'; *el mana puelco* 'los puercos'.

El adjetivo es también invariable: *el vieja religioso; mana puelco chiquitito.* Sin embargo, pueden emplearse aisladamente formas españolas: *media noche, Vilgen Santísima.* Algo parecido ocurre con los adverbios, donde es muy frecuente encontrar como en toda América, adjetivos adverbializados: *examiná bueno; clavá bueno el vista; caminá chiquitito.* Persisten algunos adverbios claramente españoles: *ansí, nomás, agora,* etcétera. Formas en *-mente* son raras y ocasionales.

La intensificación se logra mediante la reduplicación (*caminá poco-poco; mirá bueno-bueno;* etc.) o con esta reduplicación a la que se añade el infijo tagalo *ng: altong-alto; tristing-triste; puelteng-puelte;* etc. También se usa *demasiado* (*masiao, dimasiado*): *vieja dimasiado religioso; masiao malo el boca.* Son esporádicos los casos de *-ísimo.*

El pronombre personal presenta las formas *yo, tú* (al lado de *vos*), *ele; nisós, ustedes* (y *vusós*), *ilós.* En zamboangueño, las formas de plural son indígenas (*kitá* o *kamí, kamó, silá*). Para el caso oblicuo persisten *conmigo* y *contigo,* y para el resto se usa la forma recta precedida de *con: con ele, con nisós,* etc.

El verbo se ha reducido extraordinariamente en estas hablas. Persisten solamente *hay* y *tiene.* La conjugación se hace a base de partículas: *tá* (*está*), *ya, de. Tá* indica el presente: *tá llorá* 'llora, está llorando'; *tá pensá* 'piensa'; *tá mirá con aquel español* 'yo veo a aquel español'; etc. *Ya* sirve para el pasado: *nisós ya andá na Manila* 'nosotros estuvimos en Manila'; *yo ya comprá plátanos ayer* 'yo compré plátanos ayer'. Finalmente, *de* sirve para el futuro: *¿dónde tú de andá?* '¿dónde irás?'; *ele de cabá su trabajo* 'él terminará su trabajo'.

En algunos dialectos (ermitaño, caviteño) *está* aparece combinado con *allí* y *allá*: *tallí, tallá*: *el manzana tallí na mesa.*

La negación se expresa con el español *no*. La pregunta, con la partícula tagala *ba*: *¿ya llorá ba tú?* '¿lloraste?'; *¿no ya andá bos na mercado?* '¿no fuiste al mercado?'.

Con es la preposición más usual: *con usted tá esperá* 'espero a usted'. Se emplean, como ya queda señalado, *na*, de origen portugués, y *de*.

En el léxico se encuentran, entrelazadas, las corrientes que han operado sobre las islas. No es raro el uso de algún arcaísmo castellano: *el marzo, el enero; día lunes, día martes,* etc.; *arráez* 'patrón de barco'; *escuchar* significa 'mirar o acechar por la cerradura, por una rendija; etc.'. Se reconoce todavía en él al viejo *esculcar* 'vigilar, espiar', vivo en Méjico y en otros lugares de América y de España (véase atrás, pág. 368), que aquí se ha confundido fonéticamente con *escuchar* 'oír'. Son relativamente abundantes los mejicanismos, explicables por los largos años de dependencia del virreinato: *ate* 'fruto del anona'; *atole* es en Filipinas una 'papilla de arroz'; *camote* 'batata'; *chongo* 'mono'; *guachinango* 'zalamero, astuto', valor que tiene también esta voz en las Antillas y Méjico, además del de 'un pez'; *mecate* 'piedra para amasar el chocolate'; *petaca* 'silla de manos'; *pepenar* 'cosechar' (*pipiná arroz* 'recoger el arroz'); *tamal* 'empanada'; *zacate* 'hierba forrajera' (con sus derivados normales *zacatal* 'yerbazal' y *zacatero* 'vendedor de zacate'); etcétera, etc.

Numerosos indigenismos, especialmente del tagalo, invaden el habla, como era de esperar: *acle* 'un árbol, semejante al cedro'; *aeta* 'indígena, negrito'; *agojo* 'árbol casuarina'; *alamán* 'camarón'; *alimango* 'cangrejo'; *asuán* 'brujo, fantasma'; *bago* 'recién llegado, forastero'; *baroto* 'una embarcación'; *bata* 'indio joven; criado'; *bichara* 'charla, conversación'; *harigue* 'pivote, pie derecho, poste de madera'; *maguinóo* 'señor, persona noble' y su sucesor *guinóo* (*guinóo Gómez* 'señor Gómez'); *matandá* 'viejo, persona de edad'; *paipay* 'hoja de una planta, abanico que se hace con ella'. La voz tagala *pono* 'árbol' (del tagalo *puno*) se usa mucho para designar cualquier tipo de árbol añadiéndole el nombre del fruto: *pono de plátano, pono de naranjita,* etc.; *tulisán* 'malhechor, delincuente'; etc., etc.

Entre los tratamientos cabe recordar *ñol, ñora* 'señor, señora'. En habla de clases cultas, y a juzgar por las censuras de los puristas, se oye *ustedes sabéis, habéis ustedes,* etc., como en andaluz.

Cosa se emplea para interrogar: ¿*cosa quiere?* '¿qué quiere?'; ¿*cosa dijo?* '¿qué dijo?'

GUÍA BIBLIOGRÁFICA

La siguiente *guía bibliográfica* no pretende, ni mucho menos, ser exhaustiva. Recojo solamente aquellos trabajos más citados a lo largo del texto, los que me han servido de información y de ayuda y aquellos que son más frecuentemente manejados. Esta lista tan sólo aspira a funcionar como una melodía compañera de los diversos apartados del libro. Prescindo voluntariamente, en el grupo del español americano, de numerosos vocabularios o listas de palabras que o son de reducido alcance o están ya incorporados a repertorios mayores. El lector interesado en cuestiones más detalladas debe manejar las bibliografías de la RFE (Madrid, desde 1914) y de la NRFH (México, desde 1947). La RFH (Buenos Aires, 1939-1946) también publicó excelente bibliografía. Para el español americano, además, debe manejarse siempre la BDH. Inexcusable ahora resulta el manejo de la *Bibl. de la lingüística española,* de Homero Serís.

Debo advertir que cierro esta lista en julio, 1966.

OBRAS GENERALES

ALVAR, MANUEL, *Dialectología española,* Cuadernos bibliográficos, VII. Madrid, Consejo Superior de Investigaciones Científicas, 1962.

—, *Textos hispánicos dialectales,* Madrid, Anejo LXXIII de la RFE, 1960, 2 volúmenes.

BALDINGER, KURT, *Die Herausbildung der Sprachräume auf der Pyrenäenhalbinsel, Querschnitt durch die neuste Forschung und Versuch einer Synthese,* Berlin, 1958. (Hay traducción española: *La formación de los dominios lingüísticos en la*

Península Ibérica, Madrid, Gredos, Biblioteca Románica Hispánica, 1963).

COROMINAS, J., *Diccionario crítico-etimológico de la lengua castellana*, Madrid, 4 volúmenes, 1954-1957.

ENTWISTLE, W. J., *The Spanish Language. Together with Portuguese, Catalan and Basque*, Londres, 1936.

GARCÍA DE DIEGO, VICENTE, *Manual de Dialectología española*, Madrid, Instituto de Cultura Hispánica, 1946 (2.ª edición, 1959).

—, *Dialectalismos castellanos*, en RFE, III, 1916, págs. 305-318.

—, *El castellano como complejo dialectal y sus dialectos internos*, en RFE, XXXIV, 1950, págs. 107-124.

—, *Diccionario etimológico español e hispánico*, Madrid, s. s. (1954).

KUHN, ALWIN, *Romanische Philologie. Erster Teil: Die romanischen Sprachen*, Bern, 1951.

LAPESA, RAFAEL, *Historia de la lengua española*, 6.ª edic., Madrid, 1966.

MEIER, HARRI, *Beiträge zur sprachlichen Gliederung der Pyrenäenhalbinsel*, Hamburg, 1930.

MENÉNDEZ PIDAL, RAMÓN, *Orígenes del español. Estado lingüístico de la Península Ibérica hasta el siglo XI*, Madrid, Espasa-Calpe, 5.ª edic. 1964.

—, *Manual de gramática histórica española*, Madrid, Espasa Calpe, 12 edic. 1966.

POP, SEVER, *La dialectologie. Aperçu historique et méthodes d'enquêtes linguistiques. (Première partie: Dialectologie romane)*. Louvain, 1950.

ROHLFS, GERHARD, *Manual de Filología hispánica. Guía bibliográfica, crítica y metódica*, Bogotá, Instituto Caro y Cuervo, 1957.

ROSENBLAT, ANGEL, *Notas de Morfología dialectal*, Buenos Aires, BDH, II, 1946.

SERÍS, HOMERO, *Bibliografía de la lingüística española*, Bogotá, Instituto Caro y Cuervo, 1964.

MOZÁRABE

ALONSO, DÁMASO, *Cancioncillas mozárabes. Primavera temprana de la lírica europea*, en RFE, XXXIII, págs. 297-349.

Asín Palacios, Miguel, *Glosario de voces romances registradas por un botánico hispanomusulmán* (*Siglos XI-XII*), Madrid-Granada, 1943.

Galmés de Fuentes, Alvaro, *El mozárabe levantino en los «Libros de los Repartimientos» de Mallorca y Valencia,* en NRFH, IV, 1950, págs. 313-346.

—, *Resultados de -ll- y -ly-, -c'l- en los dialectos mozárabes,* en RLRo, XXIX, 1965, págs. 60-97.

García Gómez, Emilio, *Las jarchas romances de la serie árabe en su marco,* Madrid, 1965.

Griffin, David A., *Los mozarabismos del «Vocabulista» atribuido a Ramón Martí,* Madrid, 1961.

Lapesa, Rafael, *Sobre el texto y lenguaje de algunas jarchyas mozárabes,* en BRAE, XL, 1960, págs. 53-65.

Menéndez Pidal, Ramón, *Orígenes del español. Estado lingüístico de la Península Ibérica hasta el siglo XI,* Madrid, 5.ª edición, 1964.

—, *Cantos románicos andalusíes,* en BRAE, XXXI, 1951, páginas 187-270. (Recogido en *España, eslabón entre la cristiandad y el Islam,* Madrid, 1956, Colec. Austral, n.º 1280).

Sanchís Guarner, M., *Els parlars romànics anteriors a la Reconquista de Valencia i Mallorca,* en VII CILR, Barcelona, 1955, págs. 455 y siguientes.

—, *Introducción a la historia lingüística de Valencia,* Valencia, 1949.

—, *El mozárabe peninsular,* en ELH, I, Madrid, 1960, págs. 293-342.

Simonet, F. J., *Glosario de voces ibéricas y latinas usadas entre los mozárabes, precedido de un estudio sobre el dialecto mozárabe,* Madrid, 1889.

Steiger, Arnald, *Zur Sprache der Mozaraber. Sache, Ort und Wort.* Románica Helvética, 20. Festschrift J. Jud, Zurich, 1948.

Stern, S. M., *Les chansons mozarabes,* Palermo, 1953.

Veres d'Ocón, E., *La diptongación en el mozárabe levantino,* en RVF, II, 1952, págs. 137-148.

ASPIRACIÓN

ESPINOSA, A. M. (hijo) y RODRÍGUEZ CASTELLANO, L., *La aspiración de la «h» en el sur y oeste de España*, en RFE, XXIII, 1936, págs. 225-254 y 337-378.

GALMÉS DE FUENTES, A., y CATALÁN MENÉNDEZ PIDAL, D., *Un límite lingüístico*, en RDTradPop, II, 1946, págs. 196-239.

RODRÍGUEZ CASTELLANO, L., *La aspiración de la h- en el oriente de Asturias*, Oviedo, 1946.

—, *Estado actual de la h- aspirada en la provincia de Santander*, en *Archivum*, IV, 1954, págs. 435-457.

YEÍSMO

ALONSO, AMADO, *La ḷ y sus alteraciones en España y América*, en EMP, II, págs. 41-89. (Recogido en *Estudios lingüísticos. Temas hispanoamericanos*, Madrid, Gredos, 1953).

BOYD-BOWMAN, PETER, *Sobre restos de Lleísmo en México*, en NRFH, VI, 1952, págs. 69-74.

COROMINAS, JUAN, *Para la fecha del yeísmo y del lleísmo*, en NRFH, VII, 1953, págs. 81-87.

GALMÉS, ALVARO, *Lle-yeísmo y otras cuestiones lingüísticas en un relato morisco del siglo XVII*, en EMP, VII, Madrid, 1956, págs. 273-307.

GUITARTE, GUILLERMO L., *El ensordecimiento del žeísmo porteño*, en RFE, XXXIX, 1955, págs. 261-283.

LAPESA, RAFAEL, *El andaluz y el español de América*, en *Presente y futuro de la lengua española*, II, Madrid, 1964, págs. 173-182.

NAVARRO TOMÁS, T., *Nuevos datos sobre el yeísmo en España*, en BICC, XIX, 1964, págs. 1-17.

ZAMORA VICENTE, A., *Rehilamiento porteño*, en Fil, I, 1949, páginas 5-22.

HABLAS LEONESAS

a) Bibliografía general.

CATALÁN, DIEGO, *The romanic Leonese domain,* en *Orbis,* IV, 1955, págs. 169-173.
— Y GALMÉS, ALVARO, *La diptongación en leonés,* en *Archivum,* IV, 1954, págs. 87-174.
—, *Resultados ápico-palatales y dorso-palatales de -ll-, -nn- y de ll- (< l-), nn (< n-),* en RFE, XXXVIII, 1954, págs. 1-44.
CINTRA, LUIS F. LINDLEY, *A linguagem dos Foros de Castelo Rodrigo,* Lisboa, 1959.
GESSNER, M., *Das leonesische,* Berlín, 1867.
GRANDA GUTIÉRREZ, GERMÁN DE, *Las vocales finales del dialecto leonés,* en TDRL, II, Madrid, 1960, págs. 27-117.
—, *Los diptongos decrecientes en el dominio románico leonés,* en TDRL, II, Madrid, 1960, págs. 121-173.
HANSSEN, F., *Los infinitivos leoneses del Poema de Alejandro,* en BHi, XII, 1920, págs. 135-139.
—, *Estudios sobre la conjugación leonesa,* Santiago de Chile, 1896.
LÓPEZ SANTOS, LUIS, *El perfecto y sus tiempos afines en el dialecto leonés,* León, 1959.
MENÉNDEZ PIDAL, RAMÓN, *El dialecto leonés,* en RABM, X, 1906, págs. 128-172 y 294-311. (Hay reedición en volumen aparte, con notas de CARMEN BOBES, Oviedo, 1962).
STAAFF, ERIK, *Étude sur l'ancien dialecte léonais d'après des chartes du XIIIe siècle,* Uppsala, 1907.

b) Núcleo asturiano.

ACEVEDO Y HUELVES, BERNARDO, Y FERNÁNDEZ Y FERNÁNDEZ, M., *Vocabulario del bable de occidente,* Madrid, 1932.
ALONSO, DÁMASO, *El saúco entre Galicia y Asturias. (Nombre y superstición),* en RDTradPop, II, 1946, págs. 3-32.
—, *Notas gallego-asturianas de los tres Oscos,* en *Archivum,* VIII, 1958, págs. 5-12.
—, *Metafonía y neutro de materia en España. (Sobre un fondo italiano),* en ZRPh, LXXIV, 1958, págs. 1-24.

—, *Metafonía, neutro de materia y colonización suditaliana en la Península Hispánica*, en ELH, I (Suplemento), págs. 105 y siguientes.

ALONSO FERNÁNDEZ, DOLORES, *Notas sobre el bable de Morcín*, en *Archivum*, IV, 1954.

ÁLVAREZ FERNÁNDEZ-CAÑEDO, JESÚS, *El habla y la cultura popular de Cabrales*, Anejo LXXVI de la RFE, Madrid, 1963.

BOBES NAVES, M.ª DEL CARMEN, *Fonología del verbo bable*, en BIDEA, XV, 1961 (n.º 42), págs. 103-116.

—, *El nombre en el bable de Bimenes*, en BIDEA, XV, n.º 44, págs. 555 y siguientes.

CANELLADA, MARÍA JOSEFA, *El bable de Cabranes*, Madrid, Anejo XXXI de la RFE, 1944.

CATALÁN, DIEGO, *Inflexión de las vocales tónicas junto al Cabo de Peñas (Contribución al dialecto leonés)*, en RDTradPop, IX, 1953, págs. 405-415.

—, *El asturiano occidental. Examen sincrónico y explicación diacrónica de sus fronteras fonológicas*, en RoPh, X, 1956, páginas 71-92 y XI, 1957, págs. 120-158.

DÍAZ CASTAÑÓN, M.ª DEL CARMEN, *La inflexión metafonética en el Concejo de Carreño*, en TDRL, I, Madrid, 1957, págs. 15 y siguientes.

FERNÁNDEZ, JOSEPH A., *El habla de Sisterna*, Anejo LXXIV de la RFE, Madrid, 1960.

GALMÉS, ALVARO, *Más datos sobre la inflexión metafonética en el centro-sur de Asturias*, en TDRL, II, Madrid, 1960, páginas, 13-25.

GARCÍA ÁLVAREZ, M.ª TERESA, *La inflexión vocálica en el bable de Bimenes*, en BIDEA, XIV, n.º 41, págs. 471 y siguientes.

—, *Morfología verbal en el bable de Bimenes*, en *Archivum*, X, 1960, págs. 405-424.

GARCÍA SUÁREZ, A., *Contribución al léxico del asturiano occidental*, en RDTradPop, VI, 1950, págs. 264-300.

GARVENS, FRITZ, *Metafonía en Cabrales (Oriente de Asturias)*, en BIDEA, XIV, 1960, n.º 40, págs. 241-244.

GRANDA GUTIÉRREZ, GERMÁN DE, *Observaciones sobre el sistema morfológico del nombre en asturiano*, en RFE, XLVI, 1963, págs. 97-120.

GROSSI, RODRIGO, *Aportación al estudio del dialecto de Campo de Caso*, en *Archivum*, XI, 1961, págs. 79-102.

—, *Breve estudio de un bable central*: el de Meres, en *Archivum*, XII, 1962, págs. 445-466.

JENNINGS, A. C., *A linguistic study of the Cartulario de San Vicente de Oviedo*, New York, 1940.

KRÜGER, FRITZ, *Notas de dialectología asturiana comparada*, en BIDEA, n.º 30, Oviedo, 1957.

—, *La tornería, supervivencia asturiana de un antiguo oficio europeo*, en EMP, III, Madrid, 1952, págs. 109-123.

LAPESA, RAFAEL, *Asturiano y provenzal en el Fuero de Avilés*, Salamanca, 1948.

MENÉNDEZ GARCÍA, M., *Cruce de dialectos en el habla de Sisterna*, en RDTradPop, VI, 1950, págs. 335-402.

—, *Algunos límites dialectales en el occidente de Asturias*, en BIDEA, n.º 14, 1951.

—, *El Cuarto de los valles (Un habla del occidente asturiano)*, Oviedo, I, 1933; II (*Vocabulario*), 1965.

MENÉNDEZ PIDAL, RAMÓN, *Pasiegos y vaqueiros*, en *Archivum*, IV, 1954, págs. 16 y siguientes.

—, *A propósito de l y ll latinas. Colonización suditálica en España*, en BRAE, XXXIV, 1954, págs. 165-216.

MUNTHE, A. W., *Anteckningar om folk-målet i en trakt af vestra Asturien*, Uppsale, 1887.

NEIRA MARTÍNEZ, JESÚS, *El habla de Lena*, Oviedo, IDEA, 1955.

—, *La metafonía en las formas verbales del imperfecto y del perfecto (Adiciones al habla de Lena)*, en *Archivum*, XII, 1962, págs. 383-394.

POLA, G., *La sufijación en el bable oriental*, en BIDEA, 1952, págs. 343-361.

RATO Y HEVIA, APOLINAR DE, *Vocabulario de las palabras y frases bables que se hablaron antiguamente y de las que hoy se hablan en el Principado de Asturias*, Madrid, 1891.

RODRÍGUEZ CASTELLANO, LORENZO, *Palatalización de la l- inicial en zona de habla gallega*, en BIDEA, 1948.

—, *El pronombre personal en el asturiano*, en BIDEA, VI, 1952, págs. 119-130.

—, *La variedad dialectal del Alto Aller*, Oviedo, IDEA, 1952.

—, *El sonido š (< l-, -ll-) del dialecto asturiano*, en EMP, IV, Madrid, 1953, págs. 201-238.

—, *Aspectos del bable occidental*, Oviedo, IDEA, 1954.

—, *Contribución al vocabulario del bable occidental*, Oviedo, IDEA, 1957.

—, *La frontera oriental de la terminación -es / -as, del dialecto asturiano*, en BIDEA, XIV, 1960, págs. 106-118.

—, *Algunas precisiones sobre la metafonía de Santander y Asturias*, en *Archivum*, IX, 1959, págs. 236-248.

—, *El posesivo en el dialecto asturiano*, en BIDEA, n.º 31, 1957.

VIGÓN CASQUERO, BRAULIO, *Vocabulario dialectológico del Concejo de Colunga*, Villaviciosa, 1886. (Hay reedición moderna, Madrid, Anejo LXIII de la RFE, 1955).

ZAMORA VICENTE, ALONSO, *Léxico rural asturiano. Palabras y cosas de Libardón (Colunga)*, Granada, 1953.

c) Hablas montañesas.

ALCALDE DEL RÍO, H., *Contribución al léxico montañés*, Santander, 1933.

CALDERÓN ESCALADA, JOSÉ, *Voces, en su mayor parte nombres de cosas, de uso corriente de estos valles altos de la provincia de Santander, que no están recogidas en el Diccionario de la Lengua Española*, en BRAE, XXV, 1946, págs. 379-397.

COSSÍO, JOSÉ MARÍA DE, *Aportación al léxico montañés*, en BBMP, IX, 1927, págs. 115-122.

DÍAZ CANEJA, JOSÉ, *Neologismos y arcaísmos. (Estudio sobre el carro y la carreta de Sajambre)*, en *Escorial*, VIII, n.º 21, págs. 138-146.

FERNÁNDEZ GONZÁLEZ, ANGEL, *El habla y la cultura popular de Oseja de Sajambre*, Oviedo, IDEA, 1959.

GARCÍA LOMAS, ADRIANO, *El lenguaje popular en las montañas de Santander*, Santander, 1949.

d) Núcleo leonés.

ALEMANY, JOSÉ, *Voces de Maragatería y de otra procedencia usadas en «La esfinge maragata», de Concha Espina*, en BRAE, II, 1915, págs. 622-646 y III, 1916, págs. 39-67.

ALONSO, DÁMASO, y GARCÍA YEBRA, VALENTÍN, *El gallego-leonés de Ancares y su interés para la dialectología portuguesa*, en CEG, fascículo XLVIII, 1961, págs. 43-79.

ALONSO GARROTE, SANTIAGO, *El dialecto vulgar leonés hablado en Maragatería y tierra de Astorga. (Notas gramaticales y Vocabulario)*, Astorga, 1909; 2.ª edic., Madrid, 1947.

ÁLVAREZ, GUZMÁN, *El habla de Babia y Laciana*, Madrid, Anejo XLIX de la RFE, 1949.

ANDRÉS CASTELLANOS, M. (y otros), *Límites de palatales en el alto León*, en TDRL, I, Madrid, 1957, págs. 22 y ss.

BEJARANO, VIRGILIO, *El cultivo del lino en las regiones salmantinas de Las Bardas y La Huebra*, en RDTradPop, VI, 1950, págs. 243-263.

BLÁNQUEZ FRAILE, AGUSTÍN, *Límites del dialecto leonés occidental en Alcañices, Puebla de Sanabria y La Bañeza*, en Memorias de la Junta para ampliación de estudios, Madrid, 1907, págs. 67-78.

CASADO LOBATO, C., *El habla de la Cabrera Alta. Contribución al estudio del dialecto leonés*. Madrid, Anejo XLIV de la RFE, 1948.

CASTRO, AMÉRICO y ONÍS, FEDERICO DE, *Fueros leoneses de Zamora, Salamanca, Ledesma y Alba de Tormes*, Madrid, 1916.

CORTÉS VÁZQUEZ, LUIS, *Contribución al vocabulario salmantino*, en RDTradPop, XIII, 1957.

—, *Ganadería y pastoreo en Berrocal de Huebra (Salamanca)*, en RDTradPop, VIII, 1952.

DIAS, JORGE, Y J. HERCULANO DE CARVALHO, *O falar de Rio de Onor*, en *Biblos*, XXX, 1955, págs. 1-61.

FARISH, R. M., *Notas lingüísticas sobre el habla de la Ribera del Orbigo*, en TDRL, I, Madrid, 1957, págs. 41 y ss.

FERNÁNDEZ DURO, CESÁREO, *Locuciones zamoranas*, en *Memorias históricas de la Ciudad de Zamora, su provincia y obispado*, Madrid, 1882-1883; 4 volúmenes; las *Locuciones* están en el tomo IV, págs. 468-476.

FERNÁNDEZ DE GATA Y GALACHE, M., *Vocabulario charruno*, Salamanca, 1903.

FERNÁNDEZ MORALES, ANTONIO, *Ensayos poéticos en dialecto berciano*, León, 1861.

GARCÍA DEL CASTILLO, JUAN (y otros), *Sobre el habla de la Cabrera Baja*, en TDRL, I, Madrid, 1957, págs. 87 y ss.

GARCÍA REY, VERARDO, *Vocabulario del Bierzo*, Madrid, 1934.

HERCULANO DE CARVALHO, JOSÉ, *Por qué se falam dialectos leoneses em terras de Miranda?*, en RPF, V, 1952, págs. 265-280.

—, *Fonologia mirandesa*, Coimbra, 1958.

KRÜGER, FRITZ, *Studien zur Lautgeschichte westspanischer Mundarten, auf Grund von Untersuchungen an Ort und Stelle*. Hamburg, 1914.

—, *El dialecto de San Ciprián de Sanabria*, Madrid, Anejo IV de la RFE, 1923.

—, *Vocablos y cosas de Sanabria*, en RFE, X, 1923, págs. 153-166.

—, *Mezcla de dialectos*, en HMP, II, Madrid, 1925, págs. 121-166.

—, *Die Gegenstandskultur Sanabrias und seiner Nachbargebiete*, Hamburg, 1925.

—, *El perfecto de los verbos en -ar en los dialectos de Sanabria y de sus zonas colindantes*, en RFE, XXXVIII, 1954, págs. 45-82.

LAMANO Y BENEITE, JOSÉ, *El dialecto vulgar salmantino*, Salamanca, 1915.

LEITE DE VASCONCELLOS, J., *Estudos de Philologia mirandesa*, Lisboa, 1900-1911.

—, *Linguagem portuguesa de Alamedilla o «Almedilha»* en *Homenaje a Adolfo Bonilla y San Martín*, II, 1930, págs. 627-631.

—, *Breve estudo dos falares de Riodonor e Guadramil*, en *Opúsculos*, IV, Coimbra, 1929.

LLORENTE MALDONADO DE GUEVARA, A., *Estudio sobre el habla de La Ribera (Comarca salmantina ribereña del Duero)*, Salamanca, 1947.

PIEL, JOSEPH M., *Observaçoẽs acerca do vocalismo mirandés*, en *Biblos*, VIII, 1932, págs. 95-101.

PUYOL Y ALONSO, J., *Glosario de algunos vocablos usados en León*, en RHi, XV, 1907, págs. 1-8.

RODRIGO LÓPEZ, M. C., *Aspectos del dialecto leonés hablado en Aliste (Zamora)*, en TDRL, I, Madrid, 1957, págs. 129 y siguientes.

SÁNCHEZ SEVILLA, PEDRO, *El habla de Cespedosa de Tormes*, en RFE, XV, 1928, págs. 131-172 y 244-282.

e) *Extremeño.*

BIERHENKE, W., *Das Dreschen in der Sierra de Gata*, en VKR, II, 1929, págs. 20-82.

—, *Ländliche Gewerbe der Sierra de Gata*, Hamburg, 1932.

CABRERA, AURELIO, *Voces extremeñas recogidas del habla vulgar de Alburquerque y su comarca*, en BRAE, III, 1916, págs. 653-666 y IV, 1917, págs. 71-96.

CANELLADA, MARÍA JOSEFA, *Notas de entonación extremeña*, en RFE, XXV, 1941, págs. 79-91.

CATALÁN, DIEGO, *Concepto lingüístico del dialecto «chinato» en una chinato-hablante*, en RDTradPop, X, 1954, págs. 10-28.

ESPINOSA, A. M. (hijo), *Arcaísmos dialectales. La conservación de s y z sonoras en Cáceres y Salamanca*, Madrid, Anejo XIX de la RFE, 1935.

FINK, OSKAR, *Contribución al vocabulario de la Sierra de Gata*, en VKR, II, 1929, págs. 83-87.

—, *Studien über Mundarten der Sierra de Gata*, Hamburg, 1929.

LORENZO CRIADO, E., *El habla de Albalá (Contribución al estudio de la dialectología extremeña)*, en RCCE, 1948, págs. 398-407.

ONÍS, FEDERICO DE, *Notas sobre el dialecto de San Martín de Trevejo*, en *Todd Memorial Volumes*, Philological Studies, vol. II, págs. 63-70, New York, 1930.

SANTOS COCO, F., *Vocabulario extremeño*, en RCEE, XIV, 1940, págs. 65-96, 133-166, 261-292; ibidem, XV, 1941, págs. 69-96; XVI, 1942, págs. 33-48; XVIII, 1944, págs. 243-253.

RODRÍGUEZ PERERA, FRANCISCO, *Aportación al vocabulario*, Badajoz, 1959.

VELO NIETO, JUAN JOSÉ, *El habla de las Hurdes*, Badajoz, 1956.

ZAMORA VICENTE, ALONSO, *Leonesismos en el extremeño de Mérida*, en RFE, XXVI, 1942, págs. 89-90.

—, *Sobre léxico dialectal*, en RFE, XXVI, 1942, págs. 315-319.

—, *El habla de Mérida y sus cercanías*, Madrid, Anejo XXIX de la RFE, 1943.

—, *El dialectalismo de José M.ª Gabriel y Galán*, en Fil, II, 1950, págs. 113-175.

HABLAS ARAGONESAS

a) *Obras de interés general sobre el dialecto.*

ALVAR, MANUEL, *El dialecto aragonés*, Madrid, 1953.

—, *Estudios sobre el Octavario de Doña Ana Abarca de Bolea*, Zaragoza, 1945.

—, *Sobre pérdida de f- inicial en el aragonés antiguo*, en AFA, II, 1947.

—, *Noticia lingüística del Libro Verde de Aragón*, en AFA, II, 1947, págs. 59-92.

—, *El peaje de Jaca de 1437*, en EMP, II, Madrid, 1950, páginas 91-133.

BADÍA, ANTONIO, *Los complementos pronominalo-adverbiales derivados de ibi e inde en la Península Ibérica*, Madrid, Anejo XXXVIII de la RFE, 1945.

—, *Algunas notas sobre la lengua de Juan Fernández de Heredia*, en RFE, XXVIII, 1941, págs. 177-189.

COOPER, LOUIS, *El Liber regum. Estudio lingüístico*, Zaragoza, 1960.

ELCOCK, W. D., *Problems of Chronology in the aragonese dialect*, en *Mélanges Mario Roques*, IV, 1952, págs. 103-111.

FERNÁNDEZ DE HEREDIA, JUAN, *La Grant Crónica de Espanya*, I-II. Edic. de Regina af Geijerstam, Uppsala, 1964.

GARCÍA DE DIEGO, V., *Caracteres fundamentales del dialecto aragonés*, Zaragoza, 1919.

GILI GAYA, SAMUEL, *Manifestaciones del romance en documentos oscenses anteriores al siglo XIII*, en HMP, II, págs. 99-119.

GOROSCH, MAX, *El Fuero de Teruel*, Estocolmo, 1950.

HANSSEN, F., *Estudios sobre la conjugación aragonesa*, Santiago de Chile, 1896.

KUHN, ALWIN, *Das aragonesische Perfekt. Arag. -ll- > -tš-*, en ZRPh, LIX, 1939, págs. 73-82.

—, *Der lateinische Wortschatz zwischen Garonne und Ebro*, en ZRPh, LIX, 1939.

—, *El aragonés, idioma pirenaico*, en Primer Congreso Internacional de Pireneístas, Zaragoza, 1950.

LÓPEZ MOLINA, LUIS, *Tucídides romanceado en el siglo XIV*, Madrid, Anejo V del BRAE, 1960.

MENÉNDEZ PIDAL, RAMÓN, *Poema de Yuçuf. Materiales para su estudio*, Granada, 1952.

—, *Sobre vocales ibéricas ŏ y ĕ en los nombres toponímicos*, en RFE, V, 1918, págs. 225-255.

MONGE, FÉLIX, *Notas para la historiografía del habla de Aragón*, en BRAE, XXXI, 1951, págs. 93-120.

NAVARRO TOMÁS, T., *Documentos lingüísticos del Alto Aragón*, Syracuse University, 1951.

POTTIER, BERNARD, *Étude lexicologique sur les Inventaires aragonais*, en VRo. X, 1946.

—, *Miscelánea de filología aragonesa*, en AFA, II, 1947, pág. 93.

—, *L'évolution de la langue aragonaise à la fin du moyen âge*, en BHi, LIV, 1952, págs. 184-199.

—, *Les éléments gascons et languedociens dans l'aragonais médiéval,* en VII CILR, Barcelona, 1955.

ROHLFS, GERHARD, *Zum aragonesischen,* en ZRPh, LVIII, 1938, págs. 552-559.

RUBIO GARCÍA, LUIS, *Estudio histórico-lingüístico del antiguo condado de Ribagorza,* Lérida, 1955.

SAROÏHANDY, J., *Dialecto aragonés,* en *Annuaire de l'École pratique des Hautes Études,* 1901, y *Revista de Aragón,* 1902.

SERRANO Y SANZ, M., *Inventarios aragoneses de los siglos XIV y XV,* en BRAE, tomos II, III, IV, VI y IX.

TILANDER, GUNNAR, *Fueros aragoneses desconocidos, promulgados a consecuencia de la gran peste de 1348,* en RFE, XXII, 1935, págs. 1-33, 113-152.

—, *Los Fueros de Aragón, según el manuscrito 458 de la Biblioteca Nacional de Madrid,* Lund, 1937.

—, *Fueros de la Novenera,* Estocolmo, 1951.

—, *Documento desconocido de la aljama de Zaragoza, del año 1331,* Estocolmo, 1958.

UMPHREY, G. W., *The aragonese dialect,* en RHi, XXIV, 1911, págs. 5-45.

b) *Obras sobre el habla viva altoaragonesa*

ALVAR LÓPEZ, MANUEL, *El habla de Oroz Betelu,* en RDTradPop, III, 1947, pgs. 447 y ss.

—, *Palabras y cosas en la Aezcoa,* Zaragoza, 1947.

—, *El habla del Campo de Jaca,* Salamanca, 1949.

—, *Toponimia del alto valle del río Aragón,* en Pir, V, 1949, págs. 389-496.

—, *Los nombres del arado en el Pirineo,* en Fil, II, 1950, páginas 1-28.

—, *Catalán y aragonés en las regiones fronterizas,* en VII CILR, Barcelona, 1955.

—, *Notas lingüísticas sobre Salvatierra y Sigüés (Valle del Esca, Zaragoza),* en AFA, VIII-IX, págs. 9-61.

ARNAL CAVERO, PEDRO, *Vocabulario del altoaragonés (De Alquézar y pueblos próximos),* Madrid, 1944.

BADÍA, ANTONIO, *El habla del valle de Bielsa,* Barcelona, 1950.

—, *Contribución al Vocabulario aragonés moderno,* Zaragoza, 1948.

—, *Sobre morfología dialectal aragonesa*, en BABLB, XX, 1947.

BERGMANN, W., *Studien zur volkstümlichen Kultur im Grenzgebiet von Hocharagon und Navarra*, Hamburg, 1934.

BORAO, JERÓNIMO, *Diccionario de voces aragonesas*, Zaragoza, 1908.

BOSCH, VICENT, *Vocabulari de Fonz*, en AOR, II, 1929, págs. 255-263.

BUESA OLIVER, TOMÁS, *Seis casos de sinonimia expresiva en altoaragonés*, en BICC, X, 1954, págs. 106-136.

—, *Terminología del olivo y del aceite en el altoaragonés de Ayerbe*, en *Miscelánea Griera*, I, págs. 57-109, Barcelona, 1955.

—, *Soluciones antihiáticas en el altoaragonés de Ayerbe*, en AFA, X-XI, 1958-59, págs. 23-55.

—, *Sufijación afectiva en el ayerbense*, en *Actas del tercer congreso internacional de Estudios pirenaicos*, Gerona, 1958, págs. 9-32 (Zaragoza, 1963).

CASACUBERTA, JOSEPH M., i COROMINAS, J., *Materials per a l'estudi dels parlars aragonesos. Vocabulari*, en BDC, XXIV, 1936, págs. 158-183.

COLL Y ALTABÁS, B., *Colección de voces usadas en la Litera*. (Vid. BORAO, *Diccionario*.)

COROMINAS, JUAN, *Los nombres del lagarto y de la largatija en los Pirineos*, en RFH, V, 1943, págs. 1-20.

ELCOCK, W. D., *De quelques affinités phonétiques entre l'aragonais et le béarnais. I: La conservation des occlusives sourdes entre voyelles. II: La sonorisation des occlusives sourdes après nasale ou liquide*, París, Droz, 1938.

—, *The enigma of the lizard in aragonese dialect*, en MLR, XXXV, 1940, págs. 483-493.

—, *Toponimia menor en el Alto Aragón*, en *Actas de la primera reunión de toponimia pirenaica*, págs. 81 y ss.

—, *The evolution de -ll- in the aragonese dialect*, en Primer Congreso Internacional de Pireneístas, Zaragoza, 1950.

FERRAZ Y CASTÁN, VICENTE, *Vocabulario del dialecto que se habla en la Alta Ribagorza*, Madrid, 1934.

GARCÍA DE DIEGO, V., *Notas sobre el pirenaico*, en Actas de la primera reunión de toponimia pirenaica, Zaragoza, 1949.

GASTÓN BURILLO, R., *El latín en la flexión verbal del dialecto cheso*, en *Zurita*, II, 1934, págs. 69-114.

GONZÁLEZ GUZMÁN, PASCUAL, *El habla viva del valle de Aragüés*, Zaragoza, 1953.

GRIERA Y GAJA, ANTONIO, *La frontera catalano-aragonesa*, Barcelona, 1914.

HAENSCH, GÜNTHER, *Las hablas de la Alta Ribagorza (Pirineo aragonés)*, Zaragoza, Anejo VII de AFA, 1960.

INDURAIN, F., *Contribución al estudio del dialecto navarro-aragonés antiguo*, Zaragoza, Anejo I de AFA, 1945.

IRIBARREN, JOSÉ MARÍA, *Vocabulario navarro*, Pamplona, 1952.

—, *Adiciones al Vocabulario Navarro*, Pamplona, 1958.

KRÜGER, FRITZ, *Die Hochpyrenäen. I: Landschaften. Haus und Hof*, Hamburg, 1936. *II: Hirtenkultur*, en VKR, VIII, 1935. *III: Ländliche Arbeit*, en BDC, XXIII, 1935. *IV: Hausindustrie-Tracht Gewerbe*, en VKR, VIII-IX, 1935, 1936.

—, *Sach- und Wortkundliches vom Wasser in den Pyrenäen*, en VKR, II, 1929, págs. 139-243.

KUHN, ALWIN, *Studien zum Wortschatz von Hocharagon*, en ZRPh, LV, 1935, págs. 561-634.

—, *Der hocharagonesische Dialekt*, en RLiR, XI, 1935, págs. 1-132.

LÓPEZ PUYOLES-VALENZUELA LA ROSA, *Colección de voces de uso en Aragón*. (Véase BORAO, *Diccionario*.)

MENÉNDEZ PIDAL, RAMÓN, *Sobre A. Griera: La frontera catalano-aragonesa*, en RFE, III, 1916, págs. 73-88.

MIRAL, DOMINGO, *Dialectología del Pirineo. Tipos de flexión verbal en el cheso. (El verbo hacer-fer)*, en Uni, VI, 1929, páginas 3-10.

—, *El verbo ser en cheso*, en Uni, 1924, págs. 209-216.

NAVARRO TOMÁS, T., *Uso de la -r- intervocálica en un documento aragonés*, en Memorias de la Junta para Ampliación de Estudios, 1907.

—, *El perfecto de los verbos en -ar en aragonés antiguo*, en RDR, I, 1905, págs. 110-121. (Reimpreso en AFA, X-XI, 1950, págs. 315-324).

PARDO ASSO, JOSÉ, *Nuevo diccionario etimológico aragonés*, Zaragoza, 1938.

ROHLFS, GERHARD, *Beiträge zur Kenntnis der Pyrenäenmundarten*, en RLiR, VII, 1931, págs. 119-169.

—, *Le gascon. Études de philologie pyrénéenne*, Halle, 1935.

SAROÏHANDY, J., *Vestiges de phonétique ibérienne en territoire roman*, en RIEV, VII, 1913, págs. 475-497. (Hay traducción española de A. LLORENTE, en AFA, VIII-IX, 1958.)

SCHMITT, ALFONS TH., *La terminologie pastorale dans les Pyrénées Centrales*, Paris, 1934.

THOMPSON, R. W., *El artículo en el Sobrarbe*, en RDTradPop, XI, 1955, págs. 473-477.

WILMES, R., *Der Hausrat im hocharagonesischen Bauernhause des Valle de Vió*, en VKR, X, 1937, págs. 213-246. (Hay traducción española en AFA, II, 1947, págs. 179 y ss.).

—, *La cultura popular de un valle altoaragonés (Valle de Vió)*, en ALC, VI, 1957, págs. 149-310.

—, *Contribución a la terminología de la fauna y la flora pirenaica: valle de Vió (Aragón)*, en Homenaje a F. Krüger, II, Mendoza, 1954, págs. 157-192.

c) *Obras sobre el aragonés bajo y meridional.*

ALVAR, MANUEL, *Materiales para una dialectología bajo aragonesa. I: A propósito de la «Noticia del habla de Aguaviva de Aragón», de Sanchís Guarner. II: El habla de Cuevas de Cañart*, en AFA, III, 1950.

GINER, J., *Características autóctonas del lenguaje de Villar del Arzobispo*, en ACCV, IX, 1948, págs. 128 y ss.

HADWIGER, J., *Sprachgrenzen und Grenzmundarten des Valencianischen*, en ZRPh, XXIX, 1905, págs. 712 y ss.

LÁZARO CARRETER, F., *El habla de Magallón. Notas para el estudio del aragonés vulgar*, Zaragoza, 1945.

LLATAS, VICENTE, *Lenguaje de Villar del Arzobispo*, en ACCV, 1947, págs. 164-194.

—, *El habla de Villar del Arzobispo y su comarca* (2 volúmenes), Valencia, 1959.

MARTÍNEZ MARTÍNEZ, BERNARDO, *Breve estudio del dialecto enguerino*, en ACCV, 1947, págs. 83-87.

MENÉNDEZ PIDAL, RAMÓN, *Sobre los límites del valenciano*, en Primer Congrés Internacional de la Llengua Catalana, páginas 340-344.

MONGE, FÉLIX, *El habla de la Puebla de Híjar*, en RDTradPop, VII, 1951, págs. 187-241.

SANCHÍS GUARNER, M., *Noticia del habla de Aguaviva de Aragón*, en RFE, XXXIII, 1949, págs. 15-65.

SAROÏHANDY, J., *Les limites du valencien*, en BHi, VIII, 1906, págs. 297-303.

Torres Fornes, C., *Sobre voces aragonesas usadas en Segorbe*, Valencia, 1903.

Andaluz

Alarcos Llorach, E., *Fonología y fonética*, en *Archivum*, VIII, 1958, págs. 191-203.

Alcalá Venceslada, A., *Vocabulario andaluz*, Madrid, 1951.

Alonso, Amado, *Historia del ceceo y seseo español*, en *Thesaurus*, BICC, VII, 1951, págs. 111-200.

— y Lida, Raimundo, *Geografía fonética*: *-l* y *-r implosivas en español*, en RFH, VII, 1945, págs. 313-345. (Recogido en A. Alonso, *Estudios lingüísticos. Temas hispanoamericanos*, Madrid, 1953).

Alonso, Dámaso, *En la Andalucía de la E. Dialectología pintoresca*, Madrid, 1956.

—; Zamora Vicente, Alonso; Canellada de Zamora, M.ª Josefa, *Vocales andaluzas. Contribución al estudio de la fonología peninsular*, en NRFH, IV, 1950, págs. 209-230.

Alther von St. Gallen, Alfred, *Beiträge zur Lautlehre südspanischer Mundarten*, Aarau, 1935.

Alvar, M., *Las encuestas del Atlas lingüístico de Andalucía*, en RDTradPop, XI, 1955, págs. 231-274.

—, *Las hablas meridionales de España y su interés para la lingüística comparada*, en RFE, XXXIX, 1955, págs. 284-313.

—, (Con la colaboración de A. Lorente y Gregorio Salvador), *Atlas lingüístico-etnográfico de Andalucía.* (En publicación), tomos I a IV, Granada, 1961-1965.

—, *El cambio -al, -ar > e en andaluz*, en RFE, XLII, 1958-59, págs. 279-282.

—, *Portuguesismos en andaluz*, en Festschrift Alwin Kuhn, Innsbruck, 1963, págs. 309-324.

—, *Estructura del léxico andaluz*, en BFUCh, XVI, 1964, páginas 5-12.

Castro, Américo, *Lengua, enseñanza y Literatura* (págs. 52-81, *El habla andaluza*), Madrid, 1924.

Catalán, Diego, *The end of the phoneme /z/ in spanish*, en *Word*, XIII, 1957, págs. 283-322.

García de Diego, V., *Notas psicológico lingüísticas del andaluz*, en *Archivo Hispalense*, n.º 63, 1954.

GIESE, W., *Volkskundliches aus Ost-Granada*, en VRK, VII, 1934, págs. 25-54.

—, *Nordost-Cádiz. Ein kulturwissenschaftlicher Beitrag zur Erforschung Andalusiens*, Halle, 1937.

LAPESA, RAFAEL, *Ceceo y seseo*, en *Homenaje a André Martinet*, I, págs. 67 y ss., La Laguna, 1957.

LLORENTE MALDONADO, ANTONIO, *Fonética y fonología andaluzas*, en RFE, XLV, 1962, págs. 227-240.

MÜLLER, KURT, *Studien zum Dialekt der Provinz Cádiz. Ein Beitrag zur Kenntnis der südspanischen Mundarten*. (Tesis doctoral inédita de la Universidad de Berlín, 1925).

NAVARRO TOMÁS, T., *Dédoublement de phonèmes dans le dialecte andalou*, en TCLP, VIII, 1939, págs. 184-186.

—, *Desdoblamiento de fonemas vocálicos*, en RFH, I, 1939, páginas 165-167.

—; ESPINOSA, A. M. (hijo), y RODRÍGUEZ CASTELLANO, *La frontera del andaluz*, en RFE, XX, 1933, págs. 225-277.

PÉREZ, ELISA, *Algunas voces sacadas de las obras de los Alvarez Quintero*, en Hisp-Cal, XII, 1929, págs. 479-488.

RODRÍGUEZ CASTELLANO, L., y PALACIO, ADELA, *El habla de Cabra*, en RDTradPop, IV, 1948, págs. 387-418 y 570-599.

RODRÍGUEZ CASTELLANO, L., *El habla de Cabra (Notas de morfología)*, en *Archivum*, II, 1952, págs. 384-403.

—, *El habla de Cabra. Vocabulario*, en *Archivum*, V, 1955, páginas 351-381.

SALVADOR, GREGORIO, *El habla de Cúllar-Baza. (Contribución al estudio de la frontera del andaluz)*, en RFE, XLI, 1957, páginas 161-252; XLII, 1958-59, págs. 37-89.

—, *El habla de Cúllar-Baza. Vocabulario*, en RDTradPop, XIV, 1958, págs. 223-267.

—, *Aragonesismos en el andaluz oriental*, en AFA, V, 1953, páginas 143-165.

SCHUCHARDT, H., *Die «Cantes flamencos»*, en ZRPh, V, 1881, págs. 249-322.

TORO Y GISBERT, M., *Voces andaluzas o usadas por autores andaluces que faltan en el Diccionario de la Academia Española*, en RHi, XLIX, 1920, págs. 313-647.

VOIGT, P., *Die Sierra Nevada: Haus, Hausrat, Häusliches und gewerbliches Tagewerke*, Hamburg, 1937.

Wulff, F., *Un chapitre de phonétique avec transcription d'un texte andalou*, en Recueil offert a Gaston Paris, Stockholm, 1889.

Riojano

Alonso, Amado, *El grupo -tr- en España y América*, en HMP, II, Madrid, 1925, págs. 167-191. (Recogido en *Estudios lingüísticos. Temas hispanoamericanos*, Madrid, Gredos, 1953).

Alvar, Manuel, *El Becerro de Valbanera y el dialecto riojano del siglo XI*, en AFA, IV, 1952, págs. 153-184.

Fernández Bobadilla, F., *Vocabulario arnedano*, en Berceo, n.º 16, 1950, págs. 599 y ss., y n.º 18, 1951, págs. 127 y ss.

Goicoechea, Cesáreo, *Vocabulario riojano*, Madrid, Anejo VI del BRAE, 1961.

Magaña, José, *Contribución al estudio del Vocabulario de la Rioja*, en RDTradPop, IV, 1948, págs. 266-303.

Merino Urrutia, José, *Vocabulario de voces recogidas en el valle de Ojacastro*, en RDTradPop, X, 1954, págs. 323-330.

Yravedra, Luisa, *El habla de Cervera de Río Alhama*, en Berceo, I, 1946, págs. 143-145.

Murciano

Alonso, Amado, y Lida, Raimundo, *Geografía fonética: -l y -r implosivas en español*, en RFH, VII, 1945, págs. 313-345.

Bierhenke, W., *Gipsgewinnung in Murcia*, en VKR, XV, 1942, págs. 309-331.

García Martínez, Ginés, *El habla de Cartagena y sus aledaños marítimos*, en RDTradPop, II, 1946, págs. 458-473.

—, *Del habla popular de Cartagena. El área fonética de seseo*, en AUM, XIII, 1954-55, págs. 491-494.

—, *El habla de Cartagena. Palabras y cosas*, Murcia, 1960.

García Cotorruelo, Emilia, *Estudio sobre el habla de Cartagena y su comarca*, Madrid, Anejo III del BRAE, 1959.

García Morales, A., y Sánchez López, I., *Voces murcianas no incluidas en el Vocabulario murciano de García Soriano*, en RDTradPop, I, 1945, págs. 690-693.

García Soriano, Justo, *Vocabulario del dialecto murciano*, Madrid, 1932.

—, *Influencia del catalán valenciano en el habla dialectal del reino de Murcia*, en *Cultura valenciana*, II, 1927, págs. 29-37.

—, *Estudio acerca del habla vulgar y de la literatura de la región murciana*, Murcia, 1920.

GIESE, W., *Wassertransport in Lorca. Brunnenschöpfräder der Mancha*, en ZRPh, LIV, 1934, págs. 513-517 y 517-522.

LEMUS Y RUBIO, PEDRO, *Aportaciones para la formación del Vocabulario Panocho o del dialecto de la Huerta de Murcia*, Murcia, 1933.

QUILIS MORALES, A., *El habla de Albacete (Contribución a su estudio)*, en RDTradPop, XVI, 1960, págs. 413-442.

RAMÍREZ SARRIÁ, J., *El Panocho*, Murcia, 1927.

SEVILLA, ALBERTO, *Vocabulario murciano*, Murcia, 1919.

ZAMORA VICENTE, ALONSO, *Notas para el estudio del habla albaceteña*, en RFE, XXVII, 1943, págs. 233-255.

—, *Voces dialectales de la región albaceteña*, en RoPh, II, 1949, págs. 314-317.

—, *Participios sin sufijo en el habla albaceteña*, en Fil, II, 1950, págs. 342-343.

CANARIO

ALVAR, MANUEL, *El español hablado en Tenerife*, Madrid, Anejo LXIX de la RFE, 1959.

—, *Proyecto del Atlas lingüístico y etnográfico de las islas Canarias*, en RFE, XLVI, 1963, págs. 315-328.

—, *Materiales sobre goro y mago (Dos guanchismos del español de las Islas Canarias)*, en Omagiu lui Iorgu Iordan, Bucarest, 1958.

ÁLVAREZ DELGADO, J., *Puesto de Canarias en la investigación lingüística*, La Laguna, 1941.

—, *Sobre la alimentación indígena de Canarias. El gofio. Notas lingüísticas*, en Homenaje a J. Martínez Santaolalla, I, 1946, págs. 20-58.

—, *Notas sobre el español de Canarias*, en RDTradPop, III, 1947, págs. 205-235.

—, *Nuevos canarismos*, en RDTradPop, IV, 1948, págs. 434-453.

ARMAS AYALA, ALFONSO, *Pequeño vocabulario de voces canarias, con una lista de frases canariotas*, en *Tradiciones populares*, I, *Palabras y cosas*, La Laguna, 1944, págs. 59-81.

CATALÁN, DIEGO, *El español canario. Entre España y América*, en BFi, XIX, 1960, págs. 317-337.

—, *El español en Canarias*, en *Presente y futuro de la lengua española*, I, Madrid, 1964, págs. 239-280.

GUERRA NAVARRO, FRANCISCO, *Contribución al léxico popular de Gran Canaria*, Madrid, 1965.

LUGO, SEBASTIÁN DE, *Colección de voces y frases provinciales de Canarias*. (Edición de J. PÉREZ VIDAL, La Laguna, 1946).

MILLARES, LUIS Y AGUSTÍN, *Léxico de Gran Canaria*, Las Palmas, 1928.

MILLARES CUBAS, A., *Cómo hablan los canarios*. (Refundición del *Léxico de Gran Canaria*), Las Palmas, s. a. (1933?).

PÉREZ VIDAL, JOSÉ, *Fichas para un vocabulario canario*, en *Revista de Historia*, 1945, n.º 69.

—, *Portuguesismos en el español de Canarias*, en *El Museo canario*, 1944, págs. 30-42.

—, *Influencias marineras en el español de Canarias*, en RDTra Pop, VIII, 1952, págs. 3-25.

—, *Clasificación de los portuguesismos del español hablado en Canarias*, en V Coloquio internacional de estudos lusobrasileiros, Coimbra, 1966.

RÉGULO PÉREZ, JUAN, *Las palabras Feira y Leito en el habla popular de La Palma y Tenerife. Apuntes para una dialectología canaria*, en *Revista de Historia*, 1944, n.ⁿ 65.

—, *Filiación y sentido de las voces populares «ulo?» y «abisero». Apuntes para una dialectología canaria*, en *Revista de Historia*, 1944, n.º 68.

ROHLFS, GERHARD, *Contribución al estudio de los guanchismos en las Islas Canarias*, en RFE, XXXVIII, 1945, págs. 83-99.

STEFFEN, MAX, *Lexicología canaria*, en *Revista de Historia*, 1945, n.º 70.

WAGNER, MAX L., *Sobre L. y A. Millares, Léxico de Gran Canaria*, en RFE, XII, 1925, págs. 78-86.

JUDEOESPAÑOL

ALVAR, MANUEL, *Endechas judeoespañolas*, Granada, 1953.

BARUCH, KALMI, *El judeoespañol de Bosnia*, en RFE, XVII, 1930, págs. 113-154.

BÉNICHOU, PAUL, *Observaciones sobre el judeoespañol de Marruecos*, en RFH, VII, 1945, págs. 209-258.

BENOLIEL, JOSÉ, *Dialecto judeo-hispano-marroquí o hakitía*, en BRAE, XIII, págs. 209-233; XIV, 1927, págs. 196-234; XV, 1928, págs. 47-61 y 188-223.

BESSO, H., *Bibliografía sobre el judeoespañol*, en BHi, LIV, 1952, págs. 412-422.

—, *La situación actual del judeoespañol*, en *Presente y futuro de la lengua española*, I, Madrid, 1964, págs. 307-324.

CASTRO, AMÉRICO, *La lengua española en Marruecos*, en *Revista Hispanoafricana*, I, 1922, págs. 145 y ss.

CIROT, G., *Recherches sur les juifs espagnols et portugais à Bordeaux*, en BHi, XXIV, 1922, págs. 203-224.

CORREA CALDERÓN, E., *Judeo-español i 'también'*, en RFE, XLVI, 1963, págs. 149-161.

CREWS, C. M., *Recherches sur le judéo-espagnol dans les Pays Balkaniques*, Paris, 1935.

—, *Quelques observations supplémentaires sur le parler judéo-espagnol de Salonique*, en BHi, XLI, 1939, págs. 209-235.

—, *Notes on judeo-spanish*, en *Proceedings of the Leeds philosophical Society*, VII, 1955, págs. 217-230 y VIII, 1956, páginas 1-18.

DANON, A., *Le turc dans le judéo-espagnol*, en RHi, XXIX, 1913, págs. 1-12.

FARHI, GENTILLE, *La situation linguistique du séphardite à Istambul*, en HR, V, págs. 151-158.

GIESE, W., *Das Judenspanische von Rhodos*, en *Orbis*, V, 1956, págs. 407-410.

KAHANE, H. R., y SAPORTA, S., *The verbal categories of Judeospanish*, en HR, XXI, 1953, págs. 193-214 y 322-339.

LAMOUCHE, L., *Quelques mots sur le dialecte espagnol parlé par les israélites de Salonique*, en RF, XXIII, 1907, págs. 969-991.

LEVI, A., *Les vestiges de l'espagnol et du portugais chez les israélites de Bayonne*, Bayonne, 1930.

LEVY, DENAH, *La pronunciación del sefardí esmirniano de Nueva York*, en NRFH, VI, 1952, págs. 277-281.

LEVY, KURT, *Hist-geographische Untersuchungen zum Judenspanischen*, en VKR, II, 1929, págs. 349-381.

LURIA, MAX A., *A study of the Monastir dialect of judeo-spanish based on oral material collected in Monastir, Yugo-Slavia*, Nueva York, 1930.

—, *Judeo-Spanish dialects in New York City*, en Todd Memorial Volumes, II, pág. 7, Nueva York, 1930.

MÉZAN, S., *Les juifs espagnols en Bulgarie*, Sofía, 1925.

MOLHO, MICHAEL, *Usos y costumbres de los sefardíes de Salónica*, Madrid-Barcelona, 1950.

—, *Literatura sefardita de Oriente*, Madrid-Barcelona, 1960.

PRAAG, J. A. VAN, *Restos de los idiomas hispano-lusitanos entre los sefardíes de Amsterdam*, BRAE, XVIII, 1931, págs. 177-201.

REMIRO, M. GASPAR, *Sobre algunos vocablos y frases de los judeo-españoles*, en BRAE, II, págs. 77-84 y 294-301.

—, *Vocablos y frases del judeoespañol (Segunda serie)*, en BRAE, tomos II, IV, V.

SALA, MARIUS, *Recherches sur le judéo-espagnol de Bucarest. (Un problème de méthode)*, en Revue de Linguistique, VII, 1962, págs. 121-140.

SIMON, WALTER, *Charakteristik des judenspanischen Dialekts von Saloniki*, en ZRPh, XL, 1920, págs. 655-689.

SPITZER, L., *El judeoespañol de Turquía*, en Jud, XIII, 1939, págs. 9-14.

—, *Origen de las lenguas judeo-románicas*, en Jud, XII, 1938.

SUBAK, J., *Zum Judenspanischen*, en ZRPh, XXX, 1906, págs. 129-185.

UMPHREY, G. W., *Linguistic Archaisms of the Seattle Sephardim*, en HispCal, XIX, 1936, págs. 255-264.

WAGNER, MAX L., *Los judíos españoles de Oriente y su lengua. Una reseña general*, en RDR, I, 1909, págs. 56-63.

—, *Los judíos de Levante. Kritischer Rückblick bis 1907*, en RDR, I, 1909, págs. 470-506.

—, *Beiträge zur Kenntnis des Judenspanischen von Konstantinopel*, Viena, 1914.

—, *Judenspanische-Arabisches*, en ZRPh, XL, 1920, págs. 543-549.

—, *Algunas observaciones generales sobre el judeo español de Oriente*, en RFE, X, 1923, págs. 225-244.

—, *Das bulgarische Judenspanisch*, en ASNSL, XLVII, 1924, páginas 256-257.

—, *Os judeus hispano-portugueses e a sua lingua no Oriente, na Holanda e na Alemanha*, Coimbra, 1924.

—, *Los dialectos judeoespañoles de Karaferia, Kastoria y Brusa*, en HMP, II, 1925, págs. 193-203.

—, *Caracteres generales del judeoespañol de Oriente*, Madrid, Anejo XII de la RFE, Madrid, 1930.

—, *Zum Judenspanischen von Marokko*, en VKR, IV, 1931, páginas 221-245.

—, *Espigueo judeo-español*, en RFE, XXXIV, 1950, págs. 9-106.

YAHUDA, A., *Contribución al estudio del judeo-español*, en RFE, II, 1915, págs. 331-340.

ESPAÑOL DE AMÉRICA

a) *Obras de interés general.*

ALONSO, AMADO, *El problema de la lengua española en América*, Madrid, 1935.

—, *Problemas de dialectología hispanoamericana*, en BDH, I, Buenos Aires, 1930.

BUESA OLIVER, TOMÁS, *Indoamericanismos léxicos en español*, Madrid, 1965.

CANFIELD, D. L., *Spanish Literature in Mexican Languages, as a source for the study of spanish pronunciation*, New York, 1934.

—, *La pronunciación del español en América. Ensayo histórico-descriptivo*, Bogotá, ICC, 1962.

CASTRO, AMÉRICO, *La peculiaridad lingüística rioplatense y su sentido histórico*, Buenos Aires, 1941. [2.ª edic., Madrid, 1960].

COROMINAS, JUAN, *Indianoromanica. Estudios de lexicología hispano-americana. Occidentalismos americanos*, en RFH, VI, 1944, págs. 1-35, 139-175, 209-254.

CUERVO, R. J., *El castellano en América*, Bogotá, 1935.

FRIEDERICI, G., *Hilfswörterbuch für den Amerikanisten. Lehnwörter aus Indianer-Sprachen und Erklärungen altertümliche Ausdrücke. Deutsch, Spanisch, Englisch*, Halle, 1926. Aparece ahora incluido en su *Amerikanistisches Wörterbuch*, 2.ª edic., Hamburg, 1960.

GUITARTE, G. L., *Cuervo, Henríquez Ureña y la polémica sobre el andalucismo de América*, en VRo, XVII, 1958, págs. 363-416.

HENRÍQUEZ UREÑA, PEDRO, *Para la historia de los indigenismos*, Anejo III de la BDH, Buenos Aires, 1938.

—, *Observaciones sobre el español de América,* en RFE, VIII, 1921, págs. 357-390.

—, *Sobre el problema del andalucismo dialectal de América,* Anejo II de la BDH, Buenos Aires, 1932.

KANY, C. E., *American Spanish Syntax,* 2.ª edic., Chicago, 1951.

—, *American-Spanish Euphemisms,* University of California Press, 1960.

—, *American-Spanish Semantics,* University of California Press, 1960.

LAPESA, RAFAEL, *Sobre el ceceo y el seseo en Hispanoamérica,* en *Revista Iberoamericana,* XXI, núms. 41-42, págs. 409-416.

—, *El andaluz y el español de América,* en *Presente y futuro de la lengua española,* II, Madrid, 1964, págs. 173-182.

LENZ, R., *Zur spanisch-amerikanischen Formenlehre,* en ZRPh, XV, 1891, págs. 518-522.

MALARET, A., *Diccionario de americanismos,* 3.ª edic., Buenos Aires, 1946.

MALMBERG, B., *L'espagnol dans le Nouveau Monde, problèmes de linguistique générale,* en StL, I, 1947, págs. 79-116, y II, 1948, págs. 1-36.

MANGELS, A., *Sondererscheinungen des Spanischen in Amerika,* Hamburg, 1928.

MARDEN, C. C., *A bibliography of American Spanish (1911-1921),* en HMP, I, págs. 589-605.

MARTÍNEZ GIL, C., *Arcaísmos españoles usados en América,* Montevideo, 1939.

MENÉNDEZ PIDAL, R., *Sevilla frente a Madrid. Algunas precisiones sobre el español de América,* en Miscelánea Homenaje a André Martinet, La Laguna, III, 1962.

NICHOLS, MADALINE W., *A bibliographical guide to materials on American Spanish,* Harvard University, 1941.

RONA, JOSÉ PEDRO, *Aspectos metodológicos de la dialectología hispanoamericana,* Montevideo, Instituto de Filología, 1958.

—, *Sobre sintaxis de los verbos impersonales en el español americano,* en *Romania,* Scritti offerti a Francesco Piccolo, Napoli, 1962, págs. 391-400.

—, *El problema de la división del español americano en zonas dialectales,* en *Presente y futuro de la lengua española,* I, Madrid, 1964, págs. 216-226.

ROSENBLAT, A., *La lengua y la cultura de Hispanoamérica. Tendencias lingüístico-culturales,* Jena, 1933.

—, _El castellano en España y el castellano en América. Unidad y diferenciación_, Caracas, 1962.

—, _Base del español de América: nivel social y cultural de los conquistadores y pobladores_, en BFUCh, XVI, 1964, págs. 171-230.

—, _La hispanización de América. El castellano y las lenguas indígenas desde 1492_, en _Presente y futuro de la lengua española_, II, Madrid, 1964, págs. 189-216.

SANTAMARÍA, FRANCISCO J., _Diccionario general de Americanismos_, México, 1942 (3 volúmenes).

TOVAR, ANTONIO, _Catálogo de las lenguas de América del Sur_, Buenos Aires, 1961.

WAGNER, M. L., _El supuesto andalucismo de América y la teoría climatológica_, en RFE, XIV, 1927, págs. 20-32.

—, _Amerikanisch-Spanisch und Vulgärlatein_, en ZRPh, XL, 1920, págs. 286-312 y 385-404. (Hay traducción española, _El español de América y el latín vulgar_, en BIFBA, I, 1924, págs. 45-110).

—, _Lingua e dialetti dell'America spagnola_, Firenze, 1945.

b) _Méjico, Antillas, Centroamérica._

ACOSTA, M.ª DE LOURDES B., _Algunos aspectos del habla de Zacapoaxtla (Estado de Puebla)_, México, 1963.

AGÜERO, ARTURO, _El español de América y Costa Rica_, San José de Costa Rica, 1962.

ÁLVAREZ NAZARIO, M., _El arcaísmo vulgar en el español de Puerto Rico_, Mayagüez, 1957.

—, _El elemento afronegroide en el español de Puerto Rico_, San Juan de Puerto Rico, 1961.

ARGÜELLO BURUNAT, LAURA, _El habla de Santa María Azompa (Estado de Oaxaca, México)_, México, 1965.

BARRERA VÁZQUEZ, ALFREDO, _Mayismos y voces mayas en el español de Yucatán_, en IL, IV, 1937, págs. 9-35.

BATRES JÁUREGUI, A., _Vicios de lenguaje y provincialismos de Guatemala (estudio filológico)_, Guatemala, 1892.

BOYD-BOWMAN, PETER, _El habla de Guanajuato_, México, 1960.

BRITO, RAFAEL, _Diccionario de criollismos_, Santo Domingo, 1931.

CÁRDENAS, DANIEL L., _El español de Jalisco. Contribución a la geografía lingüística hispanoamericana_, en _Orbis_, III, 1954, págs. 62-67.

CANFIELD, D. LINCOLN, *Observaciones sobre el español salvadoreño*, en Fil, VI, 1960, págs. 29-76.

CERDA, GILBERTO; CALAZA, BERTA, Y FARIAS, JULIETA, *Vocabulario español de Texas*, Austin, 1953.

CORTICHS DE MORA, ESTRELLA, *El habla de Tepozotlán*, México, 1951.

ESPINOSA, A. M., *Estudios sobre el español de Nuevo México. Parte I: Fonética.* Traducción y reelaboración con notas de A. Alonso y A. Rosenblat, BDH, I, Buenos Aires, 1930.

—, *Estudios sobre el español de Nuevo México. Parte II: Morfología.* Traducción y reelaboración con notas de Angel Rosenblat, BDH, II, Buenos Aires, 1946.

GAGINI, CARLOS, *Diccionario de costarriqueñismos*, 2.ª ed. con prólogo de Rufino José Cuervo, San José de Costa Rica, 1919.

GUTIÉRREZ ESKILDSEN, ROSARIO M., *Prosodia y fonética tabasqueñas*, México, 1934.

—, *Cómo hablamos en Tabasco*, en IL, I, 1933-34, págs. 265-312.

HENRÍQUEZ UREÑA, PEDRO, *El español en México, los Estados Unidos y la América Central.* (Trabajos de E. C. Hills, F. Semeleder, C. Carroll Marden, M. G. Revilla, A. R. Nykl, K. Lentzner, C. Gagini y R. J. Cuervo, con anotaciones y estudios de...), BDH, IV, Buenos Aires, 1938.

—, *El español en Santo Domingo*, BDH, V, Buenos Aires, 1940.

ISAZA CALDERÓN, BALTASAR, *Panameñismos*, Bogotá, 1964.

ISBĂŞESCU, CRISTINA, *Algunas peculiaridades fonéticas del español hablado en Cuba. (Ensayo descriptivo)*, en *Revue roumaine de Linguistique*, X, 1965, págs. 571-594.

KAHANE, HENRY R., y BEYM, RICHARD, *Syntactical juncture in colloquial Mexican Spanish*, en Lang, XXIV, 1948, págs. 388-396.

LOPE BLANCH, J. M., *Observaciones sobre la sintaxis del español hablado en México*, México, 1953.

—, *Sobre el uso del pretérito en México*, en *Studia Philologica*, Homenaje a Dámaso Alonso, II, Madrid, 1961, págs. 378-385.

—, *Vocabulario mexicano relativo a la muerte*, México, 1963.

LÓPEZ MORALES, HUMBERTO, *Nuevos datos sobre el voseo en Cuba*, en *Español actual*, n.º 5, Madrid, 1965.

MACCURDY, RAYMOND, *The Spanish dialect in St. Bernard Parish, Louisiana*, Albuquerque, 1950.

Martínez Rivera, Francisco X., *Cosas y palabras en la industria y las fiestas de Guadalupe Yancuictlanpan, Estado de México*, México, 1964.

Malmberg, Bertil, *Le r final en espagnol méxicain*, en EMP, III, Madrid, 1952, págs. 131-134.

—, *Note sur la structure syllabique de l'espagnol méxicain*, en *Zeitschrift für Phonetik*, XVII, 1964, págs. 251-255.

Matluck, Joseph, *La pronunciación en el valle de México*, México, 1951.

—, *Fonemas finales en el consonantismo puertorriqueño*, en NRFH, XV, 1961, págs. 332-342.

Membreño, A., *Hondureñismos. Vocabulario de los provincialismos de Honduras*, México, 1912.

Navarro Tomás, T., *Apuntes sobre el español dominicano*, en *Revista Iberoamericana*, XXI, n.º 41-42.

—, *El español en Puerto Rico. Contribución a la geografía lingüística hispanoamericana*, Río Piedras, 1948.

Obeso, Carlos de, *La lexicografía del maguey y del pulque en Zontecomate, Estado de Hidalgo*, México, 1962.

Ortiz, Fernando, *Un catauro de cubanismos*, La Habana, 1923.

Pichardo, Esteban, *Diccionario provincial casi razonado de voces cubanas*, 4.ª edic., La Habana, 1875.

Prado Garduño, Gloria M., *El uso del diminutivo en el habla familiar de la ciudad de México*, México, 1964.

Predmore, Richard L., *Pronunciación de varias consonantes en el español de Guatemala*, en RFH, VII, 1945, págs. 277-280.

Ramos y Duarte, Félix, *Diccionario de mejicanismos*, México, 1895.

Robe, Stanley L., *-l y -r implosivas en el español de Panamá*, en NRFH, II, 1948, págs. 272-275.

—, *The Spanish of Rural Panamá*. University of California, 1960.

Robelo, Cecilio A., *Diccionario de aztequismos*, Méjico, 1904.

Rodríguez Herrera, Esteban, *Léxico mayor de Cuba*, La Habana, 2 volúmenes 1958-59.

Sandoval, Lisandro, *Semántica guatemaltense o diccionario de guatemaltequismos*, Guatemala, 1941-42.

Santamaría, F. J., *Diccionario de mejicanismos*, Méjico, 1959.

Suárez, V. M., *El español que se habla en Yucatán*, Mérida de Yucatán, 1945.

Zamora Vicente, A., y Canellada, M.ª Josefa, *Vocales caducas en el español mexicano*, en NRFH, XIV, 1960, págs. 221-241.

c) Suramérica

ALVARADO, L., *Glosario del bajo español en Venezuela*, en *Cultura venezolana*, 1920.

ARRAZOLA, ROBERTO, *Diccionario de modismos argentinos*, Buenos Aires, 1943.

ARONA, JUAN DE, *Diccionario de peruanismos*, Lima, 1883.

BAYO, CIRO, *Vocabulario criollo-español sud-americano*, Madrid, 1910.

BENVENUTTO MURRIETA, PEDRO, *El lenguaje peruano*, Lima, 1936.

BOYD-BOWMAN, PETER, *Sobre la pronunciación del español en el Ecuador*, en NRFH, VII, 1953, págs. 221-231.

CALCAÑO, JULIO, *El castellano en Venezuela*, Caracas, 1950.

CÁCERES FREYRE, JULIÁN, *Diccionario de regionalismos de la provincia de La Rioja*, Buenos Aires, 1961.

CUERVO, R. J., *Apuntaciones críticas sobre el lenguaje bogotano*, en *Obras completas*, Bogotá, ICC, 1954.

ECHEVERRÍA Y REYES, ANÍBAL, *Voces usadas en Chile*, Santiago de Chile, 1900.

FLÓREZ, LUIS, *La pronunciación del español en Bogotá*, Bogotá, 1951.

—, *Habla y cultura popular en Antioquia. Materiales para su estudio*, Bogotá, 1957.

—, *Léxico de la casa popular urbana en Bolívar, Colombia*, ICC, Bogotá, 1962.

GARZÓN, TOBÍAS, *Diccionario argentino*, Barcelona, 1910.

GONZÁLEZ DE LA CALLE, PEDRO U., *Contribución al estudio del bogotano. Orientaciones metodológicas para la investigación del castellano en América*, Bogotá, ICC, 1963.

GRANADA, DANIEL, *Vocabulario rioplatense razonado*, Montevideo, 1890.

GROSSMANN, R., *Das ausländliche Sprachgut im Spanischen des Rio de la Plata. Ein Beitrag zum Problem der argentinischen Nationalsprache*, Hamburg, 1926.

LAFONE QUEVEDO, S., *Tesoro de catamarqueñismos*, Buenos Aires, 1927.

LEMOS RAMÍREZ, G., *Semántica... ecuatoriana*, Guayaquil, 1920.

—, *Barbarismos fonéticos del Ecuador (Suplemento a la Semántica ecuatoriana)*, Guayaquil, 1922.

Lenz, Rodolfo, *Diccionario etimológico de voces chilenas derivadas de lenguas indígenas americanas*, Santiago de Chile, 1905-1910.

—, *El español en Chile* (con notas de Amado Alonso y Raimundo Lida), BDH, VI, Buenos Aires, 1940.

Malmberg, Bertil, *Études sur la phonétique de l'espagnol parlé en Argentine*, Lund, 1950.

—, *Notas sobre la fonética del español en el Paraguay*, Lund, 1947.

Meo-Zilio, Giovanni, *Alcune tendenze sintattiche e stilistiche dello spagnolo medio rioplatense*, en QIA, n.º 22, 1958.

—, *Un morfema italiano con funzione stilistica nello spagnolo rioplatense*, en *Lingua nostra*, XIX, 1958, págs. 58-64.

—, *Italianismos generales en el español rioplatense*, en BICC, XX, 1965, págs. 68-119.

Monner Sans, R., *Notas al castellano en la Argentina*, Madrid, 1917.

Montes, José J., *Sobre la categoría de futuro en el español de Colombia*, en BICC, XVII, 1962, págs. 528-555.

—, *Contribución a una bibliografía de los estudios sobre el español de Colombia*, en BICC, XX, 1965, págs. 425-465.

Morínigo, Marcos A., *Hispanismos en el guaraní. Estudio sobre la penetración de la cultura española en la guaraní según se refleja en la lengua*, Buenos Aires, 1931.

—, *Difusión del español en el Noroeste argentino*, en *Hispania*, XXXV, 1952.

Oroz, L., *Bibliografía del español en Chile*, en BDH, VI, Buenos Aires, 1940.

—, *El español de Chile*, en *Presente y futuro de la lengua española*, I, Madrid, 1964, págs. 93-109.

Rabanales, Ambrosio, *Introducción al estudio del español en Chile*, Anejo I del BFUCh, Santiago de Chile, 1953.

Rodríguez, Zorobabel, *Diccionario de chilenismos*, Santiago de Chile, 1875.

Román, Manuel A., *Diccionario de chilenismos y otras locuciones viciosas*, Santiago de Chile, 1908-1918 (5 volúmenes).

Rona, José P., *La reproducción del lenguaje hablado en la literatura gauchesca*, en RILi, n.º 4, Montevideo, 1962.

—, *La frontera lingüística entre el portugués y el español en el norte del Uruguay*, Porto Alegre, 1963.

ROSENBLAT, A., *Origen e historia del che argentino*, en Fil, VIII, 1962, págs. 325-401.

SEGOVIA, LISARDO, *Diccionario de argentinismos, neologismos y barbarismos*, Buenos Aires, 1912.

SILVA FUENZALIDA, I., *Estudio fonológico del español de Chile*, en BFUCh, VII, 1952-53, págs. 153-176.

SOLÁ, JOSÉ V., *Diccionario de regionalismos de Salta*, Buenos Aires, 1950.

SUNDHEIM, ADOLFO, *Vocabulario costeño o Lexicografía de la región septentrional de la república de Colombia*, París, 1922.

TISCORNIA, ELEUTERIO F., *La lengua de Martín Fierro*, BDH, III, Buenos Aires, 1930.

TOSCANO MATEUS, HUMBERTO, *El español en el Ecuador*, Madrid, Anejo LXI de la RFE, 1953.

VIDAL DE BATTINI, BERTA, *El habla rural de San Luis*, BDH, VII, Buenos Aires, 1948.

—, *El español en la Argentina*, Buenos Aires, 1954.

VILLAFUERTE, CARLOS, *Voces y costumbres de Catamarca*, Buenos Aires, 1961.

WAGNER, MAX L., *Das peruanische Spanisch*, en VKR, XI, 1939, págs. 48-68.

WIJK, H. L. A., *Contribución al estudio del habla popular de Venezuela*, Amsterdam, 1946.

d) Papiamento

GOILO, E. R., *Gramática papiamentu*, Curaçao, 1953.

LENZ, RODOLFO, *El papiamento, la lengua criolla de Curazao. La gramática más sencilla*, Santiago de Chile, 1928.

MADURO, A. J., *Ensayo pa yega na un ortografía uniforme pa nos papiamentu*, Curaçao, 1953.

NAVARRO TOMÁS, T., *Observaciones sobre el papiamento*, en NRFH, VII, 1953, págs. 183-189.

TERLINGEN, J., *Lengua y literatura españolas en las Antillas neerlandesas*, en BFUCh, IX, 1956-57, págs. 235-262.

WIJK, H. L. A., *Orígenes y evolución del papiamento*, en Neophilologus, XLII, 1958, págs. 169-182.

Español de Filipinas

Oficina de Educación Iberoamericana. *La lengua española en Filipinas, Datos acerca de un problema*, Madrid, 1965. (Contiene trabajos de varios autores).

Palacios, Julio, *Filipinas, orgullo de España*, Madrid, 1935.

Retana, W. E., *Diccionario de filipinismos, con la revisión de lo que al respecto lleva publicado la Real Academia Española*, en RHi, LI, 1921.

Reyes, Manuel de los, *Prontuario de palabras y frases mal empleadas en Filipinas*, Manila, 1937.

Schuchardt, H., *Ueber das Malaiospanische der Philippinen*, en *Kreolische Studien*, IV (*Sitzungsberichte der Wiener Akademie der Wissenschaften*, 1882-1891).

Wagner, Max L., *Il tagalo-spagnolo delle Filippine*, en *Lingua e dialetti dell'America spagnola*, Firenze, 1949.

Whinnom, Keith, *Spanish in the Philippines*, en *Journal of Oriental Studies*, I, 1954.

—, *Spanish contact vernaculars in the Philippine Islands*, Hong Kong University Press, 1956.

ABREVIATURAS

ACCV	= *Anales del Centro de Cultura Valenciana.* Valencia.
AFA	= *Archivo de Filología Aragonesa.* Zaragoza.
ALC	= *Anales del Instituto de Lingüística de la Universidad de Cuyo,* Mendoza (Argentina).
AOR	= *Anuari de l'oficina románica de lingüística i literatura,* Barcelona, 1928-1934.
ASNSL	= *Archiv für das Studium der Neueren Sprachen und Literaturen* (Elberfeld, Braunschweig, Berlin, Hamburg, Munich, desde 1846).
AUM	= *Anales de la Universidad de Murcia.* Murcia.
BABLB	= *Boletín de la Academia de Buenas Letras.* Barcelona.
BBMP	= *Boletín de la Biblioteca Menéndez Pelayo.* Santander.
BDC	= *Butlletí de dialectologia catalana.* Barcelona, 1913-1936.
BDH	= *Biblioteca de Dialectología Hispanoamericana.* Buenos Aires.
BFi	= *Boletim de Filologia.* Lisboa.
BFUCh	= *Boletín de Filología de la Universidad de Chile.* Santiago de Chile.
BHi	= *Bulletin Hispanique.* Burdeos.
Bibl	= *Biblos.* Coimbra.
BICC	= *Boletín del Instituto Caro y Cuervo.* Bogotá.
BIDEA	= *Boletín del Instituto de Estudios Asturianos.* Oviedo.
BIFBA	= *Boletín del Instituto de Filología de la Universidad de Buenos Aires.* Buenos Aires, 1926-27.

BRAE	= *Boletín de la Real Academia Española.* Madrid.
CEG	= *Cuadernos de Estudios gallegos.* Santiago de Compostela.
DCELC	= *Diccionario crítico etimológico de la lengua castellana,* Madrid, 4 volúmenes, 1954-57.
ELH	= *Enciclopedia Lingüística Hispánica.* (En publicación, Madrid).
EMP	= *Estudios dedicados a Menéndez Pidal,* Madrid, 7 volúmenes, 1950-1957.
Fil	= *Filología.* Instituto de Filología Románica. Buenos Aires.
HMP	= *Homenaje a Ramón Menéndez Pidal.* Madrid, 3 volúmenes, 1925.
HispCal	= *Hispania.* Stanford, California.
HR	= *Hispanic Review.* Philadelphia.
IDEA	= *Instituto de Estudios Asturianos.* Oviedo.
ICC	= *Instituto Caro y Cuervo.* Bogotá.
IL	= *Investigaciones lingüísticas.* México.
Jud	= *Judaica.* Buenos Aires.
Lang	= *Language.* Philadelphia.
MLR	= *The Modern Language Review.* Cambridge.
NRFH	= *Nueva Revista de Filología Hispánica.* México.
Pir	= *Pirineos.* Zaragoza.
QIA	= *Quaderni Iberoamericani.* Torino.
RABM	= *Revista de Archivos, Bibliotecas y Museos.* Madrid.
RDR	= *Revue de Dialectologie Romane.* Bruselas.
RCEE	= *Revista del Centro de Estudios Extremeños.* Badajoz.
RDTradPop	= *Revista de Dialectología y Tradiciones Populares.* Madrid.
RFE	= *Revista de Filología Española.* Madrid.
RFH	= *Revista de Filología Hispánica.* Buenos Aires, 1939-46.
RHi	= *Revue Hispanique.* Paris, 1894-1933.
RF	= *Romanische Forschungen.* Erlangen.
RIEV	= *Revista internacional de Estudios vascos.* Paris.
RILi	= *Revista Iberoamericana de Literatura.* Montevideo.
RLiR	= *Revue de Linguistique Romane.* Paris.
RoPh	= *Romance Philology.* Berkeley, California.

RPF   = *Revista portuguesa de Filologia.* Coimbra.
RVF   = *Revista valenciana de Filología.* Valencia.
StL   = *Studia Linguistica.* Lund-Copenhague.
TCLP   = *Travaux du cercle linguistique de Prague.* Praga.
TDRL   = *Trabajos sobre el dominio románico leonés.* Madrid, I, 1957; II, 1960.
Uni   = *Universidad.* Zaragoza.
VII CILR = *Actas y memorias del VII Congreso Internacional de Lingüística románica.* Barcelona, 1955.
VKR   = *Volkstum und Kultur der Romanen. Sprache, Dichtung, Sitte.* Hamburg, 1928-1944.
VRo   = *Vox romanica.* Zurich.
ZRPh   = *Zeitschrift für romanische Philologie.* Halle, Tübingen.

ÍNDICE DE ETIMOLOGÍAS

cicūta 25.
cilia 245.
cing'lĕllu 218.
cingula 248.
cingulello 248.
cippus 159.
circulu 248.
cito 158.
clamare 135, 136.
clausa 135, 243.
claustro 37.
cleta 228.
clocca 37, 135, 136.
coagŭlu 147, 245.
cocleare 147, 245.
cŏctu 29, 218, 242.
cŏlligat 93.
cŏlligere 258.
cŏllum 216, 232.
colubra 157.
combattuĕre 260.
conceptus 372.
cŏncha 95.
constringere 260.
corbis 33.
corrigiŏla 44.
cortice 30.
coxu 139, 246.
crepare 110.
crescere 49.
cribu 244.
crine 244.
crinea 37.
crīsta 33.
cubitale 44.
cubito 152.
cubitum 101.
cultellu 244.
cultu 151.
cumbu 237.

cupiditia 152.
cŭrcŭlio 245.
cytisus 140.

damnu 153.
debita 152.
dederunt 271.
dĕdi 271.
dedimus 271.
dĕdisti 271.
dedistis 271.
dĕdit 271.
dejectare 150, 151.
demandare 237.
dentamine 155.
dĕorsum 277 n.
digitale 228.
divarare 111 n.
dŏctu 93.
dŏmitu 95.
-dŏmnicus 95.
dracontea 37.
ducenti 252.
dūctus 218.
duodecim 152, 252.

ĕbulu 26.
ecce hoc 254.
eccum hoc 199.
ĕgo 168.
-ĕllu 279.
eo 169.
epithema 219.
ĕram 96, 267.
ĕras 267.
ervilia 147.
es 264.
escarminare 155.
ĕst 96, 264.

ĕt 96, 277.
examen 139.
exfŏliare 181.
ex-frigescere 139 n.
ĕxit 98.
expaventare 238.
explicitare 242.
exsucare 139, 228.
exŭrtica 239, 246.

fabula 159.
facĕre 261.
fac(i)am 265.
fac(i)amus 265.
faciaria 35.
fac(i)as 265.
fac(i)ant 265.
fac(i)at 265.
fac(i)atis 265.
facimus 265.
facio 265, 274.
facis 265.
facit 265.
facitis 265.
faciunt 265.
factum 151, 218, 222.
fagetu 55.
falce 63, 101 n., 340.
falcellu 45.
faminem 155.
fasce 139.
fascia 49, 218, 246.
fauce 55.
favonio 222.
fecī 273, 274.
femina 156.
fenuculu 47 n., 245.
fenum 59.
feta 119.
fetare 119 n.

juncu 238.
jungĕre 132, 224.
junta 224.
juvenca 235.

kolia 29.
krostiam 246.

laborare 126.
labore 167.
lacerta 239.
lacrimam 221.
lactaria 34.
lacte 126, 150, 151, 242.
lactuca 150, 158.
lacu 135 n.
lama 124, 126.
lamina 155 n.
lampada 221.
landa 237.
latam 124.
laurus 35.
*lausa 35.
lausia 35, 100.
laxare 139.
laxavit 218.
lectu 122, 126, 150.
legĕre 260.
lentīcŭla 245.
lĕpore 228.
lĕvare 261.
levitu 126, 152.
lexiva 126.
libĕllu 234.
licium 126.
lĭgulam 116.
lilietu 31.
limaceu 110.
limitare 111 n.
lingua bubula 37.

locale 224.
locu 199.
lŏlium 23, 224, 338.
longa 95 n.
lŏnge 95.
-lŏngo 95.
longu 217 n.
lora 124.
loramine 155 n.
lorum 124.
lumbariu 35.
lumbricu 126, 228.
lumbu 45, 237.
lumine 126, 155 n.
lupu 105, 126, 159 n.
lutea 224.

magicus 373.
malleare 147, 373.
mantĕlla 232, 233, 238.
manticam 221.
Martiu 111 n.
masculu 30, 248.
mataxa 246.
matrĭce 326.
mẹa 174.
mediana 247.
mĕle 217.
melimellu 99.
mentirī 237.
merendare 219.
mĕu 173.
mollaria 44.
molliare 245.
monachĕllu 26.
mŏvita 152.
mulgĕre 177.
muliere 146, 147.
multu 150, 244.
mutulu 245.

natica 130.
nec 277.
nigella 44.
nocēre 260.
nominare 155.
noscum 170.
nŏssu 175.
nŏstru 175.
novacula 47 n., 147.
nŏvem 165, 252.

ŏctu 29, 242, 251.
ŏculāre 181.
ŏculu 47, 93, 218.
-ŏlu 280.
opacinu 219.
opacu 228.
ŏrcus 371.
oricla 47 n.
-orru 280.
ovicŭla 148, 245.

pabĕllum 232.
pabŭlum 232.
pactet 151.
palanca 238.
palea 146, 147.
palumbina 45.
panicium 30.
panucula 147.
papavera 50.
papilella 327.
parator 241.
parcellam 39, 344.
pastinaca 33.
patĕllu 228.
patinam 221.
patre 241.
pecorariu 138.

ÍNDICE DE TOPÓNIMOS

Espuñetas 237.
Estepa 43 n.
Estepona 43 n.
Estercuel 29, 32.
Estercuey 29.
Estibel 32.
Estibiella 232.
Estibietšo 232.
Estivella 26.
Estraqualla 89.
Estreya 356.

Fabar dera seda 257.
Fadoncino 117.
Faidiel 32.
Faišá, A 246.
Faišanillas 246.
Faišons 246.
Faišualanga 246.
Faja cofraría 241.
Fajazas 246.
Fajetas, Las 246.
Fajones 246.
Falcilla 279.
Fanlo 220 n.
Farneiro 102.
Faš 246.
Faša Langa 246.
Fašas 246.
Fašeta 246.
Faucena 36.
Fausilla 36, 63.
Fausilla, La 340.
Fernandiel 32.
Fenares 59.
Fenazar 63.
Fenazar, El 340.
Ferradillo 86.
Ferreira 34, 36.

Ferreirola 25, 25 n., 34, 36.
Ferreruelas 222.
Ferriol 63, 340.
Ferro 26.
Ferroñes 114 n.
Ficaira 43 n.
Ficaria 63, 340.
Figueruelas 222.
Filiel 32.
Fines 58.
Finestras 222.
Fobión 247.
Fogarín 299 n.
Folgueras 114 n.
Fompedrada 36.
Fondanalz 250.
Fondazas 278.
Fondó 45.
Fonfría 58.
Fonseca 36, 340.
Fontanal 36, 44.
Fontanar 36, 340.
Fontanares 36.
Fontanas 44.
Fontanera 36.
Fontaneta 36.
Fontanica 36.
Fontaniel 33.
Fontanilla 340.
Fontanillas 36.
Fontasquesa 58.
Fonte 25.
Fontecha 58.
Fontela 85.
Fonte la Duana 92.
Fontelas 36.
Fontellas 222.
Fontes 25, 36.
Fonti a Maruxa 200.

Fontibre 58.
Fontoba 222.
Foradada 222.
Foradiello 279.
Forcarualas 216, 280.
Formigales 222.
Fornaz 220, 278.
Fornillos 222.
Forti Hortiz 55.
Fosado 222.
Foya 247.
Foyaral 247.
Foz 222.
Frachinesa 246.
Frágens 246.
Frajín 246.
Francés, As 250.
Francés, Les 250.
Freita, Arroyo de 150.
Fresnedelo 86, 158.
Fuande os comos, A 257.
Fuanz 249.
Fueba 247.
Fuebas, Las 247.
Fuente-jonda 119.
Fuentepiñel 32.
Fueyo, El 93.
Fueyos, Los 93.
Furniella 86.

Galleguiellos 90.
Garcín 117.
Gargantiel 32.
Garnatilla 30, 43 n.
Garraf 55.
Garrafe 55.
Garrahe 55.
Garriel 32.
Genestosa 134.

ÍNDICE DE PALABRAS

amiga 424, 444.
amigayo 440.
amigo 440.
amó 186.
amol 341.
amolecer 373.
amonosende 215 n.
amor 50.
amorũ 184.
amos 236.
amosende 215 n.
amoura 100.
amplos 241.
ampolla 219.
amurcharse 359.
amuseyer 373.
anada 154.
anadar 365.
anagora 199.
ananá 395.
anantia 111.
anar 271.
ancina 219.
andabanus 183.
andaddo 412.
andai 182.
andaluséʰ 318.
andancio 429.
andar + a + infin. (futuro en judeoesp.) 360.
andassen 275.
andé 198.
andemus 198.
ander 235.
andia 110.
andidiendo 262.
andó 271.
andorin 198.
andoriña 348.

aneto 32, 43 n.
aneyu 153.
angazo 162.
angelinos 164.
angúa 443.
angún, anguna 175.
aniello 218.
anjéṣu 127.
anío 80.
ano 'año' 153, 154.
anocheza 179, 335.
anojar 359.
anollo 245.
anque 221.
ansa 337, 340.
Anšelín 163.
ansí 452.
ansias 343.
antanueite 199.
antanueite a la nueite 199.
anteado 365.
antepare 328.
antier 365.
antiguadamente 276.
antinada 365.
antiojera 221.
antó 444 n.
antoncies 199.
antošu 139.
antrarmos 189.
antrásedes 176.
anu 154.
anueite 199.
anueṣi a la nueṣi 199.
anuet 276.
anuláo 317.
anušu 153.
aña 442.
añadar 365.

añader 178, 260.
añadidura 325.
aŋjalarse 131 n.
añidire 178.
añisgare 178.
añuedare 180.
apaecién 183.
apagacandiles 373.
apancle 390 n.
apañar 336.
apaño 344.
apapaura 50.
apareceo 186.
aparecer (pron.) 435.
aparelliadas 146.
aparente 425.
apearse 425.
apechusques 344.
apeído 80.
apella 228.
apeñuscado 427 n.
apiertar 180.
apiorarse 221 n.
aplacador 241.
aplanadores 241.
aplantain 37.
aplegar 241.
apodreço 179.
apodzar 356.
apopar 348.
aportar 430.
aprender 177.
aprenga 261.
aprés 276 n.
aprestar 365.
apreta 380, 385.
apretau 337.
apreto 258.
aprico 228.
apriende 385.

con ele 452.
con la misma 330.
con misós 452.
con usted tá esperá 453.
conca 95.
concalecer 336.
conceillo 146.
concello 146, 244.
concencia 385.
conceptre 372.
conceta 372.
conceyu 103.
concezione 372.
concieto 372.
concludiendo 230.
conĉentu 372.
conchal 165.
cond 49.
condias 95.
condicional simple por futuro perfecto 209.
cóndor 394.
conducí 198.
coneỹo 47 n.
confirmó 268.
confisión 380.
conmigo 452.
conna 159.
conno 167.
connos 159.
connosco 170.
cono 160, 166, 167.
conoceo 186.
conocioron 185.
conoix 260.
conos 159.
conoxensa 245.
conoxer 245.
conoza 179.

conozca 180.
conozgo 180, 343.
conozo 179.
conquiesto 263.
conseijo 103.
conseusión 383.
consieto 372.
consigré 331.
consintientes 282.
constituezcan 261.
constrenyer 260.
consumindo 262.
conta 95.
contalas 160.
contestalles 172.
contestaŝes 172.
contigo 452.
contioren 185.
contradizer 177.
contraste 427 n.
conuco 446.
conveniés 260.
conveniren 188.
conventu 111.
conversada 431.
convien 179.
convosco 170.
copeo 379.
copey 393.
corachón 50, 51.
corbiella 217.
corbo 33.
corcollo 245.
corcho 33.
cordeiro 102, 103.
cordera 108.
corderinu 163.
cordiera 102.
cordiru 108.
cordjera 102.

cordul 25.
coriyula 44.
corneja 17.
corno 25 n.
coroca 25.
corpo 85.
cortada 431.
cortaus 248 n.
corte 450.
cortesa 251.
corre corrienduco 164.
corredo 385.
corredoria 104.
correger 177.
correi 182.
correuto 383.
correvos 182.
corría 183.
corrieu, 187.
corrín 183.
corrís 183.
corriyola 23, 23 n.
corriyuela 23, 23 n., 25.
corrompeo 186.
corrución 379.
corryula 25.
cosa 256.
¿cosa? 454.
¿cosa dijo? 454.
cosa nacida 175.
cosa que ('para que', de modo que, a fin de que) 439.
¿cosa quiere? 454.
coser 305.
coséu 263.
cosíe 267.
cosŧment 159.
cošjo 247.
cošo 139.

espleytar 242.
espluca 228.
esplucón 228.
espolsador 344.
espolsar 344.
espollar 337.
esposa 444.
espueña 237.
espuñera 237.
espumarajo 368.
esquilons 249, 251.
esquirgüelo 280.
esquirguollo 216.
esquiruelo 280.
esse 444.
est 50.
estaba haciendo 331.
estábanus 183.
estabay 183.
estableceo 186.
estacho 232.
estadía 430.
estalagán 238.
está'n fornu 159.
estandoriu 104.
Estanislado 385.
estar 51, 181, 271, 274.
estar 'parecer' 436.
estar + gerundio 436.
estaron 275.
estase 271, 275.
estatiecho 232.
estauen 113.
este (pron.) 50, 176.
este 434.
este, esti 176.
estea 181, 192.
esteas 192.
Estébano 168.
esteia 181.
esteya 181, 192.

estéyades 192.
estéyamos 192.
esteyan 192.
esteyas 192.
estí (adv.) 275.
esti (pron.) 111, 112, 176, 255.
estí (subj.) 192.
estía 181.
estidestes 192 n.
estidiemos 192 n.
estidieren 192 n.
estidiesti 192 n.
estidió 192 n.
estié (perf.) 271, 274.
estié (subj.) 181.
estiéis 271.
estiella 99.
estiemos 181, 271, 274.
estieron 271, 274.
estiés 271.
estiey 271, 271 n.
estiez 271, 274.
estió 275.
estioren 270 n.
estioron 271.
estive 192.
estó 359.
estomágo 258 n.
estoncia 111.
estoncias 199.
estou 100 192.
estrabilla 279.
estrea 75, 80.
estrébede 369.
estrébedes 369.
estreíta 80.
estreito 218, 242.
estrelas 158.
estreldar 152.
estreldes 369.

estreldi 369.
estremecedes 176.
estremezo 179.
estreta 151 n.
estreudas 251.
estreudes 369.
estrevde 369.
estropayu 147.
estrozar 278.
estruendio 110.
estruir 162.
estrume 155 n.
estruñir 177.
estruobos 92.
estruzar 162.
estude 192 n.
estudianta 432.
estudisti 192 n.
estudu 192 n.
estuve 271 n.
estuvenon 192.
estuviemus 192 n.
estuvieren 192 n.
estuviestis 192 n.
estuvionen 192.
estuvon 198, 335.
ešuela 369.
ešus 170.
et (art.) 256 n.
etxe 211 n.
eua 266.
exame 155.
examiná bueno 452.
exe 255.
execo 153.
éxid 51.
exitas 230.
expatana 42.
expícol 228.
expresiones 344.
extenre 261.

extráido 386.
eya 361.
eyas 170.
eyl eneis 254.
eyos 170.
ezbafar 366.
ežempjo 368.
ezquerra 234.

fa 195, 260, 265.
faba 36, 65 n., 114, 120
    n., 222.
fabal 165.
fabas 114.
fabes 167 n.
fablamos 184.
fablar 60.
fablemos 184.
fabo 222.
fabrarnonble 137.
fabriella 137.
faç 260.
face 265.
facede 193.
facedes 176, 194.
facei 193.
faceis 176, 193.
face*is* (dat.) 171.
facel 334.
facemos 265.
facemus 193, 194.
facen 193, 194, 265.
facer 60, 119, 193.
faces 194, 265.
facía 194.
facié (imp.) 194, 195.
facié (pfto.) 271 n., 273,
    273 n.
faciemos 273, 273 n.
faciendo 263.

facienun 194.
facieron 273, 273 n.
faciés 273, 273 n.
faciez 273 n.
facílu 107.
fació 273.
fachaira 35.
fachis 265.
fadei 193.
fadeis 193.
fadello 160.
fademus 193.
fader 142 n.
fader 193.
fadré 194.
fadu 362.
faéde 194.
faedes 194.
faeis 193.
faemos 193.
faemus 194.
faen 193.
faer 193.
faes 193.
faéšu 160.
faga 62, 194, 223 n., 265.
fagamos 265.
fagan 194, 265.
fagas 194, 265.
fagaz 265.
fago 193, 194, 265.
fagüeño 222.
fai 193, 194.
faía 194.
faías 194.
faien 194.
faiga 193, 194, 262, 265,
    266.
faigais 265.
faigamos 265.
faigamus 194.

faigan 194, 265.
faigas 193, 194, 262, 265.
faigu 193, 194.
fain 194.
fairás 194.
fairei 194.
fairía 194.
fais 193, 194.
faisione 324.
faja 218, 246, 337.
fajar 246.
fajinadero 246.
falaba 183.
falache 188.
faladi 182 n.
falais 176.
falamos 188.
falanon 188.
falanun 187.
falar 119.
falaron 188.
falastedes 188.
falasteis 188.
falasti 186.
falay 176, 182.
falcone 321.
falcudera 369.
falche 45.
faldiquera 369.
faldricheira 369.
faldriqueira 369.
faldriquera 369.
faldriquiera 369.
falduquera 354, 364, 369.
faleisti 186.
faleitu 151.
falesti 186.
faley 188.
falou 188.
falsa 327, 344.

fraguador 370.
fraguar 370.
fraire 241.
frajenco 219.
frama 325.
fran 138.
frande 217 n.
frangollo 347.
frannefirrino 52.
frannewassos 52.
franz 250.
frañir 177.
frašengo 238.
frášin 246.
frašín 218.
frašino 218.
frasno 218.
frauta 137, 333.
frazada 425.
frecha 150.
fregu 180.
freima 137.
freiše 222.
fréišen 246.
freišuelo 139.
freita 151.
freito 242.
frejón 369.
frema 137, 156.
frenío 80.
fresquilla 39.
fret 214 n.
fretro 242.
frezada 425.
frida 230.
frido 385.
frieu 'frío' 174.
frijón 369.
frizada 421 n.
frižalda 369.
frojalde 369.

frol 137, 138.
fronha 370.
froña 359, 362, 370.
fror 137, 333.
frores 138.
*fruanz 250.
fruita 152.
fruito 242.
fuande 216, 238.
fuaras 89.
fuarte 354.
fuaza 158.
fucicu 113.
fué 190, 274.
fuea 148.
fuecha 93.
fuegu 92.
fueiro 156.
fueis 274.
fúella 99 n.
fuella 93, 119, 215 n.,
    218, 244.
fuemos 190, 274.
fuén 217, 219, 249.
fuenon 190.
fuent 249.
fuente 95.
fuenun 187.
fúera 99 n.
fuera 190.
fueras 190.
fuerces 113 n.
fueren 190, 274.
fuerma 90.
fueron 274.
fués 260, 274.
fuesa 222.
fuese 190.
fuesémos 258.
fueste 190.
fuesteis 190.

fuestes 190.
fueu 158.
fueva 218.
fuey 103, 274.
fueya 94, 117, 119, 147.
fuez 274.
fuguillas 328.
fui 190, 190 n., 191.
fuibu 107.
fuimos 190.
fuimos con vos 436.
fuína 337.
fuinero 337.
fuise 169.
fuiši 105, 107.
fuíu 107.
fulechu 109.
fulgueira 102.
fulí 356, 370.
fuligem 370.
fulina 370.
fulla 29, 214 n.
fulliyín 44, 49.
fumarro 222.
fumo 119.
fumos 190, 191.
fumu 65, n., 120, n.,
    121 n.
fun 188, 190.
fundia 222.
fundío 337.
fundo 425, 429.
funeiro 156.
funochu 109.
funti 111 n.
fuogo 92, 93.
fuögo 216.
fuoia 94.
fuollas 93.
fuonon 190.
fuora 190.

jinojo 345.
jipón 230.
Jisós 390.
jizu 113.
jizun 335.
jobacho 426.
jocicu 333.
jolgacián 110, 333.
jolgar 119.
jollicu 118.
jopo 66.
joracu 119 n.
jormiga 119 n.
jornaja 119.
jornu 118.
josco 118.
jose 345.
josoria 118.
josos 372.
josticia 379.
jovena 251.
jovencico 279.
jovenico 279.
joventud 381.
joz 119 n.
juar 317.
jubentudis 42.
jubir 333.
jubo 134, 339.
jucino 162.
juciña 119, 162.
juďicu 142 n.
judigüelo 370.
jué 190, 191.
juegar 180, 258.
juella 119.
juemos 190, 190 n., 191.
juente 63, 215 n., 222.
juera 190.
jueras 190.

juercia 110.
jueren 185, 190, 190 n.
jueron 191, 222.
juerza 215 n.
juese 190.
juestes 190.
juestis 191.
jueya 93.
juez 132.
jugo 132, 134, 224.
jui 190, 190 n., 215 n.
juicio, es un 326.
juína 222.
juir 119.
juistes 190.
juisti 191.
jujuela 119 n.
julgada 152.
julgao 153.
julgar 153.
julgaron 152.
jumo 334.
juncir 132, 339.
junco 132.
junio 224.
junta 132, 224, 224 n.
juntoren 184.
juñidera 224.
juñir 224, 224 n. 337.
juñire 134, 178.
juogu 92.
jurao 119.
juriacu 110.
juriar 222.
jurmientu 119.
juroron 268.
jurtar 120.
jus 277 n.
juyides 176.
juyir 345.

kaballayr 31, 35.
kabážo 334.
kaɓéẓa 323.
káɓo 322.
kainata 109.
kainetu 109.
kambiŝa 126.
kamí 452.
kamiaremos 236.
kamiasti 236.
kamó 452.
kaɲet 31.
kaɲeto 31.
kappen 446.
kařáʰka 334.
katibo 30.
kawle 35.
kayžo 34.
kerey 50.
kereyo 30.
kerray 34.
khiero 390.
kiparés 364.
kitá 452.
kjé 318.
kločka 367.
kó 317.
kóɓa 322.
kǫʰ 'codos' 318.
koʰrní 317.
koméyo 329 n.
konelyo 47.
konežo 47.
konžair 47.
kopeyro 31.
kortížo 47.
koŝár 126.
krúsęʰ 318.
kuaranda 235.
kučíŝu 126.

llimago 122.
llimiagu 110.
llimiogu 107 n.
llimu 124.
llinaje 122.
llinaza 124.
llindo 226.
llino 124.
llinu 116, 124.
llit 214 n.
llizos 122.
llo (ac.) 172.
llo (dat.) 172.
llobeco 122.
llobo 124, 224.
llobos 122.
llobu 111 n., 113, 147.
lloco 226.
llogares 122.
llogrado 122.
llombo 122, 149.
llombu 149.
llomo 224.
llonga 95.
llonganiza 215 n.
llonge 124.
llonše 139.
llonxe 95.
lloñi 95.
llop 224.
lloquero 136.
llorardes 189.
llororen 184.
llos (art.) 122, 166.
llos (pro.) 204.
lloseta 224.
llouco 101.
lloucos 101.
llouja 124.
lloural (f.) 164.
llourar (f.) 164.

llousa 101.
lloviú 187.
lloza 224.
llu (ac.) 172.
llubina 122.
Llucas 226.
llucerina 124.
lluces 124.
llucio 124.
lluego 224, 340.
lluegu 92.
lluejo 338.
llugá 224, 250.
lluitar 152.
llumbre 124, 155.
llumbreira 103.
llumbreiro 155.
llumbrizas 168.
llume 124, 155.
llumiacu 110, 122.
lluna 124.
lluogu 92.
lluis 'lunes' 156.
lluitar 152.
llurdio 110.
lluria 124.
llus 344.
lluz 122.

ma 50, 51.
macagua 392.
macana 393.
macanudo 393.
machango 348.
machorra 280.
madaša 246.
madeira 103.
madeišja 140.
madeja 42, 247.
madera bien secu 202.

madera secu 201.
madre 107, 318.
madreñín 163.
madriz 326.
Madriz 384.
madrones 113.
mae 318.
mago 347.
magranes 50.
magre 389.
maguey 393.
maguinóo 454.
maikíya 318.
maique 372.
maire 346.
mais 338.
máistro 380, 385.
maitín 276.
maitín de maitín 276.
maitina 338.
máiz 385.
maíz 386, 392.
mal a gusto 200.
malacate 393.
malaya 439.
maletu 333.
malfeytorías 150.
mali 33.
malino 324.
malis 112.
malón 395.
malsín 377.
malsinar 377.
maltín pescadol 451.
mallar 148.
malluolo 216.
mambí 431.
mambo 431.
mamboretá 395.
m'amigo 440.
mana 452.

matre 43 n.
matrič 326.
matriquera 228.
maturo 228.
matús 249.
mauč 35.
mauchuel 22, 23.
mauriško 35.
mayá 148, 158.
mayar 147.
mayestro 221.
mayorajo 341.
mayoralgo 153, 333, 334.
mayoralgu 152.
mays 421 n.
maza 336, 343, 426.
mazal 377.
mazamorra 430.
mažar 373.
mazcayu 164.
mazela 372.
mážo 334.
me 51.
me veda 390.
mecate 453.
mecer 177.
¡mecón! 440.
mechor 103.
medaíta 80.
medalya 47.
médano 389.
media-as, (*media loca,
  medias loras*, etc.)
  433.
media noche 452.
medíco 221.
medies 113 n.
medio 343, 433.
mediquín 164.
mediu 111.
médjes tóntes 114.

mégano 389.
mego 373.
megollo 221.
méico 317.
meiga 373.
meigo 373.
meijor 103.
méiz 379.
mejana 247.
mejare 134, 178.
meldar 377.
melecina 373, 380.
melenia 110.
melguizo 215 n., 327,
  344.
melico 219, 228, 230, 237.
melitar 379.
melrriu 110.
melsa 327, 344, 362, 373.
meltza 362.
memorias 426.
me'n y he meso 284.
mencejo 47.
menda 329.
méndigo 387.
mendir 238.
mendziya 356.
menear 373.
menestel 334.
menestrare 316 n.
mengrana 338.
meniarse 221 n.
mento 385.
menúa 412.
menúo 317.
mercado 412.
mercau 412.
merecede 182.
merecei 182.
mereçie 172.
merenda 45, 98.

merezo 179.
meriendar 180.
més 276.
mešar 139.
mesina 164.
meso 263 n.
mesoria 104.
mešquita 356.
mesté (aux.) 445.
mester (aux.) 445.
metanes 199.
metate 393.
meteba 266.
mételote en a capeza
  281.
metéo 186.
meter 'llenar' 283.
meter 'meted' 262.
metese 172.
metié 271.
metiemos 271.
metieu 187.
metiez 271.
metió 271.
metioren 271.
metiores 271.
metiron 188.
metiste 184.
metíu 187.
meu (pos.) 50, 51, 173.
meyor 103, 146.
méza 142, 323.
meza 179, 335.
mezquindade 117.
mi (dat.) 175.
mi 'yo' 444.
mi *antepuesto* (*mi hijo*,
  etc.) 433.
mi, mis 174.
mi mojier 390.
mi tin tres stûl 444.

pasiar 379, 380.
pašjarín 163.
pasorun 184.
pasteira 102 n.
pastidiá 451.
pastiello 279.
pastio 110.
pataca 168.
pataco 168.
patata 392.
patates 113 n.
patrialca 310 n.
patrina 251.
patrino 241.
patríns 249.
patulea 344.
patuleco 391 n.
paúl 232.
paulilla 326.
paumas 45.
paumes 50.
paužata 35.
paxer 245.
payar 147.
payel-la 233.
paža 355.
peal 231.
peaso 383.
pebete 431 n.
pebre 219.
pecho 48.
peθa 214 n.
pedaçu 111.
pede 26.
pedille 341.
pedirdes 189.
pedregal 165.
pedregullo 429.
pedrer 358.
pedrerino 163.
peezu 107.

pegá-i 160.
pegá-is 160.
pegaivos 182.
pegá-yos 160.
pegüén 396.
péʰka 334.
peicte 101.
peiche 151.
peinándala 432.
peinándolo 432.
peináte 182 n.
peindra 103.
peiña 103.
peír 317.
Peiro 241.
peirón 241.
peiše 139.
peito 150, 151, 218, 242.
peitoral 218, 242.
peje 429.
pejrro 415.
pel 159.
pelaéra 317.
pelaire 241, 280.
peliscar 356.
pelišco 356.
peliscu 356.
pelo 'por el' 159, 160, 167.
pelu 'palo' 107.
pelu 105, 108.
pena 'peña' 153, 154.
penato 30, 42.
penčá 213.
pendarriba 199.
pendiande 238.
peneu 158, 159.
penient 237.
penna 233.
peñazo 278 n., 339, 343.
peñe 116.

peñeu 154, 158.
pepenar 453.
péperi 43 n.
Pepín 163.
pequén 117.
pequeñín 163.
pequeñina 163.
pequeñucu 164.
pequínu 163.
per (prep.) 209.
per- 161.
per- (superlativo) 202.
per astí 275.
peracabar 161.
peraforrau 161.
peral (f.) 165, 168.
peramoriau 161.
perar (f.) 164.
perblancu 161.
perbobu 161.
percaído 161.
percance 162.
percanzar 162, 162 n.
perciegu 161.
percoger 162 n.
percontar 162, 162 n.
percordar 162, 162 n.
percudir 162 n.
percudou 186.
percurar 359.
perchapado 162, 162 n.
perdañosa 162, 162 n.
perdeo 186.
perdesse 258.
perdéu 187.
perdimos 184.
perdonaime 182.
perdonest 260.
perdré 331.
perdú 187.
perende 199.

560 Dialectología española

quarta 216.
quarteno 252.
quatre 251.
qué (interr.) 51.
que (relativo) 255.
que 'más que' 210.
¡qué capaz! 440.
que come muncho 293.
¡qué esperanza! 440.
que esque 436.
que izque 436.
que lo facer 172.
¿qué para hacer?, etc. 391.
¿qué tanto? '¿cuánto?' 438.
quebrancía 328, 344.
quebras 380.
quécabu 107.
queda 51.
quedar 336.
quedrá 197.
quedré 331.
quefés 249.
quehazer 346.
queimaben 183.
queimabes 183.
queimanun 187.
queimorun 184.
queišada 140.
queiso 102, 103.
queixar 101.
quelvu 107.
quella 157.
quemándala 432.
quemándolo 432.
quemazo 278 n., 343.
quemoren 184, 185.
quen 98.
quena 394.

quenqueri 353.
quer 197.
queras 197.
queré 359.
quéred 51.
queredes 176.
queremos 197.
queren 197, 385.
querere 275.
queres 51, 197.
querés 197, 275.
quereš 359.
quereses 275.
quéria 197.
quériaes 197.
quériamus 197.
querié (imperf.) 183.
querié (perf.) 271 n.
queriélelo 172.
quérien 197.
quéries 197.
queris 51.
queriste 197.
quero 51, 197.
querru 107.
quesido 263.
quesionen 197.
queso 390.
quešo 107.
quesu 108 n.
quetzal 394.
quexume 154.
quezera 346.
quezu 'cazo' 107.
quezu 'queso' 346, 356.
qui 51, 255.
quiasto 263.
quiciá 199.
quiciabes 199.
quiciabis 111 n.
quiciás 110, 333.

quienno 161.
quieo 197.
quier 179, 197.
quier, quié (aux.) 445.
quiéramos 387.
quies 197.
quiesto 263.
quijendo 262.
quilín 244.
quimamentu 446.
quindzi 356.
quinquiera 175 n.
quinquilaire 280.
quinse 356.
quinze 356.
quirín 244.
quirió 275.
quise 197.
quiše 107.
quisemos 197.
quišemus 197.
quišenu 197.
quišenun 197.
quiseren 197.
quiseste 197.
quišesti 197.
quišestis 197.
quiši 197.
quisiendo 197, 262.
quišienon 197.
quisierdes 189.
quisiéredes 169.
quišisti 197.
quisiú 263.
quissir 'quisiere' 188, 188 n.
quisto 263.
quisu 'queso' 108.
quisu 197.
quišu 197.

restra 359.
resuellos 432.
rešumo 155.
ret 250.
retabillo 279.
rete 219, 230.
retienga 218.
retorcer 180.
retrataero 328.
retuciú 187.
reús 338.
reuto 383.
reveratur 40.
reverdeza 179.
revivíu 187.
reya 139, 147.
reyina 389.
reyir 221.
reyíu 220.
rial 379, 380.
riba 443.
ribariar 111 n.
ribeira 103.
ricaz 220.
ride 230.
ridió 230.
rido 385.
riengar 180.
riesgare 180.
riestra 99, 359, 385.
rigüeldar 180.
rík'u 357.
riis 'riñones' 157.
rímunus 161.
rinchar 365.
rindo 262.
ringalánduše (dat.) 171.
ripa 228.
riqueri 33.
riquino 164.
risa (r asibilada) 388.

risoltar 390.
ritirá 451.
riu 54.
riyoren 185.
ro, ros 257.
roa 180.
robar 101.
robarse 435.
robri 113.
rociar 139 n.
roda 180.
rodancha 340.
rodea 149.
rojo 247.
rollo 148.
romanza 341.
romayner 260.
rompeba 266.
rompéu 186, 188.
rompiche 188.
rompieba 267.
rompienun 187.
rompinlo 171.
rompinyo 171.
rompió 187.
rompito 263.
rompíu 186.
rompiú 263.
roncu 101.
ropa 101.
rošada 139.
rošar 139.
Rosaria 168.
rosario 105.
rosas 50.
rosau 158.
roscadel 220.
roseriu 105.
rosigar 344.
rošo 139.
roto (r asibilada) 388.

rotonda 45.
roubar 100.
rouca 100.
rouquido 100.
roušada 139.
royeli 113, 160.
royo 247, 375.
Royo 44.
Royol 25, 44.
royola 25.
royuela 23, 25.
Royuol 22.
rozasi 160.
ru 116.
rúaca 91, 99 n.
ruaca 216.
rubiellu 75.
rubio 375.
rubiol 44.
ruca 25.
ruciá 139 n.
ruchare 178.
rude 116.
rudedinu 142 n.
rue 116.
ruello 218, 245.
rujal 338.
ruma 221.
rumbear 430.
rumbo 430.
rumpedi 182 n.
rumpiemus 188.
rumpienun 188.
rumpieron 188.
rumpiéstedes 188.
rumpiestes 188.
rumpiéu 187.
rumpin 188.
ruöca 92.
ruogo 89.
rus 338.

568 — Dialectología española

šunta 132.
šuntos 134.
šuntru 126.
šunzer 132.
šuñir 224.
šuogo 92.
šuogo 132.
suogro 92.
suogru 92.
suono 92.
suor 231.
šuou 199.
supe 197.
supido 263.
supiendo 262.
supienun 187 n.
supon 198.
suprí 451.
šurame 155 n.
surniare 117.
surtija 148.
surtir 343.
surradoiro 104.
sus.
šušín 376.
suspensar 340.
susu 111.
šušuníco 376.
suya (pos.) 174.
suyu, suya (pos.) 174.
swá (pos.) 174.
šwiṇi 126.
syadra 354.

ta (leon. *estar*) 192.
ta (port. *estar*) 445.
ta (prep.) 275, 276.
tá (partícula) 452.
tá llorá 452.

tá mirá con aquel español 452.
tá pensá 452.
ta zaga 275.
taba 192.
tabaco 392.
tabaiba 347.
tabaišo 275.
tabajo 276.
tabán 220.
tabáno 258 n.
tabaquear 328.
tabata 445.
tabatín 445.
tablóns 249, 251.
tabra 137.
tade 192.
tádevus 192.
tafalaz 278.
tagasaste 347.
tai 192.
taillaren 146.
taita 427, 440.
tajinaste 347.
tal, tala 175 n.
talde 451.
talea 337.
taleazo 339.
taleca 228.
talto 275.
tallá 453.
tallar 244.
tallí 276, 453.
tamal 393, 453.
támbara 339.
támbaras 333.
tambarón 339.
també 444 n.
también no 'tampoco'
438, 450.
tambo 394.

tamborín 164.
tamborino 163.
tamén 98, 150.
tamián 96.
tamién 149.
tammién 276.
tampoco no 285.
tamuscare 137.
tan monti (omisión del artículo en nombres regidos por la preposición *en*) 207.
tangas 51.
taniella 218, 279.
tantazo 433.
tantes 113.
t'anto 390.
tañedós 249.
tañir 177.
tao 443.
tapera 395.
tapioca 395.
tapir 395.
taramela 348.
tardar (pron.) 435.
tardi 337.
tardido 379, 385.
tardiquina 163.
taré 192.
tarnero 354.
tartir 261.
tartuga 357.
tarraya 336.
tarraza 219.
tarrén 117.
tarria 222.
tarriba 276.
tas 192.
tašo 247.
tašugo 247.
tata 440.

tra los otros 100.
trabaho 334.
traballos 146.
trabajo (palatal de *tr*)
   388.
traede 182.
traédeme 182.
traédes 197.
traelle 160.
traemos 197.
traer 271.
traeredes 176.
trahorin 198.
tráʰto 334.
traí (perf.) 198.
trai (pres.) 197.
traiba 266, 331.
traiban 338.
traiga 266.
traigo 197.
traílde 359.
traímus 198.
tráin 197.
traínta 166.
trais 197.
traisti 198.
traje 272.
trajemos 272.
trajes 272.
trajié 272.
trajiendo 262.
trajieron 272.
trajiés 272.
trajioren 185.
trajisteis 272.
trajo 272.
trajon 198, 335.
tramba 237 n.
tramposa 105.
trampusu 105.
tran 197.

tranquera 429.
trapezs 250.
trapucu 164.
trascondiecha 233.
trašenon 187.
traši 198.
trašisti 198.
travesía 430.
traviessa 90.
traviessó 180.
traya 262.
trayé 271 n., 272.
trayeba 267.
trayéde 182.
trayemos 272.
trayer 267.
trayeron 272.
trayés 272.
trayey 272.
trayez 272.
trayo 262, 272.
trayó 198, 272.
trayoren 272.
trayores 272.
trayorin 198.
trayoron 272.
treballo 244.
trébedes 113, 153, 369.
trébole 117.
trecientos 166.
trechoria 104, 150.
tredzi 356.
treice 166.
treínta 166.
treis 197.
treito 151.
treitoira 104, 150.
treitoiras 104.
treitu 151.
trejo 198.
treldes 153.

trelvis 113, 153.
trelze 152, 166.
tremos 197.
trempe 369.
trenda 235.
trenta 166, 252.
trenteno 252.
trepiar 110.
trer 198.
trešemus 198.
trešeren 198.
trešestes 198.
treši 198.
trešiemos 198.
trešisti 198.
trešo 198.
tréspol 344.
tresvirtir 177.
tretze 252.
trévde 369.
tréveđe 322.
treytar 150.
treze 153.
tribúl 390.
tríbul 390.
trijo 198.
trimuoya 93.
trinsyona 443.
trinta 166.
trišemos 198.
trišeron 198.
trišeste 198.
trišesteis 198.
triši 198.
trišisti 198.
trišoren 198.
tristing-triste 452.
tristo 251.
triteira 151.
tro 277 n.
troa 277 n.

veiga (f.) 102.
veigo 262.
veint 252.
véinte 387.
veio-vos a vos 170.
veis (de *ir*) 196.
veis (de *ver*) 262.
veisos acomodando 329
vela 217, 355.
vello 146.
vemonos 161.
vemos 262.
ven 51, 98.
vencello 245.
vencer 178.
vencerão 188.
vencerdes 189.
vencia 181.
vencir 178.
vençires 188.
vencistes 184.
vendeba 266.
vendé-is 160.
vendel 334.
vendelo 160.
vendello 160.
vendeo 186.
vendié 270.
vendiemos 270.
vendieron 270.
vendies 181.
vendiés 270.
vendieu 187.
vendiez 270.
vendos 344.
vene 51.
venemus 360 n.
venerio 110, 333.
véngamos 330.
vengar 355.
vengo 89.

vengu 98.
vení 182, 183, 358.
veniámus 343.
veniba 266.
venide 338.
venidos 358 n.
venidvos 358 n.
venié 271 n.
venieren 258.
venindo 262.
veníos 358 n.
venir 178.
venir (pron.) 360, 435.
venir + gerundio 435.
venise 275.
venissent 188.
veníu 220.
venre 261.
venres 98.
vental 366.
vente 166, 252.
ventecinco 252.
venti 166.
verθa 143.
verda 251.
verdá 319, 358, 384.
verduguillo 279.
vereda 430.
vería 148.
verija 348.
vernad 51.
verruca 33.
vertubillo 279.
ves 262.
vesita 379, 380.
vestende 216 n.
vesu 105.
vey 260, 262.
veyebámos 258.
veyen 262.
veyent 252.

veyes 262.
vez pasada 437.
vi de llorar 330.
vía, vías, etc. 343.
viallo 217.
viard 214 n.
vicuña 394.
vidala 391.
vidalitay 391.
viday 391.
vidaya 147, 168.
vide 326, 343.
viditay 391.
vidre 220.
vidrio 366.
vidro 366.
vidru 366.
vieba 267.
viega 218.
vieja 348.
*vieja dimasiado religio-
so* 452.
viejo, -a 440.
viejsito 396.
viella 148.
viello 218, 245.
viellos 146.
viemos 262.
vien 179, 262.
viendo 180.
viene 'ven' 262.
viengo 89, 98, 181, 258.
viengu 98.
vienin 333.
vient 252.
vienun 187 n.
vier 177, 267.
vieyina 163.
vieyo 148.
vieyu 111 n.
viežu 47, 355.

yir 196 n.
yis (dat.) 171.
yíu hómber 444.
yíu muhé 444.
yja 59.
ynojo 63.
yo 452.
yo, tú, con preposición
202, 253, 281, 433.
*yo y los mis mucha-
chos* 335.
*yo ya comprá plátanos
ayer* 452, 453.
yorar 82.
yorare 136.
yos (ac.) 171.
yos (dat.) 171, 171 n.
you 101, 168, 169, 170.
ys 264.
yúa 122.
yubada 339.
yubo 339.
yuca 392.
yuca blanco 432 n.
yuca 'lechuza' 37 n.
yucateca 391.
yugo 224 n.
yuka 37.
yulio 36.
yumbe 155 n.

yuncir 337, 339.
yunco 36.
yunio 36.
yunta 134, 224 n.
yunža 36.
yuöza 136.
yuyo 395.

zaborrazo 278.
zacatal 453.
zacate 394, 453.
zacatero 453.
zagale 117.
zalamanquesa 227.
zamacuco 327.
zamarrazo 278 n.
zandria 222.
zapallo 395.
zapatin 163.
zapo 227.
zarahueles 375.
zarigüeya 395.
zarranun 187 n.
zarrapostrazo 339.
zarrapotazo 339.
zarreimus 186.
žebollín 30.
zéʲ 323.
žeira 134.

žels 49.
ženžibres 134.
žermá 214 n.
zicueta 25.
zinzíbis 376.
žinžibre 376.
žinživris 376.
zirgüela 364.
žirgüelos 369, 370.
zoca 227.
zolle 227.
zompo 344.
zopilote 394.
zoque 227.
zoqueta 279.
zoquete 279.
zordeaca 234.
zorgen 445.
zorondo 336.
zorru 108.
zreisal 165.
zuclero 344.
zuco 230.
zucre 215 n., 365.
žugar 355.
zuncho 429.
θurđil 142.
žurgüelos 369, 370.
zuro 227.
zurriaga 234.

ÍNDICE GENERAL

BIBLIOTECA ROMÁNICA HISPÁNICA

Director: DÁMASO ALONSO

I. TRATADOS Y MONOGRAFÍAS

Walther von Wartburg: *La fragmentación lingüística de la Romania.*

René Wellek y Austin Warren: *Teoría literaria.*

Wolfgang Kayser: *Interpretación y análisis de la obra literaria.*

E. Allison Peers: *Historia del movimiento romántico español.*

Amado Alonso: *De la pronunciación medieval a la moderna en español.*

Helmut Hatzfeld: *Bibliografía crítica de la nueva estilística aplicada a las literaturas románicas.*

Fredrick H. Jungemann: *La teoría del sustrato y los dialectos hispano-romances y gascones.*

Stanley T. Williams: *La huella española en la literatura norteamericana.*

René Wellek: *Historia de la crítica moderna (1750-1950).*

Kurt Baldinger: *La formación de los dominios lingüísticos en la Península Ibérica.*

II. ESTUDIOS Y ENSAYOS

Dámaso Alonso: *Poesía española (Ensayo de métodos y límites estilísticos).*

Amado Alonso: *Estudios lingüísticos (Temas españoles).*

Dámaso Alonso y Carlos Bousoño: *Seis calas en la expresión literaria española (Prosa-poesía-teatro).*

Vicente García de Diego: *Lecciones de lingüística española (Conferencias pronunciadas en el Ateneo de Madrid).*

Joaquín Casalduero: *Vida y obra de Galdós (1843-1920).*

Dámaso Alonso: *Poetas españoles contemporáneos.*

Carlos Bousoño: *Teoría de la expresión poética.*

Martín de Riquer: *Los cantares de gesta franceses (Sus problemas, su relación con España).*

Ramón Menéndez Pidal: *Toponimia prerrománica hispana.*

Carlos Clavería: *Temas de Unamuno.*

Luis Alberto Sánchez: *Proceso y contenido de la novela hispanoamericana.*

Amado Alonso: *Estudios lingüísticos (Temas hispanoamericanos).*

Diego Catalán: *Poema de Alfonso XI. Fuentes, dialecto, estilo.*

Erich von Richthofen: *Estudios épicos medievales.*

José María Valverde: *Guillermo de Humboldt y la filosofía del lenguaje.*

Helmut Hatzfeld: *Estudios literarios sobre mística española.*

Amado Alonso: *Materia y forma en poesía.*

Dámaso Alonso: *Estudios y ensayos gongorinos.*

Leo Spitzer: *Lingüística e historia literaria.*

Alonso Zamora Vicente: *Las sonatas de Valle Inclán.*

Ramón de Zubiría: *La poesía de Antonio Machado.*

Diego Catalán: *La escuela lingüística española y su concepción del lenguaje.*

Jaroslaw M. Flys: *El lenguaje poético de Federico García Lorca,*

Vicente Gaos: *Poética de Campoamor.*

Ricardo Carballo Calero: *Aportaciones a la literatura gallega contemporánea.*

José Ares Montes: *Góngora y la poesía portuguesa del siglo XVII.*

Carlos Bousoño: *La poesía de Vicente Aleixandre.*

Gonzalo Sobejano: *El epíteto en la lírica española.*

Dámaso Alonso: *Menéndez Pelayo, crítico literario. Las palinodias de Don Marcelino.*

Raúl Silva Castro: *Rubén Darío a los veinte años.*

Graciela Palau de Nemes: *Vida y obra de Juan Ramón Jiménez.*

José F. Montesinos: *Valera o la ficción libre (Ensayo de interpretación de una anomalía literaria).*

Eugenio Asensio: *Poética y realidad en el cancionero peninsular de la Edad Media.*

Daniel Poyán Díaz: *Enrique Gaspar (Medio siglo de teatro español)*.

José Luis Varela: *Poesía y restauración cultural de Galicia en el siglo XIX*.

José Pedro Díaz: *Gustavo Adolfo Bécquer (Vida y poesía)*.

Emilio Carilla: *El Romanticismo en la América hispánica*.

Eugenio G. de Nora: *La novela española contemporánea (1898-1960)*.

Christoph Eich: *Federico García Lorca, poeta de la intensidad*.

Oreste Macrí: *Fernando de Herrera*.

Marcial José Bayo: *Virgilio y la pastoral española del Renacimiento*.

Dámaso Alonso: *Dos españoles del Siglo de Oro (Un poeta madrileñista, latinista y francesista en la mitad del siglo XVI. El Fabio de la "Epístola moral": su cara y cruz en Méjico y en España)*.

Manuel Criado de Val: *Teoría de Castilla la Nueva (La dualidad castellana en los orígenes del español)*.

Ivan A. Schulman: *Símbolo y color en la obra de José Martí*.

José Sánchez: *Academias literarias del Siglo de Oro español*.

Joaquín Casalduero: *Espronceda*.

Stephen Gilman: *Tiempo y formas temporales en el "Poema del Cid"*.

Frank Pierce: *La poesía épica del Siglo de Oro*.

E. Correa Calderón: *Baltasar Gracián. Su vida y su obra*.

Sofía Martín-Gamero: *La enseñanza del inglés en España (desde la Edad Media hasta el siglo XIX)*.

Joaquín Casalduero: *Estudios sobre el teatro español (Lope de Vega - Guillén de Castro - Cervantes - Tirso de Molina - Ruiz de Alarcón - Calderón - Moratín - Duque de Rivas)*.

Nigel Glendinning: *Vida y obra de Cadalso*.

Álvaro Galmés de Fuentes: *Las sibilantes en la Romania*.

Joaquín Casalduero: *Sentido y forma de las novelas ejemplares*.

Sanford Shepard: *El Pinciano y las teorías literarias del Siglo de Oro*.

Luis Jenaro MacLennan: *El problema del aspecto verbal (Estudio crítico de sus presupuestos).*

Joaquín Casalduero: *Estudios de literatura española ("Poema de Mio Cid", Arcipreste de Hita, Cervantes, Duque de Rivas, Espronceda, Bécquer, Galdós, Baroja, Ganivet, Valle-Inclán, Antonio Machado, Gabriel Miró, Jorge Guillén).*

Eugenio Coseriu: *Teoría del lenguaje y lingüística general (Cinco estudios).*

Aurelio Miró Quesada S.: *El primer virrey-poeta en América (Don Juan de Mendoza y Luna, marqués de Montesclaros).*

Gustavo Correa: *El simbolismo religioso en las novelas de Pérez Galdós.*

Rafael de Balbín: *Sistema de rítmica castellana.*

Paul Ilie: *La novelística de Camilo José Cela.*

Víctor B. Vari: *Carducci y España.*

Juan Cano Ballesta: *La poesía de Miguel Hernández.*

Erna Ruth Berndt: *Amor, muerte y fortuna en "La Celestina".*

Gloria Videla: *El ultraísmo (Estudios sobre movimientos poéticos de vanguardia en España).*

Hans Hinterhäuser: *Los "Episodios Nacionales" de Benito Pérez Galdós.*

Javier Herrero: *Fernán Caballero: un nuevo planteamiento.*

Werner Beinhauer: *El español coloquial.*

Helmut Hatzfeld: *Estudios sobre el barroco.*

Vicente Ramos: *El mundo de Gabriel Miró.*

Manuel García Blanco: *América y Unamuno.*

Ricardo Gullón: *Autobiografías de Unamuno.*

Marcel Bataillon: *Varia lección de clásicos españoles.*

Robert Ricard: *Estudios de literatura religiosa española.*

Keith Ellis: *El arte narrativo de Francisco Ayala.*

José Antonio Maravall: *El mundo social de "La Celestina".*

Joaquín Artiles: *Los recursos literarios de Berceo.*

Eugenio Asensio: *Itinerario del entremés. Desde Lope de Rueda a Quiñones de Benavente (Con cinco entremeses inéditos de Don Francisco de Quevedo).*

Carlos Feal Deibe: *La poesía de Pedro Salinas.*

Carmelo Gariano: *Análisis estilístico de los "Milagros de Nuestra Señora" de Berceo.*

Guillermo Díaz-Plaja: *Las estéticas de Valle-Inclán.*

Walter T. Pattison: *El naturalismo español. Historia externa de un movimiento literario.*

Miguel Herrero García: *Ideas de los españoles del siglo XVII.*

Javier Herrero: *Ángel Ganivet: un iluminado.*

Emilio Lorenzo: *El español de hoy, lengua en ebullición.*

Emilia de Zuleta: *Historia de la crítica española contemporánea.*

Michael P. Predmore: *La obra en prosa de Juan Ramón Jiménez.*

Bruno Snell: *La estructura del lenguaje.*

Antonio Serrano de Haro: *Personalidad y destino de Jorge Manrique.*

Ricardo Gullón: *Galdós, novelista moderno.*

Joaquín Casalduero: *Sentido y forma del teatro de Cervantes.*

Antonio Risco: *La estética de Valle-Inclán en los esperpentos y en el "Ruedo Ibérico".*

Joseph Szertics: *Tiempo y verbo en el romancero viejo.*

Miguel Batllori, S. I.: *La cultura hispano-italiana de los jesuitas expulsos (Españoles - Hispanoamericanos - Filipinos. 1767-1814).*

Emilio Carilla: *Una etapa decisiva de Darío (Rubén Darío en la Argentina).*

Edmund de Chasca: *El arte juglaresco en el "Cantar de Mio Cid".*

Gonzalo Sobejano: *Nietzsche en España.*

J. A. Balseiro: *Seis estudios sobre Rubén Darío.*

III. MANUALES

Emilio Alarcos Llorach: *Fonología española.*

Samuel Gili Gaya: *Elementos de fonética general.*

Emilio Alarcos Llorach: *Gramática estructural.*

Francisco López Estrada: *Introducción a la literatura medieval española.*

Francisco de B. Moll: *Gramática histórica catalana.*

Fernando Lázaro Carreter: *Diccionario de términos filológicos.*

Manuel Alvar: *El dialecto aragonés.*

Alonso Zamora Vicente: *Dialectología española.*

Pilar Vázquez Cuesta y Maria Albertina Mendes da Luz: *Gramática portuguesa.*

Antonio M. Badia Margarit: *Gramática catalana.*

Walter Porzig: *El mundo maravilloso del lenguaje (Problemas, métodos y resultados de la lingüística moderna).*

Heinrich Lausberg: *Lingüística románica.*

André Martinet: *Elementos de lingüística general.*

Walther von Wartburg: *Evolución y estructura de la lengua francesa.*

Heinrich Lausberg: *Manual de retórica literaria (Fundamentos de una ciencia de la literatura).*

IV. TEXTOS

Manuel C. Díaz y Díaz: *Antología del latín vulgar.*

María Josefa Canellada: *Antología de textos fonéticos.*

F. Sánchez Escribano y A. Porqueras Mayo: *Preceptiva dramática española del renacimiento y el barroco.*

Juan Ruiz: *Libro de buen amor.*

V. DICCIONARIOS

Joan Corominas: *Diccionario crítico etimológico de la lengua castellana.*

Joan Corominas: *Breve diccionario etimológico de la lengua castellana.*

Diccionario de autoridades.

Ricardo J. Alfaro: *Diccionario de anglicismos.*

María Moliner: *Diccionario de uso del español.*

VI. ANTOLOGÍA HISPÁNICA

Carmen Laforet: *Mis páginas mejores.*

Julio Camba: *Mis páginas mejores.*

Dámaso Alonso y José M. Blecua: *Antología de la poesía española. Lírica de tipo tradicional.*

Camilo José Cela: *Mis páginas preferidas.*

Wenceslao Fernández Flórez: *Mis páginas mejores.*

Vicente Aleixandre: *Mis poemas mejores.*

Ramón Menéndez Pidal: *Mis páginas preferidas (Temas literarios).*

Ramón Menéndez Pidal: *Mis páginas preferidas (Temas lingüísticos e históricos).*

José M. Blecua: *Floresta de lírica española.*

Ramón Gómez de la Serna: *Mis mejores páginas literarias.*

Pedro Laín Entralgo: *Mis páginas preferidas.*

José Luis Cano: *Antología de la nueva poesía española.*

Juan Ramón Jiménez: *Pájinas escojidas (Prosa).*

Juan Ramón Jiménez: *Pájinas escojidas (Verso).*

Juan Antonio de Zunzunegui: *Mis páginas preferidas.*

Francisco García Pavón: *Antología de cuentistas españoles contemporáneos.*

Dámaso Alonso: *Góngora y el "Polifemo".*

Antología de poetas ingleses modernos.

José Ramón Medina: *Antología venezolana (Verso).*

José Ramón Medina: *Antología venezolana (Prosa).*

Juan Bautista Avalle-Arce: *El inca Garcilaso en sus "Comentarios" (Antología vivida).*

Francisco Ayala: *Mis páginas mejores.*

Jorge Guillén: *Selección de poemas.*

Max Aub: *Mis páginas mejores.*

VII. CAMPO ABIERTO

Alonso Zamora Vicente: *Lope de Vega (Su vida y su obra).*

E. Moreno Báez: *Nosotros y nuestros clásicos.*

Dámaso Alonso: *Cuatro poetas españoles (Garcilaso - Góngora - Maragall - Antonio Machado).*

Antonio Sánchez-Barbudo: *La segunda época de Juan Ramón Jiménez (1916-1953).*

Alonso Zamora Vicente: *Camilo José Cela (Acercamiento a un escritor).*

Dámaso Alonso: *Del Siglo de Oro a este siglo de siglas (Notas y artículos a través de 350 años de letras españolas).*

Antonio Sánchez-Barbudo: *La segunda época de Juan Ramón Jiménez (Cincuenta poemas comentados).*

Segundo Serrano Poncela: *Formas de vida hispánica (Garcilaso - Quevedo - Godoy y los ilustrados).*

Francisco Ayala: *Realidad y ensueño.*

Mariano Baquero Goyanes: *Perspectivismo y contraste (De Cadalso a Pérez de Ayala).*

Luis Alberto Sánchez: *Escritores representativos de América. Primera serie.*

Ricardo Gullón: *Direcciones del modernismo.*

Luis Alberto Sánchez: *Escritores representativos de América. Segunda serie.*

Dámaso Alonso: *De los siglos oscuros al de Oro (Notas y artículos a través de 700 años de letras españolas).*

Basilio de Pablos: *El tiempo en la poesía de Juan Ramón Jiménez.*

Ramón J. Sender: *Valle-Inclán y la dificultad de la tragedia.*

Guillermo de Torre: *La difícil universalidad española.*

Ángel del Río: *Estudios sobre literatura contemporánea española.*

Gonzalo Sobejano: *Forma literaria y sensibilidad social.*

A. Serrano Plaja: *Realismo "mágico" en Cervantes.*

VIII. DOCUMENTOS

Dámaso Alonso y Eulalia Galvarriato de Alonso: *Para la biografía de Góngora: documentos desconocidos.*